吕思勉史学经典

两晋南北朝史（下）

吕思勉 著

中国文史出版社

第十六章　晋南北朝四裔情形

第一节　东方诸国

中国文化之传播，莫盛于东方，东方诸国，能承受中国之文化者，莫如貊族；《先秦史》及《秦汉史》已言之。貊族之立国北方者曰夫余，使夫余而能日益昌大，则白山、黑水之区，可早成文明之域，惜乎塞北苦寒，崎岖于鲜卑、靺鞨之间，至竟不能自立；尔后貊族之展布，日趋于东南；而辽东、西已北之地，为鲜卑、靺鞨所据，遂与漠南北游牧之民，同为侵掠之族矣。近人撰《东北史纲》，谓此一转变，关系之大，不让中央亚细亚自印度日耳曼人之手转入突厥人之手，诚不诬也。

公孙康因夫余介居句丽、鲜卑之间，妻以宗女，已见《秦汉史》第十二章第十节。此时之夫余，形势盖已颇危殆，然中国之声威，未尽失坠，为蕃国者，究不敢明目张胆，互相吞并也。及晋初而形势又恶。《晋书·夫余传》云：武帝时，频来朝贡。① 大康六年（284），为慕容廆所袭破，其王依虑自杀，《廆载记》云：廆夷其国城，驱万余人而归。子弟走保沃沮。今朝鲜咸镜道之地，详见《秦汉史》第九章第七节。帝为下诏曰："夫余王世守忠孝，为恶虏所灭，甚愍念之。若其遗类足以复国者，当为之方计，使得存立。"有司奏护东夷校尉鲜于婴不救夫余，失于机略。诏免婴，以何龛代之。明年，夫余后王依罗遣诣龛，求率见人，还复旧国。仍请救。龛上列，遣督邮贾沈以兵送之。廆又要之于路。沈与战，大败之。廆众退，罗得复国。《廆载记》云：龛遣沈迎立依虑之子为王，廆遣其将孙丁率骑邀之，沈力战斩丁，遂复夫余之国。尔后每为廆掠其种人，卖于中国。② 帝愍之。又发诏以官物赎还。下司、冀二州，禁市夫余之口。《隋书·高丽传》谓朱蒙曾孙莫来并夫余，《北史》同，其说殊误。莫来尚在宫之前，读《秦汉史》第九章第七节，其误立见。《魏书·句丽传》但云莫来征夫余，夫余大败，遂统属焉；《周书》亦但云莫来击夫余而

---

① 四裔：夫余之亡。
② 阶级：慕容廆掠夫余人，卖于中国。

臣之；其说盖是。然亦一时之事，非谓自此以后，夫余遂永为句丽之臣属也。不然，宫犯玄菟时，夫余王又何缘遣子与州郡并力邪？《晋书·慕容皝载记》：永和三年（347），皝遣其世子儁与恪率骑万七千东袭夫余，克之，虏其王及部众五万余口以还，亦见《恪传》。案慕容氏是时用兵，盖专务俘略以益其众，故其所虏至于如是之多，参观其伐句丽时之俘略可见。经一次见侵，则人众寡弱一次，此夫余之所以卒难复振。夫余距辽东、西近，又其地平夷，无险可扼，而句丽则反之，此又夫余之所以难于自全，句丽之克避凶锋，终至昌大也。是其国当晋穆帝之世，犹自有王也。《慕容暐载记》：苻坚攻邺，散骑侍郎徐蔚率扶余、高句丽及上党质子五百余人，夜开城门，以纳坚军，是其国当海西公之世，仍与句丽比肩而事燕也。《魏书·高宗纪》：大安三年（459），十二月，于阗、夫余等五十余国各遣朝献。大安三年（459），为宋孝武帝大明三年，则其国至宋世仍能自达于中原。然所居似已非故地。《魏书·高句丽传》：世祖时，遣员外散骑侍郎李敖使其国。敖至其所居平壤城，访其方事。云其地北至旧夫余。《豆莫娄传》云：在勿吉国北千里，旧北夫余也。在室韦之东，东至于海，方二千里。下文述其法俗，全与前史《夫余传》同，其为夫余遗种无疑。《唐书》云：达末娄，自言北夫余之裔，高丽灭其国，遗人度那河，因居之。达末娄即豆莫娄，那河，今嫩江也。句丽疆域，南北不过千余里，亦李敖所说。似不能至此。则所谓旧夫余者，必在靺鞨之南或在今图们江流域。若后汉以来之夫余，则在句丽之西北而不在其北，且句丽境界，亦不能至此。疑夫余自遭破败，分为两支：一北走，居靺鞨之北，是为豆莫娄；一南出，居句丽、靺鞨之间，其后又经丧败，乃并此而失之，则此所谓旧夫余之地也。南出之夫余，失此旧夫余之地后，播迁何处，今难质言，但知其地仍产黄金。何者？《高句丽传》又云：正始中，世宗于东堂引见其使芮悉弗，芮悉弗进曰："高丽系诚天极，累叶纯诚，地产土毛，无愆王贡。但黄金出自夫余，珂则涉罗所产，今夫余为勿吉所逐，涉罗为百济所并，国王臣云，惟继绝之义，悉迁于境内。二品所以不登王府，实两贼是为。"案句丽当世祖时，岁致黄金二百斤，白银四百斤。高祖时贡献倍前，赏赐亦稍加焉。黄金之阙贡，当在世宗之朝。则夫余当是时，又经一破败，并其既失旧夫余后所居之地而失之，而为句丽封内之寓公矣。其祭祀绝于何时不可考。《北史》言豆莫娄、地豆干、乌洛侯等国，历齐、周及隋，朝贡遂绝，则豆莫娄虽唐世犹存，亦必式微已甚矣。东国史籍，自句丽、百济以前悉亡佚，今所谓古史者，类皆出于后人之附会，不尽可据。据其说：则夫余国王有曰解夫娄者，用其相阿兰弗之言，迁于加叶原，是为东夫余。其族人解慕漱，代主旧国，是为北夫余。中国史所述夫余之事，彼皆以为北夫余之事。而所谓东夫余者，则以齐明帝建武元年（494），为靺鞨所逐，降于句丽。据朝鲜金于霖《韩国小史》。核以中国史籍，说亦不相矛盾，但夫余国王，似应氏夫余而不应氏解耳。观百济出于夫余，而以夫余为氏可见。

　　夫余虽敝，貉族之移殖于南者，则日益昌大，则句丽、百济是也。《魏书》述句丽缘起，已见《秦汉史》第九章第七节。《魏书》又云：朱蒙在夫余时，妻怀孕，朱蒙逃后生一子，字始闾谐。及长，知朱蒙为国王，即与母亡而归之。名之曰闾达，委之国事。朱蒙死，闾达代立。闾达死，子如栗代立。如栗死，子莫来代立。后汉时之句丽王宫，《魏书》谓为莫来裔孙，而不能详其世数。清光绪七年（1881），辽东怀仁县今日桓仁。发见《高句丽永乐大王碑》，称句丽之始祖为邹牟王，即朱蒙音转；新罗僧无亟所作《东事古记》，亦称朱蒙为邹牟。称朱蒙之子为儒留王，则音与始闾谐及闾达皆不合。然碑为称颂功德之作，亦不必其所言者较中国史籍为可信。宫及其子遂成、孙伯固、曾孙伊夷模、玄孙位宫之事，已见《秦汉史》第九章第七节，第十二章第十节。《魏书》云：位宫玄孙乙弗利，利子钊。《梁书》云：钊频寇辽东，慕容廆不能制。据《晋书·廆载记》：平州刺史东夷校尉崔毖，尝结高句丽及宇文、段国等，谋灭廆而分其地。大兴初，三国伐廆，攻棘城。见第三章第八节。廆行反间之策，二国疑宇文同于廆，引归，宇文悉独官遂败绩。崔毖亦奔句丽。然其明年，句丽复寇辽东。又《石季龙载记》；季龙谋伐昌黎，见第二章第二节。尝以船三百艘运谷三十万斛诣高句丽。俱可见句丽之日渐强大，而足为慕容氏之患。然句丽究系小部，崎岖山谷之间，故其势尚不足与大举之鲜卑敌。廆之世，使其庶长子翰镇辽东。见《翰传》。廆死，子皝嗣，翰奔段辽，皝母弟仁，又据辽东以叛，故皝不能逞志于句丽。已而皝袭仁，杀之；翰亦复归，皝乃以咸康七年（341）伐句丽。率劲卒四万，入自南陕，使翰及子垂为前锋。又遣长史王寓等勒众万五千，从北置而进。南陕、北置，盖从辽东趋木底、丸都之南北两道，今难确指。钊谓皝军从北路，遣其弟武，统精锐五万距北置。躬率将卒，以防南陕。翰与钊战于木底，见第六章第八节。大败之。乘胜遂入丸都。句丽都城，在今辽宁辑安县境。钊单马而遁。皝掘钊父利墓，载其尸，并其母、妻、珍宝，掠男女五万余口，《皝载记》载其记室参军封裕谏皝之辞曰："句丽、百济，及宇文、段部之人，皆兵势所徙，非如中国慕义而至，咸有思归之心。今户垂十万，狭凑都城，恐方将为国家之患。宜分其兄弟、宗属，徙于西境诸城，抚之以恩，检之以法使不得散在居人，知国之虚实。"合前慕容廆虏夫余人之事观之，可见慕容氏是时用兵，极重俘掠人口。焚其宫室，毁丸都而归。明年，钊遣使称臣于皝，贡其方物。乃归其父尸，而使慕容恪镇辽东。见《恪传》。钊于是沦为慕容氏之臣属矣。《慕容儁载记》：儁僭位后，高句丽王钊遣使谢恩，贡其方物，儁以钊为营州诸军事、征东大将军、营州刺史，封乐浪公，王如故。钊后为百济所杀。《魏书·高句丽传》。事见下。自钊以后，句丽与晋及拓跋魏，皆无交涉，故其世次史亦不详。据东史，则钊称故国原王，殁于晋简文帝咸安元年（371）。子小兽林王丘夫立，殁于孝武帝大元九年（384）。弟故国壤王伊连立，殁于大元十五年（390）。子广开土王谈德立，即所谓永乐大王也。燕之亡也，慕容评奔句丽，郭庆追至辽海，句丽缚评送之，《苻坚载记》。此事尚在钊之世。其后符洛谋叛，征兵于鲜卑、乌丸、高句丽、百济，及薛罗、休忍等，诸国不从，亦见《坚载记》，事在大元五年。则在小兽林王之世矣。自前燕入中原，辽东守御之力稍薄，句丽之势，盖至此而稍张；至符秦亡而益盛。《晋书·慕容垂载记》：高句丽寇辽东，垂平北慕容佐遣司马郝景救之，为所败，辽东、玄菟遂没。建节将军徐岩叛，据令支，见第五章第二节。慕容农攻克之，斩岩兄弟。进伐高句丽，复辽东、玄菟二郡。此事据《北史》在大元十年（385）。然据《慕容熙载记》：高句丽寇燕郡，未详。杀掠百余人，熙伐高句丽，以符氏从，为冲车地道，以攻辽东，不能下。又与符氏袭契丹，惮其众，将还，符氏弗听，遂弃其辎重，轻袭高句丽。周行三千余里，士马疲冻，死者属路。攻木底城，不克而还。此二事，《通鉴》系诸义熙元（405）、二年（406），则不及二十年（424），而辽东复陷矣。①《冯跋载记》有辽东太守务银提，以谋外叛见杀，《通鉴》系义熙十一年（415），冯氏未闻用兵于东方，其时之辽东，恐系侨置或遥领，未必仍在故地也。《北史·句丽传》：慕容垂死，子宝立，以句丽王安为平州牧，封辽东、带方二国王。安始置长史、司马、参军官。后略有辽东郡，不言其年代。《韩国小史》：辽东之陷，在隆安元年（397），至元兴元年（402），又陷平州，皆在广开土王之世。王殁于义熙八年（415）。东史叙事已不足据，纪年更无论也。钊之曾孙琏，始复见于中国史。据东史，为广开土王之子。《魏书》云：琏以大和十五年（491）死，齐武帝永明九年。年百余岁，故东史称为长寿王焉。子云立，东史文明咨王罗云。天监十七年（518）卒。子安立，东史大安藏王兴安。普通七年（526）卒。子延立，东史安原王宝延，云系安藏王之弟。大清二年（548）卒。子成立。东史阳原王平成。成卒，东史在永定三年（557）。子汤立，东史平原王阳成。而南北朝之世遂终。自琏至汤，皆兼通贡于南北朝，受封爵。然魏大武帝诏琏送冯弘，琏不听。后文明太后以显祖六宫未备，敕琏荐其女，琏始称女已出嫁，求以弟女应旨，及遣送币，则又称女死，魏遣使切责之，云若女审死者，听更选宗淑，琏虽云当奉诏，会显祖死，事遂止，设显祖不死，亦未必其女之果至也。云之立，高祖诏其遣世子入朝，云亦惟遣其从叔升于随使诣阙而已，诏严责之，终亦不闻其至也。而宋大祖欲北讨，诏琏送马，琏即献马八百匹。盖句丽之于虏，特畏其无道，不得不姑与周旋，于中国，则心悦诚服者也，此则不可以力致者也。

半岛诸国，嗣受中国之文化者，在晋、南北朝之世，似当以百济为嫡乳。②高句丽虽系出夫余，然以高为氏，似系夫余之支庶，百济以夫余为氏，则似系夫

---

① 史事：句丽陷辽东之年。

② 四裔：百济氏夫余，句丽氏高，则百济必正支，其始祖为仇台，系浮海至百济，梁氏为句丽所破，乃迁南韩，盖亦浮海，其类中国，反过新罗。梁隋书新罗之君，非一氏，疑初为募氏，后为金氏所灭。

余之正支也。《周书·百济传》云：王姓夫余氏。《北史》作余氏，即夫余氏之略称。如其王余映、余毗等，余皆其氏也。句丽名城曰沟娄，见《三国志·本传》，北沃沮一名置沟娄，苏犹言置城。句丽二字，疑仍系沟娄异译，高句丽亦犹言高氏城耳。百济开国神话，见于《隋书》。《隋书》云：百济之先，出自高丽国。《北史》作出自索离国。索疑橐之误；说见《秦汉史》第九章第七节。其国王有一侍婢，忽怀孕，王欲杀之。《北史》：其王出行，其侍儿于后妊娠，王还欲杀之。婢云"有物状如鸡子，来感于我，故有娠也。"《北史》：侍儿曰："前见天上有气，如大鸡子来降感，故有娠。"王舍之。后遂生一男。弃之厕溷，久而不死。《北史》：王置之豕牢，豕以口气嘘之，不死，后徙于马阑，亦如之。以为神，命养之。名曰东明。及长，高丽王忌之。《北史》：及长，善射，王忌其猛，复欲杀之。东明惧，逃至淹水，夫余人共奉之。《北史》：东明乃奔走，南至淹滞水，以弓击水，鱼鳖皆为桥，东明乘之得度，至夫余而王焉。东明之后，有仇台者，笃于仁信，始立其国于带方故地。带方，汉县，公孙康以为郡，在今朝鲜锦江流域，详见《秦汉史》第十二章第十节。汉辽东太守公孙度以女妻之，渐以昌盛，《北史》无此四字。为东夷强国。初以百家济海，《北史》无海字。因号百济。与夫余、句丽开国传说略同，盖系貉族所共。然云夫余人共奉之，则所君者仍系夫余人，与自夫余出走，而为他族之大长者异矣。云初以百家济海，则其播迁至带方旧壤，实系浮海而来，此语自为仇台之事，乃史实而非神话也。东明传说，乃貉族之所共，仇台则诚百济始祖，故百济岁四祠之，见《周书》本传。《隋书》以百家济海之语，《北史》删一海字，出入甚大，作史之不可轻于增删如此。案《晋书》尚只有《三韩传》。其《马韩传》云：武帝大康元年（279）、二年（280），其王频遣使入贡方物。七年（285）、八年（286）、十年（288）又频至。大熙元年（290），诣东夷校尉何龛上献。咸宁三年（277），复来。明年，又请内附。《辰韩传》云：大康元年（279），其王遣使献方物。二年（280），复来朝贡。七年（285），又来。弁辰十二国，属于辰韩，故不能径通于中国。盖皆以马韩及辰韩之名自通，则百济、新罗之大，必在武帝以后也。新罗出于辰韩，辰韩，前史言为秦人避役者，见《秦汉史》第九章第七节。然至晋、南北朝之世，则似新罗之中国人反少，而百济反多。《梁书·百济传》云：今言语、服章，略与高丽同，行不张拱，拜不申足则异。《魏书·句丽传》云：立则反拱，拜曳一脚，行步如走。《隋书》云：拜则曳一脚，立各反拱，行必摇手。拜申足，即满洲人之打跧，乃夷俗，而百济无之。《梁书》又云：呼帽曰冠，襦曰复衫，袴曰裈，其言参诸夏，亦秦韩之遗俗云。而新罗则冠曰遗子礼，襦曰尉解，袴曰柯半，靴曰洗其；拜及行与高丽相类。亦见《梁书》本传。则秦韩遗俗，不在新罗，顾在百济矣。观史所载三国法俗，文化程度，似以百济为最高。百济法俗，《北史》言之最详。其官制较之句丽，即远近于中国。昏取之礼，略同华俗。其王每以四仲月祭天及五帝之神；都下有方，分为五部，部有五巷，士庶居焉；亦中国法也。俗重骑射，兼爱文史，秀异者颇解属文。新罗则《梁书》本传言其无文字，刻木为信，语言且待百济而后通也。日本之文化，据彼国史籍，受诸百济者，亦较句丽、新罗为多，其以是欤？

《宋书·百济传》云：本与高丽俱在辽东之东千余里，其后高丽略有辽东，百济略有辽西。百济所治，谓之晋平郡晋平县。《梁书》云：晋世句丽既略有辽东，百济亦据有辽西、晋平二郡地矣。自置百济郡。《宋书》云：义熙十二年（416），以百济王余映为使持节都督百济诸军事、镇东将军、百济王。百济二字，盖即据其自置之郡也。百济是时之都，应在辽西。《周书》云：百济治固麻城；《隋书》云：其都曰居拔城，则其迁归半岛后之所居也。自带方故地遵陆而至辽西非易；且句丽未必容其越境；疑其略有辽西，亦浮海而至也。据《梁书》，则晋大元中，其王须，已遣使献生口。余映之后余毗，于宋元嘉七年（430），复修贡职。毗死，子庆立。《宋书》。庆死，子牟都立。都死，子牟大立。天监元年（502），进号。寻为高句丽所破，衰弱者累年，迁居南韩地。普通二年（521），王余隆始复遣使奉表，称累破句丽，今始与通好。《梁书》云：百济更为强国，然辽西之地，则似未能恢复也。《魏书·百济传》云：延兴二年（472），宋泰豫元年。其王余庆始遣使上表，云：“臣与高句丽，源出夫余。先世之时，笃崇旧款。其祖钊，轻废旧好。亲率士众，陵践臣境。臣祖须，整旅电迈，应机驰击，矢石暂交，枭斩钊首。自尔已来，莫敢南顾。自冯氏数终，余烬奔窜，丑类渐盛，遂见陵逼。构怨连祸，三十余载。财殚力竭，转自孱蹙。若天慈曲矜，远及无外，速遣一将，来救臣国。当奉送鄙女，执帚后宫，并遣子弟，牧圉外厩；尺壤匹夫，不敢自有。”又云：“今琏有罪，国自鱼肉，大臣强族，戮杀无已，罪盈恶积，民庶崩离，是灭亡之期，假手之秋也。且冯族士马，有鸟畜之恋；乐浪诸郡，怀首丘之心。天威一举，有征无战。臣虽不敏，志效毕力，当率所统，承风响应。”又云：“去庚辰年后，庚辰当系宋元嘉十七年（440），即魏大平真君元年。臣西界小石山北国海中见尸十余，并得衣器、鞍勒。视之非高丽之物。后闻乃是王人，来降臣国，长蛇隔路，以沉于海。今上所得鞍一，以为实验。”显祖遣使者邵安与其使俱还。诏曰：“前所遣使，浮海以抚荒外之国，从来积年，往而不返，存亡达否，未能审悉。卿所送鞍，比校旧乘，非中国之物。不可以疑似之事，生必然之过。”又曰：“高丽称藩先朝，共职日久，于彼虽有自昔之衅，于国未有犯令之愆。卿使命始通，便求致伐，寻讨事会，理亦未周。故往年遣礼等至平壤，余礼，百济使。欲验其由状。然高丽奏请频烦，辞理俱诣，行人不能抑其请，司法无以成其责，故听礼等还。若今复违旨，则过咎益露，后虽自陈，无所逃罪，然后兴师讨之，于义为得。”又诏琏护送安等。安等至高句丽，琏称昔与余庆有仇，不令东过。安等于是皆还。案余庆表有“投舫波阻，搜径玄津”之语，则其使本自海至。乃下诏切责之。五年（475），宋元徽三年。使安等从东莱浮海东莱，见第三章第四节。赐余庆玺书。至海滨，遇风飘荡，竟不达而返。案自延兴二年（472）上溯三十六年，为宋文帝元嘉十三年（436），魏大武帝大延二年。冯弘实以其岁走句丽。百济之事势，盖自此逐渐紧急。观此，知句丽不肯送冯弘于魏，又不肯听其归宋，盖欲留其众以为用也。冯氏在十六国中兵力不为强盛，然句丽一得其众，百济之事势，即形紧急，则知是时半岛诸国之兵力，远非中国之敌，此其所以自慕容氏以前，累为辽东所弱欤？《永乐大王碑》言：王以丙申之岁伐百济，取城五十八，部落七百。己亥之岁，百济违誓，与倭连和，新罗请救。庚子，王以步骑五万救新罗，倭退。移师伐百济，取质而归。丙申为晋孝武帝大元二十一年（396），己亥为安帝隆安三年（399），庚子为其四年，又在冯弘亡前四十载。钊之用兵于百济，当在其见败于慕容氏之后，慕容皝之入丸都，下距大元二十一年（396），凡五十四年。丽、济之构衅，可谓旧矣。《隋书》称钊为昭烈帝，似系其国之私谥。观此，知其人好黩武，虽始丧师于北，继且殒命于南，亦必自有其功烈，故能窃帝号以自娱，而其国人亦被之以大名也。《梁书》：隆以普通五年死，复诏其子明袭其爵号。《北史》云：齐受禅，其王隆亦通使焉，齐受禅上距普通五年二十有六载，疏矣。或传写误邪？隆之后为昌，尝通使于陈，天嘉三年（562），光大元年（567），大建九年（577），至德二年（584），皆见《纪》。亦通使于齐、周。见《北史》本传。

　　《梁书·新罗传》云：新罗者，其先本辰韩种也。辰韩始有六国，后稍分为十二，新罗则其一也。魏时曰新卢，宋时曰新罗，或曰斯罗。其国小，不能自通使聘。普通二年（521），王名慕泰，始使随百济奉献方物。《隋书》则云：新罗居汉时乐浪之地，或称斯罗。魏将毌丘俭讨高句丽，奔沃沮，其后复归故国，留者遂为新罗焉。故其人杂有华夏、高丽、百济之属。兼有沃沮、不耐、韩、秽之地，其王本百济人，自海逃入新罗，遂王其国。传祚至金真平，开皇十四年（594），遣使贡方物。又云：其先附庸于百济，后因百济征高丽，高丽人不堪戎役，相率归之，遂致强盛。因袭百济，附庸于迦罗国。《北史》说同《梁书》，又列《隋书》之说于后为或说。案沃沮为今朝鲜咸镜道，乐浪为平安南道、黄海道、京畿道之地，辰韩则庆尚地道，详见《秦汉史》第五章第四节，第九章第七节。疆域既各不相干。《梁书》之王名募泰，《南史》作姓募名泰，当有所据。《陈书·本纪》：大建二年（570）、三年（571）、十年（578），新罗并遣使贡方物，不言其王之姓名。《北齐书》武平三年（572），亦但云遣使朝贡，而河清四年（565），《纪》载以其国王金真兴为乐浪郡公、新罗王，与《隋书》王氏金者相合。金之与募，亦各不相干。又剧《梁》、《隋》二书，一则君民皆属辰韩，一则民杂华夏、句丽、百济、沃沮、韩、秽，而君为百济人，亦若风马牛之不相及。迦罗当即《齐书》之加罗，云：三韩种也。建元元年（479），国王荷知使来献。三韩在半岛中，势较微末，未必能拓土而北。加罗既能自通于上国，盖其中之佼佼者，故新罗曾附庸焉。则新罗与今庆尚道之地有交涉矣。窃疑《梁书》所谓新罗，与《隋书》所谓《新罗》，本非一国。新罗本辰韩十二国之一，其王氏募，在梁普通二年（521）至齐河清四年（565），即陈天嘉六年之间，凡四十四年。自百济浮海逃入乐浪故地之金氏，拓上而南，兼并其国，而代募氏为王。《梁书》只知募氏时事，《隋书》又不知有募氏，夺去中间一节，故其说龃龉而不可通也。东史云：辰韩有二种：一曰辰韩本种，一曰秦韩，是为杨山、高墟、大树、珍支、加利、明活六村，今庆州之地也。新罗始祖曰赫居世。其生也，蒙胞衣而出，其状似瓠，方言呼瓠为朴，故以朴为姓。年十三，高墟部长与诸部推尊之，赫居世乃即王位。卒，子南解立。南解子曰儒理，婿曰昔脱解。南解遗命：继嗣之际，于朴、昔二姓中，择年长者立之。于是二姓迭承王位。第十一世王曰助贲，婿曰金仇道。助贲卒，弟沾解立。沾解传位于仇道之子味邹，而复归于助贲之子儒理。儒理传其弟子基临。基临传昔氏之族讫解。讫解传味邹兄子奈勿。自此新罗王位，遂永归于金氏。《隋书》之金真平，东史称为金平王，名伯净，为新罗第二十六王。《北史》云：新罗传世三十至真平，说差相近，或不尽无据。然即有据，亦必居乐浪故地金氏之世系，以之牵合于辰韩则误矣。岂金氏之于朴氏，实如莒之于郫，非以力取邪？迦罗，东史作驾洛，云：少昊金天氏之裔八人，自中国之莒县见第六章第八节。之辰韩之西，人称其地曰八莒，今之星洲也。其后有名首露者，弁韩九干立为君。干尊称。案此说出金海《金氏谱》。金氏又有恼窒朱日者，别开国曰大加耶，今高灵。或曰任那。说出崔致远《释利贞传》。或曰：驾洛之始，有兄弟六人，皆美好长大，众推其兄为驾洛之主，余五人则分为大、小、阿罗、古宁、碧珍五加耶焉。小加耶，今固城。阿罗加耶、古宁加耶，皆今咸安。碧珍加耶，今星洲。此说出新罗僧无亟《东事古记》。首露神圣，在位凡百五十八年，乃死。自后汉光武帝建武十八年（42）至献帝建安四年（199）。其后传九世，合首露十世。至梁中大通四年（532），乃降于新罗。加耶则尝为日本所据。彼国史有所谓神功皇后者，即《秦汉史》第九章第七节拟为我国史之卑弥呼者也。据彼国史，尝渡海伐新罗，新罗降，得金帛八十艘。其后日本遂定任那之地，置府驻兵。据朝鲜史籍，则陈文帝天嘉三年（562），大加耶为新罗所灭，日本所置府亦毁。以上所述朝鲜事，亦据金于霖《韩国小史》。《永乐大王碑》亦载王援新罗却倭人之事，则朝鲜、日本史籍所载，不尽子虚，可知是时三韩、日本，隔海相对，日本之势，较之三韩为少强也。

日本在晋、南北朝之世，与中国交涉颇繁。卑弥呼、壹与之事，已见《秦汉史》第十二章第十节。《晋书·倭传》云：宣帝之平公孙氏也，其女王遣使至带方朝见，其后贡聘不绝。及文帝作相，又数至。泰始初，遣使重译入贡。《晋帝纪》：魏正始元年（504），东倭重译纳贡。《武帝纪》：泰始二年（266），倭人来献方物。《梁书·倭传》云：其后复立男王。其事在于何时，则不可考矣。《南史·倭传》云：晋安帝时，有倭王赞，遣使朝贡。《晋书·本纪》在义熙九年（413），云高句丽、倭国及西南夷铜头大帅并献方物。《宋书·倭传》云：高祖永初二年（421），诏曰："倭赞万里修贡，远诚宜甄，可赐除授，"而不言所除授者为何。元嘉中，赞死，弟珍立。遣使贡献。自称使持节，都督倭、百济、新罗、任那、秦韩、慕韩即马韩。六国诸军事，安东大将军。表求除正。诏除安东将军、倭国王。二十年（439），倭国王济遣使贡献。复以为安东将军、倭国王。二十八年（447），乃加使持节、都督倭、新罗、任那、加罗、秦韩、慕韩六国诸军事。济死，世子兴遣使贡献。世祖大明六年（462），诏除安东将军、倭国王。兴死，子武立。自称使持节、都督倭、百济、新罗、任那、加罗、秦韩、慕韩七国诸军事、安东大将军、倭国王。顺帝升明二年（478），遣使上表曰："封国偏远，作藩于外。自昔祖祢，躬擐甲胄，跋涉山川，不遑宁处。东征毛人，五十五国；西服东夷，六十六国；渡平海北，九十五国；王道融泰，廓土遐畿，累叶朝宗，不愆于岁。臣虽下愚，忝胤先绪。驱率所统，归崇天极。道径百济，装治船舫。而句丽无道，图欲见吞。掠抄边隶，虔刘不已。每致稽滞，以失良风。虽曰进路，或通或否。臣亡考济，实忿寇仇，壅塞天路。控弦百万，义声感激。方欲大举，奄丧父兄，使垂成之功，不获一篑。居在谅暗，不动兵甲，是以偃息，未捷至今。欲练甲治兵，申父兄之志。义士虎贲，文武效功，白刃交前，亦所不顾。若以帝德覆载，摧此强敌，克靖方难，无替前功。窃自假开府、仪同三司，其余咸假受，以劝忠节。诏除武使持节、都督倭、新罗、任那、加罗、秦韩、慕韩六国诸军事、安东大将军、倭王。"《宋书·本纪》：元嘉七年（430）、十五年（438）、二十年（443），大明四年（460），升明元年（477），皆书倭国王遣使献方物。齐建元元年（479），进号为镇东大将军。梁高祖即位，进号征东将军。《纪》在天监元年（502）。案观倭武表辞，可知是时句丽为倭强敌。倭人自假所督诸国，中国除百济外，皆如其所请与之，又可见是时中国视百济与倭相等夷，余则皆下于倭也。黄公度《日本国志邻交志》曰："源光国作《大日本史》，青山延光作《纪事本末》，皆谓通使实始于隋，而于《魏志》、《汉书》所叙朝贡、封拜，概置弗道。[①] 揣其意，盖因推古以降，稍习文学，略识国体，观于世子草书，自称天皇；表仁争礼，不宣帝诏；其不肯屈膝称臣，始于是时，断自隋、唐，所以著其不臣也。彼谓推古以前，国家并未遣使，汉史所述，殆出于九州国造任那守帅之所为。余考委奴国印，出于国造，是则然矣。《魏志》、《汉书》所谓女皇卑弥呼，非神功皇后而谁？武帝灭朝

---

① 四裔：日本讳事中国。

鲜而此通倭使，神功攻新罗而彼受魏诏，其因高丽为乡道，情事确凿，无可疑者。神功既已上表贡物，岂容遽停使节？且自应神已还，求缝织于吴，求《论语》、《千文》、佛像、经典于百济，岂有上国朝廷，反乞一介往来之理？宋顺帝时，倭王上表，称东征毛人，五十五国；西服众夷，六十六国；渡平海北，九十五国；谓有国造、守帅，能为此语者乎？惟《宋》、《齐》、《梁》诸书所云倭王，考之倭史，名字、年代，皆不相符，然日本于推古时始用甲子，始有纪载，东西辽远，年代舛异，译音辗转，名字乖午，此之不同，亦无足怪。按此自黄氏时之见解，由今言之，日本、朝鲜、安南等之古史，皆冯藉中国史籍，附会而成，治此诸史者，反当以中国史为据，理极易明，不待更说也。日本人每讳言臣我，而中土好自夸大，辄视为属国。余谓中古之时，人文草昧，礼制简质，其时瞻仰中华，如在天上，慕汉大而受封，固事之常，不必讳也。隋、唐通使，往多来少，中国未尝待以邻礼，而《新》、《旧唐书》，不载一表，其不愿称臣、称藩，以小朝廷自处，已可想见。五代以后，通使遂希。而自元兵遇飓，倭寇扰边以来，虽足利义满，称臣于明，树碑镇国，赐服封王，而不知乃其将军，实为窃号。神宗之封秀吉，至于裂冠毁冕，掷书于地，此又奚足夸也？史家旧习，尊己侮人，索虏、岛夷，互相嘲骂。中国列日本于《东夷传》，日本史亦列隋、唐为《元蕃传》；中国称为倭王，彼亦书隋主、唐主，譬之乡邻交骂，于事何益？"此论可谓极其持平，足以破拘墟狭隘之见矣。《北史·倭传》云："居于耶摩堆，则《魏志》所谓邪马台者也。"亦可见与我往还者，确为其共主也。

第二节　南方诸异族之同化

内地诸异族之同化，为晋、南北朝之世之一大事，第一章已言之。此等异族之同化，固由汉族入山，与之杂居，亦由地方丧乱，旷土增多，诸蛮族逐渐出居平地。当政事素乱、防务空虚之日，自不免苦其扰害，然易一端而论之，则同化之功，正因之而加速，长江流域之全辟，实深有赖于兹，史事利害，繁赜难明，固不容偏执一端也。

曷言乎斯时之开拓，深有赖于诸异族之出居平地也？大抵当九州鼎沸，群龙无首之日，海内之扰乱必甚，可谓几无一片干净土，若犹有一政府，则暴政虽曰亟行，疆场虽曰多故，较之群龙无首之世，终必有间。故后汉之末，华人相率入山者，至晋、南北朝之世，则又相率而出焉。其出也，不徒一身，必有稍已同化之蛮民，与之偕出，势也。又不徒在其附近之地，而必分播于较远之区。何哉？丧乱之后，旷土增多，迁徙者必追踪而往，一也。新居不必安靖，甫奠居者或又将转徙，二也。如是，故其为数滋繁，而所至亦颇远。《宋书》分蛮为荆雍州蛮及豫州蛮。《齐书》则云：布荆、湘、雍、郢、司五州界。《魏书》云：在江、淮之间。依托险阻，部落滋蔓，布于数州。东连寿春，西通上洛，北接汝、颍，往往有焉。其地实苞今湖南、湖北、江西、安徽、河南、陕西六省。《宋书》以荆雍州蛮为盘瓠后，豫州蛮为廪君后；《魏书》亦云：蛮之种类，盖盘瓠之后。夫盘瓠、廪君，皆不过一小部落，安能散布至于如是之广？《齐书》云：蛮言语不一；又言其俗或椎髻，或翦发；即可见其种类之多。然观其一出山即可列为编户，又可见其中汉人实不少；即本为蛮族，其同化于汉，亦必已甚深。《三国·魏志·四裔传注》引《魏略·西戎传》，谓氐人多知中国语，由与中国错居故也，其自还种落间，则自氐语，《齐书》谓蛮言语不一，当亦如是，非遂不知华语也。

《宋书·荆雍州蛮传》云：结党连群，动有数百千人，州郡力弱，则起为盗贼。《豫州蛮传》云：历世为盗贼，北接淮、汝，南极江、汉，地方数千里。《齐书》云：蛮俗善弩射，皆暴悍，好寇贼。《魏书》云：魏氏之时，不甚为患。至晋之末，稍以繁昌，渐为寇暴。自刘、石乱后，诸蛮无所忌惮，故其族类，渐得北迁；陆浑以南，满于山谷；宛、洛萧条，略为丘墟矣。观此诸语，一似华夏与诸蛮，日在争战之中者，其实不然。《宋书·荆雍州蛮传》云：蛮民顺附者，一户输谷数斛，其余无杂调，而宋民赋役严苦，贫者不复堪命，多逃亡入蛮。蛮无徭役，强者又不供赋税。然则蛮人之扰乱，仍是中国贫民，铤而走险耳。当两国相争之时，彼此咸藉蛮以为用。平时则资其捍蔽，战时则用为前驱。又或使其扰乱敌后，阻塞道路。蛮族之桀黠者，遂得叛服于二国之间焉。《北齐书·元景安传》言：景安除豫州刺史。管内蛮多华少，景安被以威恩，咸得宁辑。招慰生蛮，输租赋者数万户。豫州中原之地，而至于蛮多华少者？干戈数动，则民卒流亡，惟蛮人依据险阻，又质直，能耐劳苦，不虑危难，故其荡析离居，转不如汉人之甚也。土满者岂曰能有其土？疆场之控扼，不能谓其无成劳矣。即内争之际，亦有引以为助者。而战败之士，亡命之徒，又或藉为逋逃之薮。史所记者，本以兵事为多，遂觉杀伐之气，满于纸上矣。然其同化，实仍在平和中逐渐致之。综观晋、南北朝之世，所谓诸蛮，大烦征讨者，不过三役：一为宋文帝、孝武世之十沔中蛮及西阳蛮。沔中蛮，亦曰缘沔蛮，即雍州蛮。元嘉七年（427），刘道产为雍州刺史，诸蛮悉出，缘沔而居。十九年（442），道产卒，群蛮大动，朱修之讨之失利，沈庆之乃讨破之。二十二年（445），孝武帝为雍州，庆之又随之西上，率柳元景、宗悫等，前往讨击。汉西阳县，本在今河南光山县境，晋世为蛮所据，乃于今湖北黄冈县西立西阳郡。元嘉末，为亡命司马黑石等所诳动，自淮、汝至于江、沔，咸罹其患。孝武时为江州刺史，与沈庆之往讨之，会元凶弑逆，旋师起义，至孝建四年（454），庆之乃复往讨定，事见《宋书》诸人本传。二周文帝之于峡中蛮。详见《周书·蛮传》。三魏明帝之末，三鸦蛮人，大肆扰乱，明帝至欲亲征，后卒未果，而遣临淮王彧讨之。事在孝昌元年

(525)，见《纪》。前二役诚用兵力戡定，后一役仍不过徒有其名，此外则皆州郡及理蛮之官，晋武帝于荆州置南蛮校尉，雍州置宁蛮校尉，皆治襄阳。江左省。寻置南蛮校尉，治江陵。孝武帝又置宁蛮校尉，以授鲁宗之。宋世祖罢南蛮，而宁蛮如故。事见第九章第二节。武帝又置南夷校尉，治宁州，江左改曰镇蛮校尉，见《宋书·百官志》。广州西南二江，川源深远，别置督护，专征讨之任，见《齐书·州郡志》。此等皆理蛮之官也。随宜讨伐而已。诸蛮既与汉人习狎，抚之者自以能行德化为上。《梁书·良吏传》：孙谦擢为巴东、建平二郡太守。郡居三峡，恒以威力镇之。谦将述职，敕募千人自随。谦曰："蛮夷不宾，盖待之失节耳，何烦兵役，以为国费。"固辞不受。至郡，布恩惠之化，蛮、獠怀之。又《文学传》：臧严，历监义阳、武宁郡。累任皆蛮左，前郡守常选武人，以兵镇之。严独以数门生单车入境，群蛮悦服，遂绝寇盗。此皆治蛮不必用兵力之证也。然能如是者卒鲜，往往滥施讨伐；而其行军且极残酷。《宋书·夷蛮传》曰：自元嘉将半，寇盗弥广，于是命将出师，恣行诛讨。自江、汉以北，庐江以南，搜山荡谷，穷兵黩武。系颈囚俘，盖以数百万计。至于孩年、蚩齿，执讯所遗，将卒申好杀之愤，干戈穷酸惨之用，虽云积怨，为报已甚。按俘虏之多，盖利其可输税租，服力役，甚且没为奴婢耳。亦有无所利而肆情诛杀者，如陈显达为益州刺史，使责大度村獠租赋，獠帅杀其使，显达分部诸将，声言出猎，夜袭之，男女无少长皆斩，此则所谓申好杀之愤者也。此实将帅之贪功徼利，谓蛮非讨伐不可，固不其然。抑虽如是，真能深入其阻者，亦卒鲜也。当时诸蛮之出山，固有胁以兵力者；又有由于俘获，迫令迁移者；然其慕化内徙，或酋长身来归顺者，亦属不少。慕化内徙，即同齐民。酋长内附，往往设置郡县，即以其人为守令，多有仍行世袭之制者，然数世之后，终必别简人以代之，此亦无形之改土归流也。《隋书·南蛮传》云："南蛮杂类，与华人错居，曰蜒，曰儴，曰俚，曰僚，曰㐌，俱无君长；既同于齐民，则无复君长耳，非本无君长也。随山洞而居，古所谓百越是也。浸以微弱，稍属于中国，皆列为郡县，同之齐人，不复详载。"可见晋、南北朝之世所谓蛮者，至隋、唐时，多已泯然无迹矣。使其言语风俗，判然与我不同，岂能泯然于一旦？可见民族早已同化，觉其不同者，特时势之不安谧，激之使然耳。然则民族之同化，实皆社会自为之，政治之所能为力者甚鲜也。

梁、益二州情形，则较荆、雍、豫州为恶。以荆、雍、豫州，汉末以来，丧乱较烈，华人之入山者较多，梁、益二州则不然；观此二州无所谓山越，史间言山僚亦甚希可知。又荆、雍、豫州，去大川及平地近，其人之出山较易，梁、益地势较险，夷人自深山而出者，仍依山并谷故也。《魏书》云："自汉中达于邛、筰，川洞之间，所在皆有。"僚即今所谓仡佬，见《秦汉史》第九章第四节。虽处山谷，其初本来自海滨，《魏书》言其"能卧水底，持刀刺鱼"。又曰："报怨相攻击，必杀而食之。俗畏鬼神，尤尚淫祀。所杀之人，美须髯者，必剥其面皮，笼之于竹，及燥，号之曰鬼，鼓舞祀之，以求福利。至有卖其昆季妻孥尽，乃自卖以供祭者。"此缘海之马来人，即古所谓越族者食人之俗也。详见《先秦史》。因所居深阻，罕与华人交接，故其旧俗沿袭尚多，而其文明程度亦较低焉。《魏书》云："种类甚多，散居山谷。略无氏族之别。又无名字，所生男女，惟以长幼次第呼之，其丈夫称阿謩、阿段，妇人称阿夷、阿等之类，皆语之次第称谓也。依树积木，以居其上，名曰干阑。干阑大小，随其家口之数。往往推一长者为王，亦不能远相统摄。父死则子继，若中国之贵族也。僚王各有鼓角一双，使其子弟自吹击之。好相杀害，多不敢远行。性同禽兽，至于忿怒，父子不相避，惟手有兵刃者先杀之。若杀其父，走避，求得一狗，以谢其母，母得狗，不复嫌恨。若报怨相攻，必杀而食之。平常劫掠，卖取猪狗而已。亲戚比邻，指授相卖。被卖者号哭不服，逃窜避之。乃将买人捕逐，指若亡叛，获便缚之。但经被缚者，即服为贱隶，不敢称良矣。亡失儿女，一哭便止，不复追思。惟执盾持矛，不识弓矢。"案干阑之名，与后印度诸国同，亦可见其初居海滨也。《魏书》云："李势之时，诸僚始出，攻破郡县，为益州大患。桓温破蜀之后，力不能制；又蜀人东流，山险之地多空，僚遂挟山傍谷。此谓华人所居山谷之地，僚自深山迁此。与夏人参居者，颇输租赋。在深山者，仍不为编户。萧衍梁、益二州，岁岁伐僚，以自裨润，公私颇藉为利。"夏侯始迁之叛也，魏以邢峦为梁、益二州刺史，颇得僚和。后以羊祉、元恒、元子真为梁州，傅竖眼为益州。竖眼颇得物情。祉性酷虐，恒、子真并无德绩，诸僚苦之。魏以梁、益二州，统摄险远，又立巴州，以统诸僚，《魏书·地形志》：巴州郡县阙。《隋书·地理志》：清化郡，旧置巴州，今四川巴中县。以巴酋严始欣为刺史。又立隆城镇，盖因梁之隆城郡，在今四川仪陇县北。所绾僚二十万户。隆城所统，谓之北僚，岁输租布，又与外人交通贸易。巴州生僚，并皆不顺，其诸头王，每于时节，谒见刺史而已。孝昌初，诸僚以始欣贪暴，相率反叛，攻围巴州。时魏子建为山南行台，勉谕之，乃得散罢。始欣虑获罪谴，谋来附，而其族子恺为隆城镇将，归心于魏。魏子建启以镇为南梁州，以恺为刺史。发使执始欣，因于南郑。遇子建见代，傅竖眼为行台，竖眼久病，其子敬绍，纳始欣重贿，使得还州，始欣乃起众攻恺屠灭之，据城南叛。梁将萧玩，率众援接，为魏梁、益二州兵所破斩。魏攻陷巴州，执始欣，然梁州未久即入梁。其后梁、益皆陷于周。《周书》云："每岁命随近州镇，出兵讨之，获其口以充贱隶，谓之压僚。[①] 后有商旅往来者，亦资以为货。公私逮于民庶之家，有僚口者多矣。"其虐，亦无以异于梁也。又云："其种类滋蔓，保据岩壑，依林走险，若履平地，虽屡加兵，弗可穷讨。性又无知，殆同禽兽。诸夷之中，最难以道义招怀者也。"可见其同化，远较豫、荆、雍州蛮为后矣。

交、广、宁三州，情形较梁、益二州为尤恶。案此三州，西通缅甸，东苞东京湾为内海，实为中国向南拓展之枢机，惜距中原较远，民族拓展之力，一时有所不及，而政事尤欠清明，遂至越南之地，终于分裂以去，而自云南西南出之路，亦未能尽力经营也。中国之稍知注意于交土，似自后汉中叶以来。《晋书·

---

① 阶级：梁周伐獠以为奴。

地理志》云：顺帝永和九年（144），交趾太守周敞交趾，今越南河内。求立为州，朝议不许，即拜敞为交趾刺史。建安八年（203），张津为刺史，士燮为交趾太守，共表立为州，乃拜津为交州牧。① 十五年（150），移治番禺。《三国·吴志，孙策传注》引《江表传》，谓策欲杀于吉，诸将连名陈乞，策曰："昔南阳张津，为交州刺史，舍前圣典训，废汉家法律，常着绛帕头，鼓琴烧香，读邪俗道书，云以助化，卒为南夷所杀。此甚无益，诸君但未悟耳。"又引虞喜《志林》：喜推考桓王之薨，在建安五年四月四日，是时曹、袁相攻，未有胜负，夏侯元让与石威则书，袁绍破后也，书云："授孙贲以长沙，业张津以零、桂。"此为桓王于前亡，张津于后死，不得相让譬言津之死意矣。裴松之案："大康八年（286），广州大中正王范上《交广二州春秋》，建安六年（201），张津犹为交州牧，《江表传》之虚，如《志林》所云。"此云津拜交州在建安八年（203），又与《交广春秋》不合。案当时任疆寄者，多自刺史进为州牧，津盖本为交趾刺史，至八年乃进为牧也。桓王引津死事，以譬将吏，自为虚辞，古人轻事重言，此等处多不审谛，不足深较也。《宋书·州郡志》云；交州刺史，本治龙编，见第七章第五节。汉献帝建安八年（203），改曰交州，治苍梧广信县，广信，汉县，为苍梧郡治，隋时改县曰苍梧，今广西苍梧县。十六年（151），徙治南海番禺县。州甫立而治所即内移，可见中朝威柄之失坠矣。观下引《薛综疏》，津或因欲与刘表争，以致无暇顾及交土也。是时交土实权，乃入于士燮之手。《三国·吴志》：燮苍梧广信人。其先本鲁国汶阳人，汶阳，汉县，在今山东宁阳县东北。王莽之乱，避地交州，六世至燮。燮父赐，桓帝时为日南太守。日南，今越南义安。燮为交趾太守。交州刺史朱符为夷贼所杀，州郡扰乱，燮乃表弟壹领合浦太守，合浦，见第十三章第三节。次弟黱领九真太守，九真，今越南清华。黱弟武领南海太守。兄弟并为列郡，雄长一州。偏在万里，威尊无上。武先病殁，朱符死后，汉遣张津为交州刺史。津后为其将区景所杀。而荆州牧刘表，遣零陵赖恭代津。零陵，见第三章第六节。是时苍梧太守史璜死，表又遣吴巨代之，与恭俱至。汉闻张津死，赐燮玺书曰："交州绝域，南带江海，上恩不宣，下义壅隔。知逆贼刘表，又遣赖恭，窥看南土。今以燮为绥南中郎将，董督七郡，领交址太守如故。"后巨与恭相失，举兵逐恭。恭走还零陵。建安十五年（210），孙权遣步骘为交州刺史。建安七年（202），权尝表朱治为九真太守，见《治传》。骘到，燮率兄弟奉承节度。而吴巨怀异心。骘斩之。据《骘传》事在建安十六年（211）。燮又诱导益州豪姓雍闿等，率郡人民，使遥内附。益州，汉郡，蜀汉改曰建宁，在今四川晋宁县东。权益嘉之。燮在郡四十余岁，黄武五年（226），魏文帝黄初七年。年九十卒。权以交趾县远，乃分合浦以北为广州，吕岱为刺史，交趾以南为交州，戴良为刺史。又遣陈时代燮为交趾太守。岱留南海，良与时俱前。行到合浦，而燮子徽，自署

---

① 宗教、四裔：张津为交州牧，盖在建安八年，自龙编徙广信，津为区景所杀。孙权分交为广，乃还龙编，津与刘表岁兴兵。

交趾太守，发宗兵拒良。时以徽领九真太守，见《吕岱传》。宗即賨，賨乃夷人所出赋税之名，用为种族之名，实借字耳。《三国志》多作宗。以上据《士燮传》。吕岱督兵三千人浮海，与良共讨平之。杀徽兄弟六人，见《士燮传》。于是除广州，复为交州如故。《吕岱传》。交、广之分，交州业已还治龙编，《宋书·州郡志》。至是，则复举七郡之地，通以龙编为控制之所矣，可谓内地威柄之一振也。黄龙三年（231），魏明帝大和五年。以南土清定，召岱还。竹邑薛综，竹邑，后汉县，属沛郡，在今安徽宿县北。少依族人，避地交州。孙权除为合浦、交趾太守。岱之讨伐，综与俱行。及是，上疏曰："昔帝舜南巡，卒于苍梧，秦置桂林、南海、象郡，然则四国之内属也，有自来矣。案汉武帝平南越，以其地为儋耳、珠崖、南海、苍梧、郁林、合浦、交趾、九真、日南九郡。昭帝时罢儋耳。元帝时又罢珠崖。孙权之分交、广，以南海、苍梧、郁林三郡为广州，交趾、日南、九真、合浦四郡为交州，见《晋书·地理志》。此云四国，指交趾、日南、九真、合浦也。秦赵佗起番禺，怀服百越之君，珠官之南是也。孙权黄武七年（228），改合浦为珠官郡。汉武帝诛吕嘉，开九郡，设交趾刺史以镇监之。山川长远，习俗不齐。言语同异，重译乃通。民如禽兽，长幼无别。椎髻徒跣，贯头左衽。长吏之设，虽有若无。自斯以来，颇徙中国罪人，杂居其间，稍使学书，粗知言语。使驿往来，观见礼化。及后锡光为交趾，任延为九真太守，乃教其耕犁，使之冠履，为设媒官，始知聘娶，建立学校，导之经义。由此以降，四百余年，颇有似类。参看《秦汉史》第九章第六节。自臣昔客，始至之时，珠崖今广东琼山县。除州县，嫁娶皆须八月引户，人民集会之时，男女自相可适，乃为夫妻，父母不能止。① 交趾麋泠、九真都庞二县，皆在今安南境。皆兄死弟妻其嫂，世以此为俗，长吏恣听，不能禁制。日南郡男女裸体，不以为羞。② 由此言之，可谓虫豸，有颙面目耳。然而土广人众，阻险毒害。易以为乱，难使从治。县官羁縻，示令威服。田户租赋，裁取供办贵致远珍，名珠、香药、象牙、玳瑁、珊瑚、琉璃、鹦鹉、翡翠、孔雀奇物，充备宝玩，不必仰其赋入，以益中国也。③ 然在九甸之外，长吏之选，类不精核。汉时法宽，多自放恣，故数反违法。珠崖之废，起于长吏，睹其好发，髡取为髢。及臣所见：南海黄盖，为日南太守，下车以供设不丰，挝杀主簿，仍见驱逐。④ 九真太守儋萌，为妻父周京作主人，并请大吏。酒酣作乐，功曹番歆，起舞属京，京不肯起，歆犹迫强，萌忿杖歆，亡于郡内。歆弟苗，帅众攻府，毒矢射萌，萌至物故。交趾太守士燮，遣兵致讨，卒不能克。又故刺史会稽朱符，多以乡人虞褒、刘彦之徒，分作长吏。侵虐百姓，强

---

① 婚姻：交州在八月人民集会时，男女自相可适。
② 服饰：日南男女裸体。吴时扶南犹裸。
③ 四裔：南方利在珍货，不在赋入。
④ 四裔：避地交州者亲见官吏暴虐。

赋于民。黄鱼一枚，收稻一斛。百姓怨叛。山贼并出，攻州突郡。符走入海，流离丧亡。次得南阳张津，与荆州牧刘表为隙，兵弱敌强，岁岁兴军，诸将厌患，去留自在，津小检摄，威武不足，为所陵侮，遂至杀没。后得零陵赖恭，先辈仁谨，不晓时事。表又遣长沙吴巨为苍梧太守，巨武夫轻悍，不为恭服，所取相怨，恨逐出恭，求步骘。是时津故将夷廖、钱博之徒尚多，骘以次治，纲纪适定，会仍召出。吕岱既至，有士氏之变，越军南征。平讨之日，改置长吏，章明王纲。威加万里，大小承风。由此言之，绥边抚裔，实有其人。牧伯之任，既宜清能，荒流之表，祸福尤甚。今日交州，虽名粗定，尚有高凉宿贼。高凉，见第十五章第三节。其南海、苍梧、郁林、珠官四郡界未绥，郁林，今广西贵县。依作寇盗，专为亡叛逋逃之薮。若岱不复南，新刺史宜得精密检摄八郡，高凉郡，汉末吴所分置，并前所言七郡为八郡。方略智计，能稍稍以治高凉者，假其威宠，借之形势，责其成效，庶几补复。如但中人，近守常法，无奇数异术者，则群恶日滋，久远成害。故国之安危，在于所任，不可不察也。"读此疏，可略知交、广民生、吏治之情形矣。赤乌二年（239），魏明帝景初三年。十月，将军蒋秘，南讨夷贼，所领都督廖式，杀临贺太守严纲等，与弟潜共攻零陵、桂阳，汉郡，今湖南郴县。及摇动交州、苍梧、郁林诸郡，众数万人。《孙权传》。吕岱时在武昌，自表辄行。孙权遣使追拜岱交州牧，及遣诸将唐咨等络绎相继。攻讨一年，破之，斩式等。《吕岱传》。十一年（248），群齐王芳正始九年。交址、九真夷贼攻役城邑，交部骚动。以陆胤为交州刺史、安南校尉。胤入南界，喻以恩信，务崇招纳，交域清泰。至孙休永安元年（258）魏高贵乡公甘露三年。乃征还。《胤传》。五年（262），魏常道乡公景元三年。休使察战到交址调孔雀、大猪。注：察战，吴官号。案其人姓名，似即《晋书·本纪》之邓句，《陶璜传》之邓苟，见下。先是交址太守孙谞，科郡上手工千余人送建业，察战至，恐复见取，郡吏吕兴等，因此扇动兵民，招诱诸夷，杀谞。① 使使如魏请太守及兵。《休传》。《晋书·陶璜传》云：谞贪暴，为百姓所患，会察战邓苟至，擅调孔雀三千头送秣陵，兴杀谞及苟，及郡内附。七年（264），八月后为孙皓元兴元年(264)。魏常道乡公咸熙元年。吴复分交州置广州。《孙休传》。仍统南海、苍梧、郁林三郡，见《晋志》。九月，魏以吕兴为使持节都督交州诸军事。诏曰："孙休遣使邓句敕交址太守锁送其民，发以为兵。吴将吕兴，因民心忿怒，又承王师平定巴蜀，即纠合豪桀，诛除句等。驱逐太守长吏，抚和吏民，以待国命。九真、日南，亦齐心响应，与兴协同。兴移书日南州郡，开示大计。兵临合浦，告以祸福。遣都尉唐谱等诣进乘县，因南中都督护军霍弋上表自陈。"案蜀以李恢为建宁太守，遥领交州刺史，晋平蜀，亦以弋遥领交州，见《晋书·地理志》。策命未至，兴为下人所杀。《魏志·本纪》。然是岁，魏所置交址太守之郡。《孙皓传》。案《华核传》：宝鼎二年（267），核上疏言交州诸郡，国之南土，

---

① 四裔：交址太守科郡上手工千余人送建业，则交州工业亦盛，盖与西方交通所致？

交址、九真二郡已没，日南孤危，存亡难保，则其时日南尚属吴。然《晋书·武帝纪》：泰始五年（269），五月，曲赦交址、九真、日南三岁刑，则日南亦属晋矣。孙皓宝鼎三年（268），晋武帝泰始四年。遣交州刺史刘俊、前部督修则等入击交址。为晋毛炅等所破，皆死。兵散还合浦。《皓传》。《晋书·武帝纪》：泰始四年（268），十月，吴将顾容寇郁林，太守毛炅大破之，斩其交州刺史刘俊，将军修则。《陶璜传》：吕兴为功曹李统所杀，帝更以建宁爨谷为交址太守。谷又死，更遣巴西马融代之。融病卒。南中监军霍弋又遣犍为杨稷代融。与将军毛炅、九真太守董元等自蜀出交址。破吴军于古城，斩大都督修则、交州刺史刘俊。建衡元年（269），晋泰始五年。十一月，遣监军虞汜、威南将军薛珝、苍梧太守陶璜由荆州；监军李勖、督军徐存从建安海道；建安，见第八章第一节。皆就合浦击交址。二年（270），晋泰始六年。春，李勖以建安道不通利，杀导将冯斐，引军还。四月，勖及徐存家属皆伏诛。三年（271），晋泰始七年。汜、璜破交址，禽杀晋所置守将，九真、日南皆还属。《孙皓传》。《晋书·本纪》：四月，九真太守董元为吴将虞汜所攻，军败，死之。七月，吴将陶璜等围交趾，太守杨稷与郁林太守毛炅，及日南等三郡降于吴。案谓稷、炅降吴者，说出《汉晋春秋》。《华阳国志》则云：稷至合浦欧血死，炅不屈，为吴所杀。见《三国志·孙皓传注》。《晋书·陶璜传》兼采二说。又云：炅密谋袭璜。事觉，被诛。吴因用璜为交州刺史。九真郡功曹李祚保郡，璜遣攻之，逾时乃拔。皓以璜为交州牧。武平、九德、新昌，九德，吴分九真郡立。破交趾后，又分交趾为新昌郡。诸将破扶严夷，置武平郡。皆在今越南境。土地阻险，夷僚劲悍，历世不宾，璜征讨，开置三郡及九真属国三十余县。征璜为武昌都督，以合浦太守修允代之。交土人请留璜以千数，于是遣还。《晋书·璜传》。天纪三年（279），晋武帝咸宁五年。夏，修允转桂林太守，疾病，住广州，先遣部曲督郭马将五百兵至郡，安抚诸夷。允死，兵当分给，马等累世旧军，不乐离别；皓时又科实广州户口；马与部曲将何典、王族、吴述、殷兴等，因此恐动兵民，会聚人众，攻杀广州督虞授。马自号都督交、广二州诸军事，兴广州刺史，述南海太守。典攻苍梧，族攻始兴。见第三章第九节。八月，以滕修领广州牧，率万人从东道讨马。与族遇于始兴，未得前。皓又遣徐陵督陶濬璜弟。将七千人从西道。命交州牧陶璜部伍所领，及合浦、郁林诸郡兵，当与东西军共击马。陶濬至武昌，闻北军大出，停驻不前。《孙皓传》。滕修赴难，至巴丘，见第十三章第六节。而皓已降，乃还，与广州刺史闾丰、苍梧太守王毅各送印绶。诏以修为广州牧，委以南方事。修在南积年，为边夷所附。大康九年（288），卒。《晋书·修传》。皓既降晋，手书遣璜息融敕璜归顺。诏复本职。晋减州郡兵，璜上言曰："交土荒裔，斗绝一方，或重译而言，连山带海。又南郡去州，海行千有余里，外距林邑，才七百里，夷帅范熊，世为逋寇，自称为王，数攻百姓。且连接扶南，种类猥多，朋党相倚，负险不宾。往隶吴时，数作寇逆，攻破郡县，杀害长吏。臣以尪驽，昔为故国所采，偏戍在南，十有余年。虽前后征讨，翦其魁桀，深山僻穴，尚有逋窜。又臣所统之卒，本七千余人，南土温湿，多有气毒；加累年征讨，死亡减耗；其见在者，二千四百二十人。今四海混同，无思不服，当卷甲消刃，礼乐是务，而此州之人，识义者寡，厌其安乐，好为祸乱。又广州南岸，周旋六千余里，不宾属者，乃五万余户。及桂林不羁之辈，复当万户。至于服从官役，才五千余家。二州唇齿，惟兵是镇。又宁州兴古，见下。接据上流，去交址郡千六百里，水陆并通，互相维卫。州兵未宜约损，以示单虚。"又以合浦郡土地硗确，无有田农，百姓惟以采珠为业，商贾去来，以珠货米，而吴时珠禁甚严，虑百姓私散好珠，禁绝来去，人以饥困。又所调猥多，限每不充。今请上珠三分输二，次者输一，粗者蠲除。自十月讫二月，非采上珠之时，听商旅往来如旧。并从之。璜在南三十年，威恩著于殊俗。及卒，朝廷以员外散骑常侍吾彦代璜。《彦传》：在镇二十余年，威恩宣著，南州宁静。彦卒，又以员外散骑常侍顾秘代彦。秘众父，见《众传》。秘卒，州人逼秘子参领州事。参寻卒。参弟寿求领州，州人不听，固求之，遂领州。寿乃杀长史胡肇等。又将杀帐下督梁硕。硕走得免，起兵讨寿，禽之。付寿母，令鸩杀之。硕乃迎璜子苍梧太守威领刺史。在职甚得百姓心。三年卒。璜父基，吴交州刺史。威弟淑，子绥，后并为交州。自基至绥四世，为交州者五人。《璜传》。威，《晋书·忠义王谅传》作咸，云：新昌太守梁硕，专威交土，迎立陶咸为刺史。咸卒，王敦以王机为刺史。硕发兵距机，自领交址太守。乃迎前刺史修则子湛行州事。敦以谅为交州刺史。谅既到境，湛退还九真。广州刺史陶侃遣人诱湛来诣谅，谅斩之。硕率众围谅于龙编。以上《谅传》。太宁元年（323），五月，龙编陷，谅死之。六月，陶侃遣参军高宝攻硕，斩之。《本纪》。参看第三章第九节。大元五年（327），十月，初九真太守李逊，父子勇壮有权力，威制交土。闻刺史滕逊之当至，分遣二子，断遏水陆津要。杜瑗者，朱鸢人，汉朱戴县，《晋志》作朱鸢，在今河内东南。本属京兆，祖元为宁浦太守，宁浦，晋郡，今广西横县西南。遂居交址。瑗仕州府，为日南、九德、交址太守。是时为交址太守。收众斩逊，州境获宁。逊之居州十余年及北还，以瑗为交州刺史。参看下节。义熙六年（410），年八十四卒。府州纲佐，共推瑗第五子慧度行州府事。辞不就。七年（411），除交州刺史。诏书未至，卢循袭破合浦，径向交州。李逊子奕、脱等；引诸俚帅，众五六千人，受循节度。慧度与弟交址太守慧期，九真太守章民讨破之。循中箭赴水死。斩李脱等。慧度俭约质素；为政纤密，有如治家；由是威惠沾洽，奸盗不起。宋少帝景平元年（423），卒。以慧度子弘文为刺史。亦以宽和得众。大祖元嘉四年（427），以廷尉王徽为交州刺史。弘文就征。会得重疾，行到广州，卒。《宋书·慧度传》。二十年（424），以檀和之为刺史。二十三年（427），伐林邑，破之，事见下节。《齐书，南夷传》云：泰始初，刺史张牧卒，交址人李长仁杀牧北来部曲，《宋书·徐爰传》云：悉诛北来流寓，无或免者。爰时徙交州，长仁素闻爰名，爰又以智计诓诱，乃得无患。据交州叛。数年，病死。从弟叔献嗣事，号令未行，遣使求刺史。宋朝以南海太守沈焕为交州刺史，以叔献为焕宁远司马、武平、新昌二郡太守。叔献得朝命，人情服从，遂发兵守险，不纳焕。焕停郁林，病卒。大祖建元元年（479），仍以叔献为交州刺史，就安慰之。案《宋书·本纪》：泰始四年，三月，以孙奉伯为交州刺史。交州人李长仁据州叛。妖贼攻广州，杀刺史羊南，陈伯绍讨平之。八月，以刘勃为交州刺史。五年（483），七月，以陈伯绍为交州刺史。七年（485），二月，置百梁、在今广东合浦县东。懬苏、在合浦东北。永宁、在今广东阳江县境。安昌、在合浦北。富昌、未详。南流郡，今广西郁林县。又分广、交州三郡广之临漳，交之合浦、宋寿。立越州。《齐志》：镇临漳。案临漳，宋郡，在今合浦东北。盖孙奉伯、刘勃、陈伯绍皆未能之镇，故立越州以规交土也。《齐书·大祖纪》：即位后遣使分行四方，以交、宁道远不遣使。《刘善明传》：善明表陈时事，以为"交州险夐，要荒之表，宋末政苛，遂至怨叛，今大化创始，宜怀以恩德，未应远劳将士，摇动边氓。且彼土所出，惟有珠宝，实非圣朝所须之急，讨伐之事，谓宜且停。"盖大祖本意在息民，又时交州惟有珠宝，大祖性俭，非其所重，故遂以姑息处之也。《南夷传》又云：叔献受命。既而断割外国，贡献寡少。世祖欲讨之。永明元年（483），以司农刘楷为交州刺史，发南康、庐陵、始兴郡兵征交州。南康，见第七章第五节。庐陵，见第三章第九节。叔献间道自湘川还朝。六年（488），以始兴太守房法乘代楷。法乘至镇，属病不理事。好读书。长史伏登之因此擅权，改易将吏。录事房季文白之。法乘大怒，系登之于狱。十余日，登之厚赂法乘妹夫崔景叔得出。将部曲袭执法乘。启法乘心疾动，不任亲事。世祖仍以登之为交州刺史。盖终不免于姑息矣。梁武帝天监四年（505），二月，交州刺史李凯据州反，长史李畟讨平之。十五年（516），交州刺史李畟斩州反者阮宗孝，传首京师。普通四年（526），六月，分交州置爰州。治九真。皆见《本纪》。大同七年（541），先是武林侯萧谘为交州刺史，以衰刻失众心。土人李贲连结数州豪杰，同时反，攻谘。谘输赂，得还越州。台遣高州刺史孙冏、新州刺史卢子雄将兵击之。兼采梁、陈《书·本纪》。高州治高凉，见第十五章第三节。新州梁置，今广东新兴县。时春草已生，瘴疠方起，子雄请待秋讨之。广州刺史新渝侯萧映不听，谘又促之。时谘亦至广州。子雄等不得已，遂行。至合浦，死者十六七。众并惮役溃散，禁之不可，乃引其余兵退还。谘启子雄及冏与贼交通，逗留不进。武帝敕于广州赐死。《陈书·杜僧明传》。子雄弟子略，与冏子侄及其主帅杜天合、杜僧明共举兵，执南江督护沈颙，进寇广州。《陈书·武帝纪》。其事详见《杜僧明传》。陈高祖时为西江督护，讨平之。时又遣越州刺史陈侯、罗州刺史宁巨、安州刺史李智、爰州刺史阮汉同征贲。罗州，见第十五章第三节。安州，未详。九年（543），四月，林邑王破德州，治九德。攻贲。贲将范脩破走之。十年（544），正月，贲于交趾窃位号，署置百官。《梁书·本纪》。诏陈高祖为交州司马，领武平太守，与刺史杨㬓南讨。十一年（545），六月，军至交州，破贲。中大同元年（546），四月，克交趾嘉宁城。贲窜入僚洞。屈獠斩贲，传首京师。《陈书·高祖纪》在大清元年（547），《梁书·本纪》在二年三月，盖贲死于元年，《纪》于其传首至京之日书之。贲兄天宝，遁入九真。与劫帅李绍隆收余兵二万，杀德州刺史陈文戒；进围爱州。高祖仍率众讨平之。越南国史，称贲为前李氏。谓其七世祖为中国人，徙居大平。以大同十年（546）自立，国号万春，年号天德。贲死后，天宝自立为桃郎王。有赵光复者，亦于大清三年（549），自立为越王。敬帝绍泰元年（555），天宝死，无子，诸臣共立其族人李佛子。陈宣帝大建二年（556），袭禽赵光复。至隋文帝仁寿三年（603）降隋。据冯承钧译迦节《越南世系》，在《史地丛考续编》中，商务印书馆本。案李佛子之降，事见《隋书·本纪》及《刘方传》。越南古史，原系依附中国史籍而成，其不足据，与朝鲜、日本之古史正同也。陈世交、广之域，欧阳氏实擅大权，欧阳頠为广州刺史，及其子纥之事已见前。頠弟盛为交州刺史。纥之平，交址夷僚，往往相聚为寇抄，阮卓孝使招慰，交趾多金翠珠贝珍怪之产，前后奉使者皆致之，惟卓挺身而还，衣装无他，时论咸服其廉焉。以上所言，为交、广缘海之地，为文明及财富所萃，政权亦托于是。大抵能树威德者，皆久居其地之豪族，单车孤往，则形同羁旅，即使清能，亦多无以善其后，而贪暴者更无论矣。此其所以势同割据，五代后卒至分裂而去也。至远海之区，则启辟尤廑。《齐书·州郡志》言："广州民户不多，而俚、獠猥杂，皆楼居山险，不肯宾服。""越州俚、獠丛居，隐伏岩障，寇盗不宾，略无编户。元徽二年（474），以陈伯绍为刺史，始立州镇，穿山为城门，威服俚、獠。土有瘴气杀人。汉世，交州刺史每暑月辄避处高，今交土调和，越瘴独甚。刺史尝事戎马，惟以战伐为务。"此可见广州之启辟，不如交州，越州又落广州之后。盖其文化皆自海道传来，交州眹出海中，故其启辟较易也。

琼州一岛，汉武帝时，置儋耳、今广东儋县。珠崖二郡，昭帝时罢儋耳，元帝时又罢珠崖，已见《秦汉史》第五章第十六节。孙权欲取夷洲及珠崖，陆逊、全琮皆谏，详见第五节。然赤乌五年（242），卒遣将军聂权、校尉陆凯以兵三万讨珠崖、儋耳。《三国·吴志·权传》。是岁，遂置珠崖郡。晋平吴，省入合浦。宋文帝元嘉八年（480），又立珠崖。《南夷传》云：世祖大明中，合浦大帅陈檀归顺。四年（476），檀表乞官军征讨未附。乃以檀为高兴太守，罗州治。遣前朱提太守费沈，龙骧将军武期率众南伐，并通朱崖道。并无功。辄杀檀而返。沈下狱死。则亦仅等诸羁縻而已。

宁州之地，距中原窎远，与交、广无异，而又无海路可通，故其闭塞尤甚。

自两汉开辟之后，迄于南北朝，惟蜀汉之世，颇能控制之，则以其相距较近；又蜀土褊狭，军资国用，势不能不有藉于此；故能尽力经营也。晋世宁州之地，后汉时分越巂、见第十三章第四节。益州、牂柯、今贵州平越县。永昌今云南保山县。四郡，而以庲降为控扼之所。《三国·蜀志·李恢传注》云：臣松之讯之蜀人，云庲降地名，去蜀二千余里。时未有宁州，号为南中，立此职以总摄之。晋泰始中，始分为宁州。案《马忠传》言：初建宁郡杀太守正昂，缚太守张裔于吴，故都督常住平夷县，至忠乃移治味县，似庲降都督本治益州也。平夷，今云南曲靖县。雍闿之乱，杀太守正昂。蜀以张裔为太守，闿又执之，送于吴。吴遥置闿为永昌太守，《三国·蜀志·吕凯传》。而以刘璋子阐为益州刺史，处交、益界首。诸葛亮平南中，阐还吴，为御史中丞，见《蜀志·二牧传》。越巂夷王高定，牂柯太守朱褒亦叛。惟永昌五官掾功曹吕凯，与丞王伉闭境拒闿。诸葛亮欲自征之。长史王连谏：以为不毛之地，疫疠之乡，不宜以一国之望，冒险而行。亮为留连久之。建兴三年（225），三月，卒自行。时李恢为庲降都督，领交州刺史，住平夷。亮由越巂，恢案道向建宁。诸县大相纠合，围恢军于昆明。未详。恢绐以官军粮尽，欲引还，乘其怠出击，大破之。追奔逐北，南至槃江，谢钟英《三国疆域志补注》云：即今南盘江。东接牂柯，与亮声势相连。时亮发在道，而雍闿为高定部曲所杀。亮至南，改益州为建宁，分建宁、永昌置云南，治弄栋，今云南姚安县。建宁、牂柯置兴古。治温，今云南罗平县。表吕凯为云南太守，会为叛夷所害，子祥嗣。王伉为永昌太守。军还，南夷复叛，杀害守将。李恢身往扑讨，钽尽恶类，徙其豪帅于成都。赋其叟、濮耕牛、战马、金、银、犀革，充继军资，于时费用不乏。案《诸葛亮传》称亮南征之功，亦曰“军资所出，国以富饶”，可见当时之用兵，固欲绝后顾之忧，实亦利其赋入也。七年（229），以交州属吴，解恢刺史，更领建宁太守。九年（231），张翼为庲降都督。持法严，不得殊俗之欢心。十一年（233），耆帅刘胄作乱。翼讨之，不克。以马忠代之，乃讨斩胄。移治味县。越巂叟夷数反，杀太守龚禄、焦璜，是后太守不敢之郡。只住安定县，去郡八百余里。安定治所未详。除张嶷为太守。嶷诱以恩信，讨其不服。在官三年，徙还故郡。定莋、在今四川盐源县南。台登、在今四川冕宁县东。卑水在今四川会理县东北。三县，旧出灵、铁及漆，夷徼久自锢食，嶷率所领夺取，署长吏焉。郡有旧道，经旄牛中旄牛，汉县，在今四川汉源县南。至成都，既平且近，绝已百余年，更由安上，既险且远。安上，谢钟英云：当在峨边、越巂间。亦获开通，复古亭驿。嶷在郡十五年，至延熙十七年（255）乃还。永昌郡夷僚不宾，以霍弋领太守，率偏军讨之，斩其豪帅，郡界宁静。弋后领建宁太守，统南郡事。蜀亡降魏，仍拜南中都督，委以本任，使救吕兴，事已见前。案马谡攻心之论，诸葛亮七纵七禽之说，古今侈为美谈，①《三国·蜀志·马谡传注》引《襄阳记》曰：亮征南中，谡送之数十里。亮曰："虽共谋之历年，今可更惠良规。"谡对曰："南中恃其险阻，不服久矣。虽今日破之，明日复反耳。今公方倾国北伐，以事强贼，彼知官势内虚，其叛亦速。若殄尽遗类，以除后患，既非仁者之情，且又不可仓卒也。夫用兵之道，攻心为上，攻城为下；心战为上，兵战为下；愿公服其心而已。"亮纳其策，赦孟获以服南方，故终亮之世，南方不敢复反。《亮传注》引《汉晋春秋》曰：亮在南中，所在战捷，闻孟获为夷汉所服，募生致之。既得，使观于营陈之间，问曰："此军何如？"获对曰："向者不知虚实，故败。今蒙赐观看营陈，若只如此，即定易胜耳。"亮笑，纵使更战。七纵七禽，而亮犹遣获。获止不去，曰："公天威也，南人不复反矣。"遂至滇池。南中平，皆即其渠帅而用之。或以谏亮。亮曰："若留外人，则当留兵，兵留则无所食，一不易也。加夷新伤破，父兄死丧，留外人而无兵者，必成祸患，二不易也。又夷累有废杀之罪，自嫌衅重，若留外人，终不相信，三不易也。今吾欲使不留兵，不运粮，而网纪粗定，夷汉粗安故耳。"粗安、粗定四字，最可注意，所能期望者，原不过如此也。其实反斾未几，叛旗复举，重烦讨伐，又历多年，知志在赋取者，终非如厚往薄来之可以无猜也。邓艾入阴平，或以为南中七郡，阻险斗绝，易以自守，宜可奔南。谯周言："若至南方，外当拒敌，内供服御，费用张广，他无所取，耗损诸夷必甚，甚必速叛。"事乃已。晋既定蜀，泰始七年（271），建为宁州。大康三年（282），废宁入益，置南夷校尉以护之。《三国·蜀志·霍峻传注》引《汉晋春秋》；弋之孙彪，为晋越嶲太守；《吕凯传注》引《蜀世谱》：凯子祥，为晋南夷校尉；祥子及孙，世守永昌；又《马忠传注》：子修，修弟恢，恢子义，皆为晋建宁太守；盖皆用旧人以抚之，故获相安。惠帝大安二年（303），复立宁州。巴氐乱作，声教始隔。永嘉元年（424），南夷校尉李毅卒，宁州遂陷。治中毛孟求刺史于京都，诏以李逊为之。逊仍据州与李雄相拒。逊死，州人立其子坚。陶侃使尹奉代之。至成帝咸和八年（333），乃为李寿所陷，已见第三章第六节。咸康二年（336），广州刺史邓岳，遣督护王随击夜郎，晋郡，今贵州石阡县西南。新昌太守陶协击兴古，并克之。加督宁州。五年（339），岳又伐蜀，建宁人孟彦执李寿将霍彪以降。寿遣李奕攻牂柯，太守谢恕固守，奕粮尽引还。后八岁，李氏灭，宁州还属晋朝。苻坚陷益州，《载记》言西南夷邛、筰、夜郎等皆归之，盖尝致其献见，然坚实未能有其地也。宋世萧惠开督益、宁，大明八年（464）。《传》言其欲收牂柯、越嶲，以为内地，绥讨蛮、濮，开地征租，然有志而未逮。梁世武陵王纪居蜀，史言其南开宁州、越嶲，故能殖其财用，已见第十三章第四节，此亦意在赋敛而已。其时徐文盛为宁州，《传》云：州在僻远，所管群蛮，不识教义，贪欲财贿，劫篡相寻，前后刺史莫

---

① 史事：诸葛亮攻心之论不确，志在赋取，终非厚往薄来者也。然晋代多用旧人抚之，宁州遂获安定，则亦亮开拓之效也。

能制。文盛推心抚慰，示以威德，夷僚感之，风俗遂改。当时自边徼举兵勤王者，实惟文盛与陈高祖二人，其人盖亦异才，惜乎未竟其用也。《齐书·州郡志》云：宁州道远土瘠，蛮夷众多，齐民甚少。诸爨氏强族，恃远擅命，故数有土反之虞。盖客籍官于宁能举其职亦少，故其后地遂为两爨所擅焉。

第三节　林邑建国

秦、汉之开南越，所至之地，不为不远，然其地陆路阻塞，交通皆藉海道，其南境，海道距印度近而距中国已开发之地远，故越三四百年，其地之民族，遂有承袭印度之文化而谋自立者，林邑是也。《晋书·林邑传》曰：林邑国，本汉时象林县，则马援铸柱之处也。汉象林县，在今越南之广南。其地有茶荞古城，考古者云即林邑之都，见鄂鲁梭《占城史料补遗》，在《西域南海史地考证译丛续编》中，商务印书馆本。《水经·温水注》云：建武十九年（43），马援树两铜柱于象林南界，与西屠国分，汉之南疆也。土人以其流寓，号曰马流，世称汉子孙也。又云：秦徙余民，染同夷俗，日南旧风，变易俱尽。盖其地华人甚少，故渐为夷所同化。后汉末，功曹姓区，有子曰连，《梁书》作达，《水经注》作逵。杀令，自立为王。子孙相承。《水经注》云：自区逵以后，国无文史，失其年代，世数难详。其后王无嗣，外孙《梁书》作外甥，《隋书》作其甥。范熊代立。熊死，子逸立。自孙权以来，不朝中国。至武帝大康中，始来贡献。咸康二年（336），《梁书》、《南史》作三年。范逸死，奴文篡位。文，日南西卷县夷帅范椎奴也。① 《齐》、《梁书》、《南史》皆作范稚。西卷县，在今越南承天府附近。尝牧牛涧中，获二鲤鱼，化成铁，用以为刀。刀成，乃对大石郭而祝之曰："鲤鱼变化，冶成双刀，石郭破者，是有神灵。"进斫之，石即瓦解。文知其神，乃怀之。随商贾往来，《梁书》、《南史》云：范稚常使之商贾。见上国制度。至林邑，遂教逸作宫室、城邑及器械，《梁书》、《南史》作及兵车器械。逸甚爱信之，使为将。文乃谮逸诸子，或徙或奔。及逸死，无嗣，文遂自立为王。《梁书》、《南史》云：文伪于邻国迎王子；置毒于浆中而杀之，遂胁国人自立。于是乃攻大岐界、小岐界、式仆、徐狼、屈都、乾鲁、扶单等诸国，并之。《梁书》云：举兵攻旁小国，皆吞灭之。有众四五万人。近世治南洋史者，谓林邑即唐之环王，五代后之占城，在我虽有异名，在彼则迄以占婆自号，《唐书》：环王，亦名占婆。《西域记》名摩诃瞻波。《南海寄归内法传》作占波。未尝有所谓林邑者。② 冯承钧译马司培罗《占婆史序》。商务印书馆

---

① 商业：范文以人奴为商篡国，商之成就最大者？
② 四裔：谓林邑自始号占婆，范非中国姓不必然。范熊之熊，号而非名？胡达亦然。林邑事考。

本。案《太平寰宇记》卷百七十六。云：林邑国，本秦象郡林邑县地，汉为象林县，属日南郡，而《水经注》述林邑事，有"后去象林、林邑之号"之文，则占婆建国之初，实曾以中国县名，为其国号也。《三国·吴志·吕岱传》，谓岱既定交州，遣从事南宣国化，徼外扶南、林邑、明堂诸王各遣使奉贡，则《晋书》谓自孙权以来，不朝中国者实非；或其所谓中国，乃指汉、魏而言也。《后汉书·南蛮传》：和帝永元十二年（100），四月，日南象林县蛮夷二千余人，寇掠百姓，燔烧官寺。郡县发兵讨击，斩其渠率，余众乃降。于是置象林将兵长史，以防其患。顺帝永和二年（137），日南象林徼外蛮夷区怜等数千人攻象林县，烧城寺，杀长吏。交址刺史樊演发交址、九真二郡兵万余人救之。兵士惮远役，遂反。攻其府。会侍御史贾昌使在日南，即与州郡并力讨之，不利。遂为所攻围。明年，用李固议，拜祝良为九真太守，张乔为交址刺史，乃讨平之。后张津为区景所杀，事见上节。然则象林徼外蛮夷，为患已久，而区氏为象林魁桀，故终至杀令而自立也。占婆古碑，尚有存者。马司培罗谓考诸碑文，占婆有史以来第一王为释利魔罗 criMara，或即区连云。见《占婆史》第二章。范为中国姓，抑系译音，近人多有异说。伯希和云：占婆碑文，国王名号，无一与范字相类者；马司培罗谓范为 Varnan 对音；详见费郎《叶调斯调与爪哇》，在《西域南海史地考证译丛续编》中。其言似亦有理，然究不能谓中国史所载林邑诸王，必见于占波碑文中也。予谓范文之知识，尚系得诸中国，则自此以前，以中国人入占波作大长，于势甚顺。范熊、范文，不必论其种姓如何，视为中国民族，固无不可也。

陶璜言范熊世为通寇，则林邑之为边患，由来已久，及范文立而愈烈。《晋书·林邑传》言：文遣使通表入贡，其书皆胡字，此与《本纪》所书咸康六年十月，林邑献驯象，当即一事。后七年而兵端启。《传》云：永和三年（347），文率其众，攻害日南。陷太守夏侯览。杀五六千人。余奔九真。以览尸祭天。铲平西卷县城。遂据日南。告交州刺史朱蕃，《梁书》作朱藩。求以日南北鄙横山为界。初徼外诸国，尝赍宝物，自海路来货贿，而交州刺史、日南太守多贪利侵侮，十折二三。至刺史姜壮时，《梁书》、《南史》皆作姜庄。使韩戢领日南太守，戢估较大半，又伐船调椔，声云征伐，由是诸国恚愤。且林邑少田，贪日南之地。戢死，继以谢擢，《梁书》作谢稚。侵刻如初。及览至郡，《梁书》云：台遣览为太守。酖荒于酒，政教愈乱，故被破灭。既而文还林邑。是岁，朱蕃使督护刘雄戍于日南，文复攻陷之。四年（348），文又袭九真，害士庶十八九。明年，征西督护滕畯率交、广之兵伐文于卢容，县名，当在承天府之南。为文所败，退次九真。其年，文死，子佛嗣。升平末。广州刺史滕含率众伐之。佛惧，请降。含与盟而还。含，修之孙，见《修传》。《梁书·林邑传》云：文杀夏侯览，留日南三年，乃还林邑。朱蕃后遣刘雄戍日南，文复屠灭之。进寇九德，残害吏民。遣使告蕃：愿以日南北境横山为界。蕃不许。又遣督护陶缓、李衢讨之。文归林邑。寻复屯日南。五年（349），文死，子佛立。犹屯日南。桓温遣督护滕畯、九真太守灌邃帅交、广州兵讨之。佛婴城固守。邃令畯盛兵于前，邃率劲卒七百人自后逾垒而入。佛众惊溃奔走。邃追至林邑。佛乃请降。留日南三年句，乃总其前后而言之，自永和三年（347）至五年（349）。此处所谓乃还林邑，与下文之文归林邑，正是一事。然云寻复屯日南；又云文死，子佛立，犹屯日南；则自永和三年（418）之后，林邑之兵，实迄未尝去日南矣。惟范文初还，刘雄未败时尝暂复，此时文实尚未据日南也。滕畯之兵，《晋书》在范文时言其败，而《梁书》在范佛时言其胜者？《水经注》言：永和五年（349），桓温遣督护滕畯，率交、广兵伐范文于旧日南之卢容县，为文所败，退次九真，更治兵。文被创死，子佛代立。七年（351），畯与交州刺史杨平复进。军寿泠浦。在区粟城之南。区粟城，《水经注》云：即西卷县。入顿郎湖。在四会浦口之西。四会浦口，今顺安海。讨佛于日南故治。佛蚁聚，连垒五十余里。畯、平破之。佛逃窜山薮，遣大帅面缚，请罪军门。遣武士陈延劳佛，与盟而还。则畯征林邑，实经再驾，始败终胜，范文既以创死，则初役亦不得谓全败。《晋书》漏书其后一役，《梁书》又漏书其前一役也。《本纪》：永和九年（353），三月，交州刺史阮敷讨佛于日南，破其五十余垒。《梁书·传》云：升平初，复为寇暴，刺史温放之讨破之。放之，峤子。《晋书·峤传》云：放之以贫求为交州，朝廷许之。既至南海，甚有威惠。将征林邑，交址太守杜宝、别驾阮朗并不从，放之以其沮众，诛之。勒兵而进。遂破林邑而还。《水经注》事在升平二年（358），云水陆累战，佛保城自守，重求请服，听之。《本纪》：三年（359），十二月，放之又讨林邑参离、耽潦，盖林邑属夷。并降之。此数事《晋书·传》亦漏书。《传》又云：至孝武宁康中，遣使贡献。至义熙中，每岁又来寇日南、九真、九德诸郡，杀伤甚众。交州遂致虚弱，而林邑亦用疲弊。佛死，子胡达立，上疏贡黄金盘碗及金钲等物。一似佛死胡达立，在义熙之后者，其误殊甚。《杜慧度传》：慧度父瑗，平李逊之乱，交州刺史滕逊之乃得至州，已见上节。《传》又云：逊之在前十余年，与林邑累相攻伐。逊之将北还，林邑王范胡达攻破日南、九德、九真三郡，遂围州城。时逊之去已远。瑗与第三子爱之，悉力固守。多设权策，累战，大破之。追讨于九真、日南，连捷。故胡达走还林邑。乃以瑗为交州刺史。义熙六年（410），年八十四，卒。李逊之叛，事在大元五年十月，其见杀在六年七月，逊之到官，必在六七年间，在州十余年，约当大元之末，佛死而胡达继，必在升平二年（358）至大元末年之间。《梁书·传》云：安帝隆安三年（399），佛孙须达，复寇日南，执太守炅源。又进寇九德，执太守曹炳。交址太守杜瑗遣都督邓逸等击破之。即以瑗为刺史。则隆安三年（399），林邑王位，又嬗于须达矣。《晋书·本纪》：大元七年（382），三月，林邑范熊献方物，此时在位者为佛为胡达不可知，要不得更有范熊，疑熊乃号而非名也。《梁书·传》又云：义熙三年（407），须达复寇日南，杀长史。瑗遣海逻督护阮斐讨破之，斩获甚众。九

（413），须达复寇九真。行郡事杜慧期慧度弟。与战，斩其息交龙王甄知，及其将范健等。生俘须达息那能，及虏获百余人。《本纪》：是年三月，林邑范湖达寇九真，交州刺史杜慧度斩之，湖达盖即甄知，亦号而非名也。《梁书·传》云：自瑗卒后，林邑无岁不寇日南、九德诸郡，杀荡甚多。交州遂致虚弱。《杜慧度传》云：高祖践阼之岁，慧度率文武万人，南讨林邑。所杀过半。前后被钞略，悉得还本。林邑乞降。是役盖亦一大举，然兵端仍不戢。《宋书·林邑传》云：高祖永初二年（421），林邑王范阳迈遣使贡献，即加除授。大祖元嘉初，侵暴日南、九德诸郡。八年（427），又遣楼船百余寇九德，入四会浦口。交州刺史阮弥之，遣队主相道生三千人赴讨。攻区粟城，不克而还。林邑欲伐交州，借兵于扶南，扶南不从。十年（429），阳迈遣使上表献方物，求领交州。诏答以道远，不许。十二（431）、十五（434）、十六（435）、十八年（437），频遣贡献，而寇盗不已。所贡亦陋薄。① 大祖忿其违愦。二十三年（442），使交州刺史檀和之伐之。遣太尉振武将军宗殼受和之节度。和之遣府司马萧景宪为军锋，愍仍领景宪军副。向区粟城，克之。乘胜进讨，即克林邑。阳迈父子，并挺身奔逃。所获珍异，皆是未名之宝。此役之后，林邑寇盗遂息，或谓中国之兵威，有以慑之，核其实，亦未必然。《齐书·林邑传》云：永初二年（421），林邑王范杨迈，初产，母梦人以金席藉之，光色奇丽，中国谓紫磨金，夷人谓之杨迈，故以为名。杨迈死，子咄立，篡其父，复改名杨迈。下叙檀和之征林邑事。其下云：杨迈子孙相传为王，未有位号。夷人范当根纯攻夺其国，篡立为王。永明九年（491），遣使贡献金簟等物。诏可持节都督缘海诸军事、安南将军、林邑王。范杨迈子孙范诸农，率种人攻当根纯，复得本国。十年（492），以诸农为持节都督缘海诸军事、安南将军、林邑王。永泰元年（498），诸农入朝，海中遭风溺死。以其子文款为假节、都督缘海诸军事、林邑王。《梁书》则云：须达死，子敌真立。其弟敌铠，携母出奔。敌真追恨不能容其母、弟，舍国而之天竺，传位于其甥。国相藏驎固谏，不从。其甥既立，而杀藏驎。藏驎子又攻杀之，而立敌铠同母异父之弟曰文敌。文敌后为扶南王子当根纯所杀。大臣范诸农，平其乱而自立为王。诸农死，子阳迈立。宋永和二年（434），遣使贡献，以阳迈为林邑王。阳迈死，子咄立。篡其父，复曰阳迈。下乃叙元嘉以来侵暴，及檀和之讨伐之事。案自义熙九年（413）至永初二年（421），其间仅八年，似未能容敌真、敌铠、藏驎、文敌、范当根纯、范诸农之争夺相杀，及诸农后两世之传袭。永明九年（491）、十年（492）之除授，明有当根纯及诸农之名，必不致误。《齐书·扶南传》：永明二年（484），其王阇邪跋摩上表曰："臣有奴名鸠酬罗，委臣逸走，

---

① 史事：宋文帝征林邑，□所贡薄。此处原文为"□"案香药宝货也，苻坚征西域亦然。

别在余处，构结凶逆。遂破林邑，仍自立为王。伏愿遣军，讨伐凶逆。臣亦自效微诚，助朝廷蘍扑。若欲别立余人为彼王者，伏听敕旨。脱未欲灼然兴兵者，伏愿特赐敕在所，随宜以少军助臣，乘天之威，珍灭小贼。"此所谓鸠酬罗，与当根纯当即一人。一云奴，一云王子者？或奴而见养为子；或实奴而诈称王子；或又讳子叛父，称之为奴也。然则《梁书》此段叙述必误。阳迈本号而非名，《占婆史》云：阳迈 yanmah，意言金王也。故人人可以之自称也。《齐书》死于永初二年（421）之杨迈，似即须达；《梁书》范诸农之子阳迈，则即《齐书》之文款也。林邑在宋、齐之际，盖内既有衅，外又遭扶南贼子之侵寇，故无暇陵犯边邑矣。《梁书》又云：孝武建元、当作孝建。大明中，林邑王范神成，累遣长史，奉表贡献。明帝泰豫元年（472），又遣使献方物。齐永明中，范文赞累遣使贡献。神成、文赞，似即敌真、文敌。二人皆须达之子，而未受封拜，故《齐书》云阳迈子孙相传为王，未有位号也。阇邪跋摩之表在永明二年（484），则当根纯之篡夺林邑，必尚在其前，永明中文赞似不容累使贡献，或国都虽见夺于当根纯，范文之子孙，仍能据一隅自守，诸农乃藉之而起，亦如后世新、旧阮之事邪？《梁书》又云：天监九年（510），文赞子天凯奉献白猴。诏以为持节都督缘海诸军事、林邑王。十三年（514），天凯累遣使献方物，俄而病死，子弼毳跋摩立，奉表贡献。普通七年（526），王高式胜铠遣使献方物。中大通二年（530），行林邑王高式律陁罗跋摩遣使贡献。诏皆以为持节都督缘海诸军事、绥南将军、林邑王。文赞果即文敌，则天凯非以子继父乃继文款之后，要仍为范文之子孙，弼毳跋摩之名，忽易而为侏离之语，云系文赞之子，或不可信。当时史籍，于四裔世次多误，参看第七节吐谷浑、第八节高昌等可见。自此以后，林邑诸王名号皆然。疑其国更有变故，而为史所不详。王林邑者，自中国民族易而为印度民族，或即在斯时也。林邑之自立，实由占婆民族，受印度文化之濡染，程度稍高，不忍官吏之贪暴而叛去。《晋书·林邑传》云：人皆保露徒跣，以黑色为美；《隋书传》云：其人深目高鼻，发拳色黑；可见其民纯系马来人。其文化：如居处为阁，名曰干阑，门户皆北向；男女皆以横幅吉贝绕要以下，谓之干漫，亦曰都缦；不设刑法，有罪者使象蹋杀之；《梁书》本传。白系马来旧俗。然谓师君为婆罗门；《齐书》本传。其大姓亦号婆罗门；《宋书》本传。女嫁者由婆罗门率婿与妇，握手相付；《齐书》。其土着法服，加璎珞，如佛像之饰；事乾尼道，铸金、银人像，大十围；檀和之销其金人，得黄金数十万斤。《宋书》。人皆奉佛，文字同于天竺；《隋书》本传。则纯为来自印度之文化矣。种族既不相同，文化又复岐异，为之大长之范氏，即果系中国人，其不能持久，亦其宜也，况益以官吏之贪暴乎？既服于我之民族，复叛而去，论者恒以为可惜。然政治之管辖，仅一时之事，惟社会合同而化，乃可以长治久安。苟其不然，兵力虽强，政令虽酷，终不能永远束缚也。文化本所以谋乐利，我之文化，果优于彼，彼自乐从。若其不然，安能强人以从我？文化既不相同，安能禁人之谋自立？若谓彼藉我之力而稍开化，转图叛我，实为孤恩。则我之启发彼，果为我欤？抑为彼也？此世所谓先进之民族，不应不抚心自问者也。果以大公无我为心，则人自不知求自立而至于知求自立，正见我牖启之功，以先知先觉自任者，正当欣然而笑耳。①

第四节　海南诸国

《梁书·海南传》云：海南诸国，大抵在交州南及西南大海洲上。相去近者三五千里，远者二三万里。其西与西域诸国接。汉元鼎中，遣伏波将军路博德开百越，置日南郡，其徼外诸国，自武帝以来皆朝贡。后汉桓帝世，大秦、天竺，皆由此道遣使贡献。及吴孙权时，遣宣化从事朱应，中郎康泰通焉。其所经及传闻，则有百数十国。因立记传。晋代通中国者盖鲜，故不载史官。及宋、齐，至者十有余国，始为之传。自梁革运，其奉正朔，修贡职，航海岁至，逾于前代矣。今采其风俗粗著者，缀为《海南传》云。案史官记载之多少，由于诸国修贡职者之多少，诸国修贡职者之多少，特其与朝廷交际之多少，民间航海之盛衰，则初不系乎此也。《传》以林邑居首，今以其本为中国郡县，别为一节，其余诸国，则著之于此。

海南诸国，扶南为大。扶南，今柬埔寨也。②《晋书·扶南传》云：西去林邑三千余里，在海大湾中。《齐书》云：在日南之南大海西蛮中，蛮盖弯之误。《梁书》云：在日南郡之南海西大湾中，去日南可七千里，在林邑西南三千余里。乍观之，极似指今之泰国，故中外史家，多有以泰国释之者，然非也。法艾莫捏《扶南考》曰："凡中国史家所载扶南事述，证之东埔寨，全相吻合，然从未有一端合于暹罗者。"艾莫涅《扶南考》，在《国闻译证》第一册中，开明书店本。记扶南事者，以《梁书》为详。其《传》云：扶南国俗本裸，文身被发，不制衣裳。以女人为王，号曰柳叶。《晋书》作叶柳。年少壮健，有似男子。其南有徼国，齐书作激国，《南史》同。《晋书》但云外国人。有事鬼神者字混填。《晋书》作混溃。梦神赐之弓，乘贾人舶入海。混填晨起，即诣庙。于神树下得弓。便依梦乘船入海。遂入扶南外邑。《晋书》云：梦神赐之弓，又教乘舶入海。混溃旦诣神祠得弓，遂随贾入泛海至扶南外邑。《齐书》云：梦神赐弓二张。柳叶人众见舶至，欲取之。混填即张弓射其舶，穿度一面，矢及侍者。《齐书》云：贯船一面，通中人。柳叶大惧，举众降。混填乃教柳叶穿布贯头，形不复露。遂治其

---

① 民族：服属于我之民族求自立，正见牖启之功。
② 四裔：扶南者，柬埔寨而非暹罗。

国。伯希和《越南半岛中国史文》引《吴时外国传》曰：扶南之先，女人为主，名柳叶。有摸趺国人，字混慎，好事神，一心不懈。神感至意。夜梦人赐神弓一张，教载贾人舶入海。混慎晨入庙，于神树下得弓，便载大船入海。神回风令至扶南。柳叶欲劫取之。混慎举神弓而射焉，贯船通渡。柳叶惧伏。混慎遂王扶南。此文见《大平御览》卷三百四十七。伯希和云：《吴时外国传》，即康泰《行记》之一名。柳叶似非译音。若云译意，柬埔寨无柳树，何来柳叶？恐是椰叶之误。明陈继儒《珍珠船》云：诃陵以柳花为酒，柳花酒必是已见唐人记载之椰子花酒。设女王实名椰叶，则可推想扶南亦有一椰树部落，与古占城同矣。混慎，他书作填或滇，康泰元文似作填，此为 Kaundinya 之汉译无疑也。摸趺不见他书，必有误。《御览》又引康泰《扶南土俗》多条，大半在第七百八十七卷中。有一条，言混填初载贾人大船入海之国名乌文国，其元名似系 Uman 或 umun，然亦无考。一条云：横趺国，在优钹之东南。又云：优钹国在天竺之东南，可五千里。城郭、珍玩、谣俗，与天竺同。横趺、摸趺，字形相类，明是一国。以古来译例求之，元名似系摸趺。此处所云天竺，设指全印度，则其东南五千里之优钹，应在恒河以东。摸趺在优跌东南，似当求之马来半岛东岸。乌文亦在此处。惟未将康泰《行记》一切残文及他可助考证文字详考，不能尽废在印度东岸之说也。伯希和此篇，在冯承钧《西域南海史地考证译丛》中。占婆古有二大部落：一曰槟榔，在宾童龙，一曰椰子，在其北，见冯译《占婆史》第一章。纳柳叶为妻。生子分王七邑。其后王混盘况，以诈力间诸邑，令相疑阻，因举兵攻并之。乃遣子孙，分治诸邑，号曰小王。盘况年九十余乃死。立中子盘盘。以国事委其大将范蔓。盘盘立三年死。国人共举蔓为王。蔓勇健，有权略。复以兵威攻伐旁国，咸服属之。自号扶南大王。乃治作大船，穷涨海，费郎云：即东起琼州，西至麻六甲海峡之中国海，见所著《苏门答剌古国考·苏门答剌史草》篇。冯承钧译，商务印书馆本。攻屈都昆、九稚、典孙等十余国，开地五六千里。次当伐金隣国，伯希和《扶南考》云：屈都昆之名，他处未见，仅见屈都乾、都昆、都军等。屈都乾见《齐书·林邑传》及《大平御览》卷七百九十。《水经注》卷三十六引《林邑记》，省称屈都。此处之屈都昆，应即都昆。《通典》卷百八十八，《御览》卷八百八十八，有边斗一云斑斗，都昆一云都军，拘利一云九离，比嵩四国。云：并隋时闻焉。扶南度金隣大湾，南行三千里，有此四国。都昆，应在马来半岛。九稚，盖九离之讹，亦即《御览》卷七百九十之句稚。典孙，即顿逊。金隣，《御览》七百九十引《异物志》云：一名金陈，去扶南可二千余里。又引《外国传》云：从扶南西去金陈二千余里。《水经注》卷一引竺芝《扶南记》云：林阳国，陆地距金隣国二千里。《御览》卷七百八十七引康泰《扶南土俗》云：扶南之西南，有林阳国，去扶南七千里。又引《南州异物志》云：林阳，在扶南西七千余里。义净《南海寄归内法传》，亦有金隣之名，日本僧人注解，谓即此传之金洲，则为梵文之 Suvarnadvipa，今之 Palembang 矣。伯希和此篇，亦冯承钧译，在《史地丛考续编》中。蔓遇疾，遣太子金生代行。蔓姊子旃，时为二千人将，因篡蔓自立。遣人诈金生而杀之。蔓死时，有乳下儿，名长，在民间。至年二十，乃结国中壮士袭杀旃。旃大将范寻，又杀长而自立。吴时，遣中郎将康泰、宣化从事朱应使于寻国。国人犹裸，惟妇人着贯头。泰、应谓曰："国中实佳，但人亵露可怪耳。"寻始令国内男子着横幅。横幅，今干缦也。案《三国·吴志·孙权传》：赤乌六年（243），十二月，扶南王范旃遣使献乐人及方物，《吕岱传》言扶南奉贡，已见上节。岱之召还，在黄龙三年（231），则扶南入贡，应在黄龙三年以前。惟史家叙事，不能皆具年月，《岱传》或系要其终而言之，则扶南初入贡，或即在此年，亦未可知也。则范旃篡立，略当吴大帝之时。其先须容一老寿之盘况及盘盘三年；自此上溯，必尚有数世；则混填年代，必不得甚近。扶南之建国，尚当在林邑之先也。

《晋书·扶南传》云：武帝泰始初，遣使贡献。大康中，又频来。《武帝纪》：泰始四年（468），扶南、林邑各遣使来献。此后书其至者，为大康六年（285）、七年（286）、八年（287）。《梁书》云：晋武帝大康中，寻始遣使贡献，误。穆帝升平初，复有竺旃檀称王，遣使贡驯象。帝以殊方异兽，恐为人患，诏还之。此事《纪》在升平元年（357），竺旃檀作天竺旃檀，竺盖天竺之省称也。其后《纪》于大元十四年（389），又书其来献方物，而不言其王为何人。《梁书》亦叙竺旃檀贡驯象事，下云：其后主憍陈如，本天竺婆罗门也。有神语曰：应王扶南。憍陈如心悦。南至盘盘。见下。扶南人闻之，举国欣戴，迎而立焉。复改制度，用天竺法。按竺旃檀当是印度人，当其时，天竺治法，必已颇行于扶南矣，特至憍陈如而更盛耳。

《梁书》又云：憍陈如死，后王持梨陀跋摩，宋文帝世，奉表献方物。《宋书·夷蛮传》云：元嘉十一（434）、十二（435）、十五年（438），国王持黎跋摩遣使奉献。《齐书·南夷传》云：宋末，扶南王姓侨陈如，名阇邪跋摩，遣商货至广州。天竺道人那伽仙附载欲归国。遭风至林邑，掠其财物皆尽。那伽仙闲道得达扶南。案此叙事即系据其表辞。永明二年（484），阇邪跋摩遣那伽仙上表，已见上节。梁天监二年（503），跋摩复遣使送珊瑚佛像，并献方物。诏以为安南将军、扶南王。十年（511）、十三年（514），跋摩累遣使贡献。其年死。庶子留陁跋摩杀其嫡弟自立。其后十六年（517）、十八年（519）、普通元年（520）、中大通二年（530）、天同元年（535）、五年（539），又遣使来，皆见本传。陈高祖永定三年（559），宣帝大建四年（572），后主祯明二年（588），皆使献方物，见《本纪》。艾莫涅《扶南考》，谓中国于四裔，同时或时极相近者，多以异名称之，层见叠出。使能名号归一，国数必可大减。彼谓《文献通考》纪狼牙修事云：立国以来，四百余年。后嗣衰弱。王族有贤者，国人归之。王闻，乃加囚执。其锁无故自断。王以为神，不敢害。逐出境。遂奔天竺。天竺妻以长女。俄而狼牙修王死，大臣迎还为王。二十余年死。子婆加达多立。天监十四年（515），遣使阿撒多奉表。案此亦《梁书·海南传》之文。狼牙修即扶南，贤王即憍陈如，此说似大早计。彼又谓憍陈如之印度名曰甘婆 Kambu，从大自在天神 Siva 处得一妇，即柬埔寨梵文碑之班罗。Pera 因此，古代传说，其国名甘婆地 PaysdeKambu，教徒名甘婆阇 Kambujas。意即系出甘婆之人。此为其五世纪时之名，后遂以甘白智名国云。甘白智，柬埔寨古名。憍陈如登位后，号持留陁跋摩 Srutavarman，意即圣经之保卫者。

柬埔寨列王，皆以跋摩 Varman 字为尊号结尾，自此王启之也。持梨陁跋摩Śresthavarman 意为善人与婆罗门教士之保护者。后代碑文，称其居持梨陁补罗Śresthapura，意即婆罗门城。留陁跋摩 Rudravarman 自附于憍陈如之女之统系，必持梨陁跋摩之戚属而非其子。碑刻中亦颂扬其功烈云。

《梁书·扶南传》云：其南界三千余里有顿逊国。在海崎上。地方千里。城去海十里。有五王，并羁属扶南。艾莫涅云：史莱格 Schlegel 谓即今答纳萨利或旦那赛林，是也，惟南境当展至麻六甲半岛。顿逊之东界通交州，其西界接天竺、安息。徼外诸国，往还交市。所以然者？顿逊回入海中千余里，涨海无崖岸，船舶未曾得径过也。其市东西交会，日有万余人。珍物宝货，无所不有。顿逊之外，大海洲中，又有毗骞国。去扶南八千里。艾莫涅曰：即白古。言距扶南八千里者，自扶南之毗骞，当绕行麻六甲半岛全部也。伯希和云：此国似在 Iraouaddy 江及印度洋缘岸。传其王身长丈二，头长三尺，自古来不死，莫知其年。王神圣，国人善恶，及将来事，王皆知之，是以无敢欺者。南方号曰长颈王。《南史·刘杳传》：沈约云："何承天纂文奇博，其载张仲师及长颈王事，此何所出？"杳曰："仲师长尺二寸，惟出《论衡》；长颈是毗骞王，朱建安《扶南以南记》云：古来至今不死。"约即取二书寻检，一如杳言。朱建安《扶南以南记》，即朱应《扶南异物志》也。国俗有室屋、衣服，啖粳米。其人言语，小异扶南。艾莫涅曰：此犹言猛种 Mons 或白古种 Pégouans 言语，与吉蔑族 Khmers 言语相似也，至今日始知其确。国法刑罪人，并于王前啖其肉。国内不受估客，有往者亦杀而啖之，是以商旅不敢至。王常楼居，不血食，不事鬼神。其子孙生死如常人，惟王不死。扶南王数遣使与书相报答。王亦能作天竺书。书可三千言，说其宿命所由，与佛经相似，并论善事。又传扶南东界即大涨海。海中有大洲。洲上有诸薄国。国东有马五洲。复东行涨海千余里，有自然火洲。其上有树生火中。洲左近人，剥取其皮，纺绩作布。极得数尺，以为手巾。与焦麻无异，而色微青黑。若小垢污，则投火中，复更精洁。或作灯炷，用之不知尽。案此即火浣布，乃石绵所制，昔人不知其故，自然火洲，盖上有火山，因附会而为此说也。《苏门答剌古国考》云：《通典》卷百十八，《御览》卷七百八十八，有国名杜薄。在扶南东涨海中，直渡海数十日而至。伯希和以为社薄之讹。社薄，古音读如 Jabak，为阇婆迦（Jāvaka）、阇婆格（Zābag）之对音。印度《罗摩延书》Rāmāyana 有耶婆洲，（Yavadvipa）耶婆（Yava）之名，昔人释为爪哇，然中有七国庄严，黄金为饰之语，南海西部诸洲，有金矿者惟一苏门答剌。苏门答剌昔名耶婆，转为阇婆，又转为阇婆迦，诸薄古音读若 Cubak，应亦为阇婆迦之讹译，则亦应在苏门答剌矣。凡此诸国，殆皆因扶南而传闻者也。其自宋至陈，来朝贡者：有诃罗施、元嘉七年（430）来献。史载其表辞。王名坚铠。所遣二人，一名毗纫，一名婆田。呵罗单国，元嘉七年（430）亦来献，无表文及王与使者之名。十年（433）奉表，王名毗沙跋摩。后为子所篡夺。十三年（436），又上表求买铠仗、袍袄及马，所遣使者，亦名毗纫。颇疑诃罗陁、呵罗单实一国，而史误析为二也。呵罗单、元嘉七年（430）、十年

（433）、十三年（436）来。后又一来。二十六年（449），与婆皇、婆达同被除授。二十九年（452）又来。治阇婆洲。《本纪》纪其十一（431）、十四年（434）来，而无十三年（433）来之事。十年（430）有阇婆洲来，疑亦即呵罗单，而史误析之也。婆皇、元嘉二十八年（451），孝建三年（456），大明三年（459）、八年（464），泰始二年（466）来。《纪》载其元嘉十九（442）、二十六年（449）来，孝建之来在二年（455）。婆达、元嘉二十六年（449）来，二十八年（451）再来。《纪》十二年（435）来，而二十八年（451）只一来。阇婆婆达、元嘉十二年（435）来。《纪》作阇婆娑达，《南史》作阇婆达。盘盘、元嘉、孝建、大明中，大通元年（529）、四年（532）来。四年《南史》作六年。陈宣帝大建四年（572），后主至德二年（584）来，见《纪》。《唐书》：盘盘，北与环王，南与狼牙修接。艾莫涅云：今之槃直（Padjai〔Phonthiet〕）、邦利（Panri）、邦朗（Panrang）诸谷道，皆从盘盘一名，变化而来。丹丹、中大通二年（530）、大同元年（535）来。陈宣帝大建四年（572）来，十三年（581）来，后主至德二年（584）来。见《纪》。干陁利、宋孝武世，梁天监元年（502）、十七年（508），普通元年（520）来。陈文帝天嘉十年来，见《纪》。此国或云在爪哇，或云在苏门答剌。艾莫涅云：即后之赤土，居湄南江下游，今泰国之地也。狼牙修、天监十四年（515）来。《纪》又载其普通四年（523）、中大通三年（531）来。陈废帝光大元年（561）来，见《纪》。婆利、天监十六年（517）、普通三年（522）来，艾莫涅云：即安南古著作家所记之Balsi，为扶南之别名。其遣使之年，皆与扶南同。《传》云：王姓憍陈如，自古未通中国，问其先及年数，不能记焉，而言白净王夫人即其国女也。艾莫涅云：白净王夫人即柳叶，案此似近武断。投和，《陈书·后主纪》：至德元年十二月，头和国来，当即此。冯承钧云：此国在湄南江流域。大抵在今马来半岛、苏门答剌、爪哇之境。诸国人皆黑色，中国谓之昆仑，入奴籍者颇多。《晋书·孝武文李太后传》：为宫人，在织坊中，形长而色黑，宫人皆谓之昆仑，此以黑色者为昆仑也。《宋书·王玄谟传》：孝武宠一昆仑奴子，常在左右，令以杖击群臣，此以昆仑为奴之证。[1] 然用昆仑为奴者，初不必帝王之家，故唐人小说，多有所谓昆仑奴者。《齐书·王琨传》：父怪不慧，侍婢生琨，名为昆仑，盖几于以奴视之矣。《南史·孔范传》：后主多出金帛，募人立功，范素于武士不接，莫有至者，惟负贩轻薄多从之；高丽、百济、昆仑诸夷并受督。当时外人流入中国为奴者固多，时又习以奴从军也。马来人肤色虽黑，其骨格仍有类白种人者，则亦谓之胡。[2] 《宋书·邓琬传》，刘胡以颜面坳黑似胡，故以为名是也。近人《唐人用黑奴考》云：今日欧洲各国，通称黑人曰尼刻罗（Negro）。此字出于西班牙。非洲黑人，种类甚多。所谓尼刻罗者，居于赤道线，北至撒哈拉，西至几内亚缘岸，东至阿比西尼亚。自古贩卖黑奴者，以几内亚缘岸为大市。今几内亚海岸缘非洲热带，有黑人曰刻罗 Kroo，或称刻弄门 Krumen。西班牙所谓尼革罗，其原盖出于此。本专称一种，后乃为泛称耳。唐人诗"生下昆仑儿"，昆字读入声，犹麒麟儿之麒读入声也。然其文明程度，并不甚低。如扶南初虽裸体，然此乃因其地气候炎热，无须乎衣，非不能制衣也。《晋书》言其性质直，不为寇盗，以耕种为务，则已进于耕农矣。又

---

① 阶级：昆仑入奴籍者多。
② 工业：扶南船首尾似鱼。

言其好雕文刻镂，亦有书记、府库。《齐书》云：伐木起屋。国王居重阁。以木栅为城。海边生大箬叶，长八九尺，编其叶以覆屋。人民亦以阁居。为船八九丈，广栽六七尺，头尾似鱼。① 则其营造之技，亦不可谓拙。以善造船，故能航海。《齐书·荀伯玉传》言：张景真度丝锦与昆仑营货。《北齐书·魏收传》：收以托附陈使封孝琰，牒令其门客与行，遇昆仑舶得奇货，罪当死，以赎论。可见是时，昆仑人在海道经商亦颇盛也。大抵皆得诸印度者也。《宋》、《梁书》所载各国表文，多可见其信佛。毗骞王能作天竺书，已见前。《晋书·扶南传》云：文字有类于胡，即非天竺文，亦必出于天竺文者也。那伽仙之来也，言其国俗事摩醯首罗天神，神常降于摩耽山。《梁书·扶南传》云：俗事天神，天神以铜为像，二面者四手，四面者八手，手各有所持，或小儿，或鸟兽，或日月，即是物也。此亦天竺人所奉事。《摩醯首罗》，名见阿育王经。此时交州既多丧乱，官吏又习于侵刻，故来广州者渐多，《齐书·东南夷传》云："扶南人不便战，常为林邑所侵暴，不得与交州通，故其使罕至。"扶南未必自陆道通交州，此所侵击者亦海舶也。诃罗陁坚铠之表曰："臣国先时，人众殷盛，不为诸国，所见陵迫。今转衰弱，邻国竞侵。伏愿圣主，远垂覆护；并市易往返，不为禁闭。若见哀念，愿时遣还，令此诸国，不见轻侮，亦令大王，名声普闻。扶危救弱，正是今日。今遣二人，是臣同心，有所宣启，诚实可信，愿敕广州，时遣舶还，不令所在，有所陵夺。"其渴望通商，而又厚有望于广州可见。朝贡之盛，亦未必不由于此也。

斯时南海之航业，盖以印度为最盛，故其与中国之往还亦渐烦。《梁书》云：汉和帝时，天竺数遣使贡献。后西域反叛，遂绝。至桓帝延熹二年（159）、四年（161），频从日南徼外来献。魏、晋世绝不复通。惟吴时，扶南王范旃，遣亲人苏物使其国。从扶南发投拘利口，循海大湾正西北入，历海边数国，可一年余，到天竺江口，此当指恒河。逆水行七千里乃至焉。天竺王惊曰："海滨极远，犹有此人？"即呼令观视国内。仍差陈宋等二人，以月支马四匹报旃，遣物等还。积四年方至。其时吴遣中郎康泰使扶南，及见陈宋等，具问天竺土俗，云："佛道所兴国也。左右嘉维舍卫、叶波等十六大国，去天竺或二三千里，共尊奉之，以为在天地之中也。"天监初，其王屈多，遣长史竺罗达奉表献琉璃唾壶、杂香、吉贝等物。《本纪》：中天竺，天监二年来（503），盖即此国。又有北天竺，天监三年（504）来。《陈书·纪》：宣帝大建四年（572），天竺来。案《宋书》载天竺迦毗梨国国王月爱，元嘉五年（428），遣使奉表，亦见《本纪》。其表辞，与屈多之表，几于全同，明系一国。迦毗黎与嘉维舍卫，皆即《佛国记》所谓迦维罗卫。其城东五十里为佛生处。吕澂《印度佛教史略》曰："释迦族住处，在罗泊提河 Rapti 东北，面积约三百二十方里。卢呬尼河 Rohini 今 Kohāna 河。贯其间，遂分十家，各为一小城主。河西北劫比罗伐窣睹 Kapilavastu 最强，即释尊家也。劫比罗伐窣覩，在今毕拍罗婆 Piprâva。西历千八百九十八年一月，佩毗 W. C. Peppé 于尼

---

① 民族：黑人骨格类白人，故亦曰胡。

波罗 Nepal 南境，北纬二十七度三十七分，东经八十三度八分之地，掘得一石匮。中藏石瓶、石函等物。有一瓶，纳于铁、水晶等层叠之函内，以黄金华叶安置佛骨。观其名，则佛陀世尊舍利之函，而释迦族所供养者也。石匮所在，正当法显所指之迦比罗卫，劫比罗伐窣睹之俗称。因得定佛之生地焉。"然则中国与佛国之交通，由来旧矣。《宋书》于迦毗黎国之下，又载苏摩黎、元嘉十八年来 (441)。斤陁利、孝建二年来 (455)。婆黎元徽元年 (473) 来。三国，似以为属于天竺者，然斤陁利似即干陁利；婆黎《本纪》作婆利，恐即一国，冯承钧云："婆利一作薄利，即今爪哇东之 Bali 岛，则皆非印度之地也。"冯说见《苏门答剌古国考·附录》。师子国，今锡兰。晋义熙初，宋元嘉六年 (435)、此据《梁书》。《宋书》云元嘉五年 (428)，《南史》同。十二年 (441)，梁大通元年皆来贡。

汉桓帝时，大秦遣使自日南徼外通中国，已见《秦汉史》第九章第四节。《梁书》云：汉世惟一通焉。其国人行贾，往往至扶南、日南、交趾。其南徼诸国人，少有到大秦者。孙权黄武五年 (226)，有大秦贾人字秦论，来到交趾。交趾太守吴邈遣送诣权。权问方土谣俗，论具以事对。时诸葛恪讨丹阳，获黝、歙短人，① 黝、歙，见第十三章第三节，第九章第六节。论见之，曰："大秦希见此人。"权以男女各十人，差吏会稽刘咸送论。咸于道物故。论乃径还本国。自此至南北朝末，史迄未更记大秦之来，盖其人仅至交址，不诣扬郡，故其事迹无传于后也。

第五节　海道交通

凡物，有可欲，则人从而求之。《宋书·夷蛮传》曰："晋氏南移，河、陇夐隔，戎夷梗路，外域天断。若夫大秦、天竺，迥出西滇，二汉衔投，特艰斯路，而商货所资，或出交部。泛海陵波，因风远至，山琛水宝，由兹自出。通犀、翠羽之珍，蛇珠、火布之异，千名万品，并世主之所虚心。故舟舶继路，商使交属。大祖以南琛不至，远名师旅。此可见宋文帝之征林邑，不尽因其侵掠边境也。泉浦之捷，威震沧滇，未名之宝，入充府实。"《齐书·东南夷传》亦曰："南夷杂种，分屿建国，四方珍怪，莫此为先。藏山隐海，瓌宝溢目，商舶远至，委输南州，故交、广富实，牣积王府。"然则不徒彼求通商贾、利赐与而来，即时主亦未尝不甘心焉，欲益财用而充玩好矣。此其往还之所以盛欤？然当时海路所通，初不止此。

---

① 民族：诸葛恪讨丹阳，获黝歙短人。短人分部地今尚有。

《三国·吴志·孙权传》：黄龙二年（230），遣将军卫温、诸葛直将甲士万人，浮海求夷洲及亶洲。亶洲在海中。①长老传言：秦始皇帝遣方士徐福，将童男、童女数千人，入海求蓬莱神山及仙药，止此洲不还，世相承有数万家。其上人民，时有至会稽货市；会稽东县人，亦有遭风流移至亶洲者。所在绝远，卒不可得至，但得夷洲数千人还。《陆逊传》云：权欲遣偏师取夷洲及珠崖，皆以谘逊。逊上疏曰："臣愚以为四海未定，当须民力，以济时务。今兵兴历年，见众损减，陛下忧劳圣虑，忘寝与食，将远事夷洲，以定大事，臣反覆思惟，未见其利。万里袭取，风波难测。民易水土，必致疾疫。今驱见众，经涉不毛，欲益更损，欲利反害。又珠崖绝险，民犹禽兽，得其民不足济事，无其兵不足亏众。今江东见众，自足图事，但当畜力而后动耳。昔桓王创基，兵不一旅，而开大业；陛下承运，拓定江表。臣闻治乱讨逆，须兵为威；农桑衣食，民之本业；而干戈未戢，民有饥寒，臣愚以为宜养育士民，宽其租赋；众克在和，义以劝勇，则河、渭可平，九有一统矣。"权遂征夷洲，得不补失。《全琮传》曰：权将图珠崖及夷洲，皆先问琮。琮曰："以圣朝之威，何向而不克？然殊方异域，隔绝瘴海，水土气毒，自古有之，兵入民出，必生疾病，转相污染，往者惧不能反。所获何可多致？猥亏江岸之兵，以冀万一之利，愚臣犹所不安。"权不听。军行经岁，士众疾疫，死者十有八九，权深悔之。是则，权之劳师，志在益众，二洲必非绝远，且必多有华人可知。《后汉书·东夷传》，述夷洲、亶洲事，略同《权传》，盖所本者同。惟末云"所在绝远，不可往来"则误。又《后书》亶作澶，乃因其在海中而加水旁耳。亶、澶之音，当与掸同，乃民族之名，与暹、蜀、寔、叟等，说见《秦汉史》第九章第四节。又云："会稽海外有东鳀人，分为二十余国，"此疑在今舟山群岛中。《注》引沈莹《临海水土志》曰："夷洲在临海东南，去郡二千里。土地无霜雪，草木不死。四面是山溪。人皆髡发穿耳，女人不穿耳。土地饶沃，既生五谷，又多鱼肉。有犬，尾短如施以麏尾状。此夷舅姑子妇，卧息共一大床，略不相避。地有铜铁，惟用鹿格为矛以战斗，摩砺青石以作弓矢。取生鱼肉，杂贮大瓦器，以盐卤之，历月余日乃啖食之，以为上肴也。"述其风俗、物产甚悉，且有乡方、道里可稽，可见民间必多往来。亶洲人能时至会稽，所在亦必非绝远，但将卒惮劳，不能至耳。沈莹述夷洲居民，全为夷族，而二将所掠，即得数千人，珠崖曾为郡县者可知，陆逊之言，必非其实，此孙权所以甘心焉而后卒复立为郡也。然则吴朝遣将，虽云无功，人民之移殖海外者，则不少矣。世多以徐福不归为止于日本，此特以日本与所谓三神山者，差堪比拟，而姑妄言之；日本纪伊国有徐福祠，熊野山有徐福墓，亦其欲自托于我时之附会；观孙权欲取夷洲、

———————

① 四裔：夷洲、亶洲皆不远，必多华人，将士惮劳，民间自有往来。徐福所将或在会稽之表，东鳀人在会稽海，徐福所将，必不在日，然中国人自有移殖日本者。

亶洲事，便知其诬。何者？吴时日本，与南方尚无往来，权既志在益众，使长老传言，其地果与日本相近，必不肯劳师远征也。《淮南王书》亦载徐福事；吴中父老，又有止于澶洲之说，且其说得诸其人之来货市者，非尽无稽；则徐福所将之众，或竟在会稽、临海之表，未可知也，特难凿指为今何地耳。将来设在海岛中掘得古迹，亦未必其终不可知也。《隋书·倭传》：炀帝遣文林郎斐清使于其国。度百济。行至竹岛，南望聃罗国。聃，《北史》作耽，今济州岛。经都斯麻国，迥在大海。又东至一支国。今壹岐。又东至竹斯国。又东至秦王国。其人同于华夏，以为夷洲，疑不能明也。此自亿测，不足为据，然当时华人有移植于日本之地者，则又可见矣。故知海路所通，史之所志，实十不及一也。

东北海路，所至亦不为不远，但非自吴往耳。《梁书·倭传》云：其南有侏儒国，人长三四尺。又南有黑齿国、裸国，去倭四千余里，船行可一年。又西南万里有海人，身黑眼白，裸而丑，其肉美，行者或射而食之。案此说亦系旧闻。《三国志·倭传》云：女王国东渡海千余里，复有国，皆倭种。《后汉书》云：自女王国东，度海千余里至拘奴国，虽皆倭种，而不属女王。又有侏儒国，在其南，人长三四尺，去女王四千余里。《后书》云：自女王国南四千余里至朱儒国。又有裸国、黑齿国，复在其东南，船行一年可至。《后书》云：自朱儒东南行船，一年，至裸国、黑齿国。此《梁书》所本也。然如《国志》之说，侏儒在倭东之国之南，不得径云在倭南；裸国、黑齿国，更在侏儒之东南，更不得云在倭南；《梁书》之措辞，为不审矣。侏儒之种，中国自古有之，上节所述黝、歙短人，即其一事。唐世道州尚有矮民，以之充贡，阳城为州，乃奏免之，事见《唐书·城传》。白居易《新乐府》，亦有一章咏其事。希勒格《中国史籍中未详诸国考证》，冯承钧译，商务印书馆本。谓此种人散布于鄂霍次克海、日本海缘岸，如黑龙江流域、朝鲜、日本北海道、千岛、堪察加、库页等地皆是。《三国·魏志·韩传》云：又有州胡，在马韩之西海中大岛上。济州。其人差短小。言语不与韩同。皆髡头如鲜卑。但衣韦。好养牛及猪。其衣有上无下。《后书》说同，而辞较略。希勒格引司特莱 Steller《北堪察加游记》，谓千岛列岛之国后岛，土人仅衣海鸟皮所制上衣，与此相符。又米耳尼 S. Milne 于日本亚洲协会记录中，记占守岛之民，亦谓其上衣为鸟皮所制，下服则仰给于过往船舶，盖犹其遗俗云。案近岁有在圣劳伦斯发见千五百年前短人之村落者，其遗物皆与西伯利亚缘海居民同。而据最近所发见，则琼州列岛中，尚有此等短人。民国二十五年十一月二十五日，《上海大美晚报》译《大陆报》，谓有中国人三，与一海关英员，乘快艇入海。遥见一小洲，即赴之，登岸游览。未数武，即有短人迎面而来。短人见生人，即以信号告其同侪。顷刻间，短人集者数百。其人最长者不及三尺。皆嗜酒。岛中之盐，然有一种植物，可取盐汁。人极和善。日用所须，皆能自给云。知古者僬侥、靖人等记载，为不诬矣。黑齿盖南海之民，有涅齿之俗者。裸国则热带中人，固多如是。此等国盖皆在今北太平洋中。记载者虽未尝身至其地，然既有此传闻，则必有曾至其地者无疑。然东行海路之所极，尚不止此。

《梁书·东夷传》云：文身国，在倭东北七千余里。人体有文如兽。其额上有三文，文直者贵，文小者贱。土俗欢乐。物丰而贱。行客不赍粮。有屋宇，无城郭。其王所居，饰以金银珍丽。绕屋为堑，广一丈，实以水银，雨则流于水银之上。市用珍宝。犯轻罪者则鞭杖，犯死罪则置猛兽食之，有枉则猛兽避而不食，经宿则赦之。大汉国，在文身国东五千余里。无兵戈，不攻战。风俗并与文身国同，而言语异。扶桑国者：齐永元元年（499），其国有沙门慧深，来至荆州，说云：扶桑在大汉国东二万余里，地在中国之东。其土多扶桑木，故以为名。扶桑叶似桐，而初生如笋，国人食之。实如梨而赤。绩其皮为布，以为衣，亦以为绵。作板屋，无城郭。有文字，以扶桑皮为纸。无兵甲，不攻战。其国法有南北狱。若犯轻者入南狱，重罪者入北狱。有赦则赦南狱，不赦北狱。在北狱者，男女相配，生男八岁为奴，生女九岁为婢，犯罪之身，至死不出。贵人有罪，国乃大会，坐罪人于坑，对之宴食，分诀若死别焉。以灰绕之，其一重则一身屏退，二重则及子孙，三重则及七世。名国王为乙祁。贵人，第一者为大对卢，第二者为小对卢，第三者为纳咄沙。国王行有鼓角导从。其衣色随年改易，甲乙年青，丙丁年赤，戊己年黄，庚辛年白，壬癸年黑。有牛，角甚长，以角载物，至胜二十斛。车有马车、牛车、鹿车。国人养鹿，如中国畜牛，以乳为酪。为桑梨，经年不坏。多蒲桃。其地无铁，有铜，不贵金银。市无租估。其婚姻：婿往女家门外作屋，晨夕洒扫。经年而女不悦，即驱之。相悦，乃成婚。婚礼大抵与中国同。亲丧，七日不食；祖父母丧，五日不食；兄弟、伯叔、姑姊妹，三日不食。设灵为神像，朝夕拜奠。不制衰绖。嗣王立，三年不视国事。其俗旧无佛法，宋大明二年（458），罽宾国有比丘五人，游行至其国，流通佛法经像，教令出家，风俗遂改。慧深又云：扶桑东千余里有女国。容貌端正，色甚洁白。身体有毛，发长委地。至二三月，竞入水，则妊娠，六七月产子。女人胸前无乳。项后生毛，根白，毛中有汁，以乳子。一百日能行，三四年则成人矣。见人惊避，偏畏丈夫。食咸草如禽兽。咸草叶似邪蒿，而气香、味咸。天监六年（507），有晋安人晋安，见第十三章第七节。渡海，为风所飘，至一岛。登岸，有人居止。女则如中国，而言语不可晓。男则人声而狗头，其声如吠。其食有小豆。其衣如布。筑土为墙，其形圆，其户如窦云。文身、大汉、扶桑三国，以乡方、道里核之，其必在今美洲无疑。顾仍有创异说者。《中国史乘中未详诸国考证》，以文身为千岛群岛中之得抚岛，大汉为堪察加，扶桑为库页岛。其论扶桑木即楮；蒲桃为玫瑰果；长角载重之牛为驯鹿；南北狱为虾夷之法；以及居室之制婚丧之礼，皆可见之于库页、堪察加及虾夷；说似甚辩。然谓扶桑在大汉东二万余里之大汉；乃《唐书》斛薛条下之大汉，地在今列那河及叶尼塞河流域，则未诣中国文史义例，乃外人读中国书隔膜处，其说必不可通。① 旧史之道里、乡方，固不审谛，史家亦自言之，《宋书·夷蛮传》云："南夷、西南夷，大抵在交州之南及西南，居大海中洲上。相去或三五千里，远者二三万里。乘舶举帆，道里不可详知。外国诸夷，虽言里数，非定实也。"案史籍所载道里，有得之经行之人者，有得诸传闻之辞者。得诸传闻者，其辞或近实，或夸侈、讹缪，其信否不能一律，要在探其原而审核之，不能一笔抹杀，视作豪无根据之谈也。得诸经行之人者，其言大抵近实，惟古里较今里小，又所言者皆人行之道，非天空鸟迹，故乍观之恒觉其夸侈耳。近今西洋史家治中国史者，亦多谓此等记载，并无大差。其折算之法，大致平地五里合一英里，山地六里合一英里。② 然其误亦有所极，必不能大缪不然，至于如此也。文身、大汉，盖皆古之越族。扶桑则对卢之名，婿屋之俗，皆同句骊；《三国·魏志·高句丽传》：其置官，有对卢则不置沛者，有沛者则不置对卢。其俗作婚姻，女家作小屋于大屋后，名婿屋。婿暮至女家户外，自名跪拜，乞得就女宿。如是者再三，女父母乃听。使就小屋中宿。旁顿钱帛。至生子已长大，乃将妇归家。嗣王立三年不亲政事尤为殷代谅暗遗制；必貊族之东迁者无疑。文身、大汉、扶桑之法俗、物产，虽可见诸今之千岛、堪察加、库页，不能谓今千岛、堪察加、库页之法俗、物产，不能见诸古之美洲也。希勒格又论："所谓女国者，实海兽而非人。海熊、海狗等产乳海滨，此入水则妊娠之说所由来也。此种海兽，无乳房，乳头有四，两两隐布于下腹厚毛之中，此胸前无乳之说所由来也。海师除五月十五至六月十五日交尾、产子之时，见人即避，则偏畏丈夫之说所由来也。所食咸草为海带。声如狗吠，欧洲游历之人及治博物之学者亦云然。项后生毛，似指虾夷。食未而土户如窦，则堪察加人如是。慧深此所言者，非得诸亲历，而闻诸虾夷，故实事与神话相杂云。"其说颇为精审。然必实指其地为千岛，则亦有可商。今所见诸一地之事物，不能谓自古已来，必限于此一地也。居无城郭，市无租估，行不赍粮，国无攻战，未之逮也，而有志焉，读之能无穆然罕然于大道之行乎？古女国非一。③ 三国·魏志·沃沮传》云：王顷别遣追讨宫，尽其东界。问其者老："海东复有人不？"者老言："国人尝乘船捕鱼，遭风见吹，数十日，东得一岛。上有人，言语不相晓。其俗尝以七月取童女沉海。"又言："有一国，亦在海中，纯女无男。"又说："得一布衣，从海中浮出，其身如中国人衣，其两袖长三丈。"又得一破船，随波出在海岸边，有一人，项中复有面，生得之，与语不相通，不食而死。其域皆在沃沮东大海中。《后汉书》云：又说海中有女国，无男人。或传其国有神井，窥之辄生子云。希勒格《扶桑国考证》云："两袖长三丈，或三尺之误。虾夷衣袖甚长。"其《女人国考证》云："神井窥之辄生子，盖矿泉可治不孕之传讹，此俗日本及欧洲皆有之。"其说良是。惟谓两袖长三丈为三尺之讹，似尚未审。三丈固侈言之，然三尺则不足异矣。

---

① 四裔：谓《梁书》大汉乃《唐书》斛薛条下乏大汉，误。
② 四裔：诸史所言外夷里数。
③ 四裔：古女国非一。

　　移殖西半球者，固以越、貉二族为最早，然中国人之至西半球，亦远在哥伦布之前。章大炎《法显发见西半球说》云：近法兰西《蒙陁穆跌轮报》言：始发见亚美利加洲者，非哥伦布而为支那人。自来考历史者，皆见近不见远，徒以高名归哥氏。案纪元四百五十八年，支那有佛教僧五众，自东亚海岸直行六千五百海里而上陆。其主僧称法显。纪元五百二年，公其行记于世，今已传译至欧洲。据其所述，上陆地确即今墨西哥。今考墨西哥文化，尚有支那文物、制度之蜕形。见有婆罗门装饰，又有大佛像等，不知何年制造。今案所谓行记者，则《佛国记》。其发见美洲之迹，当在东归失路时。录其元文如下：弘始二年，岁在己亥，与慧景、道整、慧应、慧嵬等同契至天竺寻求戒律。初发长安，六年到中印国。停经六年，到师子国。同行分披，或留或亡。即载商人大舶上，可有二百余人。得好信风东下。三日，便直大风，舶漏水入。商人大怖。命在须臾。如是大风，昼夜十三日，到一岛边。潮退之后，见船漏处，即补塞之。于是复前。大海弥漫无边，不识东西，惟望日月、星宿而进。若阴雨时，为逐风去，亦无所准。当夜暗时，但见大浪相搏，晃若火色。商人荒遽，不知那向。海深无底，又无下石住处。至天晴已，乃知东西，还复望正而进。若直伏石，则无活路。如是九十许日，乃到一国，名耶婆提。其国外道、婆罗门兴盛，佛法不足言。停此国五月日，复随他商人大舶上，亦二百许人。赍五十日粮。以四月十六日发。东北行趣广州。一月余日，夜鼓二时，遇黑风暴雨。于时天多连阴，海师相望僻误，遂经七十余日。即便西北行求岸。昼夜十二日，到长广郡界牢山南岸。得好水菜，知是汉地。或言未至广州，或言已过，莫知所定。即乘小舶入浦觅人。得两猎人，即将归，令法显译语问之。答言此青州长广郡界，统属晋家。是岁甲寅，晋义熙十二年（416）矣。案师子国即今锡兰，本欲自锡兰东归广州，乃反为风所播，东向耶婆提国。耶婆提者，以今对音拟之，即南美耶科陁尔国Ecuador，直墨西哥南，而东滨大平洋。科音作婆者？六代人婆、和两音多相溷，如婆薮槃豆一译作和修槃头是。耶婆提正音耶和提，明即耶科陁尔矣。世传墨西哥旧为大国，幅员至广，耶科陁尔在当时，为墨西哥属地无疑。所以知耶婆提必在美洲，非南洋郡岛者？自师子国还向广州，为期不过四十六日。据《唐书·地理志》：广州东南海行，二百里至屯门山。乃帆风西行。二日至九州石。又南，二日至象石。又西南，二日行，至占大劳山。山在环王国东二百里海中。又南行，二日至陵山。又一日行，至门毒国。又一日行，至古笪国。又半日行，至奔陁浪洲。又两日行，到军突弄山。又五日，至海硖，蕃人谓之质。东行，四五日至诃陵国。又西出硖，三日至葛葛僧祇国。四五日行，至胜邓洲。又西五日行，至婆露国。又六日行，至婆国伽蓝洲。又北，四日行，至师子国。法显失道，商舶赍五十日粮，盖仍依师子、广州水程为准。是则由师子国至广州，最迟不过五十日也。今据法显所述：遭大风，昼夜十三日，始至一岛，又九十日而至耶婆提国，合前三日计之，已得一百六十日，是东行倍程可知。况南洋与师子国间，涂次悉有洲岛，往往相属。当时帆船，皆旁海岸而行，未有直放大洋者。今言海深无底，不可下石，而九十日中，又不见驯海岛屿，明陷入大平洋中，非南洋群岛。逮至耶婆提国，犹不知为西半球地，复向东北取道，又行百余日，始折而西。夫自美洲东行又百许日，则还绕大西洋而归矣。当时海师，不了地体浑圆，惟向东方求径，还绕泰西，行进既久，乃轶青州海岸之东，始向西北折行，十二日方达牢山南岸，是显非特发见美洲，又旋绕地球一匝也。不然，由师子国至广州，程涂只五十日，而东行一百六日，乃至耶婆提国，复由耶婆提国东行一百余日，始达中国近海，是为期已二百余日，不应迂回至此。由此知《蒙陁穆跌轮报》所说可信。哥伦布以求印度妄而得此，法显以返自印度妄而得此，亦异世同情哉！然据《佛国记》，耶婆提国已先有婆罗门，特无佛法，则法显以前，必有印度人遇风漂播至此者，故婆罗门教得传其地，特所谓大佛像者，或法显停留五月时所遗耳。又观美洲山脉，横贯南北者，在北美曰落迦 RockyMountains，至南美则曰昂底斯 Andes。落迦本印度称山之语，如补陁落迦咀落迦、弹多落迦、羯地落迦是也。落迦义本为见，引伸则为世界。落迦冈底斯为西藏大山，即葱岭所自起，以绵亘万里得名。美之山脉，莫长于昂底斯，正与葱岭等。明昂底斯亦即冈底斯之音转。斯皆以梵语命山，益明婆罗门尝先至美洲，特以姓名不著，而尸其名者独在法显，斯可为梵土前哲悲，亦为汉土尊宿幸矣。《大炎文录别录》二。长广，见第四章第三节。章氏之说如此，信否难遽质言，然墨西哥、秘鲁等美洲古文明之国，发见中国人像、佛像、寺庙、宅舍遗述，及他古物者，实非一次。华人之至美洲在哥伦布之先，实无足疑，特不知较印度人先后何如耳。又无论中国人印度人至美洲先后如何，必皆在貉族之后，即一二人先之，成群移殖，亦必落其后。[1] 亦似无足疑也。近人笔记云：《梁书》扶桑国，近西人诺哀曼 Neumann 推度其地，谓即墨西哥，未知确否。特墨西哥建国甚早，与闽、粤缘海诸地同纬线，在齐、梁时，亦非不可与中华交通。《梁书》言扶桑叶似桐，初生如笋，绩其皮为布，以为衣，亦以为绵，其文字以扶桑皮为纸。今考墨西哥特产，植物有摩伽 Maguey，其学名曰 AgaveAmericane，土人亦名百岁花，谓经百岁始一花。其物多纤维，古墨西哥象形文字，皆书于摩伽叶。此犹印度之贝叶，埃及之巴比利叶。谓摩伽即扶桑，亦近附会。但齐、梁时东行二万余里，果有文物之国，墨西哥外，实无地以当之，此诺哀曼氏所以疑扶桑为墨西哥也。

---

① 四裔：无论中国人、印度人至美洲如何早，必在貉人后。

第六节　北方诸异族之同化

晋南北朝之世，为我族同化异族最盛之时，无南北一也。世之论者，恒谓南北民族，强弱不同；北方诸族，性质强悍，故能割据土地，篡窃政权；南方诸族，则只能蟠据山谷，窃出为患而已。其实不然。北方地形平坦，利合大群；又政治枢机，列代在北；一遇变乱，异族之桀黠者，自亦能操戈而起。南方则社会之进化较迟，又非政治枢机所在，大局变乱之际，其扰攘远不如北方之烈，异族之未同化者，多自成一区，不与汉人相杂，既有自安之地，何苦厕身变乱之中？此其割据土地，篡窃政权之事，所以绝无而仅有也。然不论何族，好争斗者总只少数，此乃境遇使然，失其本性，其大多数，固皆安居乐业，自谋生理，与世无争者也。明乎此，则知所谓五胡者，看似日以搏噬为事，实亦仅其少数人，其大多数，固仍在平和中同化矣。

五胡之中，入居塞内最早者为匈奴。《晋书·北狄传》云："呼韩邪失国，携率部落，入臣于汉。汉嘉其意，割并州北界以安之。于是匈奴五千余落，入居朔方诸郡，与汉人杂处。其部落，随所居郡县，使宰牧之，与编户大同，而不输贡赋。"此等人多能从事田作，如石勒微时，为邬敬、宁驱力耕是也，见第二章第二节。当时诸胡所以可执卖者，亦以其能事田作也。史又言勒与李阳邻居，岁争麻地，互相殴击。《王悕传》言大原诸郡，以匈奴人为田客，动有百数。此皆入居内地者。刘卫辰请田内地，春来秋去，则近塞者，亦稍事耕农矣。事见第六章第三节。使大局安定，未始不可在平和中同化，无如杨、贾、八王，纷纷搆难，于是匈奴之本可安居乐业者，遂亦见牵率而日事斗争矣，史所载屠谷、休屠诸种是也。匈奴杂居内地者，晋、南北朝诸史，不复以匈奴称之，而多称其种姓。其中屠谷扰乱最烈，盖以其旧为单于，统领诸种故也。其自安生理者，则亦如南方诸蛮，相率为入山必深、入林必密之计。史家为特立一传者，为《周书》之稽胡，余则统称为山胡，其种类亦非寡少也。《稽胡传》曰："稽胡，一曰步落稽。盖匈奴别种，刘元海五部之苗裔也。或云：山戎、赤狄之后。"二说自当以前说为是。若如后说，两汉、三国史家，不得一言不及也。① 《传》又云："自离石以西，安定以东，方七八百里，居山谷间，种类繁炽。离石，见第三章第四节。安定，见第二章第二节。其俗土著，亦知种田。又与华民错居，其渠帅颇识文字。然语类夷狄，因译乃通。虽分统郡县，列于编户，然轻其徭赋，有异齐民。山谷阻深者，又未尽役属，而凶悍、恃险，数为寇乱。"此等情

---

① 四裔：稽胡以元海五部之裔说为是，山戎、赤狄之后说非。赤山胡之一。山胡如山越，中多汉人，出山即同编户，氐、羌亦然。

形，实所谓山胡者之所同，而非稽胡之所独，盖稽胡原不过山胡之一，特以占地较广，种落较繁，史家乃特为之传尔。稽胡酋长，声势最盛者，为魏末之刘蠡升。孝昌中，梁武帝普通六年(527)至大通二年（530）。居云阳谷，在今山西左云县境。自称天子，立年号，署百官。属魏氏政乱，力不能讨，蠡升遂分遣部众，抄掠居民。汾、晋之间，略无宁岁。汾州，见第十二章第三节。晋州，见第十二章第八节。齐神武迁邺，始密图之。伪许以女妻其太子。蠡升信之，遣其子诣邺。神武厚为之礼，缓其婚期。蠡升既恃和亲，不为之备。大统元年，陈文帝天嘉六年(565)。三月，神武潜师袭之。蠡升率轻骑出外征兵，为其北部王所杀。其众复立其第三子南海王为主，率兵拒战。神武击灭之。建德五年（576），陈宣帝大建八年。周高祖败齐师于晋州，乘胜逐北，齐人所弃甲仗，未暇收敛，稽胡乘间窃出，并盗而有之。乃立蠡升孙没铎为主，号圣武皇帝。六年（577），高祖定东夏，将讨之。议欲穷其巢穴。齐王宪以为种类既多，又山谷阻绝，王师一举，未可尽除，且当翦其魁首，余加慰抚。高祖然之。乃以宪为行军元帅，督赵王招、谯王俭、滕王逌等讨之。招禽没铎。刘蠡升一支之患，盖自此而息。其居河西者，亦稍为周所讨破，皆见《传》。山胡之烦大举者，在魏世有白龙，白龙在西河，魏延和二（433）、三年（434），即宋元嘉十年、十一年讨灭之，事见《魏书·本纪》及《娥清》、《奚眷》、《陈建》等传。薛安都亦尝与于是役，见《宋书》本传。在齐世有石楼。石楼，山名，在今山西石楼县东南。《北齐书》云：其山绝险，自魏世所不能至。文宣于天保五年（554），即梁元帝承圣三年讨平之，见《本纪》及《薛循义传》。此皆其特强大者，故重烦兵力而后服，余则皆假以岁月，逐渐同化者也。《魏书·景穆十二王传》：京兆王子推之子遥，肃宗初，迁冀州刺史。冀州，见第十一章第四节。以诸胡先无籍贯，悉令造籍。既设籍，遂欲税之，以充军用。胡人不愿，乃共构遥。《刘洁传》：洁与建宁王崇，于三城胡部中，三城，见第六章第七节。简兵六千，将以戍姑臧。胡不从命，千余人叛走。洁与崇击诛之，虏其男女数千人。《周书·杨忠传》：保定四年（563），陈天嘉四年。命忠出沃野以应突厥。事见第十四章第六节。时军粮少，诸将忧之，忠曰：“当权以济事耳。”乃招稽胡诸首领咸会，使王杰盛军容，鸣鼓而至。忠阳怪而问之。杰曰：“大冢宰已平洛阳，天子闻银、夏之间，生胡扰乱，使杰就公讨之。”银州，周置，在今陕西米脂县北。夏州，见第十二章第三节。又令突厥使者驰至，告曰：“可汗留兵十余万在长城下，故遣问公，若有稽胡不服，欲来共公破之。”坐者皆惧。忠慰喻而遣之。于是诸胡相率归命，馈输填积。此可见胡人皆能从征戍，供赋役，伐胡者之所利，正在此也。齐文宣九锡之命曰：“胡人别种，蔓延山谷，酋渠万旅，广袤千里，冯险不共，恣其桀黠，有乐淳风，相携叩款，粟帛之调，王府充积，”其所以招徕之之亡也，情见乎辞矣。刘蠡升之灭，《魏书》云获逋逃二万余户，《北史》云胡、魏五万户，则所谓逋逃者，实专指汉人言之。《隋书·侯莫陈颖》传：周武帝时，从滕王逌击龙泉文成叛胡，龙泉，周郡，在今山西隰县北。文成，城名，在今山西吉县北。与豆卢勣分路而进。先是稽胡叛乱，辄略边人为奴婢。至是，诏胡有厌匿良人者诛，籍没其妻子。有人言为胡村所隐，勣将诛之，以颖言而止。然则山胡中汉人实不少，其情形正与山越同，此其所以一出山即能列为编户也。然诛胡虽有利，能入山穷讨者亦少，多恃其自出耳。此观于有能以德意招抚，山民自乐出山者之多而可知也。《周书·韩果传》云：从大军破稽胡于北山。胡地险阻，人迹罕至，果进兵穷讨，散其种落，稽胡惮果劲健，号为着翅人，可见探入穷搜者之少。《韦孝宽传》言：汾州之北，离石之南，悉是生胡，钞掠居人，阻断河路。孝宽深患之，而地入于齐，无方诛翦。乃当要处，置一大城，遣开府姚岳监筑之。云地入于齐，无方诛翦，乃藉口之辞，其实即在境内，亦不过如是。《隋书·郭荣传》：宇文护以稽胡数为寇，使荣绥集之，荣于上郡延安筑五城，遏其要路，即其证也。当时诛翦山胡者，杀戮殊惨。如石楼之平，《齐书》云斩首数万级，《北史》云男子自十二以上皆斩，即其一例。然叛乱初不因此而减，可见虐杀之无益。《魏书·尉拨传》：拨为杏城镇将，在任九年，大得民和，山民一千余家，上郡屠各、卢水胡八百余落，尽附为民。合第二节所言刘道产之事观之，可见南北之无异情也。延安，西魏广安县，隋世改曰延安，此盖作史者依当时地名书之。唐时复改曰延长，即今陕西延长县也。杏城，见第三章第八节。故曰：北之山胡，南之山越，名虽殊，其实一也。

　　氏、羌二族，居处相杂，故其种姓，殆不可分。如仇池本氐地，然当时述仇池事者多连称氐、羌，《魏书·吕罗汉传》云：仇池氐、羌反，其一例也。其散布之区，实较匈奴为广。风尘动荡之际，几于无役不与焉。如大兴四年（321）刘曜攻凉州，张茂参军陈珍谓其精卒寡少，多是氐、羌乌合之众。茂以珍为平虏护军，轻发氐、羌之众击曜，走之。咸和初，张骏遣辛岩等会韩璞攻秦州诸郡，曜遣刘胤拒之。岩谓我拥众数万，藉氐、羌之锐，宜速战以灭之，不可以久，久则变生。璞不听。胤闻之，大喜。后璞遣岩分兵运粮，胤遂乘机击破之。其策璞，谓其羌、胡皆叛，不为之用。璞既败，胤遂乘胜济河，攻陷令居，入据振武，河西大震。骏遣皇甫该拒之。会刘曜东讨石生，长安空虚，骏欲袭秦、雍。索珣谏，谓曜虽东征，胤犹守本，虑其冯氏、羌以拒。是凉、赵相争，彼此皆藉氐、羌为用也。宋高祖至长安，传弘之于姚泓驰道内缓服戏马，羌、胡观者数千人，并惊惋叹息。奚斤据长安，秦、陇氐、羌，多叛赫连昌诣斤降，昌遂卒无以自立。元嘉二十七年（450）之役，庞季明以秦之冠族，羌人多怀之，求入长安，招徕关、陕。及其有功，四山羌、胡，咸皆请奋。此等事不胜枚举。令居，见第五章第一节。振武，城名，在今甘肃永登县西北。然其山居自力于衣食者，亦不为少。《魏书·刘藻传》言：藻为秦州刺史。秦州，见第十一章第三节。秦人恃险，率多粗暴。或拒课输，或害长吏。目前守宰，率皆依州遥领，不入郡县。藻开示恩信，诛戮豪横，羌、氐惮之。守宰始得居其旧所。《李洪之传》言：洪之为秦、益二州刺史。益州，见第十一章第四节。赤葩渴郎羌，深居山谷，虽相羁縻，王人罕到。洪之芟山为道，广十余步，示以军行之势。乃兴军临其境。山人惊扰。洪之将数十骑至其里间，抚其妻子，问其疾苦，因资遗之。众羌喜悦，求编课调，所入十倍于常。此等虽曰梗化，实皆自安耕凿，内乱不与焉者也。当时官吏务出之者，亦不过利其赋役。《周书·达奚寔传》云：大军伐蜀，以寔行南岐州事，南岐州，见第十二章第九节。兼都军粮。先是山氐生犷，不共赋役，历世羁縻，莫能制御。寔导之以政，氐人感悦，并从赋税。于是大军粮饩，咸取给焉。《赵昶传》云：拜安夷郡守，带长蚰镇将。安夷，见第六章第六节。氐族荒犷，世号难治。昶威怀以礼，莫不悦服。期岁之后，乐从军者千余人。《刘璠传》：璠左迁同和郡守，后魏临洮郡，西魏改曰同和，在今甘肃岷县东北。善于抚御，莅职未期，生羌降附者五百余家。蔡公广时镇陇右，嘉璠善政，及迁镇陕州，后魏置，今河南陕县。欲取璠自随，羌人乐从者七百人，闻者莫不叹异。皆其事也。蜀人居处，本与氐人相杂，当时亦有北迁者，以河东薛氏为大宗，事见第八章第五节。薛永宗之败，蜀人可谓受一大创，然其声势仍不减。尔朱兆召齐神武，神武辞以山蜀未平，尔朱天光入关，仍患蜀贼断路可见。

五胡之中，鲜卑入山者似最少。尉元以彭城戍兵，多是胡人，欲换取南豫州徙民，又以中州鲜卑，增其兵数，见《魏书》本传。《通鉴》言：高欢善调和汉、鲜卑人。语鲜卑则曰："汉民是汝奴，夫为汝耕，妇为汝织，输汝粟帛，令汝温饱，汝何为陵之？"语华人则曰："鲜卑是汝作客，得汝一斛粟，一匹绢，为汝击贼，令汝安宁，汝何为疾之？"梁武帝大同三年（537）。韩陵之战，高昂自领乡人部曲，欢欲参以鲜卑。详见第一章。文宣简六坊之人。每一人必当百人。任其临陈必死，然后取之，谓之百保鲜卑。《隋书·食货志》。《北齐书·文宣纪》但云左右宿卫，置百保军士，《北史》同。然《隋志》又云：简华人之勇力绝伦者，谓之勇夫，以备边要，则宿卫之士，自系简任鲜卑也。皆可见当时斗兵，实以鲜卑为主。即可推想鲜卑人多以从军为务。此盖魏与周、齐酋长皆系鲜卑人使然，然鲜卑之死于锋镝者，亦恐视他胡人为独多矣。

五胡之众，非至南北朝之末，悉行同化也，隋、唐之世，存者实犹多。① 隋高祖开皇元年（581），尝发稽胡修筑长城。豆卢勣之子毓，为汉王谅主簿，谅反，毓闭城拒之，遣稽胡守堞。《隋书·虞庆则》、《宇文庆》、《侯莫陈颖》、《慕容三藏》诸传，多载其征抚山胡之事。隋末，离石胡刘苗王叛，见《隋书·本纪》大业十年（614）。其子季真、六儿，相继攘窃，至唐初始平。《唐书》有传。唐兵之起也，稽胡五万略宜春，谓宜春苑，在长安南。窦轨讨破之。又有刘迦论者，据雕阴，隋郡，唐改为绥州，今陕西绥德县。与稽胡刘鹞子声势相倚，见《旧唐书·屈突通传》。至大宗取泾阳，隋县，今陕西泾阳县。乃击破之。马三宝从平京师，亦别击破叛胡刘拔真于北山。稽胡大帅刘仚成，部落数万，为边害，隐太子讨之，破之鄜州，今陕西鄜县。诈诛六千余人。事在武德三（620）、四年（621），见《新书·本纪》。仚

---

① 四裔：五胡隋唐时尚未尽同化。

成降梁师都，师都信谗杀之，其下乃多叛来降。时又扬言将增置州县，须有城邑，课群胡执版筑，而阴勒兵执杀之。《新》、《旧书·隐太子传》。高宗永淳三年（684），绥州城平县人白铁余率步落稽以叛，程务挺讨禽之。据《旧书·务挺传》，《新书》云绥州步落稽白铁余。城平，县名，今陕西清涧县。仆固怀恩上书，尚有鄜、坊稽胡草扰之语，坊州，今陕西中部县。是所谓山胡、稽胡者，唐中叶后，尚未尽同化也。《隋书·地理志》言：汉阳、后魏郡，今甘肃礼县。临洮、宕昌、今甘肃岷县南。武都、今甘肃武都县东南。同昌、今甘肃文县西北。河池、今陕西凤县。顺政、今陕西略阳县。义城、今四川广元县。平武、今四川平武县。汶山今四川茂县。诸郡，皆连杂氐、羌，人尤劲悍，性多质直，是秦、陇间之氐、羌，未同化者尚多也。《豆卢勣传》言：周武帝嗣位，拜邛州刺史，邛州，周置，今四川邛崃县。未之官，渭源烧当羌因饥馑作乱，汉首阳县，西魏改曰渭源，在今甘肃渭源县东北。以勣有才略，转渭州刺史。渭州，见第十二章第七节。《唐书·薛举传》：岷山羌钟利俗，以众三万降。夫烧当与钟，乃羌种姓之甚古者，而至南北朝末唐初犹存。又《隋书·地理志》言：上洛、隋郡，见第三章第五节。弘农，今河南灵宝县。本与三辅同俗，自汉高发巴、蜀之人定三秦，迁巴之渠帅七姓，居于商、洛之地，由是风俗不改其壤。其人自巴来者，风俗犹同巴郡。见第三章第六节。淅阳、隋郡，今河南淅川县东南。清阳隋郡，今河南南阳县北。亦颇同其俗云。以商、洛之异俗，溯源于汉初之移民，似失之远，然晋、南北朝之世，所谓河东蜀者，迄未尽化，则可见也。又《旧唐书·吐蕃传》：大历四年（769），九月，以吐蕃侵扰，豫为边备，降敕令郭子仪以上郡、即鄜州。北地、今甘肃宁县。四塞、未详。五原未详。义渠、稽胡、鲜卑杂种步马五万，严会枸邑。今陕西枸邑县。义渠种人，此时尚有存焉者不，事甚可疑，稽胡、鲜卑之未尽化，则统观史迹，不足疑也。同化之全功，亦可谓难竟矣。此等部族，读史者多淡焉若忘，史家亦无复记载，何哉？海内一统，风尘不扰，诸部落皆安居乐业，与华人以平和相处，固无复形迹可见也。然则谓五胡入中国，而中国必为之扰乱者，岂理也哉？

第七节　羌浑诸国

地形平坦之处，交通易而利合大群，故其民之进化速，山岭崎岖之地则反是。匈奴、西羌，同为强悍善战之民族，而其国势强弱不同，由此也。至晋世，乃有漠南游牧之族，移居西羌故地者，时曰吐谷浑。吐谷浑者，慕容廆庶兄。以与廆不协，西附阴山。《宋书》云：奕洛韩有二子：长曰吐谷浑，少曰若洛廆。若洛廆别为慕容氏。浑庶长，廆正嫡。父在时，分七百户与浑。浑与廆二部俱牧马，马斗相伤，廆怒，遣信谓浑曰："先公处分，与兄异部牧马，何不相远，而致斗争相伤？"浑曰："马是畜生，食草饮水，春气发动，所以致斗。斗在于马，而怒及人邪？乖别甚易，今当去汝万里。"于是拥马西行，日移一顿。顿八十里。经数顿，麾悔悟，深自咎责，遣旧父老及长中乙那楼追浑令还。浑曰："我乃祖以来，树德辽右；又卜筮之言：先公有二子，福祚并流子孙；我是卑庶，理无并大，今以马致别，殆天所启。诸君试拥马令东，马若还东，我当相随去。"楼喜，拜曰："处可寒。"虏言处可寒，宋言介官家也。即使所从二千骑共遮马令回。不盈三百步，欻然悲鸣突走，声若颓山。如是者十余辈，一向一远。楼力屈，又跪曰："可寒，此非复人事。"浑谓其部落曰："我兄弟子孙，并应昌盛，麾当传子及曾孙、玄孙，其间可百余年，我乃玄孙间始当显耳。"于是遂西附阴山。《晋书》记此事，情节同而辞较略。奕洛韩作涉归。《北史》云：涉归，一名奕洛韩。七百户，《魏书》、《北史》皆同，《晋书》作一千七百家。吐谷浑开国之事，人事也，而颇带神话性质矣。观此，可知野蛮部族之先祖，稍附会为神者之所由也。

属永嘉之乱，度陇而西，据今甘肃、青海、四川三省间地。《晋书》云：其后子孙据有西零以西，甘松之界，极乎白兰数千里。《宋书》云：浑既上陇，出罕开、西零。西零今之西平郡，罕开今枹罕县。自枹罕以东千余里，暨甘松，西至河南，南界昂城、龙涸。自洮水西南极白兰。《齐书》云：其南界龙涸城，去成都千余里。大戍有四：一在清水川，一在赤水，一在浇河，一在吐屈真川，皆子弟所治。其王治慕驾川。《梁书》云：度枹罕，出凉州西南，至赤水而居之。其地则张掖之南，陇西之西。在河之南，故以为号。其界东至叠州，西邻于阗，北接高昌，东北通秦岭，方数千里。案西零即先零，与罕升皆羌种名。甘松，见第五章第二节。西平，见第二章第二节。枹罕，见第五章第一节。昂城，未详。龙涸，亦作龙鹄，在今四川松潘县。清水川，丁谦《齐书·夷貊传考证》云："即湟水上源博罗克克河，《隋书》作伏罗川。"又云："赤水在青海西，今乌阑乌苏，乌阑译言赤，乌苏译言水。"浇河，见第六章第六节。吐屈真川，《宋书》作屈真川，云有盐池。丁谦云："吐字疑衍。今青海有柴集河，西流入盐池。"《宋书》又云：其国虽随水草，大抵治慕驾州。丁谦云："驾字为贺字之讹。《晋书》作莫何川，今青海东南谟和佘布拉克河。"叠州，周置，在今青海东南境。

西北杂种，谓之阿柴虏，或号为野虏。《晋书》之文。《齐书》云："汉建武中，匈奴奴婢亡匿在凉州界杂种数千人，虏名奴婢为赀，一谓之赀虏。"柴、赀似一音之转。《通典》作阿赀虏。吐谷浑年七十二卒。有子六十人，长曰吐延，嗣。性酷忍，为羌酋姜聪所刺。属其将纥拔泥；抚其子叶延，速保白兰。叶延嗣位，史称其颇识书记，《梁书》之文。《魏书》云："颇视书传。"《晋书》云："好问天地造化、帝王年历。"《晋书·吐谷浑传》，缘饰失实最甚，然其言亦必有因，其人盖颇有思想。曰："《礼》云：公孙之子，得以王父字为氏，"遂以吐谷浑为氏焉。卒，长子辟奚嗣。此据《晋书》本传。《宋书》作碎奚，《魏书》同。《晋书·苻坚载记》亦作碎奚。三弟皆专恣，长史钟恶地诛之。据《晋书》。《宋书》云："诸大将共诛之。"辟奚以忧卒。辟奚始受拜于苻坚。为安远将军。卒，子视连立。通聘于乞伏乾归。乾归拜为白兰王。史言视连以父以忧卒，不知政事，不饮酒游田者七年，又载钟恶地谏辞，盖大权仍在恶地之手矣。视连卒，长子视罴嗣。据《晋书》。《魏书》云弟。乞伏乾归拜为都督龙涸以西诸军事、沙州牧、白兰王。《宋书》云："其国西有黄沙，南北一百二十里，东南七十里，不生草木，沙州因此为号。"《魏书》云："部内有黄沙，周回数百里。"胡三省云：黄沙在浇河郡西南一百七十里，见《通鉴》义熙元年（405）《注》。不受。遣众击之。视罴大败，退保白兰。晋、南北朝时四裔封爵，多就所居部族，锡以王号，观此，知吐谷浑自叶延以后，迄保白兰，视罴盖复图进取，故为乾归所忌也。视罴卒，子树洛干年少，传位于弟乌纥提。一名大孩。性耎弱。耽酒淫色，不恤国事。乞伏乾归之入长安也，乌纥提屡抄其境。乾归怒，率骑讨之。乌纥提大败，亡失万余口。按视罴自言：控弦之士二万。游牧部族，丁男皆能控弦，其数约当口数五之一。观两《汉书》所载南匈奴与西域诸国口数及胜兵人数可见。此等小国及不甚进化之部族，户口之数，恒较翔实也。亡失万余口，则失其众十一矣。乌纥提保于南凉，遂卒于胡国。树洛干立，率所部数千家奔归莫何川。自称大都督、车骑大将军、大单于、吐谷浑王。化行所部，众庶乐业。号为戊寅可汗。沙、漒杂种，莫不归附。《清一统志》云：洮水出涨台山，兼涨川之名，其地亦谓之洮漒。其西接黄河，亦谓之沙漒。乞伏乾归甚忌之。率骑二万，攻之于赤水。树洛干大败。遂降乾归。乾归拜为赤水都护。观乾归此授，知树洛干是时居于赤水也。后屡为乞伏炽磐所败，又保白兰，惭愤发病而卒。剧《晋书》所载：叶延在位二十三年，辟奚二十五年，视连十五年视罴十一年，乌纥提八年，树洛干九年。《宋书》云："树洛干立，自称车骑将军，义熙初也。"姑以为义熙元年（405）。前此列代年数，以逾年改元之例推之，则叶延元年（322）为晋元帝永昌元年，辟奚元年（346）为穆帝永和二年，视连元年（371）为简文帝咸安元年，视罴元年（386）为孝武帝大元十一年，乌纥提元年（397）为安帝隆安元年，而树洛干卒于义熙九年（413）。若以当年改元之法计之，则叶延元年（322）为成帝咸和二年，辟奚元年（346）为永和五年，视连元年（374）为孝武帝宁康二年，视罴元年（388）为其大元十三年，乌纥提元年（398）为隆安二年。案乞伏乾归之立，在大元十三年（388），如逾年改元之例所推，则视连不及受其封拜。然则吐谷浑历主，应以当年改元也。树洛干死，《晋书》云：世子拾虔嗣，《宋书》云：弟阿豺立。案阿豺三传之后，其位仍归于树洛干之子拾寅，见下。或谓拾虔乃拾寅之误，然《魏书·吐谷浑传》，多同《宋书》，盖其所本者同。[1]《魏书》记阿豺临死，召诸子弟告之曰："先公车骑，舍其子虔，以大业属吾，吾岂敢忘先公之举而私于纬代，"则拾虔确有其人，岂其暂立而为阿豺所废邪？谯纵乱蜀，阿豺遣其从子敕来泥拓土至龙涸、平康。平康，周县，属松州，在今四川松潘县西。此据《宋书》本传。案谯纵亡于义熙九年（413），正阿豺立之岁，豺盖乘纵之亡而拓土也。《魏书》云：阿豺兼并氐、羌，地方数千里，号为强国。少帝景平中，《本纪》在元年。阿豺遣使上表献方物。

---

① 四裔：吐谷浑年代。拾虔确有其人，到拾寅而文明，盖得诸于阗、罽宾，休留茂亦确有其人，拾寅用书契，似得之西域伏连筹时，中国人又教其书记，伏连筹、夸吕间有二世，通中国文者叶延，夸吕。

诏以为沙州刺史、浇河公。未及拜受，大祖元嘉二年（425），又诏加除命。未至而阿豺死。《魏书》云在元嘉三年（426），《通鉴》系元嘉元年十月。弟慕瓌立。据《宋书》。《魏书》云："乌纥提立，而妻树洛干母，生二子：慕瓌、利延，"则慕瓌为阿豺同母异父弟，下文又云：兄子慕瓌立，盖前史有此异说，而《魏书》杂采之也。慕瓌，《宋书·文帝纪》元嘉九年（432）作慕容瓌，则慕为慕容之略。吐谷浑之后，亦以慕容为氏，《传》云若洛庞别为慕容氏，非矣。七年（430），以为沙州刺史、陇西公。九年进为王。慕瓌前后屡遣兵击乞伏茂蔓。茂蔓率部落东奔陇右。慕瓌据有其地。赫连定为索房所攻，拥秦户口十余万，西次罕升，欲向凉州。慕瓌拒击，大破之，生禽定。拓跋焘使求定，慕瓌与之。《魏书·本纪》，事在延和元年（432），宋元嘉九年也。《魏书》云：慕瓌招集秦、凉亡业之人，及羌戎、杂夷，众至五六百落。南通蜀汉，北交凉州、赫连，部众转盛。魏封为西秦王。神麚四年（431），宋元嘉八年。元嘉十二年（435），卒。《魏书》：慕瓌卒于大延二年（436），则为十三年。弟慕利延立。《宋书·文帝纪》作慕容延，见元嘉十五（438）、十六年（439）。十六年（439），改封河南王。魏改封为西平王。《魏书》云："世祖征凉州，慕利延惧，率其部人，西遁沙漠。世祖以慕利延兄有擒赫连定之功，遣使宣喻，乃还。"案吐谷浑是时，既受封拜于魏，何所猜疑，而欲遁逃？足见虏行师之暴也。《魏书》又云："慕利延兄子纬代，惧慕利延害己，与使者谋，欲归国，慕利延觉而杀之。纬代弟叱力延等八人，逃归京师请兵。世祖拜叱力延归义王，诏晋王伏罗率诸将讨之。慕利延走白兰。事在真君五年（444），即宋元嘉二十一年。后复遣高凉王那等讨之。慕利延遂入于阗。真君六年（445），宋元嘉二十二年。据《魏书·本纪》，是役擒其世子被囊。杀其王，死者数万人。南征罽宾。遣使通刘义隆求援，献乌丸帽、女国金酒器、胡王金钏等物。义隆赐以牵车。七年（446），遂还旧土。"《宋书》记此事在元嘉二十七年（450），云："慕延遣使上表，云若不自固者，欲率部曲入龙涸越巂门。大祖许以虏至不自立，听入越巂。"盖慕延得此许，乃敢归国也。慕延之归国，当在元嘉二十八年（451），魏正平元年。慕延卒，树洛干子拾寅立。始邑于伏罗川。《梁书》云："乃用书契，起城池，筑宫殿。其小王并立宅。"《魏书》云："其居止出入，窃拟王者。"其文明，盖得诸于阗、罽宾邪？宋仍封为河南王，魏亦封为西平王。《魏书》云：后拾寅自恃险远，颇不恭命。高宗时，定阳侯曹安表：拾寅今保白兰，多良牛马，若击之，可以大获。议者咸以先帝再征，竟不能克。今在白兰，不犯王塞，不为人患。若遣使招慰，必求为臣妾，可不劳而定。安曰："臣昔为浇河戍将，与之相近，明其意势。若分军出其左右，拾寅必走南山。谓其所居南方之山。不过十日，牛马草尽，人无所食，众必溃叛，可一举而定也。"从之。诏阳平王新城等出南道，南郡公李惠、给事中公孙拔及安出北道。拾寅走南山。诸军济河追之，多病，引还。魏大安元年（455），宋孝武帝孝建二年也。拾寅，《魏书·本纪》作什寅。显祖复诏上党王长孙观等率州郡兵讨拾寅。军至曼头山，在今青海东北境。胡三省曰："河源郡有曼头城，盖因山得名也。"案河源，隋炀帝平吐谷浑所置四郡之一。拾寅来逆战。观等纵兵击败之。拾寅宵遁。《纪》在皇兴四年（470），宋明帝泰始六年。于是思悔，复修藩职。遣别驾康盘龙奉表朝贡。显祖幽之，不报其使。拾寅部落大饥，屡寇浇河。诏皮欢喜为前锋，长孙观为大都督以讨之。观等军入拾寅境，刍其秋稼。拾寅窘怖，遣子诣军，表求改过。观等以闻。显祖下诏切责之，征其任子。拾寅遣子斤入侍。《本纪》作费斗斤。此次用兵，事在大和三年（479）、四年（480），齐高帝建元元年（479）、二年（480）也。时显祖为大上皇。又《魏书·纪》：大和六年（482），白兰王吐谷浑翼世以诬周伏诛，其事他无所见。显祖寻遣斤还。拾寅后复扰掠边人，遣其将良利守洮阳。晋县后周置郡，今甘肃临潭县。枹罕镇将杨钟葵诒书责之。拾寅表求令洮阳贡其土物。显祖许之。自是岁修职贡。统观魏文成、献文二世之用兵，盖纯出于边将之贪功徼利，屡勤师旅，卒无成功，反蹙洮阳之戍，亦可笑矣。齐高帝建元三年（481），魏大和五年。拾寅卒，子度易侯立。此从《梁书》，《魏书》同。《齐书》作易度侯。伐宕昌。魏让之。令所掠口累，部送时还。度易侯奉诏。卒，子休留茂立。《齐书》云：永明八年（490），授爵号。《梁书》作休留代。本传、《本纪》皆同。《本纪》见天监元年（502）。《魏书》无此一世，云度易侯死，子伏连筹立。《梁书》伏连筹作休运筹。案《周书》言自吐谷浑至伏连筹一十四世，明《魏书》夺此一世。盖休留茂与魏无父涉，魏史遂有此误也。《魏书》云："伏连筹内修职贡，外并戎狄，塞表之中，号为强富。准拟天朝，树置官司，称制诸国，以自夸大。"《梁书》载其表于益州立九层佛寺。又云："其地与益州邻，常通商贾。民慕其利，多往从之。教其书记，为之辞译，稍桀黠矣。"盖又渐染中国之文化矣。伏连筹修洮阳、泥和，胡三省曰：即《水经注》迷和城，洮水径其南，又径洮阳城东。置戍。魏师讨之，二戍请降。事在大和十五年（491），见《纪》。齐武帝永明九年。《魏书》云："终世宗世，至于正光，梁普通元年（520）至五年（525）。牦牛蜀马及西南之珍，无岁不至。后莫折念生反，河西路绝。凉州城人万干菩提等东应念生，囚刺史宋颖。颖密求援于伏连筹。伏连筹亲率大众救之，遂获保全。自尔以后，关徼不通，贡献路绝。"《梁书》伏连筹后，有呵罗真、伏连筹子，大通三年（529）除授。《本纪》中大通元年（529）作阿罗真。佛辅呵罗真子。《本纪》见中大通二年（530）。二世，而《魏书》云"伏连筹死，子夸吕立"，其致误之由，盖亦与其夺休留茂一世同也。《魏书》言夸吕始自号为可汗。居伏俟城，在青海西十五里。地兼鄯善、且末。东西三千里，南北千余里。盖其极盛之时。又云："齐献武王作相，招怀荒远。蠕蠕既附于国，夸吕遣使致敬。献武王征其朝贡。夸吕乃遣使人假道蠕蠕频来。又荐其从妹。静帝纳以为嫔。遣员外散骑常侍傅灵櫼使于其国。《文苑·温子昇传》云："阳夏太守传标使吐谷浑，见其国王床头有书数卷，乃是子昇文也，"则夸吕亦通文墨。夸吕又请婚。乃以济南

王匿孙女为广乐公主以妻之。此后朝贡不绝。"其于西魏：大统中，梁大同元年
(535)至大宝二年(551)。再遣使献马及牛羊等。然犹寇抄不止，缘边多被其害。
废帝二年(553)，梁承圣二年夸吕通使于齐。源州刺史史宁，觇知其还，率轻骑袭
之于州西赤泉，获其仆射乞伏触、扳将军翟潘密，商胡二百四十人，驼骡六百
头，杂采丝绢以万计。恭帝二年(555)，梁绍泰元年，突厥木汗可汗假道凉州袭吐
谷浑。周大祖令宁率骑随之。至番禾，番禾，见第七章第八节。后魏置郡，后周废郡置
镇。吐浑已觉，奔于南山。木汗将分兵追之，宁说其取树敦、贺真二城，木汗从
之。宁入树敦，木汗破贺真。史言树敦是浑旧都，多诸珍藏，木汗亦大获珍宝，
盖皆志在剽掠而已。武成初，陈武帝永定三年(559)。贺兰祥攻拔其洮阳、洪和二
城，洪和，疑即泥和。置洮州而还。天和初，陈文帝天嘉元年(560)。其龙涸王莫昌率
众降，以其地为扶州。建德五年(576)，陈宣帝大建八年。其国大乱。高祖诏皇太
子征之。军渡青海，至伏俟城。夸吕遁走。虏其余众而还。案夸吕以隋开皇十一
年(591)卒，《隋书》言其在位百年，则此时夸吕年已老。隋世吐谷浑屡有内
衅，盖皆其耄荒使然，此时已肇其端矣。《晋书》云：吐谷浑有城郭而不居，随
逐水草，庐帐为屋，以肉酪为粮。《魏书》云：亦知种田。有大麦、粟、豆。北
界气候多寒，惟得芜菁、大麦。《齐书》云：多畜，逐水草，无城郭，后稍为宫
室，而人民犹以毡庐百子帐为行屋。《梁书》云：有屋宇，杂以百子帐，即毡庐也。盖
虽略知稼穑，终以畜牧为主。《晋书》又言其国无常税，调用不给，辄敛富室商
人，取足而止，此纯乎羌人之习。其慕效中国或又取法乎西域，盖皆其王室、贵
人所为，不能逮下也。其所重者商贾，所贪者货财。[①]《宋书》谓其"徒以商译
往来，故礼同北面，""虽复贡篚岁臻，事惟贾道，"然则《梁书》言其使或岁再
三至，或再岁一至，盖正以贾道故，乃为是纷纷然。慕璝曾表魏朝，言"爵秩
虽崇，而土不增廓，车骑既饰，而财不周赏，"魏朝令公卿会议，不肯多与，自
是贡献颇简；其通齐之使，实与商胡俱；俱可为《宋书》之言作左证。《宋书》
又云："金罽毡眊，非用斯急；送迓烦扰，获不如亡。"盖慨乎言之矣。或曰：
《齐书·芮芮传》，言中国与之通使，常由河南道抵益州。建元元年(479)，大
祖遣王世武拜授拾寅，仍往芮芮，赐书云："想即资遣，使得时达。"永明三年
(485)，又遣给事中丘冠先往使，并送芮芮使。其殷勤于河南，盖欲藉通芮芮，
其欲通芮芮，则所以牵制索虏也。然芮芮牵制索卢，为力几何，江东君臣，不应
不知。丘冠先之往使也，得玉长三尺二寸，厚一尺一寸，史家颇艳称之，则天朝
士夫，亦曷尝不重异物？[②] 冠先后拜授休留茂，并行吊礼，遂不得其死。史云：

① 外交：吐谷浑来朝实以通商，案甚野蛮之国，反讥诮慕化者也。

② 外交：中国使人贪利。

"休留茂逼令先拜，冠先厉色不肯，休留茂耻其国人，执冠先，于绝岩上推堕深谷而死。"吐谷浑非夜郎自大者流，既徒志在赐与，安得争此虚文？然则冠先之死，又恶知其究因何事邪？

吐谷浑为外来之族，故其文明程度稍高，其邻近诸族，则仍多率其榛狉之旧。诸族最近吐浑者为白兰。《周书》云："白兰，羌之别种也。其地东北接吐谷浑，西北至利模徒，南界邮鄂。风俗、物产，与宕昌略同。"其与中国通，惟周保定元年（561），<small>陈天嘉二年。</small>曾一遣使献犀甲、铁铠而已。《北史》云："吐谷浑北有乙弗勿敌国。<small>《魏书》作乙弗敌国。</small>国有屈海，周回千余里。众有万落。风俗与吐谷浑同。然不识五谷，惟食鱼及苏子。<small>苏子状若中国枸杞子，或赤或黑。</small>有契翰一部，风俗亦同。白兰山西北，又有可兰国。<small>《魏书》作阿兰国。</small>风俗亦同。目不识五色，耳不闻五声，是夷蛮戎狄中之丑类也。土无所出，直大养群畜，而户落亦可万余。人顽弱，不知斗战。忽见异人，举国便走。性如野兽。体轻工走，逐不可得。"此皆今青海东南境之部族也。<small>利模徒、郎鄂，地皆无考。《宋书》云：吐谷浑之地，自甘松及洮水西南极白兰，则白兰当在今松潘县西北四川、青海界上。白兰山盖即其所居之地，则可兰当在青海东南境；乙弗勿敌当在青海北境，南山之南。屈海不易实指。丁谦《魏书·外国传考证》以玉门县东北花海子当之，恐非。玉门乃西域商胡往来孔道，居其地者，断不至不识五谷也。</small>其在川、甘界上者，有宕昌、邓至，程度稍高。《魏书·宕昌传》云："其地东接中华，西通西域，南北数千里。姓别自为部落。酋帅皆有地分，不相统摄。宕昌即其一也，"此苞今川、甘、青海界上之地而总言之。又云："其地自仇池以西，东西千里，麘水以南，南北八百里。地多山阜。人二万余落。"则专指宕昌言之也。<small>《水经注》：羌水径宕昌城，又东南径武阶，武阶今武都县，宕昌在武都西北，即今西固县地。羌水，今白龙江也。</small>此一大区域中之情况，《魏书》总述之曰："俗皆土著，居有屋宇。其屋，织牦牛尾及羖羊毛覆之。国无法令，又无徭赋。惟战伐之时，乃相屯聚，不然，则各事生业，不相往来。皆衣裘褐。牧养牦牛、羊、豕，以供其食。父子、伯叔、兄弟死，即以继母、叔母、及嫂、弟妇等为妻。俗无文字，但候草木荣落，记其岁时。三年一相聚，杀牛、羊以祭天。"其进化之迟滞，盖全因其所居之闭塞也。宕昌盖因地近仇池，故开发较早。《魏书》本传曰："有梁懃者，<small>《周书》作梁勒。</small>世为酋帅，得羌豪心，乃自称王焉。懃孙弥忽，世祖初，遣子弥黄奉表求内附。世祖嘉之，遣使拜弥忽为宕昌王，赐弥黄爵甘松侯。弥忽死，孙虎子立。"<small>《北史》作彪子，避唐讳。</small>案《世祖纪》：大平真君九年（448），<small>宋元嘉二十五年。</small>宕昌羌酋梁瑾慈遣使内附，并贡方物。《宋书·孝武帝纪》：大明元年（457），以梁瑾葱为河州刺史，宕昌王。<small>《梁书》本传作梁瑾忽。《南史》作梁瑾忽。</small>五年（461），以宕昌王梁唐子为河州刺史。瑾葱、瑾慈，似即弥忽；唐子似即虎子也。《魏书·传》又云："虎子死，弥治立。虎子弟羊子，先奔吐谷浑。吐谷浑遣兵送羊子，欲夺弥治位。弥治遣使请救。世祖诏武都镇将宇文生救之。羊子退走。弥治死，子弥机立。"《宋书·后废帝纪》：元徽四年（476），十月，以宕昌王梁弥机为河、凉二州刺史，此除授，或在其篡立之初也。南朝自此率以河、凉二州刺史、宕昌王授其主，齐武帝永明元年（483），亦以此授弥机。《齐书·武帝纪》：永明三年（485），以行宕昌王梁弥颉为河、凉二州刺史。本传同。是岁为魏孝文帝大和九年（485）。《魏书·本纪》：七月，遣使拜宕昌王梁弥机兄子弥承为其国王。《穆崇传》：崇玄孙亮，为仇池镇将。时宕昌王梁弥机死，子弥博立。① 为吐谷浑所逼，来奔仇池。亮以弥机蕃教素著，矜其亡灭；弥博凶悖，氐、羌所弃；弥机兄子弥承，戎民归乐，表请纳之。高祖从焉。于是率骑三万，次于龙涸，击走吐谷浑，立弥承而还。《齐书·本纪》：永明六年（488），亦以弥承为河州刺史，而不详魏替弥博立弥承之事，然弥颉尝一继位，则《魏书》又不详，疑其为弥博出亡后吐谷浑所立也。十年（486），魏大和十六年。弥承朝于魏。又使求军仪及伎、杂书于齐。诏军器致之未易；内伎不堪涉远；秘阁图书，例不外出；赐以《五经》集注、论各一部。《梁书·武帝纪》：天监元年（502），宕昌王梁弥颌进号，颌盖颉之误；四年（505），四月，以行宕昌王梁弥博为河、凉二州刺史宕昌王；本传同。则弥承之后，弥颉、弥博，复相继在位，《齐书》谓"弥颉卒，乃以弥承为王，"疏矣。弥博死，子弥泰立。大同十年（544），复授以父爵位。《周书·宕昌传》云：自弥忽至仚定九世，弥忽、虎子、弥治、弥机、弥承、弥颉、弥博、弥泰、仚定。每修职贡不绝。后见两魏分隔，遂怀背诞。永熙末，梁中大通六年（534）。乃引吐谷浑寇金城。仚定，《文帝纪》作企定，云引吐谷浑寇金城。渭州及南秦州氐、羌连结，所在蜂起。金城，见第二章第二节。渭州，见第十二章第七节。南秦州，见第十二章第三节。大统初，又率其种人入寇。行台赵贵督仪同侯莫陈顺等击破之。仚定惧，称藩请罪。大祖舍之，拜抚军将军。四年（538），梁大同四年。以仚定为南洮州刺史。后改洮州为岷州，仍以仚定为刺史。七年（541），梁大同七年。仚定又举兵入寇。独孤信时镇陇右，诏信率众便讨之。军未至而仚定为其下所杀。信进兵破其余党。《信传》亦作企定，云企定子弟收其余众。朝廷方欲招怀殊俗，乃更以其弟弥定为宕昌王。十六年（550），弥定宗人獠甘袭夺其位。弥定来奔。先是羌酋傍乞铁忽等，因仚定反叛之际，遂拥众据渠林川。《宇文贵传》作渠林川。云纳弥定后，于渠林川置岷州，不知本宕昌地为铁忽所据？抑铁忽平后，岷州移治也？与渭州民郑五丑，扇动诸羌，阻兵逆命。至是，诏大将军宇文贵、豆卢宁，凉州刺史史宁等率兵讨獠甘等，并擒斩之，纳弥定而还。此亦见《宇文贵》、《豆卢宁》、《史宁》、《赵刚》、《赵昶传》。保定四年（564），陈天嘉五年。弥定寇洮州，总管李贤击走之。是岁，弥定又引吐谷浑寇石

---

① 四裔：宕昌世系。

门戍。甘肃临潭县南有石门山。贤复破之。高祖怒，诏大将军田弘讨灭之。以其地为宕州。见上节。邓至，《魏书》云：白水羌也。世为羌豪。因地名号，自称邓至。其地自亭街以东，平武以西，汶岭以北，宕昌以南。亭街，未详。平武，汉县，在今四川平武县东。汶岭即岷山。《水经注·漾水篇》：白水东南径邓至城南，又东南径阴平故城南，则邓至城在阴平西北。土风、习俗，亦与宕昌同。其王像舒治，遣使内附。高祖拜龙骧将军、邓至王。遣贡不绝。案其见于《魏书·本纪》者：又有像舒彭。大和十七年（493），齐永明十一年。遣子旧诣阙朝贡，并求以位授旧。诏许之。世宗永平二年（509），梁天监八年。八月，丁未，邓至国遣使朝献。戊申，以邓至国世子像览蹄为其国王。盖其初立时也。《梁书》亦有传，云：宋文帝时，王象屈耽遣使献马。《齐书》附《宕昌传》，云：建元元年（479），征虏将军西凉州刺史羌王像舒彭进为持节平西将军，后叛降虏。然《武帝纪》：永明元年（483），二月，以东羌王像舒彭为西凉州刺史，则复来归顺矣。梁天监元年（502），始封为邓至王。五年（493），遣使来献。见《纪》及本传。《周书》云：自舒治至檐桁十一世。魏恭帝元年（554），梁承圣三年。檐桁失国来奔。大祖令章武公导率兵送复之。《魏书》云：邓至之西，有赫羊等二十国，时遣使朝贡，朝廷皆授以杂号将军、子男、渠帅之名。《北史》云：赫羊部内，初有一羊，形甚大，色至鲜赤，故因为国名，其说似近附会。又举诸国之名曰：东亭街、大赤水、寒宕、石河、薄陵、下习山、仓骧、覃水，云风俗粗犷，与邓至国不同焉。亦不能备二十之数也。

第八节 西域诸国

两汉之世，中国与西域之交通，可谓极盛，其后虽遭丧乱，往还实迄未尝绝，不过记载有详略而已。晋迁江左，与西域之交通，自不能如建都长安、洛阳时之盛。据有凉州之国，往还虽密，然偏隅割据，运祚短促，记载不详。惟魏据北方较久，故其记载，亦较翔实焉。《魏书·西域传》：《魏书》此卷亡，实皆录自《北史》。世祖时，遣董琬、高明等出使，见下。还，具言凡所经见及传闻旁国，云："西域自汉武时五十余国，后稍相并，至大延中，为十六国。① 分其地为四域：自葱岭以东，流沙以西为一域；葱岭以西，海曲以东为一域；者舌以南，者舌，今塔什干。月氏以北为一域；两海之间，两海，谓咸海、里海。水泽以南为一域。内诸小渠长，盖以百数？其出西域，本有二道，后更为四：出自玉门，见第六章

① 四裔：魏时西域十六国，盖因与董琬、高明俱来者言之，言三十六国者，乃仍旧文，非其时事。

第六节。渡流沙，西行，二千里至鄯善，在今罗布泊南。为一道；自玉门渡流沙，北行，一千二百里至车师，前部在广安城西，后部在济木萨南。为一道；从莎车西行，莎车，今莎车县。百里至葱岭，西一千三百里至伽倍，故月氏休密翕侯地，见下。为一道；自莎车西南五百里，葱岭西南千三百里，至波路，《西域记》钵露罗，今 Balti。为一道。"案四域之中，第一为天山南路，第二苞今波斯、阿富汗及印度，海曲之海，指波斯湾。第三指天山北路及咸海以东土耳其斯单，第四，谓咸海、里海间地，皆汉世所已通。四道中之第一、第二两道，汉世不之数；第三、第四两道，实即汉世之南道；故其名增于汉，而实减之。然此自指使译所经，民间商旅之往来，未必有异于故也。

四域之中，与中国关系最密者，自为第一域。《魏书》云至大延中为十六国者，盖专指此域言之。惟董琬、高明之还，西域与之俱来者凡十六国，则未知当时天山南路国数果为十六？抑因其来朝之数，姑妄言之？《魏书》记载大荒。见下。实令人不能无疑也。汉、魏之世，诸国互相吞并之事，已见《秦汉史》第十二章第十节。至晋世，天山南路之国，以车师、鄯善、焉耆、今焉耆县。龟兹、今库车县。疏勒、今疏勒县。于阗今和阗县南。为大。

都护之职，自汉衰而废，魏世，以凉州刺史领戊己校尉，护西域，而晋因之，亦见《秦汉史》第十二章第十节。故是时中国与西域之交通，以凉州为关键。张氏割据河西，至骏之世，始有事于西域。时戊己校尉赵贞，不附于驳，骏击禽之。又使其将杨宣出讨。《晋书·焉耆传》云：武帝大康中，其王龙安，遣子入侍。安夫人，狯胡之女。狯胡，未详。姬身十二月，剖胁生子曰会。立为世子。会少而勇桀。安病笃，谓会曰："我尝为龟兹王白山所辱，不忘于心，汝能雪之，乃吾子也。"及会立，袭灭白山。遂据其国，遣子熙归本国为王。会有胆气筹略，遂霸西胡。葱岭以东，莫不率服。然恃勇轻率。尝出宿于外，为龟兹国人罗云所杀。其后张骏遣沙州刺史杨宣前凉沙州，治敦煌。率众疆理西域。宣以部将张植为前锋，所向风靡。军次其国。熙距战，为植所败。率其群下四万人肉袒降于宣。案《张骏传》言：骏使宣伐龟兹、鄯善、《龟兹传》不载其事，鄯善则无传，《本纪》亦但书骏伐焉耆降之，穆帝永和元年（345）。盖其勤兵力者，惟焉耆为大？《骏传》言：西域诸国献汗血马、火浣布、犛牛、孔雀、巨象及诸珍异二百余品，此等非徒葱岭以东所能致；《石勒载记》言：骏使送高昌、见第六章第二节。于寘、鄯善、大宛使，献其方物；则其与葱岭以西诸国，往还必密。《龟兹传》云惠、怀末，以中国乱，遣使贡方物于张重华，重华不在惠、怀之世，其说必误，疑其间有夺文。然其贡方物于重华，当不虚也。亦可见张氏与西域交通之盛矣。张氏亡，苻坚据有凉州，遣吕光讨定西域，已见第六章第六节。时则鄯善王休密驮、车师前部王弥置为光乡导。光进至焉耆，其王泥流，率其旁国请降。此据《光载记》；《焉耆传》述熙降杨宣事后云："吕光讨西域，复降于光，及光僭位，熙又遣子入侍，"两举熙名，不应皆误，盖泥流其蕃名，熙其汉名也。龟兹王帛纯距光。此亦据《光载记》。《龟兹传》作白纯。光进攻城。帛纯倾国财宝，请救猃胡。猃胡弟呐龙侯将馗率骑二十余万，并引温宿、尉头等国王，合七十余万以救之。温宿、尉头，皆在今乌什县。战于城西，大败之。帛纯收其珍宝而走。王侯降者三十余国。诸国惮光威名，贡款属路。此指龟兹旁国。乃立帛纯弟震为王以安之。桀黠胡王，昔所未宾者，不远万里，皆来归附，上汉所赐节传。此指较远之国。光皆表而易之。坚闻光平西域，以为都督玉门已西诸军事、西域校尉，道绝不通。《坚载记》同。光既平龟兹，有留焉之志。乃大飨文武，博议进止。众咸请还。乃以驼二万余头，《魏书·光传》作二千余头。致外国珍宝及奇伎异戏，殊禽怪兽，千有余品，骏马万余匹而还。上文云："光见其宫室壮丽，命参军段业著《龟兹宫赋》以讥之。胡人奢侈，厚于养生。家有蒲桃酒，或至千斛，经十年不败。士卒沦没酒藏者相继矣。"然则光之欲留，乃溺其繁盛耳。肆掠东归，何殊盗贼？然非独光如此，古来通西域者，盖无不有贪其财宝之意存焉。符坚初慕汉文，却大宛天马之贡，卒违群臣之谏而用兵，亦如是而已矣。见第六章第四节及第六节。群议以高昌虽在西垂，地居形胜，外接胡虏，易生翻覆，宜命子弟镇之。光乃以子覆为都督玉门已西诸军、西域大都护，镇高昌，命大臣子弟随之。后凉分裂，敦煌为李暠所据，击玉门已西诸城，皆下之。遂屯玉门、阳关，在敦煌西。广田积谷。鄯善、前部王皆遣使贡其方物。沮渠蒙逊灭李氏，鄯善王比龙入朝，西域三十六国，皆称臣贡献。《宋书·氐胡传》之文。案是时西域，葱岭以东，实无三十六国，若合葱岭以西言之，则又不止此数，此特沿袭旧文，犹言故三十六国之地之诸国耳。《符坚载记》云："吕光讨平西域三十六国，所获珍宝以万万计，"亦此例也。茂虔亡，无讳据鄯善，又袭据高昌，安周又陷车师，已见第七章第八节。至此而割据诸国与西域之关系终矣。

魏通西域，始于大武时。大延元年（435），宋文帝元嘉十二年。五月，遣使二十辈使西域。二年（436），宋元嘉十三年。八月，又遣使六辈使西域。自是来者颇多。据《本纪》。《西域传》曰：大祖初，经营中原，未暇及于四表。既而西戎之贡不至，有司奏依汉氏故事，请通西域，可以振威德于荒外，又可致奇货于天府。大祖曰：汉氏不保境安人，乃远开西域，使海内虚耗，何利之有？今若通之，前弊复加百姓矣。遂不从。历大宗世，竟不招纳。大延中，魏德益以远闻，西域龟兹、疏勒、乌孙、悦般、渴槃陀、鄯善、焉者、车师、粟特诸国王始遣使来献。世祖以西域汉世虽通，有求则卑辞而来，无欲则骄慢王命，此其自知绝远，大兵不可至故也，若报使往来，终无所益。欲不遣使。有司奏九国不惮遐险，远贡方物，当与其进，安可豫抑后来？乃从之。于是始遣行人王恩生、许纲等西使。恩生出流沙，为蠕蠕所执，竟不果达。又遣散骑侍郎董琬、高明等多赍金帛，出鄯善，招抚九国，厚赐之。初琬等受诏：便道之国，可往赴之。琬过九国，北行至乌孙国，其王得朝廷所赐，拜受甚悦。谓琬曰：传闻破洛那、者舌，皆思魏德，欲称臣致贡，但患其路无由耳。今使君等既到此，可往二国，副其慕仰之诚，琬于是自向破洛那，遣明使者舌。乌孙王为发导译达二国。琬等宣诏慰赐之。已而琬、明东还，乌孙、破洛那之属，遣使与琬俱来贡献者，十有六国。自后相继而来，不间于岁。国使亦数十辈矣。此文之善于涂饰，真可发一大噱。①据《本纪》：鄯善之来，在大延元年六月，粟特之来在八月，均在使出之后，世祖岂逆知其将至而欲不报？有司岂逆知其将至，而请勿抑其后来邪？曲笔献媚如此，真可谓秽史矣。沮渠牧犍亡，无讳据敦煌。真君三年（442），宋元嘉十九年。又渡流沙据鄯善，西域为所隔，历年不至。五年（444），宋元嘉二十一年。无讳卒。六年（445），宋元嘉二十二年。遣万度归袭鄯善，执其王。以韩拔为西戎校尉、鄯善王以镇之。《西域传》即在是年，《本纪》在九年。事见第七章第八节。《西域传》云：凉州既平，鄯善国以为唇亡齿寒，自然之道也。今武威为魏所灭，次及我也。若通其使人，知我国事，取亡必近。不如绝之，可以支久。乃断塞行路。西域贡献，历年不入。后平鄯善，行人复通。据《本纪》：大延五年（439），尚有鄯善、龟兹、疏勒、焉耆、粟特，渴槃陀、破洛那、悉居半等遣使朝贡，真君元年（440）至四年（443），则绝无之，五年三月，乃遣使者四辈使西域，是岁十二月，乃书粟特国遣使朝贡，盖全为无讳所隔也。鄯善是时，国且为武威遗孽所据，岂有因其灭亡，转虑唇亡齿寒之理？真所谓乡壁虚造，信口开河者矣。《鄯善传》云："无讳谋渡流沙，遣其弟安周击鄯善。王比龙恐惧欲降。会魏使者自天竺、罽宾还，俱会鄯善，劝比龙拒之。遂与连战。安周不能克，退保东城。后比龙惧，率众西奔且末，其世子乃应安周。鄯善人颇剽劫之，令不得通。"② 鄯善人颇剽劫之上有夺文，此所剽劫者，非魏通西域则西域朝贡之使，其事初非鄯善人所为，故魏伐鄯善，其王真达出降，魏人仍厚待之也。九年（448），宋元嘉二十五年。又遣万度归讨焉耆。《传》云：恃地多险，颇剽劫中国使。其王鸠尸卑那奔龟兹。鸠尸卑那，龟兹婿。度归遂讨龟兹，《传》云：其东关城戍，寇窃非一。大获驼马而还。自是西域复通。然西域要害，在于伊吾，③ 见第六章第六节。汉世实恃此以卫凉州，魏世，柔然蟠据西北，形势极逼，乃其重镇不过敦煌。文成大安二年（456），宋孝武帝孝建三年。敦煌镇将尉眷击伊吾，虽克其城，然眷子多侯，仍为镇将，上疏求取伊吾，断蠕蠕通西域之路，高祖善其计，卒不能用。高昌自张轨以来为郡县，至魏世乃自立为国，而受制于柔然。显祖末，柔然攻于阗，于阗遣使求救，魏亦不能出兵。然则魏世守备之规，经略之计，不逮汉朝远矣。《食货志》言：万度归伐焉耆，其王单骑奔龟兹，举国臣民，负钱怀货，一时降款，此乃胁夺其钱货耳。获其奇宝异玩以巨万，驼马、杂畜，不可胜数。《传》云：焉耆为国，斗绝一隅，不乱日久，获其珍奇异玩，殊方谲诡不识之物，橐驼、马、牛、杂畜巨万。度归遂入龟兹，复获其殊方瓌诡之物亿万已上。又言：自魏德既广，西域、东夷，贡其珍物，充于王府，神龟、正光之际，府藏盈溢。虏除货财、玩好之外，岂有所知邪？

---

① 民族：魏史之诬。

② 史籍：《魏书·鄯善传》夺文。

③ 民族：西域要害在伊吾，魏重镇不过敦煌，高昌则自立而受制柔然，故柔然、铁勒易与西域交通。

高昌之立国于西域，其事颇有关系。《魏书传》云：世祖时，有阚爽者，自为高昌太守。大延中，遣散骑侍郎王恩生等使高昌，为蠕蠕所执。真君中，爽为沮渠无讳所袭，夺据之。无讳死，弟安周代立。和平元年（460），宋孝武帝大明四年。为蠕蠕所并。蠕蠕以阚伯周为高昌王。其称王自此始也。大和初，伯周死，子义成立。岁余，为其兄首归所杀，自立为高昌王。五年（464），齐高帝建元三年。高车王可至罗杀首归兄弟，以敦煌人张孟明为王。后为国人所杀，立马儒为主。以巩顾礼、麹嘉为左右长史。二十一年（480），齐明帝建武四年。遣司马王体玄奉表朝贡，请师迎接，求举国内徙。高祖纳之。遣明威将军韩安保率骑千余赴之。至羊棒水，儒遣礼、嘉率步骑一千五百迎安保，去高昌四百里，而安保不至。礼等还高昌，安保亦还伊吾。安保遣韩兴安等十二人使高昌。儒复遣顾礼将其世子义舒迎安保。至白棘城，去高昌百六十里。而高昌旧人，情恋本土，不愿东迁，相与杀儒，而立麹嘉为王。嘉字灵凤，金城榆中人。榆中，汉县，今甘肃榆中县西北。既立，又臣于蠕蠕那盖。顾礼与义舒随安保至洛阳。及蠕蠕主伏图为高车所杀，嘉又臣高车。初前部胡人，悉为高车所徙，入于焉耆，焉耆又为嚈哒所破灭，国人分散，众不自立，请王于嘉。嘉遣第二子为焉耆王以主之。永平元年（571），梁武帝天监十年。嘉遣兄子私署左卫将军、田地太守孝亮朝京师，田地城，汉之柳中，今鲁克沁。仍求内徙，乞军迎援。于是遣龙骧将军孟威发凉州兵三千人迎之。至伊吾，失期而反。于后十余遣使，款诚备至。惟赐优旨，卒不重迎。延昌中，梁天监十一年（512）至十四年（515）。以嘉为持节、平西将军、瓜州刺史、泰临县开国伯，私署王如故。熙平初，梁天监十五年（516）。遣使朝献。诏曰：卿地隔关山，境接荒漠，频请朝援，徙国内迁，虽来诚可嘉，即于理未恔。何者？彼之甿庶，是汉、魏遗黎。[1] 自晋氏不纲，因难播越，成家立国，世积已久。恶徙重迁，人怀恋旧。今若动之，恐异同之变，爰在肘腋，不得便如来表。神龟元年（518），梁天监十七年。冬，孝亮复表求援内徙。朝廷不许。嘉又遣使奉表。自以边遐，不习典诰，求借五经、诸史，并请国子助教刘爕以为博士。肃宗许之。嘉死，子坚立。坚，《梁书》作子坚。永熙后乃隔绝。《周书》：大统十四年（548），诏以其世子玄喜为王。恭帝二年（555），又以其田地公茂嗣位。《隋书》云：坚死，子伯雅立。案《梁书》言麹嘉在位二十四年，自其立之年齐明帝建武四年（497）起计，当卒于梁普通元年（520），下距《隋书》所记大业五年伯雅来朝之岁，凡九十年。嘉先仕马儒，立年不得甚少；嘉非早世，则坚之继位，亦非冲龄；伯雅能入朝于隋，亦必尚未衰眊；其间似不能历九十年之久，必《隋书》误夺也。[2]《梁书》言大同中子坚遣使来献，大同纪元，与西魏之大统恰同，然则坚之死，

---

① 四裔：高昌屡求迎不果，然亦言其民是汉秘遗黎，面貌类高丽，语言杂。
② 四裔：《隋书》高昌世系夺误。

575

当在大统十三、四年间，即梁之大清元（547）、二年（548）也。《梁书·高倡传》云：国人言语，与中国略同。有五经、历代史、诸子、集。《周书》云：文字亦同华夏，兼用胡书。有《毛诗》、《论语》、《孝经》，置学官弟子，以相教授。虽习读之，而皆为胡语。案《魏书》言其国有八城，皆有华人，盖华人自华言，胡人自胡语也。然《梁书》又言其人面貌类高丽，则实非深目高鼻之族，特久居胡中，习其言语耳。《魏书·于阗传》云："自高昌以西，诸国人等，深目高鼻，惟此一国，貌不甚胡，颇类华夏。"案汉世西域，胡人虽多，华人亦不少，说见《秦汉史》第五章第四节。据《魏书》此文，似魏、晋以后，华人颇减，胡人稍增，盖其移殖有难易使然。晋、南北朝之世，华人之居西域者，必以高昌、于阗为巨擘矣。[1]《梁书》云：其官有四镇将军及杂号将军、长史、司马、门下校郎、中兵校郎、通事舍人、通事令史、谘议、校尉、主簿，置四十六镇；姻有六礼；《周书》云：其刑法、风俗、婚姻、丧葬，与华夏小异而大同；可见其法俗尚多承中华之旧。惟辫发垂之于背，[2]《梁书》又云：女子头发，辫而不垂，《周书》云：丈夫从胡法，妇人略同华夏，盖指此。实为胡俗。然伯雅朝隋归国，曾下令国中，解辫削衽，虽云竟畏铁勒不敢改，《隋书》本传。其心固未尝忘华夏也。

葱岭以西之地，始擅于大月氏，而后入于嚈哒。《后汉书·大月氏传》曰：初月氏为匈奴所灭，遂迁于大夏，分其国为休密、双靡、贵霜、肸顿、都密，凡五部翕侯。《汉书》：休密治和墨城，双靡治双靡城，贵霜治护澡城，肸顿治薄茅城，高附治高附城。《后书》高附作都密，余同。《魏书》：伽倍，故休密翕侯，都和墨城，在莎车西。折薛莫孙，故双靡翕侯，都双靡城，在伽倍西。钳敦，故贵霜翕侯，都护澡城，在折薛莫孙西。弗敌沙，故肸顿翕侯，都薄茅城，在钳敦西。阎浮，故高附翕侯，都高附城，在弗敌沙南。沙畹《大月氏都城考》云：休密，即唐之护密，今之 Wakhan。双靡，即宋云《行记》之赊弥，玄奘《西域记》之商弥，今之 Tchitral。贵霜，在健驮罗 Gandhara 北境。弗郎克 Franke 云即健驮罗。肸顿，在喀布尔河 Kaboulrond 支流 Pandjshlr 河之 Parwan 地方。都密，在喀布介附近，惟与喀布介有别。见冯承钧《史地丛考》。白鸟库吉云：休密，即 Sarik-Chaupan。贵霜为 Wakhan 之西部。合二者为 Wakhan，即《魏书》之钵和，《唐书》之镬偘。双靡为 Mastoj。薄茅当作薄第，为 Badaxshan。高附为 Jamgan。见羽溪了谛《西域之佛教》第二章。贺昌群译，商务印书馆本。后百余岁，贵霜翕侯丘就却攻灭四翕侯，自立为王，国号贵霜王。此王字疑涉下"诸国称之皆曰贵霜王"而衍。侵安息，取高附地。又灭濮达、《西域之佛教》第二章云：即乌弋山离，今阿富汗南境及旁遮普之一部。罽宾，克什米介之西北，今健驮罗地方。悉有其国。丘就却年八十余死，子阎膏珍代为王。复灭天竺，置将一人监领之。月氏自是之后，最为富盛。诸国称之，皆曰贵霜王。汉本其故号，

---

① 民族：魏晋后，西域华人以高昌、于阗为大宗。

② 四裔：高昌之辫发。

言大月氏云。《三国志·四裔传注》引《魏略·西戎传》曰：罽宾国、大夏国、高附国、天竺国，皆并属大月氏，说与此合。丘就却与阎膏珍之年代，不易确定，要当在后汉安帝以前，以《后书·西域传·序》，自云本于安帝末班勇所记也。西域史籍亦乏，近世治月氏史者，多珍视其泉币。谓丘就却之名，与见于泉币之 KujulaKadphises 相当；阎膏珍之名，与 WemaKadphises 相当。此外尚有迦腻色迦 Kaniska、胡韦色迦 Huviska、韦苏特婆 Vasudeva 三王。近年在马图剌 Mathura 及山屺 Saachi，得有刻文，又有韦西斯迦 Vasishka：Vasashka：Vasushka 之名，或谓其当次迦腻色迦、或胡韦色迦之后，或谓即韦苏特婆。诸王中，迦腻色迦为传布佛教名王，苦心探索其年代者尤多。或谓在丘就却、阎膏珍之前，或谓在其后。或又谓迦腻色迦有二：一在丘就却、阎膏珍之前，一在其后。众说纷纭，莫衷一是。日本羽溪了谛所撰《西域之佛教》第二章第二节，曾撮举其大要，读之可见其概。欲与中国史籍相印合，尚不易豪发无遗憾。要之谓大月氏之兴起，在两汉之际，其强盛迄于晋初，当无大差也。柔然兴，月氏乃稍见侵削。《魏书·大月氏传》云：都卢监氏城。《史记》、《后汉书》作蓝氏城，《汉书》作监氏城，《北史》作剌监氏城，今班勒纥 Balkh。北与蠕蠕接，数为所侵，西徙都薄罗城。冯承钧译沙畹《西突厥史料》第四篇注云："沙畹原以嚈哒都城为 Badhaghis，后又改订为 Faizabad，第《北史》有"盖王舍城也"一语，印度境外，有王舍城之号者，祇缚喝罗 Balkh，此亦即大月氏都城薄罗，兹为改正于此。"商务印书馆本。其王寄多罗勇武，遂兴师越大山，南侵北天竺，自乾陀罗以北五国，尽役属之。盖其势初蹙于北，而犹盛张于南焉。及嚈哒兴，月氏复为所蚕食，而其势不可支矣。

《北史》云：康国者，康居之后也。迁徙无常，不恒故地。自汉以来，相承不绝。其王本姓温，月氏人也。旧居祁连山北昭武城，因被匈奴所破，西逾葱岭，遂有其国。《唐书》：一曰萨末鞬，亦曰飒秣建，元魏所谓悉万斤者，今之撒马儿罕也。枝庶分王。故康国左右诸国，并以昭武为姓，示不忘本也。其所举诸国，曰安，《唐书》：安，一曰布豁，又曰捕喝，元魏谓忸密者，今布哈尔。曰钹汗，《唐书》：宁远，本拔汗那，或曰拔汗，元魏时谓破洛那。案今《魏书》、《北史》传文皆夺破字，云洛那国，故大宛国也，都贵山城，在疏勒西北。沙畹云：拔汗那，今之 Ferghanah 见《西突厥史料》第三篇。白鸟库吉云：汉贵山城，在 Khodjend 东北约百三十英里之 Kasan，见桑原骘藏《张骞西征考》。杨炼译，商务印书馆本。曰米《唐书》：或曰弥末，又曰弥秣贺。冯承钧云：Maimargh 之对音，见所著《新唐书·西域羁縻府州考》，在《史地丛考》中。曰史，《唐书》：或曰佉沙，又曰羯霜那。冯承钧云：今之 Shehrsebz。曰曹，《唐书》有东、西、中曹，云西曹者，隋时曹也，治瑟底痕城。冯承钧云：Ischtikhan 之对音。曰何，《唐书》：或曰屈霜你迦，又曰贵霜匿，即康居小王附墨城，永徽时，以其地为贵霜州。冯承钧云：此贵霜为 Koschana，非昔贵霜翕侯治地，亦非《唐书·地理志》大汗都督府之附墨州。曰乌那遏，《隋书》云：都乌浒水南。乌浒水，今阿母河。曰穆，《隋书》云：都乌浒水西。曰漕，烈维、沙畹《罽宾考》云：即《大唐西域记》之漕矩吒，在今 Ghazni 地方。此篇亦在《史地丛考》中。凡九。《唐书》则以康及安、曹、石、或曰柘支，曰柘折，曰赭时。冯承钧曰：今之塔什干。米、何、火寻、或曰货利习弥，又曰过利。冯承钧曰：即 Kharism 之对音。居乌浒水之阳，即今之 Urgeny。戊地、冯承钧曰：即《西域记》之伐地，古之木鹿，今之 Merv。史为昭武九姓，而云康之始为突厥所破。案昭武汉县，属张掖。《后书·梁慬传注》云：昭武故城，在张掖西北，其地属今之高台县，乃月氏故地，非康居故地，云康为康居之地可，云康为康居之后则误，且与其王为月氏人之说，自相矛盾矣。① 月氏西迁，盖自今伊犁河域达妫水之滨，未尝经葱岭，云西逾葱岭亦误。《唐书》觉其不合，改匈奴为突厥，然逮突厥之兴，祁连山北，久无月氏矣。楚固失之，齐亦未为得也。月氏西迁之后，只闻分国为五部翕侯，未闻以枝庶分王各邑。然则昭武诸国之立，乃在月氏西迁又遭破坏之后，无复共主，乃分崩离析而为是诸小国也。或曰：《魏略·西戎传》言："敦煌、西域之南山中，从婼羌西至葱岭西数千里，有月氏余种，"《三国·魏志·四裔传注》引。所谓西逾葱岭者，安知非指此种人言之；案《后书·羌传》云："湟中月氏胡，其先大月氏之别也。旧在张掖、酒泉地。月氏王为匈奴冒顿所杀，余种分散，西逾葱岭。其羸弱者南入山阻，依诸羌居止。遂与共婚姻。及霍去病破匈奴，取西河地，开湟中，于是月氏来降。与汉人错居。被服、饮食、言语，略与羌同。亦以父名母姓为种。"此文亦必有所本，西逾葱岭，明指月氏初破败时言之，此乃古人措辞不审，不必曲为之讳。湟中月氏胡，特其来降之一小支，其余盖皆在南山羌中。《魏略》下文云："葱茈羌，白马、黄牛羌，各有酋豪，北与诸国接，不知其道里广狭，"然则云自婼羌至于葱岭皆有月氏余种，亦不过约略之辞，盖以月氏与羌同处，乃以羌之所至，即为月氏之所至，其实月氏踪迹，能否西抵葱岭，尚有可疑也。与羌同居之月氏，皆为羌所化。其处境闭塞，故其文明程度甚低。然四塞之区，外兵罕至，故其处境实甚宽闲，从古不闻迁徙。与谓昭武诸国，系此等月氏余种，迁徙而去，似不如谓为月氏西迁之后，更遭破败，乃离析而成此诸国之为得也。

嚈哒，《梁书》谓之滑国，其缘起史甚茫昧。②《梁书·滑国传》云：车师之别种也。汉永建元年（126），八滑从班勇击北虏有功，勇上八滑为后部亲汉侯。事见《后书·西域车师传》。自魏、晋以来，不通中国。至天监十五年（516），其王厌带夷栗陁始遣使献方物。普通元年（520），又遣使献黄师子、白貂裘、波斯锦等物。七年（526），又奉表贡献。元魏之居桑乾，见第四章第二节。滑犹为小国，

① 四裔：康为康居之地，不可云康居后，云西逾葱岭亦误。《唐书》改匈奴所破为突厥亦误。西逾葱岭亦非《魏略·西戎传》所云。

② 四裔：嚈哒。

属芮芮。后稍强大。征其旁国波斯、盘盘、《宋书》芮芮附《索虏传》后，云：其东有盘盘国、赵昌国，渡流沙万里，即此国也。《西突厥史料》云："盘盘南海国名，不应列入西域诸国之间，疑有错简，"误。罽宾、焉耆、龟兹、疏勒、姑墨、今阿克苏县。于阗、句盘疑即渴槃陀，今蒲犁县。等国，开地千余里。案滑国距车师甚远，果其本居后部，其迁徙而西，安得一无事迹可见？《梁书》又有白题国，云：其先盖匈奴之别种胡也。汉灌婴与匈奴战，斩白题骑一人。今在滑国东，去滑六日行，西极波斯，其可疑亦与滑国同。今案《裴子野传》云：西北徼外，有白题及滑国，遣使由岷山道入贡。白题入贡，事在普通三年（522），见本传。此二国历代弗宾，莫知所出。子野曰："汉颍阴侯斩胡白题将一人，服虔《注》曰：白题胡名也；又汉定远侯击虏，八滑从之，此其后乎？"时人服其博识。然则以滑国为八滑之后，特穿凿附会之谈，作史者据为典要，慎矣。《梁书》又有末国，云："汉世且末国也，北与丁零，东与白题，西与波斯接，"其地理亦全然不合。丁谦《梁书·夷貉传考证》谓即米国，说颇似之，乃因末字附会为且末，亦裴子野之智也。《滑国传》云：少女子，兄弟共妻。《魏书·嚈哒传》云：其俗兄弟共一妻。夫无兄弟者，其妻戴一角帽，若有兄弟者，依其多少之数，更加角焉。《隋书·挹怛传》略同。《梁书》云：头上刻木为角，长六尺，以金银饰之。一妻多夫之俗，较一夫一妻、一夫多妻为少，苟其有之，必同族也。《嚈哒传》云：大月氏之种类也。《隋书》同。亦曰高车之别种。其原出于塞北，自金山而南。金山，今阿尔泰山。与《梁书》以滑国为八滑之后，同一无据。《通典·边防典》云：按刘瑾《梁典》，滑国姓嚈哒，后裔以姓为国号，转讹又谓之挹怛焉。《注》云：其本原：或云车师之种，或云高车之种，或云大月氏之种。又韦节《西蕃记》云：亲问其国人，并自称挹阗。又按《汉书》：陈汤征郅支，康居副王挹阗钞其后，则此或康居之种类。然传自远国，夷语讹舛，年代绵邈，莫知根实，不可得而辨也。以挹怛为康居之后，正与裴子野之智同。韦节亲闻，说自可据。因此知哒怛二字，音与阗同；于邑双声，于于同字；嚈哒、挹怛，殆于阗之异译也。其王名厌带夷粟陁，厌带盖其姓。《唐书·地理志》：突厥羁縻州葛逻州，以葛逻挹怛部置，盖挹怛余众，属于葛逻者也。《西突厥史料》第四篇云：五世纪中叶，嚈哒居乌浒河域，渐强大，为波斯大敌。四百八十四年，其王 Akschounwar，大败波斯，波斯王 Pirouz 战死。此王在 Théophane de Byzance 著述中，名 Ephthalanos。彼谓嚈哒 Hephthalites 之名，即出此王。《梁书·滑国传》：其王厌带夷粟陁。《唐书》云：嚈哒王姓也，后裔以姓为国。合此三证，知嚈哒之称，惟见于五世纪末年之故。盖以适当 Akschounwar 战胜之后，此王之姓，不作 Hephthal，即作 Hethailit 也。案四百八十四年，为齐武帝永明二年（484）。据《梁书·诸夷传》所载：滑国法俗，有类于阗者三焉：王与妻并坐接客，一也。滑女人被裘，于阗妇人皆辫发，衣裘袴，二也。《滑传》云：其跪一拜而止，此事无甚足异，史家未必特著其文，《于阗传》云：其人恭，相见则跪，其跪则一膝至地，疑《滑传》文有讹误，其俗实与于阗同，此非东夷之拜则曳一足,乃古武坐致右宪左之类。三也。又《渴盘陁传》云:风俗与于阗相类,着长身小袖袍、小口袴,而《滑传》亦云:着小袖长身袍。又《高昌传》云:着长身小袖袍、缦裆裤,《武兴传》云:长身小袖袍、小口袴;则此为甘肃南境之通俗,蔓延于南山之北,葱岭之西。《芮芮传》亦云:小袖袍、小口袴、深雍靴。靴为胡俗,小袖袍、小口袴,或受诸高昌等。滑,"言语待河南人译然后通,"《梁书》本传。又云:无文字,以木为契,与旁国通,则使旁国胡为胡书,此亦足证谓其出于车师、高车、月氏等之误,诸国皆久与文明之国接,非复刻木为契者矣。《魏书》云:其语与蠕蠕及高车诸胡不同,又足证其非同族。其来又自岷山道,其故居所在,自略可推测。一妻多夫,易行女系,女系固非即女权,然女权究易昌大,且女子易为族长,因此亦易为国主。《魏书·吐谷浑传》云:北又有女王国,以女为主,人所不知,其传云然,谓女王国在吐谷浑北,显有讹误。或北为误字,或系编次之误,或则传写简错。此条若不在此处,则"北又有"之文,非谓其吐谷浑之北矣。《北史》云:白兰西南二千五百里,隔大岭,又度四十里海,有女王国,与其《西域传》谓于阗南去女国二千里,《隋书·女国传》谓其在葱岭之南者相符,其地盖在今后藏。此女国在后藏境,而西川之西。尚有一女国。在唐西山八国中。西山八国:曰女,曰诃陵,曰南水,曰白狗,曰逋租,曰弱水,曰清远,曰咄霸。见《唐书·韦皋传》,云皆因皋请入朝。据《旧书·本纪》,事在德宗贞元九年(793),惟云六蛮,无清远、咄霸,盖二国之附在后也。又诃陵作哥邻。《北史》言女国土著,宜桑麻,熟五谷。而《魏书》言嚈哒无城邑,依随水草,以毡为屋,夏迁凉土,冬逐暖处。《梁书》亦云:滑无城郭,毡屋为居,东向开户。盖藏地一妻多夫之族,有耕农,有游牧,游牧者迁徙较易,北出天山南路,先陷于阗,乃越葱岭而西,至于《魏书》所云嚈哒之都拔底延城。巴达克山之异译。谓之滑国者?《唐书·地理志》:大汗都督府,以嚈哒部活路城置,此即《西域记》之活国,Aboulféda 地志云:为吐火罗都城,旧为嚈哒国,《西突厥史料》第三篇。梁武帝时其主盖居焉,而以其名自通,故《梁书》称为滑国也。《梁书》又有周古柯、呵跋檀、胡密丹三国,周古柯,未详。呵跋檀,或云即渴盘陁。胡密丹,即护蜜。云皆滑旁小国。普通元年(520),使使随滑来献方物,又云:凡滑旁之国,衣服、容貌,皆与滑同,盖其相率俱出者。此国之强盛,盖当南北朝之初。《魏书》言:西域康居、于阗、沙勒、即疏勒。安息,及诸小国三十许,皆役属之。《周书》云:于阗、安息等大小二十余国皆役属之。《朱居波》、沙畹云:今哈尔噶里克 Karghalik,见《西突厥史料》第二篇。《传》云:役属嚈哒。《渴盘陁》、《传》云:附于嚈哒。《钵和》、《传》云:亦为嚈哒所统。《赊弥》《传》云:亦附嚈哒。《传》言其皆臣附焉。《乾陁传》云:乾陁,即健驼罗。本名业波,为嚈哒所破,因改焉。其王本是敕勒,临国已三世矣,盖嚈哒所树置也。焉者见破,事已见前。嚈哒又与柔然合从,以攻高车,事见下节。皆可见其威力之广:其破亡在南北朝之末。《周书》云:大统十二年(546),梁武帝中大同元年。遣使献其方物。魏废帝二年

（553），梁元帝承圣二年。明帝二年（559），陈武帝永定三年。并遣使来献。后为突厥所破，部落分散，职贡遂绝。其事当在陈文帝之世也。《西突厥史料》第四篇云："突厥既灭蠕蠕，嚈哒失一大外援。波斯王 KhosrouAnouschirwan，欲雪其祖败亡之耻，乃娶突厥可汗女，与盟，共谋嚈哒。陀拔 Tabari《纪年》云：Sindjibou，为突厥最勇健之可汗，统军最众。败嚈哒而杀其王者，即此人。弥南 Ménandre《希腊史残卷》，谓 Silziboul 与嚈哒战甫终，即宣告将往击 AVares，事在五百六十二年。又谓五百六十八年，Dizaboul 可汗使告嚈哒已灭。则嚈哒之灭，应在五百六十三至五百六十七年。"案五百六十三年，乃陈文帝天嘉四年（563），五百六十七年，则陈废帝光大元年（567）也。嚈哒灭亡之年，东西史籍相合。Silziboul 与 Dizaboul 即系一人，沙畹云：即《隋书》之室点密，见下节。

在《魏书》所云第三、第四两域中，引起轩然大波者，似为匈奴。《魏书·悦般传》云：在乌孙西北。其先，匈奴北单于之部落也。为窦宪所逐。北单于度金微山，西走康居。其羸弱不能去者，住龟兹北。地方数千里，众可二十余万。凉州人犹谓之单于王。其风俗、言语，与高车同，而其人清洁于胡。俗翦发齐眉，以醍醐涂之，昱昱然光泽。日三澡漱，然后饮食。与蠕蠕结好。其王尝将数千人入蠕蠕国，欲与大檀相见。入其界百余里，见其部人不浣衣，不绊发，妇人舌舐器物。王谓其从臣曰："汝曹诳我，入此狗国中。"乃驰还。大檀遣骑追之，不及。自是相仇雠，数相征讨。真君九年（448），宋文帝元嘉二十五年。遣使朝献。并送幻人，称能割人喉脉令断，击人头令骨陷，皆血出，或数升，或盈斗，以草药内其口中，令嚼咽之，须臾血止，养创一月复常，又无瘢痕。世祖疑其虚，乃取死罪囚试之，皆验。云中国诸名山，皆有此草。乃使人受其术而厚遇之。是岁，再遣使朝贡，求与官军东西齐契讨蠕蠕。世祖嘉其意，命中外诸军戒严，以淮南王他为前锋，袭蠕蠕。仍诏有司：以其鼓舞之节，施于乐府。自是每使贡献。案汉世西北诸国，大者曰康居，曰大宛，曰乌孙，曰奄蔡。《后汉书》无康居传。《晋书》有之，云：在大宛西北，可二千里。与粟弋、伊列邻接。其王居苏薤城。泰始中，其王那鼻遣使上封事，并献方物。苏薤城乃史国之都，为康居小王故地，洪氏钧谓"是昭武之分王，非康居之统主，苏薤在大宛西不及二千里，《晋书》但引《史记》，而不知与己说剌缪，"《元史译文证补·西北古地考康居奄蔡》。其说良是。然则康居旧国已亡。大宛，《晋书·传》云：其国"有大小七十余城。大康六年（285），武帝遣使杨颢拜其王蓝庾为大宛王。卒，其子摩之立，遣使贡汗血马。"似尚为泱泱大风。然自此而后，亦无闻焉。乌孙惟《魏书》有传，云："其国数为蠕蠕所侵，西徙葱岭山中，无城郭，随畜牧，逐水草，"则更微不足数矣。悦般之地，自龟兹之北至乌孙西北，盖苞巴勒哈什湖而抵咸海。自此以西北，亦更无强部。故或谓"《后书》无康居传者，其地已入悦般也。《后书》有粟弋国，又有严国，在奄蔡北，奄蔡，改名阿兰聊国，皆云属康居，即属于匈奴矣。"《三国·魏志·四裔传注》引《魏略》：乌孙、康居，本国无增损也。北乌伊别国，在康居北。又有柳国；又有岩国；又有奄蔡国，一名阿兰；皆与康居同俗。西与大秦，东南与康居接。故时羁属康居，今不属也。说亦可通。《魏书》："粟特国，在葱岭之西，古之奄蔡，一名温那沙，居于大泽，在康居西北，先是匈奴杀其王而有其国，至王忽倪已，三世矣。"此亦一匈奴战胜攻取之迹。然若是者甚寥寥，何也？今案匈奴是时，兵锋盖深入欧洲，故在亚洲，其可见之战功甚少也。洪氏钧又云：《魏书》以粟特即奄蔡。《后汉书》分粟弋、奄蔡为二，曰粟弋国属康居。《通典》以粟弋即粟特，而亦与奄蔡分为二国。且曰粟弋附庸小国，四百余城。似非一国。《元史类编·西域传》引《十三州志》云：奄蔡、粟特，各有君长，而魏收以为一国，误矣。《汉书·陈汤传》：郅支单于遣使责阖苏、大宛诸国岁遗。师古曰：胡广云：康居北可一千里，有国名奄蔡，一名阖苏，然则阖苏即奄蔡也。《史记正义》引《汉书解诂》曰：奄蔡即阖苏也。名称互岐，诸说不一，折衷考异，爰采西书。当商、周时，古希腊国人已至黑海，行舟互市，筑室建城。秦、汉之时，罗马继之。故亚洲西境部族，播迁欧洲者，惟希腊、罗马古史，具载梗概。今译其书，谓里海以西，黑海以北，先有辛卑尔族居之，盖东方种类，城郭而兼游牧者。厥后有粟特族，越里海北滨，自东而西，夺辛卑尔地。辛卑尔人四散。大半窜于今之德、法、丹、日等地。有众入罗马，为罗马击杀无遗。东汉时，有郭特族人，亦自东来。其王曰亥耳曼。粟特族人败溃不复振。晋时，匈奴西徙。其王曰阿提拉。用兵如神，所向无敌。亥耳曼自杀。其子威尼达尔，率郭特人西窜，召集流亡，别立基业。阿提拉复引而西。战胜攻取，威震欧洲。罗马亦惮之。立国于今马加之地。希腊、罗马、郭特之人，多为其所抚用。与西国使命往来，坛坫称盛。有诗同歌咏，皆古时匈奴文字。罗马史称阿提拉仁民爱物，信赏必罚。在军中，与士卒同甘苦。子女玉帛，一不自私。邻国贡物分颁其下。筵宴使臣以金器皿，而自奉俭约，樽簋以木。将士被服饰金，而己则惟衣皮革。是以遐迩咸服，人乐为用。宋文帝元嘉二十八年（451），阿提拉西侵佛郎克部。罗马大将峨都思，率郭特、佛郎克等众御之。战于沙隆之野，两军死者五十万人。阿提拉败归。南侵罗马，毁数城而去。寻卒，诸子争立，国内乱，遂为罗马所灭。当郭特之未侵粟特也，有部落曰耶仄亦，居里海西，高喀斯山北，亦东来族类，而属于粟特。厥后郭特、匈奴，相继攘逐，独耶仄亦部河山四塞，恃险久存。后称阿兰，亦曰阿兰尼；又曰阿思，亦曰阿兰阿思；皆见东罗马书。今案耶仄亦即汉奄蔡，元阿速。昔时俄罗斯人称阿速曰耶细，为耶仄亦变音。阿速于明后始为俄罗斯所并，享国之久，可谓罕见。奄蔡一国，粟特一国，一为大部，一为附庸，《后汉书》、《通典》、《十三州志》说合。其曰粟弋者？仅一粟字，嫌切音未足，因增弋字，当作粟弋特而删特字也。其曰阖苏者？阖字为启口时语助之音，西方文字，往往而有。战国时希腊人海洛犊特之书，其言粟特，音如阖苏，故知是也。郭特之名，华书无征，《魏书·粟特传》："匈奴杀其王而有其国，传至王忽倪已三世，稽其时序，似即郭特王亥耳曼自戕之事，而不合者多，难于论定。"案近哥伦比亚大学教授夏德氏 Hirth，考定忽倪已即 Hernae，实阿提拉少子继为芬王者。忽倪已以文成时通好于魏，文成在位，当西历四百五十二年至四百五十六年，忽倪已之即位，则在四百五十二年也。然则匈奴虽深入欧洲，其于亚洲西北，固未尝不陆詟而水栗矣。特以大体言之，则是时之匈奴，已稍为西胡所同化，非复好斗嗜杀之民族矣。然亚洲西北，固犹为其所羁制。此等情形，盖历晋、南北朝之世，未之有改，直至其末叶突厥兴而始一变也。

西域诸国，见于《魏书》者，除前所述外，尚有且末、都且末城，今且末县。后役属鄯善。蒲山、故皮山。居皮城，今皮山县。后役属于阗。悉居半、故西夜国，一名子合。治呼犍谷，在今叶城县南。权于摩、故乌秅。居乌秅城，今巴达克山。渠沙、居故莎车城，今莎车县。且弥、都天山东于大谷。此汉之西且弥，在今呼图壁河至玛纳斯河间。本役属车师。姑默、居南城，即姑墨，见上。役属龟兹。温宿、居温宿城，见上。役属龟兹。尉头、居尉头城，见上。役属龟兹。者至拔、都者至拔城，在疏勒西。迷密、都迷密城，在者至拔西。悉万斤、都悉万斤城，见上。忸密、都忸密城，在悉万斤西，见上。洛那、即破洛那，见上。伏卢尼、都伏卢尼城，在波斯北。色知显、都色知显城，在悉万斤西北。伽色尼、都伽色尼城，在悉万斤南。薄知、都薄知城，在伽色尼南。牟知、都牟知城，在忸密西南。阿弗大汗、都阿弗大汗城，在忸密西。呼似密、都呼似密城，在阿弗大汗西。案此国即唐之火寻，见上。诺色波罗、都波罗城，在忸密南。案此国即唐之那色波，亦曰小史，在佉沙西百五十里。早伽至、都早伽至城，在忸密西。伽不单、都伽不单城，在悉万斤西北。者舌、见上。阿钩羌、在莎车西南。波路、见上。罽宾，都善见城，见上。吐呼罗、沙畹云：在巴达克山。见所著《大月氏都城考》，在《史地丛考》中。副货、东至阿副使且国，西至没谁国，中间相去一千里。南有连山，不知名。北至奇沙国，相去一千五百里。其所在并所接之国均未详。或云：奇沙即佉沙。波知、在钵和西南。钵卢勒。在赊弥东。或通朝贡，或否。其国名多与都城同，盖本一城之主，盛时则能自通中国，衰即隶属于人矣。大秦，《晋书》、《魏书》皆有传。《晋书》云：武帝大康中，其王遣使贡献，《魏书》仅袭前史之文，无事迹，盖自大康后无往还。是时安息微而波斯之萨山朝兴。《魏书》云：神龟中，梁武帝天监十七（518）、十八年（519）。遣使上书贡物，自此每使贡献。而安息之名亦仍存，在葱岭西，都蔚搜城。北与康居，西与波斯相接。在大月氏西北。丁谦《魏书·西域传考证》云："巴而特亡后，尚有一小国，在里海南山中。大食先灭波斯，后灭此国。据此，安息国即《唐书》所谓陀拔斯单。安息本在月氏西南，此国滨近里海，故云在月氏西北。蔚搜城，当是今萨里城。"周天和二年（567），陈废帝光大元年(567)。尝遣使来献。盖陆路之交通，至亚洲西境而极。印度陆路之交通，《魏书》所载，有南天竺国。世宗时，齐东昏侯永元二年(500) 至梁武帝天监十四年 (515)。其国王婆罗化遣使献骏马、金银，自此每使朝献。南天竺去代三万一千里，次南天竺之下者为叠伏罗，去代三万一千里，其国当亦在印度。世宗时，其国主伏陁末多尝遣使献方物。次叠伏罗之下者为拔豆，去代五万一千里，其相去似大远，岂五万为三万之讹，其国亦在印度欤？在赊弥南之乌苌，即《西域记》之乌仗那，其国在北印，《魏书》不言其有所交通。其西之乾陁，即健陁罗，则为嚈哒所羁制矣。

中国东南面海，西北连陆，北方多游牧民族，惟事侵略，西方则不然，其国多系文明之国，我之文明，能裨益彼者诚不少，彼之文明，能裨益我者亦孔多也。近年英、俄、法、德考古家，在新疆发见古书，有与印度欧罗巴语类者，以其得之之地，名之曰焉耆语、龟兹语，焉耆语行于天山之北，龟兹语行于天山之南，予疑龟兹语为塞种语，焉耆语为乌孙等游牧民族语，已见《秦汉史》第五章第四节。烈维《龟兹语考》云：据迈埃 Meillet 研究，其语特近意大利色特 Ita-loCeltes、斯拉夫 slaves、希腊 Héllénes 诸语，实难纳诸一类语言。与印度伊兰语，又不相类。中国初译佛经，在二世纪时，其语，有非印度元文所能对照，必用龟兹语，始能解其音译者，*此文亦在《史地丛考》中。*此可见西域诸国自有其文化，非尽受之于人，而其有裨于我者为至大也。①当时西域诸国文明富厚之情形，读前文所述龟兹、焉耆之事，已可概见。王国维《西胡考》曰：魏、晋以来，草木之名，冠以胡字者，其实皆西域物。予谓不仅此。《续汉书·五行志》曰："灵帝好胡服、胡帐、胡床、胡坐、胡饭、胡箜篌、胡笛、胡舞，京都贵戚，皆竞为之，此服妖也。"凡一种文明，由贵族传入者，在当时恒为侈靡之事，久之，流衍于民间，则为全群之乐利矣。此等器物、技艺，有益于我者，实亦甚深，参观以下各章可见。西域诸国人入中国者亦甚多。胡本匈奴之名，久之，中国人乃扯以称北方诸民族。在匈奴之东者曰东胡，乌丸、鲜卑之先是也。在匈奴之西者曰西胡，亦曰西域胡。匈奴亦黄种，容貌与中国人同，一同化即不可复别，西胡则为深目高鼻之族，文化虽已交融，容貌不能骤变，魏、晋而后，胡名遂稍为所专。既惟称此种人为胡，则东西之名，可以不立。此说详见予所撰《胡考》。在《燕石札记》中，*商务印书馆本*。知此，则知西域人入中国者之多，亦知中国与西域关系之密矣。又不特中国，北方之游牧民族，与西胡关系亦深，此事须统观隋、唐以后史实，方能明之，然观第八章第三节及下节，亦可见其端倪也。

第九节　柔然突厥兴亡

魏初与柔然、高车之交涉，已见第八章第三节。《魏书·蠕蠕传》曰：和平

---

①　四裔：西域文化输入中国。

五年（464），宋孝武帝大明八年。吐鲁真死，子予成立，号受罗步真可汗，魏言惠也。自称永康元年（464）。率部侵塞，北镇游军，大破其众。北镇，见第八章第三节。皇兴四年（470），宋明帝泰始六年。予成犯塞。车驾北讨。诸将会车驾于女水之滨。丁谦《魏书·外国传补考证》云：女水，今坤都伦河。虏众奔溃。改女水曰武川。延兴五年（475），朱废帝元徽三年。予成求通婚聘。大和时，复以为请。高祖诛之。予成虽岁贡不绝，而款约不著，婚事亦停。九年（479），齐武帝永明三年。予成死，子豆仑立，号伏古敦可汗，魏言恒也。自称大平元年（485）。

柔然实倚铁勒以为强，故至豆仑之世，铁勒叛而柔然遂中衰。《魏书·高车传》曰：先是副伏罗部为蠕蠕所役属。豆仑之世，蠕蠕乱离，国部分散。副伏罗阿伏至罗与从弟穷奇，俱统高车之众十余万落。大和十一年（487），齐永明五年。豆仑犯塞，阿伏至罗固谏，不从。怒，率所部西叛。至前部西北，自立为王。车师前部，见上节。国人号之曰侯娄匐勒，犹魏言大天子也。穷奇号候倍，犹魏言储主也。二人和穆，分部而立。阿伏至罗居北，穷奇在南。豆仑追讨之，频为阿伏至罗所败，乃引众东徙。十四年（490），齐永明八年。阿伏至罗遣商胡越者至京师，以二箭奉贡。云：“蠕蠕为天子之贼，臣谏之不从，遂叛来至此，而自竖立，当为天子讨除蠕蠕。”高祖未之信也，遣使者于提观虚实。阿伏至罗与穷奇遣使者簿颉随于提来朝。诏员外散骑侍郎可足浑长生复与于提往使。《蠕蠕传》曰：豆仑性残暴好杀。其臣侯医垔石洛候数以忠言谏之，又劝与国通和，勿侵中国。豆仑怒，诬石洛候谋反，杀之，夷其三族。十六年（492），齐永明十年。八月，高祖遣阳平王颐、左仆射陆叡并为都督，领军斛律恒等十二将七万骑讨豆仑。部内高车阿伏至罗率众十余万落西走，自立为王。豆仑与叔父那盖为二道追之。豆仑出自浚稽山北而西，汉大初二年（105），赵破奴出朔方二千余里至浚稽山。汉朔方郡，在今绥远临河县境。那盖出自金山。见上节。豆仑频为阿伏至罗所败，那盖累有胜捷。国人咸以那盖为天所助，欲推为主。那盖不从。众乃杀豆仑母子，以尸示那盖。那盖乃袭位。那盖号候其伏代库者可汗，魏言悦乐也。自称大安元年（492）。是时盖魏与高车协谋，以犄蠕蠕也。《梁书·芮芮传》云：永明中，为丁零所破，更为小国，而南移其居，当在此时。其移居何地，则不可考矣。《魏书》又云：那盖死，子伏图立，号他汗可汗，魏言绪也。自称始平元年（506）。正始三年（504），梁武帝天监三年。伏图遣使纥奚勿六跋朝献，请求通和。世宗不报其使。诏有司敕勿六跋曰：“蠕蠕远祖社仑，是大魏叛臣，往者包容，暂时通使，今蠕蠕衰微，有损畴日，大魏之德，方隆周、汉，通和之事，未容相许。若修藩礼，款诚昭著者，当不孤尔也。”永平元年（508），梁天监七年。伏图又遣勿六跋奉函书一封，并献貂裘。世宗不纳，依前喻遣。观此，知魏与柔然，迄用邻敌之礼来往，此时乘其衰弱，乃欲胁以称臣也。然高车旋复为柔然所破。

《高车传》云：穷奇后为嚈哒所杀，虏其子弥俄突等。其众分散，或来奔附，或投蠕蠕。阿伏至罗长子菶阿伏至罗余妻，谋害阿伏至罗。阿伏至罗杀之。阿伏至罗又残暴，大失众心。众共杀之，立其宗人跋利延为主。岁余，嚈哒伐高车将纳弥俄突。[①] 国人杀跋利延迎之。弥俄突既立，复遣使朝贡。世祖诏之曰："蠕蠕、嚈哒、吐谷浑所以交通者，皆路由高昌，犄角相接。今高昌内附，遣使迎引，蠕蠕往来路绝"云云。观此，知魏与高车协谋柔然，柔然又与嚈哒协谋高车也。《高车传》又曰：弥俄突寻与蠕蠕主伏图战于蒲类海北，今巴尔库勒泊，在新疆镇西县西北。为伏图所败。西走三百余里。伏图次于伊吾北山。伊吾，见第六章第六节。先是高昌王麴嘉，表求内徙，世宗遣孟威迎之，至伊吾。蠕蠕见威军，怖而遁走。弥俄突闻其离骇，追击，大破之，杀伏图于蒲类海北，割其发，送于孟威。弥俄突此战，可谓幸胜耳。《蠕蠕传》云：伏图死，子丑奴立，号豆罗伏跋豆伐可汗，魏言彰制也。自称建昌元年（555）熙平元年，梁天监十五年（516）。西征高车，大破之。禽弥俄突，杀之。尽并叛者。国遂强盛。《高车传》云：肃宗初，弥俄突与蠕蠕主丑奴战败被禽，丑奴系其两脚于弩马之上，顿曳杀之，漆其头为饮器。《梁书》云：天监中，始破丁零，复其旧土，在此时也。然丑奴实非拨乱之主，故不久而内难复作。

《蠕蠕传》云：豆仑之死也，伏图纳其妻候吕陵氏，生丑奴、阿那瓌等六人。丑奴立后，忽亡一子，字祖惠。求募不得。副升牟妻是豆浑地万，年二十许，为医巫，假托神鬼，先尝为丑奴所信，出入去来。乃言此儿今在天上，我能呼得。丑奴母子欣悦。后岁中秋，在大泽中施帐屋，斋洁七日，祈请天神。经一宿，祖惠忽在帐中。自云恒在天上。丑奴母子抱之悲喜。大会国人，号地万为圣女。纳为可贺敦。授夫副升牟爵位，赐牛、马、羊三千头。地万既挟左道，亦有姿色，丑奴甚加重爱，信用其言，乱其国政。如是积岁。祖惠年长，其母问之。祖惠言"我恒在地万家，不曾上天，上天者，地万教也。"其母具以状告丑奴。丑奴言"地万县鉴远事，不可不信，勿用谗言也。"既而地万恐惧，潜祖惠于丑奴，丑奴阴杀之。正光初，梁武帝普通元年（520）。丑奴母遣莫何去汾李具列等绞杀地万。丑奴怒，欲诛具列等。又阿至罗侵丑奴，丑奴击之，军败。还，为母与其大臣所杀。立丑奴弟阿那瓌。立经十日。其族兄俟力发示发率众数万以伐阿那瓌。阿那瓌战败，将弟乞居伐轻骑南走归国。阿那瓌母候吕陵氏及其二弟，寻为示发所杀。案豆仑之死，国人亦并杀其母，则似柔然之母可贺敦，习于干政，盖浅演之国，法制不立使然。候吕陵氏盖谋立其少子而行弑逆也。《宋书》言芮芮僭称大号，岁时遣使诣京师，与中国抗礼。《朱书·芮芮传》附《索虏传》后。观其

自予成以后，每主皆建年号，知其言之不诬。至此，乃以内难故入臣于魏矣。

阿那瓌既至，魏封为朔方郡公、蠕蠕主。阿那瓌乞求兵马，还向本国。诏议之。时朝臣意有同异，或言听还，或言不可。领军元叉为宰相，阿那瓌私以金百斤货之，遂归北。阿那瓌东奔之后，其从父兄俟力发婆罗门率数万人入讨示发，破之。示发奔地豆干，为其下所杀。推婆罗门为主，号弥偶可社句可汗，魏言安静也。二年（521），梁普通二年。二月，肃宗诏旧经蠕蠕使者牒云具仁往喻婆罗门迎阿那瓌之意。婆罗门殊自骄慢，无逊让之心。责具仁礼敬。具仁执节不屈。婆罗门遣大官莫何去汾、俟斤丘升头六人将兵一千，随具仁迎阿那瓌。五月，具仁还镇，论彼事势。阿那瓌虑不敢入，表求还京。会婆罗门为高车所逐，见下。率十部落诣凉州归降。于是蠕蠕数万，相率迎阿那瓌。七月，阿那瓌启云："投化蠕蠕二人到镇，云国土大乱，往往别住，迭相抄掠。乞依前恩，赐给精兵一万，还令督率，送臣碛北，抚定荒人。"九月，蠕蠕后主俟匿伐来奔怀朔镇。见第十二章第三节。阿那瓌兄也。列称规望乞军，并请阿那瓌。十月，录尚书事高阳王雍等奏阿那瓌宜置吐若奚泉，在怀朔镇北。婆罗门宜置西海郡。在敦煌北。魏时盖未能定阿那瓌，故与婆罗门俱就境内安置之也。婆罗门寻与部众谋叛投嚈哒，嚈哒三妻，皆婆罗门妹。州军讨禽之。四年（523），梁普通四年。阿那瓌众大饥，入塞寇钞。肃宗诏尚书左丞元孚兼行台尚书持节喻之。为其所执。以孚自随，驱掠良口二千，公、私驿马、牛、羊数十万北遁。谢孚放还。诏李崇等率骑十万讨之。出塞三千余里，至瀚海，不及而还。是时之阿那瓌，安能远引；此非崇等规避，即魏史之夸辞也。破六韩拔陵反，诸镇相应，孝昌元年（525），梁普通六年。春，阿那瓌率众讨之，从武川西向沃野，武川、沃野，皆见第十二章第三节。频战克捷。阿那瓌部落既和，士马稍盛，乃号敕连头兵豆伐可汗，魏言把揽也。初弥俄突之死也，其部众悉入嚈哒。经数年，嚈哒听弥俄突弟伊匐还国。伊匐复大破蠕蠕。蠕蠕主婆罗门走投凉州。伊匐后与蠕蠕战，败归。其弟越居杀伊匐自立。天平中，梁中大通六年(534)至大同三年（537）。越居复为蠕蠕所破。伊匐子比适，复杀越居而自立。兴和中，梁大同五年(539)至八年（542）比适又为蠕蠕所破。自是高车复衰，柔然独雄于漠南北矣。魏氏既乱，所以待柔然者，复异于前。建义初，梁武帝大通二年(528)。孝庄诏阿那瓌赞拜不言名，上书不称臣。东西既分，彼此竞结姻好，柔然寖骄，事已见前。然柔然是时，实已不振，遂为新兴之突厥所灭。

突厥缘起，凡有数说：《周书》云：突厥者，盖匈奴之别种，姓阿史那氏，别为部落。① 后为邻国所破，尽灭其族。有一儿，年且十岁，兵人见其小，不忍杀之，乃刖其足，弃草泽中。有牝狼，以肉饲之。及长，与狼合，遂有孕焉。彼

① 四裔：突厥缘起诸说。突厥世系。

王闻此儿尚在，重遣杀之。使者见狼在侧，并欲杀狼。狼遂逃于高昌国之北山。山有洞穴，穴内有平壤茂草，周围数百里，四面俱山。狼匿其中，遂生十男。十男长，外托妻孕，其后各有一姓，阿史那即一也。子孙蕃育，渐至数百家。经数世，相与出穴，臣于茹茹。居金山之阳，为茹茹铁工。金山形似兜鍪，其俗谓兜鍪为突厥，遂因以为号焉。此一说也。又云：或云：突厥之先，出于索国。在匈奴之北。其部落大人曰阿谤步。兄弟十七人。其一曰伊质泥师都，狼所生也。阿谤步等性并愚痴，国遂被灭。泥师都既别感异气，能征召风雨。娶二妻，云是夏神、冬神之女也。一孕而生四男：其一变为白鸿。其一国于阿辅水、剑水之间，号为契骨。契骨，即汉之坚昆，唐之黠戛斯。剑水，《唐书》作剑河，即《元史》之谦河，在唐努乌梁海境内，见《元史译文证补·地理志·西北地附录释地下吉利吉思撼合纳谦州益兰州等处》条。其一国于处折水。其一居践斯处折施山，即其大儿也。山上仍有阿谤步种类，并多寒露，大儿为出火温养之，咸得全济，遂共奉大儿为主，号为突厥，即讷都六设也。讷都六有十妻，所生子皆以母族为姓，阿史那是其小妻之子也。讷都六死，十母子内欲择立一人，乃相率于大树下共为约，曰："向树跳跃，能最高者即推立之。"阿史那子年幼，而跳最高，诸子遂奉以为主，号阿贤设。此又一说也。《隋书》则云：突厥之先，平凉杂胡也。平凉，符秦郡，见第六章第三节。后魏徙治鹑阴，在今平凉县西南。后周废。隋复置，治平高，今甘肃固原县。姓阿史那氏。后魏大武灭沮渠氏，阿史那以五百家奔茹茹。世居金山，工于铁作。金山状如兜鍪，俗呼兜鍪为突厥，因以为号。下乃叙其先为邻国所灭，惟余一男，与狼交而生十子，后出穴臣于蠕蠕之事，与《周书》略同。惟云其先国于西海之上，不云为匈奴别种，则《周书》之第一说析为二，而以出穴者为阿贤设，则转与《周书》之第二说相沟通矣。《北史》略同《隋书》，又列《周书》之第二说，是共得三说也。今案诸说虽异，亦有可相沟通者。大约突厥之先，尝处于一海子之上；其海在高昌之西；其国为邻国所破遁居高昌北山中；出山之后，转徙而至平凉；沮渠氏亡，再奔茹茹；茹茹处之金山；其人工于铁作，故为茹茹所倚重。其国凡有十姓，子遗一儿，与狼交而生十子之说，为其族之神话；逮居金山，邻近本有契骨诸族，亦自有其神话，二者稍相糅合，于是阿贤设之前，更有所谓讷都六设，而其故国，亦自无名号变而有索国之称矣。以凉州附塞之族，播迁于漠北荒瘠之区，其能抚用其众，稍致盛强，固其所也。

　　《周书》云：其后曰土门，其后之事字，当指阿贤设言。《隋书》云：有阿贤设者，率部落出于穴中，世臣茹茹。至大叶护，种类渐强。当后魏之末，有伊利可汗云云。《唐书·西突厥传》云：其先讷都陆之孙吐务，号大叶护。长子曰土门伊利可汗。次子曰室点密，一曰瑟帝米。瑟帝米之子曰达头可汗，亦曰步迦可汗，始与东突厥分乌孙故地有之。部落稍盛，始至塞上市缯絮，愿通中国。大统十一年（544），梁武帝大同十年。大祖遣酒泉胡安诺槃陁使焉。其国皆相庆，曰："今大国使至，我国将兴也。"十二年

（545），梁中大同元年。土门遂遣使贡方物。时铁勒将伐茹茹，土门率所部邀击，破之，尽降其众五万余落。恃其强盛，乃求婚于茹茹。茹茹主阿那瓌大怒，使人骂辱之曰："尔是我锻奴，何敢发是言也？"土门亦怒，杀其使者。遂与绝，而求婚于我。大祖许之。十七年（550），梁简文帝大宝二年。六月，以魏长乐公主妻之。魏废帝元年（551），梁元帝承圣元年。正月，土门发兵击茹茹，大破之于怀荒北。怀荒，见第十二章第三节。阿那瓌自杀。其子庵罗辰奔齐。余众复立阿那瓌叔父邓叔子为主。土门遂自号伊利可汗。土门死，子科罗立，号乙息记可汗。又破叔子于沃野北木赖山。科罗死，弟俟斤立，号木汗可汗。《隋书》云：伊利可汗卒，弟逸可汗立。又破茹茹。病且卒，舍其子摄图，立其弟俟斤，称为木杆可汗。案俟斤当作俟斤，突厥官号也。《北史》云：乙息记可汗舍其子摄图，立其弟俟斤，是为木杆可汗。乙息记与逸可汗，当即一人。案他钵死后，摄图继立，以其子雍虞闾性懦，遗令立其弟处罗侯，雍虞闾使迎之，处罗侯曰："我突厥自木杆可汗以来，多以弟代兄，以庶夺嫡，失先祖之法，不相敬畏，汝当嗣位，我不惮拜汝也，"则弟兄相及，似始木杆，乙息记似以从《周书》作土门子为是。俟斤，一名燕都，性刚暴，务于征伐。乃率兵击邓叔子，灭之。叔子以其余烬来奔。俟斤又西破嚈哒，东走契丹，北并契骨，威服塞外诸国。其地：东自辽海以西，西至西海，万里；南自沙摸以北，北至北海，五六千里，皆属焉。俟斤部众既盛，乃遣使请诛邓叔子等。大祖许之，收叔子以下三千人，付其使者，杀之于青门外。此事据《北史·蠕蠕传》，在西魏恭帝二年（555），齐文宣之天保六年也。梁敬帝绍泰元年（555）。《北史》又云：天保三年（552），阿那瓌为突厥所破，自杀。其太子庵罗辰，及瓌从弟登注俟利，登注子库提，并拥众奔齐。其余众立注次子铁伐为主。四年（553），齐文宣送登注及子库提还北。铁伐寻为契丹所杀。其国人仍立登注为主。又为大人阿富提等所杀。其国人复立库提为主。是岁，复为突厥所攻，举国奔齐。文宣乃北讨突厥，迎纳蠕蠕，废库提，立庵罗辰为主。致之马邑川。亲追突厥于朔方。突厥请降，许之而还。于是蠕蠕贡献不绝。五年（554），三月，庵罗辰叛，文宣亲讨，大破之。庵罗辰父子北遁。四月，寇肆州，帝自晋阳讨之，至恒州黄瓜堆，虏散走。五月，帝又北讨。六月，蠕蠕帅部众东徙，将南侵，帝帅轻骑邀击。蠕蠕闻而远遁。六年（555），又亲讨蠕蠕，至沃野。是后遂无记事，其时恰与邓叔子之死同年，盖柔然自是遂亡矣。① 其国运，亦可谓与后魏相终始也。齐文宣与柔然之交涉，可参看第十四章第二节。是时周人之计，盖欲助突厥以倾柔然，齐人则与之相反，欲辅柔然以拒突厥。然柔然卒不可辅，于是突厥强而周、齐二国，复不得不倾心以奉之矣。《周书》云：时与齐人交争，戎车岁动，故每连结之以为外援。初魏恭帝世，俟斤许进女于大祖，契未定而大祖崩。寻而俟斤又以他女许高祖。未及结纳，齐人亦遣求

---

① 四裔：柔然之亡。

婚。俟斤贪其币厚，将悔之。诏遣凉州刺史杨荐、武伯王庆等往结之。庆等至，谕以信义。俟斤遂绝齐使而定婚焉。仍请举国东伐。其事已见第十四章第六节。杨忠言于高祖曰："突厥甲兵恶，爵赏轻，首领多而无法令，何谓难制驭？正由比者使人，妄道其强盛，欲令国家厚其使者，身往重取其报。以臣观之，前后使人，皆可斩也。"高祖不纳。周朝是时之畏葸，亦可云甚矣。保定五年（565），陈文帝天嘉六年。诏陈公纯等往逆女。天和二年（567），陈废帝光大元年。陈公纯等至，俟斤复贰于齐。会有风雷变，乃许纯等以后归。俟斤死，弟他钵可汗立。自俟斤以来，其国富强，有陵轹中夏志。朝廷既与和亲，岁给缯、絮、锦采十万段。突厥在京师者，又待以优礼，衣锦食肉者，常以千数。齐人惧其寇掠，亦倾府藏以给之。他钵弥复骄傲，至乃率其徒属曰："但使我在南两个儿孝顺，何忧无物邪？"齐灭，他钵立高绍义，已见第十四章第八节。周武帝欲讨之，会死，见第十五章第一节。直至隋文帝出，乃加以惩创焉。

第十节　东北诸国

鲜卑之众，当五胡扰乱时，几尽相率而入中国，然仍有遗留于今热河境内者，时曰奚、契丹。《魏书》曰：库莫奚之先，东部宇文之别种也。初为慕容元真所破，遗落者窜匿松漠之间。今热河境内，古有一大松林。白鸟库吉云：此松林以巴林部为中心，东北及阿尔沁部、札鲁特部，西南及克什克腾部。案巴林旗为今林西、林东二县地，阿尔沁为天山设治局地，札鲁特为开鲁县及鲁北设治局地，克什克腾为经棚县地。白鸟氏说，见所著《地豆干及溜考》，在《东胡民族考》中，方壮猷译，商务印书馆本。又云：契丹，在库莫奚东，异种同类，俱窜于松漠之间。登国中，大破之。遂逃进，与奚分背。经数十年，稍滋蔓，有部落于和龙之北数百里。和龙，见第五章第二节。奚：高宗、显祖世，岁致名马、文皮。高祖初，遣使朝贡。大和四年（480），齐高帝建元二年。辄入塞内，辞以畏地豆干钞掠。诏书切责之。二十二年（498），齐明帝永泰元年。入寇安州，见第十二章第二节。营、见第十一章第四节。燕、幽皆见第十二章第一节。三州兵击走之。后复款附。每求入塞交易。诏曰："库莫奚去大和二十一年（497）以前，与安、营二州边民参居，交易往来，并无疑贰。至二十二年（498）叛逆以来，遂尔远窜。今虽款附，犹在塞表。不容依先任其交易，事宜限节。交市之日，州遣上佐监之。"自是已后，岁常朝献，至于武定末梁武帝大清三年（549）。不绝。《周书》云：其众分为五部：一曰辱纥主，二曰莫贺弗，三曰契箇，四曰木昆，五曰室得。每部置俟斤一人。有阿会氏，最为豪帅，五部皆受其节度。役属于突厥，而数与契丹相攻。大统五年（539），梁武帝大同五年。遣使献其方物。契丹：《魏书》云：多为寇盗。真君以来，真君元年（440），宋文帝元嘉十七年（440）。岁贡名马。显祖时，使莫弗纥何辰奉献，得班飨于诸国之末。于是悉万丹部、何大何部、伏弗郁部、羽陵部、日连部、匹絜部、黎部、吐六于部等，各以其名马、文皮，入献天府。遂求为常。皆得交市于和龙、密云之间。密云，后魏县，并置郡，今河北密云县。贡献不绝。大和三年（479），齐高帝建元元年。高句丽窃与蠕蠕谋，欲取地豆干以分之，契丹惧其侵轶，其莫弗贺勿干率其部落车三千乘、万余口，驱徙杂畜，求入内附。止于白狼水东。白狼水，今大凌河。自此岁常朝贡。后告饥，高祖矜之，听其入关市籴。及世宗、肃宗时，恒遣使贡方物。至齐受禅常不绝。齐文宣征之，已见第十四章第二节。案奚、契丹之处境，颇似汉世之乌丸，故能渐次开化，至唐末遂为名部也。

自奚、契丹而东北，以失韦及勿吉为大宗。《魏书》云：失韦国，《北史》作室韦，云室或作失，《隋》、《唐书》皆作室韦。在勿吉北千里。路出和龙。北千余里，入契丹国。又北行十日至啜水。又北行三日，有盖水。《北史》作善水。又北行三日，有犊了山。其山高大，周回三百余里。又北行三日，有大水，名屈利。又北行三日，至刃水。又北行五日，到其国。有大水从北而来，广四里余，名捺水。捺水，旧以嫩江释之。白鸟库吉《失韦考》云：啜水，今绰尔河。屈利水，今嫩江。捺水，今黑龙江。失韦在和龙北千余里，又二十七日程，假日行百里，则在今朝阳北三千七百余里，当在今爱珲、海兰泡境。案《魏书》所述，全程皆北行，如是说则变为东行，古人乡方，纵不审谛，不应大误至此。且此荒漠之境，必不能日行百里。此捺水，即勿吉使者至中国乘船溯难河西上之难河，见下。勿吉使者自难河入大涘河，大涘河今洮儿河，难河明为今嫩江，失韦之地，不过在今黑龙江南境耳。白鸟氏之作，亦在《东胡民族考》中。语与库莫奚、契丹、豆莫娄国同。颇有粟、麦及穄。惟食猪、鱼，养牛、马。俗又无羊。夏则城居，冬逐水草。武定二年（544），梁大同十年。始遣使献其方物。迄武定末，贡使相寻。及齐受禅，亦岁时朝聘。地豆干，在室韦西千余里。白鸟氏《地豆干及溜考》云：此国即唐时之溜，与铁勒十五部之白霫有别。① 其地北以洮儿河与乌洛侯接；南以西喇木伦连奚契丹；东隔沙陀，与高句丽属地夫余邻；西以兴安岭与柔然接壤。多牛、羊，出名马。无五谷，惟食肉酪。延兴二年（472），宋明帝泰豫元年。八月，遣使朝贡。至于大和六年（482），齐高帝建元四年。贡使不绝。十四年（490），齐武帝永明八年。频来犯塞，诏阳平王颐击走之。自后时朝京师。迄武定末，贡使不绝。《魏书》本传。及齐受禅，亦来朝贡。《北史》本传。乌洛侯国，在地豆干之北。其国西北有完水，东北流，合于难水。其地小水，皆注于难，东入于海。又西北二十日行，有于己尼大水，所谓北海也。完水、于己尼大水，皆见第三章第八节。世祖真君四年（443），宋元嘉二十年。来朝，称其国西北有国家先世旧墟，已见第三章第八节。其土下湿，多雾气而寒。冬则穿地为室，夏则随原阜畜牧。多豕。有谷、麦。无

---

① 四裔：溜与白溜有别。

大君长。部落莫弗，皆世为之。民尚勇，不为奸窃，好猎射。《魏书》本传。此今吉、黑二省西境之情形也。

《晋书》云：肃慎氏，一名挹娄。在不咸山北。去夫余可六十日行。东滨大海，西接寇漫汗国，未详。北极弱水。今松花江。其土界广袤数千里。居深山穷谷。其路险阻，车马不通。夏则巢居，冬则穴处。父子世为君长。无文墨，以言语为约。有马不乘，但以为财产而已。无牛、羊，多畜猪，食其肉，衣其皮，绩毛以为布。无井、灶，作瓦鬲受四五升以食。坐则箕踞。以足挟肉而啖之。得冻肉，坐其上，令暖。土无盐、铁。烧木作灰，灌取汁而食之。俗皆编发。以布作襜，径尺余，以蔽前后。贵壮而贱老，性凶悍，以无忧哀相尚。父母死，男子不哭，哭者谓之不壮。相盗窃，无多少皆杀之，案此盖谓异部之间。故虽野处而不相犯。有石砮、皮骨之甲。檀弓三尺五寸，楛矢长尺有咫。其国东北有山出石，其利入铁。将取之，必先祈神。周武王时，献其楛矢、石砮。逮于周公辅成王，复遣使入贡。尔后千余年，虽秦、汉之盛，莫之致也。及文帝作相，魏景元末，来贡楛矢、石砮、弓、甲、貂皮之属。魏帝诏归于相府。赐其王傉鸡锦、罽、丝、帛。至武帝元康初，复来贡献。元帝中兴，又诣江左，贡其石砮。至成帝时，通贡于石季龙。事亦见第五章第五节。《宋书·高句丽传》曰：大明三年（459），献肃慎氏楛矢、石砮。《魏书·勿吉传》曰：旧肃慎国也。邑落自有君长，不相统一。其人劲悍，于东夷最强。言语独异。常轻豆莫娄等国，诸国亦患之。自和龙北二百余里，有善玉山。山北行十三日，至祁黎山。又北行七日，至如洛瓌水。水广里余。见第八章第三节。又北行十五日，至大鲁水。即大涞河。又东北行十八日，到其国。国有大水，阔三里余，名速末水。今松花江。其地下湿。筑城穴居。屋形似冢，开口于上，以梯出入。① 其国无牛，有车马。案此较诸晋时之有马而不乘，已有进矣。佃则耦耕。车则步推。有粟及麦、穄。俗以人溺洗手面。头插虎、豹尾。善射猎。弓长三尺。箭长尺二寸，以石为镞。常七八月造毒药傅箭镞，射禽兽，中者便死。煮药毒气，亦能杀人。延兴中，宋明帝泰始七年（271）至废帝元徽三年（475）。遣使乙力支朝献。大和初，大和元年（477），宋顺帝升明元年。又贡马五百匹。乙力支称初发其国，乘船溯难河西上。至大涞河，沉船于水，南出陆行。渡洛孤水。即如洛瓌水。从契丹西界达和龙。自云：其国先破高句丽十落，密共百济谋从水道并力取高句丽，遣乙力支奉使大国，请其可否。诏敕三国同是藩附，宜共和顺，勿相侵扰。乙力支乃还。从其来道，取得本船，泛达其国。九年，齐武帝永明三年（485）。复遣使侯尼支朝献。明年，复入贡。其旁有大莫卢国、覆钟国、莫多回国、库娄国、素和国、具弗伏国、匹黎尔国、拔大何国、郁羽陵国、库伏真

---

① 宫室：鞨靼"屋形似冢，开口于上，以梯入之"。

国、鲁娄国、羽真侯国，前后各遣使朝献。大和十二年（588），齐永明六年。勿吉复遣使贡楛矢、方物于京师。迄于正光，梁武帝普通元年(520)至五年(524)。贡使相寻。尔后中国纷扰，颇或不至。兴和二年（540），梁武帝大同六年。六月，遣使石久云等贡方物。至于武定梁大同九年（543）至简文帝大宝二年（551）。不绝。《北史》云：以至于齐，朝贡不绝。案勿吉，《隋书》作靺鞨，① 云：其渠帅曰大莫弗瞒咄，靺鞨二字，疑仍瞒咄之异译。明世，满洲人自称其酋长曰满住，明人误为部族之称，满人亦即以为国名，而改其字为满洲，说见日本稻叶君山《清朝全史》及孟森《心史史料》。满住亦即瞒咄，白鸟氏《室韦考》云：乃蒙古语 Baghatur 义为勇士，勇猛。之转音，突厥语 Batur 之对音。至其民族之名，则自为肃慎，即后世所谓女真。秦、汉之盛莫之致，盖为夫余所隔？故晋世夫余亡而肃慎复通矣。此今吉林省东境之情形也。

　　《晋书》又云：裨离国，在肃慎西北，马行可二百日。领户二万。养云国，去裨离马行又五十日。领户二万。寇莫汗国，去养云国又百日行。领户五万余。一群国，去莫汗又百五十日。计去肃慎五万余里。其风俗、土壤并未详。泰始三年（267），各遣小部献其方物。述此等国之里程，自不免于恢侈，然其国必当在今西伯利亚境内也。又云：至大熙初，复有牟奴国帅逸芝、惟离模卢国帅沙支臣芝、于离末利国帅加牟臣芝、蒲都国帅因末、绳余国帅马路、沙娄国帅钐加，各遣正副使诣东夷校尉何龛归化。此等国并不能知其所在，然其相距当较近也。《三国·魏志·韩传》：弁辰亦十二国，又有诸小别邑，各有渠帅，大者名臣智，臣芝疑与臣智一语；又句丽五族：曰涓奴部、绝奴部、顺奴部、灌奴部、桂娄部，亦与牟奴、沙娄之名相似；则此诸国或丽、韩族类。

---

① 　四裔：勿吉即瞒咄满住，其民族之名自为肃慎。

第十七章　晋南北朝社会组织

第一节　昏　制

去古渐远，则一切社会制度随社会组织而有变迁。古者贵族之家，皆有姜媵，然其以一人拘多女，实反不如后世富者之甚，故诸侯不再娶之礼，与其一娶九女并存。逮于后世，封建之制既绝，于是继娶之礼兴，而前娶与后继，皆为适室矣。① 陈舒谓："自秦、汉以来，废一娶九女之制，近世无复继室之礼，先妻卒则更娶，苟生加礼，则亡不应贬。"见《晋书·礼志》。《魏律》正杀继母与亲母同，见《晋书·刑法志》。《北史·节义·刘孝翊传》引《令》，为人后者，父母殁并解官，申其心丧，父卒母嫁，为父后者虽不服，亦申心丧，继母嫁不解官，此自因继母非天属之亲，嫁则恩义不存故尔，非其地位与正室有殊也。此自社会渐趋平等使然，然一切制度，不能一变则其余与之俱变，故其彼此之间，转有不能和协者。《颜氏家训·后娶篇》云："江左不讳庶孽，丧室之后，多以妾媵终家事。疥癣蚊虻，或未能免，限以大分，故希斗阋之耻。河北鄙于侧出不豫人流，是以必须重娶至于三四，《北史·李叔彪传》：孙象，丧妻无子，终竟不娶，论者非之。母年有少于子者。后母之弟，与前妇之兄，衣服、饮食，爱及婚、宦，至于士庶、贵贱之隔，俗以为常。身殁之后，辞讼盈公门，谤辱彰道路。子诬母为妾，弟黜兄为佣；播扬先人之辞迹，暴露祖考之长短；以求直己者，往往而有。"又曰："凡庸之性，后夫多宠前夫之孤，后妻必虐前妻之子。非惟妇人怀嫉妒之情，丈夫有沉惑之辟，亦事势使之然也。前夫之孤，不敢与我子争家，提携鞠养，积习生爱，故宠之。前妻之子，每居己生之上，宦学、婚嫁，莫不为防焉，故虐之。异姓宠则父母被怨，继亲虐则兄弟为仇，家有此者，皆门户之祸也。"盖适妾之别，其分自明，至前后妻则贵贱相等，而其子之争斯起矣。此封建之世妻妾之制既更，而承袭之制，不随之而俱变，有以致之也。

继室之礼既废，为妾媵者，可升为正适乎？《晋书·武帝纪》：泰始十年

---

①　婚姻：继室亦为适。

（274），诏曰："嫡庶之别，所以辨上下，明贵贱，而近世以来，多阶内宠，登妃后之职，乱尊卑之序。自今以后，皆不得登用妾媵，以为适正。"此非指并后、匹适言，乃谓正妻亡殁、离绝，仍不得以妾媵继之也。孙腾妻死，正其妾贾为妻；夏侯道迁不娶正室，惟有庶子数人；自中国人言之，其非礼甚矣。《晋书·后妃传》：元帝简文宣郑大后，嘉平时，群臣希旨，谓应配食元帝。徐邈言："子孙岂可为祖考立配？①崇尊尽礼，由于臣子，故得称大后，祔葬配食，义所不可。"从之。《宋书·臧焘传》：孝武帝追崇庶祖母宣大后，议者或谓宜配食中宫，焘亦以为不可。则虽死后，亦不容侪于适室矣。当时诸王之所生母，率缘母以子贵之义，班秩视子为序，故多封为其国大妃。然亦有并此而不得者，魏齐郡王简之子祐，母常氏孝文帝以纳不以礼，不许为妃是也。宣武以母从子贵，特拜为齐国大妃，此自中国人观之，已为非礼。至北齐高归彦封为平秦王，嫡妃康及所生母王氏并为大妃，则更为礼所不容矣。

二适为礼所不许，然时直非常，则有非常之事，即礼、律亦有难言之者。《晋书·礼志》：大康元年（280），东平王楙上言："王昌父毖，本居长沙，有妻息。汉末使入中国直吴叛，仕魏为黄门郎，与前妻息生死隔绝，更娶昌母。今江表一统，昌闻前母久丧，当追成服，求平议。"其时议者：谢衡以为"虽有二妻，盖有故而然，不为害于道，宜更相为服"。张恽谓"《尧典》以釐降二女为文，不殊嫡媵，而传记亦以妃、夫人称之，明不立正后。"盖皆以为无妨于二适者也。然二适实礼所不许，以其有故而许之，能保无故者之不矫托于有故乎？于是有欲强绝其一者：虞溥谓"未有遭变而二适，更娶则绝前之证，故昌父更娶之辰，是前妻义绝之日"。许猛以为地绝。卫恒谓地绝、死绝无异。李胤谓"大义灭亲，毖为黄门侍郎，江南已叛，不得以故妻为妻"。皆欲强求其说者也。然昌母何故当义绝？说不可通。故议者或谓当同之于死而义不绝。地绝亦难质言，且亦难免狡诈者之藉口，而刘卞谓"地既通何故追绝之"，于义为尤允矣。然则毖妻未故而地通，又将如何？大义灭亲，说尤牵强。江南叛，非毖之妻叛也。果如所言，有擅土而叛者，则一竟之民，未能自拔者，夫妇皆当离绝乎？虞溥谓毖"妻专一以事夫，夫怀贰以接己，开伪薄之风，伤贞信之义"；卫恒谓"绝前为夺旧与新，为礼、律所不许，人情所不安"；于义实协。然人情非有妃匹，不能久安其处，当求归不得之日，而必责以守信独居，亦事之难行者也。当时又有陈诜者，先娶零陵李繁姊。产四子而遭贼。于贼请活姑命。贼略将李去。诜更娶严氏。生三子。繁后得姊消息，往迎还诜。诜籍注二妻。及李亡，诜疑制服，以事言征西大将军庾亮。府司马王愆期议曰："诜有老母，不可以莫之养，妻无归期，纳妾可也。李虽没贼，尚有生冀，诜寻求之理不尽，而便娶妻，诚诜之短。其妻非犯七出。临危请活姑命，可谓孝妇矣。议者欲令在没略之中，必全苦操，有陨

---

① 婚姻：子不得升母为适。

无二,是望凡人皆为宋伯姬也。"夫社会之于贞节,恒偏责诸女子,李繁姊在贼中,盖已不能全节,而愆期之议犹如此,况王昌之母,未尝失节者乎?愆期又曰:"后子不及前母,故无制服之文,然祔祠蒸尝,未有不以前母为母者。亡犹母之,况其存乎?若能下之,则赵姬之义,若云不能,官当有制。先适后继,有自来矣。"干宝议愆事云:"同产无适侧之别,而先生为兄;同爵无等级之差,而先封为长。二妻无贵贱之礼,则宜以先后为秩。今生而同室者寡,死而同庙者众,及其神位,故有上下也。《春秋》贤赵姬遭礼之变而得礼情。朝廷于此,宜导之以赵姬,齐之以诏命,使先妻恢含容之德,后妻崇卑让之道,室人达少长之序,百姓见变礼之中。若此,可以居生,又况于死乎?"说与愆期同,似协于义。刘卞云:忿于南为邦族,于北为羁旅,以此名分言之,前妻为元妃,后妇为继室,于义似不甚安。然赵姬之美,非可责诸人人,使王昌之母,不甘为妾,议者亦无以难也,而可强抑之乎?时又有吴国朱某,娶妻陈氏,生子东伯。入晋,晋赐之妻某氏,生子绥伯。大康中,某已亡,绥伯将母以归邦族,兄弟交爱敬之道,二母笃先后之序;及其终也,二子交相为服;可谓能行宝与愆期之议矣。然虞溥云:"伯夷让孤竹,不可以为后王法。"又安丰太守程谅,先已有妻,后又娶,遂立二适。前妻亡,后妻子勋疑所服。荀勖议曰:"昔乡里郑子群,娶陈司空从妹。后隔吕布之乱,不复相知存亡,更娶乡里蔡氏女。徐州平定,陈氏得还,遂二妃并存。蔡氏之子元衅,为陈氏服适母之服,事陈公以从舅之礼。而族兄宗伯,责元衅谓抑其亲。"此亦不能责后妻之子若其亲属,不持此议也。于道为又穷矣。此诚礼律之所难言者也。此亦非礼律之过。有制度则必有所穷。所谓礼律者,亦不过据一时之社会组织,而为之制度耳,原不能通于万变也。故曰:"失道而后德,失德而后仁,失仁而后义,失义而后礼;"又曰:"礼者,忠信之薄而乱之首"也。

此等非常之事,亦有以法令济其穷者,然终不能餍于人心也。沛国刘仲武,先娶毌丘氏,生子正舒、正则。毌丘俭败,仲武出其妻。娶王氏,生陶。仲武为毌丘氏别舍而不告绝。及毌丘氏卒,正舒求祔葬焉,而陶不许。舒不释服,讼于上下。泣血露骨,衰裳缀落。数十年不得从,以至死亡。此于舒为可哀,于陶不受责也。《贾充传》:充前妻李氏,生二女:褒、裕。褒一名荃,裕一名濬。父丰诛,李氏坐流徙。后娶郭配女。名槐,封广城君。武帝践阼,李以大赦得还。帝特诏充置左右夫人。充母亦敕充迎李氏。郭槐怒,攘袂数充。充乃答诏,托以谦冲,不敢当两夫人盛礼。而荃为齐王攸妃,欲令充遣郭而还其母。时沛国刘含母,及帝舅羽林王虔前妻,皆毌丘俭孙女。此例既多,质之礼官,皆不能决。虽不遣后妻,多异居私通。充自以宰相,为海内准则,乃为李筑室于永年里而不往来。荃、濬每号泣请充,充竟不往。会充当镇关右,公卿供帐祖道,荃、濬惧充遂出,乃排幔出,于坐中叩头流血,向充及群僚陈母应还之意。众以荃王妃,皆惊起而散。充甚愧愕,遣黄门将宫人扶去。既而郭槐女为皇太子妃,帝乃下诏,断如李比皆不得还。充薨，李氏二女欲令其母祔葬，贾后弗之许，及后废，李氏乃得合葬焉。此等法令，随朝局之转移而转移，终非人心之所安也。

晋武帝敕贾充置左右夫人，已为非礼，魏收娶其舅女崔昂之妹，产一女，无子，魏太常刘芳孙女，中书郎崔肇师女，夫家坐事，齐文宣并赐收为妻，时人比之贾充，则更为非礼矣。虏主固不足责也。收卒无子，后病甚，恐身后适媵不平，乃放二姬。然北人二妻者颇多。陆丽二妻：长杜氏，次张氏。长子定国，杜氏所生。娶河东柳氏，生子安保。后纳范阳卢度世女，生昕之。二室俱为旧族，而适妾不分。定国亡后，两子争袭父爵。仆射李冲，有宠于时，与度世子泉，此据《魏书·丽传》，《北史》作伯源，皆避唐讳也。据《魏书·卢玄传》，其人实名渊。昏亲相好，遂左右申助昕之，由是承爵、尚主，职位赫奕。安保沉废贫贱，不免饥寒。李洪之微时，妻张氏，助其经营赀产，自贫至贵，多所补益，有男女几十人。洪之后得刘氏，刘芳从妹。《北史》作姊。洪之钦重，而疏薄张氏。为两宅别居，偏厚刘室。由是二妻妒竞，互相讼诅，两宅母子，往来如仇。此则较之遭变更娶，或有君命者，更无以自解矣。魏尚书仆射范阳卢道虔女，为右卫将军郭琼子妇，以琼死罪没官，齐高祖启以赐陈元康为妻，元康乃弃故妇李氏。东平王元匡妾张氏，薛琡初与奸通，后纳以为妇，逐前妻于氏，不切其子，家内怨忿，竟相告列。崔道固兄子僧深，坐兄僧祐与沙门法秀谋反徙薄骨律镇。后位南青州刺史。元妻房氏，生子伯骅、伯骥。后薄房氏，纳平原杜氏，与俱徙。生四子：伯凤、祖龙、祖螭、祖虬。僧深得还之后，绝房氏，遂与杜氏及四子寓青州。伯骅、伯骥与母房居冀州。虽往来父间，而心存母氏。孝慈之道，顿阻一门。僧深卒，伯骅奔赴，不敢入家，寄哭寺门。祖龙刚躁，与兄伯骅讼适庶，并以刀剑自卫，若怨仇焉。此等皆近于薄。魏故事：前妻虽有子，后赐之妻，子皆承适；见《魏书·毕众敬传》。又有因尚主而出妻者；① 如李盖是，见《外戚传》。其政令固有以启之也。

古代昏礼，大抵废坠，如不贺、不举乐，虽尚沿袭其文，而已罕存其实是矣。②《晋书·礼志》：穆帝升平元年（357），将纳皇后何氏，太常王彪之，大引经传及诸故事，以定其礼。以娶妇之家，三日不举乐，而咸康群臣贺为失礼，故但依咸宁上礼，不复贺。八年（364），台符问迎皇后大驾应作鼓吹不？博士胡讷议："临轩仪注阙，无施安鼓吹处所，又无举麾鸣钟之条。"彪之以为"昏礼不乐，鼓吹亦乐之总名，仪注所以无者依昏礼。今宜备设而不作。"时用此议。永和二年（346），纳后，议贺不。王述云："昏是嘉礼。《春秋传》曰：娶者大吉非常吉。又《传》曰：郑子罕如晋贺夫人，邻国犹相贺，况臣下邪？此便应贺，但不在三日内耳。今因庙见成礼而贺，亦是一节也。"彪之议云："昏礼不乐、不贺，《礼》之

---

① 婚姻：魏故事前妻虽有子，后赐之妻子皆承适，又有因尚主而出妻者。北人二妻者多。

② 婚姻：不贺不举乐渐废。

明文。《传》称子罕如晋贺夫人，既无《经》文，又《传》不云礼也。《礼》取妇三日不举乐，明三日之后自当乐，至于不贺，无三日之断，恐三日之后，故无应贺之礼。"又云："《礼记》所以言贺取妻者，是因就酒食而有庆语也。愚谓无直相贺之礼，而有礼觊共庆会之义，今世所共行。"于时竟不贺。此晋朝典礼，犹守不乐、不贺之故实也。然云礼觊共庆会，其去贺之实几何？《宋书·文五王传》：南平王铄早薨，子敬渊婚，庐江王祎白世祖借伎，世祖答曰："婚礼不举乐，且敬渊等孤苦，倍非宜也。"当时虽为世祖所格，然祎有此借，可见时俗举乐，习为故常。王公如此，况于岷庶？《魏书·高允传》：允言"前朝屡发明诏，禁诸婚娶不得作乐，而俗不革变。今诸王纳室，皆乐部给伎，而独禁细民，此一异也。"《周书·崔猷传》云：时婚姻礼废，嫁娶之辰，多举音乐。可见南北皆然矣。徐孝嗣云："三加废于王庶，六礼限于天朝，"《齐书·礼志》。信矣。违礼之失，大抵在于奢侈，致嫁娶不能及时。当时政令，深以蕃民为急，于此屡加督劝，然亦文具而已。《宋书·周朗传》：朗上书曰："女子十五不嫁，家人坐之。特雄可以聘妻妾，大布可以事舅姑。若待足而行，则有司加纠。凡宫中女隶，必择不复字者。庶家内役，皆令各有所妃。要使天下不得有终独之生，无子之老。"此欲蕃民者之议论也。《晋书·武帝纪》：泰始九年（273），十月，制女年十七父母不嫁者，使长吏配之。《齐书·海陵王纪》：延兴元年（494），十月，诏曰："督劝婚嫁，宜严更申明；必使禽币以时，摽梅息怨。"《魏书·高祖纪》：太和二十年（496），七月，诏"男女失时者，以礼会之。"《世宗纪》：正始元年（504），六月，诏"男女怨旷，务令媾会。"《肃宗纪》：正光二年（521），七月，诏"男女怨旷，务令会偶。"《周书·武帝纪》：建德三年（574），正月，诏"自今已后，男年十五，女年十三已上，爰及鳏寡，所在军民，以时嫁娶。务从节俭，勿为财币稽留。"此蕃民之政令也。官为妃合，惟间施诸军士，① 每致诒害闾阎。此固虐民以奉军，非真能行蕃民之政也。武定三年（545），齐神武请释芒山俘桎梏，配以民间寡妇。天保七年（556），十月，发山东寡妇二千六百人，以配军士。有夫而滥夺者，五分之一。皆见《北齐书·本纪》。《北史·本纪》，五分之一作十二三。又天保六年（555），三月，发寡妇以配军士。史传所载昏嫁之年颇早，② 梁武帝纳丁贵嫔，时年十四。《魏书·高允传》：允言"今诸王十五，便赐妻别居，然所妃者或长少差舛，或罪人披廷。往年及今，频有检劾，诚是诸王过酒致责，迹其元起，亦由色衰相弃，致此纷纭。"盖既求满淫欲，又欲急求子嗣，故不得取女之年长者也。孝文将为废太子恂娶冯诞女，以其年幼，先为聘刘长文、郑懿女为左右孺子，则其一证。时恂年十三四。帝欲使旦出省经传，食后还内，晡时复出，日夕而罢。崔光言："血气未定，戒之在色。太子幼年涉学，不宜于正昼之时，舍书御内。又非所以安柔弱之体，固永年之命。"帝以为然，乃不令恂昼入内。此已为有节限者。若齐乐陵王百年死时，妃年不过十四；琅邪王俨死时年十四，已有遗腹四男矣，或尚有女，为史所不载者也。尚主者年亦多小：如梁张缵，年十一，尚高祖女富阳公主。魏穆绍，年十一，尚琅邪长公主。齐文襄十二，尚魏孝静帝妹冯翊长公主。又神武为武成聘柔然大子庵罗辰女，武成时仅八岁。此等固或别有原由，不可以常格论，然

---

① 婚姻：官为配合施于军士，乃虐民以奉军。
② 婚姻：晋南北朝婚年。

贵族之习于早昏，则亦因此可见矣。其非王公贵人，则杜有道妻严氏，皮京妻龙氏，出适年皆十三，见《晋书·列女传》。史映周妻出适年十七；魏溥、董景起之死，妻年皆十六；张洪部之死，妻年十七；见《魏书·列女传》。宇文护母与护书，言"吾十九入汝家"，则多系贵族。不则民间为子取妇，利其勤劳，且为颇迟者矣。冀早育，乃求女之年长者，参观下文可知也。

孤贫不立之士，则有三十不昏如颜延之者矣。财产私有之世，女子若货物然，皆聚于多财之家，固事之无可如何者也。

职是故，当时之世家大族，虽高自位置，陵蔑庶姓，而贪其财利，与结昏姻者仍甚多。① 《北齐书·封述传》：述为息娶陇西李士元女，大输财聘。及将成礼，犹竞悬违。述忽取供养像对士元打像为誓。士元笑曰："封公何处常得应急像，须誓便用？"一息娶范阳卢庄之女，述又经府诉云："送骡乃嫌脚跛，平田则云咸薄，铜器又嫌古废。"史以此讥述之吝啬，实则卢、李二家之求取，正因此而可知。此诚颜之推所谓"卖女纳财，买妇输绢，比量父祖，计较锱铢，责多还少，市井无异"者矣。《颜氏家训·治家篇》。嫁女既欲得财，取妻自望送赠。"为子取妇，恨其生赀不足，倚作舅姑之尊，毒口加诬，不识忌讳"，《归心篇》。又曷足怪乎？《抱朴子·弭讼篇》，载其姑子刘士由之论，谓"末世举不修义，许而弗与，讼阅秽辱，烦塞官曹。今可使诸争婚者，未及同牢，皆听义绝，而倍还酒礼，归其币帛。其尝已再离者，一倍裨聘；其三绝者，再倍裨聘"。已则谓"责裨聘倍，贫者所惮，后所许者，或能富殖，助其裨聘，必所甘心，先家拱默，不得有言，血刃之祸，于是将起"。欲使"女氏受聘，即日报板，使时人署姓名于别板，必十人已上，以备远行及死亡。又令女之父兄若伯叔，答婿家书，必手书一纸。若有变悔而证据明者，女氏父母兄弟，皆加刑罚罪"。当时变悔者之多可见。《晋书·刑法志》述贾充等定律云："崇嫁娶之要，一以下聘为正，不理私约，"盖亦以其纷纭变幻，不可胜理也。梁武帝时，富阳满璋之，为息觅婚。东海王源，嫁女与之。璋之下钱五万，以为聘礼。源先丧妇，又以所聘余直纳妾。中丞沈约奏弹之云："自宋氏失御，礼教凋衰，衣冠之族，日失其序。姻娅沦杂，罔计厮庶；贩粥祖曾，以为贾道；明目腆颜，曾无愧畏。若夫盛德之胤，世业可怀；栾、郤之家，前徽未远；既壮而室，窃资莫非皂隶；结褵以行，箕帚咸失其所；志士闻而伤心，耆老为之叹息。"可见贵族之贪利结昏，与庶民无异矣。

古代昏姻自由之风，斯时尚未尽泯。② 《晋书·王濬传》云：濬美姿貌。州郡辟河东从事。刺史燕国徐邈，有女才淑，择夫未嫁。邈乃大会佐吏，令女于内

---

① 　婚姻：财婚。
② 　婚姻：晋南北朝婚姻自由之风未尽泯，离婚尚易，改嫁为恒事。

观之。女指瀋告母，邈遂妻之。隋开皇初，乐平公主周宣帝后，隋文长女。有女娥英，妙择昏对。敕贵公子弟集弘圣宫，日以百数。公主选取李敏。贤孙，见《北史·贤传》。可见自魏至隋，匹对皆许男女自择。贾充有女，通于韩寿，即以妻之；魏大原长公主寡居，与裴询私奸，肃宗仍诏询尚焉；亦顺本人之意，非如后世谓女重从一，虽曰奸通，亦不容改适也。《晋书·潘岳传》云：岳美姿仪，少时常挟弹出洛阳道，妇人遇之者，皆连手萦绕，投之以果，遂满载而归，亦可见当时妇女之自由也。惟昏姻由父母主持者究多，故指腹为昏等事，南北朝之世，亦时有所见焉。《梁书·韦放传》：放与吴郡张率，皆有侧室怀孕，因指为昏姻。其后各产男女，未及成长而率亡。遗嗣孤弱，放尝赡恤之。及为北徐州，有贵族请姻者。放曰："吾不失信于故友。"乃以息岐娶率女，又以女适率子。时称放能笃旧。《魏书·王慧龙传》：子宝兴。尚书卢遐妻，崔浩女也。初宝兴母及遐妻俱孕。浩谓曰："汝等将来所生，皆我之自出，可指腹为亲。"

离昏尚颇容易。张稷长女楚琼，适会稽孔氏，无子归宗，是无子即可去也。刘瓛妻王氏，椓壁挂履，[①] 土落瓛母孔氏床上，孔氏不悦，瓛即出其妻。孙谦从兄灵庆，尝病寄于谦，谦出行，还问起居，灵庆曰："向饮冷热不调，即时犹渴，"谦退，遣其妻。此等似失之轻易，然与其强合，无宁听其离绝之为愈。《宋书·王微传》：微弟僧谦卒，微以书告其灵曰："弟由来意谓妇人虽无子，不宜践二庭，此风若行，便可家有孝妇"，此乃欲束缚妇人，使不得去，则不敢不尽其孝敬，乃压制之加深，非能体念妇女也。然无子即去，在当时尚颇通行，则亦由此可见。《陈书·徐陵传》：陵第三弟孝克，[②] 事所生母陈氏，尽就养之道。梁末，侯景寇乱，京邑大饥，饿死者十八九，孝克养母，馔粥不能给。妻东莞臧氏，领军盾之女也，甚有容色。孝克乃谓之曰："今饥荒如此，供养交阙，欲嫁卿与富人，望彼此俱济，于卿意如何？"臧氏弗之许也。时有孔景行者，为侯景将，富于财。孝克密因媒者陈意。景行多从左右，逼而迎之。臧涕泣而去。所得谷帛，悉以供养。孝克又剃发为沙门，改名法整，兼乞食以充给焉；臧亦深念旧盟，数致馈饷；故不乏绝。后景行战死，臧伺孝克于途中，累日乃见。谓曰："往日之事，非为相负。今既得脱，当归供养。"孝克默然无答。于是归俗，更为夫妻。学道之人，举动自异流俗，然亦可见当时视妇女名节，尚不甚重也。

改嫁实为恒事。后妃、公主，改嫁者亦甚多，魏孝武帝后，改适彭城王勰之孙韶，见《北史·献文六王传》。孝静帝后改适杨愔。齐孝昭后元氏，齐亡入周氏宫中，隋文帝作相，乃放还山东。后主后斛律氏，齐亡，嫁为开府元仁妻。胡氏后亦改嫁，皆见《北史·后妃传》。齐琅邪王俨妃，李祖钦女也，俨死，谥为楚恭哀帝，以慰大后，后进为楚帝后，齐亡

---

① 宫室：椓壁挂履土落，可见壁皆土。
② 婚姻：许孝克妻去而复归。

亦改嫁，见《北齐书》本传。齐文襄长子河间王孝瑜之母，本魏颖川王斌之妃，为文襄所纳。文宣以永安王浚妃配刘郁捷，上党王涣妻配冯永洛，皆高氏奴，此固由乱命，亦不闻其抗节不屈也。公主中如魏陈留长公主，本刘昶子妇，改适王肃，又冯翊长公主媵居，孝武以之归周文。而民间无论矣。改嫁有出自愿者，《南史·徐孝嗣传》：父被害，孝嗣在孕，母年少，欲更嫁，不愿有子，自床投地者无算，又以捣衣杵舂其要，并服堕胎药，胎更坚，及生，故小字遗奴。亦有为亲族所迫者，《齐书·孝义传》：晋陵吴康之妻赵氏，少时夫亡，家欲更嫁，誓死不贰。义兴蒋儁之妻黄氏，夫亡不重嫁，逼之，欲赴水自杀，乃止。此逼迫之出于夫家者也。又韩灵敏兄灵珍亡，无子，妻胡氏，守节不嫁，虑家人夺其志，未尝告归。《北史·列女传》：钜鹿魏溥妻房氏，慕容垂贵乡太守房湛女也。年十六而溥卒。及将大敛，房氏操刀割左耳，投之棺中。姑刘氏辍哭谓曰："新妇何至于此？"对曰："新妇少年，不幸早寡，实惧父母，未量至情，觊持此自誓耳。"于时子缉生未十旬，鞠养于后房之内，未尝出门。缉年十二，房父母仍存，于是归宁。父兄尚有异议。缉窃闻之，启其母。房命驾，给云他行，因而遂归。其家弗之知也，行数十里，方觉。兄弟来追，房衰叹而不返。其执意如此。又：荥阳刀思遵妻，鲁氏女也。始笄，为思遵所聘，未逾月而思遵亡。其家矜其少寡，许嫁已定。鲁闻之，以死自誓。父母不达其志，遂经郡诉，称刀氏悭护寡女，不使归宁。鲁乃与老姑徒步诣司徒府自告情状，此逼迫之出于母家者也。盖终不免有因以为利之意也。以不再醮而见旌表者，亦时有之。刀思遵妻，普泰初有司闻奏，诏依式标榜，是旌表有式也。《齐书·孝义传》：吴翼之母丁氏，丁长子妇王氏，守寡执志不再醮，州郡上言，诏表门闾，蠲租税。《南史·孝义传》：霸城王整之姊，嫁为卫敬瑜妻，年十六而敬瑜亡，父母舅姑，咸欲嫁之，誓而不许，乃截耳置盘中为誓，乃止。西昌侯藻嘉其美节，起楼于门，题曰贞义卫妇之闾。又表于台。《梁书·止足传》：顾宪之除豫章太守。有贞妇万晞者，少孀居，无子，事舅姑尤孝。父母欲夺而嫁之，誓死不许。宪之赐以束帛，表其节义。《魏书·高祖纪》太和九年（485），八月，诏"自太和六年（482）已来，卖定、冀、幽、相四州饥民良口者，尽还所亲。虽聘为妻妾，遇之非礼，情不乐者亦离之。"此与后汉光武、明帝诏饥民遭乱为贼所略，或依托人为下妻，边人遭患为内郡人妻者，得以恣去颇相似见《秦汉史》第十四章第一节。政令固应尔也。

　　同姓不昏，古本论姓而不论氏，然至后世，则古义渐亡，以姓氏之别已亡故也。①《晋书·刘颂传》：颂嫁女临淮陈矫，矫本刘氏子，与颂近亲，出养于姑，改姓陈氏，中正刘友讥之。颂曰："舜后姚、虞、陈、田，本同根系，而世皆为婚，礼、律不禁，今与此同义，为婚可也。"友欲列上，为陈骞所止，故得不劾。姚、虞、陈、田为昏，为古义所不许，而礼、律不之禁者以世皆仅知尚存之氏，而不能溯已亡之姓，禁之势有不行也。《刘聪载记》：聪后呼延氏死，将纳其太保刘殷女，其弟乂固谏。聪更访之于大宰刘延年、大傅刘景。景等皆曰："臣常闻太保自云周刘康公之后，与圣氏本原既殊，纳之为允。"聪大悦。使其兼大鸿

---

① 婚姻、宗族：同姓异氏为婚。

胪李弘拜殷二女为左右贵嫔。又纳殷女孙四人为贵人。谓弘曰："太保于朕，实自不同，卿意安乎？"弘曰："太保胤自有周，与圣原实别。陛下正以姓同为恨耳。且魏司空东莱王基，当世大儒，岂不达礼乎？为子纳司空大原王沈女，以其姓同而源异故也。"聪大悦，赐弘黄金六十斤，曰："卿当以此意谕吾子弟辈。"刘景、李弘之意，庸或以取媚于聪，其言则是也。然又以此为疑，而聪亦不能不以为恨，可见流俗讥平之所在矣。魏初不禁同姓昏，至太和七年（483），乃诏禁之。见《纪》。《北史·长孙绍远传》曰：出为河州刺史。河右戎落，向化日近，同姓昏姻，因以成俗。绍远导之以礼，大革弊风。河州，见第十二章第三节。玩因以成俗一语，当时同姓为昏者，实不仅戎落为然，盖戎多华少之地，华人亦稍化于戎矣。然此等处实不多，其俗亦不能持久也。亲族禁昏，本当兼论母系。魏文帝大统九年（543），尝禁中、外及从母姊妹为昏。周武帝建德六年（577），亦诏自今以后，悉不得娶母同姓以为妻妾。其已定未成者，即令改聘。然宣帝即位，诏制九条，宣下州郡，二曰母族绝服外者听昏，则其制之不能行审矣。[1] 盖恒情于父母统系，恒只能论其一也。

　　姬妾之数，大抵富贵者为多。宋胡藩有庶子六十人。南郡王义宣后房千余，尼媪数百，男女三十人。梁鄱阳王恢有男女百人。魏咸阳王禧姬妾数十，犹欲远有简聘。奚斤有数十妇，子男二十余人。齐神武既纳建明皇后，小尒朱。又纳孝庄皇后彭城大妃。及魏广平王妃。冯翊大妃。高阳大妃游氏，父京之，为相州长史，神武克邺，欲纳之，京之不许，遂牵曳取之，京之寻死，皆见《北史·后妃传》。可见是时贵人之暴横矣。然土豪之纵恣者亦不乏。《北史·李迁哲传》云：迁哲累叶雄豪，为乡里所服。迁哲安康人，安康，见第十二章第六节。性复华侈，能厚自奉养。妾媵至有百数，男女六十九人。缘汉千余里间，第宅相次，姬媵之有子者，分处其中，各有僮仆、侍婢，阍人守护。迁哲每鸣笳侍从，往来其间，纵酒欢燕，尽生平之乐。子孙参见，忘其年名者，披簿以审之。此其豪纵，恐尚有过于王公也。贺琛之言曰："歌姬舞女，本有品制。二八之锡，良待和戎。今无等秩，虽复庶贱微人，皆盛姬姜。务在贪污，争饰罗绮。"可见富人之纵恣，亦不下于朝贵矣。亦有欲为立限节者，如齐永明中，制诸王年未三十，不得畜妾；《南史·齐高帝诸子传》。又敕位未登黄门郎，不得畜女伎《齐书·王晏传》。是也。[2] 然此等法令之不能行，则显而易见矣。伎本与妾有别，然畜伎者既务宣淫，其下渔自无节限。《魏书·高聪传》云：聪有伎十余人，有子无子，皆注籍为妾，以悦其情，可见伎妾之别，特其名焉而已。当时贵族，多以伎妾回相赠遗，见第十二章第五节。又有鬻卖以为利者。《隋书·李谔传》：谔见礼教凋敝，公卿薨亡，其爱妾

---

① 婚姻：禁母族为婚不行。
② 音乐：位未登，黄门郎不得蓄女伎。

侍婢，子孙辄嫁卖之，遂成风俗，上书曰："如闻朝臣之内，有父祖亡后，日月未久，子孙无赖，便分其妻妾，《北史》作伎妾。嫁卖取财。有一于此，实损风化。妾虽微贱，亲承衣履，服斩三年，古今通式。岂容遽褫衰绖，强傅铅华，泣辞灵几之前，送付他人之室？凡在见者，犹致伤心，况乎人子，能堪斯忍？复有朝廷重臣，位望通贵，平生交旧，情若弟兄，及其亡殁，杳同行路，朝闻其死，夕规其妾，方便求聘，以得为限，无廉耻之心，弃友朋之义"云云。上览而嘉之。五品已上妻妾不得改醮，始于此也。案此事在开皇十六年（596），《纪》云："诏九品已上妻，五品已上妾，夫亡不得改嫁。"①谔陈子孙嫁卖，朋旧规取之非，诏乃禁及再嫁，可谓答非所问矣。案《梁书·高祖三王传》：南康简王续子义理，生十旬而简王薨，至三岁而能言。见内人分散，涕泣相送，义理问其故。或曰："此简王宫人，丧毕去耳。"义理便号泣，悲不自胜。诸宫人见之，莫不伤感，为之停者三人焉。然则丧终而伎妾分散，实为当时通法，而北朝子孙嫁卖，友朋规取，皆在其人方死之初，此其所以为人所嫉恶也。李元护弟静，兄亡未敛，便剥夺诸伎服玩及余财物，与鬻卖取利者，可谓正同。然如高聪病，不欲他人得其妾，并令烧指吞炭，出家为尼，其不法，实更甚于规取及嫁卖者矣。

广罗姬妾以纵淫欲者，贵人也，而限止贵人，使之不得畜妾纵淫者，亦贵人女。比而观之，真使人叹淫之与妒，皆为贵族所独擅矣。魏临淮王谭之曾孙孝友，以通于政理称，尝奏表曰："古诸侯娶九女，士有一妻二妾。《晋令》诸主置妾八人，郡公侯六人。②《官品令》：第一、第二品有四妾，第三、第四有三妾，第五、第六有二妾，第八有一妾。而圣朝将相，多尚公主；王侯亦娶后族；故无妾媵，习以为常。妇人多幸，生逢今世，举朝略是无妾，天下殆皆一妻。设令人强志广娶，则家道离索，身事迍邅，内外亲知，共相嗤怪。凡今之人，通无准节。父母嫁女，则教之以妒；姑姊逢迎，必相劝以忌。持制夫为妇德，以能妒为女工。自云不受人欺，畏他笑我。王公犹自一心，已下何敢二意？夫妒忌之心生，则妻妾之礼废；妻妾之礼废，则奸淫之兆兴；斯臣之所以毒恨者也。请以王公第一品娶八，通妻以备九女，二品备七，三品、四品备五，五品、六品，则一妻二妾。限以一周，悉令充数。若不充数，及待妾非礼，使妻加捶挞，免所居官。其妻无子而不娶妾，斯则自绝，无以血食祖父，请科不孝之罪，离遣其妻。"案《魏书·皇后传》言："昭成之前，世崇俭质，妃嫱嫔御，率多阙焉，惟以次第为称"，盖鲜卑本止一妻，故无适庶之别。酋长如此，岂况凡民？尚公主、娶后族者，其数不能甚众，而孝友言举朝略是无妾，有娶者即共相嗤笑，至于家道

---

① 婚姻：九品以上妻，五品以上妾，不得改嫁。丧终伎妾分散为当时常法。

② 婚姻：晋令妾数。

离索，身事迍邅，便可见其俗本无妾。① 颜之推言北人妻死，必须重娶，盖以此也。娶妾既非旧俗，有行之者，其妻之父母、姑姊，自必教之以妒，劝之以忌矣。淫乱之生，由于饱暖逸居而无教。世家巨室，与民隔绝，内淫易而外淫较难，故当时贵人之家，若累世同居之义门，帏薄往往不修。② 贵家淫乱者：如宋始安王休仁之妃殷氏，因疾召祖翻视脉，遂与之通。荀伯玉姊当嫁，明日应行，今夕随人逃去。魏北海王详，蒸于安定王燮之妃高氏。孝静帝姑博陵长公主，女为元景献妻，祖珽以货物致之，与诸狎游者递寝。大族内乱者：如袁翻弟颐死后，颐弟昇，通于其妻，翻惭恚，为之发病，昇终不止。李元护子会顽騃，其妻，南阳太守清河房伯玉女也，甚有姿色。会不答之。房乃通于其弟机。因会饮醉杀之。机与房遂如夫妇。积十余年，房氏色衰，乃更婚娶。卢元明妻郑氏，与元明兄子士启淫污，元明不能离绝。卢氏同居共财，自祖至孙，家内百口。自渊兄弟亡，渊子道将卒后，家风衰损，子孙多非法，帏薄淫秽，为论者所鄙。《毕众敬传》云："诸毕当朝，不乏荣贵，但帏薄不修，为时所鄙。"《郑羲传》云："自灵大后豫政，淫风稍行，及元义擅权，公为奸秽，自此素族名家，遂多乱杂，法官不加纠治，婚宦无贬于世，有识者咸叹息矣。"其实此时不过舆论纠谪稍宽，其秽乱，未必始于此时也。巨族家风，亦有修饬者，如羊烈闺门修饰，为世所称，一门女不再醮是也，然此等恐甚寡，且亦不足尚也。秽乱之甚者，如北之抱嶷，南之临贺王正德，至于易室而奸，见第十一章第一节，第十二章第五节。此与不娶妾何与？而孝友欲以置妾塞奸淫，可谓扬汤止沸矣。《宋书·后妃列传》曰：宋世诸主，莫不严妒。太宗每疾之。湖孰令袁滔妻以妒忌赐死。使近臣虞通之撰《妒妇记》。江湛孙敩，当尚世祖女，上乃使人为敩作表让昏，曰："自晋氏以来，配尚王姬者，虽累经美胄，亦有名才，至如王敦慑气，桓温敛威，真长阳愚以求免，子敬灸足以违诏，王偃无仲都之质，而裸露于北阶，何瑀阙龙工之姿，而投躯于深井，谢庄殆自同于矇室，殷冲几不免于强锄，数人者非无才意，而势屈于崇贵，事隔于闻览，吞悲茹气，无所逃诉。制勒甚于仆隶，防闲过于婢妾。往来出入，人理之常，当宾待客，朋友之义，而令扫辙息驾，无阀门之期，废筵抽席，绝接对之理，非惟交友离异，乃亦兄弟疏阔。第令受酒肉之赐，制以动静，监子荷钱帛之私，节其言笑。姆妳争媚，相劝以严，妮媪竞争，相诡以急。第令必凡庸下材，监子皆葭萌愚竖，议举止则未闲是非，听言语则谬于虚实。姆妳敢恃耆旧，惟赞妒忌，妮媪自唱多知，务检口舌。其间又有应答问讯，卜筮师母。乃至残余饮食，诘辩与谁，衣被故敝，必责头领。又出入之宜，繁省难衷，或进不获前，或入不听出，不入则嫌于欲疏，求出则疑有别意，召必以三晡为期，遣必以日出为限，夕不见晚魄，朝不识曙星，至于夜步月而弄琴，昼拱袂而披卷，一生之内，与此长乖。又声影裁闻，则少婢奔迸，裾袂向夕，则老丑丛来。左右整刷，以疑宠见嫌，宾客未冠，以少容致斥。礼则有列

---

① 婚姻：鲜卑俗无妾。
② 婚姻：贵族大家多淫乱。

媵，象则有贯鱼，本无慢嫡之嫌，岂有轻妇之诮？况今义绝旁私，虔恭正匹？而每事必言无仪适，设辞辄言轻易我。又窃闻诸主聚集，惟论夫族，缓不足为急者法，急则可为缓者师，更相扇诱，本其恒意，不可贷借，固实常辞。虽曰家事，有甚王宪，发口所言，恒同科律。王藻虽复强很，颇经学涉，戏笑之事，遂为冤魂；褚暖忧愤，用致夭绝；伤理害义，难以具闻。夫蠡斯之德，实致克昌，专妒之行，有妨繁衍，是以尚主之门，往往绝嗣，驸马之身，通离衅咎"云云。太宗以此表遍示诸主。《齐书·刘休传》云：明帝憎妇人妒，尚书右丞荣彦远以善棋见亲，妇妒伤其面，帝曰："我为卿治之，何如？"彦远率尔应曰："听圣旨。"其夕，遂赐药杀其妻。休妻王氏亦妒。帝闻之，赐休妾，敕与王氏二十杖，令休于宅后开小店，使王氏亲卖扫帚、皂荚以辱之。① 此等刑罚，并为失衷，然大势所趋，卒亦非一二失衷之刑赏所能挽也。当时尚主者固多罹祸，而主之还罹其祸者亦多，所谓其何能淑，载胥及溺而已。尚主而罹祸者：如张琼之子欣，尚魏平阳公主，与主情好不笃，遂为孝武所害。其两受其弊者：如刘昶之子辉，尚魏兰陵长公主，世宗第二姊也。辉尝私幸主侍婢有身，主笞杀之，剖其孕子，节解，以草装实婢腹，裸以示辉。辉遂忿憾，疏薄公主。公主姊因入听讲，言其故于灵、大后。大后敕清河王怿穷其事。怿与高阳王雍、广平王怀奏其不和之状，无可为夫妇之理，请离婚。大后从之。公主在宫周岁，高阳王及刘腾等为言，听复旧义。大后流涕送公主，诚令谨慎。正光初，辉又私淫张、陈二氏女，公主更不检恶。主姑陈留公主共相扇奖，遂与辉复致忿争。辉推堕主床，手脚殴蹋，主遂伤胎。辉惧罪逃逸。灵大后召清河王怿决其事。二家女髡笞付宫，兄弟皆坐鞭刑，徙配敦煌为兵。公主因伤致薨。大后亲临恸哭。出葬城西，亲送数里，尽哀而还。谓侍中崔光曰："向哭所以过哀者？追念公主为辉顿辱非一，乃不关言，能为隐忍，古今宁有此？此所以痛之。"后执辉，幽于司州，将加死刑，会赦得免。又卢度世孙道虔，尚高祖女济南长公主，公主骄淫，声秽遐迩，先无疹患，仓卒暴薨，时云道虔所害。世宗秘其丑恶，不苦穷治。后灵大后追主薨事，乃黜道虔为民，终身不仕。崔逞子达拏，尚齐文襄女乐安公主。文宣问主："达拏于汝何如？"答云："甚相敬，惟阿家憎儿。"文宣令宫人召达拏母入而杀之，投漳水。齐灭，达拏杀主以复仇。此皆祸之至酷者。南朝究系礼义之邦，故其惨酷不如北朝之甚。然如赵伦之之孙倩，尚宋文帝第四女海盐公主，主甚爱重倩，而倩因言戏，以手击主，事上闻，帝怒，离婚，倩父伯符惭惧，遂发病卒。梁武帝与殷钧少故旧，以女永兴公主妻其子钧。钧形貌短小，为主所憎。每被召入，先满壁为殷叡字，钧辄流涕以出，主命婢束而反之。钧不胜怒，而言于帝。帝以犀如意击主，碎于背，然犹恨钧。诚所谓人莫知其子之恶矣。江敩表辞，固由授意，然如晋荀崧子美，将尚寻阳公主，远遁去，监司追之，不获已乃出；又如宋高祖第五女新安公主，先适大原王景深，离绝，当适王景文，景文固辞以疾；则惧而逃之者，实非无人也。司马消难之叛，固由其反覆无常，而与公主情好不睦，为主所诉，亦为其原因之一，其为祸不亦博乎？

---

① 商业：使妒妇卖扫帚皂荚。

　　饱暖思淫欲，事理之常，故当时贵家妇女，亦多淫恣。其公然行之者，宋废帝为山阴公主置面首左右三十人，已见第九章第三节。读史者以为异闻，然据《南史·后妃传》：郁林王尝为文安王皇后置男左右三十人，① 则行之者实不仅主一人也。面首者，年少貌美之意。《齐书·恩幸传》：茹法亮选白衣左右八十人，皆面首富室是也。

　　适庶兄弟之相争，祸实更甚于前后妻之子。如卢度世以庶兄弟欲相危害，遂戒绝妾孽是也。见第八章第六节。为妾者多出贱族，然较高之门第，亦时有之。《晋书·列女传》：周颛母李氏，字络秀，淮南人也。少时在室，颛父浚为安东将军，求为妾。其父兄不许。络秀曰："门户殄悴，何惜一女？若连姻贵族，将来庶有大益矣。"父兄许之。遂生颛及嵩、谟。颛等既长，络秀谓之曰："我屈节为汝家作妾，门户计耳。汝不与我家为亲亲者，吾亦何惜余年？"颛等从命。由此李氏为方雅之族。《后妃传》：简文宣郑太后，河南荥阳人，世为冠族。后少孤，无兄弟，惟姊妹四人。后最长，先适渤海田氏，生一男而寡。元帝为丞相，敬后先崩，纳为琅邪王贵人，甚有宠。后虽贵幸，而恒有忧色。帝问其故。对曰："妾有妹，中者已适长沙王褒，余二妹未有所适，恐姊为人妾，无复求者。"帝因从容谓刘隗曰："郑氏二妹，卿可为求佳对，使不失旧。"隗举其从子佣娶第三者，以小者适汉中李氏，皆得旧门。李与郑固非贱族也。然出于贱隶者究多。《齐书·孔稚珪传》：兄仲智妾李氏，骄妒无礼，稚珪白太守王敬则杀之。② 盖律杀奴婢，不过先以白官，见《秦汉史》第十四章第二节。妾与婢无异，故其杀之之易如是也。妾既多出贱族，庶生之子，自不易与适出者并，故贱视庶孽及遇庶兄弟无礼之事，史屡见之。《晋书·王沈传》：子浚，母赵氏妇，良家女也，贫贱，出入沈家，遂生浚。沈初不齿之。年十五，沈薨，无子，亲戚共立浚为嗣。《魏书·崔道固传》：道固贱出，适母兄攸之、目连等轻侮之。父辑谓攸之曰："此儿姿识如此，或能兴人门户，汝等何以轻之？"攸之等遇之弥薄，略无兄弟之礼。时刘义隆子骏为徐、兖二州刺史，将辟他州民为从事，辑乃资给道固，令其南仕。既至彭城，骏以为从事。青州刺史新除过彭城，骏谓之曰："崔道固人身如此，岂可为寒士至老乎？而世人以其偏庶，便相陵侮，可为叹息。"《北齐书·高乾传》：从兄永乐子长命贱出，年二十余，始被收举。《魏收传》：收有贱生弟仲固，先未齿录，及崔㥄将加弹劾，收因此怖惧。《北史·李䜣传》：䜣母贱，为诸兄所轻。《高允传》：始神麚中，允与从叔济俱被征。济子遵贱出，其兄矫等常欺侮之。及父亡，不令在丧位。遵遂驰赴平城归允。允为作计，乃为遵父举哀，以遵为丧主。京邑无不吊集，朝贵咸识之。徐归奔赴。免丧后为营宦路。遵感成益之恩，事允如诸父。此等事未易枚举。褚渊庶生，其母，宋高祖第五女吴郡宣公主也，以渊有才，表为嫡嗣，此等事不易多觏矣。

---

①　婚姻：男妾不仅宋主面首。

②　阶级：白官杀兄妾。

《颜氏家训·治家篇》云:"江东妇女,略无交游。① 婚姻之家,或十数年未相识,惟以信命赠遗致殷勤焉。邺下风俗,专以妇持门户。争讼曲直,造请逢迎,车乘填街衢,绮罗盈府寺,代子求官,为夫诉屈,此乃恒、代之遗风乎?南闲贫素,皆事外饰,车乘衣服,必贵齐整,家人妻子,不免饥寒。河北人事,多由内政,绮罗金翠,不可废阙,羸马悴奴,仅充而已。唱和之礼,或尔汝之。"又曰:"河北妇人,织纤组𬘓之事,黼黻、锦绣、绮罗之工,大优于江东也。"乍观之,似北方妇女,生利之力,较强于南,故其地位亦优于南者。然《抱朴子·疾谬篇》云:"今俗妇女,休其蚕织之业,废其玄𬘓之务,不绩其麻,士也婆娑。舍中馈之事,修周旋之好,更相从诣,之适亲戚。承星举火,不已于行。多将侍从,曒晔盈路。婢使吏卒,错杂如市,寻道褒谲,可憎可恶。或宿于他门,或冒夜而返。游戏佛寺,观视渔畋。登高临水,出境庆吊。开车褰帏,周章成邑。杯觞路酌,弦歌行奏。转相高尚,习非成俗。"其所言,与颜氏适相反,则颜氏所云,恐非恒、代之遗风,实京、洛之弊俗也。参观第十八章第三节自明。至于僻陋阻塞之区,则葛屦履霜之风特甚。《隋书·地理志》述豫章之俗云:"其君子善居室,小人勤耕稼。衣冠之人,多有数妇,暴面市廛,竞分铢以给其夫。② 及举孝廉,更要富者。前妻虽有积年之勤,子女盈室,犹见放逐,以避后人。"又言其地"一年蚕四五熟,勤于纺绩,有夜浣纱而旦成布者,俗呼为鸡鸣布。"勤劳如此,而其见弃遗如彼,"非以贫而为奴,乃以为奴而贫",信矣!《南史·蔡廓传》:廓孙樽,为吴兴太守。初樽在临海,百姓杨元孙,以婢采兰,贴与同里黄权,约生子酬乳哺直。权死后,元孙就权妻吴赎婢母子五人。吴背约不还。元孙诉樽,判还本主。吴能为巫,出入樽内,以金钏赂樽妾,遂改判与之。元孙挝登闻鼓讼之,为有司所劾。当时民间之于妇女,利其作力之情形可见矣。

贵人之家,虽多畜女伎,然民间妇女为倡伎者,亦非无之,而贵人亦时遨游于其间。《隋书·地理志》言:"齐郡俗好教饰子女。淫哇之音,能使骨腾肉飞,倾诡人目。俗云齐倡,本出此也。"《北齐书·祖珽传》云:珽丰于财产,又自解弹琵琶,能为新曲。招城市年少,歌舞为娱。游集诸倡家。与陈元康、穆子容、任胄、元士亮等为声色之游,即是物矣。

《晋书·五行志》云:"自咸宁大康之后,男宠大兴,甚于女色,士大夫莫不尚之,天下相放效,或至夫妇离绝,怨旷妒忌者。"《宋书·五行志》同。其事之见于史者:苻坚与慕容冲,已见第六章第四节。《石季龙载记》:勒为聘将军郭

---

①　婚姻:颜之推谓:江东妇女无交游,代北专以妇持门户,恐实。京洛弊俗。

②　商业:豫章数妇市廛竞分铢以给其夫。案此犹使奴婢经商。

荣妹，季龙惑优僮郑樱桃，杀郭氏。更纳清河崔氏女，樱桃又谮而杀之。《北史·卢鲁元传》：少子内，给侍东宫，景穆深昵之，常与卧起，同衣食。正平初，宫臣伏诛，大武以鲁元故，惟杀内而厚抚其兄弟。此皆虏主，不足责。然如辛德源，士大夫也，而史称裴让之特相爱好，兼有龙阳之重。亦见《北史》。《宋书·谢方明传》：子惠连，先爱会稽郡吏杜德灵，① 及居父忧，赠以五言诗十余首，文行于世，坐被徙废塞，不豫荣伍。尚书殷景仁爱其才，因言次白大祖："臣小儿时便见世中有此文，而论者云是谢惠连，其实非也。"大祖曰："若如此，便应通之。"似其见讥徒以居忧作诗者。然《宗室传》：长沙景王子义宗，元嘉八年（431），坐门生杜德灵放横打人，还第内藏，义宗隐蔽之免官。德灵雅有姿色，为义宗所爱宠，本会稽郡吏，谢方明为郡，子惠连爱幸之，为之赋诗十余首，《乘流归渚篇》是也。则惠连见讥之深，其故自别有在矣。《南史·王僧达传》：族子确，少美姿容，僧达与之相款。确叔父休，为永嘉太守，当将确之郡，僧达欲逼留之。确知其意，避不往。僧达潜于所住屋后作大坑，欲诱确来别杀埋之。从弟僧虔知其谋，禁呵乃止。又《梁宗室传》：长沙宣武王弟子韶，为幼童，庾信爱之，有断袖之欢。衣食所资，皆信所给。遇客，韶亦为信传酒。后为郢州，信西上江陵，途经江夏，韶接信甚薄。坐青油幕中，引信入宴。坐信别榻，有自矜色。信稍不堪。因酒酣，乃径上韶床，践蹋肴馔。直视韶面，谓曰："官今日形容，大异近日。"时宾客满坐，韶甚惭耻。读之俱令人骇笑。此亦当时贵族堕落，不可救药之一端也。

第二节　族　制

聚族而居，范围之大小，必视生计情势以为衡。自氏族散为家族，其势日趋于分，读《先秦史》第十二章第二节，《秦汉史》第十三章第二节，可见其概。晋、南北朝之世，社会情势，实与前无异。惟其时去古较近，各地方强宗巨家，尚有存者；又直丧乱之际，移徙者多与亲族相偕，初至异邦，与当地之人，未能融洽，或仍聚族而居；于是家族之大者，往往有之。此就全国言之，实为特异之象；又昔时之人，狃于成见，不知社会贵化除畛域，而以亲族互相依倚为美谈，政令既加以褒扬，舆论又群相称道；史家自必勤于记录。读者不察，遂谓其时社会情形，与今迥异矣。其实以中国之大，历朝史籍所占年代之长，有此区区，正如凤毛麟角耳。大家族不见记载者，自亦有之，且其数必不少，然即具记之，在全社会中，

---

① 选举：谢惠连爱杜德灵，盖男色。

亦必仍微不足道，则理有可信者也。

　　《北史·韦孝宽传》：孝宽欲筑城汾北，画地形具陈其状，宇文护谓使人曰：“韦公子孙虽多，数不满百，遣谁固守？”事遂不行，可见子孙百人，在当时犹以为少。《周·法尚传》：法尚为顺州刺史，司马消难作乱，遣兵攻围之，法尚弃城走，虏其母弟及家累三百人。法尚在当时，未闻为著名大族，而其家累至于三百，可见其时士大夫家口之众矣。此等家口，并不以后世所谓同姓为限。《晋书·朱伺传》：杜曾遣说伺云：“马隽等感卿恩，尽以君家内外百口付隽，隽已尽心收视，卿可来迎。”《祖约传》：石勒诈约，并其亲属中外百余人悉灭之。《宋书·沈庆之传》：庆之有园舍在娄湖，一夜移子孙徙居之。又移亲戚中表于娄湖，列门同闬。《自序》言：沈林子赏赐重叠，皆散于亲故，家无余财，中表孤贫悉归焉。《魏书·袁翻传》：父宣，为沈文秀府主簿，随文秀入国，刘昶每提引之，言是其外祖淑之近亲。又《高祐传》：孙谅，造亲表谱录四十余卷，自五世已下，内外曲尽，览者服其博记。盖古代亲亲，原不限于父族；<small>如九族之制是也，详见《先秦史》。</small>又其两姓恒交昏，而又继之以世；<small>故夫之父母，与母之兄弟，父之姊妹同称，详见《先秦史》。</small>故中表之情为尤亲。次则从母之子，自亦为母族中之最亲者。自此展转推之，其范围自有甚广者矣。《魏书·卢玄传》：无盐房崇吉母傅氏，度世<small>玄子</small>继外祖母兄之子妇也。兖州刺史申纂妻贾氏，崇吉之姑女也。皆亡破军途，老病憔悴。度世推计中表，致其供恤。每觐见傅氏，跪问起居。随时奉送衣被、食物。亦存振贾氏，供其服、膳。青州既陷，诸崔堕落，多所收赎。及渊、昶等，<small>皆度世子。</small>并循父风。远亲疏族，叙为尊行长者，莫不崇拜致敬。闺门之礼，为世所称。其一事也。沈充之败也，亡失道，误入故将吴儒家。儒欲杀之。充曰：“尔以大义存我，我宗族必厚报汝。若必杀我，汝族灭矣。”儒遂杀之。充子劲，竟灭吴氏。劲固强果，然其能复仇，必得其宗族之助，则可推知。宋明帝之杀王景文也，手诏曰：“与卿周旋，欲全卿门户，故有此处分。”景文门生焦度忿怒，发酒覆地，曰：“大丈夫安能坐受死？州中文武，可数百人，足以一奋。”景文曰：“知卿至心。若见念者，为我百口计。”王奂之见收也，子彪议闭门拒命，长史殷叡，奂女婿也，谏曰：“百世门户，宜思后计，孰与仰药自全？”董峦讨益州，为魏所执，并其子景曜。魏以峦为越骑校尉，景曜为员外郎。峦谋南叛，坐徙朔州。孝文南寇，召峦从军。军次鲁阳，峦单骑南走。至境首，北向哭呼景曜云：“吾百口在彼，事埋须还，不得顾汝一子也。”《魏书·田益宗传》。当时亲族关系之密如此，故苟有刑诛，必致波及。孝文之南寇也，董景曜亦被召，至洛阳，密陈其父必当南叛，及峦南走，仍锁诣魏主所，数而斩之。袁瑾之死也，并其宗族数十人。魏孝武入关，以韦子粲为南汾州，城陷不能死难，阖门百口，悉在西魏，多致诛灭。盖聚族既众，则其为力强，虑以怨毒、不自安之情，或致反侧，故其措置如此。晋、南北朝之世，刑法酷滥，实由此也。是时之迁徙者，亦多率族而行。如黄泓率宗族归慕容廆；《晋书·艺术传》。张昌之乱，王俚、吕蓁，密将宗室奔汝南；樊毅随叔父文皎援台，文皎战死，毅将宗族子弟赴江陵皆是。魏孝庄帝徙河北，执杨侃手曰："卿尊卑百口，若随朕行，所累处大，卿可还洛，寄之后图。"侃曰："宁可以臣微族，顿废君臣之义？"固求陪从。及帝图尒朱荣，侃豫其谋。尒朱兆入洛，侃时休沐，遂得潜窜，归于华阴。普泰初，天光在关西，遣侃子妇父韦义远招慰之，立盟许恕其罪。侃从兄昱，侃，播子。昱，播弟椿之子。令侃出应。"假其食言，不过一人身殁，冀全百口。"侃遂赴之，为天光所害。元颢入洛，昱出镇荥阳，见擒。又椿弟顺，顺子仲宣，兄子保，弟子道，并在河北，为颢嫌疑。以椿家世显重，恐失人望，未及加罪。时人助其忧怖。或劝椿携家避祸。椿曰："吾内外百口，何处逃窜？正当坐任运耳。"当时亲族、中外，互相依倚如此，此族诛之刑，所由足累其心与？

《魏书·源子恭传》云：萧衍亡人许周，自称为衍给事黄门侍郎，朝士翕然，咸共信待。子恭奏其"履历清华，名位高达，计其家累，应在不轻，今者归化，何其孤迥？设使当时匆遽，不得携将，及其来后，家赀产业，应见簿敛；尊卑口累，亦当从法；而周兄弟怡然，曾无忧虑"。以是为怪，可见当时巨家，多历显宦，有厚产矣。《晋书·文苑传》：应贞，汝南南顿人，魏侍中璩之子也。自汉至魏，世以文章显。轩冕相袭，为郡盛族。此以门第显者也。《习凿齿传》云：宗族富盛，世为乡豪，此以财力雄者也。职是故，其人在地方，多有声势。使能教养其民，原未尝不足为善。《北史·李灵传》：孙显甫，豪侠知名。集诸李数千家，于殷州西山开李鱼川，方五六十里居之，显甫为其宗主。是其力足以养民也。又《李士谦传》：李氏宗党豪盛，每春秋二社，必高会极宴，无不沉醉喧乱。尝集士谦所，盛馔盈前，而先为设黍。谓群从曰："孔子称黍为五谷之长，荀卿亦云：食先黍、稷，古人所尚，宁可违乎？"少长肃然，无敢弛惰。退而相谓曰："既见君子，方觉吾徒之不德也。"是其力足以教民也。无如世禄之家，鲜克由礼，能善导其民者少，而恃势武断乡曲者多。① 如下悛以门盛轻邻诜，相视如仇，诜后为中丞，卒奏陷下氏，见《晋书·卞壶传》。而当风尘澒洞之时，尤易启其轻狡之念。张轨割据河右，晋昌张越，凉州大族、密图代之。又有贾摹者，寔之妻弟，亦凉州大姓，势倾西土。时有谣曰："手莫头，图凉州。"其居心可想。张茂诱而杀之，于是豪右屏迹，威行凉域。此虽未成割据之业，而实有割据之心者也。薛氏之在河东，羁旅之族也，然犹同姓三千家，宋高祖不得不用为太守，虏亦不得不用为都统，见第八章第五节。此则无割据之名，而有割据之实者也。苏峻之乱，临平人范明，率宗党五百人，合诸军讨其将张健。见《晋书·顾众传》。宋景平中，富阳孙氏，聚合门宗，谋为逆乱。见《宋书·褚叔度传》。义康之徙也，胡藩子诞世、茂世，率群从二百余人，攻破郡县谋奉之。见第八章第一节。刘弥之青州强姓，

---

① 宗族：大族与割据之关系。

门族甚多故其宗从，能相合率以拒沈文秀。见第九章第五节。侯景之乱，沈众表梁武帝，称家世所隶义故部曲，并在吴兴，求还召募以讨贼。武帝许之。及景围台城，众率宗族及义附五千人入援。王广攻毛兴于枹罕，兴遣卫平率其宗人千七百袭败之。后枹罕诸氏，以平年老，不可以成事业，议废之，而惮其宗强，连日不决。有啖青者，挺身而起，乃获废平而推苻登。见《晋书·苻丕载记》。郝温举义于杏城，盖鲜率宗族为虏讨之。《魏书·世祖纪》大平真君六年（445）。独孤信东伐，赵肃率宗人为之乡道。魏孝武西迁，猗氏樊、王二姓举兵，为东魏所诛。《周书·儒林樊深传》。此等虽顺逆不同，而其隐若敌国则一。南北疆场，一彼一此，亦多有此等豪族，参与其间，非尽恃兵力也。又有保险劫掠，行同盗贼者。《宋书·朱龄石传》：迁武康令。丧乱之际，武康人姚系祖，招聚亡命，专为劫盗。所居险阻，郡县畏惮不能讨。龄石至县，伪与亲厚，召为参军。系祖恃其兄弟徒党强盛，谓龄石必不敢图己，乃出应召。龄石潜结腹心，知其居止涂径。乃要系祖宴会，叱左右斩之。率五人驰至其家，掩其不备。悉斩系祖兄弟，杀数十人。自是一郡得平。《魏书·李仲琁传》：为弘农太守。先是宫、牛二姓，阻险为害。仲琁示以威惠，并即归伏。《薛辨传》：河北郡带山河路多盗贼。有韩、马两姓，各二千余家，恃强冯险，最为狡害。劫掠道路，侵暴乡闾。《酷吏传》：灵丘罗思祖，宗门豪溢，家处险隘，多止亡命，与之为劫。显祖怒之，戮其家。思祖宗党，相率寇盗。《北史·宋隐传》：弟子世良，拜清河太守。郡东南有曲堤，成公一姓，阻而居之，群盗多萃于此。人为之语曰："宁度东吴会稽，不历成公曲堤。"世良施八条之制，盗奔他堤。此等皆地方之大害。梁、陈间诸割据者，亦不过此等人中之佼佼者耳，读第十三章第六、七、八节可知也。

　　然此等巨族，究为特异之象，以大势论之，则仍日趋于分。《晋书·刑法志》言：魏世制法，"除异子之科，使父子无异财也"。《宋书·周朗传》：朗上书言："今士大夫之家，父母在而兄弟异计，十室而七矣；庶人父子殊产，亦八家而五矣。甚者危亡不相知，饥寒不相恤。又嫉谤谗害，不可称数。宜明其禁，以革其风。"可见时人疾恶分异之烈。然参考史事，则宗族之能同居者实少。兄弟白首不分异，业已侈为美谈；《北史·甄琛传》：与弟僧林，誓以同居没齿。《山伟传》：伟弟少亡，伟抚家训孤，同居二十余载，恩义甚笃。《周书·崔谦传》：与弟谦特相友爱。虽复年事并高，名位各重，所有赀产，皆无私焉。《寇俊传》：兄祖训、祖礼及俊，并有志行，闺门雍睦，白首同居。观此等亦侈为美谈，知当时兄弟同居者已少。群从同居者更寡；《晋书·忠义传》：嵇绍与从子含等五人共居，抚恤如所同生。《魏书·韩麒麟传》：孙子熙，少孤，为叔显宗所抚养。及显宗卒，子伯华又幼，子熙友爱，等于同生。长犹共居，车马赀财，随其费用，未尝见于颜色。《北史·辛绍先传》：孙少雍，妻王氏，有德义。少雍与从弟怀仁，兄弟同居。怀仁等事之甚谨。闺门礼让，人无间焉。又《寇俊传》：笃于仁义。期功之中，有孤幼者，衣食丰约，并与之同。其更广于此者，则真如凤毛麟角矣。宗族百口,累世同居者,多见诸史《孝义》、《节义》等传。此外如《晋书·儒林传》:氾毓,奕世儒素,敦睦九族。客居青州,逮毓七世,时人号其"儿无常父,衣无常主"。《北史·许彦传》:曾孙子恂,闺门雍睦,三世同居。《周书·辛威传》:家门友义,五世同居。**而好生分及不能相恤之事则甚多**。《南史·袁粲传》:粲幼孤,祖哀之,名之曰愍孙。伯叔并当世荣显,而愍孙饥寒不足。《魏书·裴伯茂传》:伯茂先出后其伯仲规,与兄景融别居,景融贫窘,伯茂了无振恤,殆同行路。此犹在平时,其在流离颠沛之中者:《李宝传》:李氏自初入魏,人位兼举,因冲宠遇,遂为当世盛门。而仁义吉凶,情义浅薄。期功之服,殆无惨容。相视窘迫,不加拯济。此犹曰李氏入魏,即蒙恩宠也。韦子粲阖门诛灭,入魏获存者,惟子粲与弟道谐二人,而粲富贵之后,遂捐弃道谐,令其异居。所得廪禄,略不相及。当时于此等事,不惟舆论群相责难,即法律亦或加以惩处。如《魏书·岛夷传》言:萧鸾宣德大仆刘朗之,游击将军刘璩之,坐不赡给兄子,使其随母他嫁,免官禁锢是也。然究何益哉?生分之俗,南方较北方为甚。①《魏书·裴叔业传》云:叔业兄子子植,虽自州送禄奉母及赡诸弟,而各别赀财,同居异爨,一门数灶,盖亦染江南之俗也,是其证。《晋书·隐逸传》:陶潜与子书曰:"虽不同生,当思四海皆弟兄之义。鲍叔、敬仲,分财无猜,归生、伍举,班荆道旧,遂能以败为成,因丧立功。他人尚尔,况共父之人哉。"可见其强相维系,懔乎若朽索之驭六马矣。《南史·蔡兴宗传》:父廓,罢豫章郡还,起二宅。先成东宅,以与兄轨。轨罢长沙郡还,送钱五十万,以裨宅直。兴宗年十一,白母曰:"一家由来,丰俭必共,今日宅直,不宜受也。"母悦而从焉。轨深有愧色。谓其子淡曰:"我年六十,行事不及十岁小儿。"此事不足见时人之能共丰俭,正足见其习于分异耳。然谓北方能不分异者,亦非其实。杨昱第六叔早丧,有一男六女。及终丧,妻元氏请别居。昱父椿,集亲姻泣谓曰:"我弟不幸早终。今男未婚,女未嫁,何便求别居?"不听。崔挺三世同居,门有礼让,于后频直饥年,亦卒分析。义门如此,况在恒人?《北史·薛慎传》:保定初,出为湖州刺史。蛮族昏娶之后,父母虽在,即与别居。慎乃亲自诱导,示以孝慈。并遣守令,各喻所部。有数户蛮,别居数年,遂还侍养;及行得果膳,归奉父母。慎以其从善之速,具以状闻。有诏蠲其赋役。于是风化大行,有同华俗。又《儒林·乐游传》:授湖州刺史。人多蛮左,未习儒风。蛮俗生子长大,多与父母异居。逊每加劝导,多革前弊。当时蛮左,实多华人,具见第十六章第二、第六节。此盖仕宦之家,亲族多互相依倚,平民之多田产者,亦能聚族而居,其贫苦者则不然,非关华夷之异也。《隋书·食货志》言:山东承齐俗,避役惰游者十六七。四方疲人,或诈老诈小,规免租赋。高祖令州县大索、貌阅。户口不实者,正长远配。而又开相纠之科。大功已下,兼令析籍,各为户头,以防容隐。既狃于成见而责其合,又利其赋役而迫之分,狐埋狐揾,谓之何哉?**其以敦睦称者,又或别有所为**。《晋书·儒林传》:范隆生而父亡。年四岁,又丧母。单孤无缌功之亲。疏族范广,愍而养之。迎归教书。为立祠堂。隆奉广如父。《周书·薛憕传》:河东汾阴人也。曾祖弘敞,值赫连之乱,率宗人避地襄阳。孝昌中,杖策还洛阳。先是憕从祖真度,与族祖安都,拥徐、兖归魏。其子怀俊,见憕,甚相亲善。《北史·独孤信

传》：子罗，为高氏所囚，及信为宇文护所诛，罗始见释。寓居中山，孤贫无以自给。齐将独孤永业，以宗族故，哀之，为买田宅，遗以资畜。此等似乎甚厚。然《宋书·王懿传》言：北土重同姓，并谓之骨肉。有远来相投者，莫不竭力营赡。若不至者，以为不义，不为乡里所容。懿闻王愉在江南，是大原人，乃往依之，愉礼之甚薄。则其相周恤，特迫于人言耳，非出本心也。《北史·胡叟传》：卒，无子，无家人营主凶事。胡始昌迎殡之于家，葬于墓次，即令弟继之袭其爵。叟与始昌虽宗室，性气殊诡不相附。其存，往来甚简。及亡而收恤甚厚。议者以为非敦哀疏宗，或缘求利品秩也。可谓肺肝如见矣。刘昶令袁宣与其府谘议参军袁济为宗，宣时孤寒，甚相依附。及翻兄弟官显，与济子洸、演，遂各陵竞。洸等乃经公府以相排斥。以利合者，固无以善其终也。然后知社会演进之大势，终不可逆也。语曰："求忠臣必于孝子之门。"① 此由古所谓忠臣者，多尽力于一人一姓，而古所谓国者，本与家同物，特大小有殊而已。至于后世，则国之与家，性质大异。尽忠于国者，非当异族冯陵之际，以国家为民族之藩卫，视君主为主权之表征；则廑己饥己溺之怀，思得政权以遂其拯民于涂炭之志。若此者，知识既高，愿力亦大，岂仅尽心于一小抟体者之所知？不宁惟是，小抟体之利害，往往与大抟体不相容。顾虑身家之念重，尽忠君国之义自轻。赵氏翼尝讥："江左高门大族，雍容令仆，裙屐相高。与时推迁，自保家世。朝市革易，而我之门第如故。"《廿二史札记·江左世族无功臣》条。所以致此，虽其道多端，然家室之累，实其大者。然则即以忠君旧义论，笃于宗族者，亦未必遂可托孤寄命矣。不宁惟是，行以中庸为贵，而流俗之所称美者，则大抵非行庸德、谨庸言之徒。吾尝见居丧尽礼，有过恒人，而性情乖戾，为乡里所患苦者矣。高宗，殷之贤王也。《记》称之曰："继世即位，而子良于丧，当此之时，殷衰而复兴，礼废而复起。"然实杀孝己。与宠姜女而替大伯之古公，溺骊姬而杀申生之晋献正相类。此中消息，殊耐寻思。特非方内之士所敢道耳。《魏书·裴叔业传》：叔业孙谭，粗险好杀。然孝事诸叔，尽于子道，国禄岁入，每以分赡，世以此称之。古今人情，固不甚相远也。

凡大族，能历时稍久者，必自有其法度。《陈书·王场传》云：场兄弟三十余人，居家笃睦。每岁时馈遗，遍及近亲。敦诱诸弟，并禀其规训。《魏书·卢玄传》言：玄子度世，及孙渊、昶，并循父风。父母亡后，同居共财。自祖至孙，家内百口。在洛时有饥年，无以自赡，然尊卑怡穆，丰俭同之。亲从昆弟，常旦省谒诸父，出坐别室，至暮乃入。《崔挺传》言：挺三世同居，门有礼让。挺有子六人，长曰孝芬，弟孝暐等奉之，尽恭顺之礼。一钱尺帛，不入私房。吉凶有须，聚对分给。诸妇亦相亲爱，有无共之。始挺与弟振同居，振亡之后，孝芬等承奉叔母李氏，若事所生。旦夕温清，出入启觐。家事巨细，一以谘决。每

---

① 伦理：后老笃于族者，与忠不相容，孝者不必仁。

兄弟出行，有获财物，尺寸已上，皆内李氏之库。四时分赍，李自裁之。如此者二十余岁。《杨播传》言：播家世纯厚，并敦义让。昆季相事，有若父子。播刚毅，椿、津并播弟。恭谦。兄弟旦则聚于厅堂，终日相对，未曾入内。有一美味，不集不食。厅堂间往往帏幔隔障，为寝息之所。时就休偃，还共谈笑。椿、津年过六十，并登台鼎，而津尝旦暮参问。子侄罗列阶下。椿不命坐，津不敢坐。椿每近出，或日斜不至，津不先饭。椿还然后共食。食则津亲授匙箸，味皆先尝。椿命食，然后食。一家之内，男女百口，缌服同爨，庭无闲言。魏世已来，惟有卢渊及播昆季，当世莫逮焉。《节义传》言：李几七世共居同财。家有二十二房，一百九十口。长幼济济，风礼著闻。至于作役，卑幼竞进。夫抟结多人，不可无法，家国之理一也。此等法度，实此等巨家之所以能持久也。然果足尚乎？子弟率教之谨，最为拘墟之士所艳称。然如是，则身居其间者，将绝少自由，于才性之发扬，所损实巨。而身家之念大重，则尽忠于国家、民族、社会之念自轻，前已言之矣。即以一家论，亦未必终为其利何者？此等大族，抟结之始，必以生计之互相依倚为之因。此盖一时事势使然。久之，事势改变，大族生利之力虽强，终不如一切与全社会相依，而更扩其分工协力之范围为得计矣。此其所以终于离析欤？卢氏自渊亡后，家风衰损，已见上节。崔氏频遭饥年，家遂分析，说亦见前。庄帝还宫，杨椿频乞归老，临行诫子孙曰："吾兄弟若在家，必同盘而食，若有近行不至，必待其还。如闻汝等，兄弟时有别斋独食，此又不如吾等一世也。"可见其家法亦寖寖不能维持矣。

凡权势之家，据权势愈久，则其自私而思保守之愈甚。历代帝王之家，所谓敦宗睦族者，原其朔，则不过如是而已。《魏书·景穆十二王传》：京兆王推之子遥，大功昆弟，皆是恭宗之孙，至肃宗而本服绝，故除遥等属籍。遥表曰："《律》云议亲者，非惟当世之属亲，历谓先帝之五世。谨寻斯旨，将以广帝宗，重磐石。先皇所以变革事条，为此别制者？太和之季，方有意于吴、蜀，经始之费，虑深在初，割减之起，当出暂时也。古人有言：百足之虫，至死不僵，以其辅己者众。太宗一分，则天子属籍，不过十数人而已。在汉，诸王之子，不限多少，皆列土而封，谓之曰侯。至于魏、晋，莫不广胙河山，称之曰公。臣去皇上，虽是五世之遥，于先帝，便是天子之孙。今朝廷犹在遏密之中，便议此事，实用未安。"诏付尚书博议。令任城王澄、左仆射元晖奏同遥表。灵太后不从。据此，拓跋氏之待宗室，实较汉、魏以来为薄，一由其互相猜忌，一亦由其演进本浅，故其自私，转不如中国之甚也。亦可见一切弊政，皆由积渐而致矣。

小史之职既废，谱牒之作，只为私家之事，自晋以降，国家乃复起而干与之，则以其时严士庶之别故也。《晋书·挚虞传》曰：虞以汉以来丧乱，谱牒多亡失，虽其子孙，不能言其先祖，撰《族姓昭穆》十卷，上疏进之，以为足以备物致用，广多闻之益。此为谱学之权舆。《齐书·文学传》：贾渊，祖弼之，世传谱学。竟陵王子良使撰《见客谱》。先是谱学未有名家。弼之广集百氏谱记，专心治业。晋太元中，朝廷给弼之令史、书吏，撰定缮写藏秘阁，仍迁左民曹。《南史》作"及左户曹"。民作户避唐讳。渊父及渊，三世传学。凡十八州士族谱，合百帙，七百余卷，该究精悉，当世莫比。永明中，卫军王俭，抄次百家谱，与渊参怀撰定。渊撰《氏族要状》及《人名书》，并行于世。《南史·王僧孺传》：知撰谱事。先是尚书令沈约，以为"晋咸和初苏峻作乱，文籍无遗。后起咸和二年（327），以至于宋，所书并皆详实。并在下省左户曹前厢，谓之晋籍，有东西二库。此籍既并精详，实可宝惜位宦高卑，皆可依案。宋元嘉二十七年（450），始以七条征发。既立此科，人奸互起。伪状巧籍，岁月滋广。以至于齐，患其不实。于是东堂校籍，置郎、令史以掌之。竞行奸货，以新换故。昨日卑细，今日便成士流。宋、齐二代，士庶不分，杂役减阙，职由于此。窃以晋籍所余，宜加宝爱"。参看第三节。武帝以是留意谱籍，州郡多罹其罪。因诏僧孺改定百家谱。始晋太元中，员外散骑侍郎平阳贾弼，即弼之。笃好簿状。乃广集众家，大搜群族。所撰十八州，一百一十六郡，合七百一十二卷。凡诸大品，略无遗阙。藏在秘阁，副在左户。及弼子大宰参军匦之，匦之子长水校尉深，即渊，《南史》本传书其字曰希镜，此处则改为深。《唐书·儒学柳冲传》云：希镜传子执，执更作《姓氏英贤》一百篇。又著《百家谱》，广两王所记。执传其孙冠，冠撰《梁国亲王大子序亲谱》四篇。世传其业。太保王弘，领军将军刘湛，并好其书。弘日对千客，不犯一人之讳。湛为通曹，始撰百家，以助铨序，而伤于寡略。齐卫将军王俭，复加去取，得繁省之衷。僧孺之撰，通范阳张等九族，以代雁门解等九姓。其东南诸族，别为一部，不在百家之数焉。《集十八州谱》七百一十卷，《百家谱集抄》十五卷，《东南谱集抄》十卷，并行于世。是南方谱学，实以贾氏为名家，其后官私撰述，并承其余绪也。梁、陈二代，通谱学者，亦有其人。《梁书·徐勉传》：勉居选官时，该综百氏，皆为避讳。《傅昭传》：博极古今，尤善人物。魏、晋以来官宦簿伐，姻通内外，举而论之，无所遗失。《陈书·陆琼传》：迁吏部尚书，详练谱牒。"后魏迁洛，有八氏十姓，咸出帝族；又有三十六族，则诸国之从魏者；九十二姓，世为部落大人；并为河南洛阳人。《周书·文帝纪》：魏恭帝元年（554），魏氏之初，统国三十六，大姓九十九，后多绝灭。至是，以诸将功高者为三十六国后，次功为九十九姓后。所统军人，亦改从其姓。① 其中国士人，则第其门阀，有四海大姓，郡姓，州姓，县姓。及周大祖入关，诸姓子孙有功者，并令为其宗长。仍撰谱录，记其所承。又以关内诸州，为其本望。"《隋书·经籍志》。北魏宗室及诸臣，亦有通谱学者。《北史·景穆十二王传》：济阴王小新成曾孙晖业，撰魏藩王家世，号为《辨宗录》，四十卷，行于世。

---

① 民族：魏三十六国，九十九姓多绝，以功高者复之，可见其伪。

《宋隐传》：弟子世良，撰《宋氏别录》十卷。周武帝敕鲍宏修皇室谱一部。《隋书·经籍志》史部谱系门，著录四十一部三百六十卷；通计亡书，则五十三部一千二百八十卷云。《齐书·王晏传》：武帝欲以高宗代晏领选，手敕问之。晏启曰："鸾清干有余，然不谙百氏，恐不可居此职。"上乃止。《北史·魏收传》：收撰《魏书》。杨愔谓曰："此谓不刊之书，传之万古。但恨论及诸家，枝叶亲姻，过为繁碎，与旧史体例不同耳。"收曰："往因中原丧乱，人士谱牒，遗逸略尽，是以具书其枝派，望公观过知仁。"可见当时视此之重已。

然时虽致谨于族姓，而自诬其祖者仍多，此又大势所趋，无可如何者也。刘延孙于宋室，本非同宗，而孝武与之合族，见第九章第二节。此执政柄者之自乱其例也。《晋书·惠羊皇后传》：贾后既废，孙秀议立后，后外祖孙旃，与秀合族，又诸子自结于秀，故以太安元年（303），立为皇后。《南史·周弘正传》：台城陷，弘正诣附王伟，又与周石珍合族，此趋炎附势之为也。《齐书·贾渊传》：渊迁长水校尉。荒伧人王泰宝，买袭琅邪谱。尚书令王晏，以启高宗。渊坐被收，当极法。子栖长谢罪，稽颡流血，朝廷哀之，乃得免罪。此以财货诱引者也。《晋书·石苞传》：苞曾孙朴，没于胡，石勒以与朴同姓，俱出河北，引为宗室，特加优宠。《北齐书·高隆之传》：本姓徐氏，云出自高平金乡。父干，为姑婿高氏所养，因从其姓。隆之后有参议之功，高祖命为从弟，仍云渤海蓨人。此异族之攀援也。侯景僭位，以汉司徒侯霸为始祖，晋征士侯瑾为七世祖。李贤，自云陇西成纪人，汉骑都尉陵之后。陵没匈奴，子孙因居北狄。后随魏南迁，复归汧陇。窦炽，自云扶风平陵人，汉大鸿胪章十一世孙。章子统，灵帝时为雁门太守，避窦武之难，亡奔匈奴，遂为部落大人。后魏南徙，子孙因家于代，赐姓纥豆陵氏。当时此等诬辞，盖又不知凡几矣。读《唐书·宰相世系表》，尚有可见者。元魏入中国，赐姓命氏，其事不一。其后改易，多有与中国同者。详见《魏书·官氏志》。而赐姓又多。① 赐姓魏、周、齐皆有之，而周尤盛。甚有如令狐整，宗人二百余户，并列属籍者。女子亦有赐姓者，高祖及齐王宪之在襁褓，以避忌不利居宫中，大祖令于李贤家处之，六载乃还宫，因赐贤妻吴姓宇文氏，养为侄女是也。静帝大象元年（579），诏诸改姓者悉令复旧，然不复者必多矣。华之与夷，盖混淆不可辨矣。然同是圆颅方趾之伦，优劣本无区别；又凡诸民族，血统孰不混淆？此固不足计也。当时之人，皆非以异姓为后，即法律亦所不许，见下。然随所养而改姓者仍多。如高隆之之父即是。《陈书》：高祖宣皇后章氏，本姓钮，父景明，为章氏所养，因改焉。周文育，本姓项氏，为寿昌浦口戍主周荟所养。纪少瑜，本姓吴，养于纪氏，因而命族。又独孤永业，本姓刘，母改适独孤，永业随母，为独孤家所养，遂从其姓，皆其事也。父母之恩，本不在生而在养，此又不足怪也。北族之养子弟，则非因其幼小无依，而特为臣主之

---

① 宗族：赐姓宇文最多。

间，以恩相结，盖由不知君臣有朋友之谊，而惟知有亲族关系使然，又与中国之养子殊科矣。《北史·齐宗室诸王传》：上洛王思宗弟思好，本浩氏子也，思宗养以为弟。又《蔡祐传》：周文帝谓祐曰："吾今以尔为子，尔其父事我。"《张奫传》：隋文帝谓曰："卿可为朕儿，朕为卿父。"又《宇文述传》：性贪鄙，知人有珍异物，必求取。富商大贾，及陇右诸胡子弟，皆接以恩意，呼之为儿。由是竞加馈遗，珍宝累积。又有赵行枢者，本太常乐户，家财亿计，述谓为儿，受其赂遗。此为切义子者之又一变格，① 然亦北族之俗，有以作之俑也。

《晋书·贾充传》云：充妇广城君郭槐，性妒忌。充子黎民，年三岁，乳母抱之当阁，黎民见充入，喜笑，充就而拊之，槐望见谓充私乳母，即鞭杀之，黎民恋念，发病而死。后又生男，过期，复为乳母所抱，充以手麾其头，郭疑乳母，又杀之，儿亦思慕而死。充遂无胤嗣。及薨，槐辄以外孙韩谧为黎民子，奉充后。郎中令韩咸，中尉曹轸谏，不从。咸等上书求改立嗣，事寝不报。槐遂表陈：是充遗意。帝乃诏曰："周之公旦，汉之萧何，或豫建元子，或封爵元妃，盖尊显勋庸，不同常例。大宰素取外孙韩谧为世子黎民后。吾退而断之，外孙骨肉至近，推恩计情，合于人心。其以谧为鲁公世孙，以嗣其国。自非功如大宰，始封无后如大宰，所取必以己自出如大宰，皆不得以为比。"及下礼官议充谧，博士秦秀，援莒人灭鄫之文，谓"充绝父祖之血食，开朝廷之祸门，谧法，昏乱纪度曰荒，请谥荒公"，不从。《秀传》。案贾充固非正人，《晋书》所载之辞，则亦多诬蔑。三岁过期之儿，安知恋念乳母而死？即曰知之，而二子之死，其事若一，理可通乎？莒人灭鄫，虽曰《春秋》之义，然时异势殊，宁可拘执。当时议者，亦借此以攻充耳，意初不在礼律，此参观第三章第一节而可知者也。然其事至烦武帝特下诏书，亦可见旧习入人之深矣。又古之为人后者，仅主其祭祀，而非利其财产。《宋书·谢弘微传》：从叔峻，司空琰第二子也，无后，以弘微为嗣。义熙初，袭峻爵建昌县侯。弘微家素贫俭，而所继丰泰。惟受书数千卷，国吏数人而已。遗财禄秩，一不关豫。八年（412），混以刘毅党见诛。妻晋陵公主，改适琅邪王练。公主虽执意不行，而诏与谢氏离绝。公主以混家事，委之弘微。混仍世宰辅，一门两封，田业十余处，僮仆千人。惟有二女，年并数岁。弘微经纪生业，事若在公。一钱尺帛，出入皆有文簿。高祖受命，晋陵公主降为东乡郡君。以混得罪前代，东乡君节义可嘉，听还谢氏。自混亡至是九载，而室宇修整，仓库充盈；门徒业使，不异平日；田畴垦辟，有加于旧。元嘉九年（432），东乡君薨，资财巨万，园宅十余所；又会稽、吴兴、琅邪诸处，大傅安，司空琰时事业，奴僮犹有数百人。公私咸谓室内赀财，宜归二女，田宅僮仆，应属弘微。弘微一无所取，自以私禄营葬。案琰，安子，峻、混皆琰之子。弘微，安弟万之孙。案议

---

① 宗族：义子北俗。

者谓田宅僮仆，应属弘微者？盖谓此与封爵相联，乃古圭田之例，然弘微并此而不取，则可见继其宗祧者，原不必袭其财产。①《梁书·阮孝绪传》：孝绪七岁出后从伯胤之，胤之母周氏卒，有遗财百余万，应归孝绪，孝绪一无所纳，尽以归胤之姊琅邪王晏之母，此则又非亲生女之比矣。《晋书·殷仲堪传》言：仲堪以异姓相养，礼、律所不许，子孙继亲族无后者，惟令主其烝尝，不听别籍以避役，此又见按诸礼、律，承嗣本与财产无关，足以告后世之与为人后而有所冀者矣。

第三节　户口增减

中国历代，史所记户口之数，多寡县殊，晋、南北朝之世，则其寡少殊甚。《晋书·地理志》云：大康元年（280）平吴，大凡户百四十五万九千八百四十，口一千六百一十六万三千八百六十三。《隋书·地理志》云：大康时，户二百六十余万。此后无总数可考。桓温尝言："户口凋寡，不当汉之一郡"，则东晋之世，民户之寡少可知。《南史·本纪》言：梁元帝时，人户著籍，不盈三万，_{详见第十三章第四节。}其寡少尤为可骇。《隋书·地理志》言：陈世户数，为六十万。《北史·隋本纪》：陈国平，户五十万，口二百万。《隋书·本纪》无。盖昔人好举成数，其户数，当在五十、六十万之间也。北朝以正光以前为全盛，其数倍于晋之大康。孝昌以后，耗减且将大半。《魏书·地形志》。元孝友当魏末，谓"计见管之户，应二万余族"，族二百家，是有二百万户也。《周书·武帝纪》：关东平，得户三百三十万二千五百二十八，口二千万六千六百八十六。《隋志》载北齐户数本之，而谓隋世户数，为八百九十万七千五百四十六，口数为四千六百一万九千九百五十六云。僭伪诸国，户口之数可考者：《苻坚载记》，谓坚灭前燕，入邺宫，阅其名籍，户二百四十五万八千九百六十九，口九百九十八万七千九百三十五。《慕容垂载记》，载翟钊所统七郡户数为三万八千，慕容永所统新旧八郡户数为七万六千八百。此外皆无所见。案乱离分裂之世，户口之数，自当少于统一全盛之时。② 然据当时记载，仅山阴一县，户数即已三万；《宋书·顾觊之》及《良吏·江秉之传》。其课户为二万，见《齐书·顾宪之传》。魏孝静帝迁邺，户四十万，狼狈就道；《北齐书·神武纪》。陈国虽褊小，岂有仅二十倍于山阴；魏末虽丧乱，岂有仅五倍于邺都之理？其非实数，显而易见。盖史之所记，原不过当时占著之数，非以为生齿之实也。然以考生齿之数虽不足，以考人民占籍之情形，则有可

---

① 宗族：继宗祧不袭财产。
② 户口：山阴一县三万户，邺都四十万户，无陈五六十万户、魏二百万户之理。

见者矣。

著籍之数，何以寡少？其原因盖有多端。《晋书·武帝纪》，载帝平吴，得户五十二万三千，吏三万三千，兵二十五万，男女口二百三十万，则吏之与兵，皆在民户之外。[①]《慕容宝载记》：宝嗣伪位，遵垂遗令，校阅户口，罢诸军营，分属郡县。《宋书·州郡志》：南彭城蕃县、薛县，皆义旗初免军户所立。《刘粹传》：弟道济，为益州刺史，蜀土侨旧，翕然并反，道济皇惧，免吴兵三十六营，以为平民，分立宋兴、宋宁二郡。《隋书·食货志》：周武帝建德二年（573），改军士为侍官，募百姓充之，除其县籍。《高祖纪》：开皇十年（590），五月，乙未，诏曰：“魏末丧乱，寓县瓜分，役车岁动，未遑休息，兵士军人，权置坊府。南征北伐，居处无定。家无完堵，地罕苞桑。恒为流寓之人，竟无乡里之号。朕甚愍之。凡是军人，可悉属州县。垦田帐籍，一与民同。”遂罢山东、河南及北方缘边新置军府。是晋、南北朝之世，有兵籍者，多在民户之外也。《南史·郭祖深传》：祖深以为“都下佛寺，五百余所，僧尼十余万。所在郡县，不可胜言。道人又有白徒，尼则皆畜养女，皆不贯人籍。天下户口，几亡其半”。《魏书·释老志》言：太和十年（486），有司奏前被敕：以勒籍之初，愚民侥幸，假称入道，以避输课，其无籍僧尼，罢遣还俗。又沙门统昙曜奏：平齐户宋明帝失淮北，虏徙青、齐民于平城，置平齐郡以居之，其民谓之平齐户，见第九章第五节。及诸民，有能岁输谷六十斛入僧曹者，即为僧祇户。又请民犯重罪及官奴为佛图户，以供诸寺扫洒。此等盖亦如僧尼之不贯民籍矣。《阉宦·仇洛齐传》言：魏初禁网疏阔，民户隐匿漏脱者多。东州既平，绫罗户民乐葵，因是请采漏户，供为纶绵。自后逃户占为细茧、罗谷者非一。于是杂、营户帅，遍于天下。不属守宰，发赋轻易。民多私附。户口错乱，不可检括。洛齐奏议罢之，一属郡县。《隋书·刑法志》言：自魏、晋相承，死罪重者，妻子皆以补兵。魏虏西凉之人，没入名为隶户。魏武入关，隶户皆在东魏。后齐因之，仍供厮役。建德六年（577）齐平后，武帝欲施轻典于新国，乃诏凡诸杂户，悉放为百姓。事亦见《周书·本纪》。《魏书·世祖纪》：真君五年（444），北部民杀衡阳公莫孤，率五千余落北走，追击于漠南，杀其渠帅，余徙居冀、定、相三州为营户。《高祖纪》：延兴元年（471），沃野、统万二镇敕勒叛，诏源贺追击，至枹罕，灭之，徙其遗迸于冀、定、相三州为营户。二年（475），连川敕勒谋叛，徙配青、徐、齐、兖四州为营户。此等亦皆不贯民籍者。《梁书·武帝纪》：天监十七年（518），八月，诏以兵骑、奴婢，男年登六十，女年登五十，免为平民。《南史》作男年六十六，女年六十，免为编户。则奴婢亦在编户之外。《魏书·景穆十二王传》：

---

① 户口：吏民僧道杂隶等营奴婢诸胡皆在民户外。浮浪人。

京兆王子推之子遥，迁冀州刺史。以诸胡先无籍贯，悉令造籍，遂欲税之，为胡所搆，则诸胡又莫非漏籍之人也。无籍及不属州县者既多，民户自见其少。然此等为数，究属有限，其大使民户减少者，则人民之漏籍，豪强之隐占也。

漏籍之弊，南北皆然。《晋书·庾冰传》：冰为扬州刺史，隐实户口，料出无名万余人，以充军实。《陈书·文学·褚玠传》：除山阴令。县民张次的、王休达等，与诸猾吏贿略通奸，全丁大户，类多隐没。玠乃锁次的等，具状启台。高宗手敕慰劳，并遣使助玠搜括，所出军民八百余户。《魏书·韩茂传》：显祖以五州民户殷多，编籍不实，五州，据上文观之，当为冀、定、相、青、东青。诏茂子均检括，出十余万户。足见其数之多。诸漏籍之人，有竟不占著者，《隋书·食货志》言："江左无贯之人，不乐州县编户者，谓之浮浪人"是也。有隐蔽于大户之中者，虞玩之谓"抱子并居，竟不编户"；《魏书·李冲传》言：旧无三长，惟立宗主督护民多隐冒，五十、三十家，方为一户是也。齐建元二年（480）诏曰："黄籍民之大纪，国之理端。自顷氓俗巧伪，为日已久。至乃窃注爵位，盗易年月，增损三状，贸袭万端。或户存而文书已绝，或人在而反托死叛。停私而云隶役，身强而称六疾。编户齐家，少不如此。"《齐书·虞玩之传》。《魏书·昭成子孙传》：元晖上书，言"国之资储，惟藉河北。饥馑积年，户口逃散。生长奸诈，因生隐藏。出缩老小，妄注死失。收人租调，割入于己。人困于下，官损于上"。近世论户籍者，或谓"饥时散振，平时服役之书，必不足用，更须重造，可见编审之无谓"，此言实不掖自承其户籍之不实。《魏书·高祖纪》：太和十一年（487），七月，诏"年谷不登，听民出关就食，遣使者造籍，分遣去留"。九月，又诏曰："去夏以岁旱民饥，须遣就食，旧籍杂乱，难可分简，故依局割民，阅户造籍，欲令去留得实，振贷平均。乃者以来，犹有饿死衢路，无人收识。良由本部不明，籍贯未实，廪恤不周，以至于此。"是其振饥册籍，亦临时编造，而又不能善其事也。[1] 又近世所谓编审者，初非阅实户口，只是量度一州县赋役，合取丁钱多少，摊派之于有田之家耳。所谓丁随粮行也。一条鞭之法行后，举国皆渐行此法，故其生齿虽盛，而户口不增。清圣祖诏盛世滋生人丁，永不加赋，正窥破此中消息也。《北史·李义深传》：弟幼廉，为瀛州长史。齐神武行经异部，总合河北六州文籍，商榷户口增损。亲自部分。多在马上，征责文簿。幼廉应机立成，恒先期会。为诸州准的。版籍苟实，何容以意增损？其所谓增损者，盖亦随赋役为盈虚耳。又编审之难，在于官不能亲历闾阎；又不能令民抱子携妻，赴公堂而听点。而《齐书·顾宪之传》，宪之谓"比众局检校，首尾寻续，横相质累者，亦复不少。一人被摄，十人相追；一绪裁萌，千孽互起；蚕事弛而农业废，贱取庸

---

① 户口：振饥临时造籍。

而贵举责；应公赡私，日不暇给"。则凡近世之弊，南北朝时，已皆有之矣。《隋书·食货志》述北齐文宣时事云：旧制未娶者输半床租调，阳翟一郡，户至数万，籍多无妻。版籍不实之情形，真可发一大噱。

《晋书·食货志》：武帝泰始五年（269），正月，敕戒郡国计吏：豪势不得侵役寡弱，私相置名。① 《高阳王睦传》：武帝受禅，封中山王。咸宁三年（277），睦使募徙国内八县，受逋逃、私占，及变易姓名，诈冒复除者七百余户。有司奏事在赦前应原。诏不许，贬为县侯。可见豪强隐蔽，晋初其弊已甚。东渡之际，百姓遭难流移，多芘大姓为客。时不能正，乃定给客之制。然仍有不可检实者。见《齐书·州郡志》南兖州。《隋书·食货志》云：都下人多为诸王公贵人左右、佃客、典计、衣食客之类，皆无课役。客皆注家籍。案给客之数，随官爵大小为差，详见《志》。此为法之所许，然违法隐占者实多。《陈书·宣帝纪》：大建二年（570），诏籍有巧隐，并王公百司辄受民为程荫，解还本属，即其事也。又有擅募部曲，及逼人为左右者。② 参看第十二章第五节所引郭祖深之言。《陈书·始兴王叔陵传》：迁湘州刺史，潇、湘以南，皆逼为左右。閭里殆无遗者。其中脱有逃窜，辄杀其妻子。其暴横如此。《慕容德载记》：其尚书韩诨上疏，言"百姓因秦、晋之弊，迭相荫冒。或百室合户，或千丁共籍。依托城社，不避熏烧。宜隐实黎民，正其编贯"。德纳之。遣慕容镇率骑三千，缘边严防，备百姓逃窜，而以诨为行台尚书，巡郡县隐实。得荫户五万八千，其数亦可谓多矣。《山涛传》：涛孙遐，为余姚令。时江左初基，法禁宽弛，豪族多挟藏户口，以为私附。遐绳以峻法。到县八旬，出口万余。诸豪强莫不切齿。遂陷其罪。遐与会稽内史何充笺："乞留百日，穷覈逋逃，退而就罪，无恨也。"充申理不能得，竟坐免官。可见整顿之不易矣。

流亡之多，亦使户籍大损。《宋书》美元嘉之治曰："家给人足，即事虽难，转死沟渠，于时可免"，亦不过美其民不流亡而已。详见第九章第七节。《晋书·王彪之传》，称彪之为会稽内史，居郡八年，亡户归者三万余口，可见流亡者之多。《齐书·柳世隆传》：尚书符罪状沈攸之曰："审叛入境，辄加拥护；逋亡出界，必遣穷追。"是行暴政者既迫民使流亡，又开他境之民之流亡也。历代开亡叛自首之途者甚多，《宋书·武帝纪》：永初元年（420），八月，开亡叛。赦限内首出，蠲租布二年。先有资状，黄籍犹存者，听复本注。孝武帝大明二年（458）、五年（461），明帝泰始二年（466），皆有原赦逃亡之诏，见《纪》。梁武帝时，诏令尤烦，见第十二章第五节。然实惠未必逮下。《魏书·韩茂传》言：魏因河外未宾，民多去就，权立东青州，为招怀之本，新附之民，咸受优复，旧人奸逃者，多往投焉，是宽政亦有流弊也。然能行宽政者究少，大抵皆严于追捕。《晋书·王羲之传》：羲之遗谢安书

---

① 户口：私相置名，盖谓私家有名籍？客皆注家籍因有给客之制，则其合法者？

② 阶级：逼为左右，閭里无遗，盖如干取其材。

曰："自军兴以来，征役、充运，死亡、叛散，不返者众。虚耗至此，补代循常。所在凋困，莫知所出。上命所差，上道多叛，则吏及叛者，席卷同去。又有常制，辄令其家及同伍课捕。课捕不擒，家及同伍，寻复亡叛。"《宋书·羊玄保传》言：刘式之为宣城，立吏民亡叛制。一人不禽，符伍里吏，送州作部。若获者赏位二阶。《南史·郭祖深传》言："梁兴以来，发人征役，号为三五。及投募将客，主将无恩，存恤失理，多有物故，辄刺叛亡。或有身殒战场，而名在叛目。监符下讨，称为通叛。录质家丁；合家又叛，则取同籍；同籍又叛，则取比伍；比伍又叛，则望村而取；一人有犯，则合村皆空。"其虐可谓甚矣。

《宋书·州郡志》曰："《晋书》济岷郡，① 魏平蜀，徙蜀豪将家于济河，故立此郡，安帝义熙中土断，并济南。"此即侨郡。盖古之为治，习于属人，侨居之民，与当地之民，不易浃洽，故特立郡县以抚安之也。五胡之乱，迁移者既多，侨州郡县遂盛，而其有害政理，亦缘之而甚焉。范宁陈其弊曰："圣主作制，籍无黄白之别。昔中原丧乱，流寓江左，庶有旋反之期，故许其挟注本郡。自尔渐久，人安其业，丘陇坟柏，皆已成行，虽无本邦之名，而有安土之实。今宜正其封疆，以土断人户，明考课之科，修闾伍之法。难者必曰：人各有桑梓，俗自有南北。一朝属户，长为人隶，君子则有土风之慨，小人则怀下役之虑。斯诚并兼者之所执，而非通理者之笃论也。古者失地之君，犹臣所寓之主；列国之臣，亦有违适之礼。且今普天之人，原其氏出，皆随世迁移，何至于今，而独不可？凡荒郡之人，星居东西，远者千余，近者数百，而举召役调，皆相资须，期会差遣，辄致严坐。今荒小郡县，皆宜并合。不满五千户，不得为郡；不满千户，不得为县。"读此而当时新徙之民，狃于自私，规避政役之情形可见矣。散居为当时侨人大弊。《齐书·州郡志》：南兖州，永明元年（483），刺史柳世隆奏："尚书符下土断条格，并省侨郡县。凡诸流寓，本无定憩。十家五落，各自星处。一县之民，散在州境，西至淮畔，东届海隅。今专罢侨邦，不省荒邑，杂居舛止，与先不异，虽为区断，无革游滥。谓应同省，随界并帖。若乡屯里聚，二三百家，井甽可修，区域易分者，则别详立。"于是济阴郡六县，下邳郡四县，淮阳郡三县，东莞郡四县，以散居无实土，官无廨舍，寄止民村，及州治立见省，民户帖属。《隋书·食货志》曰：元帝寓居江左，百姓之自拔南奔者，并谓之侨人，皆取旧壤之名，侨立郡县，往往散居，无有土著。欲图治理，自非严行土断不可。其事始于晋成帝之咸康七年（341）。《本纪》："实编户，王公已下皆正，土断白籍。"胡三省《通鉴注》曰："时王公庶人，多自北来，侨寓江左，今皆以土著为断，著之白籍。白籍者，户口版籍。宋、齐以下有黄籍。"案既云土断白籍，则晋时已有黄籍矣，观范宁之言，尤为晓然。胡氏之意，盖谓晋世虽有此政，宋、齐以下，仍有黄籍也。至哀帝兴宁二年（364）复行之，谓之庚戌制。《本纪》："三月，庚戌朔，大阅户人，严法禁，称为庚戌

---

① 区划：魏平蜀立济岷即侨郡。

制。"彭城穆王之玄孙玄，以匿五户，为桓温所表，收付廷尉，可见其行法之严。然至末造，其法复坏。《宋书·武帝纪》：帝于义熙九年（413）表论之曰："在汉西京，大迁田、景之族，以实关中，即以三辅为乡间，不复系之于齐、楚。自永嘉播越，爰托淮海，朝有匡复之算，民殷思本之心，经略之图，日不暇给，是以宁民绥治，犹有未遑。及至大司马桓温，以民无定本，伤治为深，庚戌土断，以一其业。于时财阜国丰，实由于此。自兹迄今，弥历年载，画一之制，渐用颓弛。杂居流寓，间伍弗修。王化所以未纯，民瘼所以犹在。自非改调解张，无以济治。请准庚戌土断之科。"于是依界土断。惟徐、兖、青三州居晋陵者，不在断例。诸流寓郡县，多被并省。其后孝武帝大明元年（458），土断雍州诸侨郡县。时王玄谟为雍州刺史，民不便之。柳元景弟僧景为新安太守，恃元景之势，至欲发兵以讨玄谟，赖玄谟处之以静，得以无事。亦可见恶直丑正者之实繁有徒矣。废帝元徽元年（473），八月，诏曰："圣武造运，道一阖区，诒长世之规，申土断之制。而夷险相因，盈晦递袭，岁馑凋流，戎役惰敝，违乡寓境，渐至繁积。宜式遵鸿轨，以为永宪。"可见宋初之制，至是已渐隳坏矣。《齐书·吕安国传》：建元二年（480），虏寇边，上遣安国出司州，安集民户。诏曰："郢、司之间，流杂繁广，宜并加区判，定其隶属"，此亦土断之意。梁武帝天监元年（502），四月，土断南徐州诸侨郡县。陈文帝天嘉元年（560），七月，诏曰："自顷丧乱，编户播迁，言念余黎，良可哀悌。其亡乡失土，逐食流移者，今年内随其适乐，来岁不问侨旧，悉令著籍，同土断之例。"《魏书·张普惠传》：除东豫州刺史。淮南九戍、十三郡，犹因萧衍前弊，别郡异县之民，错杂居止。普惠乃依次括比，省减郡县。上表陈状。诏许之。综观诸文，则土断之政，终南北朝之世未息，终亦未能弊绝风清，盖以其时内乱外患，迄未宁静也。《陈书·宣帝纪》：大建十一年（519），三月，诏"淮北义人率户口归国者，建其本属旧名，置立郡县，即隶近州，赋给田宅，唤订一无所豫"。此与公违土断者何异？以是为宽恤之政，土断之所以难行者可知矣。《魏书·太祖纪》：天赐元年（404），初限县户不满百罢之，而甄琛当世宗时，仍表言边外小县，所领不满百户，可见北朝亦有斯患。《隋书·杨尚希传》：尚希于隋初上表曰："当今郡县，倍多于古。或地无百里，数县并置；或户不满千，二郡分领。具僚以众，资费日多，吏卒又倍，租调岁减。清干良才，百分无二，动须数万，如何可觅？"请"存要去闲，并小为大"。文帝鉴而嘉之，遂罢天下诸郡。盖侨州郡县之弊，至是始除，亦以其时海内宁一故也。

籍分黄白，而弊窦随之。《齐书·虞玩之传》：玩之承建元二年（480）之诏，上表曰："宋元嘉二十七年（450）八条取人，孝建元年（454）书籍，众巧之所始也。元嘉中，故光禄大夫傅隆，年出七十，犹自书籍，躬加隐校。古之共治天下，惟良二千石。今欲求治取正，其在勤明令长。凡受籍县，不加检合，但封送州。州检得实，方却归县。吏贪其赂，民肆其奸。奸弥深而却弥多，赂愈厚而答愈缓。自泰始三年（467）至元徽四年（476），扬州等九郡四号黄籍，共却七万一千余户。于今十一年矣，而所正者犹未四万。神州奥区，尚或如此，江、湘诸郡，倍不可念。愚谓宜以元嘉二十七年（450）籍为正。民惰法既久。今建元元年书籍，宜更立明科，一听自悔。迷而不反，依制必戮。使官长审自检校。必令明洗，然后上州。永以为正。若有虚昧，州县同咎。今户口多少，不减元嘉，而版籍顿阙，良亦有以。自孝建已来，入勋者众。其中操干戈卫社稷者，三分殆无一焉。勋簿所领，而诈注辞籍，浮游世要，非官长所拘录，复为不少。寻苏峻平后，庾亮就温峤求勋簿，而峤不与，以为陶侃所上，多非实录。物之怀私，无世不有，宋末落纽，此巧尤多。又将位既众，举恤为禄，实润甚微，而人领数万。如此二条，天下合役之身，已据其大半矣。又有改注籍状，诈人仕流，昔为人役者，今反役人。又生不长发，便谓为道，填街溢巷，是处皆然。或抱子并居，竟不编户。迁徙往来，公违上断。属役无满，流亡不归。宁丧终身。疾病长卧。法令必行，自然竟反。"云云。上省表纳之。乃别置校籍官，置令史，限人一日得数巧，以防懈怠。于是货赂因缘。籍注虽正，犹强推却，以充程限。至世祖永明八年（490），谪巧者戍缘淮各十年。百姓怨望。世祖乃诏："既往之愆，不足追咎。自宋升明以前，皆听改注。其有谪役边疆，各许还本。此后有犯，严加蔺治。"永明六年（488），唐寓之之乱，实因检籍而作，事见第十章第四节。梁武帝时，王僧孺言晋籍宜加宝爱，武帝因诏僧孺改定《百家谱》，已见上节。案役籍既与户籍并为一谈，士人又得特邀宽典，势自不能无弊。《魏书·孙绍传》，延昌中，绍表言："中正卖望于下里，主案舞笔于上台，使门齐身等，而泾、渭奄殊，类应同役，而苦乐悬异。"《北齐书·高隆之传》：自军国多事，冒名窃官者，不可胜数。隆之奏请检括，获五万余人。而群小喧嚣，隆之惧而止。可见南北情弊，如出一辙也。特有黄白籍之别，俾得所藉手，则其弊更甚耳。

魏初惟立宗主督护，民多隐冒，已见前。李冲创三长之制上之。五家立邻长，五邻立里长，五里立党长。文明大后览而称善，引见公卿议之。或以为不可。或谓事属有益。惟有事之月，校比民户，民必劳怨。请过今秋，至冬闲月。冲曰："若不因调时，百姓徒知立长校户之勤，未见均徭省赋之益，心必生怨。宜及课调之月，令知赋税之均。"于是遂立三长。史称公私便之。盖前此隐漏虽多，利仍在于苞荫者也。此事在太和十年（486）。先是延兴三年（473），九月，诏遣使者十人，循行州郡，检括户口。其有仍隐不出，州郡县户主，并论如律。此所谓户主者，盖即《李冲传》所谓宗主，督责虽勤，收效盖寡。及太和十四年

（490），十二月，诏依准丘井之式，遣使与州郡宣行条制。隐口漏丁，即听附实。若朋附豪势，陵抑孤弱，罪有常刑。此时必责成三长，其收效当较弘。魏之户口，获倍于大康，盖在此时也。丧乱以后，隐匿遂多，一切之政复作。孝静帝武定二年（544），孙腾、高隆之为括户大使，凡获逃户六十余万，侨居者各勒还本属，史称租调之入有加焉。见《魏书·本纪》及《隋书·食货志》。《北齐书·循吏传》：宋世良为殿中侍御史，诣河北括户，大获浮惰。还，孝庄劳之曰："知卿所括，得十倍于本帐，若官人皆如此用心，便是更出一天下也"，可见其数之众矣。周行《刑书要制》，正长隐五户及十丁已上，皆至死刑，《北史·周本纪》建德六年（577），《隋书·食货志》。李冲所创之制，亦徒便于作茧丝耳。

　　著籍之少，固非必生齿之减，然谓是时户口不凋耗，则又不可得，此观于其时嫁娶者之减，自残及生子不举者之多而可知也。《晋书·五行志》云：义熙中，东阳人莫氏，生女不养，埋之数日，于土中啼，取养遂活。① 此犹曰：世俗重男轻女，故有生女不养之事也。然《王濬传》言：濬除巴郡太守，郡边吴境，兵士苦役，生男多不养，则亦不以女为限矣。《范宁传》：宁上疏曰："古之使人，岁不过三日，今之劳扰，殆无三日休停。至有残形、翦发，要求复除；生儿不复举养；鳏寡不敢妻娶。"《刘毅传》：毅转江州都督，表言："江州以一隅之地，当逆顺之冲。自桓玄以来，驱蹙残败，至乃男不被养，女无匹对。"《宋书·周朗传》：朗上书曰："自华夷争杀，戎夏竞威，破国则积尸竟邑，屠将则覆军满野，海内遗生，盖不余半？重以急政严刑，天灾岁疫。贫者但供吏，死者弗望薶。鳏居有不愿娶。生子每不敢举。又戍淹徭久，妻老嗣绝。及淫奔所孕，皆复不收。是杀人者日有数途，生人者岁无一理。不知复百年间，将尽以草木为世邪？"《良吏传》：徐豁为始兴太守，言"郡大田武吏，年满十六，便课米六十斛；十五以下至十三，课米三十斛；一户内随丁多少，悉皆输米。且十三岁儿，未堪田作：或是单迥，无相兼通；年及应输，便自逃逸。或乃断截支体，产子不养。户口岁减，实此之由"。《齐书·竟陵王子良传》：子良启言：其时之民，"有畏失严期，自残躯命；亦有斩绝手足，以避徭役；生育弗起，殆为恒事"。可谓惊心动魄矣。《晋书·列女传》：郑休妻石氏。休前妻女既幼，又休父布临终，有庶子沈生，命弃之。石氏曰："奈何使舅之胤不存乎？"遂养沈及前妻女。力不兼举，九年之中，三不举子。《宋书·孝义传》：郭世道，② 家贫无产业，庸力以养继母。妇生一男，夫妻共议曰："勤身供养，力犹不足，若养此男，则所费者大。"乃垂泣瘞之。又：严世期，会稽山阴人也。同里张迈三人，妻各产子，时岁饥俭，虑不相存，欲弃不举。世期闻之，驰往拯救。分食解衣，以赡其乏。

---

① 医学：人死复活。
② 户口：郭巨埋儿，郭世道同。

三子并得成长。此犹闾阎贫苦之家。至如《颜氏家训·治家篇》云："大公曰：养女大多，一费也。陈蕃云：盗不过五女之门。女之为累，亦以深矣。然天生烝民，先人传体，其如之何？世人多不举女，贼行骨肉，岂当如此，而望福于天乎？吾有疏亲，家饶妓媵。① 诞育将及，便遣阉竖守之。体有不安，窥窗倚户。若生女者，辄持将去。母随号泣，莫敢救之。"此则淫佚之夫，徒以欲保财产之故，而亦忍行杀害，可谓天理所不容矣。然亦可见其时行此者之多，故习以成俗也。《南史·刘怀肃传》言：宋武帝产而皇妣殂，② 孝皇帝贫薄，无由得乳人，议欲不举。帝从母生怀敬未期，乃断怀敬乳而自养帝。怀肃，武帝从母兄，怀敬，怀肃弟。乌乎！如可赎兮，人百其身，历来弃而不举之子，安知其中无宋武帝之俦哉？"法有禁杀子之科，设早娶之令"。周朗之言。历代政府，留意于此者亦多，早娶之令，可参看第一节。禁杀子或加惠于其父母者：如《王濬传》言：濬因巴郡生男多不养，乃严其科条；宽徭课；其产育者，皆与休复；所全活者数千人。《齐书·武帝纪》：永明七年（489），诏曰："今产子不育，虽炳常禁，比闻所在，犹或有之。宜节以严威，敦以惠泽。主者寻旧制，详量附定。蠲恤之宜，务存优厚。"《南史》云：申明不举子之科，若有产子者，复其父。《齐书·明帝纪》：建武四年（497），正月，诏民产子者，蠲其父母调役一年，又赐米十斛。新婚蠲夫役一年。《南史·任昉传》：出为宜兴太守。时产子者不举。昉乃严其制，罪同杀人；孕者供其资费；济者千家。《北史·邢邵传》：除中书令。旧格制生两男者赏羊五口，不然则绢十四。仆射崔暹奏绝之。邵曰："此格不宜辄断。勾践以区区之越，赏法：生三男者给乳母，况以天下之大，而绝此条？舜藏金于山，不以为乏。今藏之于民，复何所损！"诏从之。皆其事也。然此岂法令所能挽哉？

第四节　人民移徙

两汉之世，移民之政颇详。虽其行之之善否，未知如何，然国家于土满、人满之间，时思加以调剂；且欲以是振起风俗；树立边防；则彰彰然也。晋、南北朝之世，此等用意，几于不可复见。移民之举，非计疆场之利，则为镇压之图而已。

当时行军，多事俘掠。有以外夷而掠中国者，如石虎使夔安等略汉东，拥七千余家，迁于幽、冀是也。《晋书·成帝纪》咸康五年（339）。《石季龙载记》作七万户，盖侈辞。有以外夷而略外夷者，如慕容皝伐宇文归，徙其部人五万余落于昌黎；石虎伐段辽，迁其户二万余于雍、司、兖、豫是也。皆见《载记》。不惟外夷，即

---

① 户口：家饶妓媵而生女不举。
② 户口：宋武几至不举。

中国人之用兵，亦往往如是，如邵续攻石勒之渤海，虏三千余人；见《勒载记》。桓温败姚襄，徙其余众三千余家于江、汉之间，《穆帝纪》永和十二年（356）。攻苻健，健芟苗清野，军粮不足，乃收三千余口而还是也。《温传》。当时割据之国，初兴之时，多务俘掠，或则逼徙其民，以益其众，慕容氏、拓跋氏、沮渠氏、秃发氏尤甚，读《晋书·载记》及《魏书·本纪》自见。如有率众归之者，自亦为其所乐受，如司马楚之、刁雍、寇赞等之附魏皆是。《周书·司马裔传》：大祖令山东诸将，能率众入关者，并加重赏，裔领户千室先至，大祖欲遂以封之，可见其招徕之亟矣。

　　勇于战斗之民，及地方豪右，亦为割据者所欲徙。刘曜时，上郡氐、羌十余万落保险不下，大酋虚除权渠自号秦王，游子远降之，徙其部落二十余万口于长安。及讨杨韬，又迁陇右万余户。平陈安，则徙秦州大姓杨、姜诸族二千余户于长安。后赵灭前赵，徙关东流人、秦、雍大族九千余人于襄国。皆见《刘曜载记》。《石勒载记》：勒灭前赵，徙氐、羌十五万落于司、冀。先是石勒已徙平原乌丸三万余户于襄国。其攻靳准，又迁巴帅及诸羌、羯十余万落于司州。秦州休屠王羌反，徙其夷豪五千余户于雍州。石虎破石生，徙雍、秦华戎十余万户于关东。慕容恪克广固，徙鲜卑、胡、羯三千余户于蓟。苻坚灭慕容暐，徙鲜卑四万余户于长安。又徙关东豪桀及诸杂夷十万户于关中，处乌丸杂类于冯翊、北地，丁零翟斌于新安。齐神武虏纥豆陵伊利，迁其部落于河东。周文帝破曹泥，迁其豪帅于咸阳。大统十二年（546），宇文仲和反，独孤信讨禽之，迁其民六千余家于长安。东梁州平，亦迁其豪帅于雍州。皆其荦荦大者也。此等异族，大抵勤事生产，不如汉人，而颇乐于战斗，故欲逼迁之以绝后患，然则华人之习于战斗者，自亦为其所欲徙，故周建德六年（577），有移并州军人四万户于关中之举焉。地方豪右，恒反覆于疆场之际，一彼一此之间，亦为割据者之所忌。在一地方有势力者，易地则无能为，故当时于降户，有移之甚远者，如魏徙鲁阳叛蛮于幽、并诸州是也。见《魏书·李柔传》。然此等举措，多无以善其后。如梁定州刺史田超秀附魏，魏恐致边役，未许，会超秀死，其部曲相率附魏，魏徙之六镇、秦、陇，遂致所在反叛，《魏书·蛮传》。其一事已。

　　移民以实都邑若形要之地者亦有之。刘曜之移民于长安，石勒之移民于襄国，即兼有此意者也。李寿以郊甸未实，都邑空虚，工匠械器，事未充盈，乃徙旁郡户三丁已上，以实成都。宋文帝元嘉二十六年（449），诏曰："京口皇基旧乡，地兼蓄重，宜令殷阜，式崇形望。可募诸州乐移者数千家，官给以田、宅，并蠲复。"此皆专为充实地方起见。并有因此而出于俘掠者，如《魏书·世祖纪》：大平真君六年（445），使永昌王仁、高凉王那南掠淮、泗以北，徙青、徐之民，以实河北是也。《崔浩传》：世祖搜于河西，诏浩诣行在所议军事。浩表曰："昔平凉州，臣愚以为北贼未平，征役不息，可不徙其民。案前世故事，计之长者。若迁民人，则土地空虚，虽有镇戍，适可御边而已，至于大举，军资必乏。陛下以事阔远，竟不施用。如臣愚意，犹如前议。募徙豪强大家，充实凉土，军举之日，东西齐势，此计之得者。"浩为乃心华夏之人，其为虏画策，庸或别有深意，见第八章第六节。然其理自不诬。魏人于西域，守御之规，不逮前世远甚；而其于柔然，终不能一大创之者，亦以其根据实在西北，而魏凉州兵力大弱故也。参看第十六章第八、第九节。延兴中，尚书以敦煌介远西北，寇贼路冲，虑或不固，欲移就凉州，赖韩秀力争乃罢。使行尚书之议，则西北守御之规弥隘矣。此亦误于初平凉州时逼迁其民之故。反观之，移民以实形要之地，其利自明。然晋、南北朝之世，能行此而收其利者，则绝未之见也。河南之不可复，实误于淮南之不能充实，即其大者，自东晋以来，弊皆如此。

《晋书·宣帝纪》：魏正始七年（246），吴寇沮中，夷夏万余家避寇北渡沔。帝以沔南近贼，若百姓奔还，必复致寇，宜权留之。曹爽不从。贼果袭破沮中，所失万计。有民而不能卫，则反为敌资，此兵争之世，缘边之所以多旷土也。《宋书·州郡志》论淮南云：三国时，江、淮为战争之地，其间不居者各数百里。此诸县并在江北淮南，虚其地无复民户。吴平，民各还本，故复立焉。其后中原乱，胡寇屡南侵，淮南民多南渡。成帝初，苏峻、祖约为乱于江、淮，胡寇又大至，民南渡江者转多，乃于江南侨立淮南郡及诸县。此最可见兵争而缘边旷废之情形也。于是有度不能守而豫弃之者，《晋书·五行志》：孝武帝太元五年（380），大水，去年氐贼攻没襄阳，又向广陵，于是逼徙江、淮民，悉令南渡，三州失业，道殣相望，即其事也。何承天以青、兖旧民，冀州新附，在界首者，为寇之资，欲悉徙之泰山以南，参看第八章第七节。姚苌僭即帝位，徙安定五千余户于长安，又以安定地狭，且逼符登，使姚硕德镇之，而徙安定千余家于阴密，亦此意也。然此等迁徙，无以善其后者多。秃发傉檀伐沮渠蒙逊而败，又为赫连勃勃所破，虑东西寇至，乃徙三百里内百姓，入于姑臧，遂召屠各成七儿之叛；宋武帝征姚泓，姚绍言于泓曰："豫州、安定孤远，卒难救卫，宜迁诸镇户，内实京畿，可得精兵十万"，泓以疑忌姚恢，未用其策，见第七章第七节。然即用之，亦未必能作困兽之斗也。有虽丧其地而仍欲迁其民者，如刘琨徙陉北五县之民，而以其地界鲜卑；陈亡淮南，而徙三州、九郡之民是也。亦有地经残破，不复可守，而为移民之计者，如宋元嘉二十八年（451）徙彭城流民于瓜步，淮西流民于姑熟是也。此等皆随军事为进退，不足语于移民之计也。

徙户虽云颠沛，亦必薄有赀财，移徙之间，多致丧失，此人民之所以视迁徙为畏途也。《晋书·秃发傉檀载记》：傉檀伐沮渠蒙逊，掠五千余户而归。其将屈右进曰："徙户赀财，盈溢衢路，宜倍道还师，早度峻险。"卫尉伊力延曰："彼徒我骑；势不相及。若倍道还师，必捐弃赀财，示人以弱。"俄而昏雾风雨，蒙逊军大至，傉檀败绩而还。骑步势不相及，而傉檀卒致败绩者，以徙户为赀财所累，不能速行也。然即使徐行，安然而返，亦未必能一无所损。故徙户多困穷。李平崇从弟。表宣武，言代人之迁洛者，"赀产罄于迁移，牛畜毙于辇运，陵大行之险，历长津之难，辛勤备经，得达京阙，富者犹损大半，贫者可以意知"，则其明证。《魏书·高允传》：显祖平青、齐，徙其族望于代。时诸士人，流移远至，率皆饥寒。徙人之中，多允姻娅，皆徒步造门。允散财竭产，以相赡振；慰问周至；无不感其仁厚。傅永为崔道固城局参军，与道固俱降，入为平齐百姓。父母并老，饥寒十数年。赖其强于人事，戮力佣丐，得以存立。此其幸而获济者。其不能自强，又莫相振恤，以至流离死亡者，盖不知凡几矣！故移民极易召变。慕容麟说慕容德曰："魏虽拔中山，势不久留，不过驱掠而返。人不乐徙，理自生变。然后振威以援之，魏则内外受敌，可一举而取。"其后魏果致仇儒之变，见第八章第六节。惜乎燕势大弱，无以乘之，使其少能自振，因惮迁之民，以牺思归之众，魏未必能遂有赵、魏也。《北史·崔宏传》：明元以郡国豪右，为人蠹害，优诏征之。人多恋本，而长吏逼迁之。轻薄少年，因相扇动，所在聚结。西河、建兴，盗贼并起，守宰讨之不能禁。帝引宏及安同、叔孙建、元屈等问焉。宏欲大赦以纾之。屈曰："不如先诛首恶，赦其党类。"宏曰："王者临天下，以安人为本，何顾小曲直也。"明元从之。使从元屈之议，其乱恐非一时所能定也。

　　《魏书·崔玄伯传》言：道武还代京，亲登山顶，抚慰新民。适遇玄伯，扶母登岭，赐以牛米。因诏诸徙人不能自进者，给以车牛。此等事特出偶然，况其口惠而实不至？而督促之人，却有极暴虐者，如略阳王羯儿与永昌王健讨秃发保周，徙张掖数百家于武威，与诸将私自没入是也。《魏书·道武七王传》。又《周观传》：真君初，诏观讨秃发保周，徙其民百家，将置于京师，至武威，辄与诸将私分之。流移之民，往往为旧民所轻侮，杜弢、邢杲，皆以是致叛，然亦有新民转苦旧民者，如《魏书·娥清传》言：徙何民散居三州，颇为民害，诏青徙之平城是也。当时之于人民，一徙之后，或继之以再徙，如姚兴徙新平、安定新户六千于蒲阪；吕光徙西海郡人于诸郡，以其相扇动，复徙之于西河是。孝静帝之迁邺，徙邺旧人西径百里，以居新迁之民，是又因移新民而累及旧人矣。移民之烦扰如此，民安得不视为畏途哉？《晋书·石季龙载记》：镇远王擢，表雍、秦二州望族，自东徙以来，遂在戍役之例，既衣冠华胄，宜蒙优免。从之。自是皇甫、胡、梁、韦、杜、牛、辛十有七姓，① 蠲其兵贯，一同旧族；随才铨叙；思欲分还桑梓者听之。其非此等，不得为例。《魏书·世祖纪》：大延元年（435），二

---

　　① 兵：十七姓东徙在戎役例蠲其兵，又凡民皆合戍。

月，诏长安及平凉民徙在京师，其孤老不能自存者，听还乡里。《刘昞传》：世祖平凉州，士民东迁，凤闻其名，拜乐平王从事中郎。世祖诏诸年七十已上，听留本乡，一子扶养。昞时老矣，在姑臧岁余，思乡而返。至凉州西四百里韭谷窟，遇疾而卒。以听还乡里为惠，可知新民之不安。史嵩谓秃发利鹿孤曰："今不以绥宁为先，惟以徙户为务，安土重迁，故有离叛"，当时如是者，正不止利鹿孤一人。迁徙者既久而不安，故压力一弛，即相率遁归本土，此冉闵之所以亡，蒲洪、姚弋仲，亦此等思归戎落之大酋耳。参看第五章第三节。《宋书·天文志》：永和七年（351），刘显杀石祇及诸胡帅，中土大乱，戎、晋十万数，各还旧土，互相侵略，及病疫死亡，能达者十二三。

新旧侨民，既难浃洽，则绥抚之者，不得不设侨州、郡、县。宋南徐州备有徐、兖、幽、冀、青、并、扬七州郡邑，《宋书·州郡志》。则其一例。不独华人，即于戎落，亦或如是。《魏书·昭成子孙传》：道武时，休屠郁原等叛，寿鸠之子素讨之，徙千余家于涿鹿之阳，立平原郡以处之，是其事也。侨州、郡、县之置，实为政理之害，已见上节。

移多就寡，实为移民之首务，此所以调剂土满与人满也，然能行之者绝少。《宋书·孔靖传》：子灵符，大明初入为丹阳尹。山阴县土境褊狭，民多田少，灵符表徙无赀之家于余姚、鄞、鄮三县界，垦起湖田。上使公卿博议。公卿多不以为然。上违议从其徙民，并成良业。移多就寡，有成效者，恐惟此而已。封裕之谏慕容皝也，曰："九州之人，塞表殊类，襁负万里，流人之多旧士，十倍有余，人殷地狭，无田者十四"，其窘困之情可想。魏初徙民，多给田业。天兴元年（398），二月，诏给内徙民耕牛，计口授田；永兴五年（413），七月，奚斤等破越勤倍泥部落，徙二万家于大宁，计口授田则其事。盖代北地广人希，故能如是。然鲜卑实昧于政理，恐亦未必能善其事也。《隋书·食货志》言：北齐天保八年（557），议徙冀、定、瀛无田之人于范阳宽乡，而百姓惊扰。土满人满之不易调剂，由来旧矣。

官家移民，虽多无以善其后，然士大夫则仍有能为之率将者。《晋书·徐邈传》：东莞姑幕人也。祖澄之，为州治中，属永嘉之乱，与乡人臧环等，率子弟并闾里士庶千余家南渡江，家于京口。《祖逖传》云：京师大乱，逖率亲党数百家，避地淮、泗。以所乘车马，载同行老疾，躬自徒步。药物衣粮，与众共之。又多权略。是以少长咸宗之，推为行主。郗鉴之寝疾也，上疏曰："臣所统错杂，率多北人。或逼迁徙，或是新附。百姓怀土，皆有归本之心。臣宣国恩，示以好恶，处与田宅，渐得少安。闻臣疾笃，众情骇动。若当北渡，必启寇心。"因荐蔡谟为徐州刺史，兄子迈为兖州刺史。逖与鉴之能保土立功，其故盖可思矣。《孝友·庾衮传》云：明穆皇后伯父也。诸父并贵盛，惟父独守贫约。衮躬亲稼穑，以给供养。齐王冏之唱义也，张弘等肆掠于阳翟，衮乃率其同族及庶姓，保于禹山。是时百姓安宁，未知战守之事。衮曰："孔子云：不教而战，是为弃之。"乃集群士而谋曰："古人有言,千人聚而不以一人为主,不散则乱矣,将若之何?"众曰:"善。今日之事,非君而谁?"衮乃誓之曰:"无恃险,无怙乱,无暴邻,无抽屋,无樵采人所植,无谋非德,无犯非义。戮力一心,同恤危难。"众咸从之。于是峻险阨,杜蹊径,修壁坞,树藩障,考功庸,计丈尺,均劳逸,通有无,缮完器备,量力任能,物应其宜。使邑推其长,里推其贤而身率之。分数既明,号令不二。及贼至,衮乃勒部曲,整行伍,皆持满而勿发。贼挑战,晏然不动,且辞焉。贼服其慎而畏其整,是以皆退。如是者三。及同归于京师,逾年不朝。衮曰:"晋室卑矣,寇难方兴。"乃携其妻子适林虑山。比及期年,而林虑之人归之,咸曰庾贤。及石勒攻林虑,父老谋曰:"此有大头山,九州之绝险也,上有古人遗迹,可共保之。"惠帝迁于长安,衮乃相与登于大头山,而田于其下。年谷未熟,食木实,饵石蕊,同保安之。及将收获,命子怡与之下山,中涂目眩瞀,坠崖而卒。此传称美,庸或过当,然其人必田畴、管宁之伦,则可信矣。当时山泽之主,堡坞之雄,此等人必不少也。官亦有能率民以徙者:柳庆五世祖恭,仕后赵为河东郡守,以秦、赵丧乱,率民南徙,居于汝、颍之间;高翼为渤海太守,率合境徙于河、济之间是其事。

播迁之众,能犯波涛,移殖海外者,亦颇有之。《晋书·庾翼传》言:时东土多赋役,百姓乃从海道入广州。刺史邓岳,大开鼓铸,诸夷因此知造兵器。翼表陈:"夷人常伺隙,若知造铸之利,将不可禁。"此自一时之边防言为可虑,自长久之计言之,则夷人之开化,正有藉于此等播迁之民矣。《冯跋载记》:河间人褚匡言于跋曰:"陛下至德应期,龙飞东夏,旧邦崇族,倾首朝阳,以日为岁。若听臣往迎,致之不远。"跋曰:"隔绝殊域,阻回数千,何可致也?"匡曰:"章武郡临海,船路甚通,章武,见第八章第五节。出于辽西临渝,不为难也。"① 跋许之。匡寻与跋从兄买、从弟睹自长乐率五千余户来奔。《陈书·萧允传》:侯景之乱,梁元帝为荆州刺史,朝士多往归之。允弟引曰:"诸王力争,祸患方始。今日逃难,未是择君之秋。吾家再世为姑兴郡,遗爱在民,正可南行,以存家门耳。"于是与弟彤及宗亲百余人奔岭表。观此,知当时南至交、广,北至辽东、西,人民之浮海而往者,皆不少也。

第五节 各地方风气

汉世风俗,见于《汉书·地理志》,晋、南北朝风俗,则见于《隋书·地理

---

① 交通:章武至临渝,船路甚通。

志》。《隋志》多承《汉志》立论，虽其说不必尽确，然总可见其变迁之大略也。

《隋志》论雍州云：京兆王都所在，隋京兆，治今西京。俗具五方。人物混淆，华戎杂错。去农从商，争朝夕之利；游手为事，竞锥刀之末；贵者崇侈靡，贱者薄仁义；豪强者纵横，贫篓者窘蹙；桴鼓屡惊，盗贼不禁；此乃古今之所同焉。自京城至于外郡，得冯翊、扶风，冯翊，魏时为同州，见第十四章第五节。扶风，本岐州，见第十一章第四节。是汉之三辅，其风大抵与京师不异。安定、本泾州，见第十一章第四节。北地、本豳州，见第十二章第三节。上郡、本北华州，见第十二章第二节。陇西、本渭州，见第十二章第七节。天水、本秦州，见第十一章第三节。金城，今甘肃皋兰县。于古为六郡之地，其人性犹质直，然尚俭约，习仁义，勤于稼穑，多畜牧，无复寇盗矣。雕阴、今陕西绥德县。延安、魏东夏州，见第十二章第七节。弘化，西魏朔州，见第十一章第二节。连接山胡，[①] 性多木强，皆女淫而妇贞，盖俗然也。平凉、本原州，见第十二章第三节。朔方、本夏州，见第十二章第三节。盐川、今宁夏盐池县北。灵武、魏灵州，见第十二章第三节。榆林、今绥远托克托县境。五原，今绥远五原县。地接边荒，多尚武节，亦习俗然焉。河西诸郡，其风颇同，并有金方之气矣。

论梁州云：[②] 汉中之人，质朴无文，不甚趋利。性嗜口腹，多事田渔，虽蓬室柴门，食必兼肉。好祀鬼神，尤多忌讳，家人有死，辄离其故宅。崇重道教，犹有张鲁之风焉。[③] 傍南山，杂有僚户，富室者颇参夏人为婚，衣服、居处、言语，殆与华不别。西城、今陕西安康县。房陵、今湖北竹山县。清化、本巴州，见第十六章第二节。通川、今四川达县。宕渠，今四川渠县。地皆连接，风俗颇同。汉阳、魏南秦州，见第十二章第三节。临洮、周洮阳郡，后立洮州，见第十六章第七节。宕昌、周宕州，见第十六章第七节。武都、今甘肃武都县东南。同昌、今甘肃文县西北。河池、魏南岐州，见第十二章第九节。顺政、魏东益州，见第十一章第四节。义城、西魏利州，见第十五章第一节。平武、今四川平武县东南。汶山，今四川茂县。皆连杂氐、羌，人尤劲悍，性多质直，皆务于农事，工习猎射，于书计非其长矣。蜀郡、见第三章第六节。临邛、今四川雅安县。眉山、今四川乐山县。隆山、今四川仁寿县。资阳、今四川资中县北。泸川、今四川泸县。巴东、见第三章第六节。遂宁、今四川遂宁县。巴西、西魏隆州，见第十五章第一节。新城、今四川三台县。金山、西魏潼州，见第十四章第五节。普安、西魏始州，见第十五章第一节。犍为、今四川宜宾县西南。越嶲、今西康西昌县。牂牁、今贵州德江县西。黔安，今四川彭水县。得蜀之旧域。其地四塞，山川重阻，水陆所凑，货殖所萃，盖一都之会也。昔刘备资之以成三分之业；自金行丧乱，四海沸腾，李氏据之于前，谯氏依之于后；当梁氏将亡，武陵冯险而取败；

---

① 婚姻：接胡者女淫妇贞。
② 饮食：梁州蓬室柴门，食必鱼肉。
③ 宗教：《隋书·地理志》梁州"崇重道教，犹有张鲁之风与"。

后周之末，王谦负固而速祸；故孟门不祀，古人所以诫焉。其风俗大抵与汉中不别。① 其人敏慧轻急，貌多蔂陋；颇慕文学，时有斐然；多溺于逸乐，少从宦之士，或至耆年白首，不离乡邑。人多工巧，绫锦、雕镂之妙，殆侔于上国。贫家不务储蓄，富家专于趋利。其处家，则女勤作业，而士多自闲。② 聚会宴饮，尤足意钱之戏。小人薄于情礼，父子率多异居。其边野富人，多规固山泽，以财物雄使夷獠，故轻为奸藏，权倾州县，此亦其旧俗乎？又有儴、俚、蛮、賨，其居处、风俗、衣冠、饮食，颇同于獠，而亦与蜀人相类。

论豫州云：洛阳，其俗尚商贾，机巧成俗，故《汉志》云：周人之失，巧伪趋利，贱义贵财，此亦自古然矣。荥阳今河南郑县。古之郑地，梁郡，见第二章第三节。梁孝王故都，邪辟敖荡，旧传其俗。今则好尚稼穑，重于礼文，其风皆变于古。谯郡、魏南兖州，见第十三章第一节。济阴、今山东曹县西北。襄城、今河南临汝县。颍川、魏郑州，见第十四章第四节。汝南、治县瓠，见第五章第六节。淮阳、今河南淮阳县。汝阴，今安徽阜阳县。其风颇同。南阳见第三章第四节。古帝乡，搢绅所出。自三方鼎立，地处边疆，戎马所萃，失其旧俗。上洛、见第十六章第六节。弘农，见第十六章第六节。本与三辅同俗。自汉高发巴、蜀之人定三秦，迁巴之渠帅七姓，居于商、洛之地，由是风俗不改其壤，其人自巴来者，风俗犹同巴郡。见第三章第六节。淅阳、见第十六章第六节。淯阳，见第十六章第六节。亦颇同其俗云。参看第十六章第六节。

论兖州云：东郡、见第十二章第三节。东平、见第三章第三节。济北、旧济州，治碻磝，见第十二章第九节。武阳、今河北大名县东。平原今山东陵县。等郡，兼得邹、鲁、齐、卫之交。旧传大公、康叔之教，亦有周、孔遗风。其人多好尚儒学，质直怀义，有古之风烈矣。

论冀州云：信都、旧冀州，见第十一章第四节。清河、今河北清河县北。河间、旧瀛州，见第十一章第四节。博陵、旧定州，见第十一章第二节。恒山、周恒州，见第十一章第二节。赵郡、今河北赵县。武安、今河北永年县。襄国，见第四章第二节。其俗颇同。人性多敦厚，务在农桑，好尚儒学，而伤于迟重。前代称幽、冀之士钝如椎，盖取此焉。俗尚气侠，好结朋党。其相赴死生，亦出于仁义。故班《志》述其土风，悲歌慷慨；椎剽掘冢，亦自古之所患焉。前谚云：仕宦不偶遇冀部，实弊此也。魏郡，魏相州，见第八章第二节。邺都所在，浮巧成俗。雕刻之工，特云精妙。③ 士女被服，咸以奢丽相尚。其性所尚习，得京、洛之风矣。语曰：魏

① 风俗：《隋书》言蜀人"溺于逸乐，少从宦之士或至耆年白首不离乡邑"，则类唐之闽。

② 风俗：隋志论蜀"女勤作业，士多自闲"。

③ 工业：《隋志》魏郡雕刻之工特妙。

郡、清河，天公无奈何，斯皆轻狡所致。汲郡、今河南濬县西南。河内，旧怀州，见第十一章第三节。得殷之故壤。考之旧说，有纣之余教；汲又卫地，习仲由之勇；故汉之官人，得以便宜从事，其多行杀戮，本以此焉。今风俗颇移，皆向于礼矣。长平、旧建州，见第十二章第七节。上党，今山西长治县。多重农桑，性尤朴直，盖少诬诈。河东、周蒲州，见第十四章第五节。绛郡，今山西新绛县。文城、今山西吉县。临汾、旧晋州，见第十二章第八节。龙泉、今山西隰县。西河，今山西临汾县西。土地沃少堉多，以是伤于俭啬。其俗刚强，亦风气然乎？大原山川重复，实一都之会。本虽后齐别都，人物殷阜，然不甚机巧。俗与上党颇同。人性劲悍，习于戎马。离石、见第三章第四节。雁门、今山西代县。马邑、旧朔州，见第十一章第二节。定襄、今山西平鲁县西北。楼烦、今山西静乐县。涿郡、今河北涿县。上谷、今河北易县。渔阳、今河北蓟县。北平、今河北卢龙县。安乐、今河北密云县东北。辽西，旧营州，见第十一章第四节。皆连接边郡，习尚与大原同。故自古言勇侠者，皆推幽、并云。然涿郡、大原，自前代以来，皆多文雅之士，虽俱曰边郡，风教不为比也。

论青州云：在汉之时，俗弥侈泰。织作冰纨绮绣纯丽之物，号为冠带衣履天下。始大公以尊贤、尚智为教，故士庶传习其风，莫不矜于功名，依于经术；阔达多智，志度舒缓。其为失也，夸奢朋党，言与行缪。齐郡、旧曰济南，见第十二章第三节。其俗好教饰子女，淫哇之音，能使骨腾肉飞，倾诡人目，俗云齐倡，本出此也。大抵数郡风俗，与古不殊。君子多务农桑，崇尚学业。其归于俭约，则颇变旧风。东莱本胶州，见第十三章第一节。人尤朴鲁，故特少文义。

论徐州曰：其在列国，则楚、宋及鲁之交。考其旧俗，人颇劲悍轻剽；其士子则挟任节气，好尚宾游；此盖楚之风焉。案此指彭城言。大抵徐、兖同俗，故其余诸郡，皆得齐、鲁之所尚，莫不贱商贾，务稼穑，尊儒慕学，得洙、泗之俗焉。

论扬州云：江都、旧广陵，见第三章第九节。弋阳、今河南光山县。淮南、见第十四章第四节。钟离、见第八章第四节。蕲春、今湖北蕲春县西北。同安、今安徽潜山县。庐江、今安徽合肥县。历阳，见第三章第九节。人性并躁劲，风气果决。包藏祸害，视死如归，战而贵诈，此则其旧风也。自平陈之后，其俗颇变，尚淳质，好俭约，丧纪婚姻，率渐于礼，其俗之敝者，稍愈于古焉。丹阳旧京所在，人物本盛，小人率多商贩，君子资于官禄。市廛列肆，埒于二京。人杂五方，故俗颇相类。京口东通吴会，南接江湖，西连都邑，亦一都会也。其人本并习战，号为天下精兵。俗以五月五日为斗力之戏，各料强弱相敌，事类讲武。宣城、见第三章第九节。毗陵、今江苏武进县。吴郡、见第三章第九节。会稽、见第三章第九节。余杭、今浙江杭县西。东阳，见第五章第六节。其俗亦同。然数郡川泽沃衍，有海陆之饶，珍果所聚，故商贾并凑。其人，君子尚礼，庸庶敦庞，风俗澄清，而道教隆洽，亦其风气所尚也。豫章见第三章第九节。之俗，颇同吴中。其君子善居室，小人勤耕稼。衣冠之人，多有数妇，暴面市廛，竞分铢以给其夫。及举孝廉，更要富者。前妻虽有积年之勤，子女盈室，犹见放逐，以避后人。俗少争讼，而尚歌舞。一年蚕四五熟。① 勤于纺绩。亦有夜浣纱而旦成布者，俗称为鸡鸣布。新安、今安徽歙县。永嘉、今浙江丽水县东南。建安、今福建闽侯县。遂安、晋新安郡，见第四章第三节。鄱阳、见第四章第三节。九江、今江西九江县。临川、见第七章第一节。庐陵、见第三章第九节。南康、见第七章第五节。宜春，见第十三章第八节。其俗又颇同豫章。而庐陵人庞淳，率多寿考。然此数郡，往往畜蛊，而宜春偏甚。其法：以五月五日聚百种虫，② 大者至蛇，小者至虱，合置器中，令自相啖，余一种存者留之，蛇则曰蛇蛊，虱则曰虱蛊。行以杀人。因食入人腹内，食其五藏。死则其产移入蛊主之家。三年不杀他人，则畜者自钟其弊。累世子孙，相传不绝，亦有随女子嫁焉。干宝谓之为鬼，其实非也。自侯景乱后，蛊家多绝，既无主人，故飞游道路之中则殒焉。自岭以南二十余郡，大抵土地下湿，皆多瘴疠，人尤夭折。南海、交趾，各一都会也，参看第十六章第二节。并所处近海，多犀象、玳瑁、珠玑、奇异珍玮，故商贾至者，多取富焉。其人性并轻悍，易兴逆节。椎结、跣踞，乃其旧风。其俚人则质直尚信，诸蛮则勇敢自立，皆重贿轻死，惟富为雄。巢居崖处，尽力农事。刻木以为符契。言誓则至死不改。父子别业。父贫，乃有质身于子，诸僚皆然。并铸铜为大鼓。初成，县于庭中，置酒以招同类。来者有豪富子女，则以金银为大钗，执以叩鼓，竟，乃留遗主人，名为铜鼓钗。俗好相杀，多搆仇怨，欲相攻则鸣此鼓，到者如云。有鼓者号为都老，群情推服。

论荆州云：其风俗、物产，颇同扬州。其人率多劲悍决烈，亦天性然也。南郡、见第三章第九节。夷陵、今湖北宜昌县西北。竟陵、见第三章第九节。沔阳、今湖北沔阳县。沅陵、今湖南沅陵县。清江、今湖北恩施县东。襄阳、见第三章第四节。春陵、魏南荆州，见第十二章第四节。汉东、今湖北钟祥县西北。安陆、今湖北安陆县。永安、今湖北黄冈县西北。义阳、见第八章第七节。九江、江夏今湖北武昌县。诸郡，多杂蛮、左。③ 其与夏人杂居者，则与诸华不别。其僻处山谷者，则言语不通，嗜好、居处全异，颇与巴渝同俗。诸蛮，本其所出，承盘瓠之后。故服章多以班布为饰。其相呼以蛮，则为深忌。自晋氏南迁之后，南郡、襄阳，皆为重镇，四方凑会，故益多衣冠之绪，稍尚礼义、经籍焉。九江襟带所在，江夏、竟陵、安陵，各置名州，为藩镇重寄，人物乃与诸郡不同。大抵荆州率敬鬼，尤重祠祀之事。昔屈原为制《九歌》，盖为此也。屈原以五月望日赴汨罗，土人追至洞庭，

---

① 衣服：豫章蚕四五熟，衣浣纱旦成布。
② 医学：蛊。
③ 民族：蛮、左。

不见，湖大船小，莫得济者，乃歌曰：何由得渡湖？因尔鼓棹争归，竞会亭上。习以相传，为竞渡之戏。其迅楫齐驰，棹歌乱响，喧振水陆，观者如云，诸郡率然，而南郡、襄阳尤甚。二郡又有牵钩之戏，云从讲武所出。楚将伐吴，以为教战，流迁不改，习以相传。钩初发动，皆有鼓节，群噪歌谣，振惊远近。俗云以此厌胜，用致丰穰。其事亦传于他郡。梁简文之临雍部，发教禁之，由是颇息。其死丧之纪，虽无被发祖踊，亦知号叫哭泣。始死，即出尸于中庭，不留室内。敛毕，送至山中。以十三年为限。先择吉日，改入小枢，谓之拾骨。拾骨必须女婿。蛮重女婿，故以委之。拾骨者，除肉取骨，弃小取大。当葬之夕，女婿或三数十人，集会于宗长之宅。著芒心接篱，名曰茅绥。各执竹竿，长一丈许，上三四尺许，犹带枝叶。其行伍前却，皆有节奏；歌吟叫呼，亦有章曲。传云：盘瓠初死，置之于树，乃以竹木刺而下之，故相承至今，以为风俗。隐讳其事，谓之刺北斗。既葬设祭，则亲疏咸哭。哭毕，家人既至，但欢饮而归，无复祭哭也。其左人则又不同。无衰服。不复魄。始死，置尸馆舍。邻里少年，各持弓箭，绕尸而歌，以箭扣弓为节。其歌辞说平生乐事，以至终卒，大抵亦犹今之挽歌。歌数十阕，乃衣衾棺敛，送往山林。别为庐舍，安置棺枢。亦有于村侧瘗之，待二三十丧，总葬石窟。长沙郡见第三章第九节。又杂有夷蜓，名曰莫徭。自云其先祖有功，常免徭役，故以为名。其男子但着白布裈、衫，更无巾、袴。其女子青布衫，班布裙，通无鞋屦。婚嫁用铁钴镥为聘财。武陵、今湖南常德县。巴陵、见第三章第九节。零陵、今湖南零陵县。桂阳、今湖南郴县。澧阳、今湖南澧县。衡山、今湖南衡阳县。熙平今广东连县。皆同焉。其丧葬之节，颇同于诸左云。

《隋志》之言如此：综而论之：北方之俗，大体质朴厚重；而河东俭啬，幽、冀椎鲁，齐、鲁文儒，缘边之地，多尚武节，又各因其所处之境而殊；大致尚与《汉志》所言相类，然如邺都为都邑所在；梁郡则菁华已竭，褰裳去之；而其风气亦即随之而异，则又可见风俗之随人事而变迁者为不少矣。以大体言之，北方之文教，可谓颇有增进。六郡无复寇盗；汲郡之桀骜，化为驯良；青州之侈靡，归于节俭；涿郡、大原，亦日习于文雅；皆其验也。江、淮之俗，本称劲悍。自晋室东渡，衣冠之族，为土人所慕效，武风乃渐就衰颓。后世江域之风气，转较河域为弱，盖始于此。然如京口之习兵，荆域之狎于水战，其流风遗烈，盖犹有存焉。《记》曰："季春出火，为焚也。然后简其车赋，而历其卒伍，而君亲誓社，以习军旅。左之右之，坐之起之，以观其习变也。而流示之禽，而盐诸利，以观其不犯命也。求服其志，不贪其得，故以战则克，以祭则受福。"古于生活大有关系之事，必有大祭，聚众既多，则因以习武，牵钩、竞渡，其原皆出于此，云以追屈原等，则附会之谈耳。淮南则因丧乱而习于战斗。《晋书·伏滔传》：滔从桓温伐袁真，至寿阳，以淮南屡叛，著论二篇，名曰《正淮》。其上篇曰："爰自战国，至于晋之中兴，六百有余年，保淮南者九姓，称兵者十一人，皆亡不旋踵，祸溢于世，而终莫戒焉。其俗尚气力而多勇悍；其人习战争而贵诈伪；豪右并兼之门，十室而七；藏甲挟剑之家，比屋而发；然而仁义之化不渐，刑法之令不及，所以屡多亡国也。"以淮南之多叛，归咎于其地之人，可谓因果颠倒矣。《齐书·地理志》：刘毅复镇姑孰，上表曰："西界荒余，密迩寇虏。北垂萧条，土气强犷。民不识义，惟战是习。逋逃不逞，不谋日会。"可见其致此之由。当时南风之强劲，实不在北方之下。使能善用之，夫岂五胡所能格？惜乎政柄迄在北来贵族之手，淫靡脆弱，徒作新亭之对泣也。蜀为沃土，故其民耽于逸乐而颇尚文。其地阻塞，故安土而不乐与外境往来。民不习战而即安，故有割据其地者，其人皆不能抗，然割据者亦不能用其人以有为也。此时代中，汉族与异族，关涉最繁。异族众多之区，汉族亦间染其习尚，如雕阴等郡则是。然以大体言之，固皆异族同化于我，彼之风俗，终不能以久存矣。殊方之俗，至此时始见记载，如竞渡至此始见正史。可见彼我交涉之繁。此等风俗，其后有遂不可见者；如畜蛊之俗，据《隋志》，今江西地方最盛，后世则惟西南诸省有之矣。亦有久存而并为汉人所效法者，如竞渡即其一事。然亦全非故意矣。风气之迁移，必随乎生计。汉族资生之法，较诸异族，演进实深，彼我相遇，彼自不得不舍其旧而从我。自蜀至于豫章，皆女劳而男逸，此盖浅演之世，女事生产，男事战斗，其后干戈日澹，而男女职业，不复转变使然，此亦一种社会组织也，而其后遂不可复见，杜甫《负薪行》咏夔州之俗云："土风坐男使女立，应门当户女出入。十犹八九负薪归，卖薪得钱应供给。"又云："筋力登危集市门，死生射利兼盐井。"则至唐世犹有其风，然虽有存焉者盖矣。而蜀人之处边郡者，且能规固山泽，役使夷獠，可见生计之变迁，彼皆舍其旧而从我矣。资生之法变，则日用行习，一切随之而变，而风气迥殊矣。野蛮社会，人皆讥为野蛮，实则其组织自有法度，相处乃极安和，而文明社会，则适与之相反，风尚迁流，俗亦随之而薄，固其所也。此亦一古今之升降也。特世鲜通方之士，于我之古变为今，则哀之惜之，于彼则庆其自野蛮进于文明，自诩牖启之功，且以是为彼幸，为可笑耳。南北分疆之世，华夷错处之时，际会之区，风气自极错杂，《梁书·大祖五王传》：南平元襄王伟之子恭，除雍州刺史，太宗手令曰："彼士流脏脏，有关辅余风；黔首捍格，但知重剑轻死；降胡惟尚贪惏；边蛮不知敬让。"可以见其一班。一统之后，乃稍归于一焉，亦非一朝一夕之故也。

斯时代之大事，尤莫如南北意见之渐见融和。吴亡之后，叛晋者之多，已见第三章第九节。《晋书·周浚传》云：吴之未平也，浚在弋阳，南北为互市，而诸将多相袭夺以为功。吴将蔡敏，守于沔中，其兄珪，为将在秣陵，与敏书曰："古者兵交，使在其间，军国固当举信义以相高，而闻疆场之上，往往有袭夺互市，甚不可行，弟慎无为小利而忘大备也。"候者得珪书，以呈浚。浚曰："君子也。"及渡江，求珪得之，问其本，曰："汝南人也。"浚戏之曰："吾固疑吴无君子，而卿果吾乡人。"陆玩者，机之从弟，元帝引为丞相参军，时王导初至江左，思结人情，请婚于玩。玩对曰："培塿无松柏，薰莸不同器。玩虽不才，义不能为乱伦之始。"导乃止。玩尝诣导，食酪，因而得疾，与导笺曰："仆虽吴人，几为伧鬼。"王献之尝经吴郡，闻顾辟疆有名园，先不相识，乘平肩舆径入。时辟疆方集宾友，而献之游历既毕，旁若无人。辟疆勃然，数之曰："傲主人，非礼也；以贵骄士，非道也；失是二者，不足齿之伧耳。"便驱出门。献之傲如也，不以屑意。丘灵鞠乌程人。领骁骑将军，灵鞠不乐武位，谓人曰："我应还东掘顾荣冢。江南地方数千里，士子风流，皆出此中，顾荣忽引诸伧辈渡，妨我辈涂辙，死有余罪。"《齐书·文学传》。观此数事，当时南北人士相疾之情，实不可谓之不深刻。案是时北人岐视南人颇甚。《晋书·儒林传》：文立，蜀时游大学，师事谯周。泰始初，拜济阴太守。入为大子中庶子。上表请以诸葛亮、蒋琬、费祎等子孙，流徙中畿，宜见叔用，一以慰巴、蜀之心，其次倾吴人之望。事皆施行。又以立为散骑常侍。是晋之于蜀，颇能收用其人。乃吴亡则大不然。《顾荣传》云：吴平，与陆机兄弟同入洛，时人号为三俊。《薛兼传》云：少与同郡纪瞻，广陵闵鸿，吴郡顾荣，会稽贺循齐名，号为五俊。初入洛，司空张华见而奇之，曰："皆南金也。"此皆南士之宜见收用者也。乃《贺循传》言：循以无援于朝，久不进序。陆机上疏荐循曰："伏见武康令贺循，前烝阳令郭讷，皆出自新邦，朝无知己，居在遐外，志不自营，年时倏忽，而邈无阶绪，州党愚智，所为恨恨。臣等伏思：台郎所以使州州有人，非徒以均分显路，惠及外州而已。诚以庶士殊风，四方异俗，壅隔之害，远国益甚。至于荆、扬二州，户各数十万，今扬州无郎，而荆州江南，乃无一人为京城职者，诚非圣朝待四方之本心。"《顾荣传》：齐王冏召为大司马主簿，荣惧及祸，以情告友人长乐冯融。融为荣说冏长史葛峤曰："以顾荣为主簿，所以甄拔才望，委以事机，不复计南北亲疏，欲平海内之心也。"《陆晔传》曰：大兴元年（318），元帝以侍中皆北士，宜兼用南人，晔以清贞著称，遂拜侍中。《齐书·张绪传》：太祖欲用绪为右仆射，以问王俭。俭曰："南士由来，少居此职。"褚渊在坐，启曰："俭年少，或不尽忆，江左用陆玩、顾和，皆南人也。"俭曰："晋氏衰政，不可以为准则。"上乃止。《沈文季传》：世祖谓文季曰："南士无仆射，多历年所。"合第三章第九节所引刘颂、华谭之言观之，可见北人岐视南人之甚。此固由朝士把持权利之私，然南北意见，未尽融和，亦必不能为之曲讳；抑北人之岐视南人，此等成见，或且隐为之崇也。自元帝东渡至陈末，历二百七十年，岁月既深，侨居者渐成土著，而此等意见，寖以消融矣。此亦我民族合同而化之一重要关键也。

异族既已同化，则习焉而忘其初相处之难，遂忘古人提携诱掖之劳，此亦未足知人论世也。今试引二事，以见当时异族风气与汉人相去之远。《齐书·焦度传》曰：南安氏人也。明帝时，补晋熙王燮防阁，随镇夏口。武陵王赞代燮为郢州，度仍留镇。沈攸之大众至夏口，将直下都，度于城楼上肆言辱骂攸之，至自发露形体秽辱之，故攸之怒，改计攻城。后度见朝廷贵戚，说郢城事，发露如初。杨大眼者，武都氏难当之孙也。仕魏，以勇名。《魏书》本传云：大眼妻潘氏，善骑射。战陈游猎之际，大眼令潘戎装，或齐镳战场，或并驱林壑。及至还营，同坐幕下。对诸僚佐，言笑自得。时指之谓人曰："此潘将军也。"大眼有三子：长甄生，次领军，次征南，皆潘氏所生。大眼徙营州，以钟离之败，见第十一章第四节。潘在洛阳，颇有失行。及为中山，永平中，世宗追其前勋，起为试守中山内史。大眼侧生女夫赵延宝言之于大眼。大眼怒，幽潘而杀之。后娶继室元氏。大眼之死也，甄生等问印绶所在。时元始怀孕，自指其腹，谓甄生等曰："开国当我儿袭之，汝等婢子，勿以为望。"甄生深以为恨。及大眼丧将还京，大眼为荆州刺史死。出城东七里，营车而宿。夜二更，甄生等开大眼棺。延宝怪而问之。征南射杀之。元怖，走入水。征南又弯弓射之。甄生曰："天下岂有害母之人？"乃止。遂取大眼尸，令人马上抱之，左右扶掖以叛。奔于襄阳，遂归萧衍。此等举动，自汉人观之，直是匪夷所思，无怪当时暴主如石虎、高洋辈，淫虐出人意外也。使其洗心革面，岂易事哉？

第十八章　晋南北朝社会等级

第一节　门阀之制上

魏、晋、南北朝之世，崇尚门阀之风极盛。论其事者，以唐柳芳为最详，今录其辞如下：芳之言曰："氏族者，古史官所记也。昔周小史，定系世，辨昭穆。故古有《世本》，录黄帝以来至春秋时所记诸侯、卿、大夫名号、继统。左丘明传《春秋》，亦言天子建德，因生以赐姓，胙之土，命之氏；诸侯以字为氏，以谥为族；下及三代，官有世功，则有官族，邑亦如之。后世或氏于国，则齐、鲁、秦、吴；氏于谥，则文、武、成、宣；氏于官，则司马、司徒；氏于爵，则王孙、公孙；氏于字，则孟孙、叔孙；氏于官，则东门、北郭；氏于志，则三乌、五鹿；氏于事，则巫、乙、匠、陶；于是受姓命氏，粲然众矣。秦既灭学，公侯子孙，失其本系。汉兴，司马迁父子，乃约《世本》修史记，因周谱明世家，乃知姓氏之所由出。虞、夏、商、周、昆吾、大彭、豕韦、齐桓、晋文，皆同祖也。更王迭霸，多者千祀，少者数十代。先王之封既绝，后嗣蒙其福，犹为强家。汉高帝兴徒步，有天下，命官以贤，诏爵以功；先王公卿之胄，才则。用，不才弃之；不辨士与庶族，然则始尚官矣。然犹徙山东豪桀，以实京师。齐诸田，楚屈、景，皆右姓也。其后进拔豪英，论而录之，盖七相、五公之所由兴也。魏氏立九品，置中正，尊世胄，卑寒士，权归右姓已。其州大中正、主簿，郡中正、功曹，皆取著姓士族为之，以定门胄，品藻人物，晋、宋因之，始尚姓已。然其分别贵贱、士庶，不可易也。于时有司选举，必稽谱籍而考其真伪。故官有世胄，谱有世官。贾氏、王氏谱学出焉。由是有谱局，令史职皆具。过江则为侨姓，王、谢、袁、萧为大。东南则为吴姓，朱、张、顾、陆为大。山东则为郡姓，王、崔、卢、李、郑为大。关中亦号郡姓，韦、裴、柳、薛、杨、杜首之。代北则为虏姓，元、长孙、宇文、于、陆、源、窦首之。虏姓者？魏孝文帝迁洛，有八氏、十姓、三十六族、九十二姓。八氏、十姓，出于帝宗属，或诸国从魏者。三十六族、九十二姓，世为部落大人。并号河南洛阳人。郡姓者？以中国士人差第阀阅为之制。凡三世有三公者曰膏粱，有令、仆者曰华腴，尚书、领、护而上者为甲姓，九卿若方伯者为乙姓，散骑常侍、大中大夫者为丙姓，吏部正员郎为丁姓。凡得入者，谓之四姓。又诏代人诸胄，初无族姓，其穆、陆、奚、于，下吏部勿充猥官，得视四姓。北齐因仍，举秀才、州主簿、郡功曹，非四姓不在选。故江左定氏族，凡郡上姓第一则为右姓。太和以郡四姓为右姓。齐浮屠昙刚类例，凡甲门为右姓。周建德氏族，以四海通望为右姓。隋开皇氏族，以上品茂姓，则为右姓。唐贞观《氏族志》，凡第一等，则为右姓。路氏著《姓略》，以盛门为右姓。柳冲《姓族系录》，凡四海望族，则为右姓。不通历代之说，不可与言谱也。今流俗独以崔、卢、李、郑为四姓，加大原王氏号五姓，盖不经也。夫文之弊至于尚官，官之弊至于尚姓，姓之弊至于尚诈。隋承其弊，不知其所以弊，乃反古道，罢乡举，离地著，尊执事之吏。于是乎士无乡里，里无衣冠，人无廉耻，士族乱而庶人僭矣。故善言谱者，系之地望而不惑，质之姓氏而无疑，缀之昏姻而有别。山东之人质，故尚昏娅，其信可与也。江左之人文，故尚人物，其智可与也。关中之人雄，故尚冠冕，其达可与也。代北之人武，故尚贵戚，其泰可与也。及其弊，则尚昏娅者先外族后本宗，尚人物者进庶孽退适长，尚冠冕者略伉俪慕荣华，尚贵戚者徇势利亡礼教。四者俱敝，则失其所尚矣。人无所守，则士族削，士族削，则国从而衰。管仲曰：为国之道，利出一孔者王，二孔者强，三孔者弱，四孔者亡。故冠昏者人道大伦。周、汉之官人，齐其政，一其门，使下知禁，此出一孔也，故王。魏、晋官人，尊中正，立九品，乡有异政，家有竞心，此出二孔也，故强。江左、代北，诸姓纷乱不一，其要无归，此出三孔也，故弱。隋氏官人，以吏道治天下，人之行不本乡党，[①] 政烦于上，人乱于下，此出四孔也，故亡。唐承隋乱，宜救之以忠。忠厚则乡党之行修；乡党之行修，则人物之道长；人物之道长，则冠冕之绪崇；冠冕之绪崇，则教化之风美；乃可与古参矣。"《唐书·儒学·柳冲传》。据其所说，魏、晋已后士庶之别，实原于古封建之世。封建之世，士庶之别，本自鳌然，秦并六国，父兄有天下，子弟为匹夫，其等级业已夷灭。汉高祖起徒步，有天下，亦未尝复张其焰。然此特法律如是。古士庶之别，在民间实不得遽泯；而强宗大家，尤为人所尊敬，则政令初无如之何。惟习为故常之事，每为论议记载所不及，故后之读史者，遂觉两汉之世，社会平夷无等级耳。东汉季世，九域分崩，如蜩如螗，如沸如羹，士流播迁，皆失其所。凡在一地习为人所尊敬者，易一地焉则人莫之知，乃不得不高标郡望，以自矜异。亦会其时，五胡云扰，异族纷纷，入据中国，神明之裔，耻胤胄之淆杂，而欲明其所自出者，亦或有之。然其关系，恐尚

---

① 选举：柳芳言"隋氏官人以吏道治天下，人之行不本乡党。"

较本族之中士庶之别为浅。以当时人士，区别士庶之见颇深，而民族之义，则尚未昌明也。此等风气，使无法令以助长之，维持之，亦或不旋踵而灭，而九品中正之制，适起于此时；他法令之区别士庶者，又随之而俱起；则虚声与实利相合，而其势益盛，而其阅时亦益久矣。然社会组织，既与封建之世殊科，区区政令之力，又安能逆之而行？胙土之制既废矣，同出一祖者，已不复能相维相系，安得不尚外族而后本宗？官人必取其才，安能常先适长而后庶孽？有权利者必为人所附，安得不崇冠冕，右贵戚；崇冠冕、右贵戚矣，略优俪慕荣华，徇势利忘礼教之弊，又安得而不作乎？犹欲如封建之世，以士族为国之桢干，民之表率，安可得哉？乔木世臣，自孟子已慨其无有，况于千载之后乎？柳芳之见，亦适成其为柳芳之见而已。晋、南北朝之世，盖古封建遗孽回光返照之时也。

其所以能为是回光返照者，实以其冯藉政权之故。政权之冯藉，自以选举为大。《魏书·刘昶传》：高祖临光极堂大选，曰："朝因月旦，欲平魏典。夫典者，为国大纲，治民之柄，君能好典则国治，不能则国乱。我国家昔在恒、代，随时制作，非通世之长典，故自夏及秋，亲议条制。或言惟能是寄，不必拘门，朕以为不然。何者？当今之世，仰祖质朴，清浊同流，混齐一等，君子小人，名品无别，此殊为不可。我今八族以上，士人品第有九，九品之外，小人之官，复有七等。苟有其人，可起家为三公，正恐贤才难得，不可止为一人，浑我典制。故今班镜九流，清一朝轨。"《韩麒麟传》载高祖与其子显宗及李冲、李彪等论议，其意亦同。孝文虽渴慕中华，究系虏主，而其言如是，中国人之见解，可以概见。斯时操选举之权，史称其能不偏于贵胄者，固非无人，然因"家世贵显，与物多隔，不能留心寒素"者，《梁书·王暕传》谓暕之语。恐实多矣。贵胄出身既优，①《晋书·阎缵传》：国子祭酒邹湛，以缵才堪佐著，荐于秘书监华峤。峤曰："此职闲廪重，贵势多争之，不暇求其才。"遂不能用。《宋书·谢弘微传》：晋世名家，身有国封者，起家多拜员外散骑侍郎。《梁书·张缅传》：秘书郎有四员，宋、齐以来，为甲族起家之选，待次入补，其居职，例数十百日便迁任。《宋书·江智渊传》：元嘉末，除尚书库部郎。时高流官序，不为台郎，智渊门孤援寡，独有此选，意甚不悦，固辞不肯拜。《梁书·王筠传》：除尚书殿中郎。王氏过江以来，未有居郎署者。或劝逡巡不就。筠曰："陆平原东南之美，王文度独步江东，吾将比踪昔人，何所多恨？"乃欣然就职。《北史·穆崇传》：孝文欲以崇玄孙弼为国子助教，弼辞以为屈。帝曰："朕欲敦厉胄子，屈卿先之。白玉投泥，岂能相污？"弼曰："既遇明时，耻沉泥滓。"会司州牧咸阳王禧入，帝曰："朕与卿作州督，举一主簿"，即命弼谒之。因为帝所知。此皆贵胄出身习于优异之事。《梁书·王僧虔传》：迁御史中丞。甲

---

① 阶级、选举：贵胄出身优，入仕早，庶族见轻，尚书郎欲不放右丞入省，郎以地寒，为州郡纲纪人不与同坐，湘俗单家以赂求州职，杨公则断之梁武班下诸州以为法，旧族在朝住者，必郡有一人，且置州望郡宗乡豪专事搜荐，察秀孝，户内有工役者，不染清流，且不听立学。

族由来多不居宪台，王氏分支居乌衣者，位宦微减。僧虔为此官，乃曰："此是乌衣诸郎坐处，我亦可试为耳。"是贵胄之中、又有高下也。《齐书·王晏传》：时王俭虽贵而疏，晏既领选权，行台阁，与俭颇不平。俭卒，礼官议谥，上欲依王导，谥为文献。晏启上曰："导乃得此谥，但宋已来不加素族"，则并虚名亦不相假矣。《梁书·文学传》：庾于陵拜太子洗马。旧事：东宫官属，通为清选，洗马掌文翰，尤其清者，近世用人，皆取甲族有才望。时于陵与周舍，并擢充职。高祖曰："官以人而清，岂限以甲族。"时论以为美。可见族望逊者膺清选之难。入官之年又早。《梁书·武帝纪》：上表请立选簿云："且闻中间立格，甲族以二十登仕，后门以过立试吏，此实巨蠹，尤宜刊革。"然天监四年正月朔诏曰："今九流常选，年未三十，不通一经，不得解褐，若有才同甘、颜，勿限年齿"，则其制实未革也。《张缅传》：起家秘书郎，出为淮南太守，时年十八；缅弟缵，起家秘书郎，时年十七；可见贵胄出仕之早。**庶族则虽抱异才，执政柄，仍为人所轻视**；《晋书·张华传》：声誉益盛，有台辅之望焉，而荀勖自以大族，恃帝恩深，憎疾之，每伺间隙，欲出华外镇。贾谧与后共谋，以华庶族儒雅，有筹略，进无逼上之嫌，退为众望所依，欲倚以朝纲，访以政事。蔡兴宗之位望，不为不高，然义恭诋其"起自庶族"，兴宗亦言："吾素门平进，与主上甚疏，未容有患"，则当时庶族，虽居高位，握重权，其分望究与贵胄有异也。齐高帝大渐诏曰："吾本布衣素族，念不到此"；而梁王琳谓李膺曰："今天下未平，迁琳岭北，如有不虞，安得琳力？忖官正疑琳耳，琳分望有限，可得与官争为帝乎？"宜矣。《齐书·陈显达传》：自以人微位重，每迁官，常有愧惧之色。有子十余人，诫之曰："我本志不及此、汝等勿以富贵陵人。"谓其子曰："麈尾、扇是王、谢家物，汝不须捉此自随。"可见庶族之自视歉然也。**其平流而进者，则内而丞、卿、曹掾**，《魏书·张普惠传》：任城王澄嘉赏普惠，临薨启为尚书右丞。尚书诸郎以普惠地寒，不应便居管辖，相与为约，并欲不放上省，纷纭多日乃息。《良吏传》：窦瑗，除太宗正卿，宗室以其寒士，相与轻之。《北史·赵隐传》：齐文襄为尚书令，沙汰诸曹郎，隐以地寒被出。按隐即彦深，避齐庙讳，以字行。《吕思礼传》：普泰中，司马子如荐为尚书二千石郎中，寻以地寒被出。**外而州郡佐吏**，《晋书·石苞传》：孙铄，河内怀人也。少为县吏。太守吴奋转以为主簿。铄自微贱登纲纪，时僚大姓，不与铄同坐。奋大怒，遂荐铄为司隶都官从事。《郭奕传》：咸宁初，迁雍州刺史。时亭长李含有俊才，而门寒，为豪族所排，奕用为别驾。含后果有名位，时以奕为知人。《忠义传》：易雄，为州主簿，迁别驾，自以门寒，不宜久处上纲，谢职还家。《宋书·孝义传》：郭世道子原平。会稽重望计及望孝，盛族出身，不减秘、著。蔡兴宗欲举山阴孔仲智长子为望计，原平次息为望孝。仲智会上高门，原平一邦至行，欲以相敌。又：吴逵，太守王韶之擢补功曹史，逵以门寒，固辞不受。《梁书·杨公则传》：湘俗单家以赂求州职，公则至，悉断之，所辟引皆州郡著姓，高祖班下诸州以为法。《北史·贾思伯传》：弟思同，初为青州别驾。清河崔光韶，先为中从事，自恃资地，耻居其下，闻思同还乡，遂便去职。州里人物，为思同恨之。《苏绰传》：为六条诏书，奏施行之。其四擢贤良，曰："今刺史、县令，悉有僚吏，皆佐助之人也。刺史府官，则命于天朝，其州吏以下，并牧守自置。① 自昔以来，州、郡大吏，但取门资，多不择贤

---

① 职官：北朝刺史府官命于天朝，州吏以下，并牧守自置。

良。"《文苑传》:樊逊,字孝谦。崔暹大会客,大司马襄城王旭时亦在坐,欲命府僚。暹指逊曰:"此人学富才高,兼之佳行,可为王参军也。"旭目之曰:"岂能就邪?"逊曰:"家无荫第,不敢当此。"天保八年(557),减东西二省官,更定选员不过三百,参者二三千人。杨愔言于众曰:"后生清俊,莫过卢思道;文章成就,莫过樊孝谦;几案断割,莫过崔成之。"遂以思道兼员外郎,三人并员外将军。孝谦辞曰:"门族寒陋,访第必不成,乞补员外司马督。"愔曰:"才高不依常例",特奏用之。案《梁书·武帝纪》:天监五年正月朔,诏凡诸郡国,旧邦族内无在朝位者,选官搜括,使郡有一人。七年(508),二月,又诏于州、郡、县置州望、郡宗、乡豪各一人,专掌搜荐。此所搜荐者,亦必多衣冠中人。《齐书·王琨传》:琨出为会稽太守、本州中正。时王俭为宰相,属琨用东海郡迎吏。琨谓信人曰:"语郎:三台、五省,皆是郎用人,外方小郡,当乞寒贱,省官何容复夺之?"遂不过其事。当时贵胄之与寒贱,出身之优劣,岂可以道里计邪?亦无不为人所挤排。《魏书·高祖纪》:延兴二年(472),六月,诏曰:"顷者州郡选贡,多不以实。今年贡举,尤为猥滥。自今所遣,皆门尽州郡之高,才极乡闾之选。"而韩显宗上言曰:"今之州郡贡察,徒有秀孝之名,而无秀孝之实。而朝廷但检其门第,不复弹坐。如此,则可令别贡门望,以叙士人,何假冒秀孝之名也?"可见门尽州郡之高为实语,才极乡闾之选为虚言矣。秀孝察举,虽不限于未仕,究以未仕及仕而未达者为多,其为门望所占如此,寒贱宁复有奋扬之路?梁初钟嵘上言:吏姓寒人,惟当听极门品,不当因军,遂滥清级。陈世,章华以素无阀阅,遭朝臣排抵,除大市令。见《陈书·传𬘘传》。魏孝文以李彪为秘书令,至特为之下诏。寒族登进之艰可知。若夫执技事上之流,限其所至之途尤酷。魏太和元年(477)诏:户内有工役者,惟止本部丞已下,不得或染清流,已云酷矣,甚至如真君五年(444)之诏:百工技巧、驺卒子息,不听私立学校,违者师身死,主人门诛,并其乡学之途而绝之焉。蒋少游因工艺自达,高允、李冲皆右之。高祖、文明大后谓百官曰:"本谓少游作师耳,高允老公乃言其人士。"少游卒不迁移。张景仁实强毅有为,而史谓其"自仓颉以来,八体取进,一人而已",讥议之意显然。《颜氏家训·杂艺篇》言:吴郡顾士端父子,彭城刘岳,并妙丹青。士端父子,常被梁元帝所使,每怀羞恨。岳随武陵王入蜀,下牢之败,遂为陆护军画支江寺壁,与诸工巧杂处。向使三贤都不晓画,岂见此耻?又言琴足畅神情,惟不可令有称誉,见役勋贵,处之下坐,以取残杯冷炙之辱。当时士大夫,视曲艺之士,为何如哉?

世业之制破,则职业无复制限,人得尽其才性,以各赴其所长,此实古今之一大变,今之远胜于古者也。乃至南北朝之世,犹有欲行管子四民异居之说者,泥古而不察实,亦足异矣。魏孝文之迁洛也,韩显宗上言曰:"伏见洛京之制,居民以官位相从，不依族类。① 官位非常，有朝荣而夕悴，则衣冠沦于厮竖之邑，臧获腾于膏腴之里。物之颠倒，或至于斯。古之圣王必令四民异居者？欲其业定而志专，故耳目所习，不督而就，父兄之教，不肃而成。仰惟大祖道武皇帝，创基拨乱，日不暇给，然犹分别士庶，不令杂居，伎作屠沽，各有攸处。但不设科禁，卖买任情，贩贵易贱，错居混杂。假令一处弹筝吹笛，缓舞长歌，一处严师苦训，诵诗称礼，宣令童龀，任意所从，其走赴舞堂者万数，往就学馆者无一，此则伎作不可杂居，士人不宜异处之明验也。朝廷每选举人士，则校其一婚一宦，以为升降，何其密也？至于开伎作宦途，得与膏粱华望，接闬连甍，何其略也？今稽古建极，光宅中原，凡所徙居，皆是公地，分别伎作，在于一言，有何为疑，而阙盛美？"其言所就系于所习，诚与今教育家言教育当改造环境之义合，然百工伎作，何故当限其所至？而人心之不同如其面，又岂易强之以其所不欲，以就世业邪？

当时高门，皆不服役，故籍有黄白之别，已见第十七章第三节。《宋书·宗越传》：本为南阳次门。赵伦之镇襄阳，襄阳多杂姓，伦之使长史范觊之条次氏族，辨其高卑。觊之黜越为役门。元嘉二十四年（447），启大祖求复次门。许之。所谓次门，盖尚克邀免役之宽典者也。兵亦役之一，故军户亦为贱辱，别于论兵制时详之。又刑罚亦因贵贱而异施。② 《齐书·竟陵王子良传》：子良启曰："夫狱讼惟平，画一在制。虽恩家得罪，必宜申宪，鼎姓诒誉，最合从网。若罚典惟加贱下，辟书必蠲世族，惧非先王立理之宗。"此法同而用之有异者也。《幸臣传》：永明中，敕亲近不得辄有申荐，人士免官，寒人鞭一百。《魏书·源贺传》：贺子怀，景明二年（501），征为尚书左仆射。时有诏以奸吏犯罪，每多逃遁，因眚乃出，并皆释然。自今已后，犯罪不问轻重，藏窜者悉远流。若永避不出，兄弟代役。源奏曰："守宰犯法，逃走者众。禄润既优，尚有兹失。及蒙恩宥，卒然得还。今独苦此等，恐非均一之法。"书奏，门下以成式既班驳奏不许。怀重奏曰："伏寻条制：勋品已下，罪发逃亡，遇恩不宥，仍流妻子。虽欲抑绝奸途，匪为通式。谨案事条：侵官败法，专据流外。岂九品已上，人皆贞白也？其诸州守宰，职任清流，至有贪浊，事发逃窜，而遇恩免罪。勋品已下，独乖斯例。如此，则宽纵上流，法切下吏，育物有差，惠罚不等。"书奏，世宗纳之。此等则立法亦有偏颇矣。

车服之殊，古本用以别贵贱。当时之人，既视士庶等级，判然不同，则其视车服之殊，自亦以为应然之事。《晋书·良吏传》：王宏，大康中，代刘毅为司

---

① 宫室：洛京居民，以官位相从，韩显宗欲分士庶，云道武本如此，凡所徙居，悉是公地可行。

② 阶级：法律异施。

隶校尉。检察士庶，使车服异制。庶人不得衣紫绛及绮绣锦绩。《齐书·明帝纪》言帝明审有吏才，持法无所借。制御亲幸，臣下肃清。驱使寒人，不得用四幅伞。《梁书·良吏传》：沈瑀起为余姚令。初至，富吏皆鲜衣美服，以自彰别。瑀怒曰："汝等下县吏，何自拟贵人邪？"悉使着芒屩粗布，侍立终日。足有蹉跌，辄相榜棰。史言"瑀微时尝自至此鬻瓦器，为富人所辱，故因以报焉。由是士庶骇怨。然瑀廉白自守，故得遂行其志。"可见当时视此等度制，不以为非，故怨家不得而中之也。张祚禁四品已下不得衣缯帛，庶人不得畜奴婢，乘车马。苻坚时，商人赵掇、丁妃、邹瓮等，皆家累千金。车服之盛，拟则王侯。坚之诸公竞引之，为国国卿。黄门侍郎程宪言于坚。坚于是推检引掇等为国卿者，降其爵。乃下制：非命士以上，不得乘车马于都城百里之内。金银锦绣，工商皂隶妇女，不得服之。犯者弃市。慕容熙之败也，工人李训，窃宝而逃，赀至巨万。行货于冯跋吏部尚书马弗勤。弗勤以为方略令。既而失志之士，书之于阙下碑。冯素弗言之于跋。跋虽原马弗勤，而以李训小人，污辱朝士，命东市考竟。则虽偏隅小国，法令且甚峻切矣。

车服既殊，起居动作之间，庶族自不得与贵胄并。《齐书·东昏侯纪》言：帝每四更中，鼓声四出，幡戟横路，百姓喧走相随，士庶莫辨，则其本有辨可知。《梁书·文学传》：王籍以不得志，遂徒行市道，不择交游，则当时士大夫徒行者甚少。杨晫以陶侃州里，与同乘见顾荣，而人讥其与小人共载，宜矣。《宋书·后妃传》：路淑媛，孝武帝母。弟子琼之，宅与太常王僧达并门。常盛车服卫从造僧达，僧达不为之礼。《南史·僧达传》云：琼之大后兄庆之孙。僧达将猎，已改服，琼之就坐，僧达了不与语，谓曰："身昔门下驺人路庆之者，是君何亲？"遂焚琼之所坐床。琼之以诉大后。大后大怒，欲罪僧达。上曰："琼之年少，自不宜轻造诣，王僧达贵公子，岂可以此事加罪？"又《张邵传》：子敷。中书舍人狄当、狄当作秋。《蔡兴宗传》、《陆慧晓传》、《恩幸传叙》皆作秋。《广韵·秋字注》："又姓，宋中书舍人秋当。"周赳，并管要务，以敷同省名家，欲诣之，赳曰："彼恐不相容接，不如勿往。"当曰："吾等并已员外郎矣，何忧不得共坐？"敷先设二林，去壁三四尺。二客就席，敷呼左右曰："移我床远客。"赳等失色而去。其自标遇如此。又《蔡兴宗传》：被征还都。时右军将军王道隆，任参内政，权重一时。蹑履到前，不敢就席。良久方去，竟不呼坐。元嘉初，中书舍人秋当诣大子詹事王昙首不敢坐。其后中书舍人王弘，《南史》作中书舍人弘兴宗，盖传写之误，观下文言"弘还"与《宋书》同可知。为大祖所爱遇，上谓曰："卿欲作士人，得就王球坐，乃当判耳。殷、刘并杂，无所益也。若往诣球，可称旨就席。"球举扇曰："君不得尔。"弘还，依事启闻。帝曰："我便无如此何。"五十年中，有此三事。此八字，南史作"至是兴宗复尔"六字。《南史·江斅传》：中书舍人纪僧真，幸于武帝，稍历军校，容表有士风。谓帝曰："臣小人，出自本县武吏，邀逢圣时，阶荣至此；为儿昏得荀昭光女；即时无复所须，惟就陛下乞作士大夫。"帝曰："由江斅、谢瀹，我不得措此意，可自诣之。"僧真承旨诣斅。登榻坐定，斅便命左右曰："移吾床让客。"僧真丧气而退。告武帝曰："士大夫固非天子所命。"时人重斅风格，不为权幸降意。此数事相类，庸有附会之谈，然当时必有此等事，则可知也。纪僧真等犹曰佞人，案《南史·江斅传》言：僧真容表有士风，《齐书幸臣传》亦云：僧真容貌言吐，雅有士风，世祖尝目送之，笑曰："人生何必计门户？纪僧真，堂堂贵人所不及"，则其人亦必非无可取也。徐爰则被服儒雅，乃宋文帝命王球及殷景仁与之相知，球辞曰："士庶区别，国之章也，臣不敢奉诏"，上改容谢焉。然则学问文章，举非所尚，而惟门第之崇矣。《晋书·列女传》：王浑妻钟氏，字琰，颍川人，魏大傅繇曾孙也。浑弟湛妻郝氏，亦有德行。琰虽贵门，与郝雅相亲重。郝不以贱下琰，琰不以贵陵郝，时人称钟夫人之礼，郝夫人之法云。《魏书·公孙表传》：初表与渤海封恺友善。后为子求恺从女，恺不许，表甚衔之。及封氏为司马国璠所逮，太宗以旧族欲原之，表固证其罪，乃诛封氏。表第二子轨，终得娶于封氏。生二子：斌，叡。轨弟质第二子邃。邃、叡为从父兄弟，而叡才器小优；又封氏之甥，崔氏之婿，邃母雁门李氏，地望县隔。钜鹿太守祖季真，多识北方人物。每云："士大夫当须好婚亲。二公孙同堂兄弟耳，吉凶会集，便有士庶之异。"势利之见，存于骨肉之间，异哉！

《晋书·郗鉴传》：鉴陷于陈午，邑人张实，先求交于鉴，鉴不许，及是，实于午营来省鉴疾，既而卿鉴。鉴曰："相与邦壤，义不及通，何可怙乱至此？"实大惭而退。《齐书·王僧虔传》：徙为会稽太守。中书舍人阮佃夫，家在会稽，请假东归。客劝僧虔，以佃夫要幸，宜加礼接。僧虔曰："我立身有素，岂能曲意此辈？彼若见恶，当拂衣去耳。"佃夫言于宋明帝，使御史中丞孙夐奏僧虔前莅吴兴，多有谬命，又听民何系先等一百十家为旧门，委州检削，坐免官。《南史·袁粲传》：大明七年（463），皇大子冠。上临宴东宫，与颜师伯、柳元景、沈庆之等并樗蒲。愍孙劝师伯酒，粲少孤，祖哀之，名之曰愍孙，师伯不饮。愍孙因相裁辱，曰："不能与佞人周旋。"师伯见宠于上，上常嫌愍孙以寒素陵之，因此发怒，曰："袁濯儿不逢朕，粲父名濯，员外郎未可得也，而敢寒士遇物。"将手刃之。命引下席。愍孙色不变。沈、柳并起谢，久之得释。此等事史并以为美谈，实亦客气用事耳。《朱异传》：异轻敖朝贤，不避贵戚。人或诲之。异曰："我寒士也，遭逢以至今日。诸贵皆恃枯骨见轻，我下之则为蔑尤甚，我是以先之。"实亦恃枯骨而骄人者，有以自取之也。宋武帝微时，王愉不为礼，及得志，愉合家见诛，见《魏书·王慧龙传》。又《南史·庾悦传》：累迁建威将军、江州刺史。初刘毅家在京口，酷贫。尝与乡曲士大夫往东堂共射。时悦为司徒右长史，与府州僚佐出东堂。毅已先至，遣与悦相闻曰："身并贫踬，营一游甚难，君如意人，无处不可为适，岂不能以此堂见让？"悦素豪，径前，不答毅。时众人并避，惟毅留射如故。悦厨馔甚盛，不以及毅。毅既不去，悦甚不欢。毅又相闻曰："身今年未得子鹅，岂能以残炙见惠？"悦又不答。至是，毅表解悦都督、将军官，以刺史移镇豫章。以亲将赵恢领千兵守寻阳。建威府文武三千人，悉入毅将府。深相挫辱。悦不得志，疽发背，到豫章，少日卒。毅之挫折悦，庸或以非己党，欲去其权，然当时贵人，任意而行，贾怨寒士，自所不免也。

欲使族姓贵贱，恒久不变，则必婚姻不通而后可。故当时士庶之族，通婚颇难。《陈书·儒林传》：王元规，大原晋阳人。八岁而孤。兄弟三人，随母依舅氏往临海郡。时年十二。郡土豪刘瑱者，资财巨万，欲以女妻之。元规母以其兄弟幼弱，欲结强援。元规泣请曰："因不失亲，古人所重，岂得苟安异壤，辄昏非类？"母感其言而止。《魏书·崔辩传》：孙巨伦，有姊明惠，有德行，因眇一目，内外亲族，莫有求者。其家议欲下嫁之。巨伦姑，赵国李叔胤之妻，闻而悲感，曰："吾兄盛德，不幸早世，岂令此女，屈事卑族？"乃为子翼纳之。时人叹其义。观此二事，可知当时贵胄，不肯苟婚庶姓。《宋书·褚叔度传》，谓诸尚公主者并因世胄，不必皆有才能。魏孝文帝以诸王婚多猥滥，为咸阳王禧聘陇西李辅女，河南王干聘代郡穆明乐女，广陵王羽聘荥阳郑平城女，颍川王雍聘范阳卢神宝女，始平王勰聘陇西李冲女，北海王详聘荥阳郑懿女。① 北齐世宗谓赵郡王叡曰："我为尔娶郑述祖女，门阀甚高，汝何所嫌，而精神不乐？"《崔悛传》：悛一门婚嫁，皆是衣冠之美，吉凶仪范，为当时所称。娄大后为博陵王纳悛妹为妃，敕中使曰："好作法用，勿使崔家笑人。"观此诸事，可知当时帝王之家，求婚望族之切。然《梁书·王峻传》：峻子琮，为国子生，尚始兴王女繁昌县主，不惠，为学生所嗤，遂离昏。峻谢王。王曰："此是上意，仆极不愿如此。"峻曰："臣大祖是谢仁祖外孙，亦不藉殿下姻构为门户。"则望族之于王室，转不以获居肺腑为荣矣。门望较下之家，尤以结婚望族为至幸。《北史·孙搴传》：世寒贱。神武赐妻韦氏，既士人子女，又兼色貌，时人荣之。又《陈元康传》：左卫将军郭琼以罪死，子妇，范阳卢道虔女也，没官，神武启以赐元康为妻，元康地寒，时以为殊赏。求之不得，则以为大怨。如前述公孙表之于封氏，即其一事。《北史·崔逞传》：逞六世孙叔义，父休，为青州刺史，放盗魁令出其党，遂以为门客，在洛阳，与叔义兄叔仁铸钱。事发，合家逃逸，叔义见执。时城阳王徽为司州牧，临淮王彧以非其身罪，数为致言，徽以求婚不得，遂停赦书而杀之。又《崔悛传》：悛为齐文襄所禁，谓邢子才曰："卿知我属意大丘不？"子才出，告悛子瞻曰："尊公正应欲结姻于陈元康。瞻有女，乃许妻元康子。"元康为言于文襄，乃舍之。此又以许婚而见德者也。甚有视为盛衰荣辱所关，出死力以争之者。《北史·房谟传》：谟与子结婚卢氏。谟卒后，卢氏将改适他姓。有平阳廉景孙者，少历志节，以明经举郡孝廉，为谟所重，至是讼之台、府，不为理。乃持绳诣神庙前，北面大呼曰："房谟清吏，忠事高祖，及其死也，妻子见陵，神而有知，当助申之，今引决诉于地下。"

① 民族：魏孝文为诸弟取汉人女。

便以绳自经于树。卫士见之，救解送所司。朝廷哀其至诚，命女归房族。观此，而知当时士庶之间，限隔之峻也。至于百工厮养之徒与士民通婚，则法本为之厉禁矣。①《魏书·高宗纪》：和平四年（463）十二月，制皇族、师传、王公侯伯、及士民之家，不得与百工技巧卑姓为婚，犯者加罪。高祖太和元年五月，以百姓习常，仍不肃改，著之律令，永为定准，犯者以违制论。十七年九月，诏厮养户不得与庶士婚。有文武之才，积劳应进者，同庶族例听之。然贪财而与卑姓婚者仍多，见第十七章第一节。乃知社会演进之大势，卒不可逆也。

冢中枯骨，与人生荣辱升沉，关系之密如此，谱牒自不免于诬。②《南史·齐本纪》云："据齐、梁纪录，并云出自萧何，又编御史大夫望之，以为先祖之次。案何及望之，于汉俱为勋德，而望之本传，不有此言，齐典所书，便乖实录。近秘书监颜师古，博考经籍，注解《汉书》，已正其非，今随而改削云。"《南史》之言如此，而《齐书·本纪》，自萧何至高帝之父，凡二十三世，皆有官位、名讳，其诬亦可谓甚矣。《陈书·高祖纪》云："其本甚微，自云汉大丘长寔之后也"，亦为不信之辞。梁武请立选簿表曰："谱牒讹误，诈伪多绪，人物雅俗，莫肯留心，是以冒袭良家，即成冠族，妄修边幅，便为雅士"，言之可谓深切矣。乃其谓俞药曰："俞氏无先贤，宜改姓喻。"见《南史·陈庆之传》。又何其习于诬罔，恬不为怪也？

门寒者虽或骤贵，仍不免见轻于人。《宋书·袁湛传》：朱龄石伐蜀，使袁豹为檄文曰："蕞尔谯纵，编户黔首。"《南史·张缵传》：大同五年（539），武帝诏曰："缵外氏英华，朝中领袖，司空已后，名冠范阳，可尚书仆射。"缵本寒门，以外戚显重，高自拟论，而诏有司空、范阳之言，深用为恨。以朱异草诏，与异不平。又《到溉传》：溉掌吏部尚书，时何敬容以令参选，事有不允，溉辄相执。敬容谓人曰："到溉尚有余臭，遂学作贵人。"溉祖彦之，初以担粪自给，故世以为讥云。皆其事也。然亦有世实显贵，妄为人所挤排者。《晋书·杨佺期传》云：弘农华阴人，汉太尉震之后也。佺期沉勇果劲，而兄广及弟思平等，皆强犷粗暴。自云门户承藉，江表莫比。有以其门第比王珣者，犹恚恨。而时人以其晚过江，婚宦失类，每排抑之。恒慷慨切齿，欲因事际，以逞其志。《桓玄传》云：佺期为人骄悍，常自谓承藉华胄，江表莫比，而玄每以寒士裁之，佺期甚憾。《宋书·杜骥传》：骥高祖预。曾祖耽，避难河西，因仕张氏。苻坚平凉州，父、祖始还关中。兄坦，高祖征长安，席卷随从南还。晚度北人，朝廷恒以伧燕遇之，虽复人才可施，每为清途所隔。坦以此慨然。尝与大祖言及史籍。上曰："金日磾忠孝淳深，汉朝莫及，恨今世无复如此辈人。"坦曰："日磾之美，诚如

---

① 婚姻：婚姻之禁。
② 宗族：伪造谱牒之例。

圣诏，假使生乎今世，养马不暇，岂办见知？"上变色曰："卿何量朝廷之薄也？"坦曰："请以臣言之。臣本中华高族。亡曾祖因晋氏丧乱，播迁凉土，世叶相承，不殒其旧。直以南度不早，便以荒伧赐隔。日碑胡人，身为牧圉，便超入内侍，齿列名贤。圣躬虽复拔才，臣恐未必能也。"上默然。《梁书·羊侃传》：中大通四年（532），诏随太尉元法僧北讨。侃曰："北人虽谓臣为吴，南人已呼臣为虏。今与法僧同行，还是群类相逐。非止有乖素心，亦使匈奴轻汉。"《魏书·李元护传》：辽东襄平人。八世祖胤，晋司徒、广陆侯。胤子顺、璠，及孙沉、智，皆有名宦。沉孙根，慕容宝中书监。根子后智等，随慕容德南渡河，居青州。数世无名位，三齐豪门多轻之。世族既以把持权利为事，自不免于互相挤排，故位宦深沉，虽冯家世，亦藉人事也。荀伯子通率好为杂语，放游闾里，遂失清途。白建虽无他才伎，而勤于在公，以温柔自处。与唐邕俱以典执兵马，致位卿相。诸子幼弱，俱为州郡主簿。男婚女嫁，皆得胜流。平恒三子，并不率父业，好酒自弃。恒常忿其世衰，不为营事婚宦，故仕聘碎浊，不得及其门流。其明验矣。

门第优劣，亦有兼论名德者。《南史·王彧传》：彧曾孙克，仕侯景，景败，克迎候王僧辩。僧辩问克曰："劳事夷狄之君。"又诮之曰："王氏百世卿族，便是一朝而坠。"《北史·郑羲传》言："自灵大后豫政，淫风稍行；及元叉擅权，公为奸秽；自此素族名家，遂多乱杂，法官不加纠正，昏宦无贬于时，有识者咸以叹息矣。"则其本有纠贬可知。此似较专论位宦者为优，然庸流无识，所纠贬者，亦多琐琐末节，无当于出处大节也。《北齐书·羊烈传》：烈家传素业，闺门修饰，为世所称。一门女不再醮。天统中，与尚书毕义云争为兖州大中正。义云盛称门阀，云："我累世本州刺史，卿世为我家故吏。"烈答云："卿自毕轨被诛以还，寂无人物。近日刺史，皆是疆场之上，彼此而得，何足为言？岂若我汉之河南尹，晋之大传，名德、学行，百代传美；且男清女贞，足以相冠；自外多可称也？"盖讥义云之帷薄焉，窥观女贞，又何关于德业邪？

士庶利权，相去既远，故欲清釐之者，每以招怨。《晋书·慕容宝载记》言：宝以垂遗令，校阅户口。罢诸军营，分属郡县。定士族旧籍，明其官仪。而法峻政严，上下离德，百姓思乱者，十室而九焉。《宋书·沈怀文传》言：孝武坏诸郡士族，以充将吏。并不服役，至悉逃亡。加以严罚不能禁。乃改用军法，得便斩之。莫不奔窜山湖，聚为盗贼。《魏书·道武七王传》：元法僧为益州刺史。素无治干，加以贪虐。杀戮自任，威怒无恒。王、贾诸姓，州内人士，法僧皆召为卒伍，无所假纵。于是合境皆反。民之多幸，国之不幸，固也，然政令本已非平，而更加之以操切，又曷怪怨叛之起邪？

第二节　门阀之制下

语曰："国于天地，必有与立。"晋、南北朝之世，所谓世族者，既居于率将之地，则国家之盛衰强弱，恒必由之。乃其人率多岂窳莫能振拔，遂致神州陆沉，久而不复矣。《诗》曰："其何能淑？载胥及溺"，此则可为痛哭流涕者也。

此辈之见讥于世者，首为其不事事。《梁书》载姚察之论曰："魏正始及晋之中朝，时俗尚于玄虚，贵为放诞。尚书丞、郎以上，簿领文案，不复经怀，皆成于令史。逮乎江左，此道弥扇。惟卞壸以台阁之务，颇欲综经。阮孚谓之曰：卿尝无闲暇，不乃劳乎？《晋书·壸传》云：壸干实当官，以褒贬为己任。勤于吏事。欲轨正督世，不肯苟同时好。然性不弘裕，才不副意，故为诸名士所少，而无卓尔优誉。明帝深器之。于诸大臣，而最任职。阮孚每谓之曰："卿恒无闲泰，常如含瓦石，不亦劳乎？"壸曰："诸君以道德恢弘，风流相尚，执鄙吝者，非壸而谁？"时贵游子弟，多慕王澄、谢鲲为达。壸厉色于朝曰："悖礼伤教，罪莫斯甚。中朝倾覆，实由于此。"欲奏推之。王导、庾亮不从，乃止。然而闻者莫不折节。宋世王敬弘，身居端右，未尝省牒。敬弘名裕之，名与宋武帝讳同，故以字行。元嘉三年（426），为尚书仆射。关署文案，初不省读。尝豫听讼，上问疑狱，敬弘不对。上变色，问左右："何故不以讯牒副仆射？"敬弘曰："臣乃得讯牒，读之正自不解。"上甚不悦。虽加礼敬，亦不以时务及之。见《南史》本传。风流相尚，其流遂远。望白署空，是称清贵；恪勤匪懈，终滞鄙俗。是使朝经废于上，职事隳于下。小人道长，抑此之由。呜呼！伤风败俗，曾莫之悟。永嘉不竞，戎马生郊，宜其然矣。"《何敬容传论》。《陈书·后主纪论》曰："自魏正始、晋中朝以来，贵臣虽有识治者，皆以文学相处，罕关庶务。朝章大典，方参议焉。文案簿领，咸委小吏。浸以成俗。迄至于陈，后主因循，未遑改革。故施文庆、沈客卿之徒，专掌军国要务。奸黠左道，以衰刻为功。自取身荣，不存国计。是以朝经隳废，祸生邻国。"案当时论者，率以政事之败坏，归咎于人主之好用小人，实仍是士族偏私之见。此辈实不可谓无才；抑贵胄既不事事，人主虽欲不用此辈，亦不可得也。参看下引《颜氏家训》自明。是时流风所扇，虽英君、哲相，亦不能免。《南史·郑鲜之传》云：宋武帝少事戎旅，不经涉学。及为宰相，颇慕风流。时或谈论。人皆依违不敢难。鲜之难必切至，未尝宽假。与帝言，要须帝理屈，然后置之。是虽雄才如宋武，亦未能免俗也。《宋书·袁粲传》云：粲与齐王、褚渊、刘秉入直，平决万几，时谓之四贵。粲间默寡言，不肯当事。主书每往咨决，或高咏。对之。宅宇平素，器物取给。好饮酒，善吟讽。独酌园庭，以此自适。居负南郭，时杖策独游。素寡往来，门无杂客。及受遗当权，四方辐凑，闲居高外，一无所接。谈客文士，所见不过一两人。疏率如此，此粲之所以败也。甚至武人亦沿其流。《宋书·沈演之传》：家世为将，而演之折节好学，读《老子》日百遍，以义理业尚知名。《自序》：沈林子所著，有《论老子》一百二十一首。杜慧度以勋业名，《传》亦云其颇好庄、老。甚至如崔慧景，称兵内向，而顿法轮寺，对客高谈，卒以致败。习俗之误人，可谓深矣。朝士旷职者，多见容恕。《晋书·阮孚传》：避乱渡江，元帝以为安东参军，蓬发饮酒，不以王务婴心。时帝既用申、韩以救世，而孚之徒未能弃也，虽然，不以事任处之。转丞相从事中郎，终日酣纵，恒为有司所按，帝每优容之。《南史·王裕之传》：宋武帝以为道规谘议参军。时府主簿宋协，亦有高趣。道规并以事外相期。其孙延之，在江州，独处斋内，未尝出户，吏人罕得见焉。延之子纶之，为安成王记室参军，偃仰召会，退居僚末。司徒袁粲闻而叹曰："格外之官，便今日为重。"贵游居此位者，遂以不掌文记为高，自纶之始也。可谓世有佚德矣。《王球传》：彭城王义康谓刘湛曰："王敬弘、王球之属，竟何所堪？施为自富贵，复那可解。"殷景仁卒，球除尚书仆射。素有脚疾，多病还家，朝直甚少。录尚书江夏王义恭谓尚书何尚之曰："当今乏才，群下宜加戮力，而王球放恣如此，宜以法纠之。"尚之曰："球有素尚，加又多疾，公应以淡退求之，未可以文案责也。"义恭又面启文帝曰："王球诚有素誉，颇以物外自许，端任要切，或非所长。"帝曰："诚知如此，要是时望所归。昔周伯仁终日饮酒而居此任，盖所以崇素德也。"遂见优容。《张率传》：为扬州别驾。率虽历居职务，未尝留心簿领。及为别驾，奏事，梁武帝览牒，问之，并无对，但云事在牒中。帝不悦。然亦不闻其有所惩也。即有愿治之主，或加屏弃；《南史·明山宾传》：诏使公卿举士。左卫将军江祏上书荐山宾才堪理剧。齐明帝不重学，谓祏曰："闻山宾谈书不辍，何堪官邪？"遂不用。又《恩幸传》：齐武帝常云："学士辈不堪经国，惟大读书耳。经国一刘系宗足矣。沈约、王融数百人，于事何用。"持正之士，深致讥评；《梁书·何敬容传》：太宗频于玄圃，自讲《老》、《庄》二书。学士吴孜，时寄詹事府，每日入听。敬容谓孜曰："昔晋代丧乱，颇由祖尚玄虚，胡贼殄覆中夏。今东宫复袭此，殆非人事，其将为戎乎？"《侯景传》：陶弘景尝为诗曰："夷甫任散诞，平叔坐谈空，不意昭阳殿，化作单于宫。"卒不能挽滔滔之俗也。当时衣冠中人，亦闲有明于政务，勤于职事者。如《宋书·王淮之传》云：曾祖彪之，尚书令。彪之博闻多识，练悉朝仪。自是家世相传，并谙江左旧事。缄之青箱，世人谓之王氏青箱学。淮之究识旧仪，问无不对。时彭城王义康录尚书事，每叹曰："何须高论玄虚？正得如王淮之两三人，天下便治矣。"然寡乏风味，不为时流所重。撰仪注，朝廷至今遵用之。《梁书·周舍传》云：虽居职屡徙，而常留省内，罕得休下。国史、诏诰、仪体、法律、军旅谋谟；皆兼掌之。日夜侍上，豫机密，二十余年，未尝离左右。《何敬容传》云：敬容久处台阁，详悉旧事；且聪明识治，勤于簿领，诘朝理事，日昃不休。自晋、宋以来，宰相皆文义自逸，敬容独勤庶务，为世所嗤鄙。时萧琛子巡者，颇有轻薄才，因制卦名离合等诗以嘲之，敬容处之如初，亦不屑也。然此等人甚少矣。魏寇之动也，梁元帝犹于龙光殿述《老子》义，敌兵至襄阳，乃停讲，旋复续讲，百僚戎服以听。置祸福死生于度外，时人庸或以为高致，然膺民社之重者，其成败利钝，实非徒一身死生祸福之所关，而其轻心掉之，至于如此，尚何言哉？王衍之死也，顾而言曰："吾曹虽不如古人，向若不祖尚浮虚，戮力以匡天下，犹可不至今日。"桓温曰："神州陆沉，百年丘墟，王夷甫诸人，不得不任其责"，信矣。此等弊风，前人每蔽其罪于清谈，而溯其原于正始。《日知录》云：魏明帝殂，少帝即位，改元正始，凡九年。其十年，则太傅司马懿杀大将军曹爽，而魏之大权移矣。三国鼎立，至此垂三十年。一时名士风流，盛于雒下。乃其弃经典而尚《老》、

《庄》，蔑礼法而崇放达，视其主之颠危，若路人然，即此诸贤为之唱也。自此以后，竞相祖述。如《晋书》言王敦见卫玠，谓长史谢鲲曰："不意永嘉之末，复闻正始之音。"沙门支遁，以清谈著名，于时莫不崇敬，以为造微之功，足参诸正始。《宋书》言羊玄保二子，太祖赐名曰咸、曰粲。谓玄保曰："欲令卿二子有林下正始余风。"王微与何偃书曰："卿少陶玄风，淹雅修畅，自是正始中人。"《南齐书》言袁粲言于帝曰："臣观张绪，有正始遗风。"《南史》言何尚之谓王球，正始之风尚在。其为后人企慕如此。然而《晋书·儒林传序》云："摈阙里之典经，习正始之余论，指礼法为流俗，目纵诞以清高。"此则虚名虽被于时流，笃论未忘乎学者。是以讲明六艺，郑、王为集汉之终，演说《老》、《庄》，王、何为开晋之始。以至国亡于上，教沦于下，羌戎互僭，君臣屡易，非林下诸贤之咎而谁咎哉？其实正始诸贤，初非无意于天下者，读《秦汉史》所述，已可见之。谈玄亦学问之事，初不必其废事；即晋世所谓名士者，亦或废事或不废事，初非一染玄风，即遗俗务也。① 如《晋书·羊曼传》曰："曼任达颓纵，好饮酒。温峤、庾亮、阮放、桓彝，同志友善，并为中兴名士。时州里称阮放为宏伯，郗鉴为方伯，胡母辅之为达伯，卞壶为裁伯，蔡谟为朗伯，阮孚为诞伯，刘绥为委伯，而曼为鳍伯，凡八人，号兖州八伯，盖拟古之八隽也。"此中温峤、庾亮、桓彝、郗鉴、卞壶、蔡谟，并功名志节之士也。故以晋、南北朝士大夫风俗之恶，蔽罪于清谈，溯原于正始，非笃论也。晋、南北朝士大夫风俗之恶，实当溯其原于千载以前。盖自隆古之世，治人者与治于人者，等级既分，治人者遂日益纵恣淫佚，而其居心亦日益险诈卑鄙，其体魄遂日以委靡不振，终至于灭亡而后已。此乃一等级之将即消亡，固非一人一事之咎，亦非一朝一夕之故也。

晋、南北朝之世，士大夫之恶德，盖有多端。言之深切著明者，莫如葛洪。洪固有心人，其所著之《抱朴子》，《内篇》虽惑溺神仙，《外篇》则实足与王符之《潜夫论》并称也。今试略引其言，以见其时所谓贵胄者之情形焉。其恶德之最浅而易见者，时曰淫酗。《酒诫篇》述其弊曰："贞良者流华督之顾眄；怯懦者效庆忌之蕃捷；迟重者蓬转而波扰；整肃者鹿踊而鱼跃。或奔车走马，赴坑谷而不惮；或登危蹋颓，虽堕坠而不觉；或肆忿于器物。或酗醟于妻子。加枉酷于臣仆。用剡锋于六畜。炽火烈于室庐。掊宝玩于渊流。迁威怒于路人。加暴害于士友。亵严主以夷戮。犯凶人而受困。白刃抽而忘思难之虑。棓杖奋而罔顾前后。搆漉血之仇。招大辟之祸。以少陵长，则乡党不相重矣。责辱人父兄，则子弟将推刃矣。发人所讳，则壮士不能堪矣。计数深刻，则醒者不能恕矣。其为祸败，不可胜载。"此等情形，设见于今日，宁非极下等无教化之人所为乎？② 今之论者，每谓"中国人之酒德，远胜于欧、美"，然此实后世之事，若稽诸古昔，则知其淫酗实与欧、美人同，此篇亦可为其证也。此犹可诿曰酒实为之也，而其醒时之悖戾，亦有不减于醉时者。《疾谬篇》曰："嘲戏之谈，或及祖考，或逮妇女。往者必务其

----

① 史事：清谈能治事者。

② 风俗：《抱朴子》所云酒酗恶劣，不减今欧美人。诸恶德。

深焉。报者恐其不重焉。利口者扶强而党势。辩给者借锋以刺嚴。以不应者为拙劣，以先止者为负败。乃有使酒之客，及于难侵之性，不能堪之，拂衣拔棘，手足相及。丑言加于所尊。欢心变而成仇。绝交坏身，搆隙致祸。"此其忿不思难，亦何异于醉客乎？夫行检之不修，实由其居心之不逊。《疾谬篇》又曰："或因变故，佻窃荣贵；或赖高援，翻飞拔萃；于是气陵云物，步高视远。顾瞻否滞失群之士，虽实英异，忽焉若草。或倾枕而延宾，或称疾以距客。欲令人士立门以成林，车骑填噎于闾巷。"更有"不治清德以取敬，而杖气力以求畏。其入众也，则亭立不坐，争处端上，作色谐声，逐人自安。其不得意，恚对不退。其行出入也，窄逼之地，耻于分涂，振策长驱，推人于险，有不即避，更加搋顿。"此非子舆氏所谓横逆之来，与禽兽奚择者乎？《刺骄篇》曰："生乎世贵之门，居乎热烈之势，率多不与骄期而骄自来矣。亦有出自卑碎，由微而著。便自轩昂，视人犹芥。或曲宴集，管弦嘈杂，后宾填门，不复接引。或于同造之中，偏有所见。复未必全得也，直以求之差勤，苟且继到，壶榼不旷耳。"内贪婪而外悖慢，其恶德为何如哉？其夷居则不务德业，惟事游荡。《疾谬篇》曰："盛务惟在樗蒲弹棋。所论极于声色之间。举口不逾绮襦纨袴之侧。游步不去势利酒客之门。不闻清谈论道之言，专以丑辞嘲弄为先。"《交际篇》自言："诸戏弄之事，弹棋、博、弈，皆所恶见；飞轻走迅，游猎遨览，咸所不为；殊不喜嘲褒"，则"亲交辽远"矣。至其党类聚集，则《疾谬篇》又言之曰："其相见也，不复叙离阔，问安否。宾则入门而呼奴，主则望客而唤狗。其或不尔，不成亲至，弃之不与为党。及好会则狐蹲牛饮，争食竞割，横拨森撍，无复廉耻。以同此者为泰，以不尔者为劣。终日无及义之言，彻夜无箴规之益。"甚有如《刺骄篇》所言："或乱项科头，或裸袒蹲夷，或濯脚于稠众，或溲便于人前"者。其游遨也，则《疾谬篇》言之曰："携手连袂，以遨以集。入他堂室，观人妇女。指玷修短，平论美丑。或有不通主人，便共突前，犯门折关，逾堍穿隙，有似抄劫之至也。其或妄膝，藏避不及，至搜索隐僻，就而引曳。落拓之子，无骨鲠而好随俗者，以通此者为亲密，距此者为不恭。于是要呼愤杂，入室视妻；促膝狭室，交杯咫尺；弦歌淫冶之曲，以誂文君之心；载号载呶，戏谑丑亵，穷鄙极黩。"又有"戏妇之法"："于稠众之中，亲属之前，问以丑言，责以慢对。其为鄙黩，不可忍论。"乃"或蹙以楚挞，或系脚倒悬，酒客酩醟，不知限齐，至有伤于血流，踠折支体者。"此则直当归诸司败，威之齐斧矣。而其时之妇女，亦市也婆娑，习非成俗，已见第十七章第一节。观于此，然后知宋孝武之狎侮，齐文宣之淫酗，宋、齐诸荒主之四出游走，梁世诸王、贵游之扰害人民，以及历朝佞幸之臣之权势熏灼，货贿丰盈，皆非一时之失政，一人之失德，而实为其时贵族社会之通病也。吾故曰：此实自隆古以来，所谓治者阶级，积其纵恣淫欲，将趋于灭亡之候也。

或曰：无礼无义之徒，贵游之中，何世蔑有？安得以此诬当时之名士乎？则试与观当时之所谓名士者，其居心之忌刻，参看第四章第四节论王羲之，第九章第六节论宋明帝。交友之势利，《晋书·郗超传》：王献之兄弟，自超未亡，见愔常蹑履问讯，甚修舅甥之礼。及超死，见愔慢怠。展而候之，命席便迁延辞避。愔每慨然曰："使嘉宾不死，鼠子敢尔邪？"接物之狂敖，《梁书·刘孝绰传》：孝绰少有盛名，而仗气负才，多所陵忽。有不合意，极言诋訾。领军臧盾，大府卿沈僧杲等，并被时遇，孝绰尤轻之。每于朝集会同，处公卿间，无所与语，反呼驺卒访道途闲事，由此多忤于物。案南北朝时，狂敖之甚者，无过于谢灵运与王僧达，可参看《宋书》本传。立身之无礼，而且无行，《晋书·胡母辅之传》：性嗜酒任纵，不拘小节。子谦之，才学不及父，而傲纵过之。至酣醉，常呼其父字，辅之亦不以介意。辅之正酣饮，谦之窥而厉声曰："彦国年老，不得为尔，将令我尻背东壁？"辅之欢笑，呼入与共饮。《毕卓传》：卓少希放达，为胡母辅之所知。大兴末，为吏部郎，常饮酒废职。比舍郎酿熟，卓因醉，夜至其瓮间盗饮之。为掌酒者所缚。明旦，视之，乃毕吏部也。遽释其缚。卓遂引主人宴于瓮侧，致醉而去。此无礼也。《谢鲲传》：邻家高氏女有美色，鲲尝挑之，女投梭，折其两齿。时人为之语曰："任达不已，幼舆折齿。"鲲闻之，傲然长啸，曰："犹不废我啸歌"，则无行矣。《南史·张融传》：永明二年（484），总明观讲，敕朝臣集听。融扶入就榻，私索酒饮之。难问既毕，乃长叹曰："呜呼！仲尼独何人哉？"为御史中丞到㧑所奏，免官。《文学传》：谢几卿，性通脱，会意便行，不拘朝宪。尝豫乐游宴，不得醉而还，因诣道边酒垆，停车褰幔，与车前三驺对饮。时观者如堵，几卿处之自若。后以在省署夜着犊鼻裈，与门生登阁道饮酒酣呼，为有司纠奏，坐免官。此皆无礼之尤。徐孝绰与到洽友善，同游东宫。孝绰自以才优于洽，每于宴坐，嗤鄙其文。洽衔之。及孝绰为廷尉正，携妾入官府，其母犹停私宅。洽寻为御史中丞，遣令史案其事，遂劾奏之，云"携少妹于华省，弃老母于下宅。"高祖为隐其恶，改妹为姝。坐免官。孝绰诸弟，时随藩皆在荆、雍，乃与书，论共洽不平者十事，其辞皆鄙。到氏又写别本，封呈东宫。昭明太子命焚之，不开视也。孝绰所携，果妾，高祖当究到洽之诬，不得但改妹为姝。鄙辞累及十事，凡鄙之所羞言，况于士君子邪？此真无行之尤矣。果有以异于乡之所云者乎？为此者果何人哉？《抱朴子·疾谬篇》又曰："敢为此者，非必笃顽也。率冠盖之后，势援之门。素颇力行善事，以窃虚名。名既粗立，本情便放。或假财色以交权豪，或因时运以佻荣位，或以昏姻而连贵戚，或弄毁誉以合威柄。器盈志溢，态发病出。党成交广，志通步高，清论所不能制，绳墨所不能弹，遂成鹰头之蝇，庙垣之鼠"矣。其下于此者，《刺骄篇》云："既辱天官，又移染庸民。后生晚出，见其或以泾清之资，或佻窃虚名，而躬自为之，便谓立身当世，莫此为美。"乃转为其所污染者耳。夫显为名者，未有不阴为利者也。《交际篇》谓此辈"能令壤虫群飞，斥鷃戾天。手捉刀尺。口为祸福"。《刺骄篇》云："所惠则得多。属托则常听。所欲则必副。言论则见饶。有患则见救。所论荐则塞驴蒙龙骏之价。所中伤则孝己受商臣之谈。"此"小人之赴之"，所以"若决积水于万仞之高堤，而放烈火于云、梦之枯草"也。参观第二章第一节所引干宝、潘尼之言,而其所由来,可以思过半矣。

葛氏推原此等弊风,以为皆起于东汉。其所辞严义正、首致其诛者乃为最负高名之郭林宗。《正郭篇》曰:"此人有机辩风姿,又巧自抗遇而善用;且好事者为之羽翼,延其声誉于四方,故能见推慕于乱世。所言所褒,则重于千金。游涉所经,则贤愚波荡。①盖欲立朝则世已大乱,欲潜伏则闷而不堪。或跃则畏祸害,确乎则非所安。"故其"言行相伐,口称静退,心希荣利。"其"名称重于当世,美谈盛于既没",则"其所得者世共传闻,所失者莫之有识"。"逋逃不仕也,则方之巢、许;废职待客也,则比之周公;养徒避役者,则拟之仲尼;弃亲依豪者,则同之游、夏",②使"世眩名实,大乱滋甚"。"朱家、郭解之乱世,曾不若是也"。葛氏之言如此,可谓禹鼎象物,魑魅罔两,无所遁其形矣。《刺骄篇》又总论之曰:"汉末诸无行,自相品藻次第。群骄慢敖不入道检者,为都魁雄伯,四通八达。背叛礼教,而纵肆邪辟。谗毁真正,中伤非党。口习丑言,身行弊事。凡所云为,使人不忍论也。"此则汉世之所谓名士者,何一能免于葛氏之讥乎?吾曹试一按往史,《三国·吴志·诸葛恪传》云:"恪父瑾,面长似驴,孙权大会群臣,使人牵一驴入,长检其面,题曰诸葛子瑜。恪跪曰:'乞请笔益两字。'因听与笔。恪续其下曰之驴。举坐欢笑,乃以驴赐恪。"权"命恪行酒,至张昭前。昭先有酒色,不肯饮,曰:'此非养老之礼也。'权曰:'卿其能令张公辞屈,乃当饮之耳。'恪难昭曰:'昔师尚父九十,秉旄仗钺,犹未告老也。今军旅之事,将军在后,酒食之事,将军在先,何谓不养老也?'昭卒无辞,遂为尽爵"。后蜀使至,群臣并会,权谓使曰:"此诸葛恪,雅好骑乘,还告丞相,为致好马。"恪因下谢。权曰:"马未至而谢,何也?"恪对曰:"夫蜀者陛下之外厩,今有恩诏,马必至也,安敢不谢?"魏晋、南北朝使人,每好以口舌争胜,③实为无礼之尤。魏孝文使卢昶、王清石聘于齐,谓清石曰:"凡使人以和为贵,勿迭相矜,见于辞色,失将命之体。"其所见,反出于中国君若臣之上也,亦可愧矣。《蜀志·周群传》:蜀郡张裕,先主与刘璋会涪时,为璋从事,侍坐。其人饶须。先主嘲之曰:"昔吾居涿县,特多毛姓。东西南北,皆诸毛也。涿令称曰:诸毛绕涿居乎?"裕即答曰:"昔有作上党潞长,迁为涿令。涿令者去官还家。时人与书,欲署潞则失涿,欲署涿则失潞,乃署曰潞涿君。"先主无须,故裕以此及之。先主尝衔其不逊,后遂以事诛之。此即葛洪所云好相嘲谑,出辞鄙黩之俗也。《魏

① 风俗:《正郭篇》云:"欲立朝则世已大乱,欲潜伏则闷而不堪,或跃则畏祸害,确乎则非所安。"案游荡者所以游荡,以任事则负责,此则不负责而有利也。

② 役法:《抱朴子·正郭篇》:"养徒避役者,则拟之仲尼。"

③ 外交:魏晋南北朝使人以口舌争胜,魏孝文不以为然。

志·武帝纪》注引《曹瞒传》曰：太祖为人，佻易无威重。时或冠帢帽以见宾客。每与人谈论，戏弄言诵，尽无所隐。及欢悦大笑，至以头没杯案中，肴膳皆沾污巾帻。其轻易如此：此即洪所谓狐蹲牛饮，争食竞割者也。又引孙盛《异同杂语》云：太祖尝私入中常侍张让室，让觉之，乃舞手戟于庭，逾垣而出。此即洪所云犯门折关，逾埂穿隙，有似抄劫者也。《蜀志·庞统传》注引《襄阳记》云：司马德操尝造庞德公，直其渡沔，德操径入其室，呼德公妻子，使速作黍。"徐元直向云：有客当来就我与庞公谭"。其妻子皆罗列，拜于堂下，奔走供设。须臾，德公还，直人相就，不知何者是客也。此即洪所谓入门呼奴，入室视妻者也。有一起于正始之年者乎？即谓起于东京季世，亦非其情，此特吾曹之所知极于此耳。同一事也，誉之者则以为名士风流，疾之者则曰"左衽之所为"，"羌、胡猾夏先著之妖怪"，《抱朴子·刺骄篇》。不博考诸家之记载，验以今日之人情，亦安往而能知史事之真哉？

六朝风俗之敝如此，顾论世之士，犹有称道之者，谓其尊严家讳，矜尚门地，慎重婚姻，区别流品，主持清议，皆非后世所能及也。清杨绳武之论，《日知录·正始》条《集释》引之。矜尚门地，慎重婚姻，区别流品，其不足取，读前所述，已可见之。清议之不足尚，当于述选举之时明之。尊严家讳，为时人所谓守礼之一端。六朝士夫，好讲礼学，亦多能宝其刍狗，其人率多以此自矜，其实乃极可笑。夫礼之所以可贵者，以其为人生之轨范耳。既为人生之轨范，则修之必因乎俗。《秦汉史》第五章第二节，已深明之。在晋世，亦惟葛洪，深明此义，《抱朴子·省烦》之篇，实名论也。其言曰：安上治民，莫善于礼，弥纶人理，诚为曲备，然冠婚饮射，何烦碎之甚邪？① 人伦虽以有礼为贵，但当足叙等威而表情敬，何在乎升降揖让之繁重，跽拜俯伏之无已邪？往者天下义安，四方无事，好古官长，时或修之。至乃讲试累月，督以楚挞，昼夜修习，废寝与食。经时学之，一日试之，执卷从事，案文举动，黜谪之罚，又在其间，犹有过误，不得其意，而欲以为生民之常事，至难行也。此墨子所谓累世不能尽其学，当年不能究其事者也。古人询于刍荛，博采童谣，狂夫之言，犹在择焉，墨子之论，不能废也。但其张刑网，开涂径，浃人事，备王道，不能曲述耳。至于讥葬厚，刺礼烦，未可弃也。自建安之后，魏之文、武，送终之制，务在俭薄，此则墨子之道，有可行矣。予以为丧乱既平，朝野无为，王者所制，自今作古。可命精学洽闻之士，才任损益，免于居愚者，使删定三礼。割弃不要，次其源流，总合其事，类集以相从。其烦重游说，辞异而理同者，存之不可常行，除之无所伤损，卒可断约，勿令沉隐，复有凝滞。其吉凶器用之物，俎豆觚觯之属，衣冠车服之制，旗章采色之美，宫室尊卑之品，朝飨宾主之仪，祭奠殡葬之变，郊祀褅祫之法，社稷山川之礼，皆可减省，务令俭约。夫约则易从，俭则用少；易从则不烦，用少则费薄；不烦则莅事者无过矣，费薄则调求者无苛矣。拜伏揖让之节，升降盘旋之容，使足叙事，无令小碎。条牒各别，易案用今。五礼混扰，杂饰纷错，枝分叶散，

---

① 史事：《抱朴子》言：礼非平民常行之事，宜重定而主俭。

重出互见，更相贯涉。曲儒寻案，犹多所滞。驳难渐广，异同无已。殊理兼说，岁增月长。自非至精，莫不惑闷。治之勤苦，妨费日月，废弃他业。长致章句，多于本书。今若次比、删削，息学者万倍之役，弥诸儒争讼之烦，将来达者观之，当美于今之视周矣。此亦改烧石、去血食之比也。顾其时朝廷之所修，晋、南北朝之世，修礼之盛业，当推梁世之五礼。其事起于齐之永明三年（485），至梁普通五年（524）乃成。六年（525），徐勉表上之。见《梁书勉》及《司马褧》、《儒林·贺场》、《处士·何胤传》。礼论先有八百卷，何承天删并为三百卷，见《南史·承天传》。士夫之所守，率多违人情而不可行。《颜氏家训·风操篇》云："江左朝臣，子孙初释服，朝见二宫，皆当泣涕，二宫为之改容。颇有肤色充泽无哀感者，梁武薄其为人，多被抑退。"又云："江南饯送，下泣言离。有王子侯，梁武帝弟，出为东郡，与武帝别。帝曰：'我年已老，与汝分张，甚心恻怆。'数行泪下。侯遂密云，赧然而出。坐此被责，飘飘舟渚，一百许日，卒不得去。"又云："江南凡遭重丧，若相知者同在城邑，三日不吊，则绝之，除丧虽相遇，则避之，怨其不己悯也。有故及道遥者，致书可也，无书亦如之。"此等既非人情，于事自亦多碍，不可行也。即以避讳论：闻名心瞿之实不存焉，而以是自矜其知礼，其事已极无谓。乃度责罚之不加，则恣睢而废事；《颜氏家训·风操篇》云："《礼》云：见似目瞿，闻名心瞿。有所感触，恻怆心眼，若在从容平常之地，幸须申其情耳。必不可避，亦当忍之。伯叔、兄弟，酷类先人，可得终身肠断，与之绝邪？又临文不讳，庙中不讳，君所无私讳，盖知闻名须有消息，不必期于颠沛而走也。梁世谢举，闻讳必哭，为世所讥。又臧逢世，臧严之子也。孝元经牧江州，遣往建昌督事。郡县民庶、竞修笺书，朝夕辐凑，几案盈积。书有称严寒者，必对之流涕，不省取记。多废公事，物情怨骇。竟以不办而还。此并过事也。近在扬都，有一士人讳审，而与沈氏交结周厚。沈与其书，名而不姓。此非人情也。"此等皆有碍于事。又云："言及先人，理当感慕，古者之所易，今人之所难。江南事不获已，乃陈文墨；须言阀阅，必以文翰，罕有面论者。北人无何便尔话说，及相访问。如此之事，不可加于人也。人加诸己，则当避之。"此为颜氏所主张，然已不可行矣。《晋书·礼志》：太元十三年（388），召孔安国为侍中，安国表以黄门郎王愉名犯私讳，不得连署求解。有司议云："公义夺私情，王制屈家礼。尚书安众男臣先表中兵曹郎王祐名犯父讳，求解职，明诏爰发，听许换曹，盖是恩出制外耳。而顷者互用瞻式。源流既启，莫知其极。请一断之。"从之。是矣。然《江统传》：选司以统叔父春为宜春令，统因上疏曰："故事：父祖与官职同名，皆得改选。身名所加，亦施于臣子。佐吏系属，朝夕从事，官位之号，发言所称。臣以为身名与官职同者，宜与触父祖名为比。"朝廷从之。《王舒传》：舒父名会。舒授会稽内史，上疏辞以父名。朝议以字同音异，于礼无嫌。舒复陈：音虽异而字同，求换他郡。于是改会字为郐。《梁书·张稷传》：稷父名永，稷为新兴、永宁二郡太守，以郡犯私讳，改永宁为长宁。则因之以废事者，卒不少也。逮富贵之可求，又借之以行诌；《齐书·礼志》：晋武泰始二年（266），有司奏故事皇后讳与帝讳俱下。诏曰："礼：内讳不出宫，近代讳之也。"此已为非礼之礼矣，犹曰皇后之尊也。乃如毛宝子穆之，字宪祖，小字武生，名犯王靖后讳，故行字，后又以桓温母名宪，乃更称小字。虞预本名茂，犯明穆皇后母讳，故改焉。徐爰本名瑗，后以与傅亮父同名，改为爰。荆州人为羊祜讳，屋室皆以门为称，改户曹为辞曹。则诌谀已甚矣。遂至有权势者，亦以此求之于人。桓玄平元显后，讽朝廷发诏为桓温讳。有姓名同者，一皆改之。姚兴班告境内及在朝文武：立名不得犯叔父绪及硕德之名，以彰殊礼。此并非法已甚。《魏书·游肇传》：高肇以肇名与已同，欲令改易，肇以高祖所赐，秉志不许。高肇甚衔之，世宗嘉其刚梗。魏史于高肇，多溢恶之辞，所云或非其实，然亦当时实有此等事，故得肆其诋诬也。行比于宦官宫妾，礼不讳嫌名，二名不偏讳。《颜氏家训·风操篇》云："刘绦、缓、绥兄弟，父是昭，一生不为照字，惟依《尔雅》火旁作召。"是讳嫌名也。古之避讳者，讳其音非讳其义，照岂无昭音乎？是并不达于礼矣。《北齐书·杜弼传》：相府法曹辛子炎谘事，云须取署，子炎读署为树，高祖大怒曰："小人都不知避人家讳"，杖之于前。弼进曰："礼二名不偏讳，子炎之罪，理或可恕。"案《神武纪》其父名树，盖其字为后来所制，实非单名树也。《颜氏家训》云："江南至今不讳字，河北士人，全不辨之。"《晋书·儒林传》：刘兆，字延世，尝有人着靴骑驴，至兆门外，曰：吾欲见刘延世，门人大怒。更可发笑。而其居心之悖傲、卑鄙，则更甚焉，不亦可羞矣乎？抑礼之非因乎人情者，虽不复足为人生之轨范，然情生文，文亦生情，果为众所共严，犹足维持一时之纲纪，如《秦汉史》第十九章第一节所论《后汉书·儒林传赞》之语，虽诬而实不可谓之诬是。此实当时社会仅存一线之纲维也。乃自魏、晋已还，而此藩篱又毁。《日知录》又云："有亡国，有亡天下。亡国与亡天下奚辨？曰：易姓改号，谓之亡国，仁义充塞，而至于率兽食人，人将相食，谓之亡天下。嵇绍之父，被杀于晋文王，至武帝革命，而山涛荐之入仕。绍时屏居私门，欲辞不就。涛谓之曰：为君思之久矣：天地四时，犹有消息，而况于人乎？一时传诵，以为名言，而不知其败义伤教，至于率天下而无父者也。夫绍之于晋，非其君也。忘其父而事非其君，当其未死三十余年之间，为无父之人，亦已久矣！而荡阴之死，何足以赎其罪乎？自正始以来，而大义之不明，遍于天下。邪正之说，不容两立，何怪其相率臣于刘聪、石勒，观其故主青衣行酒，而不以动其心者乎？"亭林所谓亡国，即今所谓王室之兴亡，其所谓亡天下，则今所谓国家、民族之倾覆也。五胡云扰之时，民族实藉国家以自卫，君主则为主权所寄托，而为国家之表征，君臣之义，荡焉如此，国家、民族，安得而不倾覆？本实既拨矣，而以琐琐末节，自矜其知礼，不益可羞矣乎？

当时君臣之义，何以荡焉如是？曰：此贵族争夺相杀必至之符，亦足证吾晋、南北朝士夫风俗之恶，实为其阶级将趋消亡之说也。《齐书·褚渊传论》曰："金、张世族，袁、杨鼎贵，委质服义，皆由汉氏。膏腴见重，事起于斯。魏氏君临，年祚短促。服褐前代，宦成后朝。晋氏登庸，与之后事。名虽魏臣，实为晋有。故主位虽改，臣任如初。自是世禄之盛，习为旧准。羽仪所隆，人怀羡慕。君臣之节，徒致虚名。贵仕素资，皆由门庆。平流进取，坐至公卿。则知殉国之感无因，保家之念宜切。市朝亟革，宠贵方来。陵阙虽殊，顾盼如一，中行、智伯，未有异遇。夫爵禄既轻，有国常选。恩非己独，责人以死，斯固人主之所同谬，世情之过差也。"其于是时世族徒知自保，蔑视节义之原因，言之可谓深切矣。然若深求其原，则尚不止此。夫君臣之义之最高者，彼此皆有拯民于水火之心，奠国于苞桑之念；或为元首，或为股肱，各因其才，以任其职，志事既彼此相同，死生自不相弃背，此义知之者盖罕。寻常所谓忠君者，则古封建之世，视土地人民为私有，为臣者乃受粲于其君，衣食既见解推，礼貌复云优异，乃为是感激意气之私。世变既殊，土地人民非一人一姓所私有，其义终将昌明而为之君者，亦日益骄淫纵恣，不复能有恩礼于其臣，或且视之如草芥；意气感激之念，复安得存？逐鹿、从龙，同为私利，苟为后义而先利，不夺不餍，固势之所必至也。梁武帝之受禅也，齐和帝之臣颜见远，不食而死。武帝闻之曰："我自应天从人，何豫天下士大夫事，而颜见远乃至于此也？"《梁书·文苑·颜协传》。见远，协之父。不啻明言之矣。丧乱之世，武人秉权，自尤不知忠义之可贵。宋竟陵王诞之叛也，其臣王玙之，五子悉在建业。玙之尝乘城，沈庆之缚其五子，示而招之。许以富贵。玙之曰："吾受沈主王厚恩，不可以二心。三十余年，未获死所耳，安可以私亲诱之？"五子号叫，于外呼其父。及城平，庆之悉扑杀之。沈攸之在郢州，州从事辄与府录事鞭，攸之免从事官，而更鞭录事五十，谓人曰："州官鞭府职诚非体，要由小人陵侮士大夫。"仓曹参军事边荣，为府录事所辱，攸之为荣鞭杀录事。攸之自江陵下，以荣为留府司马守城。张敬儿将至，人或说之，使诣敬儿降。荣曰："受沈公厚恩，共如此大事，一朝缓急，便改易本心，不能行也。"城败见敬儿，敬儿问曰："边公何不早来？"荣曰："沈公见留守城，而委城求活，所不忍也。本不蕲生，何须见问？"敬儿曰："死何难得？"命斩之。欢笑而去，容无异色。泰山程邕之者，素依随荣。至是，抱持荣曰："与边公周旋，不忍见边公前死，乞见杀。"兵不得行戮，以告敬儿。敬儿曰："求死甚易，何为不许？"先杀邕之，然后及荣。齐始安王遥光之叛也，府佐司马端为掌书记。曹虎谓之曰："君是贼非？"端曰："仆荷始安厚恩，今死甘心。"虎不杀，执送还台。徐世摽杀之。《梁书·陆襄传》：父闲，为遥光扬州治中。遥光作乱，或劝闲去之。闲曰："吾为人吏，何所逃死？"台军攻陷城，闲见执。将刑，第二子绛求代死，不获，遂以身蔽刃，刑者俱害之。《南史》云：闲被收至杜姥宅，尚书令徐孝嗣启闲不与逆谋，未及报，徐世摽命杀之。而各忠所事，实有碍于统一，为大君者，又从而摧残之。① 宋孝建二年（455），改革诸王车服制度，事见第九章第二节。上讽有司增广条目。奏曰："郡县内史、相及封内官长，于其封君，既非在三，罢官则不复追敬，不合称臣，宜止下官而已。"见《宋书·礼志》及《义恭传》。《周书·齐炀王宪传》：开府裴文举，宪之侍读，高祖尝御内殿引见之，谓曰："近代以来，暂经隶属，便即礼若君臣，此乃乱代之权宜，非经国之治术。《诗》云：夙夜匪懈，以事一人，一人者止据天子耳。"积古所传君臣之义，安得不荡焉以尽？《齐书·王延之传》云：宋德既衰，太祖辅政，朝野之情，人怀彼此，延之与尚书令王僧虔，中立无所去就。延之时为左仆射。时人为之语曰：二王持平，不送不迎。太祖以此善之。《梁书·谢朓传》：齐高帝进太尉，以朓为长史。高帝方图禅代，思佐命之臣，以朓有重名，深所钦属。论魏、晋故

---

① 君臣：摧残各忠所事之义。

事，因曰："晋革命时事久兆，石苞不早劝晋文，死方恸哭，方之冯异，非知机也。"朏答曰："昔魏臣有劝魏武即帝位者，魏武曰：如有用我，其为周文王乎？晋文世事魏氏，将必身终北面。假使魏早依唐、虞故事，亦当三让弥高。"帝不悦，更引王俭为左长史。以朏为侍中，领秘书监。及齐受禅，朏当日在直，百僚陪位，侍中当解玺。朏阳不知，曰："有何公事？"传诏云："解玺授齐王。"朏曰："齐自应有侍中。"乃引枕卧。传诏惧，乃使称疾，欲取兼人。朏曰："我无疾，何所道？"遂朝服步出东掖门。乃得车，仍还宅。是日，遂以王俭为侍中解玺。既而武帝言于高帝，请诛朏。帝曰："杀之则逆成其名，正应容之度外耳。"遂废于家。后复起。为吴兴太守。明帝谋入嗣位，朝之旧臣，皆引参谋策。朏内图止足，且实避事。弟瀹，时为吏部尚书。朏至郡，致瀹数斛酒。遗书曰："可力饮此，勿豫人事。"《齐书·瀹传》曰：高宗废郁林，引兵入殿，左右惊走报瀹。瀹与客围棋，每下子，辄云其当有意。竟局，乃还斋卧，竟不问外事也。《梁书·王志传》：志领右卫将军。义师至，城内害东昏，百僚署名送其首。志闻而叹曰："冠虽弊，可加足乎？"因取庭中树叶挼服之，伪闷不署名。高祖览笺无志署，心嘉之，弗以让也。此曹在当日，已为贤者矣，亦以其时篡夺者率重民望不敢害；又明知此曹无能为，不欲加害；可以沽名，可以避事，而不至于受祸，故相率而为此耳。晋初名士，率计避祸。阮籍之事，已见第一章。《阮孚传》：明帝即位，迁侍中，转吏部尚书。及帝疾大渐，温峤入受顾命，过孚要与同行。升车乃告之曰："主上遂大渐，江左危弱，实资群贤，共康世务。卿时望所归，今欲屈卿，同受顾托。"孚不答，固求下车。峤不许。垂至台门，告峤内迫。求暂下，便徒步还家。咸和初，拜丹阳尹。谓所亲曰："今江东虽累世，而年数实浅。主幼时艰，运终百六，而庾亮年少，德信未孚。以吾观之，将兆乱矣。"遂苦求出。除广州刺史，未之镇卒。而阮放亦以其时求为交州，皆为避祸计也。谢鲲为王敦大将军长史，从容讽议，卒岁而已。敦将为逆，谓鲲曰："刘隗奸邪，将危社稷，吾欲除君侧之恶，匡主济时，何如？"对曰："隗诚始祸，然城狐社鼠也。"敦怒曰："君庸才，岂达大理？"出鲲为豫章太守。又留不遣，藉其才望，逼与俱下。史称是时朝望被害，皆为其忧，而鲲推理安常，时进正言，亦以其本不当权，不虞见害，非真能持正犯难也。既避实祸，亦惜虚名，心法相传，至南北朝之末而未改。《齐书·孝义传》：乐颐，隆昌末，谓丹阳尹徐孝嗣曰："外传藉藉，似有伊、周之事。君蒙武帝殊常之恩，荷托付之重，恐不得同人此举？人笑褚公，至今齿冷。"孝嗣心甚纳。当时爱人以德之士，所期望于人者，亦不过如是而已。其乾没图利者，褚渊母与继母，皆为宋公主，王俭之母亦然；二人又皆尚主；而皆"不赖舅氏，遑恤国家"，《梁书·处士·何点传》：褚渊、王俭为宰相，点谓人曰："我作《齐书》赞云：渊既世族，俭亦国华，不赖舅氏，遑恤国家。"江、河日下之势，尚可以堤防止乎？斯时志节之士，所行亦有足称者，《晋书·张轨传》：张披人吴咏，为护羌校尉马贤所辟。后为太尉庞参掾。参、贤相诬，罪应死，各引咏为证。咏计理无两直，遂自刎而死。参、贤惭悔，自相和释。《宋书·文五王传》：竟陵王诞闭门拒使，参军贺弼固谏。诞怒，抽刃向之，乃止。或劝弼出降。弼曰："公举兵向朝廷，既不可从；荷公厚恩，又义无违背；惟当以死明心耳。"乃服药自杀。然究见危授命，抑亦邂逅至此，尚有难言。朱龄石伯父宪及斌，并为袁真将佐。桓温伐真，真以宪兄弟与温潜通，并杀之。龄石父绰，逃走归温。寿阳平，真已死，绰辄发棺戮尸。温怒，将斩之。弟冲苦请得免。绰事冲如父。及冲薨，绰欧血而死。此乃意气感激之私，无与于君臣之义也。陶侃，庐江太守张夔召为督邮，迁主簿。会州从事之郡，欲有所按。侃闭门部勒诸吏，谓从事曰："若鄙郡有违，自当明宪直绳，不宜相逼。若不以礼，吾能御之。"从事即退。《晋书·忠义传》：王育，太守杜宣命为主簿。俄而宣左迁万年令。杜令王攸诣宣，宣不迎之。攸怒曰："卿往为二千石，吾所敬也，今吾侪耳，何故不见迎？欲以小崔遇我，使我畏死鹃乎？"育执刀叱攸曰："君辱臣死，自昔而然。我府君以非罪黜降，如日月之食耳。小县令敢轻辱吾君？汝谓吾刀钝邪？敢如是乎？"前将杀之。宣惧，跣下抱育，乃止。自此知名。亦侃此事之类也。夔妻有疾，将迎医于数百里。时正寒雪，诸纲纪皆难之。侃独曰："资于事父以事君。小君犹母也，安有父母之疾而不尽心乎？"乃请行。众咸服其义。侃少本巧宦，老非纯臣，此之所为，乃正借以行诣耳。《魏书》所载石文德、河中蒲阪人。真君初，县令黄宣在任丧亡，宣单贫无期亲，文德祖父苗，以家财殡葬，持服二年。奉养宣妻，二十余载。及亡，又衰绖敛褥，率礼无阙。自苗逮文德，刺史、守、令卒官者，制服送之。石祖兴、常山九门人。太守田文彪、县令和真等丧亡，祖兴自出家绢二百余匹，营护丧事。邵洪哲、上谷沮阳人。县令范道荣，先自昫城归款，除县令。道荣乡人徐孔明，妄经公府，讼道荣非勋。道荣坐除名。羁旅孤贫，不能自理。洪哲不胜义愤。遂代道荣诣京师，申明曲直。经历寒暑，不惮劬劳。道荣卒得复雪。北镇反乱，道荣孤单，无所归附，洪哲兄伯川，复率乡人，来相迎接，送达幽州。以上皆见《节义传》。杜纂，常山九门人。少以清苦自立。时县令齐罗丧亡，无亲属收瘗，纂以私财殡葬。见《良吏传》。皆以齐民，尽忠守令，① 此则地方豪民，本有以获接官长为荣者；且可借此以立名；亦非中庸之行也。姚泓将赵玄，与晋将毛德祖战败，被创十余，据地大呼。玄司马骞鉴，冒刃抱玄而泣。玄曰："吾创已重，君宜速去。"鉴曰："若将军不济，去将安之？"皆死于陈。《晋书·泓载记》。宋武帝讨司马休之，密书招其录事参军韩延之。延之报书曰："以平西之至德，宁可无授命之臣乎？假天长丧乱，九流浑浊，当与臧洪，游于地下，不复多云。"《宋书·武帝纪》。王僧辩之诛也，所司收僧辩及其子颛尸，于方山同坎埋瘗。许亨以故吏，抗表请葬之。乃与故义徐陵、张种、孔奂等相率以家财营葬。凡七枢，皆改窆焉。王琳传首建康，县之于市。琳故吏朱瑒，致书徐陵求琳首。仍与开府主簿刘韶慧等持其首还于淮南，权瘗八公山侧。此等虽久要无愧，而昧于民族大义，其愚忠又不足尚也。胡藩参都恢征虏军事。时殷仲堪为荆州刺史，藩外兄罗企生为仲堪参军。藩请假还，过江陵，省企生。仲堪要藩相见。藩因说仲堪曰：

---

① 君臣：齐民尽忠守令。

"桓玄意趣不常，每快快于失职。节下崇待大过，非将来之计也。"仲堪色不悦。藩退，谓仚生曰："倒戈授人，必至之祸。若不早规去就，后悔无及。"玄自夏口袭仲堪，藩参玄后军军事。仲堪败，仚生果以附从及祸。义旗起，玄战败，将出奔，藩于南掖门捉玄马控曰："今羽林射手，犹有八百，皆是义故西人，一旦舍此，欲归可复得乎？"玄直以马鞭指天而已。于是奔散，相失。追及玄于芜湖。桑落之战，藩舰被烧。义军既迫，不复得西，乃还家。其后复事宋武。盖无所谓公义，亦无所谓私仇，有用之者，则委身焉，败则去之而已。为之君者，不亦难乎？不特此也，袁粲之死也，小儿数岁，乳母将投粲门生狄灵庆，灵庆抱以首。晋安王子懋之败，于琳之劝其僚佐陆超之逃亡，超之不可。王玄邈等以其义，欲将还都。超之门生姓周者，谓杀超之当得赏，乃伺超之坐，自后斩之。魏庄帝之败，城阳王徽走故吏寇弥宅。弥怖徽云：官捕将至，令避他所，而使人于路要害，送尸于尒朱兆。然则私恩亦无一足恃者矣。此无他，上下皆怀利以相接也。国家民族之义未昌，而君臣之义先敝，一时之人心，安得不如泛舟中流，靡知所届乎？

　　凡物之将腐者，未有虫不生之者也；木之既槁者，未有风不陨焉者也。积古相传之世族，既如朽木粪墙矣，遭直时变，安得不随风而靡？梁、陈之际是也。《颜氏家训·涉务篇》曰："晋朝南渡，优惜士族。故江南冠带，有才干者，擢为令仆以下，尚书郎、中书舍人已上，典掌机要。其余文义之士，多迂诞浮华，不涉世务；纤微过失，又惜行捶楚；所以处于清名，盖护其短也。至于台阁令史、主书、监帅、诸王签省，并晓习吏用，济办时须；纵有小人之态，皆可鞭杖肃督；故多见委使，盖用其长也。① 人每不自量，举世怨梁武帝父子爱小人而疏士大夫，此亦眼不能见其睫耳。"又曰："梁世士大夫，皆尚褒衣博带，大冠高履。出则车舆，入则扶侍，郊郭之内，无乘马者。周弘正为宣城王所爱，给一车下马，常服御之，举朝以为放达。乃至尚书郎乘马则纠劾之。及侯景之乱，肤脆骨柔，不堪行步；体羸气弱，不耐寒暑；坐死仓卒者，往往而然。"《勉学篇》曰："梁朝全盛之时，贵游子弟，多无学术。至于谚云：上车不落则著作，体中何如则秘书。无不熏衣剃面，傅粉施朱。驾长檐车，跟高齿屐，坐棋子方褥，冯班丝隐囊，列器玩于左右。从容出入，望若神仙。明经求第，则顾人答策。三九公燕，则假手赋诗。当尔之时，亦快士也。及离乱之后，朝市迁革。铨衡选举，非复曩者之亲。当路秉权，不见昔时之党。求诸身而无所得，施之世而无所用。孤独戎马之间，转死沟壑之际。当尔之时，诚驽材也。有学艺者，触地而安。自荒乱已来，诸见俘虏，虽百世小人，知读《论语》、《孝经》者，尚为人师；虽

---

　　① 选举：好用佞幸之由。

千载冠冕，不晓书记者，莫不耕田养马；以此观之，安可不自勉邪？"观此，可知当时世族之无能，而亦可知其丧乱之际颠覆之惨矣。承平之世，既因通婚、通谱而统系稍见混淆；丧乱之际，又以柔靡痴愚，而地位忽焉降落；恃选举以弋高位，则以其无能大甚，而其制度亦卒不得不变；于是一命以上，皆在选举，实权丧而积古沿袭之虚名，亦卒不可久矣。此亦世变必至之势，道之所符，而自然之验邪？

第三节　豪右游侠

从来为地方人民之患者，莫如豪右及游侠，而二者又恒相结。晋南北朝，为纲纪废弛之世，故此二者，为患尤甚焉。豪族有由于阀阅者，如《晋书·刘颂传》，言其为汉广陵厉王之后，世为名族，同郡有雷、蒋、穀、鲁四姓，皆出其下，时人为之语曰："雷、蒋、穀、鲁，刘最为祖"是也。有由于多财者，如《忠义传》言：麹允金城人，与游氏世为豪族，西州为之语曰："麹与游，牛羊不数头，南开朱门，北望青楼。"是也。又有恃当路之权势者，如《梁书·谢朓传》言：朓弟子览，出为吴兴太守；中书舍人黄睦之，家居乌程，子弟专横，前太守皆折节事之是也。《宋书·谢方明传》言：江东民户殷盛，风俗峻刻，强弱相陵。而《蔡兴宗传》言：会稽多诸豪右，不遵王宪；又幸臣近习，参半宫省，封略山湖，妨民害治，王公、妃、主，邸舍相望，挠乱在所，大为民患。子息滋长，督责无穷。《梁书·良吏·沈瑀传》言：余姚大姓虞氏千余家，请谒如市，前后令长莫能绝。县南又有豪族数百家，子弟纵横，递相苞荫，厚自封殖，百姓甚患之。则数者兼有之矣。当时豪族，有从事劫掠与盗贼无异者，如《南史·沈庆之传》言：诸沈为劫首者数十，人士患之，庆之诡为置酒，一时杀之，于是合境肃清，人皆喜悦。《魏书·李安世传》言：广平人李波，宗族强盛，残掠生民。刺史相州。薛道㯹亲往讨之，波率其宗族拒战，大破㯹军。遂为通逃之薮，公私成患。百姓为之语曰："李波小妹字雍容，褰裙逐马如卷蓬，左射右射必叠双。妇女尚如此，男子那可逢？"则豪右、游侠，二者殆不可分矣。贵人子亦有为劫者：《晋书·戴渊传》言：渊少好游侠，不拘操行，遇陆机赴洛，船装甚盛，遂与其徒掠之。《北齐书·毕义云传》言：义云少粗侠，家在兖州北境，常劫掠行旅，州里患之。《北史·毕众敬传》言：众敬少好弓马射猎，交结轻果，常于疆境盗掠为业。此尚其小焉者。其大者，如齐之阿伽郎君，《北齐书·阳州公永乐传》：弟长弼，小名阿伽。性粗武。出入城市，好殴击行路。时人皆呼为阿伽郎君。以宗室封广武王。时有天恩道人，至凶暴，横行闾肆。后入长弼党，专以斗为事。文宣并收掩付狱。天恩党十余人皆弃市。长弼鞭一百。寻为南营州刺史。在州无故自惊走，叛亡入突厥，竟不知死所。周之李居士，居士父名昶，在周尚公主，与隋高祖有旧，及受禅，甚见亲礼。居士为大子千牛备身。聚徒任侠，不遵法度。数获罪，上以昶故，每原之。居士转恣，每大言曰："男儿要当辫头反缚篷篍上作僚舞。"取公卿子弟膂力雄健者，辄将至家，以车轮括其颈而棒之，殆死。能不屈者，称为壮士，释而与交。党与三百人，其趫捷者号为饿鹘队，武力者号为蓬转队。每韝鹰绁犬，连骑道中，殴击路人，多所侵夺。长安市里无贵贱，见之者皆辟易。至于公卿、妃、主，莫敢与校者。有人告"居士与其徒游长安城，登故未央殿基，南向坐，前后列队，意有不逊。每相约曰：当为一死耳"。又时有人言："居士遣使引突厥令南寇，当于京师应之。"帝谓昶曰："今日之事，当复如何？"昶犹恃旧恩，不自引咎，直答曰："黑白在于至尊。"上大怒，下昶狱，补居士党与治之。居士坐斩，昶赐死于家。见《隋书·列女传》。则其为人患尤甚矣。第十二章第五节所述梁诸王事亦此类，可以参观也。

此等豪暴之徒，徒能恃势倚众，犯法陵民，非能结合徒党，自成一队，如古所谓隐若一敌国者，实侠徒中之下焉者也。其能如此者，亦自有其人。《晋书·王衍传》：衍妻郭氏，贾后之亲，藉宫中之势，刚愎贪戾，聚敛无厌，好干豫人事。衍患之而不能禁。时有乡人幽州刺史李阳，京师大侠也，郭氏素惮之。衍谓郭曰："非但我言卿不可，李阳亦谓不可。"郭氏为之小损。李阳之势力可想。此等游侠魁首，遭逢丧乱，往往能挺戈而起，如王弥，史言其"少游侠京师"是也。永和中，张琚据陇东，遣使招司马勋，勋复入长安。初，京兆人杜洪，以豪族陵琚，琚以勇侠侮洪。洪知勋惮琚兵强，因说勋曰："不杀张琚，关中非国家有也。"勋乃伪请琚，于坐杀之。琚弟走池阳，合兵攻勋。勋频战不利，乃请和归梁州。《晋书·济南惠王遂传》。侠徒之为重一方可见矣。职是故，有志于建立勋业者，亦多藉其人以为用。《晋书·祖逖传》云：逖轻财好侠，慷慨有节尚。每至田舍，辄称兄意，散谷帛以周贫乏。乡党宗族，以是重之。后居丹徒之京口。以社稷倾覆，常怀振复之志。宾客义徒，皆暴桀勇士。逖遇之如子弟。时扬土大饥，此辈多为盗窃，攻剽富室。逖抚慰，问之曰："比复南塘一出不？"或为吏所绳，逖辄拥护救解之。谈者以此少逖，逖自若也。《北齐书·高乾传》：乾父翼，豪侠有风神，为州里所宗敬。乾少时轻侠，数犯公法。长而修改，轻财重义，多所交结。弟昂，初以豪侠立名。为之羽翼者：刘海宝，少轻侠。东方老，少粗犷无赖，结轻险之徒，共为贼盗。又《李元忠传》：元忠家素富，在乡多有出贷求利，元忠焚契免责。其宗人愍，少有大志。年四十，犹不仕州郡，惟招致奸侠，以为徒侣。洛京倾覆，愍率所部西保石门山，潜与刘灵助及高昇兄弟、安州刺史卢曹等同契。助败，愍遂入石门。高祖建义，以书招愍，愍奉书，拥众数千人以赴。又元忠族叔景遗，少雄武，有胆力。好结聚亡命，共为劫盗，乡里每患之。永安末，其兄南钜鹿太守无为，以臧罪为御史所劾，禁于州狱。景遗率左右十余骑，诈称台使，径入州城，劫无为而出之。州军追讨，竟不能制。

由是以侠闻。及高祖举义信都，景遗赴军门。高祖素闻其名，接之甚厚。命与元忠举兵于西山。仍与大军俱会，擒刺史尒朱羽生。又《毛遐传》：遐少任侠。弟鸿宾，尤轻财好施，遐虽早立，而名出其下。又《外戚传》：李延寔长子或，任侠交游，轻薄无行。尒朱荣之死，武毅之士，皆或所进。知风尘澒洞之际，侠徒之为用，为不少矣。

游侠之大者，其党羽必散布各地，又必彼此互相交通，故道路艰阻之时，行人往还，或藉其力。房崇吉之南奔，赖张略之得达，已见第九章第五节。元亨父季海，魏司徒、冯翊王。遇周、齐分隔，遂仕长安。亨时年数岁，与母李氏在洛阳。齐神武禁锢之。亨母，魏司空李冲女也。素有智谋。诈称冻馁，请就食荥阳。齐人以其去关西尚远，老妇弱子，不以为疑，许之。李氏阴托大豪李长寿，携亨及孤侄八人，潜行草间，遂得至长安。魏孝庄帝时，盗贼蜂起。清河有五百人西戍，还经南赵郡，以路梗，共投李元忠。奉绢千余匹。元忠惟受一匹，杀五牛以食之。遣奴为导，曰："若逢贼，但道李元忠客。"如言，贼皆舍避。声气之广如此，此周亚夫得剧孟，所以若得一敌国歟？

侠徒之所以为侠，穷其本原，则既不能勤事生产，又不能淡泊自甘，乃不能不犯法以求食而已。捍法非一人所能为，则不得不相要结；欲相要结，则盗亦有道，又不得不互相振赡；此古今一辙者也。《魏书·薛安都传》：少骁勇，善骑射，颇结轻侠。诸兄患之。安都乃求以一身分出不取片资。兄许之。居于别厩。远近交游者，争有送遗，马牛、衣服、什物，充满其庭。又《裴延儁传》：延儁从孙庆孙，任侠有气。乡曲壮士及好事者，多相依附，抚养咸有恩纪。在郡之日，值岁饥凶，四方游客，常有百余，庆孙自以家财赡之。《冯元兴传》：家素贫约，食客恒数十人，同其饥饱，曾无吝色。《北史·房法寿传》：少好射猎。轻率勇气，结诸群小为劫盗。宗族患之。弱冠，州迎主簿。后以母老，不复应州郡命。常盗杀猪羊以供母。招集勇士，恒有数百。及降房，房给以田宅奴婢，亲旧宾客，率同饥饱，坎壈常不丰足。《毛遐传》：世为豪右，赀产巨亿，士流贫乏者，多被振赡。故中书郎檀翥、尚书郎公孙范等，常依托之。至于自供，衣食粗敝而已。鸿宾，昆季之中，尤轻财好施。尒朱天光自关中还洛，夷夏心所忌者，皆将自随。鸿宾亦领乡中壮武二千人以从。洛中素闻其名，衣冠贫冗者，竞与之交。寻拜西兖州刺史。羁寓倦游之辈，四坐常满。鸿宾资给衣食，与己悉同。私食不足，颇有公费。《周书·韦祐传》：少好游侠。所与交游，皆轻猾亡命。正光末，四方云扰，王公避难者或依之，多得全济。此等皆侠徒之本色，不如是，殆不足为侠也。既如是，安能不取非其有，此其所以终不免为盗跖之居民间者歟！亦有能振施而不为轻侠者：《晋书·隐逸·刘驎之传》云：驎之虽冠冕之族，而信义著于群小。凡厮伍之家，婚娶、葬送，无不躬自造焉。居于阳岐，在官道之侧。人物来往，莫不投之。驎之躬自供给。士君子颇以劳累，更惮过焉。凡人致赠，一无所受。去驎之家百余里，有一孤姥，病将死，叹息谓人曰："谁当埋我？惟有刘长史耳。何由令知？"驎之先闻其有患，故往候之。直其命终，乃身为营棺殡送之。此事甚类侠者之所为，然驎之名列《隐逸》之传，则非为侠者也。其汉郑当时之流乎？盖尚不逮王丹？见《秦汉史》第十四章第三节。然较诸盗跖之居民间者，则自贤矣。

能裁抑豪强者，莫如宋武帝，已见第九章第七节。《晋书·张辅传》：补蓝田令。不为豪强所屈。强弩将军庞宗，西州大姓。护军赵浚，宗妇族也，僮仆放纵，为百姓所患。辅绳之，杀其二奴。又夺宗田二百余顷，以给贫户。一县称之。转山阳令。太尉陈准家僮暴横，辅复击杀之。蔡兴宗守会稽，亦能绳之以法。谢览守吴兴，黄睦之子弟来迎。览逐去其船，杖吏为通者。自是睦之家杜门不出。沈瑀为余姚令，虞氏非讼诉无所通。召县南豪族老者为石头仓监，少者补县僮，皆号泣道路。自是权右屏迹。李安世设方略，诱李波及诸子侄三十余人，斩于邺市。境内肃然。泉企除东雍州刺史。部民杨羊皮，太保椿之从弟，恃托椿势，侵害百姓。守宰多被其陵侮，皆畏而不敢言。企收治之。将加极法。杨氏惭惧，宗族诣阁请恩。自此豪右屏迹，无敢犯法。此皆能不畏强御者。《周书·宇文贵传》：除益州刺史。先是蜀人多劫盗。贵乃召任侠轻健者，署为游军，二十四部，令其督捕。由是颇息。又《韩褒传》：出为北雍州刺史。州带北山，多有盗贼。褒密访之，并豪右所为也。阳不之知，悉召桀黠少年，素为乡里所患者，署为主帅。分其地界，有盗发而不获者，以故纵论。诸被署者莫不皇惧。皆首伏曰："前盗发者，并某等为之。"所有徒侣，皆列其姓名。或亡命隐匿者，亦悉言其所在。褒乃取盗名簿藏之。因大榜州门曰："自知行盗者，可急来首，即除其罪。尽今月不首者，显戮其身，籍没妻子，以赏前首者。"旬月之间，诸盗咸悉首尽。褒取名簿勘之，一无差异。并原其罪，许以自新。由是群盗屏息。此亦能以方略除盗者也。然良有司不易得，欲以是绝其根株，难矣。《魏书·太宗纪》：永兴五年（413），诏分遣使者，巡求俊逸。其豪门强族，为州闾所推者，各令诣京师。当随才叙用，以赞庶政。《崔玄伯传》云：太宗以郡国豪右，大为民蠹，乃优诏征之。民多恋本，而长吏逼遣。轻薄少年，因相扇动，所在聚结。西河、建兴，盗贼并起。守宰讨之不能禁。太宗引玄伯及安同、叔孙建、元屈等问曰："今犯者已多，不可悉诛，朕欲大赦以纾之，何如？"屈对曰："民逃不罪，而反赦之，似若有求于下。不如先诛首恶，赦其党类。"玄伯曰："王者治天下，以安民为本，何能顾小曲直也？赦而不改，诛之不晚。"太宗从之。即永兴五年事也。可见普加诛夷之不易矣。《梁书·良吏·何远传》：迁东阳太守。远处职，疾强富如仇雠，视细民如子弟，特为豪右所畏惮。在东阳岁余，复为受罚者所谤，坐免归。《南史·范云传》：为始兴内史。郡多豪猾大姓，二千石有不善者，辄共杀害，不则逐之。边带蛮俚，尤多盗贼，前内史皆以兵刃自卫。云入境，抚以恩德。罢亭候，商贾露宿。郡中称为神明。迁广州刺史。时江祏姨弟徐艺为曲江令，祏深以托云。有谭俨者，县之豪族，艺鞭之，俨以为耻，至都诉云，云坐征还下狱。然则无论德化刑威，良吏之得行其志，要不易也。

第四节　奴客部曲门生

奴婢有官私之别。官奴婢在平世，皆以罪没入。争战之世，亦兼以俘虏为之。《晋书·孝武帝纪》：太元十四年（389）正月，诏"淮南所获俘虏，付诸作部者，一皆散遣，男女自相配匹，赐百日廪"是也。又以之充军赏，诏又言"其没为军赏者，悉赎出之"是也。终南北朝之世，屠戮丁男，而以老弱妇女充赏者极多。桓温禽袁瑾，瑾所侍养乞活数百人悉坑之，以妻子为赏。桓玄之败也，其宫女及逆党之家子女伎妾，悉为军赏，东及瓯越，北流淮、泗，人有所获。《晋》、《宋书·五行志》。陈武帝之破齐军，以赏俘贸酒者，[①] 一人裁得一醉。详见第十三章第五节。吕弘之败，吕纂以东苑妇女赏军。弘之妻子，亦为士卒所辱。姚弼攻秃发傉檀，州人王钟等密为内应，傉檀杀五千余人，以妇女为军赏。乐都之溃，傉檀喻其众曰："若归炽磐，便为奴仆矣，岂忍见妻子在他人抱中？"赫连勃勃兄子罗提攻姚兴将姚都于定阳，克之，坑将士四千余人，以女弱为军赏。观此等记载，可见当时以俘虏充赏者之多。宋孝武帝克广陵，悉诛城内男丁，以女口为军赏，论者以为至酷，其实孝武特不应以此施诸本国之民，至以此施诸敌国者，其事初不可一二数也。疆场之间，战阵之际，将帅以抄略自利者亦多。魏济阴王小新成之子丽，为秦州刺史，讨破吕苟儿、陈瞻，枉掠良善七百余人，则其一事。《北史·李崇传》：孝文初，为荆州刺史。边戍掠得齐人者，悉令还之。南人感德，仍送荆州口二百许人。两境交和，无复烽燧之警。《周书·韩褒传》：保定三年（563），出为汾州刺史。先是齐寇数入，民废耕桑。褒伏击之，尽获其众。故事：获生口者并囚送京师。褒奏请放还，以德报怨。有诏许焉。自是抄兵颇息。此等事不易觏矣。

以俘虏作奴婢者，尤莫如索虏之酷。魏初用兵，本为俘掠，已见第十七章第三节。其时以奴隶若隶户为赐者即甚多。后来吞并割据诸国，世祖之攻赫连氏及冯文通，皆以生口班赉，见《魏书·本纪》始光四年正月、五月，神麚三年（430）十一月，延

---

① 奴婢：以俘虏充赏者之多，元魏尤甚。

和元年（432）八月。《高宗纪》：兴安二年（453）十二月，诛河间郑民为贼盗者，男年十五以下为生口，班赐从臣各有差，则不惟施之敌国，亦且施之本国之民；不惟施之反叛，亦且施之盗贼矣。及其人犯中国，亦多如是。《世祖纪》：真君十一年（450）四月，正平元年（451）三月，皆以南伐所获生口为赐。《高祖纪》太和三年（479）六月，五年（481）四月亦然。十八年（494）十二月，诏寿阳、钟离、马头之师，所获男女之口，皆放还南；十九年（495）二月，车驾至钟离，军士擒萧鸾卒三千，帝曰："在君为君，其民何罪？"于是免归；此盖一时之措置。故其后世宗永平元年（508）十二月，肃宗熙平元年（516）三月，孝静帝武定六年（548）正月，即复以县瓠、硖石、寒山之俘分赐矣，皆见《纪》。段韶破东方白额，显祖以吴口七十为赏，见《北齐书·韶传》。尉迟迥之陷蜀，吏人等各令复业，惟收僮奴及储积，以赏将士，在房之用兵，实为罕见。盖以蜀地险阻，虑其复叛也。隋文帝可谓恭俭之主。其平陈也，敕有司曰："亡国物我一不以入府。"然犹大陈奴婢、货贿，令王公、文武以射取之。积习之难改，可谓甚矣。事见《隋书·韩禽虎传》。其尤甚者，则为青、兖及江陵二役。慕容白曜陷无盐，即欲尽以其人为军实，以郦范言得免。及青、兖州陷，卒徙其民望于下馆，置平齐郡以居之，其余则悉以为奴婢，分赐百官焉。江陵之陷，于谨选男女为奴婢，驱入长安，小弱者悉杀之，已见第十三章第四节。是役也，谨获赐千口。长孙俭以元谋，亦获赐三百口。谨子翼传云：谨平江陵，以所赐得军实分给诸子，翼一无所取，惟简赏口内名望子弟有士风者，别待遇之。《唐瑾传》云：瑾南伐江陵，以瑾为元帅府长史。江陵既平，衣冠、士伍，并没为仆隶。瑾察其才行，有信善者，辄议免之。赖瑾获免者甚众。时论多焉。《隋书·艺术·庾季才传》言：郢都之陷，衣冠士人，多没为贱。季才散所赐物，购求亲故。周文帝问何能若此？季才曰。"仆闻魏克襄阳，先昭异度；晋平建业，喜得士衡；伐国求贤，古之道也。今郢都覆败，君信有罪，缙绅何咎，皆为贱隶？鄙人羁旅，不敢献言，诚切哀之，故赎购耳。"大祖乃悟，因出令免梁俘为奴婢者数千口。然则以儒为驱，正不待胡元之入，而后有此酷矣。《周书·武帝纪》：保定五年（565）六月，诏有"江陵人年六十五已上，为官奴婢者，已令放免"之言。建德元年（572）十月，又诏"江陵所获俘虏充官口者，悉免为民"。然至六年（577）十一月，仍有"平江陵之日，良人没为奴婢者，并宜放免"之诏，则其前此之令，未能尽行可知也，亦云酷矣。然沈璞之守盱眙，臧质收散卒千余人向城，众谓璞勿受，而璞叹曰："贼之残害，古今未有，屠剥之刑，众所共见，其中有福者，不过得驱还北国作奴婢耳，"《宋书·自序》。则儒之为驱，已为有幸矣，民族可无武备以自卫哉？

民间私奴，多因贫穷而粥卖。《晋书·惠帝纪》：元康七年（297），关中饥，米斛万钱，诏骨肉相卖者不禁。《陶回传》：迁吴兴太守，时人饥谷贵，三吴尤甚，诏欲听相粥卖，以拯一时之急。盖卖买奴婢，法本有禁，凶荒之际，粥卖者多，禁之既力有所穷，又不能纵而不问，乃为是权宜之计耳。其平时民间粥卖，不至彰著耳目者，则法之置诸不问久矣。故其事之见于史者颇多。《晋书·忠义传》：王育少孤贫，为人佣牧羊。每过小学，必欷歔流涕。时有暇，即折蒲学书。忘而失羊，为羊主所责。育将粥己以偿之。同郡许子章，闻而嘉之。代育偿羊。给其衣食，使与子同学。《齐书·孝义传》：公孙僧远，兄姊未婚嫁，乃自卖为之成礼。吴康之妻赵氏，父亡弟幼，值岁饥，母老病笃。赵诣乡里自卖，言辞哀切。乡里怜之，人人分升米相救。遂得免。吴达之，嫂亡无以葬，自卖为十夫客，以营冢椁。从祖弟敬伯夫妻，荒年被略卖江北，达之有田十亩，货以赎之，与之同财共宅。《南史·孝义传》：朱文济自卖以葬母。《周书·王德传》：子庆，小名公奴。初德丧父，家贫无以葬，乃卖公奴并一女，以营葬事。因遭兵乱，不复相知。及德在平凉，始得之，遂名曰庆。皆其事也。粥卖之多者，皆在兵荒之时。如《魏书·岛夷传》言：侯景渡江至陷城之后，江南之民，及王侯、妃、主，世胄子弟，为景军人所掠，或自卖粥，漂流入国者，盖以数十万口？陈宝应因东境饥馑，平民男女并皆自卖，多致玉帛子女是也。详见第十三章第七节。国家亦间有救正之策，如姚兴班命郡国，百姓因荒自卖为奴婢者，悉免为良人是，然其效盖微矣。

粥卖之外，又有以人为质者，亦谓之贴。① 《晋书·桓冲传》云：彝亡后，冲兄弟并少，家贫，母患须羊以解，无由得之？温乃以冲为质。羊主甚富，言不欲为质，幸为养买德郎。买德，冲小字也。及冲为江州，出射，羊主于堂边看，冲识之，谓曰："我买德也，"遂厚报之。《宋书·何承天传》言：时有尹嘉者，家贫，母熊，自以身贴钱，为嘉偿责。《齐书·孝义传》：公孙僧远弟亡无以葬，身自贩贴与邻里，供敛送之费。《良政传》：明帝以故宅起湘宫寺。新安太守巢尚之罢郡还见。帝曰："卿至湘宫寺未？我起此寺，是大功德。"虞愿在侧，曰："陛下起此寺，皆是百姓卖儿贴妇钱，佛若有知，当悲哭哀愍，罪高佛图，有何功德？"皆其事也。《齐书·陆澄传》：扬州主簿顾测，以奴就澄弟鲜质钱，鲜死，子晖诬为卖券，合第十七章第一节所述杨元孙以婢贴与黄权之事观之，可知卖与质之别也。

以力胁迫人为奴婢者曰掠。既胁迫之，而又粥卖之以取利曰掠卖。大者如熊昙朗之缚卖居民，见第十三章第七节。小者如《南史·柳仲礼传》言：其弟敬礼，少以勇烈闻，粗暴无行检，恒略卖人，为百姓所苦是也。亦有身为官吏，而为此不法之事者。如《魏书·酷吏传》：羊祉为秦、梁二州刺史，坐掠人为奴婢，② 为御史中丞王显所弹免是也。据《魏书·刑法志》：盗律：掠人、掠卖人、和卖人为奴婢者皆死。和卖人法盖不能尽治，掠人及掠卖人，则尚不能置之不问。《北史·高谦之传》：谦之弟道穆，正光中为御史，纠相州刺史李世哲事，大相

---

① 奴婢：自卖、帖、自帖。

② 奴婢：刺史掠人。

挫辱，其家恒以为憾。至是，世哲弟神轨，为灵大后深所宠任。会谦之家奴诉良，神轨左右之。人讽尚书，判禁谦之于廷尉。时将赦，神轨乃启灵大后发诏，于狱赐死。此事虽出搆陷，然合羊祉之事观之，可见胁迫人为奴婢者，其罪甚重也。然官吏之不法者仍多。元遥为凉州，欲规府人及商胡富人财物。诈一台符，诳诸豪等，云欲加赏。一时屠戮。所有资财、生口，悉没自入。《魏书·景穆十二王传》。邢峦在汉中，因百姓去就，诛灭齐民，籍为奴婢者二百余口。冯熙为州，取人子女为奴婢，有容色者，则幸之为妾。此皆罪不容于死，然法固不能尽治也。因之掠卖人之事颇多。丧乱之际，虽贵胄亦不得免。如晋惠帝贾皇后女临海公主，洛阳之乱，为人所略，传卖与吴兴钱温是也。温以送女，女遇主甚酷，元帝镇建康，主诣县自言，元帝为诛温及女。亦可慨矣。

古之有奴婢者，皆使事生业，[1] 故其数可以甚多，说见《秦汉史》第十四章第二节。晋、南北朝之世，犹有此风。石崇之败也，有司簿阅，仓头八百余人。刁协孙逵，兄弟子侄，并不拘名行，以货殖为务。有田万顷，奴婢数千人。陶淡家累千金，僮客百数。谢混一门两封，田业十余处，僮仆千人。东乡君薨，会稽、吴兴、琅邪诸处，大傅、司空琰时事业，奴僮犹有数百人。详见第十七章第二节。沈庆之奴僮千计。魏咸阳王禧，奴婢千数。高崇家资富厚，僮仆千余。王叡子椿，亦僮仆千余。赵黑及张宗之后，皆家僮数百。老寿败后，妻常氏，收纪家业，稍复其旧，奴婢尚六七百人。北齐娄提，昭之祖。家僮千数，牛马以谷量。周薛善家素富，僮仆数百人。此中除一二豪侈之士，庸或多以之供使令外，如石崇等。使事生业者必多。故奴婢多者田业亦多。《陈书·程灵洗传》，言其伎妾无游手，并督之纺绩，伎妾且然，况于奴婢乎？中人之家，则大抵有奴婢一二十人。王僧达请解职，自言"婢仆十余，粗有田入，岁时是课，足继朝昏"；《颜氏家训·止足篇》云："常以为二十口家，[2] 奴婢盛多，不可出二十人。良田十顷。堂室才蔽风雨。车马仅代杖策。蓄财数万，以拟吉凶急速。不羡此者，以义散之；不至此者，勿非分求之。"是其证。陶潜与子书曰："恨汝辈稚小，家贫无役，柴水之劳，何时可免？"此则家无仆役者。设有所蓄，亦不过一二人。又不逮中家之业矣。

私奴中亦有佳人被抑者。《晋书·熊远传》：远祖翘，尝为石崇仓头，而性廉直有士风，潘岳见而称异，劝崇免之，乃还乡里。《魏书·索敞传》：初敞在州之日，敞敦煌人，凉州平入魏。与乡人阴世隆文才相友。世隆至京师，被罪徙和龙。届上谷，困不能达，土人徐能抑掠为奴。敞因行至上谷，遇见世隆，语其由状，对泣而去，为诉理得免。是其证也。

---

① 奴婢：使奴婢事生业。
② 奴婢：《颜氏家训》云：二十口家，奴婢不可出二十人，良田十顷。

《齐书·萧景先传》：景先遇疾，遗言曰："三处田勤作自足供衣食，力少，更随宜买粗猥奴婢充使。"则奴婢之事力作者，初不求其俊巧。然权势之门，不必其皆如是。故《魏书·文苑传》言：温子昇为广阳王渊贱客，在马坊教诸奴子书焉。①《北史·恩幸传》言：赵邕以少年端谨，出入李冲家；颇给按摩奔走之役，冲令与诸子游处，人有束带谒冲者，时托之以自通。按摩奔走，盖去奴仆无几？而谒者托以自通，则权势之渐矣。《颜氏家训·风操篇》云："门不停宾，古所贵也。失教之家，阍寺无礼。或以主君寝食嗔怒，拒客未通。江南深以为耻。黄门侍郎裴之礼，号善为士大夫。有如此辈，对宾杖之。其门生、僮仆，接于他人，折旋俯仰，辞色应对，莫不肃敬，与主无别。"中国士大夫之风教，固非虏朝之士所能及也。《魏书·恩幸传》：王仲兴兄可久在徐州，恃仲兴宠势，轻侮司马梁郡太守李长寿，遂至忿诤。可久乃令僮仆邀殴长寿，折其骨。《景穆十二王传》：济阴王小新成之孙诞，为齐州刺史，在州贪暴，家之奴隶，悉迫取良人为妇。则更不法之尤矣。

晋、南北朝之世，僮奴多习武事。②盖由时值丧乱，畜奴者多武人，又地方豪右，亦藉僮奴以自卫故也。刘伯根之起也，王弥率家僮从之；法秀之乱，兰台御史张求等一百余人，招结奴隶，谋与相应；《魏书·高祖纪》太和五年（481）。则藉其力且可以为乱矣。谢灵运因父祖之资，生业甚厚，奴僮既众，义故门生数百。尝自始宁南山，伐木开道，直至临海，临海太守王琇惊骇，谓为山贼。灵运非能为乱者，而其声势如此，武人及土豪可知。职是故，当时有奴客者，往往怀不逞之心，而亦易招疑忌。蔡兴宗说沈庆之曰："公门徒义附，并三吴勇士，宅内奴僮，人有数百。"封士让启斛律光曰："家藏弩甲，奴僮千数。"胡灵后欲出张烈为青州，议者以烈家富殖，僮客甚多，虑其怨望，谓不宜出为本州，烈，元义党。宜矣。奴既习武，故亦可以从戎。尉迟迥之叛，梁士彦令家僮梁默等为前锋，而身继之，所当皆破，其著者也。职是故，充兵者或以奴自代，而朝廷亦时发私奴从军。《晋书·何充传》：充入领扬州。先是庾翼悉发江、荆二州编户奴以充兵役，士庶嗷然。充复欲发扬州奴以均其谤。后以中兴时已发三吴，今不宜复发而止。所谓中兴时已发三吴者？《王敦传》言："帝以刘隗为镇北将军，戴若思渊为征西将军，悉发扬州奴为兵，外以讨胡，实御敦也，"是其事。其后元显又发东土诸郡免奴为客者，号曰乐属，移置京师，以充兵役。《武十三王传》。此等勉强不得已之众，束缚驰骤而用之，夫安得不偾事？《宋书·武帝纪》：永初元年八月，诏"先因军事所发奴僮，各还本主。若死亡及勋劳破免，亦依限还直"。案为奴者为国驱驰，苟非有功，即须仍还奴籍，安足为劝？而为之主人者，又以丧失财产为虑，主奴皆

---

① 奴婢：贱客教奴子书。
② 奴婢、兵：僮奴多习武，奴代充军，发私奴。

怨，其众复安可用邪?《魏书·高谦之传》：谦之上疏曰："自正光已来，诸守帅或非其才。多遣亲者，妄称入募，别倩他人引弓格。虚受征官，身不赴陈。惟遣奴客充数而已，"此亦魏之兵力所以不振欤?

兵亦役也。发奴以从军，即责其主出奴以应役也。① 故亦可发奴以应他役。《晋书·食货志》：咸宁元年（275）十二月，诏曰："出战入耕，虽自古之常，然事力未息，未尝不以战士为念也。今以邺奚官奴婢著新城，代田兵种稻。奴婢各五十人为一屯，屯置司马，使皆如屯田法。"《惠帝本纪》：太安二年（303），张方决千金堨，水碓皆涸，乃发王公奴婢手舂，以给兵廪。《苻坚载记》：坚以关中水旱不时，议依郑、白故事，发其王侯已下及豪望富室僮隶三万人开泾水上源。凿山起堤，通渠引渎，以溉斥卤之田。及暮而成，百姓赖其利。梁武帝大同九年（543）二月，使江州民三十家出奴婢一户，配送司州。此等苟能善用之，似较使从征戍为善也。

奴籍之免除，有行之以政令者。每丁丧乱之后，必多旷荡之恩。②《晋书·元帝纪》：大兴四年（321），诏曰："昔汉二祖及魏武，皆免良人；武帝时凉州覆败，诸为奴婢，亦皆复籍；此累代成规也。其免中州良人遭难为扬州诸郡僮客者，以备征役。"此举固未尝无利其可充征役之心，然大乱之后，被抑者多，为民生计，势亦不得不尔也。周武帝建德元年八月，诏曰："有刑止刑，以轻代重，罪不及嗣，皆有定科。杂役之徒，独异常宪。一从罪配，百代不免。③ 罚既无穷，刑何以措? 凡诸杂户，悉放为百姓。"是年十月，诏江陵所获俘虏充官口者，悉免为民。六年（577）灭齐，诏："自武平三年（572）已来，河南诸州之民，伪齐掠为奴婢者，不问官私，并宜放免。"是年十一月，又诏："自永熙三年七月已来，去年十月已前，东土之民，被抄略在化内为奴婢者；及平江陵之后，良人没为奴婢者；并宜放免。所在附籍，一同民伍。若旧主人犹须共居，听留为部曲及客女。"④ 宣政元年三月，诏："豆卢宁征江南武陵、南平等郡，所有民庶为人奴婢者，悉依江陵放免。"此等行之虽未知如何，以政令论，固为度越前人之举也。至于平时彝典，则为奴婢者，大抵以六十为限，⑤ 故律、令有妇人六十已上免配之条，《北史·崔仲方传》：仲方从叔昂，从甥李公统，河清元年（562），坐高归彦事诛。依律：妇人年六十已上免配官。时公统母年始五十余，而称六十。公统舅宣宝求吏以免其姊，昂弗知。录尚书彭城王浟发其事，竟坐除名。案此事亦见《齐宗室诸王传》，云"依

① 奴婢：发奴应役。
② 奴婢：乱后免奴。
③ 奴婢：杂户百代不免。
④ 奴婢：免者主须共居，听留为部曲客女。
⑤ 奴婢：大抵六十免，故妇人六十以上免配官。

令：年出六十，例免入官。"而诏命亦时有免六十已上奴婢之举也。梁武帝天监十七年（518）之诏，已见第十七章第三节。《北齐书·孝昭帝纪》：皇建元年八月，诏官奴婢年六十已上，免为庶人。《后主纪》：天统四年十二月，诏掖庭、晋阳、中山宫人等，及邺下并州大官官口二处，其年六十已上，及有瘤患者，仰所司简放。政令以外，亦有主人自行释放者，不则当以财赎。间有以人赎者，《魏书·崔光传》：皇兴初，有同郡二人，并被掠为奴婢，后诣光求哀，光乃以二口赎免是其事。抑勒不许赎者，其罚颇重。《魏书·高宗纪》：和平四年八月，诏曰："前以民遭饥寒，不自存济，有卖鬻男女者，尽仰还其家。或因缘势力，或私行请托，共相通融，不时检校。令良家子息，仍为奴婢。今仰精究，不听其赎，有犯加罪。若仍不检还，听其父兄上诉，以掠人论。"可见其一斑也。然被掠者亦须以财赎。① 吴达之赎从祖弟，已见前。《梁书·文学传》：刘峻，宋泰始初青州陷魏，峻年八岁，为人所略，至中山，中山富人刘实以束帛赎之，教以书学，亦其事也。

赎法亦通行于国际之间。② 《南史·刘善明传》：泰始五年（470），魏克青州，善明母在焉，移置代郡。善明少立节行，及累为州郡，颇黩财贿。所得金钱，皆以赎母。及母至，清节方峻。③《魏书·张谠传》：初谠妻皇甫氏被掠，赐中官为婢。皇甫遂乃诈痴，不能梳沐。后谠为刘骏冀州长史，以货千余匹，购求皇甫。高宗怪其纳财之多也，引见之。时皇甫年垂六十矣。④ 高宗曰："南人奇好，能重室家之义。此老母复何所任？乃能如此致费也？"案此可见鲜卑人之思想。《齐书·刘怀珍传》：子灵哲，嫡母崔氏，及兄子景焕，泰始中没虏。灵哲倾私产赎，年不能得。世祖哀之，令北使告虏主，虏主送以还南。《北史·韦孝宽传》：兄子冲，从元定渡江，为陈人所虏，周武帝以币赎还之。复令冲以马千匹使陈，赎开府贺拔华等五十人及元定之柩而还。观此数事，则不论官私奴婢，皆可以财赎，且可公然求之于异国之君，实为国际间明彻之法矣。

《南史·范云传》：云为始兴内史。旧郡界得亡奴婢，悉付作部曲，即货之买银输官。云乃先听为百姓志之，若百日无主，依判送台。卖买奴婢，既为法所不许，奴婢逃者，必其主人遇之不善，此当分别情事，或径放免，或则为赎，乃或因以为利，或则抑还其主，亦酷矣。虏以生口为利，故其酷尤甚。《魏书·崔模传》：附《崔玄伯传》。为刘裕荥阳太守，戍虎牢。神䗍中平滑台，模归降。始模在南，妻张氏有二子：冲智、季柔。模至京师，赐妻金氏。生子幼度。冲智等以父隔远，乃聚货物，间托开境，规赎模归。张氏每谓之曰："汝父性怀，本自

---

① 奴婢：被掠者亦以财赎。
② 奴婢：赎法通行国际间，然常法不能得，亦行塞外。
③ 道德：赎母清节方峻，王述足自当之，案人莫不以为足自当止也。
④ 奴婢：南人赎六十之妻，魏孝文怪其复何所任。

无决，必不能来也。"行人遂以财贿至都。当窃模还。模果顾念幼度等，指幼度谓行人曰："吾何忍舍此辈，令坐致刑辱？当为尔取一人，使名位不减于我。"乃授以申谟。谟刘义隆东郡太守，与朱修之守滑台，神䴥中被执入国，俱得赐妻，生子灵度。申谟闻此，乃弃妻子，走还江外。灵度刑为阉人。《隋书·艺术传》：万宝常父大通，从梁将王琳归齐，后复谋还江南，事泄伏诛，由是宝常被配为乐户。然则没虏者虽可以财赎，而依常法并不能得，谋叛走者，则又当身死而刑其家累也，可谓无道矣。

中国人或掠外夷为奴婢，如第十六章第二节所言，南北朝皆有伐僚之事是也。《隋书·苏孝慈传》：兄子沙罗，检校益州总管长史。蜀王秀废，吏奏案沙罗云：秀调熟僚令出奴婢，沙罗隐而不奏，则虏掠之外，并有以人为赋者，其无道尤甚矣。① 《秀传》：秀废为庶人，幽内侍省，不得与妻子相见，令给僚婢二人驱使，盖尚携自蜀中者也。亦有外夷掠外夷之人，而卖诸中国者，如第十六章第一节所言，慕容廆掠夫余种人，卖诸中国是也。《梁书·王僧孺传》：僧孺出为南海太守。郡常有高凉生口；及海舶每岁数至，外国贾人，以通货易；旧时州郡以半价就市，又买而即卖，其利数倍，历政以为常，僧孺并无所取。又《良吏传》：孙谦为巴东、建平二郡太守，掠得生口，皆放还家。《魏书·吕罗汉传》：高祖诏罗汉曰："赤水诸羌居边土，非卿善诱，何以招辑？仰所得口马，表求贡奉，朕嘉乃诚，便领纳。其马即付都牧，口以赐卿。"此并缘边之地，以夷口为利之事，已为无道，若其附塞或居塞内者，既经归化，即为中国边氓，而司马腾乃执卖诸胡以为利，则其无道更甚矣。芮芮之亡也，周文既听突厥之请，缚其主已下三千余人付突厥使斩之，又以其中男已下配王公家，茹柔而嗜利，尚复成何政体哉？

中国人为夷虏奴婢者亦多，② 第六章第六节所言，吕隆时姑臧被困，百姓请出城乞为夷虏奴婢者，日有数百；第十六章第六节引《侯莫陈颖传》言胡村厌匿汉人为奴皆其事。《北史·王慧龙传》：崔浩被诛，卢遐后妻，宝兴慧龙子。从母也，缘坐没官。宝兴亦逃避。未几得出。遐妻时官赐度斤镇高车滑骨。宝兴尽卖货产，自出塞赎之以归。则赎法亦通行于塞外。然丧乱之际，没身异域而不能归者，必甚众矣。

汉世杀奴婢者，不过先以白官，晋、南北朝之世，盖犹有此习，故孔稚珪杀其兄之妾，亦不过先白太守，已见第十七章第一节。然《宋书·沈文秀传》，坐为寻阳王鞭杀私奴免官，加杖一百，则似又不能擅杀也。《魏书·高谦之传》：世无髡黥奴婢。常称俱禀人体，如何残害？然《北史·魏本纪》：文帝大统十三年二月，诏亡奴婢应黥者，止科亡罪。① 又《房谟传》：前后赐其奴婢，率多免放。神武后赐其生口，多黥面为房字而付之。则黥法尚习为故常也。《晋书·王敦传》言：王恺、石崇，以豪侈相尚。恺常置酒，敦与导俱在坐。有女伎，吹笛小失声韵，恺便殴杀之。一坐改容。敦神色自若。他日，又造恺。恺使美人行酒。以客饮不尽，辄杀之。酒至敦、导所。敦故不肯持，美人悲惧失色，而敦傲然不视。导素不能饮，恐行酒者得罪，遂勉强尽觞。《崇传》：崇为客作豆粥，咄嗟便办。每冬得韭蓱虀。尝与恺出游，争入洛城，崇牛迅若飞禽，恺绝不能及。恺每以此三事为恨。乃密货崇帐下，问其所以。答云："豆至难煮，豫作熟末，客来但作白粥以投之耳。韭蓱虀是捣韭根，杂以麦苗耳。牛奔不迟，良由御者逐不及反制之，可听蹁辕则驶矣。"于是悉从之，遂争长焉。崇后知之，因杀所告者。《北齐书·卢文伟传》：子宗道，性粗率，重任侠。尝于晋阳置酒，宾游满坐。中书舍人马士达，目其弹箜篌女伎云："手甚纤素。"宗道即以此婢遗士达。士达固辞。宗道便命家人，将解其腕。士达不得已而受之。将赴营州，于督亢陂大集乡人，杀牛聚会。有一旧门生，酒醉，言辞之间，微有疏失，宗道遂令沉之于水。纪纲废弛之世，人命真如草菅也。

部曲缘起，本因军事，见《秦汉史》第十四章第二节。故当丧乱之际，招募孔多，或藉之以为乱。遥光之叛，欲用遥欣、遥昌二州部曲。桑偃等谋立昭胄，亦以萧寅有部曲，大事皆以委之。皆见第十章第五节。殷琰无部曲，则受制于杜叔宝。见第九章第四节。刘秉之图齐高帝也，其弟遐为吴郡，潜相影响，齐高密令张瓌取遐。诸张世有豪气，瓌宅中常有父时旧部曲数百。遐召瓌，瓌伪受旨，与叔恕领兵十八人入郡，与防郡队主郭罗云进中斋取遐。遐逾窗而走。瓌部曲顾宪子手斩之。郡内莫敢动者。夏侯夔在豫州七年，有部曲万人，② 马二千匹，并服习精强，为当时之盛。大同四年（538），卒于州。子潘，少粗险薄行，常停乡里领其父部曲，为州助防。刺史萧渊明引为府长史。渊明彭城战没，复为侯景长史。景反，潘前驱济江，顿兵城西士林馆，破掠邸第及居人富室，子女财贷，尽掠有之。渊明在州有四妾，并有国色。渊明没，并还京第。潘至，破第纳焉。有部曲者之足以为患如此。案《齐书·萧景先传》：景先北征，军未还，遇疾，遗言"周旋部曲，还都理应分张，其人旧劳勤者，应料理随宜启闻乞恩"，则部曲本不应传袭，③ 而当时多听其子孙有之，此其所以诒祸也。《梁书·处士传》：张孝秀去职归山，居于东林寺，有田数十顷，部曲数百人，率以力田，④ 此等人盖不多也。《齐

---

① 奴婢：可擅杀？可黥？
② 奴婢：夏侯夔部曲万人，其子率之为州助防，案此其口实之所以能给？
③ 奴婢：部曲本不应传袭。
④ 奴婢：率部曲力田。

书·李安民传》言，宋泰始以来，内外频有贼寇，将帅已下，各募部曲，① 屯聚京师。安民上表陈之，以为自非淮北常备，其外余军，悉皆输遣。若亲近宜立随身者，听限人数，上太祖纳之，诏断众募，固不得不然矣。部曲亦为私属，故亦可以赏赐。《北史·窦炽传》：子荣定，为洛州总管，隋文帝受禅来朝，文帝赐以部曲八十户是其事。其等级较高于奴婢，故奴婢可免为部曲也。部曲之女曰客女。皆见上。

宾客虽云寄食，犹为敌体，说见《秦汉史》第十四章第二节。然其后亦成为部曲之流，敌体之义微矣。晋室东渡之际，百姓遭难流移，多芘大姓为客，时不能正，乃定给客之制，已见第十七章第三节。《隋书·食货志》云：都下人多为诸王公贵人左右、佃客、典计、衣食客之类，皆无课役。官品第一、第二，佃客无过四十户；第三品三十五户；第四品三十户；第五品二十五户；第六品二十户；第七品十五户；第八品十户；第九品五户；其佃谷皆与大家量分。其典计：官品第一、第二置三人；第三、第四置二人；第五、第六及公府参军、殿中监、监军、长史、司马、部曲督、关外侯、材官、议郎已上一人；皆通在佃客数中。官品第六已上，并得衣食客三人；第七、第八二人；第九品及鼍辇、迹禽、前驱、由基、强弩司马，羽林郎，殿中冗从武贲，持锥斧武骑、武贲，持钑冗从、武贲，命中武贲、武骑一人。客皆注家籍。此即所谓给客之制，法所许为其私属者也。《晋书·外戚传》云：魏氏给公卿已下租牛客户，数各有差。自后小人惮役，多乐为之。贵势之门，动有百数。又大原诸郡，亦以匈奴、胡人为田客。多者数千。武帝践位，诏禁募客。则客制实起于曹魏之世，晋初尝禁之，其后力不能胜，乃又从而许之也。魏世有僧祇户、佛图户，亦系私属，见第十七章第三节。

门生之地位，更高于部曲。其人盖古舍人之类，故亦可以入仕。《齐书·王琨传》：琨转吏部郎。更曹选局，贵要多所属请，琨自公卿下至士大夫，例为用两门生。《南史·陆慧晓传》：慧晓迁吏部郎。尚书令王晏选门生补内外要局，慧晓为用数人而止，晏恨之。《晏传》云：内外要职，并用周旋门义。又云：内外要职，并用门生。《周书·李贤传》：高祖西巡，幸贤第，门生昔经侍奉者，二人授大都督，四人授帅都督，六人别将。则其入仕之途颇捷，时亦颇优；又依附公卿，人多视为荣幸；故富人子弟，亦慕为之，不惟无所利于其主，而且有所献纳焉。《南史·徐湛之传》言：湛之门生千余，皆三吴富人子，资质端美，衣服鲜丽。《梁书·顾协传》：有门生，始来事协，知其廉洁，不敢厚饷，止送钱二千。协发怒，杖二十。因此事者绝于馈遗。又《江革传》：革除武陵王长史、会稽郡

---

① 奴婢：将帅竞募部曲诏断之。

丞，行府、州事。革门生故吏，家多在东州，闻革应至，并赍持缘道迎候。革曰：“我通不受饷，不容独当故人筐篚。”至镇惟资公费。则其证也。其人既系仕宦之流，故颇能通文墨。《北史·杨愔传》：愔所著诗赋、表奏、书论甚多，诛后散失，门生鸠集，所得者万余言，是其证也。其来也既多由趋炎附势，恣横自所不免。周嵩嫁女，门生断道，斫伤二人，建康左尉赴变，又被斫，刘隗为御史中丞，劾其兄颐，颐坐免官。江斅出为豫章内史，还除大子中庶子，领骁骑将军，未拜，门客通臧利，至烦齐世祖遣使检核。何敬容既废，宾客门生，喧哗如昔。会稽谢郁致书戒之曰：“踵君侯之门者，未必皆感惠怀仁，有灌夫、任安之义，乃戒翟公之大署，冀君侯之复用也。”则门生未尝不足为居官之累矣。《齐书·刘怀珍传》云：孝建初，为义恭大司马参军直阁将军。怀珍北州旧姓，门附殷积。启上门生千人充宿卫。孝武大惊。召取青、冀豪家私附，得数千人。土人怨之。此盖其特多者。然如范云之不畜私门生者，士夫中恐不易多觏矣。

第十九章　晋南北朝人民生计

第一节　物价工赀赀产

欲知一时代中人民生计情形者，必先知其生活之所费，次知其所入几何，以供此费，为有余，抑为不足？若有余者，其余财用诸何方？而其俗之侈俭可知矣。一切费用，若能均以钱币计算，自为最便。苦于前代，钱之为用，不甚普遍；晋室东渡以后，又南北分离，币制既不统一，又皆不甚整饬，公家所铸之钱，不得民信，民间乃以他物代之；其所以为代之物，又不能画一；故其计算极难也。

语曰："食为民天。"欲知人民生活情形，自宜首知其谷价，而欲知谷价者，又必先考其度、量、衡。历代度、量、衡制，略见于正史之《律历志》，然与民间所用，实不甚相符。《隋书》所载晋、南北朝度制，以晋荀勖准《周礼》所造，即所谓晋前尺者，为计算之准。此尺与《汉书·律历志》所载王莽时刘歆所造之铜斛尺，后汉之建武铜尺相符。魏杜夔所用之尺，较此长七氂。江东所用，谓之晋后尺，当此尺一尺六分二氂。宋民间所用之尺，传诸梁、陈者，当此尺一尺六分四氂，魏氏所用之尺，分前、中、后三种：前尺当晋前尺一尺二寸七氂。中尺当其一尺二寸一分一氂。后尺，亦即后周民间所用，当其一尺二寸八分一氂。又有所谓东魏尺者，为高齐所沿用，当晋前尺一尺五寸八氂。后周保定中，诏遣太宗伯卢景宣等累黍造尺，从衡不定。后因修仓掘地得古玉斗，事在保定元年(561)，见下。以为正器，据斗造律、度、量、衡。其所造者，谓之玉尺。《隋志》云：俗间见玉作名为玉尺，见铁作名为铁尺。与相承一铜籥云是蔡邕铜籥者，校计相符。实比晋前尺一尺一寸五分八氂。当时因此大赦，改元天和。《志》云："百司行用，终于大象之末。"然又云："平齐后以宋氏尺同律、度、量，班于天下。"则玉尺仅官司用之而已。此尺以铁作，俗间名为铁尺。《志》又载宣帝时达奚震及牛弘等议，谓"今之铁尺，是大祖遣苏绰所造，验其长短，与宋尺符同，平齐之始，已用宣布，因而为定，弥合时宜"，则铁尺初非取诸宋氏。不知周氏讳言之而妄云为苏绰所造邪？抑绰之所造，实取正于上国也？《志》又云："未及详定，高祖受终。"则其尺亦未尝行也。量法：《隋志》引魏刘徽《九章商功注》：谓王莽铜斛，当魏九斗七升四合有奇。又云：梁、陈依古斗。齐以古升五升为一斗。后周武帝保定元年五月，晋国造仓，获古玉升。五年十月，准为铜升，班之天下。依甄鸾算术：玉升一升，得官斗一升三合四勺。开皇以古斗三升为一升。大业初依复古斗。称法：梁、陈依古称。齐以古称一斤八两为一斤。周玉称四两，当古称四两半。开皇以古称三斤为一斤。大业中依复古称。案魏孝文、齐神武、周武帝，皆有釐正度、量、衡之举；隋炀帝大业三年（607），改度、量、权、衡，并依古式，尤为旷然一大变革；然实皆未行。《魏书·本纪》：太和十九年（495）六月，诏改长尺、大斗，依《周礼》制度，班之天下。《北齐书·本纪》：天平三年（537）八月，神武请均斗、尺，班于天下。《周书·本纪》：建德六年（577）八月，议定权、衡、度、量，班于天下。其不依形式者，悉追停。《隋书·本纪》：大业三年四月，改度、量、权、衡，并依古式。案《魏书·张普惠传》：普惠以天下民调，幅、度长、广，尚书计奏复征绵、麻，上疏曰："仰惟高祖，废大斗，去长尺，改重秤，所以爱万姓，从薄赋。万姓荷轻赋之饶，不适于绵麻而已，故歌舞以供其职，奔走以役其勤。自兹以降，渐渐长阔。百姓嗟怨，闻于朝野。宰辅不寻其本，而特放绵、麻之调，以悦天下之心，此所谓悦之不以其道。今宫人请调度造衣物，必度忖秤量。绢、布匹有丈尺之盈，一犹不计其广，丝、绵斤兼百铢之重，未闻依律罪州郡。若一匹之滥，一斤之恶，则鞭户主，连三长。今百官请俸，人乐长、阔，并欲厚、重，无复准极。得长、阔、厚、重者，便云其州能调绢、布，横发美誉，以乱视听。今若必复绵、麻者，谓宜先令四海，知其所由；明立严禁，复本幅、度。其在库绢、布并丝、绵，不依典制者，请遣一尚书，与大府卿，左、右藏令，依今官度、官秤，计其斤、两、广、长，折给请俸之人。"后普惠表论时政得失，又以审法度、平斗尺为言；而任城王澄奏利国、济民，所宜振举者十条，亦以律、度、量、衡公私不同宜一为首。二人之论，皆在明帝之初，距太和十九年（495），不过二十年耳。则谓改制之始，民乐输将，后乃稍离其本，不过逊顺之辞，实则太和之诏，初未尝行也。《通典》言梁武帝五铢钱实重四铢三参三黍，其百文重一斤二两，齐文襄五铢钱实重五铢，百文重一斤四两二十铢，较其多寡、重轻，两相符合，而《左氏》定公八年《正义》，谓魏、齐斗、称，于古二而为一；《隋志》谓其以古称一斤八两为一斤，此即公家定制，与民间所用，实不相符之证。后周则观《志》言其平齐后即班宋氏尺于天下，而达奚震等仍以为言，而可知其令之不行矣。历代之度、量、衡，盖无不徒有其名者。《晋书·律历志》言：荀勖新尺，惟以调音律，至于人间，未曾流布，故江左及刘曜仪表，并与魏尺略相依准；又言裴颜以医人命之急，而称、两不与古同，为害特重，宜改治权、衡，不见省；其明证也。《左氏》定公八年《正义》，谓魏、齐斗、称，于古二而为一；周、隋斗、称，于古三而为一；盖据当时实在行用者，约略言之也。度、量、衡器，初非概由官制，民间自制，自不能无"增损、讹替"。语见《隋志》。而前世取民，多以实物，官司恒利于度之长，量之大，衡之重；民间交易，权操于豪强、商贾，其所利者，亦与官司同；故增损、讹替之余，度必渐增其长，量必渐增其大，衡必渐增其重。《日知录》云："《汉书·货殖传》：黍千大斗。师古曰：大斗者，异于量米、粟之斗也，是汉时已有大斗，但用之量粗货耳。《唐六典》：凡度：以北方秬黍中者一黍之广为分，十分为寸，十寸为尺，一尺二寸为大尺，十尺为丈。凡量：以秬黍中者容一千二百黍为龠，二龠为合，十合为升，十升为斗，三斗为大斗，十斗为斛。凡权、衡：以秬黍中者百黍之重为铢，二十四铢为两，三两为大两，十六两为斤。凡积秬黍为度、量、权、衡者，调钟律，测晷景，合汤药，及冠冕之制则用之；内外官司，悉用其大者。按唐时权、量，是古今、小大并行。太史、太常、太医用古，他有司皆用今。久则其今者通行，而古者废矣。"《大斗大两》条。自注引《通典》载诸郡土贡，亦有用小斤、小两者，然皆汤药之用，如上党郡贡人参三百小两，济阳郡贡阿胶二百小斤是也。愚案《晋》、《隋书》，《律历志》引《九章商功法程》云："粟一斛，积二千七百寸，米一斛，积一千六百二十七寸，菽、合麻、麦一斛，积二千四百三十寸，此据精粗为率，使价齐而不等其器之积寸也。以米斛为正，则同于《汉志》。"然则随物之精粗、贵贱而异其度、量、衡之器，民间本有此法。久之渐趋画一，取其一器以为正，如量粟、菽、麻、麦皆用米斛。而度量衡之长、大、重，亦随之而增矣。此较增损、讹替者，所增为巨。《齐民要术·作酱法》云："豆黄堆量不概，盐曲轻量平概。达奚震及牛弘等言：以上党羊头山黍依《汉书·律历志》度之：若以大者稠累，依数满尺，实于黄钟之律，须撼乃容；若以中者累尺，虽复小稀，实于黄钟之律，不动而满。"堆量、轻量；或概、或不概；或撼、或不动；虽同用一器，所得多少，又自不同。此等皆随俗而殊，断难画一。故计算历代之物价，总只能得其大较之大较也。商业兴盛之国，交易皆集于都会，小都会又取准于大都会，则度、量、衡及钱币等，皆易于画一。以农业为主之国，交易分成多区，区各有其取正之所，商人势不得不屈于其俗，欲定一尊甚难。中国历代，皆欲画一度、量、衡及钱币，而皆徒有其名，盖为此也。以大较之大较言之：南朝之量与衡，视为与古略相放，北朝之量与衡，视为于古二而为一，或当相去不远也。据《隋志》所载尺法，惟东魏于古，二而为一，尚有奇零，余皆不逮颇多。然此系官家定制，民间所用，未必如是。正恐二而为一，由来已久，而官家乃从而用之也。又《梁书·庾诜传》，载诜尝乘舟从田舍还，载米一百五十石。有人寄载三十石。既至宅，寄载者曰："君三十斛，我百五十石。"盖以诜之米为己之米，己之米为诜之米也。魏太和五年（481）班禄增调，《魏书·本纪》言谷二斛九斗，《食货志》言粟二石九斗。皆可证斛、石仍同。然《肃宗纪》：孝昌二年二月，诏有能输粟入瀛、定、岐、雍四州者，官斗二百斛赏一阶，入二华州者，五百石赏一阶，地方储积，固有多少之殊；运转亦有难易之别；官家须用，亦有缓急之不同；然酬奖之厚薄，似不应县殊至是？则北方斛、石，似又因地而不同矣。此等亦难于详考也。

度、量、衡既略明，又宜进考其时之币价。汉献帝初平元年（190），董卓坏五铢钱铸小钱，实为钱法一大变。其后宋孝武帝孝建元年（454）造四铢钱。三年（456），用徐爱议，收铜缮铸，私铸始甚。前废帝即位，改铸二铢；又用沈庆之说通私铸，而钱法大坏。史述其弊，至于"斗米一万，商贾不行"。梁武帝铸五铢及女钱，二品并行，亦卒为私钱所乱。后废铜钱，更铸铁钱，大同后遂至积如丘山，交易者不复计数，而惟论贯。北朝太和十九年（495），始行五铢钱，后世宗又铸之，其行皆不广。肃宗以后，私铸转甚。亦至风飘水浮，米斗几直一千。迄于齐、周，无以善其后。本节所论币制，宜与第二十章第四、五节参看。以是言之，其时物价，宜极腾贵。顾史所载者，与前世并无大殊，钱价仍远较后世为贵，其故何也？曰：当时钱币之为用，本不普遍；恶钱虽与好钱并行，盖皆减折行使；论物价者，仍以好钱为准，而史从而书之，故觉其物价无甚变动也。《晋书·食货志》云："董卓铸小钱，货轻物贵，谷一斛至钱数百万。参看《秦汉史》第十六章第四节。魏武作相，罢之，还用五铢。是时不铸钱既久，货本不多，又更无增益，故谷贱无已。"夫民间果其通用，岂魏武一令所能罢？此观于历代私钱之难禁可知。盖董卓所铸之小钱，本已废而不行矣。《志》又云："黄初二年（221），魏文帝罢五铢钱，使百姓以谷、帛为市。至明帝，乃更立五铢钱。"钱之用便于谷、帛，不待再计而知。民间果其通用，更岂魏文一令所能废？《志》又载晋末桓玄议废钱，孔琳之驳之，谓"钱之不用，由于兵乱积久，自致于废"，[①] 此言最合事情。琳之去魏世近，盖必有所见，非慢然言之也。《晋书·张轨传》：索辅言于轨曰："古以金、贝、皮币为货，息谷物量度之耗。二汉制五铢钱，通易不滞。泰始中，河西荒废，遂不用钱。裂匹为段。缣布既坏，市易又难；徒坏女工，不任衣用；弊之甚也。今中州虽乱，此方安全。宜复五铢，以济通变之会。"轨纳之。立制准布用钱。钱遂大行，人赖其利。此为琳之之说之铁证。盖前世钱贵，民间零星交易，并不甚用钱，参看《秦汉史》第十六章第四节。故钱之用，惟于商贾为最切，商贾不行，即寖至于废矣。《晋志》载琳之之议又曰："魏明帝时，钱废谷用既久，以不便于人，乃举朝大议。精才达政之士，莫不以宜复用钱。下无异情，朝无异论。""钱废谷用既久"句，《宋书·琳之传》作"钱废谷用，三十年矣"。《南史》作四十年矣。三、四二字，未知孰是，古人好举成数，逾于三十，即可言四十；又其言数不甚精密，虽迫近四十，仍可言三十也。而既久二字，则必为后人所改，盖作史者疑自黄初之世，至于明帝之时，不及三十年，而不知琳之此语，乃上溯汉献帝时言之也。此亦足证董卓所铸小钱，自致于废，而无待于魏武之令也。即谓有待于魏武之令，自初平元年（190）至建安元年（196）魏武作相，亦不过六年。宋自孝建三年五月铸四铢钱，下逮明帝泰始元年十二月罢之，及其明年三月断新钱

---

① 钱币：乱则钱自废，钱贵惟商贾多用，不行即自废。

专用古钱，亦不及十年也。参看第二十章第四节。《隋书·食货志》云：陈初承梁丧乱之后，铁钱不行，似铁钱至梁亡始废。然其为用见于史者，仅《陈书·沈炯传》，谓其为宋子仙所逼，令掌书记，王僧辩购得之，酬所获者铁钱十万而已。此盖破败之余，铜钱阙乏，又或吝惜不出，而非其时铁钱之果行也。然则积如丘山，适足见其壅塞不行而已。当时短陌大行，最贵者京师以九十为陌，次则八十、七十，末年乃以三十五为陌。此即钱日贵，物日贱，向值百钱者，落至仅值九十、八十、七十，甚至仅值三十五也。钱日多而物日贱，钱之不行可知。魏肃宗初，任城王澄上书论当时钱货，谓太和五铢，不入徐、扬之市，河北且无新造五铢，与此正可参证。太和五铢，不可谓之恶钱，且犹如此，况于梁之铁钱哉？齐初，孔觊上《铸钱均货议》，言："盗铸者摩泽淄染，始皆类故，交易之后，渝变还新，良民弗皆淄染，不复行矣。所粥卖者，皆徒失其物。盗铸者复贱买新钱，淄染更易。反覆生诈，循环起奸。"观此，知当时私铸虽甚，而私钱之废而不行者亦多；且新旧二钱，判然异价；论物价者，安得不以旧钱为主？又宋文帝时，江夏王义恭欲以大钱一当两，沈演之议，谓："晋迁江南，疆境未廓，或土习其风，钱不普用，今王略开广，声教遐暨，金锱所布，爰逮荒服，悉皆流行之矣。"此说谓晋世钱货不行之地尚多是实，其谓宋世流行，则不过故甚其辞，以伸己说，故《隋志》谓梁初尚惟京师及三吴、荆、郢、江、湘、梁、益用钱也。钱且不行，况于新铸？其论物价之辞，必以旧钱为主，更不待言矣。

然则当时币价，果何如邪？案《齐书·王敬则传》载竟陵王子良启，谓"钱贵物贱，殆欲兼倍。凡在触类，莫不如兹。稼穑惟劬，斛直数倍。今机杼勤苦，匹裁三百。所以然者，实亦有由。年常岁调，既有定期，僮恤所上，咸是见直。民间钱多翦凿，鲜复完者。公家所受，必须员大。以两代一，困于所贸。鞭棰、质系，益复无聊。"又谓"昔晋氏初迁，江左草创，绢布所直，十倍于今。赋调多少，因时增减。永初中，官布一匹，直钱一千，而民间所输，听为九百。渐及元嘉，物价转贱，私货则束直六千，官受则匹准五百。所以每欲优民，必为降落。今入官好布，匹堪百余。四民所送，犹依旧制。昔为损上，今为刻下。氓庶空俭，岂不由之？"《子良传》载其启，又谓"泉铸岁远，类多翦凿。江东大钱，十不一在。公家所受，必须轮郭。遂买本一千，加子七百。犹求请无地，棰革相继。"然则当齐初，好恶钱之相比，为以两当一，或以十七当十。与所谓斗米一万，商贾不行者，相去何其远邪？足见此等情形，即有之亦为时其暂也。物直自永初至元嘉，殆减其半，至齐初则仅十之一矣。合梁世短陌之数观之，略可见其时物直降落之情形也。

铜钱而外，金、银亦略具钱币之用。前世用金，皆以斤计，此时则多以两计，详见第二十章第五节。即其通行渐广之征。汉世黄金一斤直钱万。晋、南北朝之世，史无明文。然史亦未言其相异，则其比直或无甚变动。黄金一斤直钱万，则一两直钱六百二十五。新室币制，银八两为一流，直千，见《秦汉史》第七章第二节。当金价五分之一。是时若无变动，则银一两直钱百二十五也。

金、银为用不广，钱又不足于用，所资以交易者，实惟谷、帛为多。宋世周朗，亦主废钱币用谷帛者，其言曰："自淮已北，万匹为市，从江以南，千斛为货，不患其难。"可见北多用帛，南多用谷。① 欲计布帛之直，必先考其长、广。《宋书·律志》谓"布幅广二尺七寸，四十尺为匹"，较《汉书·食货志》所云"布帛广二尺二寸为幅，长四丈为匹"者少广。《魏书·食货志》云："旧制民间所织绢布，皆幅广二尺二寸，长四十尺为一匹。"则与《汉志》符同。又云："六十四为一端。"案太和班禄之先，户以九品混通，各调帛二匹，又各入帛一匹二丈，委之州库，以供调外之费。详见第三节。一匹二丈，则六十尺。盖因有是调，乃有一端之称也。② 前世多言布帛，南北朝之世，则多言绢、布，盖以绢为丝织之总名。③《北齐书·李元忠传》云：元忠贡世宗蒲桃一盘，世宗报以百缣，又载世宗书辞曰："聊用绢百匹，以酬清德。"上言缣，下言绢，其明征矣。是时铜钱日少，故绢价日廉。《晋书·石勒载记》：勒令公私行钱，而人情不乐，乃出绢市钱，限中绢匹一千二百，下绢八百。百姓私买，则中绢四千，下绢二千。魏太和十九年（495）行钱，内外官禄，皆准绢给钱，绢匹为钱二百。永安二年（529）铸五铢，官欲贵钱，出藏绢，分使人于三市卖之，绢匹止钱二百，而私市者犹三百。盖官卖止收好钱，私市兼收恶钱。普泰元年（531），天下调绢四百一匹，此则利于多取，其时绢价未必至是也。《北史·房谟传》云：魏朝以河南数州，乡俗绢滥，退绢一匹，征钱三百，人庶苦之，乃表请钱、绢两受，任人所乐，可见四百为多取也。自石勒之时，至于魏世，绢价约落至十分之一，亦颇与南朝情形相似矣。

史所载谷价，多在饥荒丧乱之时，实不足考人民生活情形，晋、南北朝谷价异常者：《惠帝纪》：元康七年七月，关中饥，米斛万钱，时直齐万年之乱。太安二年十月，公私穷匮，米石万钱，时直张方之乱。《怀帝纪》：永嘉五年六月，百姓饥俭，米斛万余，时刘曜、王弥陷京师。《愍帝纪》：建兴四年十月，京师饥甚，米斗金二两，人相食，死者大半，时刘曜自前月逼京师。《成帝纪》：咸和四年正月，苏峻子硕攻台城，城中大饥，米斗万钱。《魏书·僭晋传》云：谷石数万。咸康元年（335），大旱，会稽、余姚尤甚，米斗五百。《石季龙载记》：时众役繁兴，军旅不息，加以久旱，谷贵，金一斤，直米二斗。《吕光载记》：光之称酒泉公，谷价腾踊，斗直五百，人相食，死者大半。吕隆之将亡也，姑臧谷价踊贵，斗

---

① 钱币：南北朝时，北多用帛，南多用谷。
② 布帛：以六十匹为一端之由来。
③ 钱币：前世多言布帛，南北朝言绢布，绢盖丝织之总名。

值钱五千，人相食，饿死十余万。《魏书》本传同。《秃发氏载记》云：隆为沮渠蒙逊所伐，遣使乞师，利鹿孤引群下议之，其尚书左丞婆衍仓曰："今姑臧饥荒残弊，谷石万钱。"则尚未至如《隆载记》所言之烈。盖其初危急时，与后极困弊时，谷价又有不同也。《宋书·沈演之传》：元嘉十二年（435），东诸郡大水，民人饥馑。吴、义兴及吴郡之钱塘，升米三百。《前废帝纪》：大明八年（464），去岁及是岁，东诸郡大旱。甚者米一升数百。① 京邑亦至百余。饿死者十有六七。一升，《南史》作一斗。案《孔觊传》言：大明八年（464），东土大旱，都邑米贵，一斗将百钱，《南史》亦同，则作斗者是也。《梁书·武帝纪》：天监元年（502），大旱，米斗五千，人多饿死。《庾革传》亦言革以是时行会稽郡事，时承凋敝之后，百姓凶荒，所在谷贵，米斗数千，人多流散。《侯景传》言：景围台城时，食稍尽，米斛数十万，人相食者十五六。《南史·景传》云：景食石头常平仓既尽，便掠居人。尔后米一升七八万钱，人相食，有食其子者。《魏书·岛夷传》云：城内大饥，人相食。米一斗八十万。皆以人肉杂牛马而卖之。军人共于德阳前立市，屠一牛得绢三千匹，卖一狗得钱二十万。皆熏雀掘鼠而食之。案谷价之翔贵，由于水旱者实少，由于兵乱者特多且甚，此以见人祸之更烈于天灾也。其稍近于常情者：《晋书·食货志》载户调之式，远夷不课田者，输义米户三斛，远者五斗，极远者输算钱人二十八文，此恐亦仅能取诸户主。课调既愈远而愈轻，则二十八文，必尚不及米五斗之价。此大粗略；且远夷情形，亦与中国不同；不足以考谷价。《齐书·豫章王嶷传》：嶷为荆、湘二州刺史，以谷过贱，听民以米当口钱，优评斛一百，此条最可考见南朝谷价。荆、湘为产米之区，参看第二十章第一节。谷斛不及百钱，余瘠薄之地当较贵，则当在百钱左右也。梁天监四年（505），大穰，米斛三十，其必病农，自无疑矣。然《魏书·食货志》言：天兴后比岁大熟，匹中八十余斛。《隋书·食货志》言：东魏元象、兴和之中，频岁大穰，谷斛至九钱。魏初绢匹，假依石勒时中绢为四千，斛得钱约五十，其斛傥与古量相同，已去天监之世不远。东魏之世，斗、称于古，既已二而为一，则古斛一斛，仅得四钱半，不惟视梁之米斛三十为廉，且较汉宣帝时谷石五钱犹下矣。岂其所谓斛，犹以古斛言之邪？然南北朝时，不论南北，粜价皆贱，则似不足疑。此当时论者，所由多以伤农为虑也。

日食之量，在前世为人五升，已见《秦汉史》第十五章第一节。晋、南北朝之世，似亦无甚差殊，此固不应有异也。《晋书·食货志》载邓艾论屯田之语曰："六七年间，可积三千万斛于淮北，此则十万之众五年食也。"十万之众，五年食三千万斛，则人年食六十斛，以三百六十日除之，日得一斗六升余，此似乎大多。然《宋书·乐志》载晋成帝咸康七年（341），散骑常侍顾臻表谏伎乐之语，谓"兵食七升，忘身赴难"。又《宋书·刘勔传》，载勔策攻县瓠之语，谓"二万人岁食米四十八万斛，五年合须米二百四十万斛"，则人岁食米二十四斛。以三百六十日除之，日得六升又三分升之一。则与五升之数，相去不远矣。

---

① 生计：《宋书·前废帝纪》大明八年（464）米一升数百，南史升作斗是。

《后汉书·伏湛传》注引《九章算术》云："粟五十粝率三十，一斛粟得六斗米为粝。"邓艾之语，盖据粟言之，一斗六升粟，得粝九升许，以稍精凿之米言之，则亦与顾臻、刘劭所云相去不远也。《梁书·何胤传》：胤谓王果曰：吾年已五十七，月食四斗米不尽，何容得有宦情？《陈书·孝行传》：司马嵩丁父艰，日食薄麦粥一升。张昭及弟乾，父卒，并日食一升麦屑粥。此为衰者、毁者之食，不能以例常人。《梁书·江革传》：革为元延明所执，日给脱粟三升，仅余性命；《齐书·孝义传》：崔怀慎孤贫独立，宗党哀之，日敛给其升米；所以为至毂之养，免死之周也。此升皆近于古。《北齐书·库狄伏连传》：附《慕容俨传》后。家口百数，盛夏之日，料以食米二升，不给盐菜，常有饥色，若为南朝之量，必不能支。盖谓盛夏可以少食，故又略减于古之五升。亦足证魏、齐斗、称，于古二而为一也。

《晋书·何曾传》云：曾食日万钱，犹曰无下箸处。① 子劭，食必尽四方珍异。一日之供，以钱二万为限。时论以为大官御膳，无以加之。读史者皆以为极侈，其实亦不尽然。《北齐书·韩轨传》：子晋明，好酒诞纵，招引宾客，一席之费，动至万钱，犹恨俭率，然则万钱为宴客之侈者。曾乃日食之，劭则又倍之耳。若寻常之食：则《宋书·衡阳王义季传》云：义季为荆州刺史，队主续丰，母老家贫，无以充养，遂断不食肉。义季哀其志。给丰每月米二斛，钱一千。并制丰啖肉。丰所啖肉，未必更由官给。然则日得钱三十三，足以啖肉，且不阙于甘旨之养矣。《颜氏家训·治家篇》云：邺下有一领军，贪积已甚。朝夕肴膳，以十五钱为率。遇有客旅，更无以兼。独食月得四百五十钱，略半于义季所以周续丰者，亦不为甚俭矣。《南史·褚彦回传》云：时淮北属江南，无复鲅鱼。或有间关得至者，一枚直数千钱。人有饷彦回鲅鱼三十枚。彦回时虽贵，而贫薄过甚。门生有献计卖之，云可得十万钱。何曾所食，设有若彦回时鲅鱼者，但一味，已去万钱十之三四矣。故史事苟记载真实，而又参互详考之，无甚远于情理而不可解者也。

衣料：布帛价已见前。《宋书·沈怀文传》云：斋库上绢，年调巨万匹。绵亦称是。期限严峻。民间买绢，一匹至二三千。绵一两亦三四百。此虽异常之价，然二者横调既同，价之增当亦相近。假以绢一匹为钱二千五百，绵一两为钱三百五十，则绵一斤之价，当绢二匹又二十五分匹之六，绢匹三百，绵斤当得六百七十二文矣。《齐书·褚渊传》：渊死后，弟澄以钱万一千，就招提寺赎大祖所赐渊白貂坐褥，② 坏作裘及缨。白貂盖为名裘，当时之貂，亦产于今之吉、黑。《魏书·勿吉传》曰：其父母春夏死，立埋之，若秋冬，以其尸捕貂，貂食其肉，多得之。《失韦

---

① 生计：日食万钱，不为甚侈。
② 生计：褚渊质白貂坐褥于招提寺。

传》曰：亦多貂皮。间关至中国殊不易。《三国志·鲜卑传》注引《魏书》谓其有貂、豽、鼲子，皮毛柔蠕，天下以为名裘，其地尚较勿吉、失韦为近也。质价固非卖价，然渊甚贫，所质必与卖价相近，以是度之，裘亦不能甚贵也。

《宋书·后妃传》：明帝陈贵妃，家在建康县界，有草屋两三间。[①] 上出行，问尉曰："御道边那得此草屋？当由家贫。"赐钱三万，令起瓦屋。则以草屋改为瓦屋，每间所费，为万至万五千钱。《蔡兴宗传》：父廓，奉兄轨如父。罢豫章郡还，起二宅，先成东宅，与轨。廓亡而馆宇未立。轨罢长沙郡还，送钱五十万，以补宅直。造价若倍于改为，则五十万之赀，可得屋二十五间或十八九间也。造屋所费如是，买宅价亦相近。《齐书·王琨传》：琨罢广州刺史还，宋孝武问还赀多少，琨曰：臣买宅百三十万。《南史·吕僧珍传》：宋季雅罢南康郡，市宅居僧珍宅侧。僧珍问宅价，曰："一千一百万。"怪其贵。季雅曰："百万买宅，千万买邻。"千万买邻为虚言，百万买宅为实语，则其所费，倍于蔡廓耳。广州固仕宦者膏腴之地，季雅亦以豪举称，故其所费较多也。崔慰祖卖宅四十五万，与蔡廓起宅所费略侔。桓闳弟子崱深，为临城县，罢归，得钱十万，买宅奉兄，见《南史·桓护之传》。则其人以行义称，故其所费为独少也。《晋书·石勒载记》：勒将营邺宫，其廷尉续咸，上书切谏。勒怒，欲收之。其中书令徐光又谏。勒为之止，而叹曰："人家有百匹赀，尚欲市别宅，况有天下之富，万乘之尊乎？终当缮之耳。"勒时中绢之价为四千至千二百，下绢之价为二千至八百，已见前。百匹市宅，以中绢计，为钱十二万或四十万；以下绢计，为钱八万或二十万；亦与南朝相去不远也。

《晋书·食货志》言：惠帝荡阴反驾，囊钱三千，似至俭矣。然《魏书·萧宝夤传》言：宝夤脱本衣服，着乌布襦，要系千许钱以奔虏；又《司马楚之传》言：有上蔡董毛奴，赍钱五千，死于道路；则当时民间行旅，原不过赍钱数千，惠帝亦侪于氓庶耳。《魏咏之传》言：咏之生而兔缺，闻殷仲堪帐下有名医能疗之，贫无行装，遂赍数斛粟西上，以投仲堪。晋世布价，十倍齐初，粟价亦当十倍，数斛粟亦当得数千钱也。《习凿齿传》：桓温追蜀人知天文者至，问国家运祚修短。答云："世祀方永。"温不悦，送绢一匹，钱五千文。星人驰诣凿齿曰："家在益州，被命远下。今受旨自裁，无由致其骸骨。缘君高义，乞为标揭棺木耳。"凿齿问其故。星人曰："赐绢一匹，令仆自裁，惠钱五千以买棺。"凿齿曰："君几误死，此以绢戏君，以钱供道中赀，是听君去耳。"以萧宝夤、魏咏之所赍例之，温之所赠，亦未为薄也。

不徒以为行赀不为菲也，即以为棺价亦然。《齐书·刘祥传》：祥从祖兄彪，

---

① 宫室：御道边那得草屋。

以崇圣寺慧首鬃头为尼，以五百钱为买棺材，以泥洹䁥送葬刘墓，为有司所奏。又《张融传》：遗令以三千买棺。《梁书·刘歊传》；歊著《革终论》，欲死后以一千钱市治棺。二人固主薄葬者，然歊论言"积习生常，难卒改革，一朝肆志，悦不见从"，则亦非过于俭者。然则当时棺价，极亦不过数千钱耳。

后魏贾思勰著《齐民要术》，杂载物价颇多，今摘录如下：《种瓠篇》云：破以为瓢。其中白肤，以养猪致肥。其瓣以作烛致明。一本三实，一区十二实，一亩得二千八百八十实，十亩凡得五万七千六百瓢。瓢直十钱，并直五十七万六千文。用蚕矢二百石，牛耕功力直二万六千文，余有五十五万。肥猪、明烛，利在其外。《种胡荽篇》云：春种者五月子熟，拔取曝干格柯打出，作蒿蒻盛之。冬月亦得入窖。夏还出之。但不湿。亦得五六年停。一亩收十石。都邑粜卖，石堪一匹绢。秋种者十月足霜乃收之。一亩两载，载直绢三匹。《种桑柘篇》云：一枝直十文。此上有夺文。胡床一具直百文。十五年任为弓材，一张二百。亦堪作履，一两六十。裁截碎木，中作锥刀靶，一个直三文。二十年好作犊车材，一乘直万钱。欲作鞍桥者，生枝长三尺许，以绳系旁枝，木橛钉着地中，令曲如桥。十年之后，便是浑成柘桥。一具直绢一匹。欲作快弓材者，宜于山石之间北阴中种之。其高原、山田，土厚、水深之处，多掘深坑，于坑之中种桑柘者，随坑深浅，或一丈五，直上出坑，乃扶疏四散。此树条直，异于常材。十年之后，无所不任。一树直绢十匹。《种榆白杨法》云：榆：三年春，可将荚叶卖之。五年之后，便堪作椽。不挟者即可砍卖，一根十文。挟者镟作独乐及盏，一个三文。十年之后，魁、碗、瓶、榼、器皿，无所不任。一碗七文。一魁二十。瓶、榼、器皿，一百文也。十五年后，中为车毂及蒲桃瓮。瓮一直二百。车毂一具，直绢三匹。其岁岁料简剥治之功，指柴顾人，十束顾一人，无业之人，争来就作。卖柴之利，已自无赀。岁出万束，一束三文，则三十贯。荚叶在外也。况诸器物，其利十倍。岁收三十万。砍后复生，不劳耕种，所谓一劳永逸。能种一顷，岁收千匹。惟留一人守护，指挥处分。既无牛耕、种子、人功之费，不虑水、旱、风、虫之灾。比之谷田，劳逸万倍。男女初生，各与小树二十株。比至嫁娶，悉任车毂。一树三具，一具直绢三匹，成绢一百八十匹。聘财、资遣，粗得充事。白杨：一亩三垅，一垅七百二十株，一株两根，一亩四千三百二十株。案当作根。三年中为蚕樀，五年任为屋椽，十年堪为栋梁。以蚕樀为率：一根五钱，一亩岁收二万一千六百文。岁种三十亩，三年九十亩。一年卖三十亩，得钱六十四万八千文。周而复始，永世无穷。比之农夫，劳逸万倍。去山远者，实宜多种，千根以上，所求必备。《种棠篇》云：八月初天晴时，摘叶薄布，晒令干，可以染绛。成树之后，岁收绢一匹。《种谷楮篇》云：三年便中砍。指地卖者，省功而利少；煮剥卖皮者，虽劳而利大；自能造纸，其利又多。种三十亩者，岁砍十亩，三年一遍，岁收绢百匹。《种槐柳楸梓梧篇》云：杨柳：三岁成椽，一亩二千六百六十根，三十亩六万四千八百根，根直八钱，合收钱五十一万八千四百文。百树得柴一载，合柴六百四十八载，载合钱一百文，柴合收钱六万四千八百文。都合收钱五十八万三千二百文。岁种三十亩，三年种九十亩。岁卖三十亩，终岁无穷。箕柳：至秋任为簸箕，五条一亩，岁收万钱。柞：十年中可杂用，一根直十文。二十岁中屋樽，一根直百钱。《种红花蓝花栀子篇》云：花，负郭良田种顷者，岁收绢三百匹。一顷收子二百斛，与麻子同价。既任车脂，亦堪为烛。即是直头成米，二百石米，已当谷田，三百匹绢，端然在外。此皆当时物价间可考见者也。

力作者以一人一日之所作，为计算之单位，此乃事理之自然。今俗语工夫二字，① 专指时间言之，乃其偏端之义。溯其原，则夫指人力；工亦作功，谓一人一日之所作也。《宋书·孝义传》：王彭，少丧母。元嘉初，父又丧亡。家贫力弱，无以营葬。兄弟二人，昼则佣力，夜则号感。乡里哀之，各出夫力助作砖。此为夫字之义。《晋书·文帝纪》：帝将伐蜀，谋众曰："略计取吴，作战船，通水道，当用千余万功，此十万人百数十日事也。"《刘曜载记》：曜葬其父母及妻，游子远谏，谓："计六万夫百日作，所用六百万功。"皆以一人一日所作为一工也。庸力者即准此论直。《齐书·王敬则传》：敬则为会稽太守。会土边带湖、海，民丁无士庶，皆保塘役。敬则以功力有余，悉评敛为钱。送台库以为便宜。竟陵王子良启言："塘丁所出，本不入官。均夫、订直，民自为用。今郡通课此直，悉以还台。租赋之外，更生一调。"均夫者，通计全工须用人力若干，均之各家。订直者，定一人一日之作，所直若干，有不能力作之人，许其出直以为代。史言士庶皆保塘役，士人未必能力作，必许其出直以为代也。民间订直，或不必皆以见钱，敬则则一以见钱计直而取之，故云评敛为钱。《东昏侯纪》言其下扬、南徐二州桥、桁、塘、埭丁，计功为直，敛取见钱，其所为亦犹是也。民间有以夫力助人，亦有借人夫力而以夫力还之者。又有技艺者，其顾直与徒能力作者不同。《宋书·孝义传》：吴逵，经荒饥馑，系以疾疫，父母、兄弟、姬及群从小功之亲，男女死者十三人。逵时病困，邻里以苇席裹之，埋于村侧。既而逵疾得瘳。亲族皆尽，惟逵夫妻得全。家徒壁立。冬无被袴。昼则佣赁，夜则伐木烧砖，期年中成七墓，葬十三棺。邻里嘉其志义，葬日悉出赴助。逵时逆取邻人夫直。葬毕，众悉以施之。逵一无所受。皆佣力报答焉。逆取谓暂未给直。施之则不取其直。佣力报答，则以夫直还夫直也。又郭原平，性闲木功，庸赁以给供养。性谦虚。每为人作匠，取散夫价。父亡，以为奉终之义，情理所毕，营圹凶

---

① 生计：工夫、夫力、夫直、匠、散夫、十夫、私夫、息日。

功，不欲假人。性虽智巧，而不解作墓。乃访邑中有营墓者，助人运力。经时展勤，久乃闲练。又自卖十夫，以供众费。葬毕，诣所买主，执役无懈。与诸奴分务，每让逸取劳。主人不忍使，每遣之。原平服勤，未曾暂替。所余私夫，佣赁养母。有余，聚以自赎。本性智巧，既学攒冢，尤善其事。每至吉岁，求者盈门。原平所赴，必自贫始。既取贱价，又以夫日助之。散夫，盖别无技艺，仅能力作之人。原平既闲木工，此即所谓作匠，原不应取散夫之价，故其取之为谦虚。攒冢云取贱价，盖亦指此。客为依人之称，兼具隶属之义，故晋世佃客、衣食客，皆注家籍。参看第十八章第四节。十夫客受取买主之赏，盖亦同于奴婢，故有自卖之名。所异者，还其买价，即可自赎耳。《宋书·自序》言：世祖出镇历阳，沈亮行参征虏军事。时营创城府，功课严促。亮病其以岁月之事，求不日之成。谓："比见役人，未明工作，闭鼓乃休。呈课既多，理有不逮。至于息日，拘备关限。"公家役民，程课之法，亦必本诸习俗。彼此相况，则民间庸顾之法可明。虽受顾直，而其日可不工作，是为息日。非息日者，工作亦有定时，往必后于未明，罢必先于闭鼓。息日若未往之先，既罢之后，工力自仍为所自有。此时力作，是谓私夫。故原平庸赁以养母，又得聚以自赎也。庸力得直，可使农民于稼穑之余，别有所入。无常职者，尤恃此为日食之资。程课宽严，平直高下，于民生舒蹙，所关实大。《齐民要术》言：指柴十束顾一人，无业之人，争来就作；又言柴一束三文；则日得卅钱，已为顾直之优者矣。其《种红花蓝花栀子篇》又言："一顷收花，日须百人。一家手力，十不充一。但驾车地头，每旦当有小儿、僮女，百十余群，自来分摘。正须平量，中半分取。"则指物顾人，自为当时通法。盖由民间钱少故如此。日得钱三十，准诸谷价，不为不优。然此尚须卖出柴始得钱，而主人亦不更给食，故其平直如此耳。顾臻言"兵食七升，忘身赴难，过泰之戏，日廪五斗"，此盖当时伎乐庸直。伎乐之艺，自更优于匠人；且为侈靡之事；刺绣文不如倚市门，自古然矣，故其所得亦较优也。

李悝尽地力之教曰："一夫挟五口，治田百亩，岁收亩一石半，为粟百五十石。除十一之税十五石，余百三十五石。食：人月一石半，五人终岁，为粟九十石。余有四十五石。石三十，为钱千三百五十。除社、闾、尝新、春秋之祠，用钱三百，余千五十。衣：人率用钱三百，五人终岁用千五百。不足四百五十。不幸疾病、死丧之费，及上赋敛，又未与此。此农夫所以常困，有不劝耕之心。"此言计算农家生计，最为清晰。不足四百五十，合粟十五石；疾病死丧之费，及上赋敛，假亦以粟十五石计；则五人终岁，当得粟百八十石，乃可勉支，此为至俭之率矣。魏、齐斗、称，于古二而为一，当得粟九十石。周、隋斗、称，于古三而为一，当得粟六十石。南朝斛、石，去古不远，米斛以百钱计，当得万八千钱；绢匹以三百计，当得六十匹绢也。今试本此，以观其时人之所入。晋世，诸公及开府位从公者；食俸日五斛。大康二年（281），又给绢，春百匹，秋绢二百匹，绵二百斤。元康元年（291），给菜田十顷，驺十人。立夏后不及田者，食奉一年。奉日五斛，年得千八百斛，恰十倍于农家五人终岁之计。绢三百匹：依石勒时中绢官定之价，为钱三十六万；私价百二十万。下绢依官价，为钱二十四万；私价六十万。绵二百斤，据前所引沈怀文说，一斤之价，当绢二匹又二十五分匹之六，依石勒时中绢官价，斤得钱二千六百八十八；私价得钱八千九百六十。下绢官价，斤得钱千七百九十二；私价得钱四千四百八十。以二百乘之，为钱五十三万七千六百，或一百七十九万二千，或三十五万八千四百，或八十九万六千。合绵、绢二项，为钱六十九万七千六百，或三百九十九万二千，或五十九万八千四百，或百四十九万六千。以粟斛千钱计，又得八百九十七斛六斗，或二千九百九十二斛，或五百九十八斛四斗，或一千四百九十六斛。菜田一顷，所入不易计算，以再食俸一年计，又得千八百斛。奉、绵绢、菜田三项合计，其所入，为四千四百九十七斛六斗，或六千五百九十二斛，或四千一百九十八斛四斗，或五千有九十六斛。当农家五口之计，二十四倍又百八十分之百七十七有六，或三十六倍又百八十分之百十二，或二十三倍又有八十分之五十八，或二十八倍又百八十分之百五十六也。特进，食奉日四斛；春服绢五十匹，秋绢百五十匹，绵一百五十斤；菜田八顷，驺八人。光禄大夫，食奉日三斛；春绢五十匹，秋绢百匹，绵百斤；菜田六顷，田驺六人。大子大傅、少傅同。尚书令，食奉月五十斛，绢春三十匹，秋七十匹，绵七十斤；菜田六顷，驺六人。依此可以类推。《晋书·会稽王道子传》，谓其时军旅荐兴，国用虚竭，自司徒以下，日廪七升，盖以上公而受兵卒之饷，宜乎其穷蹙矣。《魏书·薛虎子传》：虎子除徐州刺史，上表言：在镇之兵，资粮之绢，人十二匹，盖月得一匹。匹以钱二百，谷以斛五十计，月得谷四斛，岁得谷四十八斛。《刘芳传》言：芳常为诸僧佣写经、论，笔迹称善，卷直以一缣，岁中能入百余匹，则侔于谷四百余斛。如此数十年，赖以颇振，宜矣。若论赀产之数，则贫民所有，不过数千。《齐书·顾宪之传》：西陵戍主杜元懿请增诸埭税，宪之议言：山阴一县，课户二万，其民赀不满三千者，殆将居半，刻又刻之，犹且三分余一是也。富人则有千万倍于此者。元嘉北伐，有司奏军用不充，扬、南徐、兖、江四州之民，家赀满五千万，僧尼满二千万者，并四分换一，过此率讨；详见第八章第七节。《南史·张敬儿传》：敬儿诬襄阳吴泰与袁颙同逆，收籍其家，僮役、财货，直数千万；[1] 此尚苞括各项资财。若《晋书·郗鉴传》，言其子愔好聚敛，积钱数千万；《宋书·

① 生计：多藏实物，故多云评赀若干，不皆积见钱也。积见钱者，见，然如梁临川王宏，则实物，邺下领军，麻鞋一屋，敝衣数库，见钱究不适多积也。连车载物道路不断。

萧惠开传），言其自蜀还资财二千余万；《齐书·豫章王嶷传》，言其荆州还资，
评直三千余万；《曹虎传》言其在雍致见钱五千万；《南史》作七千余万。又云：悉
厚轮大郭，他物称是。则尚非其赀产之全。其贪积最甚，若梁之临川王宏者，见第
十二章第五节。则其赀财，更不可以称计矣。财多如此，故其用财亦无节限。《齐
民要术》言：男女嫁娶，得绢百八十匹，粗足充事。绢匹二百，不过钱三万六
千。《宋书·武帝纪》言帝俭德，诸主出适，遣送不过二十万。《晋书·卞壸传》：
言壸廉洁俭素，居甚贫约，息当婚，诏特赐钱五十万，既已数倍或十数倍于平民。
而刘敬宣女嫁，武帝乃赐之钱三百万。萧惠开妹当适桂阳王休范，女又当适世祖
子，发遣之资，须应二千万，乃以为豫章内史，听其肆意聚纳，则更不成语矣。婚
嫁一端如此，其余诸事，又可推想也。

第二节　豪贵侈靡

　　晋、南北朝贵人豪族之侈靡，实为其时风俗之大弊，第二章第一节，已略言
之。此盖自古以来，操治理之权者，积渐堕落，以至崩隤，非一人一事之失也。
《晋书·文六王传》：齐献王攸奏议，言"都邑之内，游食滋多。巧伎末业，服
饰奢丽，富人兼美，犹有魏之遗弊。"《王导传》：导言："自魏氏以来，迄于大
康之际，公卿世族，豪侈相高。政教陵迟，不遵法度。群公卿士，皆餍于安息。
遂使奸人乘衅，有亏至道。"足见晋初之弊，皆沿自魏朝。而魏世之弊，则又有
沿诸秦、汉者。《江统传》：统转大子洗马，上书曰："秦、汉以来，风俗转薄。
公侯之尊，莫不殖园圃之田，而收市井之利。① 渐染相放，莫以为耻。今西园卖
葵菜、蓝子、鸡、面之属，亏败国体，贬损令问。"夫商贾之事，古之士大夫，
莫不视为大耻，今乃以大子之尊，而公然为之，封建之世，治人、食于人者之节
概，扫地尽矣。此其所以五胡一起，遂如土崩瓦解而不可止欤？
　　当时奢侈之事，观史之所载，殆无不出于意表者。如王济食晋武帝，供馔悉贮琉
璃器中，已见第二章第一节。《石崇传》云：崇与贵戚王恺、羊琇之徒，以奢靡相尚。武帝每
助恺，尝以珊瑚树赐之，高三尺许，枝柯扶疏，世所罕比。恺以示崇，崇便以铁如意击之，
应手而碎。恺既惋惜，又以为嫉己之宝，声色方厉。崇曰："不足多恨，今还卿。"乃命左右
悉取珊瑚树。有三四尺者六七株。条干绝俗，光采耀日，如恺比者甚众。恺惘然自失矣。琉
璃、珊瑚，乃西域、南海之物，既路途遥远，又丧乱荐臻，宇县分隔，致之甚艰，而晋初君
臣，乃能多致之如此，其骄淫矜夸，可以想见。当时以奢侈闻者，如竟陵王楙、何曾、夏侯
湛、任恺、贾谧、贾模等，其事迹皆见《晋书》本传。王濬功名之士，而史称其平吴之后，

---

　　①　生计："秦汉以来……公侯之尊莫不殖园圃之田……收市井之利"。

不复素业自居，玉食锦衣，纵奢侈以自逸。习俗之移人，可谓深矣。奢侈之极而无以供，则不得不竞为聚敛。如义阳成王望，《望传》云：望性俭吝，而好聚敛。身亡之后，金帛盈溢，以此获讥。望孙奇，亦好畜聚，不知纪极。遣三部使到交、广商货，为有司所奏，贬为三纵亭侯。和峤、杜预称峤有钱癖，见《预传》，亦见《峤传》。《王济传》云：峤性至俭。家有好李，武帝求之，不过数十。济候其上直，率少年诣园共啖，毕，伐树而去。王戎等是也。《戎传》云：性好兴利。广收八方园、田、水碓，周遍天下。积实聚钱，不知纪极。每自执牙筹，昼夜算计，恒若不足。而又俭啬，不自奉养。天下人谓之膏肓之疾。又云：家有好李，常出货之，恐人得种，恒钻其核。以此获讥于世。俭以持身者，殆为凤毛麟角。当时以俭称者：如高密王泰、下邳王晃、刘寔、山涛、华恒等是，皆见《晋书》本传。然泰子新蔡王腾，史称邺中虽府库虚竭，而腾资用甚饶。性俭啬，无所振惠。临急，乃赐将士米可数升，帛各数尺。人不为用，遂致于祸矣。甚至身当戎马之际，日迫危亡之机，而犹不能自振焉。如罗尚，史称蜀中风谣，谓其富拟鲁、卫，辞固多诬，见第三章第六节，然谓尚不富亦不可得也。又如王浚，①《裴楷传》言石勒薄其官寮、亲属，皆赀至巨万。浚之所以败，未必不由此也。流风所被，则虽贤者亦不能独立，而不得不随俗波靡矣。如杜预饷遗洛中贵要，苟晞厚遗都下亲贵是也，见第二章第一节。刘毅等数劾奏何曾侈汰无度，武帝一无所问。益州监军位缺，朝议用武陵太守杨宗及唐彬。武帝以问散骑常侍文立。立曰："宗、彬俱不可失，然彬多财欲，而宗好酒，惟陛下裁之。"帝曰："财欲可足，酒者难改。"遂用彬。盖其视贪侈，亦习焉而不以为怪矣。曷怪其口言节俭，而卒不能董之以齐斧哉？参看第二章第一节。

当时之贵戚、功臣，非惟侈靡而已，其敖很又特甚。如石崇因其帐下泄其作豆粥、韭萍齑及御牛之法而杀其人，又吹笛小不韵而杀其伎是也。骄侈之极，则见恶于人，而身亦不免。《晋书·何曾传》言：曾每宴见，不食大官所设，帝辄命取其馔。又云：人以小纸为书者，② 敕记室勿报。曾子劭，骄奢简贵，亦有父风。劭庶兄遵，性亦奢汰。遵四子：嵩、绥、机、羡。史惟于嵩无贬辞。于绥则云：自以继世名贵，奢侈过度。性既轻物，翰札简敖。城阳王尼见绥书疏，谓人曰："伯蔚居乱，而矜豪乃尔，岂其免乎？"刘舆、潘滔谮之于东海王越，越遂诛绥。于机则云：性亦矜敖。责乡里谢鲲等拜。或戒之曰："礼敬年爵，以德为主，令鲲拜势，惧伤风俗。"机不以为惭。于羡则云：既骄且吝，陵驾人物，乡板疾之如仇。永嘉之末，何氏灭亡无遗焉，得谓之偶然乎？《石崇传》云：贾谧诛，崇以党与免官。时赵王伦专权，崇甥欧阳建，与伦有隙。崇有伎曰绿珠，美而艳，善吹笛。孙秀使人求之。崇尽出其婢妾数十人，曰："在所择。"使者曰：

<hr />

① 生计：王浚、石勒薄其官寮、亲属，皆赀至巨万。案此与袁绍在冀州同，梁、益刺史宾寮。

② 文具：《何曾传》：人以小纸为书者，敕记室勿报。

"本受命指索绿珠，不识孰是？"崇勃然曰："绿珠吾所爱，不可得也。"使者曰："君侯博古通今，察远照迩，愿加三思。"崇曰："不然。"使者出而又返，崇竟不许。秀怒，乃劝伦诛崇、建。夫其所以召祸，亦未始非其敖很有以致之也，岂真以一伎哉？孔子曰："人皆曰予知，驱而纳诸罟擭陷阱之中而莫之知辟也。"当时贵势中人，轻浅寡虑如此，而欲任之以家国之重，安可得乎？此其所以五胡一起，遂如土崩瓦解而不可止欤？

　　元帝渡江，奢侈之风，未之有改。① 《晋书·纪瞻传》云：瞻厚自奉养。立宅于乌衣巷，馆宇崇丽，园池竹木，有足赏玩焉。《谢安传》云：安于土山营墅，楼观林竹甚盛。每携中外、子侄，往来游集，肴馔亦屡费百金。世颇以此讥焉，而安殊不以屑意。则虽贤者亦不免焉。安弟石，遂以聚敛无厌，取讥当世，不可谓非父兄之教不先也。武人如陶侃、刘胤，见第三章第三节，第四章第三节。世族如王国宝等，国宝，述之孙，坦之子也。史言其聚敛不知纪极。后房伎妾以百数。天下珍玩，充满其家。不知礼义者，自更不足责。恭谨志节之士，不随俗波靡者，如周颛、卞壶、褚裒、庾冰、桓冲、王恭、殷仲堪等，其为凤毛麟角，亦与西晋之世无以异也。南方之豪，其贪纵鄙吝者如周札等，亦与北方之士无异。《札传》云：性贪财好色，惟以业产为务。兵至之日，库中有精仗，外白以配兵，札犹惜不与，以敝者给之。其鄙吝如此。故士卒莫为之用。此与新蔡王腾，可谓双绝矣。《谢安传》言：元帝始镇建业，公私窘罄。每得一豘，以为珍膳。顶上一脔尤美，辄以荐帝，群下未尝敢食，于时呼为禁脔。② 江东之穷困如此，而北来新人，溺于故习，南方旧族，率其弊俗如此，欲求振起得乎？

　　凡政治，每随风俗为转移，而欲以政治之力，矫正风俗者，则往往仅能收效于一时，此事之无可如何者也。然使惩劝有方，亦尚能收一时之效。而晋、南北朝之世，则并此而无之。《晋书·范宁传》：宁上书曰："人性无涯，奢俭由势。今并兼之士，亦多不赡。非力不足以厚身，非禄不足以富家，是得之有由，而用之无节。蒲博永日，驰骛卒年。一宴之馔，费过十金。丽服之美，不可赀算。盛狗马之饰。营郑、卫之音。南亩废而不垦。讲诵阙而无闻。凡庸竞驰，敖诞成俗。"其弊可谓深矣。然不赡者岂不穷而思反，合第十二章第五节所引贺琛之言观之，而知整饬之非遂无术也。乃谢石之死，范弘之议谥曰襄墨，此徒以虚名贬斥，而时尚不能用，况其进于此者乎？《王述传》云：述家贫，求试宛陵令，颇受赂遗，而修家具。为州司所检，有一千三百条。王导使谓之曰："名父之子，不患无禄，屈临小县，甚不宜尔。"述答曰："足自当止。"时人未之达也。比后屡居州郡，清洁绝伦。禄赐皆散之亲故。宅宇旧物，不革于昔。始为当时所叹。

----

① 宫室：宅有园池竹木，墅有楼观林竹。
② 饮食：禁脔，可见江东得食之难。

犯法至千三百条，而犹为当时所叹，可见时俗之波靡矣。而王导之徇私纵恶，其所犯，又奚啻千三百条而已哉？

纵侈之为，固多出于贵势，然纪纲既紊，则亦将延及平民。《宋书·周朗传》：世祖即位，普责百官谠言。朗上书曰："一体炫金，不及百两；一岁美衣，不过数袭；而必收宝连椟，集服累笥。逮至婢竖，皆无定科。一婢之身，重婢以使；一竖之家，列竖以役。① 瓦金、皮绣、浆酒、藿肉者，不可称纪。至有列轩以游敖，饰兵以驱叱，不亦重甚哉？且细作始并，以为俭节，而市造华怪，即传于民。② 如此，则迁也，非罢也。凡厥庶民，制度日侈。商贩之室，饰等王侯；佣卖之身，制均妃后。一袖之大，足断为两；一裙之长，可分为二。见车马不辨贵贱，视冠服不知尊卑。尚方今造一物，小民明已睥睨；官中朝制一衣，庶家晚已裁学。侈丽之原，实先宫闱。"梁武帝中兴二年③（502）下令曰："自永元失德，国命朝权，尽移近习。贩官粥爵，贿货公行。并甲第康衢，渐台广室。长袖低昂，等和戎之赐。④ 珍羞百品，同伐冰之家。愚人因之，浸以成俗。骄艳竞爽，夸丽相高。至乃市井之家，貂狐在御；工商之子，缇绣是袭。日入之次，夜分未反；昧爽之朝，期之清旦。"可见侈靡之风，渐染氓庶矣。武人不知礼义，所欲者不出于声色货利之间，故开创之后，不继之以文教者，敝俗必不能革。刘穆之，宋开国元臣也，而自奉不免奢豪；参看第九章第七节。《宋书》本传云：穆之性奢豪，食必方丈。尝白高祖曰："穆之家本贫贱，赡生多阙。自叨忝以来，虽每存约损，而朝夕所须，微为过丰。自此以外，一豪不以负公。"王镇恶，亦当时名将也，而入关哀敛无极。《镇恶传》云：是时关中丰全，仓库殷积。镇恶极意收敛。子女玉帛，不可胜计。高祖以其功大，不问也。此后贵戚、武人之伦，抑更不足论矣。宗室中如梁之诸王，已见第十二章第五节。此外如宋南郡王义宣、竟陵王诞、齐萧景先之子毅、陈始兴王叔陵；世族如谢灵运、虞悰；国戚、功臣之后，如宋之徐湛之、何勖、孟灵休，齐之到㧑等；史皆言其纵侈。武人如沈攸之，见第九章第九节。张敬儿，见第十章第一节。鱼弘、羊侃，见第十二章第五节。又沈庆之、夏侯夔、孙玚等，其事迹皆见本传。世族既骄淫矜夸，其人遂不足用，乃不得不任所谓佞幸者流。此辈出身虽微，而既小有才，能把握事权，则其势焰熏灼，臧污狼籍，又非世族之无能为者比也。参看第九章第三节，第十章第四节。开创之君，大率多有俭德，然不一再传，即复流于纵侈。参看第九章第七节，第十章第四节。甚至迫其臣以贡献，⑤《宋书·后妃传》云：太宗为后废帝立江皇后为妃，

① 奴婢："一婢之身，重婢以使，一竖之家，列竖以役。"资装婢隶作车后容仪。
② 工业：细作始并，市造华怪，即传于民。
③ 中兴二年为齐和帝年号。梁武帝于该年登基称帝。
④ 音乐："长袖低昂，等和戎之赐"。
⑤ 财政：责臣以贡献，或取之以樏蒱，劫夺，拥还资三千万。

讽朝士、州郡令献物，多者将及百金。始兴太守孙奉伯止献琴书，其外无余物。上大怒，封药赐死，既而原之。《南史·齐武帝诸子传》云：南康王子琳，以母宠故，最见爱。太尉王俭因请婚。武帝悦而许之。群臣奉宝物、名好，尽直数百金。武帝为之报答，亦如此。盖几成例举矣。《崔慧景传》云：每罢州，辄倾赀献奉，动至数百万，武帝以此嘉之。《垣阆传》云：孝武帝即位，以为交州刺史，时交土全实，阆罢州还，赀财巨万。孝武末年贪欲，刺史二千石罢任还朝，必限使献奉，又以蒲戏取之，要令罄尽乃止。《魏书·岛夷传》云：梁武所部刺史、郡守，初至官者，皆责其上礼。献物多者，便云称职。所贡微少，言其弱惰。故其牧守在官，皆竞事聚敛，劫剥细民，以自封殖。多伎妾、梁肉、金绮。百姓怨苦，咸不聊生。梁武未必贪取于下，然其政事既废弛，则积习亦不易改也。**或取之以樗蒱，**① 樗蒱永日，最为恶习，然在当时，几上下皆之。《晋书·陶侃传》言：诸参佐或以谈戏废事者。乃命取其酒器、蒲博之具，悉投之于江。吏将则加鞭朴。曰："樗蒱者，牧猪奴戏耳。"可见东渡之初，此风已甚，后乃更借之以取财。《桓玄传》云：性贪鄙，好奇异。尤爱宝物，珠玉不离于手。人士有法书、好画及园、宅者，悉欲归己。犹难逼夺之，皆蒲博而取。当时如是者必非玄一人。《南史·朱修之传》云：修之立身清约。百城贶赠，一无所受。惟以蛮人宜存抚纳，有饷皆受。辄与佐史赌之，未尝入己。可见时俗渐靡，不以为非。《颜师伯传》云：孝武尝与师伯樗蒱。帝掷得雉。大悦，谓必胜。师伯后得卢。帝失色。师伯遽敛子曰："几得卢。"尔日师伯一输百万，此与逼夺又何异邪？且此风无间南北。《魏书·食货志》：和平二年（461）冬，诏出内库绫、绵、布、帛二十万匹，令内外百官分曹赌射，此已为非礼。《北史·王思政传》：周文帝曾在同州与群公宴集，出锦、罽及杂绫、绢数千段，令诸将樗博取之。物尽，周文又解所服金带，令诸人遍掷，曰："先得卢者即与之。"则其恶风全与南朝无异矣。**或径出于劫夺。**《齐书·到㧑传》：㧑资藉豪富，厚自奉养。宅宇山池，京师第一。伎妾姿艺，皆穷上品。爱伎陈玉珠，明帝遣求不与，逼夺之。㧑颇怨望。帝令有司诬奏㧑罪，付廷尉，将杀之。㧑入狱数宿，须鬓皆白。免死系尚方。夺封与弟责。㧑由是屏斥声玩，更以贬素自立。又《刘悛传》：悛既藉旧恩，尤能悦附人主，承迎权贵。宾客闺房，供费奢广。罢广、司二州，倾资贡献，家无留储。在蜀作金浴盆，余金物称是。罢任，以本号还朝，欲献之，而世祖宴驾。郁林新立，悛奉献减少。郁林知之，讽有司收悛付廷尉，将加诛戮。高宗启救之，见原，禁锢终身。又《张欣泰传》：父兴世，元徽中在家，拥雍州还资见钱三千万。苍梧王自领人劫之，一夜垂尽。兴世忧惧，感病卒。**群下效之，相驱成俗。**《南史·王僧达传》：为吴郡太守。吴郡西台寺多富沙门，僧达求须不称意，乃遣主簿顾旷率门义劫寺内沙门竺法瑶，得数百万。《北齐书·文襄六王传》：渔阳王绍信，行过渔阳，与大富人钟长命同床坐。太守郑道盖谒，长命欲起，绍信不听，曰："此何物小人，而主人公为起？"乃与长命结为义兄弟，妃与长命妻为姊妹。责其阖家幼长，皆有赠贿。钟氏因此遂贫。此亦与劫夺无以异也。观于南北朝之弊风，而知罔不小大，草窃奸宄之非虚言也。京邑如此，边方自更无忌惮。《宋书·刘秀之传》言：梁、益二州，土境丰富，前后刺史，莫不大营聚畜，多者致万金。所携宾寮，并京邑贫士，出为郡县，皆以苟得自资。罗研言蜀

---

① 风俗：樗蒱。

中之民，百家为村，不过数家有食，见第十一章第四节。盖有由也。《南史·梁宗室传》言：邓元起在蜀，崇于聚敛，金玉珍物为一室，名曰内藏，绮縠锦绣为一室，号为外府。此盖萧渊藻诬蔑之辞。参看第十一章第四节。《梁书》无此语，盖知其不足信而不之采也。然亦必宦蜀者贪取已甚，乃能为是诬辞也。梁、益如斯，交、广更不必论，其屡招外寇而激起土人之怨叛，亦宜矣。参看第十六章第二、第三节。

侈费甚则所入虽丰，仍苦不足，乃不得不厚自封殖。梁临川王夺人田宅、邸店，已见第十二章第五节。石崇之败也，有司簿阅崇水碓至三十余区，① 仓头八百余人，他珍宝、货贿、财物称是。其仓头，盖即使管治田宅、水碓等者，非以供使令也。参看第十八章第四节。田园之盛，观前所述谢氏世业，即可见之。见第十七章第二节。而此曹又多封固山泽，详见下节。《齐书·虞悰传》，言其治家富殖，奴婢无游手。《魏书·毕众敬传》，言其善持家业，尤能督课田产，大致储积。知当时豪富之徒，能持筹握算若王戎者，为不少矣。沈庆之广开田园之业，每指地示人曰："钱尽在此中兴。"郑羲西门受羊酒，东门沽卖之。此盖田舍翁所不忍言，商贾人所不屑为，而当时士大夫，讼言之公行之而不以为耻。"民之轻死，以其奉生之厚"，盖亦有迫于不得已者在邪？梁之萧琛，频莅大郡，不治产业，有阙则取，不以为嫌，此所谓随身用度，悉仰于官也，古人如此者多。此已为贤者。周王思政不营赀产，尝被赐园池，出征后家人种桑果，及还，命左右拔而弃之，亦尚不失武士之风。若乃徐勉，虽居显贵，不营产业，家无蓄积。尝为书诫其子崧曰："显贵以来，将三十载。门人故旧，亟荐便宜：或使创辟田园，或劝兴立邸店，又欲舳舻运致，亦令货殖聚敛，若此众事，皆距而不纳，非谓拔葵、去织，且欲省息纷纭。"则一人而已矣。

既以不足为患，自不得不流于吝啬。② 案当时士夫，家口率多，参看第十七章第二节。江南士夫，又无田业，惟资俸禄以为食，见《颜氏家训·涉务篇》。其患不足，理固宜然。治生纤悉，容或势不得已，非尽可以为讥议。《南史·王琨传》云：俭于财用。设酒不过两盌，辄云此酒难得。盐、豉、姜、蒜之属，并挂屏风；酒、浆悉置床下，内外有求，琨手自赋之。此非其性癖，即必有所不得已也。《陈书·沈众传》云：众性吝啬。内治产业，财帛以亿计。无所分遗。其自奉养甚薄。每于朝会之中，衣裳破裂，或躬提冠履。永定二年（558），兼起部尚书，监起太极殿，恒服布袍、芒屩，以麻绳为带，又携干鱼蔬菜饭独啖之。朝士共诮其所为。众性狷急，于是忿恨。遂历诋公卿，非毁朝廷。高祖大怒。以众素有令望，不欲显诛之，后因其休假还武康，遂于吴中赐死。众之死，有他故否难考。假其不然，亦以狷急致祸。史所采者积毁之辞，不足信也。《魏书·崔亮传》：亮从父弟光韶，家足于财，而性俭吝，衣马敝瘦，食味粗薄。始光韶在都，同里人王蔓，于夜遇盗，害其二

---

① 生计：石崇水碓三十余区，仓头八百余人，即管治水碓等者。

② 生计：云俭啬者不皆恶。

子。孝庄诏黄门高道穆；令加检捕。一坊之内，家别搜索。至光韶宅，绫、绢、钱、布，匮
篋充积。议者讥其矫嗇。然又云：其家资产，皆光伯所营，光伯亡，悉焚其契。河间邢子才，
曾贷钱数万，后送还之。光韶曰："此亡弟相贷，仆不知也。"竟不纳。则光韶必非矫嗇之人
也。又《张烈传》云：弟僧晧，好营产业，孜孜不已。藏镪巨万，他资亦称是。兄弟自供俭
约，车马瘦敝，身服布裳，而婢妾纨绮。僧晧尤好蒲弈，戏不择人。是以获讥于世。则其兄
弟皆非不用财之人，特不好饰车服耳。清节易招嫉忌；欲沾润泽而不得者，尤易造为诬谤之
辞；不可不分别观之也。然如北方之崔和，埋钱数百斛，母思堇惜钱不买，而其子
乃盗钱百万亡走；又如《颜氏家训》所云邺下领军，朝夕肴膳，以十五钱为率
者，见上节。后坐事伏法，籍其家产，麻鞋一屋，敝衣数库，其余财宝，不可胜
言，则虽欲不谓之为吝嗇而不可得矣。然真有俭德者，亦易见毁于人。朱修之之
去荆州，秋毫无犯。计在州然油及牛、马、谷、草，以私钱十六万偿之，可不谓
廉乎？乃其《传》又云：性俭刻，少恩情。姊在乡里，饥寒不立，修之未尝供
赡。尝往视姊，姊欲激之，为设菜羹粗饭。修之曰："此乃贫家好食。"致饱而
去。先是新野庾彦达为益州刺史，携姊之镇，分禄秩之半以供赡之，西土称焉。
耗公家之财以奉其姊，孰与躬履俭素，与九族同之之为爱人以德？史之所云，谓
非恶直丑正得乎？《魏书·良吏传》言：杜纂历任好行小惠，疏食敝衣，多涉诬
矫，而轻财洁己，终无受纳，为百姓所思。夫轻财洁己，终无受纳，廉吏也，惟
俭可以养廉，非疏食敝衣，安克致此？而乃以为诬矫，不亦难乎？然则清德之
士，若宋之孔觊、顾觊之；齐之刘善明；梁之周舍、徐勉、江革、到溉、顾宪
之、孙谦、夏侯亶；周之苏绰等；终不能谓非贤于人者也。

北方之俗，大体较南方为俭。《颜氏家训·治家篇》云："生民之本，要稼
穑而食，桑麻以衣。疏果之蓄，园场之所产。鸡豚之善，埘圈之所生。爰及栋
宇、器械，樵苏、脂烛，莫非种植之物也。能守其业闭门而为生之具以足，[1] 但
家无盐井耳。今北土风俗，率能躬俭节用，以赡衣食。江南奢侈，多不逮焉。"
其明征矣。然此亦以大较言之，若居要势者之侈汰，则北朝初末未减于南朝，且
恐其纵恣尤甚。虏本不知礼义，惟以富厚相夸。观其兼并他国，惟事略夺；有来
朝贡，则肆诛求可知。《魏书·食货志》云：自大祖定中原，世祖平方镇，收获珍宝，府
藏盈积。又云：自魏德既广，西域、东夷，贡其珍物，充于王府。《魏书·蠕蠕传》云：
太和元年（477），遣莫河去汾比拔等来献良马、貂裘。比拔等称："伏承天朝珍
宝，华丽甚积，求一观之。"乃敕有司：出御府珍玩、金玉、文绣、器物，御厩
文马、奇禽、异兽，及人间所宜用者，列之京肆，令其历观焉。比拔见之，自相
谓曰：大国富丽，一生所未见也。观此记载，而索虏之风尚可见矣。[2] 职是故，

----

① 生计：《颜氏家训》言，北方闭门自足，南方不逮。
② 外交：索虏多积宝物。

其人亦惟知贪取。元志晚年耽好声伎，在扬州日，侍侧将百人。① 器服珍物，冠于一时，及在雍州，逾尚奢侈，聚敛无极。元晖在宣武世，深被亲宠。迁吏部尚书。纳货用官，皆有定价。天下号曰市曹。出为冀州刺史。下州之日，连车载物，发信都至汤阴间，首尾相属，道路不断。其车少脂角，即于道上所逢之牛，生截取角，以充其用。公孙轨之死也，大武谓崔浩曰："吾过上党，父老皆曰：公孙轨为将，受货纵贼，使至今余奸不除。其初来单马执鞭，及去，从车百两，载物而南。"刘洁既居势要，擅作威福。拔城破国，聚敛财货者，与洁分之。其败也，籍其家产，财盈百万。视俘掠所得为利薮，而君臣上下，共朋分之，此真鲜卑之文化也。其嬖幸阉宦之纵恣，实亦更甚于南朝，读第十一章第一节、第十二章第二节可知。《周书·儒林传》载乐逊陈时宜之言曰："顷者魏都洛阳，一时殷盛。贵势之家，各营第宅。车服、器玩，皆尚奢靡。世逐浮竞，人习浇薄。终使祸乱交兴，天下丧失。"又言："其时富贵之家，为意稍广。无不资装婢隶，作车后容仪。服饰华美，眩耀街衢。使行者辍足，路人倾盖。"而《艺术传》载黎季明上书，且谓"汉文帝后宫所幸，衣不曳地，方之今日富室之饰，曾不如婢隶之服"。是时关中实较东方为贫瘠，而其侈靡犹如此，而东方之俗可想矣。

第三节 地权不均情形

晋、南北朝时，豪族贵人，可谓极其奢侈，问其财自何来，则地权之不均，其大端也。近人钱氏穆曰：汉世租额，系十五税一，或三十税一。魏、晋租额，则《晋书·傅玄传》言：玄于泰始四年（288）上便宜，云："旧兵持官牛者，官得六分，士得四分；自持私牛者，与官中分。施行来久，众心安之。今一朝减持官牛者官得八分，士得二分；持私牛及无牛者，官得七分，士得三分。人失其所，必不欢乐。"又《慕容皝载记》：皝以牧牛给贫家田于苑中，公收其八，二分入私。有牛而无地者，公收其七，三分入私。皝记室参军封裕谏，谓"魏、晋虽道消之世，犹削百姓不至于七八。持官牛田者，官得六分，百姓得四分；私牛而官田者，与官中分，百姓安之，人皆悦乐。"是魏、晋收租，以什六、什五为常，什七、什八为酷，盖私家租额本如是，官乃从而效之也。至一人所种田数，及其所入租数，则可据屯田之制推之。《三国·魏志·邓艾传》，载艾策屯田之语曰："令淮北二万人，淮南三万人，十二分休，常有四万人且田且守。计除众费外，岁完五百万斛，以为军资。六七年间，可积三千万斛于淮上。"四万人岁

---

① 音乐：声伎将百人。

完五百万斛，是人岁输百二十五斛，此盖取其全数。《宋书·良吏·徐豁传》：豁为始兴太守，上言郡大田武吏，年满十六，便课米六十斛；十五以下至十三，皆课米三十斛。魏李彪请立农官，取州郡户十分之一，以为屯人，一夫之田，岁责六十斛；事在太和十二年（488），寻施行焉，见《魏书·食货志》。则半取之也。王莽谓豪民侵陵，分田劫假，厥名三十，实十税五，是时之政府，实自为豪民也。盖大乱之后，农民无所托命，不得不依附豪强，豪强遂因而虐取之，田虽非其所有，而取之遂同于其所有。至于屯田，则政府将无主之田，收为已有，分赋军人耕种，土地之所有权，又移于政府手中，故其取之又同于私租也。晋武平吴，制户调之式。《晋书·食货志》述其制云："丁男之户，岁输绢三匹，绵三斤。女及次丁男为户者半输。其诸边郡，或三分之二，远者三分之一。夷人输賨布，户一匹，远者或一丈。男子一人，占田七十亩，女子三十亩。其外：丁男课田五十亩，丁女二十亩；次丁男半之；女则不课。"男女占田合百亩，即古一夫百亩之制。其外二字，承上绵、绢之输而言，乃百亩之内以七十亩为课田，非百亩之外别给以七十亩，此仍是十七之税。其时又有官品占田之制：品第一者五十顷，第二品四十五顷，第三品四十顷，第四品三十五顷，第五品三十顷，第六品二十五顷，第七品二十顷，第八品十五顷，第九品十顷。又各以品之高卑，荫其亲族，多者及九族，少者三世。宗室、国宾、先贤之后及士人子孙亦如之。而又得荫人以为衣食客及佃客。见第十八章第四节。东渡后仍袭其制。《隋书·食货志》谓都下人多为诸王公、贵人左右、佃客、典计、衣食客之类，皆无课役。其佃谷，皆与大家量分。客皆注家籍。此非授强宗豪旅以私占之权，乃括其先已私占者以归于公，而为定一私占最多之数耳。此时租税：《晋书·食货志》云：咸和五年（330），成帝始度百姓田，取十分之一，亩税米三升。哀帝即位，乃减田租，亩收二升。孝武太元二年（377），除度田收租之制，王公已下，口税三斛。八年（383），又增税米口五石。亩税三升，为十分取一，则口税三斛，乃视为有田百亩。然王公有田必不止此数，其取诸佃户者，亦必不止什一，则仍获邀宽典也。

魏之所以救是失者，则为孝文时所行均田之制。《魏书·食货志》云："诸男夫十五以上，受露田四十亩。妇人二十亩。奴、婢依良丁。牛一头，受田三十亩。限四牛。所受之田率倍之，三易之田再倍之，以供耕作及还受之盈缩。诸民年及课则受田，老免及身没则还田。奴婢、牛随有无以还受。诸桑田不在还受之限，但通入倍田分。于分虽盈，没则还田，不得以充露田之数。不足者以露田充倍。诸初受田者，男夫一人，给田二十亩，课莳余种：桑五十树，枣五株，榆三根。非桑之土，夫给一亩，依法课莳榆枣。奴各依良。限三年种毕。不毕，夺其不毕之地。于桑、榆地分杂莳余果及多种桑、榆者不禁。诸应还之田，不得种桑、榆、枣、果，种者以违令论，地入还分。诸桑田皆为世业，身终不还。恒从见口，有盈者无受无还，不足者受种如法。盈者得卖其盈，不足者得买所不足。不得卖其分，亦不得买过所足。诸麻布之土，男夫及课，别给麻田十亩。妇人五亩。奴婢依良。皆从还受之法。诸有举户老小、癃残无授田者，年十一已上及癃者，各授以半夫田。年逾七十者，不还所受。寡妇守志者，虽免课，亦授妇田。诸还受民田，恒以正月。若始受田而身亡，及卖买奴婢、牛者，皆至明年正月，乃得还受。诸土广民希之处，随力所及。官借民种莳，役有土居者，依法封授。诸地狭之处，有进丁授田而不乐迁者，则以其家桑田为正田分。又不足，不给倍田。又不足，家内人别减分。无桑之乡，准此为法。乐迁者听逐空荒，不限异州他郡。惟不听避劳就逸。其地足之处，不得无故而移。诸民有新居者，三口给地一亩，以为居室。奴婢五口给一亩。男女十五以上，因其地分，口课种菜五分亩之一。诸一人之分，正从正，倍从倍，不得隔越他畔。进丁受田者，恒从所近。若同时俱受，先贫后富。再倍之田，放此为法。诸远流、配谪、无子孙及户绝者，墟宅、桑榆、尽为公田，以供授受。授受之次，给其所亲。未给之间，亦借其所亲。诸宰民之官，各随地给公田：刺史十五顷，太守十顷，治中、别驾各八顷，县令、郡丞六顷。更代相付，卖者坐如律。"此为井田废坠以后疆理土田之一大举。其所由然，则与豪强争民也。均田之制，与三长并行。三长之制，《食货志》述之云：魏初不立三长，故民多荫附。荫附者皆无官役。豪强征敛，倍于公赋。太和十年（486），给事中李冲上言："宜准古五家立一邻长，五邻立一里长，五里立一党长。长取乡人强谨者。邻长复一夫，里长二，党长三。所复，复征戍，余若民。三载亡愆，则陟之一等。其民调：一夫一妇帛一匹，粟二石。民年十五以上未娶者，四人出一夫一妇之调。案人帛四分之一匹，则一丈。粟五斗。奴任耕、婢任绩者，八口当未娶者四。案人帛八分之一匹，则五尺。粟二斗五升。耕牛二十头，当奴婢八。案耕牛一头，所出当奴婢一口所出十之四，则为帛二尺，粟一斗。《晋书·食货志》：杜预上疏，请分典虞、右典牧种牛付兖、豫二州将吏、士庶，谷登之后，头责三百斛。所分兼及士庶，必无全取之如前所言为百二十五斛之理。以六十斛计，则牛力五倍于人矣。故魏之所取于耕牛者至薄也。其麻布之乡，一夫一妇布一匹。下至牛，以此为降。案未娶者四之一则一丈，奴婢八之一则五尺。牛二尺。大率十匹为工调，二匹为调外费，三匹为内外百官俸，此外杂调。民年八十以上，听一子不从役。孤独、癃、老、笃疾、贫穷不能自存者，三长内迭养食之。"书奏，诸官通议，称善者众。高祖从之。于是遣使者行其事。乃诏曰："自昔以来，诸州户口，籍贯不实。包藏隐漏，废公罔私。富强者并兼有余，贫弱者糊口不足。赋税齐等，无轻重之殊。力役同科，无众寡之别。虽建九品之格，而丰埆之土未融。虽立均输之楷，而蚕绩之乡无异。致使淳化未树，民情偷薄。朕每思之，良怀深慨。今改旧从新，为里党之法。在所牧守，宜以喻民，使知去烦即简之要。"初百姓咸以为不若循常，豪富并兼者尤弗愿也。事施行后，计省昔十有余倍。于是海内安之。

《冲传》云：旧无三长，惟立宗主督护，所以民多隐冒。五十、三十家，方为一户。冲以三正治民，所由来远，于是创三长之制而上之。文明大后览而称善。引见公卿议之。中书令郑羲、秘书令高祐等不以为然。太尉元丕，则谓："此法若行，公私有益。"而众又咸称："方今有事之月，校比民户，新旧未分，民必劳怨。请过今秋，至冬闲月，徐乃遣使，于事为宜。"冲曰："若不因调时，百姓徒知立长校户之勤，未见均徭省赋之益，心必生怨。宜及课调之月，令知赋税之均。既识其事，又得其利，因民之欲，为之易行。"著作郎傅思益又驳之。大后曰："立三长则课有常准，赋有恒分；苞荫之户可出，侥幸之人可止；何为而不可？"群议虽有乖异，然惟以变法为难，更无异议。遂立三长。公私便之。案《食货志》言：太和八年（484），始准古班百官之禄，以品第各有差。先是天下户以九品混通，户调帛二匹，絮二斤，丝一斤，粟二十石。又入帛一匹二丈，委之州库，以供调外之费。至是，户增帛三匹，粟二石九斗，以为官司之禄。后增调外帛满二匹。如所言，以依旧制而征敛倍于公赋计之，苞荫之家，可赢得帛七匹，絮四斤，丝二斤，粟四十石。若如新制所收，除完官调外，尽入苞荫之家，则苞荫三十家者，可得帛二十六匹半，粟四十石；苞荫五十家者，可得帛四十六匹，粟八十石，宜乎其富厚矣。此均田之制，所以为与豪强大争其民也。《李安世传》载安世疏曰："窃见州郡之民，或因年俭流移，弃卖田宅，漂居异乡，事涉数世，三长既立，始返旧墟，庐井荒毁，桑榆改植，事已历远，易生假冒。强宗豪族，肆其侵陵，远认魏、晋之家，近引亲旧之验。又年载稍久，乡老所惑；群证虽多，莫可取据。各附亲知，互有长短。两证徒具，听者犹疑。争讼迁延，连纪不判。良畴委而不开，柔桑枯而不采。侥幸之徒兴，繁多之狱作。欲令家丰岁储，人给资用，其可得乎？愚谓今虽桑井难复，宜更均量。审其径术。令分艺有准，力业相称。细民获资生之利，豪右靡余地之盈。则无私之泽乃播均于兆庶；如阜如山，可有积于比户矣。又所争之田，宜限年断。事久难明，悉属今主。然后虚妄之民，绝望于觊觎；守分之士，永免于陵夺矣。"《传》云："高祖深纳之。后均田之制，起于此矣。"案均田之制，[1] 在太和九年（485），三长之立，在其十年二月，《疏》云三长既立，而《传》云均田之制起此，似乎有误。窃疑此《传》所云均田，非指九年定制，乃三长既立，民返旧墟，豪强不便而捍格之，犹欲肆其侵陵劫假之旧，安世乃复以为言，魏朝从之，立为年断，使事久难明者，悉属今主，俾贫民亦有田可耕，以是谓之均田也。世皆谓西晋户调之式，元魏均田之法，惟大乱之后，土田乏主，乃可行之。今观魏之授田：一夫一妇，不及百亩，必土广民希，乃许随力所及；狭地则有以桑田为正，不给倍田，

---

① 地权：均田在太和九年（485），三长立于十年二月，而《李安世传》疏言，三长既立，《传》云均田之制起此？

人别减受之法；即未至此，而同时授田，亦必先贫后富；可见中原之地，闲土无多。① 盖其所授者，本即其人之所耕，特其所属，并不分明，豪强获倍赋之利，则听其耕种，及其不获苞荫，则将远认魏、晋之家，近引亲旧之验而争之，以如是而获直，则田复为其所有，而可遂其侵陵劫假之私也。然则均田制之所为，不过于细民所耕种者，确定二十亩为其所有，此外又给之以四十亩，俾免其求乞于豪强耳。此均田之制，所以为与豪强大争其民也。然政府于豪贵之多田者，亦不夺之。钱氏又云："丁牛有限，而奴婢无限，又授田率一倍再倍。以一夫一妇、十奴、四牛计，其田已在千亩外。又北齐河清三年（564），令奴婢受田者：亲王止三百人，嗣王止二百人，第二品嗣王已下及庶姓王止一百五十人，正三品已上及王宗止一百人，七品已上，限止八十人，八品已下至庶人，限止六十人。案亦见《隋书·食货志》。据此以推元魏，可见奴婢受田者之多；且北齐尚有限制，而元魏则无之。又《常爽传》谓三长皆豪门多丁为之，则政府之于豪强，虽夺其隐蔽私敛之权，初未尝使之屈居人下也。"虽与豪强大争其民，而其行之初不甚激，此其所以不至激成相抗之局欤？然举数百年来私擅于豪强之土地、人民而悉出之，终不可不谓之贤矣。以上引钱氏之论，见其所著《国史大纲》第十九、第二十两章（商务印书馆本）。惟皆系推衍其意，非录元文耳。

《颜氏家训》谓北土风俗，率能恭俭节用，以赡衣食，盐井而外，闭门而为生之具已足，已见上节。又云："江南朝士，因晋中兴南渡江，至今八九世，未有力田，② 悉资奉禄而食耳。假令有者，皆信僮仆为之。未尝目观起一拨土，耘一株苗；不知几月当种，几月当收；安识世闲余务乎？"《涉务篇》。然则江南士夫，其于田业，实远在北方之下。《南史·江秉之传》：人有劝其营田，秉之正色答曰："食禄之家，岂可与农人竞利？"即之推之说之证也。前节所引沈庆之、虞悰等善于经纪者，盖不多觏矣。然虽不自经纪，而务广其封略者仍不少。《梁书·后妃传》：天监十一年（512），高祖于钟山造大爱敬寺。太宗简皇后王氏父骞，旧墅在寺侧，有良田八十余顷，即晋丞相王导赐田也。高祖遣主书宣旨，就骞求市，欲以施寺。骞答旨云："此田不卖。若是敕取，所不敢言。"酬对又脱略。高祖怒，遂付市评田价，③ 以直逼还之。此其一事。此或出于保守先业之意，然亦有借以营利者。《晋书·李班载记》：班以"古者垦田均平，贫富获所。今贵者广占荒田，贫者种殖无地，富者以己所余而卖之，此岂王者大均之义乎？"④ 雄纳之。《梁书·武帝纪》：大同七年（541），诏谓："顷者豪家富室，

---

① 地权：均田并非因闲田多，所授盖即所耕，然于豪贵多田者亦不夺之。
② 农业、地权：江南士夫无田业，惟资俸禄，见《颜氏家训·涉务篇》。
③ 地权：买田付市评价。
④ 地权：占荒田卖其所余，儗公田以与贫民。

多占取公田，贵价傲税，以与贫民。伤时害政，为蠹已甚。自今公田悉不得假与豪家。"详见第十二章第五节。此即所谓豪强侵陵，分田劫假者。故虽不能自行田作，而以贵势逼夺民地者仍有之。如颜延之启买人田，拒捍余直，垂及周年，为尚书左丞荀赤松所奏是也。大抵膏腴之地，争夺者多，贫瘠之区，则又皆弃而不顾。孔灵符以山阴土地褊狭，民多田少，表徙无赀之家，见第十七章第四节。而江夏王义恭谓缘湖居民，鱼鸭为业，及有居肆，理无乐徙。义恭以是驳灵符，适足证山阴之田，尽为豪富所擅耳。《晋书·隐逸传》：郭翻家于临川，居贫无业，欲垦荒田，先立表题，经年无主，然后乃作，又可见荒瘠之区之无人过问也。

土田而外，豪富之于山泽，占据尤多。《晋书·职官志》言："名山大泽不以封；盐、铁、金、银、铜、锡，始平之竹园，别都宫室、园囿，皆不为属国。"则山泽之不容封禁可知。此等禁令，历代有之。如《元帝纪》：建武元年七月，弛山泽之禁；《安帝纪》：义熙九年四月，弛湖池之禁皆是。《宋书·武帝纪》：先是山湖川泽，皆为豪强所专，小民薪采渔钓，皆责税直，至是禁断之，即义熙九年（413）事也。先一年，武帝至江陵，下书曰："州、郡、县屯田、池塞，诸非军国所资，利入守、宰者，今一切罢之。"① 其整顿不为不力。然文帝元嘉十七年（440）诏言："山泽之利，犹或禁断。"则禁令等于具文矣。《宋书·羊玄保传》云：玄保兄子希，大明初为尚书左丞。时扬州刺史西阳王子尚上言："山湖之禁，虽有旧科，民俗相因，替而不奉。燥山封水，保为家利。自顷以来，颓弛日甚。富强者兼岭而占，贫弱者薪苏无托。渔采之地，亦又如兹。"有司检壬辰诏书："占山护泽，强盗律论，赃一丈以上皆弃市。"希以"壬辰之制，其禁严刻，事既难遵，理与时弛。而占山封水，渐染复滋，更相因仍，便成先业，一朝顿去，易致嗟怨。今更刊革，立制五条。凡是山泽，先常燥炉、种养竹木、杂果为林，及陂湖江海、鱼梁、鳎鱼养场，常加功修作者；听不追夺。官品第一、第二听占山三顷，第三、第四品二顷五十亩，第五、第六品二顷，第七、第八品一顷五十亩，第九品及百姓一顷。皆依定格，条上赀簿。若先已占山，不得更占；先占阙少，依限占足。若非前条旧业，一不得禁。犯者水、土一尺以上，并计赃依常盗律论。停除咸康二年（336）壬辰之科。"从之。此制可谓极其迁就。然大明七年七月诏言："前诏江海、田池，与民共利，历岁未久，浸以弛替，名山大川，往往占固，有司严加检纠，申明旧制。"则犹之具文也。齐高帝初即位，崔祖思陈政事，即以"时罢山泽之威禁，深抑豪右之专擅"为言。建元元年四月，诏："二宫诸王，悉不得营立屯邸，封略山湖，大官池籞，官停岁入，优量省置。"郁林王之立，亦省御府及无用池、田、邸、冶。梁武帝天监七年

---

① 财政：州郡县屯田、池塞，利入守宰。

（508），有"公家屯戍，封燎者悉开常禁"之诏。大同七年（541），又"禁公私传屯邸冶，爰至僧尼，越界禁断"。详见第十二章第五节。然凡所禁止，实多成虚言。《晋书·刘弘传》：旧制，岘、方二山泽中，不听百姓捕鱼。弘下教曰："《礼》名山大泽不封，今公私并兼，百姓无复厝手地，当何谓邪？速改此法。"《王湛传》：子承，迁东海太守。小吏有盗池中鱼，纲纪推之。承曰："文王之囿，与众共之，池鱼复何足惜邪？"承族子峤，王敦请为参军。敦在石头，欲禁私伐蔡洲荻，以问群下。时王师新败，士庶震惧，莫敢异议。峤独曰："中原有菽，庶人采之，百姓不足，君孰与足？若禁人樵采，未知其可。"敦不悦。《梁书·傅昭传》：出为临海太守。郡有蜜岩，前后太守，皆自封固，专收其利。昭以周文之囿，与百姓共之，大可喻小，乃教勿封。《陈书·宗元饶传》：迁御史中丞。时合州刺史陈裒，赃污狼籍。遣使就渚敛鱼，又于六郡乞米。元饶劾奏之。《南史·任昉传》：出为新安太守。郡有蜜岭及杨梅，旧为太守所采。昉以冒险多物故，即时停绝。吏人咸以百年未之有也。此官吏之固护者也。《晋书·刁协传》：刁氏素殷富，奴客纵横，固吝山泽，为京口之蠹。《宋书·蔡兴宗传》：会稽多诸豪右，不遵王宪；又幸臣近习，封略山湖，妨民害治，兴宗皆以法绳之。《孔灵符传》：灵符家本丰，产业甚广。又于永兴立墅，周回三十三里，水陆地二百六十五顷，含带二山。又有果园九处。为有司所纠。诏原之。而灵符答对不实，坐免官。《谢灵运传》：会稽东郭有回踵湖，灵运求决以为田。大祖令州郡履行。此湖去郭近，水物所出，百姓惜之。太守孟顗，坚执不与。灵运既不得回踵，又求始宁岯崲湖为田。顗又固执。灵运谓顗非存利民，正虑决湖多害生命，顗信佛。言论毁伤之。与顗遂构仇隙。《梁书·顾宪之传》：行婺州事。时齐司徒竟陵王，于宣城、临城、定陵三县界立屯，封山泽数百里，禁民樵采。宪之固陈不可，言甚切直。王答曰："非君无以闻此德音。"即命无禁。此贵豪之固护也。南方如是，北方亦然。《晋书·石季龙载》记言：季龙解西山之禁，蒲苇、鱼、盐，除岁供之外，皆无所固。公、侯、卿、牧，不得规占山泽，夺百姓之利。又《慕容晊载记》言：慕容评性贪鄙，障固山泉，卖樵鬻水，积钱绢如丘陵。《苻坚载记》言：坚开山泽之利，公私共之。《姚兴载记》言：兴以国用不足，增关津之税；盐、竹、山木，皆有赋焉。群臣咸谏。兴曰："能逾关梁、通利于山水者，皆豪富之家，吾损有余以裨不足，有何不可？"乃遂行之。齐文襄秉政，亦禁贵豪之家，不得占护山泽。可见其情形与南方无异矣。

第四节　侈靡之禁

侈靡之禁，历代有之，惜行之不以其实。此固非政令所能为，然告朔饩羊，其意亦不可不知也。晋武帝即位之岁，即下诏大弘俭约；后又禁雕文绮组非法之物；已见第二章第一节。《李重传》云：泰始八年（272）己巳诏书，申明律令，诸士卒、百工已上，所服乘皆不得违制。若一县一岁之中，有违犯者三家，洛阳县十家已上，官长免。其法亦可谓严矣。其时名臣议论：如刘颂云①："古者封国，大者不过土方百里，然人数殷众，境内必盈其力，足以备充制度。今虽一国，周环将近千里，然力实寡，不足以奉国典。所遇不同，故当因时制宜，以尽事适。今宜令诸王：国容少而军容多。于古典所应有者，悉立其制，然非急所须，渐而备之，不得顿设也；须车甲、器械既具，群臣乃服采章；仓廪已实，乃营宫室；百姓已足，乃备官司；境内充实，乃作礼乐。"此言实得古人制礼之精义。又言："今天下自有事所必须，不得止已，或用功甚少，而所济至重，目下为之，虽少有费，而计终已大益；及有妨害，在始似如未急，终作大患，宜逆加功，以塞其渐。至夫修饰官署，凡诸作役，恒伤过泰，不患不举，此将来所不须于陛下而自能者也。"此防名为兴利，实以自润者，亦言督责之术者所不可废也。傅玄言②："先王分士、农、工、商，以经国制事。天下之大，兆庶之众，无有一人游手。分数之法，周备如此。汉、魏不定其分。百官子弟，不修经艺而务交游，未知莅事而坐享天禄。农工之业多废，或逐淫利而离其事。徒系名于大学，然不闻先王之风。今圣明之政资始，而汉、魏之失未改。散官众而学校未设，游手多而亲农者少，工器不尽其宜。臣以为亟定其制；而通计天下，若干人为士，足以副在官之吏；若干人为农，三年足有一年之储；若干人为工，足其器用；若干人为商贾，足以通货而已。前皇甫陶上事，欲令赐拜散官，皆课使亲耕。今文武之官既众，而拜赐不在职者又多，加以服役为兵，不得耕稼，当农者之半；南面食禄者，参倍于前。使冗散之官农而收其租税，家得其实，而天下之谷，可以无乏矣。为政之要，计人而置官，分人而授事。果能精其防制，计天下文武之官足为副贰者使学，其余皆归之于农；若百工、商贾有长者，亦皆归之于农；务农若此，何有不赡乎？"此言大偏重农业，自不脱古人见解。然其言分人授事，则仍得合全社会而通筹之意，与一任其迁流所届，而不能加以控驭者不同。后世之人，知此义者鲜矣。抑计天下之人，他途皆取裁足，余尽驱之归农，似大不自由，而背于社会进化之理。然当大乱之后，四海困穷，生众食寡，为疾用舒，自为当务之急。暂举天下之人，迫使尽出于生利之一孔，固亦事势应尔，未可訾其狭隘酷烈也。惟此等论议，必也小国寡民，可由人力控驭，乃能行之。卫文公等破败之后，易于复振，即由于此。在后世，则往往徒托诸空言耳。然行之以文者仍不绝。

----

① 户口：刘颂言古封国人数殷众，今力寡，可见晋初户口之少。

② 生计：分士农工商为分数，袁枚、梅曾亮之言亦得此意，周朗之言亦可参看。

　　苻坚因其诸公引商人赵掇等为国卿，而立非命士以上不得于都城百里内乘车马，主商、皂隶妇女不得服金银、锦绣之制，已见第十八章第一节。《刘曜载记》：曜禁无官者不得乘马，禄八百石以上妇女乃得衣锦绣。季秋农功毕，乃听饮酒。非宗庙、社稷之祭，不得杀牛。犯者皆死。《姚兴载记》：兴下书禁百姓造锦绣及淫祀。是虽夷狄之君，亦知制度之不可无也。南北朝诸主中，齐高帝最崇俭节。宋顺帝昇明二年三月，帝上表禁民间华伪，凡十七条。武帝虽不能自克，然于法令，亦能踵袭前规。永明七年四月，诏："婚礼下达，人伦攸始。晚俗浮丽，历兹永久。宜为节文，颁之士庶。如故有违，绳之以法。"十月，又诏："三季浇浮，旧章陵替，吉凶奢靡，动违矩则。可明为条制，严勒所在，悉使画一。如复违犯，依事纠奏。"海陵王延兴元年（494），申明织成、金薄、采花、锦绣履之禁，则虽篡夺纷纭之际，此等禁令，亦不废弛矣。梁武帝于中兴二年（502）下令述齐末之侈，已见上节。于是减损浮费，又命外详为条格。陈文帝天嘉元年八月，诏："非兵器及国容所须，金银、珠玉、衣服杂玩，悉皆禁断。"宣帝大建十一年十二月，下诏非军国资须，多所减省。并敕"内外文武，车马宅舍，皆循俭约，勿尚奢华。违我严规，抑有刑宪。具为条格，标榜宣示"。后主即位，亦诏镂金银薄及庶物化生、土木人、采华之属，详为条制，并皆禁绝。是虽淫侈之主，亦能奉行故事也。虏朝亦多此等禁令。魏世祖太平真君九年十月，以婚姻奢靡，丧葬过度，诏有司更为科限。高宗和平四年十二月，又诏有司为之条格，使贵贱有章，上下咸序，著之于令。高祖太和二年五月，又诏："朕今宪章旧典，祗案先制，著之律令，永为定准。犯者以违制论。"世宗延昌二年九月，以贵族豪门，崇习奢侈，诏尚书严立限级，节其流宕。《献文六王传》：高阳王雍领司州牧，表请王公以下贱妾，不听用织成、锦绣、金玉、珠玑，违者以违旨论。奴婢悉不得衣绫绮缬，止于缦缯而已。奴则布服，并不得以金银为钗带。犯则鞭一百。《周书·崔猷传》：猷以大统时迁京兆尹。时婚姻礼废，嫁娶之辰，多举音乐；又廛里富室，衣服奢淫，乃有织成、文绣者。猷请禁断。周武帝建德二年九月，诏顷者婚嫁，竞为奢靡。有司宜加宣勒，使咸遵礼制。六年九月，初令民庶以上，惟听衣绸、绵绸、丝布、圆绫、纱、绢、绡、葛布等九种，余悉禁断。朝祭之服，不拘此例。皆其事也。此等皆朝廷之政令，亦有以有司而行诸一地方者。如晋范粲为武威太守，郡壤富实，珍玩充积，粲检制之，息其华伪，北齐苏琼为南清河太守，婚姻丧葬，皆教令俭而中礼是也。然其为效弥微，则亦不待言而可知矣。

　　空言无施，虽切何补？历代禁奢之政，似皆有名无实矣。然此特在今日为不可行，若一旦社会组织，焕然丕变，则其义仍有不可不知者。此固势不能行，非谓义不当尔也。而历代于违礼之物,不惜加以摧毁,① 绝不顾惜物力,则其陈义尤高。《传》曰:"君不君,臣不臣,父不父,子不子,虽有粟,吾得而食诸?"历代奢丽之物,苟皆视作文明,其可珍者何限?然今竟安在哉?虽欲惜之,亦恶得而惜之?况夫社会组织,苟极安和,此等物自将日出而不穷,其宏壮,其工巧,皆将十百千万于古而未有已。故此等物,除以为古迹而保存之外,他无足取。而至其时,则人人共享其利,与前世及今日,徒足少数人之淫欲,而竭多数人之血汗,或且糜其顶踵以为之,且因此而更引起少数人之淫欲者,大不同矣。不足非天下之公患,天产与人工所为之物正同,又何恤而不摧毁之,以为矫正风俗之助哉?晋武帝焚雉头裘,已见第二章第一节。此事读史者以为美谈,其实若此之举,历代初不止一二。《晋书·陆云传》:云拜吴王晏郎中,晏于西园,大营第室,云上书言:"武帝训世以俭,屡发明诏,厚戒丰奢,清河王毁坏成宅,以奉诏命。"《齐书·明帝纪》:建武二年十月,诏罢东田,毁兴光楼。《皇后传》谓大祖毁宋明之紫极。周武帝建德元年十二月,幸道会苑,以上善殿壮丽,遂焚之。六年正月,入邺,诏曰:"伪齐叛涣,窃有漳滨。世纵淫风,事穷雕饰。朕菲食薄衣,以弘风教。追念生民之费,尚想力役之劳。方当易兹弊俗,率归节俭。其东山、南园及三台,可并毁撤。瓦、木诸物,凡入用者,尽赐下民。山、园之田,各还本主。"六年五月,诏曰:"往者冢臣专任,制度有违。正殿别寝,事穷壮丽。非直雕墙峻宇,深戒前王,而缔构弘敞,有逾清庙,不轨不物,何以示后?兼东夏初平,民未见德。率先海内,宜自朕始。其露寝、会义、崇信、含仁、云和、思齐诸殿等,农隙之时,悉可毁撤。雕斫之物,并赐贫民。缮造之宜,务从卑朴。"又诏:"京师宫殿,已从撤毁,并、邺二所,华侈过度,诚复作之非我,岂容因而弗革?诸堂殿壮丽,并宜除荡。薨宇杂物,分赐穷民。三农之隙,别渐营构。止蔽风雨,务在卑狭。"《魏书·长孙道生传》言:道生廉约,第宅卑陋。出镇后,其子弟颇更修缮,起堂庑。道生还,切责之,令毁宅。此皆毁坏宫室者。诸奢侈之物,宫室营造,工力实为最多,而犹不惜毁坏,他更不足论矣。《宋书·周朗传》:朗上书论革侈丽之俗曰:"自今以去,宜为节目,若工人复造奇技淫器,则皆焚之而重其罪。"文惠太子薨后,齐武帝履行东宫,见太子服玩过制,大怒,敕有司随事毁除。梁武帝受相国、梁公之命,亦焚东昏淫奢异服六十二种于都街。陈宣帝大建七年四月,监豫州陈桃根表上织成罗文锦被褥各二,诏于云龙门外焚之。此皆与晋武帝之焚雉头裘无异。梁武帝天监四年正月,有司奏吴令唐佣铸盘龙火炉,翔凤砚盖,诏禁锢终身。《魏书·韩秀传》:子务,为郢州刺史,献七宝床、象牙席。诏曰:"晋武帝焚雉头裘,朕常嘉之,

---

① 生计:摧毁违礼之物。

今务所献，亦此之类矣，可付其家人。此诏当出宣武。"此二者虽未毁其物，然其绝之之深，亦与毁其物者无以异也。

第五节　借贷振施

晋、南北朝之世，民间借贷，利率颇巨。《晋书·张骏传》言：骏境内大饥，市长谭祥，请出仓谷与百姓，秋收三倍征之，则其时民间利率，必尚不止三倍。《魏书》言骏以谷帛付民，岁收倍利，利不充者簿卖田宅。[①]《北齐书·卢叔武传》言：叔武在乡时，有粟千石，每至春夏，乡人无食者令自载取，至秋任其偿，都不计较，而岁岁常得倍余。盖平时借贷，自春及秋，偿之以倍，饥馑之时，则有过于三倍者也。《魏书·高宗纪》：和平二年正月，诏曰："刺史牧民，为万里之表。自顷每因发调，逼民假贷。[②]大商富贾，要射时利。旬日之间，增赢十倍。上下通同，分以润屋。为政之弊，莫过于此。其一切禁绝。犯者十匹以上皆死。"《北史·齐本纪》言：后主特爱非时之物，取求火急，皆须朝征夕办，当势者因之，贷一而责十。《周书·苏绰传》：绰为六条诏书，见第十四章第五节。其六均赋役曰："财货之生，其功不易。必须劝课，使豫营理。如其不豫劝戒，临时迫切，复恐稽缓，以为己过。棰朴交至，取办目前，富商大贾，缘兹射利，有者从之贵买，无者与之举息，输税之民，于是弊矣。"其所言，即魏和平二年（461）诏旨之所诫也。此等乘人之急者，其利率，又不可以常理论矣。

贵豪借贷，有为数颇巨者。[③]《晋书·庾敳传》：刘舆见任于东海王越，人士多为所搆，惟敳纵心事外，无迹可间。后以其性俭家富，说越就换钱千万，冀其有吝，因此可乘。越于众坐中问敳。敳乃颓然已醉，帻堕枕上，以头就穿取，徐答云："下官家有二千万，随公所取矣。"舆于是乃服。周奉叔就王敬则换米二百斛。敬则以百斛与之。不受。敬则大惧。乃更饷二百斛，并金铃等物。梁武帝在戎多乏，就曹虎换借，未尝不得，遂至十七万。又帝为荆州谘议时，刘之遴父虬，隐在百里洲，早相知闻。帝偶匮乏，遣就虬换谷百斛。之遴时在父侧，曰："萧谘议跻士，云何能得春？愿与其米。"虬从之。及帝即位，常怀之。此等非以市恩，即由慑势，与寻常借贷，实不尽同。至寻常借贷，则为数仍微，且多以物为质。[④]褚渊以白貂坐褥质钱万一千，已见第一节。渊从父弟炫，罢江夏郡

---

① 生计：张骏以谷物付民，收倍利，利不充则簿卖田宅。
② 生计：刺史商贾通，逼民借贷。
③ 生计：豪贵借贷数巨，实以势迫，非寻常借贷。
④ 生计：借赊以物为质，质者出券即当票权舆。

还，得钱十七万，于石头并分与亲族。病无以市药，以冠剑为质。谢弘微曾孙侨，尝一朝无食，其子启欲以《班史》质钱，答曰："宁饿死，岂可以此充食乎？"庾诜，邻人有被诬为盗者，被劾妄款，诜矜之，乃以书质钱二万，令门生诈为其亲，代之酬备。孙腾、司马子如尝诣李元忠，逢其方坐树下，葛巾拥被，对壶独酌，使婢卷两褥以质酒肉。及卒，又以金蝉质绢，乃得敛焉。祖珽亦尝以《华林遍略》数帙，质钱樗蒱。此等盖皆谨守民间借贷之法者。若其所负非一人，而为数颇巨者：则有若宋萧惠开为益州，府录事参军刘希微，负蜀人责将百万，为责主所制，不得俱还，惠开有马六十匹，悉以乞希微偿之，此恐其初亦不免恃势乞取。褚渊之没，负责数十万，则其位高而家本贫。庾丹父景休，罢巴东郡，颇有资产。丹负钱数百万，责者填门，景休怒，不为之偿。既而朝贤之丹不之景休，景休悦，乃悉为还之。《南史·梁宗室传》。丹盖好交结者。夏侯道迁子夬，沽卖饮啖，多所费用。父时田园，货卖略尽，人间债负，犹数千余匹。则其人本无行之徒也。宋江夏王义恭赊市百姓物，无钱可还，已见第九章第四节。《南史·刘秀之传》：秀之徙丹阳尹。时赊买百姓物不还钱，秀之以为非宜，陈之甚切。虽纳其言，竟不用。当时所谓民间债负，盖多兼赊市言之，① 非必尽贷金钱也，然其倚势取求则一矣。

　　其真民间借贷，则为数甚微。② 《南史·宋武帝纪》言：帝微时，尝负刁逵社钱三万，经时无以还，被执，王谧以己钱代偿，乃得释。《魏书》《刁雍》及《岛夷传》皆同。惟《北史·雍传》作一万。宋武虽贫窭，犹是豪杰之流，真闾阎细民，零星乞贷，必尚不及此数也。富人亦有能弃券已责者。《宋书·王弘传》：弘父珣，颇好积聚，财物布在民间。珣薨，弘悉燔烧券书，一不收责。又《顾觊之传》，言其子绰，私财甚丰，乡里士庶，多负其责。觊之每禁之，不能止。及后为吴郡，诱绰曰："我尝不许汝出责。定思贫薄亦不可居。民间与汝交关，有几许不尽？及我在郡，为汝督之。将来岂可得？凡诸券书皆何在？"绰大喜，悉出诸文券一大厨。觊之悉焚烧。宣语远近："负三郎责，皆不须还，凡券书悉烧之矣。"绰懊丧累日。《齐书·崔慰祖传》：料得父时假贷文疏，谓族子纮曰："彼有自当见还，彼无吾何言哉。"悉焚之。魏崔光伯亡，其兄光韶悉焚其契，已见第二节。《北齐书·李元忠传》：家素富厚，其家人多有举贷求利。元忠每焚契免责。此皆以钱物出贷者。《魏书·虑义僖传》义僖少时，幽州频遭水旱。先有谷数万石贷民，义僖以年谷不熟，乃燔其契。《北史·李士谦传》：士谦出粟万石，以贷乡人。属年谷不登，责家无以偿，皆来致谢。士谦曰："吾家余粟，本图振赡，岂求利哉？"于是悉召责家，为设酒食，对之燔契。明年大熟，

---

① 生计：当时云借苞赊市。
② 生计：民间借贷为数甚微。

责家争来偿，士谦拒之，一无所受。此则以谷物为贷者也。此等人实不能多，而豪势且有恃官力放责者。① 宋游道劾咸阳王坦、孙腾、高隆之、侯景、元弼、司马子如官贷金银，催征酬价，虽非指事臧贿，终是不避权豪，此借官之名以放责者也。陈元康放责交易，遍于州郡，为清论所讥，此恃官之势而放责者也。《北齐书·虑潜传》云：诸商胡负官责息者，宦者陈德信纵其妄注淮南富家，令州县征责。又《循吏·苏琼传》：迁南清河太守。道人道研，为济州沙门统，资产巨富。在郡多有出息，常得郡县为征。及欲求谒，度知其意，每见则谈问玄理，应对肃敬。研虽为责数来，无由启口。此则自放责而倚官力为之征偿者也。若民间豪右自行征偿者，则刁逵之执录宋武，其一事矣。皆可见责主之暴横也。

当时僧寺，实为借贷之所。② 褚渊以白貂坐褥质钱于招提寺，已见第一节。《南史·循吏·甄法崇传》：法崇孙彬，尝以一束苎就长沙寺库质钱。后赎苎还，于苎束中得五两金，送还寺库。道人惊云："近有人以此金质钱，时有事不得举而失，檀越乃能见还？辄以金半仰酬。"往复十余，彬坚不受。僧寺本以施济为事，施济不能遍及，乃推而为借贷，此亦便民之举。然在财产私有之世，惟牟利之事，为能遍行，能常行，此则事之无可如何者。故僧寺之借贷，亦渐变为求利之举焉。《魏书·释老志》：永平二年（509）冬，沙门统惠深上言："比来僧尼，或因三宝，出贷私财。"是其事。如道研者，盖即其人也。

借贷者既多有质物，受其质者，自亦必有券契与之，使得凭以取赎。《齐书·萧坦之传》：坦之死，遣收其从兄翼宗。检家赤贫，惟有质钱帖子数百。《通鉴》胡三省《注》曰："质钱帖者，以物质钱，钱主给帖与之，以为照验，他日出子本钱收赎。"齐东昏侯永元元年（499）。此即后世当票之权舆矣。

公家借贷于民者③：宋元嘉二十七年（450），扬、南徐、兖、江四州富有之民及僧尼，并按赀财，四分换一，以充军用，已见第八章第七节。萧颖胄之起兵，史亦言其换借富赀，以助军费。晋、南北朝时所云换者，即今所谓借，既以换为名，自无不归还之理，此颇类今之公债。魏宣武帝延昌元年五月，诏天下有粟之家，供年之外，悉贷饥人。又樊子鹄为殷州刺史，会岁旱俭，子鹄恐民流亡，乃勒有粟之家，分贷贫者。此虽以官力迫人出贷，而公家不以债户自居，不得以公债为比也。

振施之事，豪富之家，亦颇能行之。《晋书·裴楷传》言：楷每游荣贵，辄取其珍玩，虽车马器物，宿昔之间，便以施诸穷乏。梁、赵二王，国之近属，贵重当时，楷岁请二国租钱百万，以散亲族。人或讥之。楷曰："损有余，补不足，

---

① 生计：恃官力放债索赏。

② 生计：沙门统放债，寺库质钱。僧祇户粟。

③ 生计：公家借贷于民。助官振贷。

天之道也。"郗愔好聚敛，积钱数千万。尝开库，任其子超所取。超性好施，一日中散与亲故都尽。超又好闻人栖遁，有能辞荣拂衣者，为起屋宇，作器服，畜仆竖，费百金而不吝。泛腾叹曰："生于乱世，贵而能贫，乃可以免。"散家财五十万，以施宗族。萧惠开自蜀还，赀财二千余万，悉散施道路，一无所留。崔慰祖，父庆绪为梁州，家财千万，慰祖散与宗族。邓元起，少时尝至其西沮田舍，有沙门造之乞，元起有稻几二千斛，悉以施之。此等皆徒为豪举，其所惠，实不出于宗族、故旧之间，不则所识穷乏者得我耳，真能爱及矜人者鲜矣。其所施较广者：宋徐耕，元嘉二十一年（444）大旱，民饥，诣县陈辞，以千斛助官振贷。严成、王道盖，大明八年（464），东土饥旱，各以谷五百斛，助官振恤。吴明彻，侯景寇京师，天下大乱，明彻有粟麦三千余斛，而邻里饥馁。乃白诸兄曰："当今草窃，人不图久，奈何有此而不与乡家共之？"于是计口平分，同其丰俭。李士谦，躬处节俭，每以振施为务。年饥，罄家财为之糜粥，赖以全活者万计。收埋骸骨，所见无遗。至春，又出田粮种子，分给贫乏。凶年散谷至万余石。合诸药以救疾疠。如此积三十年。此则足当任恤之目者邪？然亦非有力者不能为也。若乃崔怀慎，孤贫特立，宗党哀之，日敛给其升米；沈约少孤贫，干宗党，得米数百斛；此则合众人之力以济一人，真为平民之互相救恤者矣。

振恤之政，古代本有恒典。爰及后世，事多废坠。其新起者，则多溺于佛说，欲事布施。此固不失慈爱之意，然小惠不遍，执政权者，不能修明旧典，而惟小惠是务，实不能无讥焉。《宋书·礼志》云："汉安帝元初四年（117）诏曰：月令：仲秋养衰老，授几杖，行糜粥。方今八月按比，方时郡县，多不奉行。虽有糜粥，糠秕泥土相和，半不可饮食。按此诏，汉时犹依月令施政事也。"读此文，而知宋时此等政事，无复存焉者矣。《魏书·释老志》：昙曜奏平齐户及诸民，有能岁输粟六十斛入僧曹者，即为僧祇户，粟为僧祇粟。至于俭岁，振给饥民。其意盖欲以僧曹行振恤之政。然中国佛寺，权力之大，赀财之富，均非欧洲基督教会之比，故其所成就亦微。《齐书·文惠大子传》云：大子与竟陵王子良，俱好释氏，立六疾馆以养穷民。《梁书·武帝纪》：普通二年正月，舆驾亲祀南郊，诏曰："凡民有单老孤稚，不能自存者，郡县咸加收养。赡给衣食，每令周足，以终其身。又于京师置孤独园，① 孤幼有归，华发不匮。若终年命，厚加料理。尤穷之家，分收租赋。"《南平王伟传》云：性多恩惠，尤愍穷乏。常遣腹心左右，历访闾里人士。其有贫困吉凶不举者，即遣赡恤之。大原王曼颖卒，家贫无以殡敛。友人江革往哭之，其妻儿对革号诉。革曰："建安王当知，必为营理。"言未讫而伟使至。给其丧事，得周济焉。每祁寒、积雪，则遣人载

---

① 生计：孤独园、六疾馆，见贫者则振施，此等小惠弗遍，非政事也。

椎米，随乏绝者，即赋给之。《南史·昭明大子传》云：每霖雨、积雪，遣腹心左右，周行间巷，视贫困家，及有流离道路，以米密加振赐，人十石。又出土衣绢帛，年常多作襦袴，各三千领，冬月以施寒者，不令人知。若死亡无可敛，则为备棺槥。《梁宗室传》：始兴王憺子暎，为北徐州刺史，尝载粟帛游于境内，遇贫者即以振焉。此皆以布施行小惠。《魏书·高祖纪》：太和二十一年九月，诏曰："可敕司州洛阳之民，年七十已上无子孙，六十已上无期亲，贫不自存者，给以衣食。及不满六十，而有废痼之疾，无大功之亲，穷困无以自疗者，皆于别坊遣医救护。给医师四人，豫请药物以疗之。"其意，亦与梁普通二年（521）之诏同也。惠而不知为政，天下之人，岂能耕而食之，绩而衣之邪？然如北齐后主，武平七年正月，诏"去秋已来，水潦人饥。不自立者，所在付大寺及诸富户，济其性命。"以操切之道行之，其无济于事而易以滋弊，抑更不待言矣。

第二十章　晋南北朝实业

第一节　农　业

后汉之末，九州云扰，农业大丧，一时较能自立者，皆恃屯田，已见《秦汉史》第十六章第一节。晋初开创，于农业仍甚留意，盖时势使然也。《石苞传》：苞为司徒，奏"州郡农桑，未有赏罚之制，宜遣掾属巡行，均其土宜，举其殿最，然后黜陟"。诏即使司徒督察州郡播殖。若宜有所循行者，其增置掾属十人，听取王官更练事业者。扶风王骏，代汝南王亮镇关中，劝晋农桑与士卒分役。己及寮佐，并将帅兵士等，人限田十亩。具以表闻。诏遣普下州县，使各务农事。此等举措，具见一时君若臣之属望于农。然其行之之效，终不能副其所期，何哉？官田收租大重，而民不劝，一也。见第十九章第三节。傅玄言："耕夫务多种而耕暵不熟，徒丧功力而无收。"又言："古以步百为亩，今以二百四十步为亩，①《齐民要术·杂说篇》言：齐地大亩为一顷三十五亩，则当时北方亩制，亦不画一。所宽过倍。近魏初课田，不务多其顷亩，但务修其功力，故百田收至十余斛，水田收十斛。自顷以来，日增顷亩之课，田兵益甚，功不能修，至亩数斛以还，或不能偿种。"玄为御史中丞时陈便宜之语。案武帝即位，段灼上疏追理邓艾，言其为区种之法，手执耒耜，率先将士，而《食货志》称其屯田之效曰：东南有事，大军出征，资食有储。《邓诜传》言：诜母病，苦无车。及亡，家贫无以市马。乃于所住堂北壁假葬。养鸡种蒜，竭其方术。丧过三年，得马八匹，舆枢至冢。《隐逸传》言：郭文，河内轵人。洛阳陷，步担入吴兴余杭大涤山中穷谷无人之地，倚木于树，苫覆其上而居焉。② 区种菽麦，采竹叶、木实，贸盐以自供。食有余谷，辄恤穷匮。皆可见耕作精者收效之宏。然土旷人希之时，农民每好多占顷亩，官家所课之田，又以顷亩多少为黜陟，督课者遂务虚张其数以为功；而莆田

---

① 地权：古以步百为亩，今二百四十步，所宽过倍，然亩或数斛，或不能偿种，此见精耕重于广地时，课至数十斛也。

② 宫室：倚木于树，苫覆其卜。

维莠之弊作矣，二也。又豪强占夺，屯官亦各恤其私，疆理之道，遂至不得其宜。《束皙传》：时欲广农，皙上议，以为"州司十郡，土狭人繁，三魏尤甚。皙又言："昔魏氏徙三郡人在阳平、顿丘界，今者繁盛，合五六千家。二郡田地逼狭，谓可迁徙西州，以充边土。"则当时以大体言之，虽苦土满，而土狭人繁之弊，仍在所不免，此皆调剂之未得其宜也。而猪、羊、马牧，布其境内。宜悉破废，以供无业。业少之人，虽颇割徙，在者犹多。田诸苑牧，不乐旷野，贪在人间，故谓北土不宜畜牧。此诚不然。可悉徙诸牧，使马、牛、猪、羊，龁草于空虚之田；游食之人，受业于赋给之赐"。是当时旷良田以为牧场也。又言："汲郡之吴泽，良田数千顷，泞水停洿，人不垦殖。闻其国人，皆谓通泄之功，不足为难；舄卤成原，其利甚重；而豪强大族，惜其鱼、蒲之饶，搆说官长，终于不破。谓宜复下郡县，以详当今之计。荆、扬、兖、豫，污泥之土，渠坞之宜，必多此类。宜诏四州刺史，使谨按以闻。"《食货志》载杜预咸宁三年（277）疏，言："今者水灾，东南特剧。下由所在停污，高地皆多硗埆。宜大坏兖、豫州东界诸陂，随其所归而宣导之。"① 又言："诸欲修水田者，皆以火耕水耨为便，此事施于新田草莱，与百姓居相绝离者耳。往者东南草创人希，故得火田之利。自顷户口日增，而陂堨岁决。良田变生蒲苇，人居沮泽之际，水陆失宜。放牧绝种，树木立枯，皆陂之害也。陂多则土薄水浅，潦不下润。故每有水雨，辄复横流，延及陆田。言者不思其故，因云此土不可陆种。臣计汉之户口，以验今之陂处，皆陆业也。其或有旧陂、旧堨，则坚完修固，非今所谓当为人害者也。臣前见尚书胡威启宜坏陂，其言垦至。中者又见宋侯相应遵上便宜，求坏泗陂，徙运送。时下都督，度支共处。各据所见，不从遵言。遵县领应佃二千六百口，可谓至少，而犹患地狭，不足肆力，此皆水之为害也。当所共恤。而都督、度支，方复执异。人心所见既不同，利害之情又有异。军家之与郡县，士大夫之与百姓，其意莫有同者。皆偏其利以忘其害。此理之所以未尽，而事之所以多患也。臣又案豫州界二度支所领佃者，州郡大军杂士，凡用水田七千五百余顷耳。计三年之储，不过二万余顷。以常理言之，无为多积无用之水。况于今者，水潦瓮溢，大为灾害？宜发明诏，敕刺史、二千石：其汉氏旧陂、旧堨，及山谷私家小陂，皆当修缮以积水。其诸魏氏以来所造立，及诸因雨决溢，蒲苇、马肠陂之类，皆决沥之。"观此，而当时豪民、田官各恤其私，不顾大局之情形可见矣。利于此而害于彼，而害且余于其利，农业安得而兴？三也。傅玄言："先帝统百揆，分河堤为四部，并本凡五谒者，以水功至大，与农事并兴，非一人所周故也。今谒者一人之力，行天下诸水，无时得遍。伏见河堤谒者车谊，不知水势。宜转为他职，更选知水者代之。分为五部，使各精其方宜。"此在当日，实为当务之急，然未闻武帝能行之。而

---

① 水利：陂之宜决。

齐献王言："今地有余羡，而不农者众；加附业之人，复有虚假。宜严敕州郡，检诸虚诈害农之事，督实南亩。考绩黜陟，毕使严明。"傅玄言："昔汉氏以垦田不实，征杀二千石以十数。臣愚以为宜申汉氏旧典，以警戒天下，郡县皆以死刑督之。"束皙言："今天下千城，人多游食，废业占空，无田课之实。较计九州，数过万计。可申严此防，令监司精察。一人失课，负及郡县。"徒欲以操切之政，责诸守令而已。而不知劝课之效，非徒守令所能为也，亦何益哉？

东渡以后，荆、扬二州，农业大盛。此盖社会生计自然之演进，而政府之南迁，或亦有以促之也。《宋书·孔靖传论》曰："江南之为国盛矣。虽南苞象浦，西括邛山，至于外奉贡赋，内充府实，止于荆、扬二州。自汉氏以来，民户凋耗。荆楚四战之地，五达之郊，井邑残亡，万不余一也。自元熙十一年①（429）马休之外奔，至于元嘉末，三十有九载，兵车弗用，民不外劳，役宽务简，氓庶繁息，至余粮栖亩，户不夜扃，盖东西之极盛也。既扬部分析，境极江南，考之汉域，惟丹阳、会稽而已。自晋氏迁流，迄于太元之世，百许年中，无风尘之警，区域之内晏如也。及孙恩寇乱，歼亡事极。自此以至大明之季，年逾六纪，民户繁育，将曩时一矣。地广野丰，民勤本业。一岁或稔，则数郡忘饥。会土带海傍湖，良畴亦数十万顷。膏腴上地，亩直一金。鄠、杜之间，不能比也。荆城跨南楚之富，扬部有全吴之沃，鱼、盐、杞梓之利，充牣八方，丝、绵、布帛之饶，覆衣天下。"据其说，农事之最盛者，实今两湖间沼泽之区，及江、浙间之大湖流域也。《陈书·裴忌传》：高祖诛王僧辩，僧辩弟僧智举兵据吴郡。高祖遣黄他攻之，不能克。高祖谓忌曰："三吴奥壤，旧称饶沃，虽凶荒之余，犹为殷盛，而今贼徒扇聚，天下摇心，非公无以定之，宜善思其策。"忌乃勒部下精兵，袭据吴郡。又《沈君理传》：高祖受禅，出为吴郡太守。是时兵革未宁，百姓荒弊，军国之用，咸资东境。君理招集士卒，修治器械，民下悦附，深以干理见称。韦载之策齐军曰："若分兵先据三吴之路，略地东境，则时事去矣。可急于淮南筑城，以通东道运输。"详见第十三章第五节。此策于高祖之成功，所关实大。凡此，皆可见当时之财富，惟东土是资也。侯景乱后尚如此，况于平时哉？而荆楚自东渡以来，即能以其独力，捍御北虏；庾翼、桓温等，且能因乘时会，震撼北方；亦必非徒以其兵甲之精也。实业之有造于国，讵不大哉？

然荆、扬虽云殷盛，而淮南北之地，则极荒芜，此于恢复之无成，所关亦大。《齐书·徐孝嗣传》云：是时建武。连年虏动，军国虚乏。孝嗣表立屯田，曰："窃见缘淮诸镇，皆取给京师，费引既殷，漕运艰涩。聚粮待敌，每苦不图。利害之基，莫此为甚。臣比访之故老，及经彼宰、守。淮南旧田，触处极目。陂

---

① 从前后文推断，无嘉末。

遏不修，咸成茂草。平原陆地，弥望尤多。今边备既严，戍卒增众，远资馈运，近费良畴，士多饥色，可为嗟叹。愚欲使刺史、二千石，躬自履行，随地垦辟。精寻灌溉之源，善商肥确之异。州、郡、县戍，主帅以下，悉分番附农。今水田既晚，方事菽、麦，菽、麦二种益是北土所宜，彼人便之，不减粳稻，① 开创之利，宜在及时。所启允合，请即使至徐、兖、司、豫，爰及荆、雍，各当境规度，勿有所遗。别立主曹，专司其事。田器、耕牛，台详所给。岁终殿最，明其刑赏。此功克举，庶有弘益。若缘边足食，则江南自丰，权其所饶，略不可计。"事御见纳。时帝已寝疾，兵事未已，竟不施行。史臣论之曰："江左以来，不暇远策。王旅外出，未尝宿饱。四郊婴守，惧等松乌。县兵所救，经岁引日。凌风泙水，转漕艰长。倾窖民之储，尽仓廒之粟。流马木牛，尚深前弊，田积之要，惟在江、淮。郡国同兴，远不周急。故吴氏列戍南滨，屯农水右；魏世淮北大佃，而石横开漕，皆辅车相依，易以待敌。孝嗣此议，殆为空陈，惜矣。"可见屯田之策，于恢复之图，所关实大也。《魏书·薛虎子传》：虎子以太和四年(480)，为彭城镇将。上表言："在镇之兵，不减数万。资粮之绢，人十二匹。即自随身，用度无准。未及代下，不免饥寒。徐州左右，水陆壤沃。清、汴通流，足盈激灌。其中良田，十余万顷。若以兵绢市牛，分减戍卒，计其牛数，足得万头。兴力公田，必当大获粟稻。一岁之中，且给官食。半兵非耕植，余兵尚众，且耕且守，不妨捍边。一年之收，过于十倍之绢。暂时之耕，足充数载之食。于后兵资，惟须内库。五稔之后，谷、帛俱溢。"高祖纳之。又《范绍传》言：世宗时，有南讨之计，发河北数州田兵二万五千人，通缘淮戍兵，广开屯田。八坐奏绍为西道六州营田大使，加步兵校尉。绍勤于劝课，频岁大获。虏为之能收其利，而谓我不能为之哉？

北方诸胡，知留心农事者盖寡。惟苻坚，《晋书·载记》言其曾以境内旱，课百姓区种。又慕容皝以牧牛给贫家田苑中，已见上章第三节。案封裕言："自永嘉丧乱，百姓流亡。中原萧条，千里无烟。饥寒流陨，相继沟壑。先王以神武圣略，保全一方。故九州之人，塞表殊类，襁负万里，若赤子之归慈父。流人之多旧土，十倍有余。人殷地狭，故无田者十有四焉。"则当时流民之入辽西者甚众。皝不能抚绥之，乃重征之以要利，亦可谓无远略矣，然较之刘、石等之徒知虐取者，尚较愈也。《慕容宝载记》言：辽川先无桑，及庑通于晋，求种江南，②平州桑悉由吴来。《冯跋载记》云：跋励意农桑，勤心政事。乃下书，省徭薄赋。惰农者戮之，力田者褒赏，命尚书纪达，为之条制。又下书曰："今疆宇无

---

① 农业：菽麦北土所宜，彼人便之，不减粳稻。
② 农业：辽川无桑，慕容庑求种江南。冯跋令。

虞，百姓宁业，而田亩荒秽，有司不随时督察，欲令家给人足，不亦难乎？桑、柘之益，有生之本。此土少桑，人未见其利。可令百姓：人殖桑一百根，柘二十根。"此等皆较能留心民事者，然十六国中，殊不多见也。

魏起陉北，至道武之世，乃知留心农事。《魏书·食货志》言：大祖经略之先，以食为本。使东平公仪垦辟河北，自五原至于桐阳塞外为屯田。初登国六年（391）破卫辰，收其珍宝、畜产，名马三十余万，牛、羊四百余万，渐增国用。既定中山，分徙吏民及徙河种人工技巧十万余家，以充京都。① 各给耕牛，计口授田。《纪》在天兴元年（398）。案明元永兴五年（413），亦徙二万余家于大宁，计口授田。盖北方土旷，故能如是也。天兴初，制定京邑。东至代郡，西及善无，南极阴馆，北尽参合，为畿内之田。其外四方、四维，置八部帅以监之。劝课农耕，量校收入，以为殿最。自后比岁大熟，匹中八十余斛。是时戎车不息，虽频有年，犹未足以久赡矣。太宗永兴中，频有水旱。神瑞二年（415），又不熟。京畿之内，路有行馑。帝以饥，将迁都于邺。用博士崔浩计，乃止。于是简尤贫者就食山东。敕有司劝课留农者。自是民皆力勤，故岁数丰穰，畜牧滋息。世祖屡亲戎驾，而委政于恭宗。真君中，恭宗下令，修农职之教。此后数年之中，军国用足矣。《恭宗纪》言其制有司课畿内之民，使无牛家以人力相贸，垦殖锄耨。其有牛家与无牛家一人种田二十二亩，偿以私锄功七亩，如是为差。至与小、老无牛家种田七亩，小、老者偿以锄功二亩。皆以五口下贫家为率，各列家别口数所劝种顷亩，明立簿目。所种者于地首标题姓名，以辨种殖之功。又禁饮酒、杂戏，弃本沽贩者。此等烦碎之政令，安能及于闾阎而收实效？史云"垦田大为增辟"，亦不过缘饰之辞耳。《高祖纪》：延兴三年二月，诏："牧、守、令长，勤率百姓，无令失时。同部之内，贫富相通。家有兼牛，通借无者。若不从诏，一门之内，终身不仕。守、宰不督察，免所居官。"太和元年正月，诏："牧民者若轻有征发，致夺民时，以侵擅论。民有不从长教，惰于农桑，加以罪刑。"三月，诏曰："去年牛疫，死伤大半，耕垦之利，当有亏损。今东作既兴，人须肆业。其敕所在，督课田农。有牛者加勤于常岁，无牛者倍庸于余年。一夫制治田四十亩，中男二十亩。无令人有余力，地有遗利。"四年四月，诏："今农时要月，百姓肆力之秋，而愚民陷罪者众。宜随轻重决遣，以赴耕耘。"五年五月，又诏："农时要月，民须余力。其敕天下，勿使留狱、久囚。"案魏本一小部落，后来虽藉兵力，窃据中原，然实不知治体，其政令亦不甚能行，故至恭宗劝农，所留意者，仍不过畿内，至高祖世，乃勤勤诰诫牧、守，然以魏吏治之坏，此等空言，又岂能有验邪？《韩麒麟传》：太和十一年（487），京都大饥。麒麟表陈时务曰：

---

① 农业：魏垦辟其所谓京畿。

"今京师民庶，不田者多。游食之口，三分居二。一夫不耕，或受其饥，况于今者，动以万计？自承平日久，丰穰积年，竞相矜夸，遂成侈俗。车服、第宅，奢僭无限。丧葬、婚娶，为费日多。贵富之家，童妾袨服；工商之族，玉食锦衣。农夫铺糟糠，蚕妇乏短褐。故令耕者日少，田有荒芜，谷帛罄于府库，宝货盈于市里，衣食匮于室，丽服溢于路。饥寒之本，实在于斯。"以魏所兢兢留意之畿内，而其情形至于如此，虏之所谓农政者可知矣。

畜牧之利，北方确较南土为饶，此则地利为之也。① 《魏书·食货志》所言道武破刘卫辰所收马、牛、羊之数，盖张侈之辞。然《尒朱荣传》，言其家世富有，牛、羊、驼、马，色别谷量；见第十二章第四节。《北齐书·神武帝纪》：神武初见荣，说曰："闻公有马十二谷，色别为群，将此竟何用也？"案此所记神武初见荣时事，皆饰说不足信，然缘饰之辞，亦必揣度当时情势而为之，谓荣多马，则不诬也。又《广阳王深传》，言其刺恒州，多所受纳，政以贿成，私家有马千匹者，必取百匹；可见北方之马实多。《北齐书·卢潜传》言：时敕送突厥马数千匹于扬州管内，令土豪贵买之。钱直始入，便出敕括江、淮间马，尽送官厩。由是百姓骚扰，切齿嗟怨。又可见南方之马，多来自北方也。魏之服高车，徙诸漠南，此于魏之牧政，裨益甚大，详见第八章第三节。《食货志》云：泰常六年（421），诏六部民羊满百口调戎马一匹，亦可见北族牧利之饶。《志》又云："世祖之平统万，定秦、陇，以河西水草善，乃以为牧地。畜产滋息，马至二百余万匹，橐驼将半之，牛、羊则无数。高祖即位之后，复以河阳为牧场，恒置戎马十万匹，以拟京师军警之备。每岁自河西徙牧并州，以渐南转，欲其习水土而无死伤也。而河西之牧弥滋矣。正光以后，天下丧乱，遂为群盗所盗掠焉。"案孝文南迁，主牧事者为宇文福。《福传》言：孝文"敕其检行牧马之所。福规石济以西，河内以东，拒黄河南北千里为牧地，事寻施行，今之马场是也。及从代移杂畜于牧所，福善于将养，并无损耗"。以吾民衣食所资之地，旷为异族之牧场，使得游牝其间，厚其力以猾夏，亦可哀矣。南北兵事之利钝，步骑之不敌，实为其大原因；南方欲图恢复，必有精骑以与虏决胜于中原；说已见第八章第七节及第十一章第四节。《隋书·贺娄子干传》言：高祖以陇西频被寇掠，甚患之。彼俗不设村坞，敕子干勒民为堡，营田积谷，以备不虞。子干上书曰："陇西、河右，土旷民希，边境未宁，不可广为田种。比见屯田之所，获少费多，虚役人功，卒逢践暴。屯田疏远者，请皆废省。陇右之民，以畜牧为事，若更屯聚，弥不获安。只可严谨斥堠，岂容集聚人畜？请要路之所，加其防守。但使镇戍连接，烽堠相望，民虽散居，必谓无虑。"高祖从之。案游牧之民，所以难于制驭者，以其迁徙易，不易

---

① 农业：魏北方牧利之饶。

根剿，而其来犯又极飘忽故也。我之所业与彼同，则不足为惮。淮上之地，既易为虏所扰，耕凿难安，曷不制其表为牧地，养马以备与虏驰驱乎？此古人未发之策，然言国防者似可参证也。

山泽之利，虽已不可专恃，然亦有时而相需甚殷。杜预咸宁三年（277）疏曰："当今秋夏，疏食之时，而百姓已有不赡。前至冬春，野无青草，则必指仰官谷，以为生命。此乃一方之大事，不可不豫为思虑者也。臣愚谓既以水为困，当恃鱼、菜、螺蜯，而洪波泛滥，贫弱者终不能得。今者宜大坏兖、豫州东界诸陂，随其所归而宣导之。交令饥者，尽得水草之饶。百姓不出境界之内，且暮野食。此目下日给之益也。"《石季龙载记》言：其时众役繁兴，军旅不息；加以久旱；谷贵，金一斤直米二斗。使令长率丁，随山泽采橡、捕鱼，以济老弱。《北齐书·卢潜传》言：高元海执政，断渔猎，而淮南人家，无以自资。可见疏食、渔、猎之利，亦与民生相关非浅矣。

丧乱之际，水利多不修举，此与农事，所关最大。《晋书·苻坚载记》言：坚以关中水旱不时，议依郑、白故事。发其王侯已下及豪望富室僮隶三万人，开泾水上源，凿山起堤，通渠引渎，以溉冈卤之田。及暮而成，百姓赖其利。《魏书·高祖纪》：太和十二年五月，诏六镇、云中、河西及关内六郡，各修水田，通渠溉灌。十三年八月，诏诸州镇有水田之处，各通溉灌，遣匠者所在指授。此等政令，其效如何不可知，然即以政令论，南北朝之世，亦不多见也。《周书·武帝纪》：保定二年正月，初于蒲州开河渠，同州开龙首渠，以广灌溉，此事当较有实际。《魏书·崔楷传》：楷因冀、定数州，频遭水害，上疏曰："自比定、冀水潦，无岁不饥；幽、瀛川河，频年泛溢。岂是阳九厄会，百六钟期，故以人事而然，非为运极。"欲"量其逶迤，穿凿涓浍，分立堤堨，所在疏通，豫决其路，令无停蹇。随其高下，必得地形。土木参功，务从便省。使地有金堤之坚，水有非常之备。钩连相注，多置水口，从河入海，远迩径过，泻其浇潟，泄此陂泽。九月农罢，量役计功。十月昏正，立匠表度。县遣能工，麾画形势。郡发明使，筹察可不。审地推岸，辨其脉流。树板分崖，练厥从往。别使案检，分部是非，瞰睇川原，明审通塞。当境修治，不劳役远。终春自罢，未须久功。即以高下营田，因于水陆，水种秔稻，陆莳桑麻。必使室有久储，门丰余积。其实上叶御灾之方，亦为中古井田之利。即之近事，有可比伦。江、淮之南，地势洿下。云雨阴霖，动弥旬月。遥途远运，惟有舟舻。南亩畬菑，微事未耡。而众庶未为馑色，黔首罕有饥颜。岂天德不均，致地偏罚？故是地势异图，有兹丰馁"。后世论者，每谓兴水利即所以除水害，故沟洫实为治水要图，楷之所论，已先发其义矣。河域水利，不如江域之饶，而文明启发，转在其先者？沟洫之修举实为之，沟洫废而水灾兴，隋、唐以后，北方遂仰给于江、淮矣，此古今升降之一大端也。而其转移，实在晋、南北朝之世，丧乱与民生之关系，岂不大哉？然南方水利，虽云得天独厚，人工亦未尝废，观会稽民丁，无士庶皆保塘役；扬、南徐二州桥、桁、塘、埭，亦有丁功可知。见第十九章第一节。世岂有专恃天惠之事乎！又晋世水碓之利颇大。① 张方决千金碣，水碓皆涸，见第三章第三节。实为常山覆败之因，可见其与民生相关之切。然多为豪强所擅，石崇之败，有司簿阅其訾产，水碓至三十余区是也。见第十九章第二节。《晋书·魏舒传》，言其迟钝质朴，不为乡亲所重。从叔父吏部郎衡，有名当世，亦不之知，使守水碓。可见豪贵之擅此者颇多，细民亦必不免受其剥削矣。南方则似无此利，故至祖冲之始创为之，而后亦不闻其推行也，见下节。

矿业，当此时代，实极衰微。南北朝之世，所以迄欲铸钱而终不能善者，铜之乏，实为其大原，别见第四节。《齐书·刘悛传》：悛于永明八年（490）启武帝，言"南广郡界蒙山下，有城名蒙城，有烧炉四所。从蒙城渡水南百许步，平地掘土深二尺得铜。又有古掘铜坑。其地即秦之严道，汉文帝赐邓通铸钱之处。近唤蒙山獠出，云甚可经略。此议若立，润利无极"。上从之，遣使入蜀铸钱，得千余万。功费多，乃止。南朝因铸钱而开矿之事，惟此一见而已。《宋书·良吏传》：徐豁，于元嘉初为始兴太守。三年（426），遣大使巡行四方，并使郡县各言损益。豁因此表陈三事。其二曰："郡领银民三百余户。凿坑采砂，皆二三丈。功役既苦，不顾崩压。一岁之中，每有死者。官司检切，犹致逋违。老少相随，永绝农业。千有余口，皆资他食。寻台邸用米，不异于银，谓宜准银课米，即事为便。"其三曰："中宿县俚民课银，一子丁输南银半两。寻此县自不出银。又俚民皆巢居鸟语，不闲货易之宜，每至买银，为损已甚。又称两受入，易生奸巧，山俚愚弱，不辨自伸。官所课甚轻，民以所输为剧。今若听计丁课米，公私兼利。"矿课之治累于民，及其有名无实如此。北朝矿利，亦极微末。《魏书·食货志》云：世宗延昌三年（514），春，有司奏长安骊山有银矿，二石得银七两。其年秋，桓州又上言：白登山有银矿，八石得银七两，锡三百余斤。诏并置银官，常令采铸。又汉中旧有金户三千余家，常于汉水沙淘金，年终总输。后临淮王彧为梁州刺史，奏罢之。又云：熙平二年（517）冬，尚书崔亮，奏恒农郡铜青谷有铜矿，计一斗得铜五两四铢。苇池谷矿，计一斗得铜五两。鸾帐山矿，计一斗得铜四两。河内郡王屋山矿，计一斗得铜八两。南青州苑烛山，齐州商山，并是往昔铜官，旧迹见在。谨案铸钱方兴，用铜处广，既有冶利，并宜开铸。诏从之。然亦徒因此而致私铸繁兴而已，见第四节。

此时农学，亦极衰微。《隋书·经籍志》载农家之书五种：《氾胜之书》二

---

① 工业：晋世水碓之利。

卷,《四人月令》一卷,后汉崔寔撰。尚皆汉人之作。《禁苑实录》一卷,不著撰人名字。惟《齐民要术》十卷,为后魏贾思勰撰。《春秋济世六常拟议》五卷,杨瑾撰。瑾始末不详,或亦此时人也。《志》又云:梁有《陶朱公养鱼法》、《卜式养羊法》、《养猪法》、《月政畜牧栽种法》各一卷,亡。《通志·艺文略·食货篓养类》:卜式《月政畜牧栽种法》一卷。姚振宗《隋书经籍志考证》云:此盖承上文亦以为卜式书,未必真有依据也。案此三书及《氾胜之书》、《四民月令》,《齐民要术》皆引之,盖其书采撷颇博。贾思勰固当时农学一大家也。前世农书传于后世完好者,今亦以此书为最古。

第二节　工　业

中国于工业,不甚重视,然巧思之士,亦历代有之。在晋、南北朝之世,似当以祖冲之为巨擘。《齐书·冲之传》云:初宋武平关中,得姚兴指南车,有外形而无机巧,每行,使人于内转之。升明中,大祖辅政,使冲之追修古法。冲之改造铜机,圆转不穷,而司方如一。马钧以来未有也。时有北人索驭驎者,亦云能造指南车。大祖使与冲之各造。使于乐游苑对共校试,而颇有差僻,乃毁焚之。案《刘休传》云:宋末,上造指南车,以休有思理,使与王僧虔对共监试,则休亦必有巧思。索驭驎之智巧,未知视冲之如何。其所为虽无成,然若冲之因姚兴成制,而驭驎无所因循,则其制作实较冲之为难,不得以成败为优劣也。《冲之传》又云:永明中,竟陵王子良好古,冲之造欹器献之。《南史》同,而上多"晋时杜预有巧思,造欹器三改不成"十四字,下多"与周庙不异"五字。案《晋书·预传》云:周庙欹器,至汉东京,犹在御坐。汉末丧乱不复存,形制遂绝。预创意造成,奏上之。帝甚嘉叹焉。预所作若无成,必无由奏上;又周器形制无存,冲之所作,后人安知其同异?《南史》盖杂采众说而失之也。① 《周书·薛憕传》云:大统四年(538),宣光清徽殿初成,憕为之颂。魏文帝又造二欹器:一为二仙人共持一钵,同处一盘。钵盖有山,山有香气。一仙人又持金瓶,以临器上。以水灌山,则出于瓶而注乎器。烟气通发山中。谓之仙人欹器。一为二荷,同处一盘,相去盈尺。中有莲,下垂器上。以水注荷,则出于莲而盈乎器。为凫雁、蟾蜍以饰之。谓之水芝欹器。二盘各处一床。钵圆而床方,中有人,言三才之象也。皆置清徽殿前。器形似舣而方,满则平,溢则倾。憕各为作颂。魏文欹器,必非古制。杜预所作,宋末盖亦已无存,冲之乃又以意创为之也。《冲之传》又云:以诸葛亮有木牛流马,乃造一器,不因风水,施机自运,

---

① 史籍:《南史》因博采而失。

不劳人力。又造千里船，于新亭江试之，日行百余里。于乐游苑造水碓磨，世祖亲自临视。又特善算，注《九章》。造《缀述》数十篇。冲之之才，盖诚能利物前民者。建武中，明帝使巡行四方，兴造大业可以利百姓者，可谓用当其材，而会连有军事，事竟不行，惜矣。《南史》云：冲之子暅之，少传家业，究极精微。亦有巧思。入神之妙，般、倕无以过也。当其诣微之时，雷霆不能入。尝行遇仆射徐勉，以头触之，勉呼乃悟。父所改何承天历，时尚未行，梁天监初，暅之更修之，始行焉。暅之子皓，少传家业，善算历。可谓世济其美矣。《梁书·江革传》：革为镇北豫章王长史。魏徐州刺史元法僧降附，革被敕随府、王镇彭城。城既失守，革素不便马，乃泛舟而还。途经下邳，遂为魏人所执。魏徐州刺史元延明，闻革才名，厚加接待。革称患脚不拜。延明将加害焉，见革辞色严正，更相敬重。时祖暅同被拘执，延明使暅作欹器、漏刻铭。革骂暅曰："卿荷国厚恩，已无报答，今乃为虏立铭，孤负朝廷？"延明闻之，乃令革作丈八寺碑、并祭彭祖文。革辞以囚执既久，无复心思。延明逼之逾苦，将加棰扑。革厉色而言曰："江革行年六十，不能杀身报主，今日得死为幸，誓不为人执笔。"延明知不可屈，乃止。日给脱粟三升，仅余性命。值魏主讨中山王元略反北，乃放革及祖暅还朝。祖暅巧矣，江革之气节，尤国之宝也。

北方有巧思者，当以蒋少游为最。《魏书·术艺传》云：少游乐安博昌人。慕容白曜之平东阳，见俘。入于平城，充平齐户。后配云中为兵。性机巧，颇能画刻，有文思。遂留寄平城，以佣写书为业。而名犹在镇。后被召为中书写书生。[1] 与高聪俱依高允。允爱其文用，遂并荐之。与聪俱补中书博士。骤被引命。屑屑禁闼，以规矩刻绩为务。因此大蒙恩锡，超等备位，而亦不迁陟也。及诏尚书李冲与冯诞、游明根、高闾等议定衣冠于禁中，少游巧思，令主其事。亦访于刘昶。二意相乖，时致净竞。积六载乃成。始班赐百官。冠服之成，少游有效焉。后于平城将营大庙、大极殿，遣少游乘传诣洛，量准魏、晋基址。后为散骑侍郎，副李彪使江南。《齐书·魏虏传》，谓孝文议迁都洛京，于永明九年（491），遣李道固、蒋少游报使。少游有机巧，密令观京师宫殿楷式。清河崔元祖启世祖曰："少游臣之外甥，特有公输之思。宋世陷虏，处以大匠之官。今为副使，必欲模范宫阙。岂可令毡乡之鄙，取象天宫？臣谓且留少游，令使主反命。"世祖以非通和意，不许。然则少游是行，乃专为窥觇宫殿来也。《少游传》又云：高祖修船乘，以其多有思力，除都水使者。迁前将军，兼将作大匠，仍领水池湖泛戏舟楫之具。及华林殿治，修旧增新；改作金塘门楼；皆所措意，号为妍美。又为大极立模范，与董尔、王遇等参建之，皆未成而卒云。

---

① 文具：中书写书生。

此外巧思之士，如南朝之张永，已见第八章第七节。《晋书·石季龙载记》云：季龙游于戏马观，观上安诏书，五色纸在木凤之口，鹿卢回转，状若飞翔焉。《南史·齐本纪》云：东昏侯始欲骑马，未习其事，俞灵韵为作木马，人在其中，行动进退，随意所适。其后遂为善骑。《陈书·长沙王叔坚传》，言其刻木为偶人，衣以道士之服，施机关，能拜跪，昼夜于日月下醮之，咒诅于上。此皆能为机捩者。又《孙玚传》，言其巧思过人，为起部尚书，军国器械，多所创立。《魏书·术艺传》云：高宗时，郭善明甚机巧。北京宫殿，多其制作。高祖时，青州刺史侯文和，亦以巧闻。为要舟，水中立射。世宗、肃宗时，豫州人柳俭，殿中将军关文备、郭安兴并机巧。洛中制永宁寺九层佛图，安兴为匠也。《恩幸传》云：王叡子椿，雅有巧思。凡所营制，可为后法。正光中，元叉将营明堂、辟雍，欲征椿为将作大匠。椿闻而以疾固辞。椿僮仆千余，园宅华广，声伎自适，无乏于时。或有劝椿仕者，椿笑而不答。盖溺于宴安者，非欲远元叉也。又云：茹皓性微工巧，多所兴立。为山于天渊池西，世宗悦之。见第十二章第一节。此等亦皆有巧思之士。若乃赫连勃勃，以叱干阿利领将作大匠。蒸土作城，锥入一寸，即杀作者而并筑之。又造五兵之器。射甲不入，即斩弓人，如其入也，便斩铠匠。既成呈之，工匠必有死者。又造百刚刀，为龙雀大环，号曰大夏龙雀。复铸铜为大鼓、飞廉、铜仲、铜驼、龙、兽虎字避唐讳改。之属，皆以黄金饰之，列于宫殿之前。凡杀工匠数千。此则徒为虐杀而已。史谓阿利性尤工巧，然残忍刻薄，残忍刻薄诚有之，工巧或转未必也。

争战之世，能造兵器者必多，盖以趋时用也。[1]《宋书·武帝纪》云：大军进广固，即屠大城，慕容超退保小城。于是设长围守之。公方治攻具。城上人曰："汝不得张纲，何能为也？"纲者，超伪尚书郎，有巧思。会超遣纲称藩于姚兴，乞师请救，纲从长安还，泰山太守申宣执送之。乃升纲于楼上，以示城内。城内莫不失色。于是使纲大治攻具。成，设诸奇巧。飞楼、木幔之属，莫不毕备。城上火、石、弓矢，无所用之。此事或言之大过，然纲必机巧之士，则无疑也。《陈书·徐世谱传》，言其领水军，从陆法和与侯景战，时景军甚盛，世谱乃别造楼船、拍舰、火舫、水车，以益军势。高祖之拒王琳，水战之具，悉委世谱。世谱性机巧，谙解旧法。所造器械，并随机损益，妙思出人。其巧思，亦未必逊于张纲矣。《北齐书·方技传》云：綦母怀文造宿铁刀。其法：烧生铁精，以重柔铤，数宿则成刚。[2] 以柔铁为刀脊。浴以五牲之溺，淬以五牲之脂。斩甲过三十札。今襄国冶家所铸宿柔铤，乃其遗法。作刀犹甚快利，但不能截三十札也。此制，当尚胜于叱干阿利之百刚刀也。《魏书·食货志》云：铸铁为农

① 工业：晋南北朝造兵器者。
② 工业：烧钢。

器、兵刃，在所有之，然以相州牵口冶为工，故常炼锻为刀，送于武库。可见魏于兵器，亦甚留意矣。

此时公家铜、铁甚乏，颇为考工之累。铜之乏，别见第四节。《晋书·刑法志》云："魏国建，定甲子科，犯钛左右趾者，易以木械。是时乏铁，故易以木焉。"《南阳王模传》云：模代河间王颙镇关中。时关中饥荒，百姓相啖，加以疾疬，盗贼公行。模力不能制，乃铸铜人、钟鼎为釜、器以易谷。议者非之。模之所为，乃以铜代铁，可见铁之乏矣。然乏于官者必散之民，民间之械器，正可因此而益修也。《晋书·陶璜传》：吴用璜为交州刺史。滕修数讨南贼，不能制。璜曰："南岸仰吾盐铁，断勿与市，皆坏为田器。如此二年，可一战而灭也。"修从之，果破贼。《庾翼传》言：时东土多赋役，百姓乃从海道入广州。刺史邓岳，大开鼓铸，诸夷因此知造兵器。翼表陈夷人常伺隙，若知造铸之利，将不可禁。可见铁之多少，关系于工业者大矣。

《宋书·礼志》云："天子坐漆床，居朱屋。史臣按：《左传》丹桓宫之楹，何休注《公羊》，亦有朱屋以居，所从来久矣。漆床亦当是汉代旧仪，而《汉仪》不载。寻所以必朱必漆者，其理有可言焉。夫珍木嘉树，其品非一，莫不植根深阻，致之未易。藉地广之资，因人多之力，则役苦费深，为敝滋重。是以上古圣王，采椽不斫。斫之则惧刻桷雕楹，莫知其限也。哲人县鉴微远，杜渐防萌。知采椽不惬后代之必，不斫不为将来之用。故加朱施漆，以传厥后。散木凡材，皆可入用。远探幽旨，将在斯乎？"案汉人言舜造漆器，谏者七人，其言虽不足信，可见其时尚以施漆为侈靡之事，此则转以为俭矣。①《齐书·文学传》：崔慰祖父庆绪，永明中为梁州刺史，家财千万。慰祖散与宗族。漆器题为日字，日字之器，流乎远近。则不独宫禁用之，臣下之家，亦多有之矣。可见社会生计之逐渐进步也。

奇巧之制，来自西域者颇多。魏文欹器，疑亦西域巧工所制，仙人瓶钵等固皆西域意匠也。然此等奇技，惟淫侈之家，用为玩弄，故不久而即绝。何者？闲其事者少；且千金屠龙，成亦无益，故其传不广也。《北史·元韶传》云：齐神武以孝武帝后配之，魏室奇宝，多随后入韶家。有二玉钵，相盛转而不可出；马脑榼容三升，玉缝之；皆称西域鬼作也。此等物果何所用之邪？王济以琉璃器贮馔享晋武帝，帝色为不平，已见第二章第一节。《晋书·崔洪传》云：洪口不言货财，手不执珠玉。汝南王亮尝燕公卿，以琉璃钟行酒，酒及洪，洪不执。亮问其故。对曰："虑有执玉不趋之义。"当时之重琉璃如此，以其来自外国，难得故也。《魏书·大月氏传》云：世祖时，其国人商贩京师，自云能铸五色琉璃，

———————
① 工业：用漆反俭。

于是采矿山中，于京师铸之。既成，光泽乃美于西方来者。乃诏为行殿。容百余人。光色映彻。观者见之，莫不惊骇，以为神明所作。自此中国琉璃遂贱，人不复珍之。则其技曾传入中国矣。然《北史·何稠传》言：稠开皇中累迁大府丞。稠博览古图，多识旧物。波斯尝献金织锦袍，组织殊丽。上命稠为之。稠锦成，逾所献者。上甚悦。时中国久绝琉璃作，匠人无敢措意。稠以绿瓷为之，与真不异。则琉璃之制，传入未久而又绝矣。① 稠以博览古图，多识旧物而能作波斯锦，则异物之可放制者正多。然不特实物不能久存，即图亦终归覆瓿，则一技之传，非成为寻常之事，其物能供众人之用，终必不久而旋绝耳。平心论之，其绝亦正不足惜也。

珍贵之物，果为众人所能用者，则始虽为贵豪所专有，久必渐流于民间。《魏书·高祖纪》：太和十一年（487）十月，诏罢起部无益之作。出宫人不执机杼者。魏初绫锦，皆由宫中婢使自造，见第十一章第二节。十一月，诏罢尚方锦绣绫罗之工。② 四民欲造，任之无禁。其御府衣服、金银、珠玉、绫罗锦绣，大官杂器，大仆乘具，内库弓矢，出其大半，班赉百官及京师士庶，下至工商、皂隶，逮于六镇戍士，各有差。此事与历代以车服别贵贱之禁令正相反。可见其物果为众人所能用，虽以法令禁之亦无益，此生计之情势使然也。《隋书·地理志》言：魏郡雕刻之工，特云精妙。又言梁州绫锦、雕镂之妙，殆侔上国。知凡侈靡之地，富厚之邦，民间工作，亦无不精进矣。

第三节　商　业

晋、南北朝之时，沿袭旧见，尚多贱视商业，发为崇本抑末之论。如晋武帝泰始五年（269），申戒郡国计吏、守相、令长，务尽地利，禁游食商贩；魏恭宗监国，欲课农功，亦禁弃本沽贩是也。详见第一节。然商业总只有随时而日盛。当海宇分崩，苛政亟行之际，往来既多艰阻，税敛又苦烦苛，故惟有势力者便于营商。王公大臣，外至方镇，遂多乘时要利者。虽为舆论所鄙，弗恤也。③ 晋义阳成王望之孙奇，尝遣使到交、广贩货，已见第十九章第二节。宋前废帝即位，诏藩王贸货，壹皆禁断。《沈怀文传》言：西阳王子尚等，皆置邸舍，逐什一之利，为患遍天下，怀文言之，不听，此诏盖即为此而发，然无益也。《孔觊传》

---

① 工业：琉璃之制，魏传入隋又绝。用为建筑材料。
② 工业：尚方工、四民许造御府物出赍，与以车服别贵贱之令正相反。
③ 商业：贵人经商。魏颂禄罢商，然不能禁，故贵人好与商人往来。案或者贵人之经商，亦有赖于商人，而商人又借恃其势，时士夫犹耻入市也，使臣求市，要贵使人随之。

云：凯弟道存，从弟徽，颇营产业。二弟请假东还，凯出渚迎之。辎重十余船，皆是绵、绢、纸、席之属。凯见之，伪喜，谓曰："我比困乏，得此甚要。"因命上置岸侧。既而正色谓道存等曰："汝辈忝与士流，何至还东作贾客邪？"命左右取火烧之。烧尽乃去。当时士大夫，鄙视商业之情形，可以想见。然《谢庄传》言：孝武践阼，欲弘宣风则，下节俭诏书。庄虑此制不行，言曰："诏云：贵戚竞利，兴货廛市者，悉皆禁制，此实久惬民听。其中若有犯违，则应依制裁纠。若废法申恩，便为令有所阙。此处分伏愿深思。无缘明诏既下，声实乖爽。臣愚谓大臣在禄位者，尤不宜与民争利，不审可得在此诏不？"则当时朝臣逐利之情形，亦与藩王无异矣。齐临川王映为雍州，尝致钱还都买物。有献计于江陵买货，至都还换，可以微有所增。映笑曰："我是贾客邪？乃复求利？"似贤矣。然《豫章王嶷传》载嶷启言："伏见以诸王举货，屡降严旨。少拙营生，已应上简。府、州、郡邸舍，非臣私有。今巨细所资，皆是公润。臣私累不少，未知将来。罢州之后，或当不能不试营觅以自赡。"以严旨申禁之事，尚敢明文求乞，况于阴行违犯？无怪谢庄以声实乖爽为虑矣。刘峻兄孝广，为青州刺史，峻请假省之，坐私载禁物，为有司所奏，免官。王莹少子实，为新安太守。实从兄来郡就求告。实与铜钱五十万，不听于郡及道散用。从兄密于郡市货，还都求利。去郡数十里，实乃知。命追之。呼从兄上岸，盘头，令卒予杖。搏颊乞原，劣得免。张畅为南蛮校尉，遣门生荀僧宝下都，因颜竣陈义宣衅状。僧宝有私货，停巴陵不时下。会义宣起兵，津路断绝，遂不得去。褚渊，或饷之鲥鱼，门生有献计卖之，已见第十九章第一节。庾仲文在尚书中，令奴沽酃酒。徐度恒使僮仆屠沽。邓琬起兵，史言其父子并卖官粥爵，使婢仆出市道贩卖，其辞盖诬，前已辩之，然其婢仆，安知不乘时要利邪？柳世隆为湘州，亦以在州立邸、兴生，为御史所奏。当时无上无下，无内无外，可谓无不以贩粥求利为事者矣。向靖无园田商货之业，徐勉拒兴立邸店，舳舻运致，见第十九章第二节。史安得不以为美谈邪？

　　南方如是，北方更甚。魏太和八年（484），始班官禄，已见第十九章第三节。《魏书·本纪》载孝文诏书云："置官班禄，行之尚矣。自中原丧乱，兹制中绝。先朝因循，未遑釐改。朕永鉴四方，求民之瘼，夙兴昧旦，至于忧勤。故宪章旧典，始班俸禄。罢诸商人，以简民事。户增调三匹，谷二斛九斗，以为官司之禄。均豫调为二匹之赋，即兼商用。虽有一时之烦，终克永逸之益。禄行之后，赃满一匹者死。变法改度，宜为更始，其大赦天下，与之惟新。"然则魏当未班官禄之前，实有隶官商人。盖名为市买以供官用，实则有司籍以营利，可谓作法于贪者矣。其制虽随班禄而罢，然积习既成，自难一旦革绝。恭宗禁民沽贩，而高允即诤其贩酤市廛，与民争利，上行下效，贪风其安克戢？故其北海王详，公私营贩，侵剥远近。刘腾交通互市，岁入利息，以巨万计。贵近如是，外方自将效尤。邢峦，志欲平蜀者也，而至汉中岁余，即商贩聚敛。李崇，南边之大将也，而贩肆聚敛，营求不息。其缘边州郡，疆场统戍，惟有通商聚敛之意，驱其羸弱，贩贸往还，袁翻之言，详见第十二章第三节。抑更无足为怪矣。《封懿传》言：郑云诏事刘腾，得为安州刺史，谓懿族曾孙回曰："彼土治生，何事为便？"回答之曰："封回不为商贾，何以相示？"此等人盖亦如凤毛麟角矣。明帝正光三年（522）十二月，以牧、守店肆、商贩，诏中尉端衡，肃厉威风，以见事纠劾。七品、六品，禄足代耕，亦不听锢帖店肆，争利城市。可见大小官吏，竞行贩鬻。陈元康放责交易，遍于州郡，已见第十九章第五节。周齐公宪出镇剑南，以裴文举为益州总管府中郎。蜀土富饶，商贩百倍，或以是劝文举。又可见周、齐之朝，风气无异于元魏也。

职是故，当时之达官贵人，多喜与商贾往来。苻坚诸公，引商人赵掇等为国卿，已见第十八章第一节。《北史·齐宗室诸王传》言：齐氏诸王，选国臣府佐，多取富商群小；又段孝言掌选，富商大贾，多被铨擢，则此等事曾不足为异矣。《和士开传》言其富商大贾，朝夕填门。朝士不知廉耻者，多相附会，甚者为其假子，与市道小人，同在昆季行列。《封隆之传》言：士开母丧，托附者咸往奔哭。邺中富商丁邹、严兴等，并为义孝。而刘昉亦富商大贾，朝夕盈门。《杨愔传》言：太保平原王隆之，与愔邻宅，愔尝见其门外有富胡数人，谓左右曰："我门前幸无此物"，可见不为此者之少矣。士夫之与此辈往来，不过利其货贿，自不待言，而专制之世，富豪多以名器为荣，故亦乐于攀附。观王辨祖训，以行商致富，而当魏世，以出粟助给军粮，为假清河太守可知。《隋书·辨传》。故一至昏乱之朝，富商即夤缘并进，而官方为之大坏也。

此等巨贾，亦颇有势力。刘道济之乱蜀，实以费谦等限止商利之故，已见第八章第七节。其规模较小者：如《梁书·贺琛传》言其伯父玚没后，家贫，尝往还诸暨，贩粟以自给。琛山阴人。《南史·恩幸传》言：陆验少而贫苦，邑人郁吉卿，贷以钱米，验借以商贩，遂致千金。此等必躬逐微利，非如王公贵人，安坐持筹，而使门生、奴婢辈为之营运者矣。《梁书·王僧孺传》：僧孺幼贫，其母粥纱布以自业。尝携僧孺至市，道遇中丞卤簿，驱迫沟中。《文学·刘勰传》言：勰自重其文，欲取定于沈约。约时贵盛，无由自达。乃负其书，候约出，干之于车前，状若货鬻者。此则贩夫、贩妇之伦也。《魏书·赵柔传》：有人与柔铧数百枚，柔与子善明鬻之于市。有从柔买，索绢二十匹。有商人知其贱，与柔三十匹。善明欲取之。柔曰："与人交易，一言便定，岂可以利动心也？"遂与之。《北史·寇儁传》：家人曾卖物与人，剩得绢一匹，儁访主还之。此等则偶然鬻卖，并不得谓之商人也。

达官贵人经商，其事虽多见于史，然此特旧时史籍，只有此等人之传记，故其事之可考者较多耳，非谓经商者皆此等人也。《隋书·地理志》言：洛阳俗尚商贾；丹阳小人，率多商贩，市廛列肆，埒于二京；已见第十七章第五节。《北史·魏诸宗室传》云：河东俗多商贾，罕事农桑，人有年三十不识耒耜者，可见小民从事贸易者之多矣。抑亦非仅限于都会。桓玄与晋朝搆衅，断江路，商旅绝，公私匮乏，士卒惟给糄橡。陈宝应载米粟与会稽贸易，遂致富强。《陶侃传》言：侃迁武昌太守。时天下饥荒，山夷多断江劫掠。① 侃令诸将作商船以诱之。生获数人，乃是西阳王羕之左右。《莫含传》言其家世货殖，赀累巨万。含，雁门繁峙人。然则南暨江海，北邻沙塞，商路罔不通利，虽遭丧乱，曾不足以阻之矣。

　　南北虽云分隔，商贾实无时而不通。石勒求交市于祖逖，逖不报书，而听其互市，已见第四章第二节。索虏求互市于宋世祖，众议不一，而时遂通之，亦见第九章第五节。《魏书·食货志》言：魏于南垂立互市，以致南货，羽毛齿革之属，无远不至，可见其贸易实为经常之事矣。亦有无许通市之明文，而仍相交往者。《苻健载记》言：苻雄遣苻菁掠上洛郡，于丰阳立荆州，以引南金奇货，弓、竿、漆、蜡，通关市，来远商，于是国用充足，异赇盈积；《魏书·崔宽传》：附《崔玄伯传》。宽为陕城镇将，弘农出漆、蜡、竹、木之饶，路与南通，贩贸来往，家产丰富是也。并有冒禁令而为之者。《北齐书·高季式传》，言其随潘乐征讨江、淮之间，私使乐人于边境交易，还京坐被禁止；《崔季舒传》言其出为齐州刺史，坐遣人渡淮互市，亦有臧贿事，为御史所劾是也。《循吏传》：苏琼行徐州事。旧制以淮禁，不听商贩辄渡。琼以淮南岁俭，启听淮北取籴。后淮北人饥，复请通籴淮南。遂得商估往还，彼此兼济。水陆之利，通于河北。此则名为利民，实则违禁图利者矣。南北使节往返，亦为交市之机。《北齐书·李绘传》云：武定初，为聘梁使主，前后行人，皆通启求市，绘独守清尚，梁人重其廉洁，可见其习为故常。《崔暹传》言：魏、梁通和，要贵皆遣人随聘使交易，暹惟寄求佛经，则交市者尚不仅使臣也。惟其所市者，似以珍异之物为多。《魏书·李安世传》言：国家有江南使至，多出藏内珍物，令都下富室好容服者货之，使任情交易。《北齐书·魏收传》言：收托附陈使封孝琰，令其门客与行，遇昆仑舶至，得奇货猓然褥表、美玉盈尺等数十件，罪当流，以赎论；又收之副王昕使梁还，高隆之求南货于昕、收，不能如志，遂讽御史中尉高仲密禁止昕、收于其台，久之乃得释；皆其证。其寻常笨重之货，当仍由民间贩粥耳。《周书·韦孝宽传》言：齐人遣使至玉壁，求通互市，则当北方分裂时，彼此贸迁，亦不利于隔绝矣。

---

① 民族：山夷断江劫掠，实乃西阳王左右。

附塞部落,亦贸易多通。库莫奚请市于冯跋;第七章第八节。又与魏交易于安、营二州;第十六章第十节。吐谷浑以商译往来,故礼同北面;第十六章第七节。突厥以至塞上市缯絮,乃通西魏;第十六章第九节。皆已见前。慕容翰之奔宇文归也,晃遣商人王车阴使察之。还言翰欲来。乃遣车遗翰弓矢。翰乃窃归骏马,携其二子而还。刘显之欲杀魏道武也,《魏书·本纪》言:商人王霸知之,履帝足于众中,帝乃驰还。慕容永之纳窟咄,道武奔贺兰部,遣安同及长孙贺乞援于慕容垂。安同者,辽东胡人。其先祖曰世高,汉时以安息侍子入洛阳。历魏至晋,避乱辽东,遂家焉。父屈,仕慕容晩。晩灭,屈友人公孙眷之妹没入苻氏宫,出赐刘库仁为妻,库仁贵宠之,同因随眷商贩,亦商人也。长孙贺亡奔窟咄,同间行达中山。垂遣贺驎步骑六千随之。同与垂使人兰纥俱,窟咄兄子意烈捍之。同隐藏于商贾囊中,至暮,乃入空井得免。仍奔贺驎。当时商贾在北夷中活动之情形可见。① 盖惟此辈多往来于各部落中,熟习道路及各地之人情风俗,且多与其酋豪往还,故能知其机事,并可为间谍,可衔使命也。阿那瓌之返国也,其人大饥,相率入塞。瓌表请振给。诏元孚为北道行台,诣彼振恤。孚陈便宜云:"北人阻饥,命县沟壑,公给之外,必求市易,彼若愿求,宜见听许。"可见通易相需之殷。《南史·河南王传》言:其地与益州邻,常通商贾。陶侃之守武昌,立夷市于郡东,大收其利。可见近塞部落,皆利交易,南北正无二致矣。

域外通商,所至亦远。② 《梁书·中天竺国传》云:其国人行贾,往往至日南、交趾。又扶南王尝遣商货至广州,诃罗陁,元嘉十年(430),表求市易往反,不为禁闭;皆见第十六章第四节。可见自南方来者颇多。《北史·粟特国传》云:其国商人,先多诣凉土贩货。及魏克姑臧,悉见虏。文成初,粟特王遣使请赎之,诏听焉。又可见自西北来者之远也。

诸外国中,西域与中国通商特盛,西域人在中国经商者亦颇多,实为极可注意之事,此盖由其文明程度特高使然,西胡与中国关系之密,正不待唐、元之世矣。《隋书·食货志》言:南北朝时,河西诸郡,或用西域金银之钱,参看第五节。即此一端,已可见西域贸易之盛。《魏书·景穆十二王传》:京兆王子推之子遥,除凉州刺史,贪暴无极。欲规府人及商胡富人财物,诈一台符,诳诸豪云欲加赏,一时屠戮,所有资财、生口,悉没自入,可见凉州富贾之多。《周书·韩褒传》:除西凉州刺史,羌、胡之俗,轻贫弱,尚豪富。豪富之家,侵渔小民,同于仆隶。褒乃悉募贫人,以充兵士。优复其家,蠲免徭赋。又调富人财物,以振给之。每西域商货至,又先尽贫者市之。于是贫富渐均,户口殷实。可见通商

---

① 商业:北夷中商人之活动。

② 商业、民族:粟弋诣凉土贩货,河西用西域金银钱,西域贾胡之盛,交、广全以金银为货。

为利之厚。又《韦瑱传》云：除瓜州刺史。州通西域，蕃夷往来。前后刺史，多受赂遗。胡寇犯边，又莫能御。瑱雅性清俭，兼有武略。蕃夷赠遗，一无所受。胡人畏威，不敢为寇。公私安静，夷夏怀之。此又足征西域来者之众也。齐后主欲为穆后造七宝车，遣商胡赍锦采市真珠于周，已见第十四章第四节。诸商胡负官责息者，宦者陈德信纵其妄注淮南富家，令州县征责，见第十九章第五节。此皆西域商人留居中国，仍以经商为事者。《周书·异域传》言：周承丧乱之后，属战争之日，定四表以武功，安三边以权道。赵、魏尚梗，则结姻于北狄；厩、库未实，则通好于西戎。由是卉服毡裘，辐凑于属国；商胡贩客，填委于旗亭。则其于国计，亦略有裨益。然《魏书·食货志》言：正光后四方多事，加以水旱，国用不足，有司奏断百官常给之酒，而远蕃使客，不在断限。尔后帑藏益以空竭，有司又奏内外百官及诸蕃客禀食及肉，悉二分减一。① 计终岁省肉百五十九万九千八百五十六斤，米五万三千九百三十二石。蕃客何人，讵非商贾？则其耗费亦不少矣。其干乱政事者：北齐后主宠信胡户，已见第十四章第四节。《恩幸传》言胡小儿眼鼻深险，盖其人虽习华风，形貌则犹未变其深目高鼻之旧也。高思好与并州诸贵书，言后主昵近凶狡，商胡丑类，擅权帷幄。案和士开之先，为西域商胡，姓素和氏，思好是言，盖有所指。《魏书·李昕传》：昕为相州刺史，以受纳民财及商胡珍宝得罪，商胡之乱政，又不独宫禁之中，朝宁之上矣。然《隋书·儒林·何妥传》言：其父细胡，通商入蜀，遂家郫县，本梁武陵王纪，主知金帛，因致巨富，号为西州大贾，则好任用贾胡者，又不独北方为然也。《魏书·崔浩传》言：世祖攻蠕蠕，沿弱水西行，至涿邪山，诸大将疑深入有伏兵，劝世祖停止。后闻凉州贾胡言："若复前行二日，则灭之矣。"世祖殊恨之。此说殊不足信。然北荒多有贾胡，则于此可见。阿伏至罗求击蠕蠕商胡越者，实为衔命，见第十九章第九节。此亦犹安同之为道武使慕容垂。《宋书·芮芮传》云：献师子皮袴褶。皮如虎皮，色白，毛短。时有贾胡在蜀见之云：此非师子皮，乃扶拔皮也。此又细胡之伦也。商人之无远弗届，亦可惊异矣。

　　古者商业未盛，贸易皆有定时定地，②《易》称神农氏日中为市；《记》言四方年不顺成，八蜡不通是也。晋、南北朝之世，久非其时，然人心仍习于旧，故其立市犹有定地，而贸易之盛，亦或尤在农隙之时焉。《晋书·乐志》：《拂舞歌诗》云："孟冬十月，北风徘徊。""耦耨停置，农收积场，逆旅整设，以通贾商。"③ 此虽沿袭旧说之辞，亦或于当时情景，略有按合也。《晋书·地理志》：河南郡洛阳，置尉五，部三市，东西七里，南北九里。《齐王冏传》，谓其大筑

---

① 史事：魏廪蕃客肉，后乃断之，人十一两余，案唐亦有此事。
② 商业：市有定地，农隙尤盛。官置市，市有税有吏。
③ 交通：逆旅整设，以通贾商。

一第馆，北取五谷市。《隋书·食货志》言：晋过江后，淮北有大市百余，小市十余所。此皆立市之可考者；然亦非谓市之外遂无贸易，故魏韩显宗称道武"分别士庶，使技作屠沽，各有攸处"，而又病其"不设科禁，买卖任情，贩贵易贱，错居混杂"也。无市之处，官为置市，亦足以广招徕。《晋书·良吏传》言：鲁芝转天水太守，郡邻于蜀，数被侵掠，户口减削，寇盗充斥，芝倾心镇卫，更造城市，数年间旧境悉复是矣。《宋书·自序》言：沈邵出为钟离太守，郡先无市，江夏王义恭为南兖州置立焉，盖为此也。市皆设官管治，兼司收税。《隋志》谓江东大市，备置官司，税敛既重，时甚苦之。齐东昏于苑中立店肆，模大市，以潘妃为市令，自为市吏，见第十章第六节。然其善者，亦足收平亭之效。《晋书·陆云传》言：云出补浚仪令，县居都会之要，名为难理，而云到官肃然，下不能欺，亦无二价是其事。其不善者，乃借以牟利。《魏书·李崇传》，言其子世哲为相州刺史，无清白状，邺、洛市廛，收擅其利，为时论所鄙是也。《齐书·竟陵王子良传》：子良启言："司市之职，自昔所难。顷来此役，不由才举。并条其重赀，许以贾衒。前人增估求俵，后人加税请代。如此轮回，终何纪极？兼复交关津要，共相唇齿。愚野未闲，必加陵谇。罪无大小，横没赀载。凡求试谷帛，类非廉谨，未解在事，所以开容？"此阳慧朗所以为人所疾恶欤？见第十五章第二节。《齐书·良政传》言：少府管掌市易，与民交关，有吏能者，皆更此识，此其意原在以才举，然其后不流于聚敛者，殆未之有也。此时商贾之事，尚为士大夫所不齿，① 故市亦为其所罕到。吕僧珍姊适于氏，住在市西，小屋临路，与列肆杂处，僧珍尝道从卤簿到其宅，不以为耻，则史以为美谈；李输好自入市肆，高价买物，则虽商贾，亦共嗤玩之矣。见《北齐书·魏收传》。然又未尝不歆其利，此好立邸店者之所以多也。《隋书·李德林传》云：大象末，高祖以逆人王谦宅赐之，文书已出至地官府，忽复改赐崔谦。上语德林曰："夫人欲得将与其舅，于公无形迹，不须争之。可自选一好宅。若不称意，当为营造。并觅庄店作替。"德林乃奏取高阿那肱卫国县市店八十堰，为王谦宅替。开皇九年（589），车驾幸晋阳，店人上表诉称地是民物，高氏强夺，于内造舍。上命有司料还价直。遇追苏威自长安至，奏云："高阿那肱是乱世宰相，以谄媚得幸，枉取民地造店赁之，德林诬罔，奏以自入。"李圆通、冯世基等又进云："此店收利，如食千户，请计日追臧。"上因责德林。德林请勘逆人文簿及本换宅之意。上不听。乃悉追店给所住者。后出德林为湖州刺史，犹以罔冒取店为罪状焉。可见店舍为利之厚矣。魏孝武给斛斯椿店数区，耕牛三十头，椿以国难未平，不可与百姓争利，辞店受牛，日烹一头，以飨军士，诚不愧武士之风也。

---

① 商业：士夫耻入市，然贫者似亦可躬入市买卖。

第四节　钱　币　上

晋、南北朝，为币制紊乱之世，其所由然，则以钱不足用，官家乏铜，既不明于钱币之理，政事又不整饬，铸造多苟且之为，有时或且借以图利，私铸因之而起，遂至不可收拾矣。此等情形，实历隋、唐之世而未能大变，至宋世行用纸币，乃又成一新景象焉。今述晋、南北朝币制之略如下：

《晋书·食货志》云：献帝初平中，董卓铸小钱，由是货轻而物贵，谷一斛至钱数百万。魏武为相，罢之，还用五铢。是时不铸钱既久，货本不多，又更无增益，故谷贱无已。及黄初二年（221），魏文帝罢五铢钱，使百姓以谷帛为市。至明帝世，钱废谷用既久，人间巧伪渐多，竞湿谷以要利，作薄绢以为市，虽处以严刑而不能禁也。司马芝等举朝大议，以为用钱非徒丰国，亦所以省刑。今若更铸五铢钱，则国丰刑省，于事为便。魏明帝乃更立五铢钱。至晋用之，不闻有所改创。案民间果其通行，岂魏武一令所能废。当时钱之不用，实由兵乱积久使然，说已见第十九章第一节矣。自此至于江东，仍以钱少为患。《志》又云：元帝过江，用孙氏旧钱。大者谓之比轮，中者谓之四文。吴兴沈充，又铸小钱，谓之沈郎钱。钱既不多，由是稍贵。安帝元兴中，桓玄辅政，立议欲废钱用谷帛。孔琳之驳之，朝议多同，玄议乃不行。案自南北朝以前，时有废钱而用谷帛之议，固由其时钱币之理，尚未大明，然钱法之敝，实亦有以致之。钱法之敝，钱少而不足于用，以致钱贵物贱，其大端也。当此之时，欲善币制，实非鼓铸不可。然鼓铸迄不能善，币制之坏，遂与南北朝相始终矣。

宋高祖时，言事者多以钱货减少，国用不足，欲悉市民铜，更造五铢钱，未果。见《宋书·范泰传》。文帝元嘉七年（430）十月，立钱署，铸四铢钱，是为南朝铸钱之始。二十四年（447）六月，以货贵，制大钱一当两。明年（448）五月，罢之。见《南史·本纪》。《宋书·何尚之传》云：先是患货重，铸四铢钱。民间颇盗铸，翦凿古钱以取铜，上患之。二十四年，录尚书江夏王义恭建议，以一大钱当两，以防翦凿。尚之议曰："伏鉴明命，欲改钱制，不劳采铸，其利自倍。若今制遂行，富人赀货自倍，贫者弥增其困。又钱之形式，大小多品。直云大钱，未知其极。若止于四铢、五铢，则文皆古篆，既非下走所识，加或漫灭，尤难分明。公私交乱，争讼必起。"中领军沈演之，以为"采铸久废，兼丧乱累承，縻散湮灭，何可胜计？晋迁江南，疆境未廓，或土习其风，钱不普用，其数本少，为患尚轻。今王略开广，声教遐暨，金福所布，爰逮荒服。昔所不及，悉已流行之矣。案此说非尽实，说见第十九章第一节。用弥广而货愈狭；加复竞窃翦凿，销毁滋繁，刑禁虽重，奸避方密；遂使岁月增贵，贫室日剧。若以大钱当两，则国传难朽之宝；家赢一倍之利；不俟加宪，巧源自绝。施一令而众美兼；无兼造之费；莫盛于兹矣"。上从演之议，遂以一钱当两。行之经时，公私非便，乃罢。孝武帝孝建元年正月，更铸四铢钱。《前废帝纪》：大明八年（464），去岁及是岁，东诸郡大旱，甚者米一升数百，升，当依《南史》作斗，说见第十九章第一节。京邑亦至百余，饿死者十有六七。孝建以来，又立钱署铸钱，百姓因此盗铸，钱转薄小，商货不行。永光元年（465）二月，铸二铢钱。九月，开百姓铸钱。明帝泰始元年（465）即前废帝永光元年。十二月，罢二铢钱。见《南史·本纪》。二年（466）三月，断新钱，专用古钱。《颜竣传》云：元嘉中铸四铢钱，轮廓形制，与五铢同，用费损无利，故百姓不盗铸。案《何尚之传》言民间颇盗铸，此云不盗铸者，盖虽有盗铸而未甚也。及世祖即位，又铸孝建四铢。三年（467），尚书右丞徐爰议："货薄民贫，公私俱困，不有革造，将至大乏。谓宜式遵古典，收铜缮铸。纳赎刊刑，著在往策。今宜以铜赎刑，随罚为品。"诏可。所铸钱形式薄小，轮郭不成。于是民间盗铸者云起。杂以铅锡，并不牢固。又剪凿古钱，以取其铜。钱转薄小，稍违官式。虽重制严刑，民、吏、官长坐免死者相系，《刘怀慎传》：怀慎弟孙亮，大明中为武康令，时境内多盗铸钱，亮掩讨无不禽，所杀以千数。《顾琛传》：大明四年（460），为吴兴太守，坐郡民多剪钱及盗铸免官。而盗铸弥甚。百物踊贵，民人患苦之。乃立品格，薄小无轮郭者，悉加禁断。沈庆之立议："宜听民铸钱。郡县开置钱署。乐铸之家，皆居署内。平其杂式，去其杂伪。官敛轮郭，藏之以为永宝。去春所禁新品，一时施用，今铸悉依此格。万税三千。严检盗铸。并禁剪凿。数年之间，公私丰赡。铜尽事息，奸伪自止。"上下其事公卿。义恭及竣皆驳之。时议者又以铜转难得，欲铸二铢钱。竣又驳之。然及前废帝即位，卒铸二铢钱。形式转细，官钱每出，民间即模效之，而大小、厚薄，皆不及也。无轮郭，不磨炉，如今之剪凿者，谓之来子。景和元年（465），亦即永光元年。沈庆之启通私铸。由是钱货乱败。一千钱长不盈三寸，大小称此，谓之鹅眼钱。劣于此者，谓之綖环钱。入水不沉，随手破碎。市井不复料数，十万钱不盈一掬。斗米一万，商贾不行。太宗初，惟禁鹅眼、綖环，其余皆通用。复禁民铸。官署亦废工。寻复并断，惟用古钱云。案宋世圜法之敝，铸造之不善，固其大端，而铜之乏所关亦巨。① 惟铜乏，故议铸造者皆不免爱铜，既减五铢为四，又减四铢为二，甚至欲以一为两，名实溷淆，民听眩惑，遂至不可收拾也。铜之乏，散入民间，以之制器，盖为其大原因。三国时，吴铸当五百、当千大钱，刘备亦铸当五百大钱，已见《秦汉史》第十六章第四节。《齐书·崔祖思传》：祖思言刘备取

---

① 钱币：南北朝时铜少。

帐钩铜以铸钱。吴为产金之区，蜀为富饶之地，铜之乏且如是，况于他邦？盖自董卓毁坏五铢，所铸小钱，本不得民信，又为魏武所废；至魏文则并五铢而废之；其时民间用钱本少，又值丧乱，商贾不行；向为钱币之铜，遂多转而为械器矣。《齐书·高帝纪》言帝俭德云：后宫器物、栏槛，以铜为饰者，皆改用铁。宋孝武帝孝建三年（456），禁人车及酒器用铜。《北齐书·杨愔传》言其一门四世同居，昆季就学者三十余人。宅内有茂竹，其季父晖，为愔于林边别葺一室，命独处其中。常以铜盘具盛馔以饭之。① 因以督厉诸子，曰："汝辈但如遵彦谨慎，自得竹林别室，铜盘重肉之食。"何远素器物无铜漆，则史以为清操。可见上自宫禁，下至民间，以铜为器物者之多。盖每经丧乱，则公家之藏，流入民间，而民间生计，后裕于前，遂能用之以制器，亦与金、银之散入民间，同一理也。参看《秦汉史》第十六章第四节。《晋书·食货志》：孝武帝太元三年（378），诏曰："钱国之重宝。小人贪利，销坏无已。监司当以为意。广州夷人，宝贵铜鼓，而州境素不出铜。闻官私贾人，皆于此下，贪比输钱斤两差重，以入广州，货与夷人，铸败作鼓。其重为禁制，得者科罪。"中国之铜已少，况又有流入异域者邪？梁武东下，用度不足，南平王伟时守襄阳，取寺铜佛，毁以为钱。北齐王则为洛州刺史，亦毁旧京诸像以铸钱。此固军旅倥偬之时，官方败坏之际，然亦可见其时铜之难得也。

《齐书·刘悛传》云：宋代大祖辅政，有意欲铸钱，以禅让之际，未及施行。建元四年（482），奉朝请孔颙上《铸钱均货议》，辞证甚博。其略以为"三吴国之关阃，比岁被水潦而稼不贵，是天下钱少，非谷穰贱，不可不察也。铸钱之弊，在轻重屡变。重钱患难用，而难用为累轻，轻钱患盗铸，而盗铸为祸深。民所盗铸，严法不禁者，由上铸钱惜铜、爱工也。惜铜、爱工者，谓钱无用之器，以通交易，务欲令轻而数多，使省工而易成，不详虑其为患也。自汉铸五铢，至宋文帝，历五百余年，制度世有废兴，而不变五铢钱者，明其轻重可法，得货之宜。以为宜开置泉府，方牧贡金，大兴镕铸，钱重五铢，一依汉法"。不爱铜、不惜工之论，实与今之言泉币者，立说相符。泉币通行之后，用之者固皆计其数，不复论其重，当其未行之时，则民之信否，恒视其重轻之名实相符与否，此四铢、二铢之所以不行。五铢行用最久，准其轻重，亦为下令于流水之原。孔颙诚明于钱法之利弊者也。时议者亦多以钱货转少，宜更广铸；重其铢两，以防民奸。大祖使诸郡大市铜、炭。会晏驾，事寝。永明八年（490），恢启世祖：蒙山有古铜坑，上使入蜀铸钱，功费多，乃止，已见第一节。此时钱价之贵，十倍宋初；好恶钱相贸，好钱一当恶钱二，或十当其十七，已见第十九章第

① 器用：铜盘盛馔，案无瓷时然也。瓦盆盛饭，素木盘盛菹。

一节。

梁、陈相继，圜法之素乱如故。《隋书·食货志》云：梁初惟京师及三吴、荆、郢、江、湘、梁、益用钱，其余州郡，则杂以谷、帛交易。交、广之域，全以金银为货。[1] 武帝乃铸钱，肉好周郭，文曰五铢，重如其文。而又别铸，除其肉郭，谓之女钱。二品并行。百姓或私以古钱交易。有直百五铢、五铢女钱、大平百钱、定平一百、五铢雉钱、五铢对文等号。轻重不一。天子频下诏书，非新铸二种之钱，并不许用。而趣利之徒，私用转甚。至普通中，乃议尽罢铜钱，更铸铁钱。《本纪》事在四年十二月。《南史》云：用给事中王子云议。人以铁钱易得，并皆私铸。及大同已后，所在铁钱，遂如丘山。物价腾贵。交易者以车载钱，不复计数而惟论贯。商旅奸诈，因之以求利。自破岭以东，[2] 黄汝成《日知录·短陌条集释》云：破岭无此地名，破或庾字之讹。案《志》言梁初惟京师及三吴、荆、郢、江、湘、梁、益用钱，乃指其都会之地，非谓尽其辖境。庾岭在当时，恐非用钱之所。破岭疑即破冈，见第八章第一节。八十为百，名曰东钱。江、郢以上，七十为百，名曰西钱。京师以九十为百，名曰长钱。中大同元年（546），天子乃诏通用足陌。有犯，男子谪运，女子质作，并同三年，见《纪》。诏下而人不从，钱陌愈少，至于末年，遂以三十五为陌云。《南史·梁敬帝纪》云：武帝末年，都下用钱，每百皆除其九，谓为九陌。及江陵将覆，每百复除六文，称为六陌。案钱币贵于画一，梁武顾不恤自乱其例，铸女钱与五铢并行，盖利于去其周郭？其后又议铸铁钱，盖亦以铜少故也？《周书·艺术姚僧垣传》：梁元帝尝有心腹疾，以从僧垣进大黄得愈，元帝大喜，时初铸钱，一当十，乃赐钱十万，实百万也，则元帝曾铸当十钱。然此外更无所见，盖其钱亦未行也。

《隋志》又云：陈初承梁丧乱之后，铁钱不行。始梁末又有两柱钱及鹅眼钱，于时人杂用，其价同，《梁书·敬帝纪》：大平元年三月，班下远近，并杂用古今钱。二年四月，己卯，铸四柱钱，一准二十。壬辰，改四柱钱一准十。丙申，复用细ধ钱。但两柱重而鹅眼轻，私家多镕钱，又间以锡、铁，兼以粟、帛为货。至文帝天嘉五年（564），改铸五铢。《纪》在三年闰二月。初出一当鹅眼之十。宣帝大建十一年（569），又铸大货六铢，以一当五铢之十，与五铢并行。《陈书·本纪》：大建十一年七月，辛卯，始用大货六铢钱。后还当一。人皆不便，乃相与讹言曰："六铢钱有不利县官之象。"未几而帝崩，遂废六铢而行五铢，竟至陈亡。其岭南诸州，多以盐、米、布交易，俱不用钱。案《志》言交、广之域全以金、银为货，又云：岭南诸州，多以盐、米、布交易，盖商贾用金、银，人民自用盐、米、布也。此亦足证当时钱币之用，尚不周遍。

---

① 钱币：交、广全以金银为货，指商贾，人民自用盐米布。
② 地理：破岭以东，八十为百，疑即破冈。

　　北朝圜法之坏，其情形亦与南朝略相似。《魏书·食货志》云：魏初至于太和，钱货无所周流，高祖始诏天下用钱焉。十九年（495），冶铸粗备，文曰太和五铢。诏京师及诸州镇皆通行之。内外百官禄，皆准绢给钱。在所遣钱工，备炉冶。民有欲铸，听就铸之。铜必精练，无所和杂。世宗永平三年（510）冬，又铸五铢钱。肃宗初，京师及诸州镇，或铸或不。或止用古钱、不行新铸。致商货不通，贸迁颇隔。熙平初，尚书令任城王澄上言："太和五铢，虽利于京邑之肆，而不入徐、扬之市。土货既殊，贸粥亦异。便于荆、郢之邦者，则碍于兖、豫之域。致使贫民有重困之切，王道怡隔化之讼。去永平三年（510），都坐奏天下用钱不依准式者。时被敕云：不行之钱，虽有常禁，其先用之处，权可听行，至年末悉令断之。谨寻不行之钱，律有明式。指谓鸡眼、环凿，更无余禁。计河南诸州，今所行者，悉非制限。昔来绝禁，愚窃惑焉。又河北州镇，既无新造五铢，设有旧者，而复禁断，并不得行，专以单丝之缣，① 疏缕之布，狭幅促度，不中常式，裂匹为尺，以济有无。徒成杼轴之劳，不免饥寒之苦。良由分截布帛，壅塞钱货，实非救恤冻馁，子育黎元。谨惟自古已来，钱品不一，前后累代，变易无常；且钱之为名，欲泉流不已。愚意谓今之太和，与新铸五铢，及诸古钱，方俗所便用者，虽有大小之异，并得通行。贵贱之差，自依乡价。庶货环海内，公私无壅。其不行之钱，及盗铸毁大为小，巧伪不如法者，据律罪之。"诏曰："钱行已久，今东尚有事，且依旧用。"澄又奏："太和五铢，乃大魏之通货，不朽之恒模，宁可专贸于京师，不行于天下？但今戎马在郊，江疆未一，东南之州，依旧为便。至于京西、京北、域内州镇未有钱处，行之则不足为难，塞之则有乖通典。请并下诸方州镇：其太和及新铸五铢，并古钱内外全好者，不限大小，悉听行之。鸡眼、环凿，依律而禁。河南州镇，先用钱者，既听依旧，不在断限。惟太和、五铢二钱，得用公造新者。其余杂种，一用古钱。生新之类，普同禁约。诸方之钱，通用京师。其听依旧之处，与太和钱及新造五铢并行。若盗铸者，罪重常宪。符旨一宣，仍不遵用者，刺史、守、令，依律治罪。"诏从之。而河北诸州，旧少钱货，犹以他物交易，钱略不入市也。案魏太和、永平五铢，盖所铸甚少，不足周用，故河北竟无新钱，即京西、京北，亦有无钱之处也。在所遣钱工、备炉冶，民有欲铸，听就铸之，颇近今世自由铸造之制，此私铸之所以不行。既用任城之议，则通行之地稍广，所需愈多。明年（511），又从崔亮议，于有冶利处开铸。见第一节。私铸遂因之而兴。《志》云：自后所行之钱，民多私铸，稍就小薄，价用弥贱。《肃宗纪》：孝昌三年正月，诏峻铸钱之制。建义初，重盗铸之禁，开纠赏之格。至永安二年（529）秋，诏更改铸，文曰永安五铢。

────────────────

　　①　钱币：单丝之缣，疏缕之布，狭幅促度。剪裁。

《魏书·杨侃传》：时所用钱，人多私铸，稍就薄小。乃至风飘、水浮，米斗几直一千。侃奏曰："昔马援至陇西，尝上书求复五铢钱。事下三府，不许。后援征入为虎贲中郎，亲对光武，申释其趣，事始施行。臣顷在雍州，亦表陈其事。听人与官并铸五铢钱，使人乐为而俗弊得改。旨下尚书，入坐不许。以今况昔，即理不殊。求取臣前表，经御披析。"侃乃随事剖辨。孝庄从之。乃铸五铢钱，如侃所奏。《高谦之传》：朝议铸钱以谦之为铸钱都将长史。乃上表求铸三铢钱，曰："钱之轻重，世代不同。夫以西京之盛，钱犹屡改，并行小大，轻重相权。况今寇难未除，州郡沦败，民物凋零，军国用少；别铸小钱，可以富益，何损于政，何妨于人也？臣今此铸，以济交乏。五铢之钱，任使并用。脱以为疑，求下公卿博议，如谓为允，即乞施行。"诏将从之，事未就，会卒。则初亦有铸轻钱之议，而后未果行也。官自立炉，起自九月，至三年正月而止。利之所在，盗铸弥众。巧伪既多，轻重非一。四方州镇，用各不同。迁邺之后轻滥尤多。武定初，齐文襄奏革其弊。于是诏遣使人，诣诸州镇，收铜及钱，悉更改铸，其文仍旧。然奸侥之徒，越法趋利，未几之间，渐复细薄。六年（533），文襄王以"钱文五铢，名须称实，宜称钱一文重五铢者，听入市用，计百钱重一斤四两二十铢，自余皆准此为数。其京邑二市，天下州镇、郡、县之市，各置二称，悬于市门。私民所用之称，皆准市称，以定轻重。凡有私铸，悉不禁断，但重五铢然后听用。虽重五铢，而多杂铅镴，并不听用。若有辄以小薄杂钱入市，有人纠获，其钱悉入告者。其小薄之钱，若即禁断，恐人交乏绝，畿内五十日，外百日为限"。群官参议，咸以时谷颇贵，请待有年，上从之而止。此时之操切，可谓至极，然不能禁绝私铸，而欲称其轻重以为用，亦只可谓之无策耳。《隋志》云：齐神武霸政之初，承魏犹用永安五铢。迁邺已后，百姓私铸，体制渐别，遂各以为名：有雍州青赤、梁州生厚、紧钱、吉钱、河阳生涩、天柱、赤牵之称。冀州之北，钱皆不行，交贸者皆绢布。神武帝乃收境内之铜及钱，仍依旧文更铸，流之四境。未几之间，渐复细薄，奸伪竞起。此即《魏志》所云文襄奏革其弊者，事虽系之神武，谋实出自文襄也。《志》又云：文宣受禅，除永安之钱，改铸常平五铢。《本纪》在天保四年正月。重如其文。其钱甚贵，且制造甚精。至乾明、皇建之间，往往私铸。邺中用钱，有赤熟、青熟、细眉、赤生之异。河南所用，有青薄、铅锡之别。青、齐、徐、兖、梁、豫州，辈类各殊。武平已后，私铸转甚。或以生铁和铜。至于齐亡，卒不能禁。又云：后周之初，尚用魏钱。《北史·文帝纪》：大统六年二月，十二年三月，皆铸五铢钱。及武帝保定元年七月，乃更铸布泉之钱，以一当五，与五铢并行。亦见《周书·本纪》。时梁、益之境，又杂用古钱交易；河西诸郡，或用西域金银之钱，而官不禁。建德三年六月，更铸五行大布钱，以一当十，与布泉钱并行。四年七月，又以边境之上，人多盗铸，乃禁五行大布不得出入四关，布泉之钱听入而不听出。五年二月，以布泉渐贱而人不用，遂废之。《本纪》事在正月。初令私铸者绞，从者远配为户。亦见《本纪》。齐平已后，山东之人，犹杂用齐氏旧钱，至宣帝大象元年十一月，又铸永通万国钱，以一当十，与五行大布及五铢，凡三品并用。《本纪》但云与五行大布并行。北齐圜法之弊，全与魏同，盖承魏之敝，欲变焉而未能者。后周则思铸大钱以救钱荒，而卒亦捍格，其为弊，又与三国时之吴、蜀及宋之文帝同也。

民间苦铜钱不足，公家及豪富人，则有藏钱颇多者。①《晋书·苏峻传》，峻陷宫城，得官省之钱亿万。齐武帝聚钱上库五亿万，齐库亦出三亿万。见第十章第二节。白曜之破东阳，获铜五千斤，钱十五万。此公家之藏也。江禄为武宁郡，积钱于壁，壁为之倒。曹虎在雍州，致见钱七千万。见第十九章第一节。梁临川王宏性爱钱，百万一聚，黄榜标之，千万一库，县一紫标，如此者三十余间。见第十二章第五节。曹景宗弟义宗，富人向姓，以其为方伯之弟，豪强之门，出见钱百万，以妹适之。魏崔和子轨，盗钱百万，背和亡走。见第十九章第二节。梁南平王伟，于富僧藏镪者，多加毒害。此豪富之所藏也。《晋书·王导传》：子悦，先导卒。先是导梦人以百万钱买悦，潜为祈祷者数矣。寻掘地得钱百万，意甚恶之，一皆藏闭。《齐书·祥瑞志》：永明七年（489），《南史·本纪》在六年七月。齐兴太守刘元宝治郡城，于壍中获钱百万，《南史》作三十七万。形极大，《南史》云：皆轮厚径一寸半。以献台为瑞。世祖班赐朝臣以下各有差。十年（492），齐安郡民王摄掘地，得四文大钱一万二千七百十枚，品制如一。古人本有埋钱之风，当恶钱盛行之日，必更有甚焉者，此亦钱乏之一因欤？

金属为币，其弊在于私铸、私销之难禁。终南北朝之世，币制之坏，可谓皆由于私铸。《魏书·辛子馥传》：绍先孙。天平中，长白山连接三齐瑕丘，数州之界，多有盗贼。子馥受使检覆。因辨山谷要害，宜立镇戍之所。又诸州豪右，在山鼓铸，奸党多依之，又得密造兵仗，亦请破罢诸冶。朝廷善而从之。可见豪右铜冶，胥为私铸之媒。又崔悛尝私铸钱，见第十八章第一节。而南朝梁高祖从父弟昱，亦坐于宅内铸钱，为有司所奏，下廷尉，免死徙临海郡。临川王宏之子，亦尝盗铸钱。又可见冒利而为之者之众矣。不爱铜、不惜工之论，可以止私铸，不能止私销。若欲禁绝私销，非如昔人之言，举铜冶而尽禁之不可，此岂可行之事哉？此则以金属为币，无可救正之弊也。

第五节　钱　币　下

铜钱缺乏之世，所以代之者，北方多用绢布，南方则兼用谷，已见第十九章第一节。《晋书·石勒载记》：勒铸丰货钱，人情不乐，乃出公绢市钱；《石季龙

---

① 钱币：南北朝时藏钱者多，盖由钱虽恶而价贵。

载记》：季龙下书，令刑赎之家，得以钱代财帛，无钱听以谷麦；盖所以省帛之用。则北方之用绢布，由来旧矣。《魏书·辛绍先传》：绍先子穆，初随父在下邳，与彭城陈敬文友善。敬文弟敬武，少为沙门，从师远学，经久不返。敬文病临卒，以杂绫二十匹，托穆与敬武。穆久访不得。经二十余年，始于洛阳见敬武，以物还之，封题如故。世称其廉信。又《冯元兴传》：齐郡曹昂，有学识。举秀才。永安中为大学博士，兼尚书郎。常徒步上省，以示清贫。忽遇盗，大失绫缣。时人鄙其矫诈。是收藏者皆用绢布也。赵柔卖铧，索绢二十匹，后有商人与之三十匹，而柔不肯背约；寇儁家人卖物，剩得绢五匹，访主还之，已见第三节，是卖买者皆以绢布也。《赵柔传》又云：柔尝在路，得人所遗金珠一贯，价直数百缣，柔呼主还之，是估价者皆以绢布也。《鹿悆传》言：悆尝诣徐州，马瘦，附船而至大梁。夜睡，从者上岸，窃禾四束，以饲其马。船行数里，悆觉，问得禾之处。从者以告。悆大忿。即停船上岸，至取禾处，以缣三丈，置禾束下而还。则虽乡僻之地，亦以绢为交易之资矣。此行旅所以多赍绢布为资，如《杨播传》言：播弟津为岐州刺史，有武功民赍绢三匹，去城十里，为贼所劫也。播弟椿，又尝受命驰驿诣并、肆，赍绢三万匹，募召恒、朔流民，拣充军士，后未行。可见绢布为用之广。若南方，则《晋书·魏咏之传》言：咏之生而兔缺，闻殷仲堪帐下有名医能疗之，贫无行装，遂赍数斛米西上，以投仲堪。是缘途皆可以谷为用。此等事，北方记载绝罕见。河北交易，虽云杂用谷帛，盖以谷济帛之穷，免于尺寸分裂而已。握粟出卜，以粟易械器，实为最古之俗，岂南方生计，演进较迟，故古俗之存者较多欤？孔琳之驳桓玄废钱之议曰："据今用钱之处，不以为贫，用谷之处，不以为富。"以钱谷对举，可见用谷处之多。南方论议，不甚病布帛之翦截，盖为此也。若北方则此弊殊甚。《魏书·食货志》云：旧制，民间所织绢布，皆幅广二尺二寸，长四十尺为一匹，六十尺为一端，此由调外又入帛一匹二丈，参看第十九章第一节。令任服用。后乃渐至滥恶，不依尺度。高祖延兴三年七月，更立严制，令一准前式，违者罪各有差，有司不检察，与同罪。《肃宗纪》：熙平二年正月，诏遣大使巡行四方，绢布缯采，长短合式，亦为所奉诏条之一。任城王澄刺定州，禁造布绢不任衣者，此即其熙平初上表所云单丝之缣，疏缕之布，狭幅促度，不中常式者也。见上节。既以为交易之资，势必至此而已，禁之又何益邪？然当时官司之虐民，所调绢布，务求长广厚重，实较民间之单丝疏缕，狭幅促度者，其弊为尤甚。张普惠表，已见第十九章第一节。《魏书·卢同传》：同于熙平初转尚书左丞。时相州刺史奚康生，征民岁调，皆七八十尺，以邀奉公之誉，部内患之。同于岁禄，官给长绢。同乃举按康生度外征调。书奏，诏科康生之罪，兼褒同奉公之绩。调绢加长，至倍定式，而反获奉公之誉，可为张普惠之言之证。辛穆转汝阳太守，值水潦民饥，上表请轻租赋，从之，遂敕汝阳一郡，听以小绢为调；北齐苏琼，迁南清河太守，蚕月豫下绵、绢度样于部内；此等循吏，盖不易多觏矣。此亦以绢布代钱之一弊也。

金银为用亦稍广。旧日史家，率言汉世黄金多，后世渐少，由于佛事之消耗，说不足信。黄金之渐少，[①] 实由流入民间者之渐多，已见《秦汉史》第十六章第四节。《晋》、《宋书·礼志》言：汉高后制聘后，黄金二百斤，夫人金五十斤，魏氏聘后、王取妃、公主嫁之礼，用绢百九十匹。晋兴，故事用绢三百匹。穆帝纳何皇后，孝武纳王皇后，纳征皆以绢三百匹。魏与东晋姑勿论，西晋初之侈靡何所不至，而必舍金而用绢，足见当时黄金实少。苏峻之陷宫城，官有金银五千斤，可谓其细已甚。梁武陵王之多金，为史所艳称，然实不过有金万斤，银五万斤，见第十三章第四节。较之王莽亡时，省中黄金万斤为一匮者，尚有六十匮，黄门、钩盾、藏府、中尚方，各有数匮；董卓区区，犹有金二三万斤，银八九万斤者；亦微末不足道矣。齐武帝，史称其聚钱上库五亿万，斋库亦出三亿万，金银、布帛，不可称计，此乃约略之辞，未必其藏金之果多也。而民间：则《南史·侯景传》言其攻台城时，援兵至北岸，百姓扶老携幼，以候王师，才过淮，便竞剥略，征责金银；其后江南大饥，江、扬弥甚，百姓流亡，死者涂地，不出户牖者，莫不衣罗绮，怀金玉，交相枕藉，待命听终；此固非下贫之家，然民间多有金银，则于此可见。《齐书·萧颖胄传》言：长沙寺僧业富，沃铸黄金为龙，数千两，埋土中，历相传付，称为下方黄铁，莫有见者，及颖胄起兵，乃取充军资；《魏书·释老志》言：世祖之废佛法，恭宗言虽不用然犹缓宣诏书，远近皆豫闻知，得各为计，金银宝物，及诸经论，大得秘藏。僧寺财自何来，宁非民间所布施邪？《南史·东昏侯纪》，言其潘妃服御，极选珍宝，贵市人间，金银宝物，价皆数倍。都下酒租，皆折输金，又令富室买金；详见第十章第六节。《魏书·任城王传》亦言：灵大后锐于缮兴，金银之价，为之踊上；可见民间金银交易，已极盛行矣。

前世用金，皆以斤计，此时则多以两计，即可见藉以为用者之多。晋、南北朝之世，用金以斤计者：晋购石季龙首金五十斤。《元帝纪》建武元年（304）。祖逖遣参军王愉使于石勒，赠以方物，勒遣董树报聘，以马百匹、金五十斤答之。王弥与刘曜，阻兵相攻，弥长史张嵩谏止之，弥与曜各赐嵩金百斤。刘聪欲纳刘殷之女，李弘引王基为子纳王沈女，以见姓同源异，无碍婚姻，聪大悦，赐之黄金六十斤。详见第十七章第一节。佛狸伐入寇，宋购斩其头者赏金银各百斤。《宋书·索虏传》。邓琬奉子勋起兵，传檄京师，赐太宗金银五百斤。梁陆杲子罩，为大子中庶子，以母老求去，皇大子简文。赐之黄金五十斤。元略自梁返魏，梁武帝赐之

---

① 钱币：魏晋后，民间金银渐多，公家渐少。用金改以两计，零星使用，金银流衍民间，实化无用为有用，借其不聚而不达，中国金银来自西南。

金银百斤。魏豆代田，以战功赐黄金百斤，银百斤。赵郡王干除冀州刺史，高祖密赐黄金十斤。抱睹生死，巘之父。赐黄金八十斤，以供丧用。齐文襄烝于冯翊大妃，见幽，司马子如全之，神武赐子如黄金百三十斤。《北史·后妃传》。陈元康进慕容绍宗，遂破侯景，世宗赏金五十斤。时段韶留守晋阳，世宗还，赐之金十斤。案汉世赏赐，即有虽言金而实与之钱者，见《秦汉史》第十六章第四节。《魏书·术艺传》：徐謇以疗高祖，赐钱一万贯。又诏曰：钱府未充，须以杂物，乃以绢二千匹、杂物一百匹、谷二千斛、奴婢十口、马十匹与之。则古来赏赐，原未尝不可以他物充代。太和为铸钱之世，万贯之赐，尚不能具，可见魏铜钱之乏。又《北史·高昂传》：西魏赏斩昂首者布绢万匹，岁岁稍与之，周亡犹未充，则又不必一时皆给。然则史所言赏赐、购募等，虽云金银若干斤，恐未必皆如数登与之矣。张茂以黄金三百八十斤、银七百斤献刘曜。吐谷浑辟奚以金银五百斤献苻坚。《晋书》本传。《坚载记》亦记其事，而作碎奚，《宋书》、《魏书》亦作碎奚，见第十六章第七节。乞伏炽磐贡黄金二百斤于魏，请伐赫连昌。沮渠牧犍尚魏武威公主，献黄金五百斤。车伊洛亦以金百斤为献。宋攻杨难当，难当奔上邽，魏假古弼节，督陇右诸军，诏弼悉送难当子弟，杨玄少子文德，以黄金四十斤赂弼，弼乃留之。此等皆以地近西域，与往来，故多金，说见下。阿那瓌启请还国，朝臣意有异同，瓌以金百斤货元叉；周文使杨荐至蠕蠕，赐以黄金十斤，亦以蠕蠕稍徙西北，多与西域往来，故知以金银为用也。苻坚灭张天锡，税百姓金银一万三千斤，以赏军士，则其数虽多，敛之固以锱铢。《周书·柳庆传》言：有贾人持金二十斤诣京师交易，为一沙弥所窃，其人盖大贾，故持金较多。《晋书·艺术传》言：隗炤临终，书版授其妻曰："吾亡后当大荒穷，虽尔，慎莫卖宅也。却后五年春，当有诏使，来顿此亭，姓龚，此人负吾金，即以此版往责之，勿违言也。"炤亡后，其家大困乏。欲卖宅，忆夫言辄止。期日，有龚使止亭中，妻遂赍版往责之。使者执版惘然。良久而悟，谓曰："贤夫何善？"妻曰："夫善于易，而未曾为人卜筮也。"使者曰："噫！可知矣。"乃命取蓍筮之。卦成，告炤妻曰："贤夫自有金耳。知亡后当暂穷，故藏金以待大平。所以不告儿妇者，恐金尽而困无已也。知吾善《易》，故书版以寄意耳。金有五百斤，盛以青瓷，覆以铜柈，埋在堂屋东头，去壁一丈，入地九尺。"妻遂掘之，皆如卜焉。其言诞谩不足信。《隋书·艺术传》言：或有金数两，夫妻共藏之，于后失金，夫意妻有异志，将逐之，其妻称冤，以诣杨伯丑。伯丑为筮之，曰："金在矣。"悉呼其家人，指一人曰："可取金来。"其人赧然，应声而取之。其言之诞谩与隗炤事同，然言藏金不过数两而已。梁元帝谲长孙俭，言埋金千斤于城内，见第十三章第四节。《周书·王思政传》：思政为荆州刺史，州境卑湿，城堑多坏，思政命都督蔺小欢督工匠缮治，掘得黄金三十斤，亦必贵富者所埋矣。是时公家用金，亦多以两计者：如宋明帝欲以金千两赎晋熙王昶于魏；隋文帝践极，遣赐萧岿金五百两，银一千两是也。杜弘奔临贺，送金数千两与王机，求讨桂林贼自效；侯景饷朱异金二百两；则贵富人相赠遗，亦以两计矣。《晋书·食货志》言愍皇时斗米二金，而《帝纪》云米斗金二两，此为当时用金，多以两计之确证。《石季龙载记》言：其时金一斤直米二斗，则又四倍愍皇时，米贵似不应至此。颇疑《载记》之斤字，实当作两，非传写之误，则载笔者习熟旧史言金以斤计重之文，下笔时偶尔失检也。此疑如确，则凡他言金若干斤者，又安知其不有为两字之误者邪？史之言金，又有不著其为斤抑为两者，如第十九章第二节所引：范宁言并兼之士，一宴之馔，费过十金；《谢安传》言其肴馔屡费百金是也。汉时黄金一斤直钱万，晋、南北朝之世，或无甚变动，说见第十九章第一节。何曾食日万钱，时人已视为极侈，《范宁》、《谢安传》所云，若以斤计则其所费，又将十百于曾，虽侈不容至是，其必以两计可知。《北齐书·慕容俨传》言：俨斩侯瑱骁将张白石首，瑱以千金赎之，《俨传》之辞，全不足信，说已见前，即谓造作言语，亦当按切情势，仍可考见事实，则以宋明帝赎晋熙王之事例之，亦必以两计无疑。至如第一节所引会土膏腴上地亩直一金等，则系循行文之便，约略言之，不容凿求其数也。黄金有常形制，或为挺，或为饼，已见《秦汉史》第十六章第四节。武陵王纪黄金以一斤为饼，见第十三章第四节。杨运长等密以金饼赐沈攸之佐吏，见第九章第九节。《北齐书·陈元康传》言，世宗以元康进计征颍城而克，赏以金百挺。《祖珽传》言：文襄遇害，元康被伤，使珽作书属家累事，并云：祖喜边有少许物，宜早索取。珽乃不通此书，唤祖喜私问，得金二十五挺，惟与喜二挺，余尽自入。《北史·李幼廉传》：《北齐书》之李稚廉。出为南青州刺史，主簿徐乾，富而暴横，幼廉收系之，乾密通疏，奉黄金百挺。则挺、饼二者，晋、南北朝之世，固犹通行。窃意此等沿袭旧形制之金，其重必以斤计。此等惟公家或豪富之家藏之，赏赐、购募，赠遗、货赂，间或藉以为用。民间所用，并是散碎，则皆以两计。亦犹近世富家藏金薄、银挺，人间寻常用碎银也。

金银零星使用见于史者，以兵乱时赏赐将士者为最多，即此可以推见民间使用之情形矣。宋明帝泰始三年九月，戊午，以皇后六宫以下杂衣千领，金钗千枚，班赐北征将士。《宋书·本纪》。《天文志》事在八月癸卯。休范之叛，皇大后、大妃剔取宫内金银器物以充用。侯景之难，羊侃副宣城王都督城内诸军事，诏送金五千两，银万两，绢万匹，以赐战士。时有一小儿，请以飞鸢传致消息。乃作数千丈绳，缀纸鸢于绳端，缚书其背，又题鸢口：若有得鸢送援军者，赏银百两。《魏书·岛夷传》。陈高祖讨王僧辩，密具袍数千领，及采帛、金银，以为赏赐之具。淳于量、吴明彻等讨华皎，募军中小舰，多赏金银，令先出当贼大舰，受其拍。周罗㬋平山贼，宣帝赐之金银二千两。叔陵作乱，呼其甲士，散金银以赏赐。贺若弼进钟山，后主多出金帛赋诸军，以充赏赐。及战，弼躬当鲁广达，窘而复振。而陈兵得人头，皆走后主，求赏金银。弼更趣孔范，范兵势交，便败走，陈军遂溃。任忠驰入台见后主。后主与之金两縢，曰："为我南岸募人，犹可一战。"周武帝伐齐，齐王宪上金宝一十六件，以助军资。及入并州，出齐宫中金银，班赐将士。皆战时用金银赏赐之事也。徐陵之迁吏部尚书也，冒进求官者，喧竞不已，陵乃为书宣示，曰："永定之时，圣朝草创，白银难得，黄札易营，权以官阶，代于钱绢。"可见赏赐本以钱绢为主，不得已乃代之以金银，又不得已，乃代之以官阶矣。此等赏赐，必不能用铤饼，必皆用金钗及器物等以充之，其物既小，分赋又多，其不能以斤计而以两计，亦势使然也。而民间之使用金银视此矣。金银本无用之物，贵族之宝之，大抵皆用为装饰。装饰有为礼制所许者，如晋之五路，皆饰以金；又汉自天子至百官，无不佩剑，其后惟朝带剑，至晋乃代之以木，① 贵者用玉首，贱者则以蚌、金、银、玳瑁为雕饰是也。见《晋书·舆服志》。《齐书·舆服志》云：衮衣，汉世出陈留、襄邑所织，宋末用绣及织成。明帝以织成重，乃采画为之，加饰金银薄，盖反以为俭矣。然非礼之用实多。《齐书·萧颖胄传》：高宗墓俭约，欲坏大官元日上寿银酒枪，尚书令王晏等咸称盛德。颖胄曰："朝廷盛礼，莫过三元，此一器既是旧物，未足为侈。"帝不悦。后与曲宴，银器满席。颖胄曰："陛下前欲坏银酒枪，恐宜移在此器也。"帝甚有惭色。曲宴银器，固为非礼，元日上寿，又何以必用银酒枪邪？宋明帝将杀吴喜，召入内殿，赐以名馔，并金银御器，则金银之器，又不徒宫禁中用之矣。然此尚非其至侈者。齐武帝至刘悛宅，昼卧，觉，悛自奉金澡罐受四升水以沃盥，因以与帝，则真骇人听闻矣。然一时君若臣以金银器物赏赐、贡献、馈遗者殊多。如齐高帝送金钗二十枚与周盘龙爱妾杜氏，武帝以金镂柄银柱琵琶赐褚渊，王敬则以金铪饷周奉叔是也。索虏不知礼义，故其奢侈尤甚。元嘉二十七年（450）之役，刘泰之等袭汝阳虏营，营内食具，皆是金银，事见《宋书·索虏传》。战时如此，平时可知。辽西公意烈之曾孙库汗，尝从大武北巡，有兔起乘舆前，命射之，应弦而毙，大武悦，赐一金兔，以旌其能，此似偶然之事。然孝武在洛，以银酒卮容二升许，县于百步外，命善射者十余人共射，中者即以赐之；西魏文帝在天游园，亦以金卮置候上，命公卿射：事见《北史·魏诸宗室》、《周书·宇文贵传》。造次颠沛之间，而犹如此，则其以金银器充赏，亦习为故常矣。臣下之藏金银器饰者：黄权母吴，以金钏赂蔡樽妾，见第十八章第四节。梁庐陵王续临终，上金银器千余件。徐君蒨侍妾数十，服玩悉以金银。鱼弘侍妾百余人，不胜金翠。有眠床一张，通用银镂金花寿福两重为饰。陶侃宴阳斐，宾客三百余人，器皆金玉杂宝，见第十二章第五节。阮孝绪七岁，出继从伯胤之，胤之母周氏卒，遗财百余万，孝绪一无所纳，乳人辄窃玉羊、金兽与之，见第十七章第二节，皆可见其所藏器饰之多。其北方：则周大祖破侯莫陈悦，左右窃其银镂瓮。周武帝克晋州，使招北齐行台右仆射传伏，以金、马础二酒钟为信，伏不受，后降，又以金酒卮赐之。可朱浑元归齐，齐高祖使持金环一枚以赐。后主亦以金银酒钟各一赐慕容俨。其甚者：毕义云私藏工匠，家有十余机织锦，并造金银物，因被禁止。杨钧造银食器十具，以饷元叉，见《北史·杨昱传》。以孙腾、达奚武之功名，而腾盗府藏银器为家物，武为大司寇，库有万钉金带，因入库取之以归，几于廉耻扫地矣。此等事本有禁令，然大抵成为具文。《宋书·

---

① 服饰、兵器：佩剑至晋易以木。

礼志》言：诸在官品令第二品以上者，其非禁物，皆得服之，而纯金银器，列为禁物之一。第六品以下，加不得服金镮绫锦，金钗、镮、铒，及以金校饰器物，张绛帐。士卒百工，加不得以银饰器物，张帐。奴婢、衣食客，加不得服金黄银钗、镮、铃、镶、铒。诸王皆不得私作禁物，及𫘝碧校鞍，珠玉、金银，错刻雕饰无用之物。宋武帝永初二年正月，断金银涂。齐东昏侯永泰元年十一月，尚书令徐孝嗣议：王侯贵人昏连鞶以真银厄，盖出近俗。今除金银连锁。自余新器，悉用埏陶。陈世祖天嘉元年八月，诏雕镂淫饰，非兵器及国容所须，金银、珠玉，衣服，杂玩，悉皆禁断。后主大建十四年四月，诏禁镂金银薄。魏高阳王雍领司州牧，请王公以下贱妾，悉不听内织成、锦绣，金玉、珠玑，奴婢并不得以金银为钗、带。此等法令，几于无代不有，然观法令之陈陈相因，即可知其久成具文矣。民间相与慕效，而金银之流散者遂多。豪富之家，至缓急之际，乃亦藉之以为用，而其用愈溥矣。谷帛为币，耗损殊多，且病滞重；铜钱不易周用，亦非把握可藏；以金银济其穷，以钱币演进之理言之，自亦未为非计。然则金银之流衍民间，实化无用为有用也。论者或反致慨于公家所藏之少，实为不达此义矣。

《日知录·黄金》条引宋太宗问杜镐曰："两汉赐与，多用黄金，后代遂为难得之货，何也？"答曰："当时佛事未兴，故金价甚贱。"此本漫然之语，而亭林引《三国·吴志·刘繇传》：笮融大起浮图祠，以铜为人，黄金涂身，衣以锦采；《魏书·释老志》：天安中，于天宫寺造释迦立像，高四十三尺，用赤金十万斤，黄金六百斤。谓镐之言颇为不妄。《廿二史札记》承其说，谓后世黄金日少，金价亦日贵，盖由中土产金之地，已发掘净尽，而自佛教入中国后，塑像涂金，大而通都大邑，小而穷乡僻壤，无不有佛寺，即无不用金涂，以天下计之，无虑几千万万；加以风俗侈靡，泥金写金，帖金作榜，积少成多，日消月耗。《汉多黄金条》。夫金银为贵重之物，用后仍可还元，亭林引《草木子》，谓金一为箔，无复还元；瓯北述故老言：谓涂金、泥金，不复还本；皆非是。不能遂目为消失。抑且佞佛如魏献文，可谓甚矣，而所耗亦不过六百斤，此于中国，奚翅九牛一毛？故谓黄金以佛入中国而耗损者，必非其实也。抑且中国之金，不徒不因与西域、南海通而有所耗损也，且必因此而增多。《晋书·大秦传》云：以金银为钱，银钱十，当金钱之一。《北史·波斯传》，谓其赋税准地输银钱。《高昌传》云：赋税计田输银钱，无者输麻布。则银钱自西海至高昌，皆极通用，故能流入河西。《周书·李贤传》：贤为瓜州刺史，高祖西巡，使往瓜州，赐以银钱一万，盖即因其通用而赐之。《北齐书·王昕传》言：魏汝南王悦辟为骑兵参军。悦数散钱于地，令诸佐争拾之，昕独不拾。悦又散银钱以目昕，昕乃取其一。盖亦自西域而来，可见其流衍之远。然尚不止此。《晋书·地理志》日南郡象林县云：自此南有四国，贡金为税。所谓四国，盖指日南所属庐容、朱吾、西卷、比景而言。其俗至蛮野，何来黄金？而《扶南传》亦言其以金银、珠、香为贡赋。此外海南诸国，史记其产金银，以金银为器饰，来献其金银若金银器物者甚多。其开化之程度，似未能至是。案《晋书·大秦传》又言：其邻国使到，辄廪以金钱，盖凡商旅所通之地，皆可持金银以通市易，故虽蛮野之国，亦知宝之，能用之，寖假且能取之于地矣。《南史·吕僧珍传》言：僧珍生子，宋季雅往贺，署函曰钱一千。阍人少之，弗为通。强之乃进。僧珍疑其故，亲自发，乃银钱也。河西金银之钱，流衍至南方非易，季雅曾为南康郡，此银钱傥自交、广来欤？此说如不缪，则《隋志》谓梁时交、广之域，全以金银为货，亦未必皆生金银矣。李万周之杀袁昙远也，见第九章第四节。交州刺史檀逸被代，还至广州，资货巨万。万周诬以为逆，袭而杀之。遂劫掠公私银帛。籍袁、檀珍货，悉以自入。《梁书·止足传》：陶季直祖愍祖，宋广州刺史。季直早慧，愍祖甚爱异之。尝以四函银列置于前，令诸孙各取。季直时甫四岁，独不取。《陈书·欧阳頠传》：交州刺史袁昙缓，密以金五百两寄頠，令以百两还合浦太守龚蒍，四百两付儿智矩。此等皆交、广金银之入中国者。① 宋文帝之征林邑，史云因其所贡陋薄，见第十六章第三节。盖未尝无利之之心？故檀和之之克捷，所取金宝颇多。《齐书·东南夷传论》，谓其商舶远至，委输南州，故交、广富实，牣积王府，见第十六章第五节。则其自贡献、市易而来者，又不少也。《陈书·周文育传》：文育与王劢俱下，至大庾，宿逆旅，有贾人求与文育博，文育胜之，得银二千两，此交、广以金银为货之明征。抑尚不止此。颜峻在蜀作金浴盆；邓元起在蜀，亦致崇于聚敛，史有称其以金玉珍帛为内藏之诬辞。皆见第十九章第二节。蜀中财自何来？观武陵王纪之富，由于南开宁州、越巂，西通资陵、吐谷浑，见第十三章第四节。而知其所由然矣。魏曹安表求击拾寅曰："拾寅今保白兰，多金银、牛马，击之可以大获。"见第十六章第七节。吐浑安有金银，而况白兰？非来自西域而何自乎？蜀汉先主之入成都也，取城中金银，以赐将士，其时赏诸葛亮、法正、关羽、张飞者，即各金五百斤，银千斤。见《秦汉史》第十六章第四节。铜之乏，至于取帐钩以铸钱，而金银之饶如是，何欤？《南史·齐高帝诸子传》：始兴简王鉴为益州刺史，于州园得古冢，无复棺，但有石椁，珍宝甚多，金银为蚕蚆形者数斗，则蜀之多金银旧矣。果自何来哉？观《秦汉史》言自蜀至印、缅之路之夙通，第九章第四、六节。而其所由来，可以想见也。《魏书·食货志》云：自魏德既广，西域、东夷，贡其珍物，充于王府。又云：和平二年（461）秋，诏中尚方作黄金合盘十二具。径二尺二寸。镂以白银，钿以玫瑰。其铭曰：九州致贡，殊域来宾，乃作兹器，错用具珍。则魏之金银，得自贡献者不少。句丽贡金于虏，见第十六章第一节。又《邢峦传》：峦于世宗初奏言："先皇深观古今，去诸奢侈。轻贱珠玑，示其无设。府藏之金，裁给而已。更不买积，以费国赀。逮景明之初，承升

① 外交：外夷贡金银实买之。

平之业。四疆清晏，远迩来同。于是蕃贡继路，商贾交入。诸所献贸，倍多于前。虽加以节约，犹岁损万计。珍贵常有余，国用恒不足。若不裁其分限，便恐无以支岁。自今非为要须者，请皆不受。"世宗从之。则其买自贾人者，又不少矣。阿伏至罗之立，魏以金银宝器奉之。见《北史·节义朱长生传》。按朱长生，《高车传》作可足浑长生。弥俄突之立，以金方一、银方一、金杖二为献，后又遣使献金银。北夷之知宝金银如此，谓非与西域交往致然，其谁信之？西域之金银，尚能至北夷，岂况中国？故曰：中国与西域、南海通，不徒金银不致耗损，且必有所增益也。

第二十一章 晋南北朝人民生活

第一节 饮 食

晋、南北朝之世，稍见南北食性之殊。大抵南多食稻，北多食菽麦等。然北方之人，亦未尝不以稻米为贵。①《晋书·惠帝纪》：王浚遣乌丸骑攻成都王颖于邺，颖与帝单车走洛阳。服御分散，仓卒上下无赍。侍中黄门被囊中赍私钱三千，诏贷用。所在买饭，以供宫人。止食于道中官舍。宫人有持升余粳米饭及燥蒜、盐豉，以进帝，帝啖之。次获嘉，市粗米饭，盛以瓦盆，帝啖两盂。《宋书·孝义传》：何子平，事母至孝。扬州辟从事史，月俸得白米，辄货市粟麦。人或问曰："所利无几，何足为烦？"子平曰："尊老在东，子平世居会稽。不办常得生米，何心独享白粲？"《南史·徐孝克传》：陈亡，随例入长安。家道壁立。所生母患，欲粳米为粥，不能常办。母亡后，孝克遂常啖麦。有遗粳米者，孝克对而悲泣，终身不复食焉。《魏书·安同传》：同长子屈，太宗时典大仓事，盗官粳米数石，欲以养亲。同大怒，奏求戮屈。自劾不能训子请罪。太宗嘉而恕之。遂诏长给同粳米。又《卢玄传》：曾孙义僖，性清俭，不营财利。虽居显位，每至困乏。麦饭、蔬食，忻然甘之。《周书·裴侠传》：除河北郡守。躬履俭素，爱民如子，所食惟菽麦、盐菜而已。又《刘璠传》：左迁同和郡守。前后郡守，多经营以致赀产，惟璠秋豪无所取。妻子并随羌俗，食麦、衣皮，始终不改。并当时南北皆贵稻米之征。齐师之来寇，孔奂多营麦饭，以饷战士，盖以其时四方壅隔，粮运不继，三军取给，惟在都下故也。详见第十三章第五节。然徐孝嗣论屯田，谓菽麦为北土所宜，彼人便之，不减粳稻，详见第二十章第一节。则其利民初无以异矣。北人食麦，率多以之作饼。《晋书·何曾传》：蒸饼上不拆作十字不食。《周书·王罴传》：罴性俭率，不事边幅。尝有台使，罴为其设食，使乃裂其薄饼缘。罴曰："耕种收获，其功已深；春簸造成，用力不少；乃尔选择，

---

① 饮食：晋南北朝南北人皆贵米于面，倘由未能作教欤。

当是未饥。"命左右撤去之。使者愕然，大惭。《北史·胡叟传》：不事产业，常苦饥贫，然不以为耻。养子字螟蛉，以自给养。每至贵胜门，恒乘一牸车，敝韦袴褶而已。作布囊，容三四斛，饮啖醉饱，盛余肉饼，以付螟蛉。皆其征也。《南史·后妃传》："永明九年（491），诏大庙四时祭，宣皇帝荐起面饼、鸭臛，孝皇后荐笋、鸭卵、脯酱炙白肉，高皇帝荐肉脍、菹羹，昭皇后荐茗、粣、炙鱼，并生平所嗜也。"《通鉴》胡三省《注》云："起面饼，今北人能为之。其面浮软。以卷肉啖之，亦谓之卷饼。案此即今山东薄饼。其实今江南人所为，尤较山东为薄而浮软也。程大昌曰：起面饼，入教面中，令松松然也。教，俗书作酵。"盖因多食面，故发明此法。然观胡氏之言，则其时南人犹未知作教也。

　　疏食之事，[1] 空乏之时，偏僻之地，亦间有之。《魏书·崔逞传》云：大祖攻中山，未克，六军乏粮，民多匿谷。问群臣以取粟方略。逞曰："取椹可以助粮，故飞鸮食椹而改音，《诗》称其事。"大祖虽嫌其侮慢，然兵既须食，乃听以椹当租。逞又曰："可使军人及时自取，过时则落尽。"大祖怒曰："内贼未平，兵人安可解甲仗入林野乎？"以中山未拔，故不加罪。后乃以答晋襄阳戍将书事杀之。事见第十一章第二节。案飞鸮食椹，道武知为何语？逞安得引此以对？盖其意，不欲房敛谷以扰民，并不欲其劳民以取椹，道武以是憾之耳。然在当时，卒不得不听民以椹当租，可见谷必乏，民必有以椹为食者也。又《羊敦传》言：敦雅性清俭。转广平太守，属岁饥馑，家馈未至，使人外寻陂泽，采藕根而食之。遇有疾苦，家人解衣质米以供之。《周书·李迁哲传》：大祖令迁哲留镇白帝。信州先无仓储，军粮匮乏。迁哲乃收葛根造粉，兼米以给之。迁哲亦自取供食。此并空乏之时，仰给疏食者也。《齐民要术·非中国物篇》引《吴录》云：交趾有穰木，其皮中有如白米屑者，干捣之，以水淋之，似面，可作饼。又引《蜀志》云莎树出面，一树出一石。正白而味似桄榔。出兴古。又引刘欣期《交州记》曰：都句树，似拼榈，木中出屑如面，可啖。贾氏此篇，自言聊存名目，记其怪异，其所引据，不皆可信，然可信者亦多。桄榔可食，[2] 见《后汉书·夜郎传》，说非虚诬。穰、莎、都句，盖亦其类。此启辟较迟之地，本仰给于疏食者也。第二十章第一节，可以参观。

　　古惟贵者、老者肉食，[3] 晋、南北朝之世，犹有其遗风。《魏书·高宗纪》：太安元年（455），遣尚书穆伏真等三十人巡行州郡，观察风俗，诏云："入其境，耆老饭蔬食，少壮无衣褐，则聚敛烦数，匮于财也。"虽循旧文立说，然观杨椿械子孙谓："我家入魏之始，即为上客，给田宅，赐奴婢、马、牛、羊，遂

---

①　饮食：南北朝时取给疏食。

②　饮食：桄榔可啖不诬。

③　饮食：老者贵者乃食肉，晋南北朝犹然，常食盐菜耳，撤兼肉，居丧者并去盐菜。

成富室。自尔至今二十年，二千石、方伯不绝，禄恤甚多。亲姻、知故，吉凶之际，必厚加赠襚；来往宾寮，必以酒肉饮食；是故亲、姻、朋友无憾焉。"则虽富厚之家，平时亦不必皆肉食矣。魏末减百官及诸蕃客廪食及肉，已见第二十章第三节。据所纪，终岁省肉百五十九万九千八百五十六斤，米五万三千九百三十二石。则给米一石者，给肉三十斤弱，即升米得肉五两弱。魏、齐斗、称，于古二而为一，见第十九章第一节。假令人日食二升半，则得肉十一两余，此已非常人之食矣。《晋书·陆晔传》：晔弟子纳，出为吴兴太守，将之郡，先至姑熟辞桓温。因问温曰："公至醉可饮几酒？食肉多少？"温曰："年大来饮三升便醉，白肉不过十脔。卿复云何？"纳曰："素不能饮，止可二升。肉亦不足言。"后伺温间，谓之曰："外有微礼，方守远郡，欲与公一醉，以展下情。"温欣然纳之。时王坦之、刁彝在坐。及受礼，惟酒一斗，鹿肉一样。坐客愕然。纳徐曰："明公近云饮酒三升，纳止可二升。今有一斗，以备杯酌。余沥温及宾客。"并叹其率素。更敕中厨设精馔，酣饮极欢而罢。案《北齐书·卢叔武传》言：魏收曾来诣之，访以洛京旧事，不待食而起，云"难为子费"。叔武留之。良久，食至，但有粟飧、葵菜，木碗盛之，片脯而已。则陆纳所馈，已不为菲，桓温更敕中厨设精馔，则已侈矣。肉食者北方多有牛羊，南方颇饶鹅鸭，而鸡、彘及鱼，仍为常食。何以知之？《北齐书·元晖业传》云：晖业以时运渐谢，不复图全，惟事饮啖，一日一羊，三日一犊，此固信陵君醇酒、妇人之意，然亦可见北人之习食牛羊。① 南方则食牛有禁。《南史·王僧孺传》云：出为南海太守。南海俗杀牛曾无限忌，僧孺至便禁断。《梁书·傅昭传》：子妇尝得家饷牛肉，以进昭，昭召其子曰："食之则犯法，告之则不可。"取而埋之。是其证。《晋书·虞预传》。咸和初，夏旱，诏众官各陈致雨之意。预议曰："老牛不牺，礼有常制，而自顷众官，拜授祖赠，转相夸尚，屠杀牛犊，动有十数。"乃犯法之事也。食羊亦罕见记载。晋惠帝之次获嘉，有老父献蒸鸡。亦见《本纪》。邵诜母亡，无马舆柩，养鸡、种蒜以致之，已见第二十章第一节。苻坚遁还淮北，或进壶飧、豚髀。《北史·良吏传》：孟信为赵平太守，山中老人，以纯酒馈之。并民间以鸡豚为常食之证。闲取野味，如陆纳以鹿肉饷桓温，盖亦非常食。河北旧制，有渔猎夫三十人，以供郡守，裴侠曰："以口腹役人，吾不为也，"乃悉罢之，盖非之也。《隋书·地理志》言：梁州人多事佃渔，虽蓬室柴门，食必兼肉，见第十七章第一节。盖特异之俗矣。刘毅在京口，与乡曲士大夫往东堂共射，庾悦为司徒左长史，暂至京，亦要府州僚佐，共出东堂。悦厨馔甚盛，不以及毅。毅遣与相闻曰："身今年未得子鹅，《齐民要术·养鹅鸭篇》云：供厨者鹅百日以外，子鸭六七十日

---

① 饮食：北人多食牛羊，南方食牛有禁，以鸡猪为常食，多水族。

佳，过此肉硬。岂能以残炙见惠。"而齐大庙所荐，有鸭臛、鸭卵。陈武帝之御齐寇，陈蒨遣送米三千石，鸭千头。见第十三章第五节。并南人多食鹅鸭之证。《齐书·武陵王晔传》云：尚书令王俭诣晔，晔留设食，枈中菘菜，鲬鱼而已。《梁书·良吏·何远传》云：江、浙多水族，甚贱。远每食，不过干鱼数片。《南史·孔休源传》云：休源初到都，寓于宗人少府孔登。曾以祠事入庙，侍中范云，一与相遇，深加褒赏。后云命驾到少府，登便拂筵整带，谓当诣之，备水陆之品。云驻筋，命休源。及至，命取其常膳。止有赤仓米饭、蒸鲍鱼。云食休源食，不举主人之馔。高谈尽日，同载还家。登深以为愧。沈众监起大极殿，携干鱼、菜饭独啖之，已见第十九章第二节。《齐书·孝义乐颐传》：吏部郎庾杲之常往候，颐为设食，枯鱼、菜菹而已。杲之曰："我不能食此。"母闻之，自出常膳鱼羹数种。杲之曰："卿过于茅季伟，我非郭林宗。"盖鱼为俭者之食，而干鱼则为尤俭，以鱼不劳饲养，干鱼又可于闲时取之，不费人力也。

常食以盐菜为主。《魏书·高允传》言：高宗幸允第，厨中惟盐菜；《周书·裴侠传》言：侠所食惟菽麦、盐菜是也。《晋书·皇甫谧传》：城阳太守梁柳，谧之姑子也。当之官，人劝谧饯之。谧曰："柳为布衣时过吾，吾送迎不出门，食不过盐菜。贫者不以酒肉为礼。今作郡而送之，是贵城阳太守而贱梁柳，岂中古人之道？是非吾心所安也。"是贫家饭客，亦不过盐菜也。《宋书·孝义传》：郭原平，佣赁以给供养。主人设食，原平自以家贫，父母不办肴味，惟飧盐饭而已。库狄伏连家口百余，盛夏人料仓米二升，不给盐菜，已见第十九章第一节。则有并盐菜而不能具者。案古人言疏食食之主，又言疏食、菜羹，盖羹为食之所必备，① 余肴则为增设。《魏书·石虎传》言：石宣杀石韬后，虎以铁镮穿宣颔而锁之，作数斗木槽，和以羹饭，以猪、狗法食之，犹是以羹饭为食之主。常食盐菜者，菜盖以之作羹也。又有以之为菹者，《齐书·虞杲之传》言：杲之清贫自业，食惟有韭菹、瀹韭、生韭、杂菜是也。赵平老人之馈孟信也，信和颜接引，殷勤劳问。乃自出酒，以铁铛温之。素木盘盛芜菁菹，惟此而已。又以一铛借老人。但执一杯，各自斟酌，申酬酢之意。谓老人曰："吾至郡来，无人以一物见遗，今卿独有此饷；且食菜已久；欲为卿受一犊髀耳。酒既自有，不能相费。"老人大悦，再拜擘犊进之。酒尽方别。肉食者鄙，与民并耕而食，饔餐而治，不亦清明在躬，不为口腹所累乎？

葱韭等物，② 仍为时人所嗜，豉亦为调和之资，故惠皇失御，宫人以燥蒜、盐豉进；邰诜亦事种蒜也。《梁书·吕僧珍传》；为南兖州刺史。平心率下，不

① 饮食：羹饭为常食。
② 饮食：葱韭蒜豉为常食。

私亲戚。从父兄子宏，以贩葱为业。僧珍至，乃弃业，欲求州官。僧珍曰："吾荷国厚恩，无以报效，汝等自有常分，岂可妄求叨越？但当速反葱肆耳。"可见嗜之者多，故能以贩粥为业也。

宴客之侈，读第十九章第二节，可见其略。《北齐书·元孝友传》：孝友当魏末，上言："夫妇之始，王化所先。共食合瓢，足以成礼。而今之富者弥奢。同牢之设，甚于祭槃。累鱼成山，山有林木，林木之上，鸾凤斯存。徒有烦劳，终成委弃。"观是言，亦可想见祭槃之侈。孔琳之论宴会之侈曰："所甘不过一味，而陈必方丈。适口之外，皆为悦目之资。"饰祭槃以悦生人之目，不亦厚诬其祖乎？又当时宴客者，必并其从者而亦宴之，[①] 其所费亦不赀。如《晋书·何曾传》言：曾都督河北诸军，将之镇，文帝使武帝、齐王攸辞送数十里，曾盛为宾主，备大牢之馔，侍从吏驺，莫不醉饱是也。卢叔武以粟飧、菜、片脯食魏收，所将仆从，亦尽设食，一与此同，斯为美已。《宋书·武三王传》云：高祖性俭约，诸子食不过五盏盘。《齐书·宣孝陈皇后传》言：后大祖之母。大祖虽从宦，而家业本贫。为建康令时，高宗等冬月犹无缣纩。而奉膳甚厚。后每撤去兼肉，曰："于我过足矣。"其实口腹之欲，亦不过如是而已。"积果如山岳，列肴同绮绣，未及下堂，已同臭腐，"贺琛之言，见第十二章第五节。果何为哉？

烹饪之法，贵家妇女，盖颇习之。《魏书·崔浩传》：浩著《食经》，叙曰："予自少及长，耳目闻见，诸母、诸姑，所修妇功，无不蕴习酒食。朝夕养舅姑；四时祭祀；虽有功力，不任僮使，尝手自亲焉。昔遭丧乱，饥馑荐臻，饘疏糊口，不能具其物，十余年间，不复备设。先妣虑久废忘，后生无知见，而少不习业书，乃占授为九篇。"此盖所以供宾、祭、奉养。至侈于饮食者，则别有其相传之方。《晋书·何曾传》，言其厨膳滋味，过于王者。每燕见，不食大官所设，帝辄命取其食。子劭，食必尽四方珍异，时论以为大官御膳，无以加之。而《齐书·虞悰传》云：悰善为滋味，和齐皆有方法。豫章王嶷盛馔享宾，谓悰曰："今日肴羞，宁有所遗不？"悰曰："恨无黄颔臛，何曾《食疏》所载也。"足见曾之厨膳，为大官所不及，非偶然矣。《北齐书·崔悰传》：子瞻，在御史台，恒宅中送食，别室独飧，盖亦曾之类也。《虞悰传》又云：世祖幸芳林园，就悰求扁米栅，悰献栅及杂肴数十舆，大官鼎味不及也。上就悰求诸饮食方，悰秘不肯出。上醉后体不快，悰乃献醒酒鲭酢一方而已。孟子曰："饮食之人，则人贱之矣，"食方是秘，不亦贱丈夫矣乎？贺琛谏书奏，高祖大怒，召主书于前，口授敕责琛，曰："若以此指朝廷，我无此事。昔之牲牢，久不宰杀。朝中会同，菜蔬而已。意粗得奢约之节。若复减此，必有蟋蟀之讥。若以为功德事者，皆是

_____

① 饮食：宴客之侈，必及从者。

园中之所产育。功德之事，亦无多费。变一瓜为数十种，食一菜为数十味。不变，瓜菜，亦无多种。以变故多，何损于事？"夫能变一瓜为数十种，食一菜为数十味，其烹饪之方必极精。梁武欲自鸣其俭，而不知适以自暴其侈也。《魏书·胡叟传》言：高闾曾造其家，值叟短褐曳柴，从田归舍，为闾设浊酒蔬食，皆手自办集。其馆宇卑陋，园畴褊局，而饭菜精洁，醯酱调美。叟亦饮食之人也。饮食之侈俭，岂系乎肉食疏食哉？《齐书·刘瓛传》：瓛弟琎，建元初，为武陵王晔冠军征虏参军。晔与僚佐饮，自割鹅炙。① 琎曰："应刃落俎，膳夫之事，殿下亲执鸾刀，下官未敢安席。"因起请退。《梁书·循吏传》：孙谦从子廉，便辟巧宦。贵要每食，必日进滋旨。皆手自煎调，不辞勤剧。遂得为列卿、御史中丞、晋陵、吴兴太守。《魏书·毛修之传》：修之能为南人饮食，手自煎调，多所适意。世祖亲待之。常在大官，主进御膳。此乃左右便嬖之职。朱修之欲袭诛佛狸，以告修之，而修之不听，佛狸遂得漏网。见第八章第六节。饮食之人，为人所贱，又何怪乎？

外国食法，亦有流传中国者。② 《齐民要术·笨麹饼酒篇》载《博物志》胡椒酒法：以好春酒五升，干姜一两，胡椒七十枚，皆捣末，好美安石榴五枚，押取汁，内着酒中，云：此胡人所谓荜拨酒也。其作和酒法，用荜拨六枚，《蒸缹法篇》载胡炮法，亦用荜拨，则荜拨酒胡人必以荜拨制之，中国乃改用姜、椒、安石榴等耳。然胡椒、安石榴，亦异域物也。此外《作酢篇》有外国苦酒法，《飧饭篇》有胡饭法。《晋书·五行志》：泰始之后，中国相尚用胡床、貊槃，及为羌煮、貊炙。贵人富室，必蓄其器。吉享嘉会，皆以为先。则外国食法，流传中国者多矣。

《宋书·武三王传》言：义恭爱宠异常。求须果食，日中无算。得未尝啖，悉以乞与傍人。庐陵诸王，未尝敢求，求亦不得。此《内则》所谓孺子食无时，俗语谓之杂食，亦曰零食，今又谓之闲食者也。此等物味甘者居多，其时中国似尚未有蔗饧，皆用米、麦所制之饧及蜜。③ 故颜竣上言：谓禁飏一月，息米近万斛。《武三王传》又言：废帝挑取义恭眼睛，以蜜渍之，为鬼目精。见第九章第三节。精，《南史》作粽。《通鉴》从之。胡三省《注》曰："宋人以蜜渍物曰粽。卢循以益智粽遗武帝，即蜜渍益智也。"此即今之蜜饯也。《齐民要术》有《饧铺篇》，所用亦皆谷类。其《非中国物篇》有甘蔗，云："雩都县土壤肥沃，偏宜甘蔗。味及采色，余县所无。"则雩都附近，颇有甘蔗。然不云可制饧。又引《异物志》云："甘蔗远近皆有。交趾所产特醇好。斩而食之既甘。笮取汁如饴

---

① 饮食：主人自割鹅炙客请退，然则西餐自割非也。
② 饮食：外国食法流传中国者。
③ 饮食：糭耗米多，蜜渍曰粽，蔗糖，糖毹吾乡读入歌均。

饧，名之曰糖，益复珍也。又煎而曝之，既凝而冰破如砖，其食之入口消释，时人谓之石蜜者也。"此即今之冰糖。然其物恐交、广以外，未必有之。《通鉴》：陈文帝天嘉元年（560），周晋公护使李安置毒于糖𪎭，以弑世宗。《注》云："𪎭，丸饼也。江陵未败时，梁将陆法和有道术，先具大𪎭、薄饼，及江陵陷，梁人入魏，果见𪎭、饼，盖北食也。今城市间元宵所卖焦𪎭即其物，但较小耳。糖出南方，煎蔗为之，绝甘。"案齐明帝，大官进御食裹蒸，帝十字画之，曰："可四片破之，余充晚食。"已见第十章第四节。《通鉴注》云："今之裹蒸，以糖和糯米，入香药、松子、胡桃仁等，以竹箨裹而蒸之，大才二指许，不劳四破也。"建武三年（496）。以糖和糯米粉入松子、胡桃仁蒸食，今所谓嘉、湖细点中犹有之，吾乡呼为玉带糕，但无香药，不以竹箨裹之耳，此古裹蒸之变也。盖米麦糖所制之物，不宜冷食，故齐明帝时之裹蒸，于朝食时进之，今人改用蔗糖，则以为无时之食矣。此说若不误，则南方尚用米麦所制之糖，北方安得有蔗糖？胡《注》释糖𪎭之糖为蔗糖，恐失之矣。又齐大庙荐茗𥂖，《通鉴注》曰："𥂖，《类篇》云：色责翻，糁也；又侧革翻，粽也。《南史》：虞悰作扁米𥂖，盖即今之馓子是也，可以供茶。"侧革翻，似即今蜜饯之饯字之音，但上入异耳。以之供茶，实今之称点心为茶食之本。女真初兴时，其所谓茶食者固尚以蜜涂也。

贵人饮食虽侈，然居丧则能守礼者尚多。《魏书·房法寿传》：法寿族子景伯，母亡居丧，不食盐菜。遂为水病，积年不愈。《周书·孝义传》：皇甫遐母丧，食粥枕苫。远近闻其至孝，竞以米、面遗之。遐皆受而不食，以营佛斋。皆其事。并有能持之以久者，如何子平母丧去官，属大明末东土饥荒，继以师旅，八年不得营葬，日以数合米为粥，不进盐菜。杨愔遭离家难，常以丧礼自居，所食惟盐菜是也。甚有如甄恬，数岁丧父，哀感有若成人，家人矜其小，以肉汁和饭饲之不肯食者，《梁书·孝行传》。皆当时风气使然也。

酿酒多用秫谷。《晋书·孔愉传》：愉从弟群，性嗜酒，尝与亲友书曰："今年田得七百石秫米，不足了麴糵事。"又《隐逸传》：陶潜为彭泽令，在县公田，悉令种秫谷，曰："令吾常醉于酒足矣。"妻子固请种秔，乃使一顷五十亩种秫，五十亩种秔。是其事。酿酒耗谷颇多。魏正光后国用不足，有司奏断百官常给之酒，计一岁所省，合米五万三千五十四斛九升，蘖谷六千九百六十斛，面三十万五百九十九斤。《魏书·食货志》。官给之酒，所耗如此，私酿所费之广，不言可知。故历代皆有酒禁，其法且有颇酷者。《晋书·孝武帝纪》：太元八年十二月，开酒禁。《安帝纪》：隆安五年（401），是岁饥，禁酒。义熙三年三月，除酒禁。《刘曜载记》：曜制季秋农事毕，乃听饮酒。《石勒载记》：勒以百姓始复业，资储未丰，重制禁酿。郊祀宗庙，皆以醴酒。行之数年，无复酿者。《宋书·文帝纪》：元嘉二十一年正月，南徐、南豫州、扬州之浙江西并禁酒。二十二年九月，开酒禁。《齐书·武帝纪》：永明十一年五月，诏水旱成灾，谷稼伤弊，京师二县，朱方、姑熟，可权断酒。《魏书·高宗纪》：太安四年正月，丙午朔，初设酒禁。《刑罚志》云：是时年谷屡登，士民多因酒致酗讼，或议王政，帝恶其若此，故一切禁之。酿、沽、饮皆斩之。吉凶、亲宾，则开禁，有日程。《孝静帝本纪》：天平四年闰九月，禁京酤酒。元象元年四月，齐献武王请开酒禁。《北齐书·武成帝纪》：河清四年二月，以年谷不登，禁酤酒。《后主纪》：天统五年十一月，诏禁造酒。《上洛王思宗传》，言其子元海为右仆射，说后主禁屠宰，断酤酒，当即此时事也。武平六年闰月，开酒禁。《周书·武帝纪》：保定二年二月，以久不雨，京城三十里内禁酒。① 案历代酒禁，史之所载，未必能具也。然《抱朴子·酒戒篇》论当时禁酒情形云："曩者饥年荒谷；贵人有醉者相杀；牧伯因此，辄有酒禁。严令重申，官司搜索。收责榜徇者相续，制鞭而死者大半。防之弥峻，犯者至多。至乃穴地而酿，油囊怀酒。② 民之好此，可谓笃矣。又临民者虽设其法，而不能自断斯物。缓己急人，虽令不从。沽卖之室，废弃则困。遂修饰赂遗，依冯权右。所属吏不敢问。无力者独止，而有势者擅市。张垆专利，乃更倍仇。从其酤买，公行靡惮。法轻利重，安能免乎哉？"以葛氏之言推之，历代酒禁，恐皆利少弊多矣。《魏书·列女传》：乐部郎胡长命妻张氏，事姑王氏甚谨。太安中，京师禁酒。张以姑老且患，私为酝之。为有司所纠。王氏诣曹自告，曰："老病须酒，在家私酿，王所为也。"张氏曰："姑老抱患，张主家事，姑不知酿，其罪在张。"有司疑其罪，不知所处。平原王陆丽以状奏，高宗义而赦之。法过严者不能行，势非至于屈法纵舍不止，立之复何益哉？要之风俗之所由成，其道恒隐曲多端，断非一切之法所能政也。

造酒之法，《齐民要术》第六十三至六十七篇详之。中有《祝麹文》，启五方、五土之神，东方青帝、土公、青帝威神，南方赤帝、土公、赤帝威神，西方白帝、土公、白帝威神，北方黑帝、土公、黑帝威神，中央黄帝、土公、黄帝威神。求使"出类绝踪，穴虫潜影"，则今酿酒者之迷信，由来旧矣。③《晋书·刘弘传》：弘为荆州刺史，下教曰："酒室中云斋中酒、听事酒、猥酒，同用麹米，而优劣三品。投醪当与三军同其薄厚，自今不得分别。"酒之优者盖较厚，故其性亦较烈。《齐民要术·笨麹饼酒篇》云："稌米酎，先能饮好酒一斗者，惟禁得升半。饮三升大醉。三升不浇，大醉必死。凡人大醉，酩酊无知，身体壮热如火者，作热汤，以冷解，名曰生熟汤。汤令均，小热得通人手，以浇醉人。汤淋处即冷。不过数斛汤，回转翻覆，通头面痛淋，须臾起坐。与人此酒，先问饮多少，裁量与之。若不语其法，口美不能自节，无不死矣。一斗酒醉二十人。得者无不传饷亲知以为恭。"黍米酎，"悉同稌酎法，芬香美酿，皆亦相似。酿此二酘，常宜谨慎，多喜杀人。以饮少，不言醉死，正疑药杀。尤须节量，勿轻饮之。"观此二酘，

---

① 饮食：酒禁无效而滋弊。
② 服饰：油囊怀酒，御雨者曰黄油。
③ 饮食：酿酒者之迷信，古即有之。

当时名酒，盖多味厚性烈者，① 此亦酒祸之所由滋欤？

　　茗饮始见正史者，为《三国·吴志·韦曜传》，已见《秦汉史》第十七章第一节。《困学纪闻》言荼字有三义：谁谓荼苦，苦菜也。有女如荼，茅秀也。以薅荼蓼，陆草也。《日知录》言：荼字中唐始变作茶。同声异韵之字，减一画而化为两字，中华造字，旧有此法，实即六书中之转注也。《齐民要术》论荼，引《尔雅》"槚，苦荼。"郭璞《注》云："树小似栀子。冬生叶，可煮作羹饮。今呼早采者为荼，晚取者为茗。一名荈。蜀人名之苦荼。"盖荼味亦苦，故藉苦菜之名以名之，久乃变其韵而析为二语也。《日知录》云："王褒《僮约》云：武都买荼；张载《登成都白菟楼诗》云：芳荼冠六清；孙楚诗云：姜、桂、荼、荈出巴蜀；《本草衍义》：晋温峤上表贡荼千斤，茗三百斤：是知自秦人取蜀而后，始有茗饮之事。"据其说，茗饮盖始于蜀而浸淫于吴、楚。《齐民要术》列荼于《非中国物篇》中，② 又引《荆州地记》曰：浮陵荼最好。盖其所谓中国，限于北方，故云尔。然亦可见是时北方尚未有荼也。又引《博物志》云：饮真荼令人少眠，则其时已有伪物矣。

第二节　仓储漕运籴粜

　　钱币之用愈微，则实物之储愈富，故古代仓廪，恒较后世为充实。③ 晋承丧乱之后，然赵王伦篡逆，三王起义，兵久屯不散，京师仓廪空虚，陈敏建议，谓南方米谷，皆积数十年，将欲腐败，而不漕运以济中州，非所以救患周急，朝廷从之，转漕颇有成效，可见南方储谷之多。北方虽云丧乱，而离石大饥，刘渊迁于黎亭，以就邸阁谷，留其太尉刘宏、护军马景守离石，又使其大司农卜豫运粮以给之，则亦未至全乏也。晋迁江东，《隋书·食货志》云："其仓：京都有龙首仓，即石头津仓也。台城内仓，南塘仓，常平仓，东、西大仓，东宫所贮，总不过五十余万。在外有豫章仓，钓矶仓，钱唐仓，并是大贮备之处。自余州郡、台传，亦各有仓。"《晋书·五行志》：海西公太和中，郗愔为会稽太守。六月，大旱。灾火烧数千家。延及山阴仓米数百万斛。《虞潭传》：潭转吴国内史。徙会稽。未几，复还吴郡。是时军荒之后，苏峻乱后，百姓饥馑，死亡涂地。潭乃表出仓米振救。《陶回传》：回迁吴兴太守。时人饥谷贵，三吴尤甚。诏欲听相粥卖，以拯一时之急。回上疏，言不如开仓廪以振之。乃不待报，辄便开仓。及割

---

① 饮食：古酒之烈。

② 饮食：荼，《齐民要术》列非中国物中，晋时已有伪荼。

③ 食储：交易微时，仓储充实。民间存谷亦多。

府郡军资数万斛米，以救乏绝。由是一境获全。既而下诏，并敕会稽、吴郡，依回振恤。二郡赖之。《王羲之传》：羲之为会稽内史。时东土饥荒，羲之辄开仓振贷。《良吏·邓攸传》：攸守吴郡，时郡中大饥。攸表振贷。未报，辄开仓救之。《外戚·王蕴传》蕴补吴兴太守。属郡荒人饥，辄开仓赡恤。赖蕴全者十七八。此等事，具见地方贮备之丰。三吴固富庶之区，在辇毂之下，然桓玄乘殷仲堪振恤饥者，仓廪空竭而伐之；又《王长文传》言：大康中，蜀土荒馑，开仓振贷，长文居贫贷多，后无以偿，郡县切责，送长文到州，刺史徐幹舍之，长文不谢而去；则偏远之区，振贷亦未遂成为具文也。拓跋焘之南侵也，江夏王义恭次彭城，众力虽多，而军食不足。沈庆之、何勖，咸欲弃城逆奔。以张畅言而止。事见第八章第七节。《宋书·畅传》载畅之言曰："今军仓虽寡，朝夕犹未窘罄。量其欲尽，临时更为便宜。岂有舍万安之术，而就危亡之道？"则其时仓谷实未大乏，庆之等自怯懦耳。《传》又云：时大祖遣。徐爰乘驿至彭城，取米谷定最。爰既去，城内遣骑送之。焘闻知，即遣数百骑急追。爰已过淮，仅得免。初爰去，城内闻虏遣追，虑爰见禽，失米最，虏知城内食少。义恭忧惧无计，犹欲奔走。会虏大众至，乃不果。则当时城内之人，视其粮储，实已岌岌，然彭城初未奔溃。《梁书·庾域传》：长沙宣武王为梁州，以为录事参军，带华阳太守。时魏军攻围南郑。州有空仓数十所；域封题，指示将士云："此中粟皆满，足支二年，但努力坚守。"众心以安。是当时梁州，粟亦空乏。然萧懿坚守六十余日，未曾失陷。见第十一章第三节。则虽空乏，亦未至于绝无。故能以空言安众心也。《宋书·沈庆之传》：南新郡蛮帅田彦生反叛，攻围郡城。庆之遣柳元景赴之。未至，郡已被破。焚烧城内仓储及廨舍荡尽。是凡有兵备之处，仓谷皆略有存储。《隋书·食货志》言：南朝自侯景之乱，国用常褊。京官文武，月别惟得廪食，多遥带一郡县官而取其禄秩。此与《晋书·会稽王道子传》言其时军旅洊兴，国用虚竭，自司徒以下，日廪七升之事，可以参观。见第十九章第一节。各种给赐皆绝，而米廪犹存，可见其仓储实较后世为充实。若在后世，则即财政宽裕之时，京官亦不能皆给米粟也。

《魏书·韩麒麟传》：太和十一年（487），京都大饥，麒麟表陈时务曰："往年校比户贯，租赋轻少。臣所统齐州，租粟才可给俸，略无入仓。虽于民为利，而不可长久。脱有戎役，或遭天灾，恐供给之方，无所取济。可减绢布，增益谷租。年丰多积，岁俭出振。所谓私民之谷，寄积于官。官有宿积，则民无荒年矣。"又《李彪传》：彪上封事七条，其三曰："顷年山东饥，去岁京师俭。内外人庶，出入就丰。既废营产，疲而乃达。若先多积谷，安而给之，岂有驱督老弱，糊口千里之外？臣以为宜析州郡常调九分之二，京都度支岁用之余，各立官司，年丰籴积于仓，时俭则加私之二，粜之于人。如此，民必力田以买官绢，又

务贮财以取官粟。年登则常积，岁凶则直给。又别立农官，取州郡户十分之一为
屯人。相水陆之宜，料顷亩之数。以臧赎杂物余财，市牛科给，令其肆力。一夫
之田，岁责六十斛。蠲其正课，并征戍杂役。行此二事，数年之中，则谷积而人
足，虽灾不为害。"彪之封事，据《食货志》，事在太和十二年（488）。《志》谓
孝文览而善之，寻施行焉，自此公私丰赡，虽时有水旱不为灾。则魏当太和大饥
以前，积贮之情形甚恶，自此以后，乃颇有更革。故至宣武延昌元、二、三年
（512、513、514），复遭饥馑，颇能有所振施也。见《纪》。

仓储虽云有备无患，然死藏其谷，不能生利，亦非计之得者。得轻重敛散之
意者，莫如常平。故历代论者，多主行之也。《晋书·武帝纪》：咸宁三年九月，
起大仓于城东，常平仓于东、西市。《杜预传》谓预拜度支尚书，乃奏兴常平
仓，五十余条，皆纳焉，盖即此时事。《刘颂传》：颂上疏言："仓廪欲实，实在
利农，利农在平籴。平籴已有成制，其未备者，可就周足。"所谓成制，盖亦常
平之类也。《宋书·沈昙庆传》云：时岁有水旱，昙庆议立常平仓，以救民急，
大祖纳其言而事不行。史臣谓"大明之末，积旱成灾，口减过半，若常平之议，
兴于中年，或不至是"。可见其相需甚殷。然又谓"若笼以平价，则官苦民优，
议屈当时，盖由于此"。盖主其事者，未能计及远利也。魏立常平仓，事在太和
二十年（496），见《纪》。常平之所患者，谷物之贸迁已盛，而公家之资本较
微，不足以制其轻重。李彪之议，年丰籴积，时俭出粜，亦即常平之意，而析州
郡常调，分京都度支以为之，资力较雄，此其所以能收公私丰赡之效欤？然则太
和以后资储之充实，所恃者转不在常平之司矣。北齐河清定令：诸州郡皆别置富
人仓。初立之日，准所领中下户口数，得支一年之粮。逐当州谷价贱时，斟量割
当年义租充入。谷贵下价粜之。贱则还用所粜之物，依价籴贮。周司仓，掌辨九
谷之物，以量国用。国用足，即蓄其余以待凶荒。不足则止余。用足则以粟贷
人，春颁之，秋敛之。皆见《隋书·食货志》。亦皆常平之意也。

《魏书·释老志》：沙门统昙曜奏平齐户及诸民，有能岁输谷六十斛入僧曹
者，即为僧祇户。粟为僧祇粟。① 至于俭岁，振给饥民。又请民犯重罪及官奴，
以为佛图户，以供诸寺扫洒，岁兼营田输粟。高宗并许之。于是僧祇户粟及寺
户，遍于州镇矣。又云：世宗永平四年（511）夏，诏曰："僧祇之粟，本欲济
施。俭年出贷，丰则收入。山林僧尼，随以给施。民有窘敝，亦即振之。但主司
冒利，规取赢息。及其征责，不计水旱。或偿利过本。或翻改券契。侵蠹贫下，
莫知纪极。细民嗟毒，岁月滋深。自今已后，不得传委维那都尉。可令刺史，共
加监括。尚书检诸有僧祇谷之处，州别列其元数，出入赢息，振给多少，并贷偿

---

① 食储：僧祇粟之弊。

岁月，见在未收，上台录记。若收利过本，及翻改初券，依律免之，勿复征责。或有私债，转施偿僧，即以丐民，不听收检。后有出贷，先尽贫穷。征责之科，一准旧格。富有之家，不听辄贷。脱仍冒滥，依法治罪。"又尚书令高肇奏言："谨案故沙门统昙曜，昔于永明元年（483），奏凉州军户赵苟子等二百家为僧祇户。立课积粟，拟济饥年。不限道俗，皆以振施。又依内律，僧祇户不得别属一寺。而都维那僧暹、僧频等，进违成旨，退乖内法。① 肆意任情，奏求逼召。致使吁嗟之怨，盈于行道。弃子伤生，自缢溺死，五十余人。遂令此等，行号巷哭，叫诉无所。至乃白羽贯耳，列讼宫阙。请听苟子等还乡课输。俭乏之年，周给贫寡。若有不虞，以拟边捍。其暹等违旨、背律、谬奏之愆，请付昭玄，依僧律推处。"诏曰："暹等可特原之，余如奏。"案《志》载昙曜元奏，本谓俭岁振给饥民；高肇奏辞，亦云不限道俗；而世宗诏谓山林僧尼，随以给施，民有窘敝，亦即振之，则其振施似以僧尼为主。竭民力以奉僧尼，已为无理，况又强取民户，规图赢息，其弊至于不可究诘乎？而僧暹等犹见特原，亦可谓无政事矣。

世宗诏令出贷先尽贫穷，富有之家，不听辄贷，是当时僧祇之粟，反有贷于富家者也。近世农民银行之兴，富家或以微息贷之于行，而加重之以贷于民。主行事者，利富家易于征偿；又总贷之于数富家，而听其转贷贫民则事简；富家又或饵以微利；遂乐贷之于富家，今古之情弊正同也。诏又言或有私债，转施偿僧，此又民间放债，征责不得，而藉僧祇之力，为之索取者，参看第十九章第五节自明。僧人之举动如此，可谓不法极矣。货币用微之世，实物之储蓄恒多。凡物皆然，米谷尤甚。故在前世，不惟官家仓廪，较后世为充实，即民间之存谷亦多。《宋书·孝义·徐耕传》：元嘉二十一年（444），大旱，民饥，耕以千斛助官振贷。诣县陈辞曰："此郡虽弊，耕晋陵延陵人。犹有富室。承陂之家，处处而是，并皆保熟，所失盖微。陈积之谷，皆有巨万。旱之所弊，实钟贫民。温富之家，各有财宝。谓此并宜助官，得过俭月。所损至轻，所济甚重。今敢自厉，为劝造之端。"又《自序》言：沈亮转西曹主簿。时三吴水淹，谷贵民饥。刺史彭城王义康，使立议以救民急。亮议以"东土灾荒，民凋谷踊，富民蓄米，日成其价。宜班下所在，隐其虚实。令积蓄之家，听留一年储，余皆劝使粜货，② 为制平价。此所谓常道行于百世，权宜用于一时也"。此皆凡民虽饥，富家自有藏粟之证。齐竟陵王子良为丹阳尹，开私仓以振属县贫人。刘怀珍族弟善明，元嘉末，青州饥荒，人相食，善明家有积粟，躬食饘粥，开仓以救乡里，多获全济，百姓呼其家田为赎命田。可见富贵之家，仓储亦自充足。此等人若能如徐耕之助

---

① 刑法：僧暹等营僧祇粟有弊，高肇请付昭玄，依僧律推处。

② 荒政：自食所余勒粜。

官振贷，卢叔武之听民赊借，见第十九章第五节。自为最善。然能如是者卒少，而剥削贫民者实多。《魏书·世宗纪》：延昌元年五月，诏天下有粟之家，供年之外，悉贷饥民。《周书·武帝纪》：建德三年正月，诏以往岁年谷不登，民多乏绝。令公私、道俗，凡有积贮粟麦者，皆准口听留，以外尽粜。此即沈亮之议，以理论，虽无可訾，然行之恐不易也。《北齐书·循吏传》：苏琼为南清河太守。天保中，郡界大水。琼普集郡中有粟之家，自从贷粟，给付饥者。此亦贤智之过，不能常行、遍行。无已，则仍惟有乞灵于通粜。故饥荒之岁，商贩最宜使之流通。宋孝武帝大明八年正月，诏东境去岁不稔，远近贩粥米粟者，可停道中杂税，其以仗自防者悉勿禁，即以此也。然遏粜者亦殊多。《南史·崔祖思传》：青州刺史张冲启：淮北频岁不熟，今秋始稔。此境邻接戎寇，弥须沃实。乞权断谷过淮南。南徐、兖、豫、司诸州，又各私断谷米，不听出境。自是江北荒俭，有流亡之弊。元祖祖思叔父景真之子。乃上书，谓宜丰俭均之。即其一事也。夫遏粜非徒有害于邻境也，在本境亦为谷贱伤农。平时行之犹不可，况频岁不熟之后，饥疲之民，亟待振起之际乎？于此而遏其流通，亦可谓不达于政矣。

张冲言青州邻接戎寇，弥须沃实，是也，然亦有宜慎者。兵戈之际，往往民食不足，而兵家之蓄有余。①《晋书·石勒载记》：勒将图王浚，引其舍人王子春问之。子春曰："幽州自去岁大水，人不粒食，浚积粟百万，不能赡恤，此亡期之至也。"《浚传》：勒既执浚，责以百姓饯乏，积粟五十万斛而不振给。则浚当时藏粟实多。然究何益哉？《刘聪载记》：刘曜攻郭默于怀城，收其米粟八十万斛。《宋书·索虏传》：历城建武府司马申元吉破碻磝，获虏地仓四十二所，粟五十余万斛。城内居民私储，又二十万斛。《梁书·夏侯亶传》：亶合韦放出兵，降城五十二，获米二十万石。弟夔出兵，凡获粟六十万斛。军中奏报，固多夸大之辞，然必不能全虚，则缘边要害之地，储粟无不充实矣。梁武帝以雍州为边镇，运数州之粟以实之。见《南史·南平王伟传》。后周之世，以澧州粮储乏少，每令荆州递送。《周书·郭彦传》。《周书·王罴传》：罴镇华州，时关中大饥，征税民间谷食，以供军费，或隐匿者，令递相告，多被榜棰，以是人有逃散。盖其取之之虐如此。然究何益哉？元嘉二十七年（450）之役，《宋书·臧质传》谓虏初南出，后无资粮，惟以百姓为命。及过淮，食平越、石鳖二屯谷。至是，钞掠无所，人马饥困，闻盱眙有积粟，欲以为归路之资，故悉力以攻之。《魏书·卢玄传》：玄孙渊，曹虎遣使请降，高祖使督前锋诸军，径赴樊、邓。及知虎降之诈，诏渊进取南阳。渊以兵少粮乏，赭阳近叶仓，表求先攻之。高祖许焉。《慕容白曜传》言：白曜之陷肥城，获粟三十万斛；破垣苗，得粟十余万斛，由是军

---

① 食储：兵戈之际，民食不足，军有余，然或以资敌。

粮充足。克东阳后，史又最其凡云：获仓粟八十五万斛，米三千斛。邢峦攻破宿豫、淮阳二戍，获米四十余万石。侯景之围台城，亦食石头常平仓。见第十三章第三节。凡此皆赍盗粮而已。即不为敌所因，亦有不能自保者。《晋书·武帝纪》：咸宁四年十月，扬州刺史应绰伐吴皖城，焚谷米百八十万斛。据《王浑传》，所焚又有稻苗四千余顷。稻苗固难刈获，积谷亦未易迁移，然独不能自焚之乎？使佛狸南犯之时，是处坚壁清野，其不能守又不能移者，悉行焚荡；虏马虽健，能以饥军纵横于无人之地乎？固知焦土为御敌之上策矣。①

《晋书·王羲之传》：羲之为会稽内史，遗谢安书曰："仓督监耗盗官米，动以万计。吾谓诛剪一人，其后便断，而时意不同。近检校诸县，无不皆尔。余姚近十万斛。重敛以资奸吏，令国用空乏，良可叹也。"《周书·裴侠传》："侠迁民部中大夫。时有奸吏，主守仓储，积年隐没至千万者。及侠在官，厉精发摘。数旬之内，奸盗略尽。"仓储之难于管理如此，故后世积谷，多改储银钱。其弊则在荒歉之际，无由易为粮食。社仓之制，分谷诸社，令人民自行掌管，善矣，然民或不能自理，而至移之于县，则其弊亦与官所设仓同。愚谓各地仓屋，宜悉由官造。商人之贩易米谷者，皆不许自建仓屋，而责其必僦储于官仓。②官所造仓，易于合式，米谷存储，难于变坏，其善一也。可度远近适中，水陆利便之地造焉，平时既利转输，战时亦易移徙，其善二也。商人之营米业者，储谷于官仓若干，则官责其代管官谷若干，凡出陈易新，及严防耗坏之事悉属焉。此系以国权责成米商，不许辞避。存谷可分定期、不定期二种，一如银行存款。需用提取，悉按定章。寇至，责其运至后路，费由官给。不能运者，亦即责其焚毁。民间亦可存谷与商人，一如存钱于银行。如此，官民皆省管理之劳，而度年岁上下，外路来源多少，以定存谷之多少，悉由熟悉情形之商人为之，其计画必较徒事敷衍之官吏，不习其事之人民为精。不须存留，即可运用。不虞空乏，又免死藏；寇至易于运走，否亦不至资敌；一举而数善备焉。逮天之未阴雨，彻彼桑土，绸缪牖户，此在今后，允宜惩前而毖后者也。

耕九余三之制，昔人侈为美谈，然此特小国寡民，一切悉恃自给之世为然耳，交通便则通工易事之范围广，与就一地方而调其丰歉，自不如合各地方而剂其盈虚矣。夫如是，则转漕必不可免。其利害，亦有宜详度者。魏显祖因民贫富，为输租三等九品之制：千里内纳粟，千里外纳米。上三品户入京师，中三品入他州要仓，下三品入本州。《魏书·食货志》。北齐河清三年（564）定令：垦租送台，义租纳郡。垦租皆依贫富为三梟：上梟输远处，中梟输次远，下梟输当州。仓租入台者，五百里内输粟，五百里外输米，入州镇者输粟。《隋书·食货

---

① 兵：焦土为御敌上策。
② 食储：官造仓屋，令商管理策。齐神武迁邺后，诸州缘河津济官仓，储积以拟漕运。

志》。此为经常之制。魏孝文太和七年正月，诏青、齐、光、东徐四州之民，户运仓粟二十万石，送瑕丘、琅邪，复租算一年，此则临时之措置：凡所以均漕转之劳也。然此究不易均平，且其间极易丛弊。《魏书·李䜣传》：䜣为大仓尚书，用范欐、陈端等计，令千里之外，户别转运，诣仓输之。使所在委滞，停延岁月。百姓竞以货赂，各求在前。远近大为困弊。此其显而易见者矣。韩麒麟言绢布之输，于民为利，盖以此也。欲救此弊，则宜多置仓及于紧要之地置仓。齐神武迁邺之后，于诸州缘河津济，皆官仓贮积，以拟漕运。废帝乾明中，尚书左丞苏珍芝议修石鳖等屯，岁收数万石，自是淮南军防，粮廪充足。孝昭皇建中，平州刺史稽晔建议，开幽州督亢旧陂，长城左右营屯，岁收稻粟数十万石，北境得以周赡。又于河内置怀义等屯，以给河南之费，自是稍止转输之劳。则其事也。《隋书·食货志》。然终不易使各地方一皆丰足，而一有荒歉，则穷僻之地，仰转输以资接济，为尤难焉。《北齐书·李元忠传》：天平四年（537），元忠除光州刺史。时州境灾俭，人皆菜色。元忠表求振贷，俟秋征收。被报听用万石。元忠以为万石给人，计一家不过升斗而已，徒有虚名，不救其弊。遂出十五万石以振之。夫一光州，薄振即须如是，而论积贮，则东晋京都诸仓，总计不过五十余万，欲求振给之遍，岂不难哉？故在北方，偏多移民就谷之举。① 神瑞二年（415）之困，从崔浩、周澹议，分民诣山东三州。太和十一年（487）之旱，亦诏听民就丰。行者十五六。道路给粮廪。至所在，三长赡养之。遣使者时省察焉。《魏书·食货志》。此岂不重为烦费？延昌元年（512），诏河北民就谷燕、恒二州，又诏饥兵就谷六镇，则其相违弥远矣。相违愈远，则其旋反愈难，宜乎李彪之病之也。故欲谋是处之丰足，仍赖商贾之流通。官家亦有自为买卖者，是为和籴。② 魏世韦朏为荆、郢和籴大使，见《魏书·韦阆传》。孙绍为徐、兖和籴使，鹿悆为河北五州和籴大使，特以使臣主其事，视之可谓颇重。齐神武谋迁邺，运诸州和籴粟入邺城，《北齐书·本纪》。盖其所积者实不少也。迁邺之后，常调外逐丰稔之处，折绢籴粟，以充国储，《隋书·食货志》。则行之亦有常典矣。《鹿悆传》言：元子直出镇梁州，悆随之州，州有兵粮和籴，和籴者靡不润屋，悆独不取，子直强之，终不从命，则其事亦不能无弊矣。漕运与第六节参看。

---

① 民食：漕转难，故多移民就食，然不能无弊。

② 民食：和籴起南北朝已有弊。

第三节　衣　服

服饰之变迁，大抵随乎风尚。①《抱朴子·讥惑篇》云："丧乱以来，事物屡变。冠履衣服，袖袂裁制，日月改易，无复一定。乍长乍短，一广一狭，忽高忽卑，或粗或细，所饰无常，以同为快。其好事者，朝夕放效，所谓京辇贵大眉，远方皆半额也。"此等风尚，盖今古皆然。《晋书·五行志》云：孙休后衣服之制，上长下短。元帝大兴中又上短，带才至于腋。晋末皆冠小而衣裳博大，风流相放，舆台成俗。并葛氏之言之证。然此特小小之变迁耳，通长期而观之，则其变迁，仍有渐趋于美善者，此演进自然之势也。

王后六服皆袍制，见于《周官·郑注》，其说未知信否，然后汉妇人，必多衣袍，则可见矣。《释名》云："袍，丈夫着下至跗者也。袍，苞也，苞内衣也。"则着袍者初不必妇人。然外必加以衣裳，盖旧习不易卒变也。深衣之制，连衣裳而一之，实足证外服以通长为便。便于通长，而仍必备衣裳之式，此亦不过泥古而已，别无深意也。事物必日趋简易，久之，去衣裳而径以袍衫为外服，即成后世之式矣。此等变迁，始于东汉，而成于魏、晋、南北朝之世。任大椿《深衣释例》曰："古以殊衣裳者为礼服，祭服及朝朔之服是也；不殊衣裳者为燕服，深衣是也。后世自冕服外，以不殊衣裳者为礼服，以殊衣裳者为燕服，此古今之异制也。《续汉志》云：若冠通天冠，服衣深衣制，有袍，随五时色。梁刘昭《注》曰：今下至贱吏、小史，皆通制袍、禅衣、皂缘领袖中衣为朝服云。盖古者天子以白布衣、素裳为朝服，诸侯以缁布衣、素裳为朝服，皆衣裳殊。后汉始以袍为朝服，不殊衣裳。故司马彪谓袍为古之深衣。晋、宋以后，以绛纱皂袍、五色纱袍、纱朱衣、绛单衣、绛皂襦衣为朝服。具服、从省服，《隋志》亦云制本深衣。然则不殊衣裳，古以为便服，汉、晋以为礼服矣。《隋志》：乘舆鹿皮弁服，绯大襦，白罗裙，在宫听政则服之。《北史·柳世隆传》：令王着白纱高顶帽，傧从皆裙襦袴褶。《长孙俭传》曰：晚着裙襦纱帽，引客宴于别斋。上襦而下裙，即殊衣裳之制也。然则六朝时转以殊衣裳者为便服矣。"又曰："妇人以深衣之制为礼服，不殊衣裳。故内司服《注》：妇人尚专一，德无所兼，连衣裳不异其色。则《周礼》王后六服，制度皆本深衣。《通典》载宋制：太后、皇后入庙，服袿襡大衣，谓之袆衣。公、特进、列侯夫人，卿、校世妇，二千石命妇年长者，入庙佐祭，皂绢上下；助蚕则青绢上下。自皇后至命妇二千

---

① 服饰：时变而好相仿效。

石，皆以蚕衣为朝服。齐、梁以后并同。即《续汉志》所云深衣制，徐广所云单衣也。其不殊衣裳，古今无异。然古乐府《陌上桑》曰：缃绮为下裳，紫绮为上襦，襦与裳不相连者也。繁钦《定情诗》曰：何以合欢欣？纨素三条裾。《西河记》：西河无蚕桑，妇女着碧缬裙，加细布裳。《东观记》：鲍宣之妻，悉归侍御，更着短布裳。又云：王良为司徒，妻布裙徒跣。此皆别言裙裳，可知衣裳之殊矣。然则汉时妇人朝祭之服，制同深衣，燕间之服，衣裳自殊，亦犹丈夫以袍、单衣为礼服，而其便服雅尚裙襦。《通典》载后周命妇服制云：诸命秩之服曰公服，盖即制本深衣，不殊衣裳者也。又云：其余裳服曰私衣，盖即衣裙异著者也。"然则以袍衫为外服，妇人且较早于丈夫矣。

去衣裳而又短其袍，是为袴褶之服，其实即与襦袴无异矣。《宋书·礼志》云："袴褶之制，未详所起，近代车驾亲戎，中外戒严之服。"《急就篇》注云："褶，谓重衣之最在上者也。其形若袍，短身而广袖。一曰左衽之袍也。"案即戎行役若服劳者，必以短衣为便，今古皆然。《曲礼》：童子不衣裘裳。《内则》：十年，衣不帛，襦袴。襦袴即不裳之谓。所以不裳者？郑《注》云：为其便易，此服劳役者之短衣也。《左氏》昭公二十五年，师己称童谣曰："公在乾侯，征褰与襦。"《说文》：褰，袴也。此行役者之短衣也。又成公十六年，有韎韦之跗注。杜《注》云："跗注，戎服，若袴而属于跗。"云若袴，则亦有踦，此即戎者之短衣也。戴德《丧服变除》云："童子当室，谓十五至十九，为父后，持宗庙之重。其服深衣不裳。"《内则》二十可以衣裘帛，与上十年衣不帛襦袴互相备。二十可以衣帛，则亦二十而后裳。所以二十而裳者？二十而冠，冠而责成人之礼焉。然则裳者礼服。礼不下庶人，故庶人即以深衣为吉服，明其不裳，与当室者同。则其平时固皆襦袴矣。褶若袍而短，而于重衣最在上，与径以襦为外衣，其实何异？云左衽者，盖胡人之服？疑褶之名实袭诸胡，中国易其左衽为右衽，又改其制若中国之袍，而特袭其短身？胡人之褶盖小袖，① 中国则易为广袖也？必广袖者，古以侈袂为贵，且中国不如胡中之寒，无取乎小袖也。虽有此服，当时谓非礼容，惟供驱使及好狡狯者服之。故《宋书·后废帝纪》：讥其常着小袴褶，未尝服衣冠。《齐书·吕安国传》云：安国被征为光禄大夫，加散骑常侍，欣有文授，谓其子曰："汝后勿作袴褶驱使，单衣犹恨不称，当为朱衣官也。"《魏书·胡叟传》：叟于高元馆见中书侍郎赵郡李璨，贫老衣褐，璨颇忽之。叟谓之曰："老子今若相许，脱体上袴褶衣帽，君欲作何计也？"又《礼志》：博士孙惠蔚上书，言："臣窃解童子不衣裳之记，是有闻之言。将谓童子时甫稚龄，未就外傅，出则不交族人，内则事殊长者，馐旨父母之前，往来慈乳

---

① 服饰：褶疑出北狄，中国易为右衽而广其袖。《隋志》惟褶服以靴。

之手，故许其无裳，以便易之。若在志学之后，将冠之初，年居二九，质并成人，受道成均之学，释菜上庠之内，将命孔氏之门，执烛曾参之室，而惟有掩身之衣，无蔽下之裳，臣愚未之安矣。又女子未许嫁，二十则笄，观祭祀，纳酒浆，助奠庙堂之中，视礼至敬之处，其于婉容之服，宁无其备？以此推之，则男女虽幼，理应有裳。但男子未冠，礼谢三加，女子未出，衣殊狄褖，无名之服，礼文罕见。"此说显与记意相背，将亦有激而云然欤？戎装谓之急装，皆缚其袴。①《通鉴》齐明帝永泰元年（498）《注》。《齐书·虞惊传》：郁林废，惊窃叹曰："王、徐遂缚袴废天子，天下岂有此理邪？"《宋书·袁淑传》：元凶劭左右引淑等袴褶。又就主衣取锦，裁三尺为一段，又中破，分萧斌、淑及左右，使以缚袴。此缚袴之法之可考者也。

凡戎装者皆短衣，②《南史·梁宗室传》谓见理性甚凶粗，长剑短衣，出入廛里，不为宗室所齿是也。此自古短衣楚制之伦，与袴褶无涉。王国维《胡服考》以袴褶全为胡服，有袴褶，中国乃有短衣，误矣。胡人多衣皮。刘璠妻子随羌俗衣皮是也。见第一节。然中国人亦自有衣皮者。《晋书·魏舒传》，谓其性好骑射，着韦衣入山泽，以渔猎为业；又《隐逸传》：郭文，余杭令顾飏与葛洪共造之，携与俱归，飏以文山行，或须皮衣，赠以韦袴褶一具是其事。此亦以其强韧，不如缯絮之易裂弊，非关胡服也。诸服中确出自胡者惟鞾。《广韵》八戈引《释名》云："鞾本胡名也，赵武灵王所服。"《大平御览》六百九十八引《释名》云："鞾本胡名也，赵武灵王始服之。"案《说文》无鞾字。《革部》：鞮，革履也。《韵会》引下，有"胡人履连胫，谓之络鞮"九字，不知为元文以否？即谓为元文，亦似中国名革履为鞮，以胡人履连胫，乃加一络字以别之，《说文·糸部》："络，聚也。"不训苞络。苞络字汉人多作落。则叔重时尚无鞾名。赵武灵王所服，不得至后汉时尚无其字，则谓鞾为赵武灵王所服者，必附会之辞。世皆以鞾字为古，靴字后起。然《北齐书·徐子才传》谓武明后病，童谣有"惟得一量紫綖靴"之语，之才弟之范，以问之才，之才曰："靴者革旁化，宁是久物？"则南北朝时，其字久作靴矣。疑鞾之名稍行于东汉之世，其字则鞾靴杂作也。《隋书·礼仪志》云："靴为胡履，施于戎服。"今案《晋书·毛宝传》，谓宝与祖焕战，血流满靴。《北齐书·慕容俨传》，谓俨为侯瑱等所攻，煮靴、皮带、勒、角等物而食之。《周书·武帝纪》，谓帝平齐之役，见军士有跣行者，亲脱靴以赐。并靴为戎服之证。然北俗非即戎亦多服之。《魏书·慕容永传》：永徙于长安，家贫，夫妻卖鞾于市。《北史·后妃传》：司马子如谓齐神武："安妃是王结发妇，避葛贼同走并州，贫困，然马矢自作靴，恩义何可忘？"《北齐

①　服饰：戎装缚袴。
②　服饰：戎装以短衣，山行者衣皮，不关胡服。

书·乐陵王百年传》：后主时，改九院为二十七院，掘得一小尸，绯袍，金带，一髻一解，一足有靴，诸内参窃言百年大子也，或言大原王绍德。《琅邪王俨传》：俨死，不脱靴，裹以席，埋于室内。《任城王湝传》：天统三年（567），拜并州刺史。时有妇人，临汾水浣衣，有乘马人，换其新靴，驰而去。妇人持故靴诣州言之。湝召城外诸妪，以靴示之。诈曰："有乘马人在路被贼劫害，遗此靴，得无亲属乎？"一妪抚膺哭曰："儿昨着此靴向妻家。"如其语捕获之。《北史·陈元康传》：文襄之被害，杨愔狼狈走出，遗一靴。并北人常着靴之证。若南方则着者较少。《齐书·豫章王嶷传》云：嶷性泛爱，不乐闻人过失，左右有投书相告，置靴中，竟不视，取火焚之。《梁书·萧琛传》：起家齐大学博士。时王俭当朝，琛年少，未为俭所识，负其才气，欲候俭。时俭燕于乐游苑，乃着皮靴，策桃枝杖，直造俭坐。俭与语，大悦。《南史·陈庆之传》：子暄。陈大康中，徐陵为吏部尚书，精简人物，缙绅之士，皆乡慕焉。暄以玉帽簪插髻，红丝布裹头，袍拂踝，靴至膝，不陈爵里，直上陵坐。陵不之识，命吏持下。暄徐步而去。举止自若，竟无怍容。作书谤陵，陵甚痛之。赵翼《陔余丛考》，谓南朝着靴，见于史者，止此数事。今案萧琛之于王俭，陈暄之于徐陵，皆有意为之，以自表见。《晋书·儒林·刘兆传》：尝有人着靴，骑驴至兆门外，曰："吾欲见刘延世。"亦视为野哉之流。《南史·恩幸传》：简文之立，严亶学北人着靴上殿，无肃恭之礼。有怪之者。亶曰："吾岂畏刘禅乎？"《贼臣传》言：侯景自篡立后，床上常设胡床及筌蹄，着靴垂脚坐。则尤为裂冠毁冕之行，负乘致寇之伦。信乎南人着靴者之不多也。

《陔余丛考》又云："古人席地而坐，故登席必脱其屦，《礼记》所谓户外有二屦是也。然臣见君，则不惟脱屦，兼脱其袜。《诗》：赤芾在股，邪幅在下，邪幅行滕，袜去，故行滕见也。《左传》：卫出公辄为灵台，与诸大夫饮酒，褚师声子袜而登席，公怒，对曰：臣有疾，若见之，君将殴之，是以不敢。公愈怒，欲断其足。杜《注》云：古者臣见君解袜，然则古人以跣足为至敬也。汉制脱袜虽无明文，宋绵初《释服》云："凡自外入内者，必解屦然后升堂。既解屦，则践地者袜也，久立地或渍污，故有解袜就席之礼。失之亦为不敬。解袜见逼，《诗》曰：邪幅在下，正燕饮而跣以为欢之时也。其仪制汉时已亡。"《日知录》曰："古人之袜，大抵以皮为之。今之村民，往往行滕而不袜，古人之遗制也。吴贺邵为人美容止，常着袜，希见其足，则汉、魏之世，不袜而见足者多矣。"然优礼萧何，特命剑履上殿，则群臣上殿，犹皆脱屦可知。卫宏《汉官旧仪》：掾吏见丞相脱屦，丞相立席后答拜。《魏志》：曹操令曰：祠庙上殿当解屦，吾受命剑履上殿，今有事于庙而解屦，是尊先公而替王命也，故吾不敢解屦。可见是时祭先祖，见长官，尚皆脱屦。宋改诸王国制度，内有藩国官正冬不得跣登国殿一条。梁天监中，尚书议云：礼跣袜登席，事由燕坐，今则极敬之所，莫不皆跣。清庙崇严，既绝恒礼，凡履行者，应皆跣袜。曰极敬之所，莫不皆跣，则是时朝会、祭祀，犹皆跣袜，陈祥道《礼书》所谓汉、魏以后，朝祭皆跣也。《唐书》：刘知幾以释奠皆衣冠乘马，奏言冠履只可配车，今袜而蹬，跣而鞍，实不合于古，是唐时祭祀，亦尚有跣袜之制。至寻常入朝，则已有着履者。《唐书》：棣王琰有二妾争宠，求巫者密置符琰履中，或告琰厌魅，帝伺其朝，使人取其履验之，果然，是也。盖古者本以脱袜为至敬，其次则脱履，至唐则祭祀外无脱履之制，然朝会亦尚着履，此唐初之制也。"案《宋书·孝义传》：龚颖，益州刺史毛璩辟为劝学从事。璩为谯纵所杀，故佐吏尽逃亡，颖号哭奔赴，殡送以礼。纵后设宴，延颖，不获已而至。乐奏，颖流涕起曰："北面事人，亡不能死，何忍闻举乐，蹈迹逆乱乎？"纵大将谯道福引出将斩之。道福母即颖姑，跣出救之，得免。《齐书·谢超宗传》：司徒褚渊送湘州刺史王僧虔，阁道坏坠水；仆射王俭，尝牛惊跣下车；超宗抚掌笑戏曰："落水三公，堕车仆射。"又《徐孝嗣传》：泰始二年（467），西讨解严，车驾还宫，孝嗣登殿不着袜，为治书侍御史蔡准所奏，罚金二两。则是时跣者尚多。《隋书·礼仪志》云："案图云：复下曰舄，单下曰履，夏葛冬皮。近代或以重皮而不加木，失于乾腊之义。今取乾腊之理，以木重底。冕服者色赤，冕衣者色乌，履同乌色。诸非侍臣，皆脱而升殿。凡舄，惟冕服及具服着之，履则诸服皆用，惟褶服以靴。"案时人亦不皆着履。《晋书·隐逸·陶潜传》：潜无履，王弘顾左右为之造履是也。为便于行走者恒着屐。《宋书·张畅传》：畅于城上与魏尚书李孝伯语。孝伯曰："君南土膏粱，何为着屐？君且如此，将士云何？"畅曰："戎陈之间，不得缓服。"《梁书·良吏传》：沈瑀为余姚令，富吏皆鲜衣美服，以自彰别。瑀怒，悉使着芒屐粗布。《陈书·沈众传》：众监起大极殿，恒服布袍芒屐是也。《梁书·处士传》：张孝秀尝冠谷皮巾，躡蒲履，盖亦芒屐之伦。俭者亦着屐。《齐书·虞玩之传》：大祖镇东府，朝野致敬，玩之犹躡屐造席。大祖取屐视之，讹黑斜锐，奁断以芒接之。问曰："卿此屐已几载？"玩之曰："幼释褐拜征北行佐买之，着已二十年，贫士竟不办易。"大祖善之。夫亦可谓久矣。屐有齿，然遇崎岖之地，亦或去之。《晋书·宣帝纪》：青龙二年（234），诸葛亮病卒，诸将烧营遁走，帝出兵追之。关中多蒺藜，帝使军士二千人着软材平底木屐前行，① 蒺藜悉着屐，然后马步俱进是也。

《宋书·礼志》云："汉承秦制，冠有十三种，魏、晋以来，不尽施用。"又云："《傅玄子》曰：汉末王公名士，多委王服，以幅巾为雅，是以袁绍、崔钧之徒，虽为将帅，皆着缣巾。"又云："魏武以天下凶荒，赀财乏匮，拟古皮弁，裁缣帛以为帢，合乎简易随时之义。以色别其贵贱。本施军饰，非为国容也。通

---

① 服饰：平底屐。

以为庆吊服。巾以葛为之，形如帢而横着之。古尊卑共服也。今国子、大学生冠之，服单衣，以为朝服。居士、野人，皆服巾焉。"又云："徐爰曰：帽名犹冠也，义取于蒙覆其首。其本缅也。古者有冠无帻，冠下有缅，以缯为之。后世施帻于冠，因裁缅为帽。自乘舆宴居，下至庶人无冠者皆服之。"史臣案："晋成帝咸和九年（334），制听尚书八坐丞郎，门下三省侍郎，乘车白帢低帻，出入掖门；又二宫直宫着乌纱帢；然则土人宴居，皆着帢矣。而江左时野人已着帽，士人亦往往而然，但其顶员耳。后乃高其屋云。"案《吕览·上农》曰："古者庶人不冠弁。"《仪礼·丧服注》曰："庶人不冠爵弁，则冠素委貌。"《诗都人士正义》曰："庶人冠缁布冠或玄冠。"盖惟行礼时或用之，平时则不。《释名》曰："二十成人，士冠，庶人巾。"巾以覆髻则曰帻，《说文》"发有巾曰帻"，《广雅》"帻，巾覆结"是也。《独断》曰："帻者，古之卑贱执事不冠者之所服也，或以巾。"《三国·魏志·文帝纪注》引《魏书》，谓杨彪着布单衣皮弁以见，则虽单衣亦不用巾。《后汉书·蔡义传》：诏事逼切，不得已解巾之郡。《周书·崔彦穆传》：子君肃，解巾为道王侍读。《后汉书·逸民传》：韩康遁入霸陵山中，博士、公车连征不至。桓帝乃备玄纁之礼，以安车聘之。使者奉诏造康，康不得已，乃许诺。辞安车，自乘柴车，冒晨先使者发。至亭，亭长以韩征君当过，方发人、牛修道、桥。及见康，柴车幅巾，以为田叟也，使夺其牛。并居士、野人服巾之证。《后书·郭泰传注》引周迁《舆服杂事》云："巾，以葛为之，形如帢。"《玉篇》曰："帢，帽也，绢，帻也。"则巾近于帽。《说文》云："帽，小儿、蛮夷头衣也。"《书大传》曰："古之人，衣上有冒而句领者。"《注》曰："冒，覆也。"《淮南氾论》曰："古者有鍪而绻领。"《注》曰："鍪，头着兜鍪帽，言未知制冠也。"盖冠弁等皆后起之饰，帽则诚所以覆头者。《宋书·舆服志》曰："帻者，古贱人不冠者之服也。汉元帝额有壮发，始引帻服之，王莽顶秃，又加其屋也。"说或附会，然《魏书·辛绍先传》，谓其丁父忧三年，口不甘味，头不栉沐，发遂落尽，故常着垂裙皂帽，则帽确可以覆发。用无慊乎冠弁，而视冠弁为简易矣。去冠弁而着帽，抑可谓反古复始，变义从质者也。《释名》："帻，迹也，下齐眉迹然也。"其制齐眉，故可掩额发矣。《北史·萧詧传》，言其恶见人发白，事之者必方便避之，担舆者冬月必须裹头，夏月则加莲叶帽，亦帽可覆发之证。然《隋书·崔赜传》：大业四年（608），从驾汾阳宫，次河阳镇，蓝田令王昙，于蓝田山得一玉人，长三尺四寸，着大领衣，冠帻，奏之。诏问群臣，莫有识者。赜答曰："谨案汉文帝已前，示有冠帻，即是文帝已来所制作也。"然则帻自景帝而有，初不待元帝矣。《通鉴》：齐明帝建武四年（497），魏主攻宛，宛城东南隔沟上有桥，魏主引兵过之，南阳太守房伯玉使勇士数人衣斑衣，戴虎头帽，伏于窦下，突出击之，魏主人马俱惊。注："虎头帽者，帽为虎头形。"此与莲叶帽皆随时所制，足见帽之通行，为甚广也。

古三属之甲，此时亦稍变为直垂，是为两当，遂为后世所谓背子者之本，此亦犹衣裳之易而为袍衫也。《深衣释例》曰："裲裆甲，一名裲裆衫，《宋书》薛安都惟着绛衲两当衫；案见《柳元景传》。《隋书·舆服志》：正直绛衫，从则裲裆衫是也。案当作《礼仪志》，直阁将军、诸殿主帅之服。考《宋史·舆服志》曰：大祖建隆四年（963），范质议云：《开元礼》：武官陪立大仗，加螣蛇裲裆，如袖，无身，以覆其膊胳。《释文》、《玉篇》相传曰：其一当胸，其一当背，谓之两当。请兼存两说，择而用之。今剧演将帅所被金银甲，即所谓其一当胸，其一当背者也。裲裆甲古既称裲裆衫，安有无身之衫乎？刘孝标《乐府》：裲裆双心共一抹，袙腹两边作一襵。盖一当胸，一当背，故曰双心。属合两边，以固前后；又曰袙腹，则《广雅》所谓裲裆谓之袙腹也。"又曰："《隋书·舆服志》：案亦当作《礼仪志》。诸将军侍从之服，一曰紫衫金玳瑁装裲裆甲，一曰紫衫金装裲裆甲，一曰绛衫银装裲裆甲，盖外着裲裆甲，内衷紫绛衫，衫制短小，为裲裆之衬，尤便捷也。《南史·齐·崔慧景传》：恭祖秃马绛衫，手刺倒敬则，直以衫代裲裆矣。古之甲，自身至要，自要至胫，分而为三，以组属之，故曰三属之甲。裲裆不殊上下，自肩直垂，此深衣之制，便于军旅者也，故曰可以武也。"案《北史·阳休之传》：武定二年（544），除中书侍郎。时魏收为散骑常侍，领兼侍郎，与休之参掌诏命。齐受禅，除散骑常侍，监修起居注。顷之，坐诏书脱误，左迁骁骑将军。文宣郊天，百僚咸从，休之衣裲裆甲，手持白棓。时魏收为中书令，嘲之曰："义真服未？"休之曰："我昔为常伯，首戴蝉冕，今处骁游，身被衫甲，允文允武，何必减卿？"可见是时裲裆南北皆为武人之服。《石林燕语》曰："余见大父时，家居及燕见宾客，率多顶帽而系勒帛，犹未甚服背子。帽下戴小冠簪。以帛作横幅约发，号额子。处室中则去帽见冠簪，或用头巾也。古者士皆有冠，帽乃冠之遗制，头巾贱者不冠之服耳。勒帛亦垂绅之意，虽施之外不为简，背子本半臂，武士服，何取于礼乎？或云：勒帛不便于摺笏，故稍用背子。然须用上襟，腋下与背子垂带。余大观闲见宰执接堂吏，押文书，犹冠帽用背子，今亦废矣。而背子又引为长袖，与半臂制亦不同。裹贱者巾，衣武士服，而习俗之久，不以为异，古礼之废，大抵类此也。"则裲裆又变为文人之服矣。今之裲裆，北人谓之坎肩，吴语则谓之马甲，似犹溯其原而言之。然《说文》：无袂衣谓之裌，《三国·魏志·杨阜传》：阜见明帝披缥绫半袖，则裲裆之制，似又不始于武人。盖俗本有短袖或无袖之衣，武人乃放之制为衫，又因衫而制为甲耳。短袖无袖，动作最便，亦衣服变迁，趋于简便适用之一端也。

此时衣料，絮为最贵。齐大祖为建康令时，高宗等冬月犹无缠纩，已见第一节。《宋书·孝义传》：朱百年，家素贫。母以冬月亡，衣并无絮，自此不衣绵帛。尝寒时就孔凯宿，衣悉裌布。饮酒醉眠，凯以卧具覆之，百年不觉也。既觉，引卧具去体。谓凯曰："绵定奇温。"因流涕悲恸。凯亦为之伤感。《晋书·

孝友传》：王延，继母卜氏，遇之无道，恒以蒲穰及败麻头与延贮衣。《梁书·良吏传》：孙谦，居身俭素。床施蓬蓬屏风。冬则布被、莞席。夏日无帱帐，而夜卧未尝有蚊蚋，人多异焉。《魏书·高允传》：高宗幸允第，惟布被缊袍。具见绵之难得。《宋书·孔琳之传》：琳之建言曰："昔事故饥荒，米谷、绵绢皆贵，其后米价登复，而绢于今一倍。绵绢既贵，蚕业者滋，勤厉兼倍，而贵犹不息。愚谓致此，良有其由。昔事故之前，军器正用铠而已，至于袍袄裲裆，必俟战陈，实在库藏，永无损毁。今仪从直卫，及邀罗使命，有防卫送迎，悉用袍袄之属。非惟一府，众军皆然。绵帛易败，势不支久。又昼以御寒，夜以寝外；曾未周年，便自败裂。每丝绵新登，易折租以市。又诸府竞收，动有千万。积贵不已，实由于斯。愚谓若侍卫所须，固不可废。其余则依旧用铠。小小使命送迎之属，止宜给仗，不烦铠袄。用之既简，则其价自降。"案木绵未兴以前，欲以絮纩供举国之用，其势必不能给，此绵价之所以恒贵，况又有滥用之者乎？《魏书·焉耆传》云：养蚕不以为丝，惟充絮纩。[①] 西域诸国，酷爱中国之缯帛，而焉耆养蚕顾不以为丝，亦可见絮纩为用之亟矣。

《陔余丛考》曰："古时未有绵布，凡布皆麻为之，《记》曰：治其麻丝，以为布帛是也。木绵作布，邱文庄谓元时始入中国。而张七泽《浔梧杂佩》，引《通鉴》梁武帝送木绵皂帐事，据史炤《释文》：木绵以二三月下种，至夏生黄花，结实，及熟时，其皮四裂，中绽出如绵，土人以铁铤碾去其核取绵，以小竹弓弹之，细卷为筒，就车纺之，自然抽绪，织以为布，谓即此物。按史炤《释文》所云，正是今棉花所织之布，则梁武时已有此布矣。说者谓《汉书注》孟康曰：闽人以棉花为吉贝，而《正字通》及《通雅》，俱云吉贝木绵树也；《南史·林邑传》亦云：吉贝者树名也，其花如鹅毳，抽其绪，纺之作布，与纻布不殊；是六朝以前，木绵布乃吉贝树之花所成，系木本而非草本。今粤中木绵树，其花正红，及落时则白如鹅毳，正《南史》所云吉贝树也。但其花只可絮茵褥，而不可织布。按《南史·林邑传》，以吉贝为树，《旧唐书·南蛮传》则云吉贝草缉花作布，名曰白氎，《新唐书·林邑传》并不曰吉贝而曰古贝，谓古贝者草也，然则《南史》所谓吉贝之树，即《唐书》所谓古贝之草。其初谓之木绵者，盖以别于蚕茧之绵，而其时绵花未入中土，不知其为木本草本，以南方有木绵树，遂意其即此树之花所织。逮宋子京修《唐书》时，已知为草本，故不曰木而曰草耳。史炤北宋人，元注：见《文彦博传》。又在子京之后，并习知其碾弹、纺织之技，故注解益详。以此推之，则梁武木绵皂帐，即是草本之绵所成，而非木绵树也。更进而推之，《禹贡》厥篚织贝，蔡九峰《注》：今南夷木绵之精好者，

谓之吉贝，则夏之织贝，亦即今草绵布，是三代时已有之矣。案此说之不确，自不待辨。其见于记传者：《南史》姚察，有门生送南布一端，察曰：吾所衣者止是麻布，此物吾无所用。白乐天《布裘诗》云：桂布白似雪。又《以布裘赠萧、殷二协律诗》云：吴绵细软桂布白。曰桂布者，盖桂管所出也。孙光宪《南越诗》：晓厨烹淡菜，春杼织橦花。元注：草绵亦名橦花。李琮诗：腥味鱼吞墨，衣裁木上绵。东坡诗：东来贾客木绵裘。以及《五代史》：马希范作地衣，春夏用角簟，秋冬用木绵。《宋史·崔与之传》：琼州以吉贝织为衣衾，工作出自妇人。皆此物也。然则绵花布自古有之，何以邱文庄谓元初始入中国？盖昔时绵花布惟交、广有之，其种、其法，俱未入中土。观姚察门生所送只一端，白乐天以此送人，并形之歌咏，其为罕而珍重可知。逮宋末元初，其种传入江南，而布之利遂衣被天下耳。"案门生以南布送姚察，事见《陈书》察传。云：尝有私门生，不敢厚饷，止送南布一端，花练一匹。察谓之曰："吾所衣着，止是麻布、蒲练，此物于吾无用，既欲相款接，幸不烦尔。"此人逊请，犹冀受纳。察厉色驱出。因此伏事者莫敢馈遗。门生献媚，固事所恒有，然既明言不敢厚饷，则其物必非甚贵可知。《梁书·武帝纪》，称帝身衣布衣，木绵皂帐，一冠三载，一被二年，亦以为俭德，非以为侈而能致异物也。《海南诸国传》云：林邑，男女皆以横幅吉贝，绕要以下，谓之干漫，亦曰都缦。狼牙修，男女皆以吉贝为干缦。婆利，国人披吉贝如帊，及为都缦。然则《扶南传》言：范寻令国内男子着横幅，横幅今干缦也，大家乃截锦为之，贫者乃用布，参看第十六章第四节。其所谓布，亦必吉贝所织矣。《渴槃陀传》云：衣吉贝布，则其流传已及西域。《晋书·王戎传》：南郡太守刘肇，赂戎筒巾细布五十端。巾，元板作中。《十七史商榷》云："筒中布名，《后汉书·王符传注》引扬雄《蜀都赋》曰：筒中黄润，一端数金，作中是。"此亦绵布也。更证以《史记·货殖列传》：番禺为果、布之凑，布亦疑是绵布，[1] 则其入中国实已久。然越五岭而北者卒少；即交、广亦罕事种植、纺织；固知文明之传播，自有其时，时未至不容强也。

　　衣服材料最奢侈者，为销金及织成，时遭禁止，已见第十九章第四节。《通鉴》宋文帝元嘉三十年（453）《注》云："炫金，今之销金是也。"晋成帝咸康二年（336），石虎以女骑千人为卤簿，皆着五文织成靴。案事见《晋书·载记》。《注》云："五文，五色成文也。《广雅》曰：天竺国出细织成。《魏略》曰：大秦国用水羊毛、木皮、野茧丝作织成皆好。"则织成初来自西域，[2] 而中国放为之也。切于民生日用者，绵、麻之外为毡，北人多用之。[3]《晋书·慕容熙载

---

① 服饰：番禺为果、布之凑，疑为绵布。
② 服饰：织成来自西域，中国仿为之。
③ 服饰：毡为用颇广。

记》：熙将以慕容隆妻张氏为苻氏之殉，欲以罪杀之，乃毁其襁，靴中有敝毡，遂赐死。《北齐书·赵隐传》：即赵彦深。初为尚书令司马子如贱客，供写书。子如善其无误，欲将入观省舍。隐靴无毡，衣帽穿弊。子如给之。用为尚书令史。可见作靴无不用之。即南人亦有以之御寒者。《梁书·江革传》：谢朓尝宿卫还过候革，时大雪，见革弊絮单席，而耽学不倦，嗟叹久之，乃脱所着襦，并手割半毡与革充卧具而去是也。《北史·文苑传》樊逊兄仲，以造毡为业，可见其为用之广矣。卉服，野人亦间有用之者。《晋书·隐逸传》：孙登，夏则编草为裳，冬则被发自覆。《魏书·逸士传》：郑修，少隐于岐南山谷中，耕食水饮，皮冠草服。是其事。御雨之具，谓之黄油。张稷等弑齐东昏，以黄油裹其首，送诣石头。《通鉴注》曰："黄绢施油，可以御雨，谓之黄油。以黄油裹物，表可见里，盖欲萧衍易于省视也。"《隋书·炀帝纪》：帝为晋王时，尤自矫饰。尝观猎遇雨。左右进油衣。上曰："士卒皆沾湿，我独衣此乎？"乃令持去。即此黄油所为矣。《抱朴子》言其为囊可以盛酒，见第一节。则其制颇工矣。

虏起北方，本皆编发、左衽，故中国人号为索虏。其稍事改革，则起于道武之朝，而成于孝文之世。《魏书·礼志》："大祖天兴六年（404），诏有司制冠服，随品秩各有差。时事未暇，多失古礼。世祖经营四方，未能留意，仍世以武力为事，取于便习而已。至高祖太和中，始考旧典，以制冠服。百寮、六宫，各有差次。早世升遐，犹未周洽，肃宗时，又诏侍中崔光、安丰王延明及在朝名学更议之，条章粗备焉。"孝文时议改服制，① 蒋少游、刘昶等实与其事，已见第二十章第二节。《魏书·阉官·张宗之传》云：始宗之纳南来殷孝祖妻萧氏，刘义隆仪同三司思话弟思度女也。多悉妇人仪饰、故事。太和中，初制六官服章，萧被命在内，豫见访采，数蒙赐赉。此又参虏制作之一人也。《献文六王传》：高祖引见王公卿士，责留京之官曰："昨望见妇女之服，仍为夹领小袖。我祖东山，虽不三年，既离寒暑。卿等何为，而违前诏？"《任城王澄传》云：高祖还洛，引见公卿曰："朕昨入城，见车上妇人冠帽而着小襦袄者，若为如此？尚书何为不察？"澄曰："着犹少于不着者。"高祖曰："深可怪也，任城意欲令全着乎？一言可以丧邦，斯之谓欤？可令史官书之。"其改革之心，可谓至切。然制衣冠与伪大子询，询即窃毁裂，解发为编，服左衽。《齐书·魏虏传》。出帝大发士卒，狩于嵩、少之南，旬有六日，帝与从官，皆胡服而骑。《魏书·自序》。齐文宣末年，亦数为胡服，微行市里。《隋书·五行志》。彼其习所便安，固未易以卒革也。《北齐书·王缋传》云：缋性机敏，应对便捷。年十五，随父在北豫州。行台侯景与人论掩衣法为当左为当右。尚书敬显㒞曰："孔子曰：微管仲，吾其被

① 服饰、民族：魏改服饰至周宣帝大象乃纯，然人民惟婚葬汉服，虏忌诛之。

发左衽矣，以此言之，右衽为是。"绽进曰："国家龙飞朔野，雄步中原，五帝异仪，三王殊制，掩衣左右，何足是非？"景奇其早慧，赐以名马。可见左衽之习，至南北朝之末而未变也。褚绢之嘲魏人曰："帽上着笼冠，袴上着朱衣。"见第十章第六节。则即其放效中国时，亦不免南北杂糅，非驴非马也。周武帝保定四年（564），初令百官执笏，见《纪》。《齐王宪传》：宪死时掷笏于地。似有志于放效中国。然建德三年（574）正月，初服短衣，享二十四军督将以下，试以军旅之法，纵酒尽欢。见《纪》。《隋书·礼仪志》云："后周之时，咸着突骑帽，如今胡帽，垂裙覆带，盖索发之遗象也。"则其积习亦未能遽变。直至宣帝大象元年（579），受朝露门，乃用汉、魏衣冠焉。见第十五章第一节。亦有处腥膻之朝，守儒雅之俗者，《隋书·李礼成传》言：周时贵公子皆竞习弓马，被服多为军容，礼成虽善骑射，而从容儒服，不失素望是也。被服本各从所便，彼此不足相非，然当两民族相争之时，亦或视为民族性之所寄。一切改而从人，则寝忘其故。故雄猜之主，往往欲举所征服之族之习尚而尽变之。清人以酷法迫汉族剃发易服，盖为是也。齐王融言："中原士庶，虽沦慑殊俗，至于婚、葬之日，犹巾褠为礼。而禁令苛刻，动加诛辚。"夫不获申其志于平日，而犹存其礼于婚丧之时，此亦清世明之遗民，所谓"男降女不降"，"生降死不降"之意欤？婚姻者人伦之始，丧葬者人事之终，于此而寄其微意焉，何其悲也？虏乃于此加以诛夷，其用心又何其刻也？谁谓浅演之族而不知猾夏哉？

　　晋世杜预创短丧之说，[1] 为礼家一重公案，今于此附论之。预之议，因武元杨皇后崩大子应否终服而发。谓天子诸侯，事异士庶，不得以服丧而废事，当遵魏氏既葬而除之典，以心丧终三年，古谅阴即心丧之谓也。其说详见《晋书·礼志》。议礼之家，多以预为薄，甚且诋为名教罪人。然行礼者不惟其名惟其实，三年之丧，或可行于邃古，而必不能行于后世。何者，生活异，则人情因之而异也。观儒书言能行之者之少，而知其时之习俗，已不相容，况秦、汉而后乎？夫衰麻哭泣，丧之文也，不饮酒食肉居于内，丧之实也，后世之士大夫，执亲之丧，孰不饮酒食肉居于内？亦曷尝衰麻在身？较之杜氏谓天子犹当以心丧终三年者，为过薄矣，而敢议杜氏乎？即不论此，亦可行乎平治之世，而不可行于丧乱之时；可行于贵富之家，而不可行于贱贫之子。"不言而事行者，扶而后能起；言而后事行者，杖而后能起；身自执事而后行者，面垢而已，"儒家固自言之矣。《宋书·礼志》引《尸子》云："禹治水，为丧法，曰：毁必杖，哀必三年，是则水不救也。故使死于陵者葬于陵，死于泽者葬于泽；桐棺三寸，制丧三日。"此即墨者薄葬之论。儒家力攻墨氏，然事势所迫，却有同于墨氏而不自知者。

---

　　① 丧服：非非短丧。

《记》曰："久而不葬者，惟主祭者不除。"魏氏东关之役，失亡尸柩，葬礼无期，遂不得不制令释服，使其子弟不废婚宦，《晋书·礼志》。江左亦不得不申明其制矣。见《陈书·儒林·沈洙传》。善夫！郑鲜之之言之也，曰："求礼当先远大。沧海横流，家国同其沦溺。若不仕也，则人有余力，人有余力，则国可至乎亡，家可至乎灭。当斯时也，匹妇犹忘其身，况大丈夫哉？"《宋书》本传。夫亦安得因丧而废事也？

第四节　宫　室

晋、南北朝之世，贵富之家，居室颇侈，而平民之居，则仍甚简陋。斯时之奢侈者：一为无道之主，及逾侈之贵族，竞营宫室、苑囿，一则贵族及士大夫之较有雅致者，经营园圃，是为后世园林之本。又佛教东来，寺塔亦大盛，别于论佛教时述之。

晋武帝泰始二年（267），始营大庙，其侈，已见第二章第一节。大康五年五月，宣帝庙地陷，梁折。八年正月，大庙又陷。改作庙，筑基及泉。其年九月，遂更营新庙。远致名材，杂以铜柱。陈勰为匠，作者六万人。十年四月乃成。十一月，梁又折。见《宋书·五行志》。《晋书·礼志》亦言其穷极壮丽。盖其规制过于崇闳，而营造之技，不足以副之，故其基址不能坚实也。孝武帝太元十六年（391），改作大庙，堂集方石，庭以砖。见《宋书·礼志》。此在当时，亦为已侈，皆武帝之作法于贪，有以启之也。偏方割据之国，如张茂、张骏、见第六章第二节。石虎、见第五章第二节。赫连勃勃、见第六章第九节。慕容熙；见第六章第八节。南北朝偏安之世，如宋孝武帝、明帝、见第九章第七节。《齐书·王俭传》云：宋明帝紫极殿，珠帘绮柱，饰以金玉，江左所未有。齐文惠大子、见第十章第一节。梁昭明大子以贤称，然史亦言其性爱山水，于玄圃穿筑，更立庭馆。东昏侯、见第十章第六节。陈后主、见第十五章第二节。魏胡灵后、见第十二章第二节。齐文宣帝、见第十四章第二节。后主、见第十四章第四节。周宣帝；见第十五章第一节。亦皆盛营宫室、苑囿，其事已述于前，斯时之奢靡者，不独人主，即人臣亦多侈丽其居，甚至人主反爱乐之，足见其土木之功为已侈也。

士大夫寻常居宅，大抵为屋数十间。《晋书·山涛传》：涛死，左长史范晷等上言：涛旧第屋十间，子孙不相容，武帝为之立宅。《王沈传》云：沈素清俭，不营产业，帝使所领兵为作屋五十间。《良吏传》：鲁芝，素无居宅，武帝亦使军兵为作屋五十间。合第十九章第一节所述观之，可见士大夫居室之大概。其时亦有俭素者，如李重死，宅宇狭小，无殡敛之地，诏于典客署营丧。裴佗宅不过三十步，又无田园。《魏书·良吏传》。孙谦每去官，辄无私宅，常藉官空车厩居焉。①《梁书·良吏传》。鹿悆虽任居通显，而自无居宅，常假赁居止皆是。然此等人似不多，而务于侈靡者则不少。有专务壮丽，僭拟宫殿者：如晋齐王冏大筑第馆，使大匠营制，与西宫等。梁南平王伟，广营第宅，重斋步橹，模写宫殿。北齐清河王岳，于城南造宅，高归彦奏其僭拟帝宫，制为永巷，惟无阙是也。《周书·韦夐传》：晋公护执政，广营第宅。尝召夐至宅，访以政事。夐仰视其堂，徐而叹曰："酣酒嗜音，峻宇雕墙，有一于此，未或不亡。"其侈丽盖亦此类矣。而好经营园圃者尤多。②古苑囿率因山泽为之，虽占地颇广，而劳人力穿筑之事则不多。其诒祸于人者，不过如齐宣王之囿，杀其麋鹿者，如杀人之罪，孟子讥其方四十里为阱于国中。又谓尧、舜既殁，圣人之道衰，暴君代作，坏宫室以为污池，民无所安息，弃田以为园囿，使民不得衣食耳。其弊在乎弃地，而不在乎劳人也。晋、宋以后，官私苑囿，占地多者亦有之。如石虎欲校猎，自灵昌津南至荥阳，东极阳都，使御史监察其中禽兽；见第五章第二节。慕容熙大筑龙腾苑，广袤十余里；见第六章第八节。孔灵符于永兴立墅，周围三十三里，含带二山皆是。见第十九章第三节。《北齐书·阳斐传》：东郡太守陆士佩，以黎阳关河形胜，欲因山即壑，以为公家苑囿，此犹是古制之遗。《齐书·高逸传》：员外郎刘思效表陈谠言，谓贵势之流，货室之族，亭池第宅，竞趣高华，至于山泽之人，不敢采饮其水草，其诒害亦不可谓不深。然私家之居，占地究不易甚广，故就田庐之地，加以经营者尤多。其苟完苟美如徐勉者，原亦未足为过。见第十九章第一节。然或踵事增华，则其所耗之人力物力，为不少矣。《晋书·会稽王道子传》云：嬖人赵牙，为道子开东第。筑山穿池，列树竹木，功用巨万。帝尝幸其宅，谓道子曰："府内有山，因得游瞩，甚善也，然修饰大过，非示天下以俭。"道子无以对，唯唯而已。左右侍臣，莫敢有言。帝还宫，道子谓牙曰："上若知山是板筑所作，尔必死矣。"可见其劳人之甚。然贵戚若嬖幸，如是者实不少。如《宋书·徐湛之传》：言其室宇园池，贵游莫及。《竟陵王诞传》，言其造立第舍，穷极工巧。园池之美，冠于一时。《刘勔传》，言其经始钟岭之南，以为栖息。聚石蓄水，仿佛丘中。朝士爱素者，多往游之。《恩幸传》言：阮佃夫宅舍园池，诸王邸第莫及。于宅内开渎，东出十余里，塘岸整洁，泛轻舟，奏女乐。《齐书·刘悛传》，言其宅盛治山池，造甆牖。世祖着鹿皮冠，被悛菟皮裘，于牖中宴乐。《南史·谢弘微传》，言其曾孙举，宅内山斋，舍以为寺。泉石之美，殆若自然。《孔珪传》，言其居宅盛营山水。齐衡阳嗣王钧往游焉。见《齐宗室传》。《武陵昭王晔传》：豫章王于邸起土山，列种桐竹，号为桐山。武帝幸之，置酒

---

① 宫室：去官藉空车厩而居，案此犹今居汽车间也。

② 宫室：苑囿但弃地，园圃则劳人经营，园圃者。

为乐。顾临川王映："王邸亦有嘉名否?"映曰："臣好栖静，因以为称。"又问晔。晔曰："臣山卑，不曾栖灵昭景，惟有薇蕨，且号首阳山。"可见诸王之邸，多有假山，道子之劳人，亦不足为异矣。《朱异传》言：异起宅东陂，穷乎美丽。晚朝来下，酣饮其中。又言异及诸子，自潮沟列宅至青溪。其中有台池玩好。每暇日与宾客游焉。《陈书·孙玚传》，言其庭院穿筑，极林泉之致。歌钟舞女，当世罕俦。宾客填门，轩盖不绝。此等皆慕为雅致，而又极奢纵者。此外若梁南平王伟，见第十二章第六节。齐吕文度、茹法亮、吕文显等，见第十章第四节。其宅第之侈，并已见前。即隐沦恬退之士，亦多以此为务者。如戴颙，以桐庐僻远，难以养疾，乃出居吴下。吴下士人，共为筑室。聚石引池，植林开涧。少时繁密，有若自然。《宋书·隐逸传》。沈道虔，居县北石山下。道虔，吴兴武康人。孙恩乱后，饥荒。县令庾肃之，迎出县南，为立小宅。临溪有山水之玩。同上。刘慧斐，起家为安成王法曹行参军。尝还都，途经寻阳，游于匡山。过处士张孝秀，相得甚欢，遂有终焉之志。因不仕，居于东林寺。又于山北构园一所，号曰离垢园。《梁书·处士传》。裴之平，陈世祖即位，除光禄大夫，慈训宫卫尉，并不就。乃筑山穿池，植以卉木。居处其中，有终焉之志。《陈书·裴忌传》。张讥，所居宅营山池，植花果。《陈书·儒林传》。阮卓，退居里舍，改构亭宇，修山池卉木。招致宾友，以文酒自娱。《陈书·文学传》。皆是。雕梁画栋，自不如竹木山池之美，渐近自然。故虽帝王，亦顾而乐之。乃从而效之。如东昏侯芳乐苑，当暑种树，又划取细草，来植阶庭;① 见第十章第六节。陈后主临春、结绮、望仙三阁，下亦积石为山，引水为池，植以奇树，杂以花药是也。北朝风气，亦与南朝相似。北海王详及赵修、茹皓之事，已见第十二章第一节。又如王叡子椿，史言其园宅华广。赵猛，史言其宅宇高华。薛谨之曾孙裔，史言其盛营园宅，宾客声伎，以恣嬉游。郑述祖，所在好为山池，松竹交植。盛肴馔以待宾客，将迎不倦。《北史·郑羲传》。夏侯道迁，于京城西水次市地，大起园池，植列蔬果。延致秀彦，时往游适。李元忠，园庭之内，罗种果药。亲朋寻诣，必留连宴赏。段孝言，时苑内须果木，科民间及僧寺备输，悉分向私宅种植。殿内及园中须石，差车从漳河运载，复分车迴取。皆可见其好尚所在。茹皓之所经构，为魏世宗所悦。见第十二章第一节。齐文襄于邺东起山池游观，时俗眩之。河南王孝瑜，遂于第作水堂龙舟，植幡稍于舟上，数集诸王，宴射为乐。武成幸其第，见而悦之，故盛兴后园之玩。其上下相师之情形，亦与南朝同也。《宋书·五行志》云：晋武帝大康后，天下为家者，移妇人于东方，空莱北庭，以为园圃，可见经营园圃，实为当时普遍之好尚。居宅与园圃相连，则空气清新，且可略知稼穑，诚为有益之事，

---

① 宫室：划细草，植阶庭，此今西人之草地也。

惜为之者多富厚之家，遂致踵事增华，重劳人力，有失初意也。

别业之本，既系园圃，故其地之广者，仍可种植以获利。《北史·献文七王传》：广陵王羽之子欣，好营产业，多所树艺，京师名果，皆出其园。又《庾岳传》：置相州，拜岳为刺史。邺旧有园池，时果初熟，承吏送之，岳不受，曰："果未进御，吾何得先尝?"《周书·萧大圜传》：大圜尝云："筑蜗舍于丛林，构环堵于幽薄。果园在后，开窗以临花卉。蔬圃居前，坐檐而看灌畦。"皆其证也。《王思政传》：思政尝被赐园地，出征后家人种桑果，及还，见而怒曰："匈奴未灭，去病辞家，况大贼未平，何事产业?"命左右拔而弃之。此固不失武士之风，然孳孳为利固不可，以暇从事于种植，亦未必遂为小人之事也。

因务广居宅，遂有侵夺官私之地者。[①] 齐王冏大筑第馆，北取五谷市，南开诸署，毁坏庐舍以万数。宋孝武帝使有司奏竟陵王诞云：以广拓宅宇，地妨艺植，辄逼徐湛之遗孤，顿相驱徙。又缘溪两道，积代通衢，诞拓宇开垣，擅断其一，致使经途壅隔，川陆阻碍。又以临川武烈王道规，庙居宅前，固请毁换，诏旨不许，怨怼弥极。孝武之杀竟陵，固非以其贪纵，然此等罪状，则众目昭彰，非可虚构也。《晋书·贺循传》：廷尉张闿，住在小市。将夺左右近宅，以广其居。乃私作都门，早闭晏开。人多患之，讼于州府，皆不见省。会循出至破冈，连名诣循质之。循曰："见张廷尉，当为言及之。"闿闻而遽毁其门，诣循致谢，其为世所敬服如此。此事可谓不法已极。贺循一耳，张闿正多，民之不得安其居、保其业者，盖不少矣。《魏书·高道穆传》：正光中出使，相州刺史李世哲，尚书令崇之子，贵盛一时，多有非法。逼买民宅，广兴屋宇，皆置鸱尾。又于马埒堠上为木人，执节。道穆绳纠，悉毁之。然不闻其于所逼买之宅，迫使还民也。又梁临川王宏、魏北海王详及赵修，咸有占夺民地之事，已见第十二章第一节、第五节。

民间屋宇，多为草舍。[②] 宋明帝陈贵妃，家有草屋，已见第十九章第一节。《晋书·桓冲传》：冲子嗣，为江州刺史，修所住斋，应作版檐，嗣命以茅代之，版付船官。《孔愉传》：出为会稽内史。在郡三年，乃营山阴湖南候山下数亩地为宅，草屋数间，便弃官居之。《江逌传》：苏峻之乱，屏居临海，绝弃人事。翦茅结宇，耽玩载籍，有终焉之志。《儒林传》：范宣，家于豫章。太守殷羡，见宣茅茨不完，欲为改宅。宣固辞之。《文苑传》：罗含，转州别驾。以廨舍喧扰，于城西池小洲上立茅屋。伐木为材，织苇为席。布衣蔬食，晏如也。《宋书·臧焘传》：虽外戚贵显，而弥自冲约。茅屋蔬餐，不改其旧。《孝义传》：何

---

① 宫室：多占民地。

② 宫室：民间多茅屋，"江南……舍多竹茅……储积皆非地窖。"盖下湿使然，为窨室者多似由贯穿窖。

子平，所居屋败，不蔽雨日。兄子伯兴，采伐茅竹，欲为葺治。子平不肯，曰："我情事未申，天地一罪人耳，屋何宜覆？"以母未葬。《隐逸传》：孔淳之，草屋蓬户。《梁书·陆倕传》：于宅内起两间茅屋。杜绝往来，昼夜读书。如此者数载。《裴子野传》：无宅。藉官地二亩，起茅屋数间。《陈书·马枢传》：鄱阳王为南徐州刺史，卑辞厚意，令使者邀之。王别筑室以处之。枢恶其崇丽，乃于竹林间自营茅茨而居焉。《南史·刘善明传》：所居茅斋，斧木而已。《刘瓛传》：兄弟三人共处。蓬室一间，为风所倒，无以葺之。怡然自乐，习业不废。《贺琛传》：幼孤，伯父玚授其经业。初玚于乡里聚徒教授，四方受业者三千余人。玚天监中亡，至是复集。琛乃筑室郊郭之际，茅茨数间。年将三十，便事讲授。《魏书·高允传》：高宗幸允第，惟草屋数间。《胡叟传》：叟家于密云，蓬室草筵。此等皆士大夫之家，而犹如此，细民自不必论。《宋书·王玄谟传》：玄谟之围滑台，城内多草屋，众求以火箭烧之，玄谟恐损亡军实，不从。城中即撤坏之，空地以为窟室。《魏书·甄琛传》：鲜于修礼、毛普贤等率北镇流民，反于定州西北之左人城。屠村掠野，引向州城。州城之内，先有燕、恒、云三州避难之户，皆依傍市廛，草茅攒住。修礼等声云欲收此辈，共为举动。《隋书·高颎传》：上尝问颎取陈之策。颎曰："江南土薄，舍多竹茅。所有储积，皆非地窖。密遣行人，因风纵火。待彼修立，复更烧之。"可见南北皆多草舍。《宋书·周朗传》：朗上书言："取税之法，宜计人为输，不应以赀。乃令桑长一尺，围以为价；田进一亩，度以为钱；屋不得瓦，皆责赀实。① 民以此树不敢种；土畏妄垦；栋焚橼露，不敢加泥。"是则公家苛政，亦有阻民修筑者。然以大体言之，则其时生活程度，固只如此也。农家之屋，亦有必须草覆者，如《齐民要术·作豉篇》言："屋必以草盖，瓦则不佳。"是也。然右所引者，多为人居。《南史·陆澄传》：王俭尝问澄曰："崇礼门有鼓而未尝鸣，其义安在？"答曰："江左草创，崇礼门皆是茅茨，故设鼓，有火则扣以集众，相传至今。"可想见北人东渡时之情形矣。

营造之材，仍以土木为主。观道子山由版筑，萧嶷亦于邸起土山可知。桓嗣以茅茨代版檐，而以版付船官，则时材木似颇难得。② 梁太宗幽系之后，无复侍者及纸，③ 乃书壁及板障，④ 为诗及文数百篇。《通鉴注》云："柱间不为壁，以板为障，施以丹漆，因谓之板障。"大宝二年（551）。此制恐不能多。观《魏书·杨播传》言：播兄弟旦则聚于厅堂，终日相对，未曾入内，厅堂间往往帏幔隔障，为寝息之所，见第十七章第二节。不言障之以板可知也。《周书·王罴传》：授

---

① 赋税：计赀之苛。
② 宫室：材木似颇难得。
③ 文具：梁太宗幽系后无纸。
④ 宫室：板障、帏幔隔障。

西河内史，辞不拜。时人谓之曰："西河大邦，俸禄殷厚，何为致辞?"罴曰："京洛材木，尽出西河。朝贵营第宅者，皆有求假。如其私办，力所不堪若科民间，又违法宪，以此辞耳。"西河材木，不必甚多，其为京洛所取资，盖以其相去之近。真饶于材木者，必在偏僻之区。如《南史·隐逸传》言：邓郁隐居衡山，立小板屋两间;《齐书·氐传》言：仇池无贵贱，皆为板屋土墙是也。《北史·张耀传》：天平初，迁邺草创，右仆射高隆之，吏部尚书元世俊奏曰："南京宫殿，毁撤送都。连筏竟河，首尾大至。自非贤明一人，专委受纳，则恐材木耗损，有关经构。耀清直素着，有称一时，臣等辄举为大将。"诏从之。《周书·若干惠传》：大祖尝造射堂，新成，与诸将宴射。惠窃叹曰："亲老矣!何时办此乎?"大祖闻之，即日徙堂于惠宅。所以不恤劳人，屡事迁徙，似亦以材木难得故也。

当时能为窟室者颇多。《晋书·隐逸传》：孙登，于郡北山为土窟居之。_{登汲郡共人。}张忠，永嘉之乱，隐于泰山。服气，餐芝，饵木，修导养之法。其居依崇严幽谷，凿地为窟室。弟子亦以窟居。立道坛于窟上，每旦朝拜之。郭瑀，隐于临松薤谷，凿石窟而居。瞿硎先生，太和末，常居宣城郡界文脊山中。桓温尝往造之。既至，见先生被鹿裘，坐于窟室。《宋书·武三王传》：南郡王义宣反问至，其子恺，于尚书寺内着妇人衣、乘问讯车投临汝公盖诩。诩于妻室内为地窟藏之。事觉，收付廷尉。诩伏诛。此等似因其时之人，遭穿地窖而然。虏大官有八十余窖，已见第十一章第二节。高颎言江南储积，多非地窖，则北方地窖正多。此滑台之围，所以能于造次之间，撤草屋而为窟室也。《魏书·奚斤传》：父箪，有宠于昭成皇帝。时国有良马，曰騧璅，一夜忽失，求之不得。后知南部大人刘库仁所盗，养于窟室。箪闻而驰往取焉。则北方之人，并有为窟室以养马者。又《景穆十二王传》：济阴王小新成之孙弼，入嵩山，以穴为室。此则自然洞穴，不待开凿者。盖当时人民，亦本有穴居者也。

其时民居，又有极简陋者。《魏书·封回传》：除安州刺史。山民愿朴，父子宾旅，同寝一室。[①] 回下车，勒令别处。其俗遂改。此必因屋少而然也。《北齐书·神武帝纪》言：帝从尔朱荣徙据并州，抵扬州邑人庞苍鹰，止团焦中。苍鹰母数见团焦赤气赫然属天。及得志，以其宅为第，号为南宅。虽门巷开广，堂宇崇丽，其本所住团焦，以石垩涂之，留而不毁。至文宣时遂为宫。团焦盖极简陋之室，其营造如何，何以名为团焦，则不可知矣。北人多居毡帐，有极大者。《颜氏家训·归心篇》云："昔在江南，不信有千人毡帐，及来河北，不信有二

---

① 宫室：父子宾旅，同旅一室。

万斛船。"可见毡帐之大，能容千人也。①

民居虽甚简陋，贵人所用营建材料，却有极贵者。琉璃之贵，已见第二十章第二节，而东昏侯诮武帝兴光楼何不纯用琉璃，见第十章第六节。则南方室屋，亦有用琉璃者，即兴光楼亦颇用之矣。《晋书·外戚传》言：王恺用赤石脂泥壁。《宋书·百官志》言：明光殿以胡粉涂壁，②画古贤烈士。以丹朱色地，谓之丹墀。东昏侯涂壁皆以麝香。亦见第十章第六节。王肃之归虏，虏为起宅舍，亦以香涂壁。此等皆妄为奢侈，无益实际者也。

时所营构，有甚高者。魏明元帝起白台，高二十余丈，见第八章第二节。亦见《本纪》泰常二年（417）。齐文宣营三台，③构木高二十七丈，见第十四章第二节。《梁书·处士传》：陶弘景止于句容之句曲山，中山立馆。永元初，更筑三层楼，弘景处其上，弟子居其中，宾客至其下。《北史·崔辩传》：辩曾孙弘度，膂力绝人。年十七，周大冢宰宇文护引为亲信，累转大都督。时护子中山公训为蒲州刺史，令弘度从焉。尝与训登楼，至上层，去地四五丈，④俯临之。训曰："可畏也。"弘度曰："此何足畏？"欻掷下至地，无所损。训大奇之。此楼亦必不止一层也。

虏起朔方，本非居国，故昭成欲定都灅源川，筑城郭，起宫室，而平文后尼之，事见第六章第三节。道武再兴，始于平城附近筑城郭，立市里，起宫庙。又营台观苑囿，穿池引渠。所至之处，又多建离宫。自此至孝文迁洛之前，仍世皆有增造。其事具见《本纪》。然平城规制，实尚简陋，观第十一章第二节所引《齐书·魏虏传》可知。《魏书·莫含传》：含孙题，大祖欲广宫室，规度平城四方数十里，将模邺、洛、长安之制。运材数百万根。以题机巧，征令监之。召入与论兴造之宜。题久侍颇倦，赐死。足见其规模离邺、洛、长安犹远也，而劳民则已颇甚。《高允传》：给事中郭善明，性多机巧，欲逞其能，劝高宗大起宫室。允谏曰："臣闻大祖既定天下，始建都邑。其所营立，非因农隙，不有所兴。今建国已久，宫室已备。若广修壮丽为异观者，宜渐致之，不可仓卒。计斫材运工，及诸杂役，须二万人。丁夫充作，老弱供饷，合四万人，半年可讫。其所损废，亦已多矣。"虏之滥用民力，可以见矣。孝文迁洛，用蒋少游等以司营造，已见第二十章第二节。然其事实未大成。《魏书·大武五王传》：广阳王建闾之子嘉，表请于京四面筑坊三百二十，各周一千二百步。乞发三正复丁，以充兹役。虽有暂劳，奸盗永止。诏从之。《世宗纪》：景明二年九月，发畿内夫五万

---

① 宫室：北人多居毡帐，大者能容千人。
② 宫室：赤石脂泥壁，胡粉涂壁。
③ 宫室：三层楼，台高二十余丈。
④ 交通：自四五丈楼上掷下至地。

五千人筑京师三百二十坊，① 四旬而罢，即此事。是至世宗之时，坊里之制，犹未备也。《景穆十二王传》：任城王澄奏都城府寺，犹未周悉。② 请取诸职人及司州郡县犯十杖已上，百鞭已下收赎之物，绢一匹输砖二百，以渐修造。《李崇传》：崇于肃宗时上表曰："窃惟皇迁中县，垂二十祀。而明堂礼乐之本，乃郁荆棘之林。胶序德义之基，空营牧竖之迹。城隍严固之重，阙砖石之工。墉堞显望之要，少楼榭之饰。加以风雨稍侵，渐致亏坠。又府寺初营，颇亦壮美，然一造至今，更不修膳，厅宇凋朽，墙垣颓坏，皆非所谓追隆堂构，仪刑万国者也。以臣愚量，宜罢尚方雕靡之作，颇省永宁土木之功；并减瑶光材瓦之力，兼分石窟镌琢之劳，及诸事役非急者，三时农隙，终此数条。"则洛邑工程，不徒未完，且寖有毁损矣。迁邺之役，尝发众七万六千人营新宫，又发畿内民夫十万人城邺城，四十日罢，见《魏书·孝静帝纪》。

度地居民之法，在营建新都时易，而因旧则难，以新都一切皆出新构，无毁旧之足惜；又地皆在官，易于措置也。晋、南北朝之世，在官廛里，似已不如汉代之多，故赐宅之事较少，③ 如裴子野之藉官地以造宅者，不多见也。亭传亦已芜废，故行旅或一时无宅者，不复能如汉世之藉寓，而多以佛寺为栖托之所，④ 如李鷟，晚节贫无居宅，寄止佛寺；见《北史·李义深传》。侯景平后，萧大圜归建康，寓居善觉佛寺是也。参看本章第六节，及《秦汉史》第十七章第四节。好兴土木者虽多，然皆徒为私计，罕能为地方为人民计者。《梁书·良吏传》：何远在官，好开途巷，修葺墙屋。民居，市里，城隍，厩库，所过若营家焉。此等人不易多觏矣。⑤

主营造之事者，历代各有其职。《宋书·百官志》云：材官将军一人，司马一人，主工匠土木之事。汉左右校令其任也。魏右校又置材官校尉，主天下材木事。晋江左改材官校尉曰材官将军。又罢左校令。令材官隶尚书起部及领军。此南朝司空之职也。《北齐书·高隆之传》：领营构大将军，京邑制造，莫不由之。《周书·窦炽传》：宣帝营建东京，以炽为京洛营作大监，宫苑制度，皆取决焉。此皆随事设职。受任之人，亦颇有克举其职者。蒋少游事，已见第二十章第二节。《南史·崔祖思传》言：少游之至，祖思从弟元祖欲留之，上不从，少游果图画而归。《魏书·李业兴传》言：迁邺之始，起部郎中辛术奏曰："今皇居徙御，百度创始。营构一兴，必宜中制。上则宪章前代，下则模写洛京。今邺都虽

---

① 宫室：筑坊以止奸盗。
② 宫室：都城府寺未周，请收赎绢一匹输砖二百。
③ 宫室：晋南北朝在官廛里似不如汉之多，故赐宅之事较少。
④ 交通、宫室：不如汉世藉寓亭传而寄止佛寺。
⑤ 宫室：为公共交通建筑尽力之良吏。

旧，基址毁灭；又图记参差，事宜审定。臣虽曰职司，学不稽古。国家大事，非敢专之。通直散骑常侍李业兴，硕学通儒，博闻多识。万门千户，所宜访询。今就求之，披图按记，考定是非。参古杂今，折中为制。召画工并所须调度，具造新图，申奏取定。庶经始之日，执事无疑。"诏从之。则当时司营造者，已能先立图样，① 按图从事矣。高隆之之为营搆大将军也，史称其增筑南城，周回二十五里。以漳水近于帝城，起长堤以防泛溢之患。又凿渠引漳水周流城郭，造治碾砠，并有利于时。可谓颇有缔造之才。《魏书》言王遇性巧，强于部分。世宗初，兼将作大匠。北都方山、灵泉道俗居宇，及文明大后墓园、大极殿及东西两堂内外诸门制度，皆遇监作。虽年在耆老，朝夕不倦，跨鞍驱驰，与少壮者均其劳逸。此亦强干之材。然使此等人主持工事，往往易媚上而虐下，亦不可不知也。

公家功力，往往为私人所占用。如《南史·恩幸·綦母珍之传》言：帝给珍之宅，宅边又有空宅，从取、并取，辄令材官营作，不关诏旨，其一事也。晋武帝为王沈、鲁芝立宅，皆使军人；文惠大子起苑东田，亦役宫中将吏，见第十章第一节。似能以兵代民役，然劳民之时卒多。② 《魏书·成淹传》云：于时宫殿初搆，经始务广。兵民运材，日有万计。伊、洛流渐，苦于厉涉。淹遂启求都水造浮航。高祖赏纳之。合高允谏高宗之语观之，而知运转之弊已探，构造之艰，可勿论矣。而于劳民逞志之外，又或为婴车而役民，如《赵修传》言：修以罪徙之后，"家宅作徒，即仰停罢"是也，其厉民亦可谓深矣。

室屋固多版筑，即城郭之作，用砖石者亦少，③ 李崇谓洛都城隍阙砖石之工是也。然砖石之工，亦不必较版筑为固。《宋书·臧质传》言：虏攻盱眙，以冲车攻城，城土坚密，每至，颓落不过数升。此阿利蒸土筑城，所由自诩其固也。见第六章第九节。《齐书·州郡志》言：宋自淮北没虏，青州寄治郁州。刘善明为刺史，以海中易固，不峻城雉，累石为之，可见石城转不逮版筑之坚已。其用力则当较版筑为省。《南史·梁宗室传》：长沙王业，历位南兖州刺史，运私米僦人作甓以砌城，武帝善之，盖亦以其劳民者浅也。

中国长城之修筑，凡有数期。大抵北边安静时，无事于此，如清代是也。有大敌时，亦无事于此，以其不能恃此以御之也，如汉、唐之世，匈奴、突厥方张之时是也。惟有小小寇贼，释之不可，防之不胜其劳，则长城之修筑急焉。五胡乱后，北方较大之部落，多已侵入中国，所遗皆零星小部。诸胡侵入中国后，浸

---

① 宫室：司营造者能先立图样。
② 宫室：营造多役民。
③ 宫室：城郭用砖石者少，砖石不必固于版筑但省工。

失其轻悍之风，向之好侵扰人者，今转虑人之侵扰，而修筑长城之事起矣。①
《魏书·本纪》：明元帝泰常八年二月，筑长城于长川之南，起自赤城，西至五
原，延袤二千余里，备置戍卫。《天象志》云：以备蠕蠕也。是为魏修长城之
始。大武帝真君七年六月，发司、幽、定、冀四州十万人筑畿上塞围，起上谷，
西至于河，广袤皆千里。九年二月乃罢。其时盖吴声势方盛，盖虑蠕蠕乘机入塞，
故以是防之也。大武屡出塞击敌，于长城相须尚不甚殷，至孝文迁洛以后，而情
势又异矣。其时高闾上表曰："北狄悍愚，同于禽兽。所长者野战，所短者攻城。
若以狄之所短，夺其所长，则虽众不能成患，虽来不能内逼。六镇势分，倍众不
斗，互相围逼，难以制之。昔周命南仲，城彼朔方，赵灵、秦始，长城是筑，汉
之孝武，踵其前事。此四代之君，皆帝王之雄杰，所以同此役者，非智术之不
长，兵众之不足，乃防狄之要事，其理宜然故也。今宜依故，于六镇之北筑长
城，以御北虏。虽有暂劳之勤，乃有永逸之益。如其一成，惠及百世。即于要
害，往往开门。造小城于其侧。因地却敌，多置弓弩。狄来，有城可守，有兵可
捍。既不攻城，野掠无获，草尽则走，终必惩艾。宜发近州武勇四万人，及京师
二万人，合六万为武士，于苑内立征北大将军府。七月，发六部兵六万人，各备
戎作之具。敕台北诸屯仓库，随近作米，俱送北镇。至八月，征北部率所领，与
六镇之兵，直至碛南，扬威漠北。狄若来拒，与之决战。若其不来，然后散分其
地，以筑长城。计六镇之地，不过千里，若一夫一月之功，当三步之地，三百人
三里，三千人三十里，三万人三百里，则千里之地，强弱相兼，计十万人，一月
必就。运粮一月，不足为多。人怀永逸，劳而无怨。计筑长城，其利有五罢游防
之苦，一也。北部放牧，无抄掠之患，二也。登城观敌，以逸待劳，三也。省境
防之虞，息无时之备，四也。岁常游运，永得不匮，五也。"宣武帝正始元年九
月，有告蠕蠕率十二万骑，六道并进，欲直趋沃野、怀朔，南寇恒、代。诏源怀
以本官加使持节、侍中，出据北蕃，指授规略。随须征发。诸所处分，皆以便宜
从事。怀至云中，蠕蠕亡遁。怀旋至恒、代，案视诸镇左右要害之地，可以筑城
置戍之处，皆量其高下，揣其厚薄，及储粮、积仗之宜，犬牙相救之势，凡表五
十八条。《表》曰："蠕蠕不羁，自古而尔。游魂鸟集，水草为家。中国患者，
皆斯类耳。历代驱逐，莫之能制。虽北拓榆中，远临瀚海，而智臣勇将，力算俱
竭，胡人远遁，中国以疲。于时贤哲，思造化之至理，推生民之习业，量夫中夏
粒食邑居之民，蚕衣儒步之士，荒表茹毛饮血之类，鸟宿禽居之徒，亲校短长，
因宜防制，知城郭之固，暂劳永逸。代表诸蕃，比因高车外叛，寻遭旱俭，戎马
甲兵，十分阙八。去岁复镇阴山，庶事荡尽。遣尚书郎中韩贞、宋世量等检行要

---

①　宫室：南北朝至隋之长城。

险，防遏形便。谓准旧镇，东西相望，令形势相接，筑城置戍，分兵要害，观农积粟，警急之日，随便剿讨。如此，则威形增广，兵势亦盛。且北方沙漠，夏乏水草，时有小泉，不济大众。脱有非意，要待秋冬，因云而动。若至冬日，冰沙凝厉，游骑之寇，终不敢攻城，亦不敢越城南出。如此，北方无忧矣。"《怀传》云："世宗从之，今北镇诸戍东西九城是也。"案魏于六镇，所集兵力甚厚，而仍不能无藉于长城，可见长城之于备御，为用甚宏。故至南北朝之末，东西分争，北戎是惧，而其功愈亟。孝静帝武定元年八月，齐神武命于肆州北山筑城，西自马陵戍，东至土隥，四十日罢。明年（544）十月，复上言：幽、安、定三州，北接奚、蠕蠕，请于险要修立城戍以防之。躬自临履，莫不严固。皆见《北齐书·神武纪》。文宣天保三年（552）、六年（555）、八年（557）修筑长城，已见第十四章第二节。与其事者，有元景安、赵郡王叡、卢询祖、张纂、阳斐等，皆见《北齐书》本传。后主天统中，斛律羡为幽州刺史，以北虏屡犯边，须备不虞，自库堆戍东拒于海，随山屈曲，二千余里，其间二百里中，凡有险要，或斩山作城，或断谷起障，并置立戍逻五十余所。周宣帝大象元年六月，发山东诸州民修长城。《于翼传》云：大象初，诏翼巡长城，立亭障。西自雁门，东至碣石，创新改旧，咸得其要。凡以防侵轶而省戍逻也。隋文帝开皇元年四月，发稽胡修筑长城，二旬而罢。所发者为南汾州胡，见《韦冲传》。三年三月，城榆关。《长孙晟传》云：开皇元年（581），摄图曰："我周家亲也，今隋公自立而不能制，复何面目见可贺敦乎？"因与高宝宁攻陷临榆镇，约诸面部落，谋共南侵。高祖新立，由是大惧。修筑长城，发兵屯北境。命阴寿镇幽州，虞庆则镇并州，屯兵数万人，以为之备。《突厥传》云：高祖受禅，待之甚薄，北夷大怨。会营州刺史高宝宁作乱，沙钵略与之合军，攻陷临渝镇。上敕缘边修保障、峻长城以备之。仍命重将，出镇幽、并。《崔仲方传》云：高祖受禅，令发丁三万，于朔方、灵武筑长城，东至黄河，西拒绥州，南至勃出岭，绵亘七百里。明年（561），上复令仲方发丁十五万，于朔方已东缘边险要筑数十城，以遏胡寇。此时之情势，尚与周、齐时无异。其后突厥因乱，为中国所绥服，故六年二月，发丁男十一万，七年二月，发丁男十万余修筑长城之后，皆二旬而罢。遂无复劳役焉。及炀帝世，乃复有修筑之举。大业三年六月，帝幸榆林，朝启民。七月，发丁男百余万筑长城。西距榆林，东至紫河，一旬而罢，史言其死者十五六。四年三月，幸五原，因出塞巡长城。七月，发丁男二十余万筑长城，自榆林谷而东。《五行志》言其时百姓失业，道殣相望焉。此时中国全盛，欲绥服突厥，自有其长驾远驭之规，初不必劳民以事修筑。《宇文恺传》言：长城之役，诏恺规度，恺固善为侈大，以逢君之恶者。而贺若弼、宇文弼、高颎，皆于是时见杀，苏威亦于是时免官。诸臣之获罪，夫固别有其由。然《弼传》云：弼以谮启民大侈，与颎、弼等私议得失，为人所奏伏诛。《弼传》

云：敢言长城之役，幸非急务，有人奏之，竟坐诛死。《颍传》云：时帝遇启民可汗恩礼过厚，颍谓大府卿何稠曰："此虏颇知中国虚实，恐为后患。"复谓观王雄曰："近来朝廷，殊无纲纪。"有人奏之。帝以为谤讪朝政，于是下诏诛之。《威传》云：颍、弼等之诛，威坐与相连免官。则诸人之获罪亦不能谓与修筑长城，全无关系。盖徒慕为侈大之规，而于实际有无裨益，则初非所计也。

　　席地而坐之风，此时盖几绝，故义宣之败，入南郡空廨，无床，席地至旦，史记之，以为罕有之事，见《宋书》本传。而胡床尤盛行。① 《晋书·戴若思传》言：若思少好游侠，遇陆机赴洛，船装甚盛，遂与其徒掠之。若思登岸据胡床，指麾同旅。《张重华传》言：谢艾与麻秋战，下车据胡床，指挥处分。《秃发利鹿孤载记》：吕纂来伐，使傉檀拒之。纂士卒精锐，进度三堆，三军扰惧。傉檀下马据胡床而坐，众心乃安。《梁书·杨公则传》：大军至新林，公则自越城移屯领军府垒北楼，与南掖门相对。尝登楼望战，城中遥见麾盖，纵神锋弩射之，矢贯胡床。《韦放传》：高祖遣曹仲宗等攻涡阳，又以放为明威将军，帅师会之。魏大将费穆帅众奄至。放军营未立，麾下止有三百余人。众请放突去。放厉声曰："今日惟有死耳。"乃免胄下马，据胡床处分。于是士皆殊死战。魏军遂退。放逐北至涡阳。《王僧辩传》：围陆纳于长沙。僧辩出坐垄上。贼党吴藏、李贤明等率锐卒千人奄出，蒙楯直进，径趋僧辩。带甲从者，止百余人。僧辩尚据胡床，不为之动。《南史·梁本纪》：袁粲之据石头，黄回与之通谋。皇考闻难作，率家兵据朱雀桥。回觇人还告曰："朱雀桥南一长者，英威毅然，坐胡床南向。"回曰："萧顺之也。"遂不敢出。《柳世隆传》：沈攸之先大军下，住白螺州，坐胡床以望其军，有自骄色。是虽军旅之际，亦恒携胡床也。是时众人共处，胡床盖惟尊者据之。故齐武帝在东宫宠张景真，拜陵还，景真白服乘画舸艒坐胡床，观者咸疑是大子。《南史·荀伯玉传》。魏孝武帝与齐神武搆衅，使温子昇草敕，子昇逡巡未敢，帝据胡床拔剑作色。《北齐书·神武纪》。然此特体制所限，苟其不然，则几于无不用之者。张镜与客谈，颜延之取胡床坐听。《南史·张裕传》。刘瓛献游诣故人，惟一门生持胡床随后，主人未通，便坐问答，可谓造次不离矣。《魏书·裴叔业传》：叔业兄子粲，为胶州刺史，属时亢旱，士民劝令祷于海神。粲惮违众心，乃为祈请。直据胡床，举杯而言曰："仆白君。"左右曰："前后例皆拜谒。"粲曰："五岳视三公，四渎视诸侯，安有方伯而致礼海神也？"卒不肯拜。然则虽祀神，犹携胡床以行矣。《晋书·王猛传》：猛少贫贱，以粥畚为业。尝货畚于洛阳。乃有一人，贵买其畚，而云无直。自言家去此不远，可随我取直。猛利其贵而从之。行不觉远，忽至深山。见一父老，须发皓然，踞胡床而

---

　　① 器用：胡床大行，席地而坐殆绝。

坐。左右十许人。有一人引猛进拜之。父老曰："王公何缘拜也？"乃十倍偿畚直，遣人送之。猛既出，顾视，乃嵩高山也。《隋书·尔朱敞传》：彦伯子。齐神武韩陵之捷，尽诛尔朱氏。敞小，随母养于宫中。及年十二，自窦而走。至于大街，见童儿群戏者。敞解所着绮罗金翠之服，易衣而遁。追骑寻至。初不识敞，便执绮衣儿。比究问知非，会日已暮，由是得免。遂入一村，见长孙氏踞胡床而坐，敞再拜求哀。长孙氏愍之，藏于复壁三年，乃资而遣之。此二事均不足信，然可见时人之所想象，虽深山僻壤，亦有胡床也。《晋书·五行志》谓泰始后中国相尚用胡床，见第一节。信不诬矣。《通鉴》胡三省《注》曰："胡床，即今之交床。隋恶胡字，改曰交床，今之交倚是也。"梁武帝大通元年（527）。今日举国皆用桌椅之风，实成于是时，此亦中外文化交相融洽之一端也。

第五节　葬　埋

厚葬之弊，至秦、汉之世而大著，故自后汉以来，薄葬稍成为舆论。至魏武、文二帝，乃大革其弊。① 晋世亦因仍之。《晋书·礼志》云："魏武豫自制送终衣服四箧，题识其上，春、秋、冬、夏，日有不讳，随时以敛。金、珥、珠、玉、铜、铁之物，一不得送。文帝遵奉，无所增加。及受禅，刻金玺追加尊号，不敢开埏，乃为石室，藏玺埏首，以示陵中无金银诸物也。汉礼明器甚多，自是皆省之矣。魏文帝黄初三年（222），又自作终制，曰：寿陵因山为体，无封树，无立寝殿，造园邑，通神道。此诏藏之宗庙，副在尚书、秘书、三府。明帝亦遵奉之。明帝性虽崇奢，然未遽营陵墓之制也。宣帝豫自于首阳山为土藏，不坟不树。作顾命终制，敛以时服，不设明器。《本纪》又云：后终者不得合葬。景、文皆遵奉成命，无所加焉。景帝崩，丧事制度，又依宣帝故事。武帝泰始四年（267），文明王皇后崩，将合葬，开崇阳陵，使太尉司马望奉祭进皇帝密玺绶于便房神坐。魏氏金玺，此又俭矣。江左元、明崇俭，且百度草创，山陵奉终，省约备矣。"案江左惟元帝葬其子琅邪悼王焕，颇失之侈，焕年仅二岁。事见《晋书》本传。又《江逌传》：穆帝崩，山陵将用宝器，逌谏曰："宣皇顾命终制，山陵不设明器，以贻后则，景帝奉遵遗制。逮文明皇后崩，武皇帝亦承前制，无所施设，惟脯糒之奠，瓦器而已。昔康皇帝玄宫，始用宝剑、金舄。此盖大妃罔己之情，实违先旨累世之法。今外欲以为故事。臣请述先旨，停此二物。"书奏，从之。则康帝之葬，亦稍违礼，此外无以泰侈闻者。南朝淫侈之主虽多，亦未闻有

---

① 葬埋：魏武为薄葬之始，安有七十二疑冢事，盖其时造言。虚葬晋世胡人多。

厚葬之事。不可谓非经验所积，自然之革进也。又《晋书·武帝纪》：泰始二年十月，诏曰："昔舜葬苍梧，农不易亩；禹葬成纪，《宋书·礼志》作会稽。市不改肆。上惟祖考清简之旨，所徙陵十里内居人，动为烦扰，一切停之。"其后宋宣大后陵，虽移徙禁内坟瘗，然给其葬直，蠲复家丁，亦与前代之肆行扰累者异也。见《宋书·明帝纪》泰始二年（467）。

北方僭伪诸国，其葬有颇侈者。如刘曜之葬其父妻，见第五章第一节。慕容熙之葬其妻是也。见第六章第八节。《吕纂载记》言：即序胡安据盗发张骏墓，得真珠簏、琉璃榼、白玉樽、赤玉箫、紫玉笛、珊瑚鞭、马脑钟，水陆奇珍，不可胜纪，则张氏之葬亦颇侈。盖由地接西域，多宝物使然。后魏文明后以侈靡称，然其葬尚未甚泰，《后传》载孝文帝诏曰："山陵之节，亦有成命。内则方丈，外裁掩坎。脱于孝子之心，有所不尽者，室中可二丈，坟不得过三十余步。今以山陵万世所仰，复广为六十步。其幽房大小，棺椁质约，不设明器，至于素帐、缦、茵、瓷瓦之物，亦皆不置，此则遵先志，从册命"云云。而胡灵后葬其父母甚侈，则以其智识又不及文明后也。见《魏书·外戚传》。魏、周、齐三朝，周人于中国之文化，最能了解，故其葬亦最俭，观周明帝、武帝遗命可知。胡人处中国，多有自疑之心，乃为虚葬之法。《晋书·石勒载记》言：勒母王氏死，潜窆山谷，莫详其所。既而备九牢之礼，虚葬于襄国城南。勒死，亦夜瘗山谷，莫知其所。备文物虚葬，号高平陵。《慕容德载记》云：德死，夜为十余棺，分出四门，潜葬山谷，竟不知其尸之所在。《宋书·索虏传》云：死则潜埋，无坟陇处所。至于葬送，皆虚设棺柩，立冢椁。然则虚葬实为诸胡成法矣。齐神武之死，亦潜凿成安鼓山石窟佛寺之旁为穴，纳其柩而塞之，杀其群匠。及齐之亡也，一匠之子知之，发石取金而逃。《通鉴》梁武帝大清元年（547）。欺人自欺，究何益哉？

《晋书·礼志》云："古无墓祭之礼。汉承秦，皆有园寝。魏武葬高陵，有司依汉立陵上祭殿。至文帝黄初三年（222），乃诏曰：先帝躬履节俭，遗诏省约。子以述父为孝，臣以继事为忠。古不墓祭，皆设于庙。高陵上殿皆毁坏，车马还厩，衣服藏府，以从先帝俭德之志。文帝自作终制，又曰：寿陵无立寝殿，造园邑。自后园邑、寝殿遂绝。齐王在位九年，始一谒高平陵，而曹爽诛，其后遂废，终于魏世。及宣帝遗诏，子弟、群官，皆不得谒陵。于是景、文遵旨。[①]至武帝，犹再谒崇阳陵，文帝陵。一谒峻平陵，景帝陵。然遂不敢谒高原陵。宣帝陵。至惠帝复止也。逮于江左，元帝崩后，诸公始有谒陵辞告之事。盖由眷同友执，率情而举，非洛京之旧也。《王导传》：自汉、魏以来，群臣不拜山陵。导以元帝睠同布衣，匪惟君臣而已，每一崇进，皆就拜，不胜哀戚。由是诏百官拜陵，自导始也。案此可谓非礼之非礼，抑其僭亦甚矣。导之恣睢偃蹇，备见第四章第四节，其为此，所以示小忠小信

---

① 葬埋：拜陵魏文未绝，王导行之元帝。

邪，抑仍率其恣睢偃蹇之旧也。成帝时，中宫亦年年拜陵。议者以为非礼，于是遂止。以为永制。穆帝时，褚大后临朝，又拜陵，帝幼故也。至孝武崩，骠骑将军司马道子曰：今虽权制服，至于朔望诸节，自应展情陵所，以一周为断。于是至陵。变服单衣。烦黩无准，非礼意也。安帝元兴元年（402），尚书左仆射桓谦奏：百僚拜陵，起于中兴，非晋旧典。积习生常，遂为近法。寻武皇帝诏，乃不使人主、诸王拜陵，岂惟百僚？谓宜遵奉。于是施行。及义熙初，又复江左之旧。"《宋书·礼志》曰："宋明帝又断群臣初拜谒陵，而辞如故。自元嘉以来，每岁正月，舆驾必谒初宁陵，武帝陵。复汉仪也。世祖、太宗，亦每岁拜初宁、长宁陵。"文帝陵。案墓祭最为非礼，而自魏、晋至宋，终不能尽革，可见有其举之，正之正不易矣。魏武终令曰："《周礼》冢人葬公墓之地，凡诸侯居左右以前，卿大夫居后。汉制亦谓之陪陵。其公卿、大臣、列将有功者，宜陪寿陵。其广为兆域，使足相容。"《宋书·礼志》。此本于礼有据，然《晋书·刘毅传》言：毅子暾妻前卒，先陪陵葬，子更生初婚，家法妇当拜墓，携宾客亲属数十乘，载酒食而行。则于礼有据之事，转以启非礼之渐矣。皆过重茔墓之风，有以启之也。

守墓之风，汉世极盛，魏、晋来亦稍衰，然犹有行之者。《魏书·王慧龙传》言：宋文帝遣刺客吕玄伯购慧龙首二百户男，绢一千匹。玄伯伪为反间来，求屏人有所论。慧龙疑，使人探其怀，有尺刀。玄伯叩头请死。慧龙曰："各为其主也。"舍之。及慧龙死，玄伯感全宥之恩，留守墓侧，终身不去。此或出于意气感激之私，不可以常理论。《周书·孝义传》：荆可葬母之后，遂庐于墓侧。可家旧墓，茔域极大，榛芜至深，去家十余里，而可独宿其中，与禽兽杂处。哀感远近，邑里称之。此则近于矫伪矣。又《柳霞传》：《北史》作柳遐。萧詧莅雍州，选为治中。寻迁别驾。及詧于襄阳承制，授霞吏部郎、员外散骑常侍。俄迁车骑大将军、仪同三司、大都督。赐爵闻喜县公。寻进位持节、侍中、骠骑大将军，开府、仪同三司。及萧詧践帝位于江陵，以襄阳归于我，霞乃辞詧曰："自晋氏南迁，臣宗族盖寡。从祖太尉，世父仪同，从父司空，并以位望隆重，遂家于金陵。惟留先臣，独守坟柏。常诫臣等，不违此志。今襄阳既入北朝，臣若陪随銮跸，进则无益尘雾，退则有亏先旨。伏愿曲垂照鉴，亮臣此心。"詧重违其志，遂许之。夫詧之于霞，恩顾不为不厚，而竟违之于流离颠沛之中，臣节岂云无缺？此亦重视坟墓大甚之弊也。①

因时直非常，遂有所谓招魂葬者。观议礼之家，多以为非，而知重视形魄，不应过甚矣。《晋书·东海王越传》言：裴妃欲招魂葬越，元帝诏有司详议。博

---

① 葬埋：因重视坟墓而归虏朝，观颜之推之言知其非。

士傅纯曰："圣人制礼，以事缘情。设冢椁以藏形，而事之以凶，立庙祧以安神，而奉之以吉；送形而往，迎精而还；此墓庙之大分，形神之异制也。至于宗庙寝祊，祭非一处，所以广求神之道，而独不祭于墓，明非神之所处也。今乱形神之别，错庙墓之宜，违礼制义，莫大于此。"于是下诏不许。裴妃不奉诏，遂葬越于广陵。大兴末墓毁，又改葬于丹徒。案古人未尝不重形魄，读《秦汉史》第十七章第五节可见。谓形魄不足重者，盖一二哲人之见。然法古者固当法哲人，不当法流俗也。《晋书·五行志》云："孝武晏驾，而天下骚动，刑戮无数，多丧其元。① 至于大敛，皆刻木及蜡，或缚菰草为头。"夫非其形体，又何藏焉？乃若所为，则并亡其躯者，又可制刍偶以代之欤？其惑亦甚矣。又代北之俗，兵死者不入墓域。隋文帝仁寿元年（601），为之下诏，谓其"亏孝子之意，伤人臣之心。"又曰："入庙祭祀，并不废阙，何至坟茔，独在其外？自今已后，战亡之徒，宜入墓域。"案禁兵死不入墓域，盖谓先人之灵，恒栖丘陇，恶见子孙之伤残，与汉人受刑者不上丘墓，张猛不欲其头过华阴历先人之墓同，见《秦汉史》第十七章第五节。亦重视形魄之见也。

以骨肉归复于土，魂气则无不之之义言之，客死者原不必归葬。魏孝文诏迁洛之民，死葬河南，不得迁北，见第十一章第二节。未为非义也。然世俗则多重归葬。《魏书·孝感传》：赵琰，天水人。初为兖州司马。转团城副将。还京，为淮南王他府长史。时禁制甚严，不听越关葬于旧兆。琰积三十余年，不得葬二亲。及蒸尝拜献，未尝不婴慕卒事。每于时节，不受子孙庆贺。年余耳顺，而孝思弥笃。慨岁月推移，迁窆无期，乃绝盐、粟，断诸滋味，食麦而已。年八十卒。迁都洛阳，子应等乃还乡葬焉。又齐州人崔承宗，其父于宋世仕汉中，母丧，因殡彼。后青、徐归国，遂为隔绝。承宗性至孝，万里投险，偷路负丧还京师。张谠之死也，子敬伯，求致父丧，出葬冀州清河旧墓。久不被许。停枢在家，积五六年。后父丧得葬旧墓，乃还属清河。《北史》本传。《颜氏家训·终制篇》云："先君、先夫人，皆未还建业旧山，旅葬江陵东郭。承圣末，启求扬都，欲营迁厝。蒙诏赐银百两。已于扬州小郊北地烧砖。便值本朝沦没。流离如此。数十年间，绝于还望。今虽混一，家道困穷，何由办此奉营资费？自咎自责，贯心刻髓。计吾兄弟，不当仕进。但以门衰，骨肉单弱，五服之内，旁无一人，播越他乡，无复资荫，使汝等沉沦厮役，以为先世之耻，故顾冒人间，不敢坠失；兼以北方政教严切，全无隐退者故也。今年老疾侵，悗然奄忽，岂求备礼乎？"又曰："孔子之葬亲也，云古者墓而不坟，丘东西南北之人也，不可以弗识也，于是封之，崇四尺。然则君子应世行道，亦有不守坟墓之时，况为事际所

① 葬埋：丧元者以他物为头之谬。

逼也？吾今羁旅，自若浮云，竟未知何乡是吾葬地，惟当气绝便埋之耳。汝曹宜以传业扬名为务，不可顾恋朽壤，以取湮没也。"其言未尝不达，然因不得归葬，创痛之情，终溢于言表焉。中国士大夫之见解如此，虏所由以必葬桑乾胁之欤？①《魏书·王慧龙传》：临没，谓功曹郑晔曰："吾羁旅南人，恩非旧结，蒙圣朝殊特之慈，得在疆场效命。誓愿鞭尸吴市，戮坟江阴。不谓婴此重疾，有心莫遂。修短命也，夫复何言？身没后乞葬河内州县之东乡，依古墓而不坟，足藏发齿而已。庶魂而有知，犹希结草之报。"时制南人入国者，皆葬桑乾。晔等申遗意，诏许之。《韩延之传》云：初延之曾来往柏谷坞，省鲁宗之墓，有终焉之志。因谓子孙云："河、洛三代所都，必有治于此者，我死，不劳向代北葬也，即可就此。"及卒，子从其言，遂葬于宗之墓次。延之死后五十余年而高祖徙都。延之固忠义之士。慧龙，史言其自以遭难流离，常怀忧悴，乃作祭伍子胥文以寄意。生一男一女，遂绝房室。布衣蔬食，不参吉事。其人亦尚非全无心肝者流。盖以家难不得已而臣虏，尚未自绝于中国者。其乞葬河南之语，特其饰辞。延之之言，其为假托，尤显而易见。盖皆不欲葬北者也。虏岂易欺，度其必葬桑乾之法，本亦不能尽行耳。然为所牵制者必多矣。此法盖所以胁中国之士夫不敢叛之，并不能舍之而去也。然后来孝文之所以胁其族人南迁者，亦正是法也。南迁而鲜卑之亡也忽焉矣。天道好还，讵不信欤？

合葬之法，亦为使人必求归葬之一端。② 宣王终制，既云后终者不得合葬。皇甫谧作《笃终论》，亦云："亡有前后，不得移袝。袝葬自周公来，非古制也。"魏子建疾笃，顾敕二子曰："吾生平契阔，前后三娶。合葬之事，抑又非古。且汝二母，先在旧茔，坟地久固，已有定别，惟汝次母墓在外耳。可迁入兆域，依班而定行于吾墓之后。如此足矣，不须袝合。"《魏书·自序》。此已非流俗之见，然虽不袝合，而仍必同茔域，则仍无补于客死者之必求归葬也。况流俗之见，尚有不以同域为已足者乎？《宋书·孝武帝纪》：大明六年十月，诏上林苑内民庶丘墓欲还合葬者勿禁。此所以顺民心，即可见民间求合葬之切矣。周、齐之分隔也，裴文举叔父季和为曲沃令，卒于闻喜川。而叔母韦氏卒于正平县属。东西分隔，韦氏坟陇，遂在齐境。及文举在本州，保定三年(563)，迁绛州刺史。每加赏募。齐人感其孝义，潜相要结，以韦枢西归，竟得合葬。文举私痛，齐人何与焉？盖特贪其重募，而裴氏子孙，乃妄为之辞耳。

厚葬之事，既已靡财，又因贫者慕效，至使停丧不葬，其诒害实为甚巨，故历代多有禁令。齐永明七年十月，诏曰："三季浇浮，旧章陵替，吉凶奢靡，动违矩则。至斑白不婚，露棺累叶。苟相夸衒，罔顾大典。可明为条制，严勒所

---

① 葬埋：虏以必葬桑乾，胁中国人，王慧龙、韩延之不从。

② 葬埋：求合葬者多切。

在，悉使画一。如复违犯，依事纠奏。"其一事也。《晋书·冯跋载记》：跋下书曰："厚于送终，贵而改葬，皆无益亡者，有损于生。是以祖考，因旧立庙，皆不改营陵寝。申下境内，自今皆令奉之。"则虽偏方之主，亦知之矣。一时士大夫，能为薄葬之论，若豫立终制，敕子弟遵奉者亦不少，并有生以俭闻，殁亦知遵俭德者。如夏侯湛，史言其族为盛门，性颇豪侈，侯服玉食，穷滋极珍，及将殁，顾遗命小棺薄敛，不修封树是也。厚葬之无益于亡者，夫固中人知之矣。然俗之既成，能自拔者卒少。《魏书·高允传》：允条列时事，言："今国家营葬，费捐巨亿，一旦焚之，以为灰烬。《宋书·索虏传》云：生时车马器用，皆烧之以送亡者。① 上为之不辍，而禁下民之必止，此三异也。"元孝友言："今人生为皂隶，葬拟王侯，存殁异途，无复节制。崇壮丘垅，盛饰祭仪，隣里相荣，称为至孝。"其上下波靡之情形，可以想见。王濬，功名之士也，而其葬也，大营茔域，葬垣周四十五里。刘昶，奔亡之余也，而豫营墓于彭城西南，与三公主同茔而异穴，发石累之，坟崩压杀十余人，后复移改，为公私费害。张缅母刘氏，以缅父没家贫，葬礼有阙，遂终身不居正室，不随子入官府。河南辛普明，侨居会稽。兄将葬，邻人赗助甚多。普明初受，后皆反之。赠者甚怪。普明曰："本以兄墓不周，故不逆来意，今何忍以亡者余物为家财邪？"《齐书·孝义传》。此即君子不家于丧之义，其人实非流俗，然犹兢兢于营墓，况其下此者乎？《魏书·外戚传》，讥高肇父兄封赠虽久，竟不改瘗，此当时士大夫之舆论，而史家采之者也，其识乃出冯跋下矣。以厚葬为孝，已为识者所非，况又有如赵修之徒，焜耀道路，伤风败俗者哉？见第十二章第一节。

附棺、附身之物，求其必诚必信，固为礼之所许，然踵事增华，终必至于以死伤生而后已，故其激者，乃欲并衣衾棺椁而去之。皇甫谧《笃终》之论曰："尸与土并，反真之理也。然则衣衾所以秽尸，棺椁所以隔真。故吾欲朝死夕葬，夕死朝葬。不设棺椁。不加缠敛。不修沐浴。不造新服。殡含之物，一皆绝之。吾本欲露形入坑，以身亲土。或恐人情，染俗来久，顿革理难。今故觕为之制。奢不石椁，俭不露形。气绝之后，便实时服，幅巾故衣。以蘧蒢裹尸，蘧蒢，芦蕟。麻约二头，置尸床上。择不毛之地，穿坑深十尺，长一丈五尺，广六尺。坑讫，举床就坑。去床下尸。平生之物，皆无自随。蘧蒢之外，便以亲土。土与地平。还其故草，使生其上。无种树木。削除使生迹无处，自求不知。"② 《南史·刘歊传》：大中大夫琅邪王敬胤，以天监八年（509）卒，遗命"不得设复魄旐旒。一芦蕟藉下，一枚覆上。吾气绝，便沐浴。篮舆载尸，还忠侯大夫塋中。若

---

① 葬埋：虏俗多烧物，以送亡者。
② 葬埋：皇甫谧笃终论，还故草使生其上，使自求不知。此得墓而不坟之意矣。

不行此，则戮吾尸于九泉。"敬胤外甥许慧诏因阮研以闻。诏曰："此达生之格言，贤夫玉匣、石椁远矣。然子于父命，亦有所从有所不从。今从素若申遗意，土周浅薄，属辟不施。一朝见侵狐鼠，戮尸已甚。父可以训子，子亦不可行之。外内易棺，此自奉亲之情；藉土而葬，亦通人之意；宜两舍两取，以达父子之志。棺周于身，土周于椁。去其牲奠，敛以时服。一可以申情，二可以称家。礼教无违，生死无辱，此故当为安也。"此子孙不能奉行遗制，而藉王命以断之者也。然如是之制，能行之者已少矣，固知变俗之难也。

衣之与棺，所以防狐狸之食，蝇蚋姑之嗫，故曰毋使土亲肤。形魄既终归于地，则如是亦足矣，不必更厚为之隔也。王祥遗令，谓西芒上土自坚贞，勿用甓石，实协于理。颜之推欲还葬其父母，豫于扬州烧砖，盖亦以扬都下湿之故。亦《终制篇》中语。杜预自表营洛阳城东首阳之南小山，皆用洛水圆石，已非达者矣。然吴逵葬其家十三丧，夜烧砖甓，王彭营葬父母，乡里亦出夫力助作砖；见第十九章第一节。则以砖甓葬者极多。①《周书·孝义传》：皇甫遐遭母丧，庐于墓侧，负土为坟。后于墓南作一禅窟。阴雨则穿窟，晴明则营墓。晓夕勤力，未尝暂停。积以岁年，坟高数丈，周回五十余步。禅窟重台两匝，总成十有二室。中间行道，可容百人。吴逵、王彭固贫士，遐亦累世寒微，而其所为如是，当时营葬之厚，诚非今人所能想像已。

其更侈于此者，则为石室、石兽、碑铭之属。所费既广，且易开虚美之风，长导谀之习，故历代亦有禁令。②《宋书·礼志》曰："汉以后天下送死奢靡，多作石室、石兽、碑铭等物。建安十年（205），魏武帝以天下凋弊，下令不得厚葬，又禁立碑。魏高贵乡公甘露二年（257），大将军参军大原王伦卒，伦兄俊作《表德论》，以述伦遗美，云只畏王典，不得为铭，乃撰录行事，就刊于墓之阴云尔，此则碑禁尚严也。此后复弛替。晋武帝咸宁四年（278），又诏曰：石兽、碑、表，既私褒美，兴长虚伪。伤财害人，莫大于此。一禁断之。其犯者，虽会赦令，皆当毁坏。至元帝大兴元年（318），有司奏故骠骑府主簿故恩营葬旧君顾荣，求立碑。诏特听立。自是后禁又渐颓。大臣长吏，人皆私立。义熙中尚书祠部郎中裴松之又议禁断，于是至今。"《隋书·礼志》曰："梁天监六年（507），申明葬制，凡墓不得造石人、兽、碑，惟听作石柱记名位而已。"惟记名位，似无虚美之嫌，然事易寖离其本，为防微杜渐计，似仍以一切断之为得也。

厚葬既终不能革，故发掘之事，亦终不能绝。《晋书·张方传》言：方在洛既久，兵士暴掠，发哀献皇女墓。《王机传》言：杜弢所在发墓。《石季龙载记》言：勒及季龙，并贪而无礼。既王有十州之地，金帛珠玉及外国珍奇异货，不可

---

① 葬埋：以砖甓葬者多。
② 葬埋：立碑之禁。

胜纪，而犹以为不足。曩代帝王及先贤陵墓，靡不发掘而取其宝货焉。《苻丕载记》：丕左丞相王永檄州郡，言姚苌残虐，慕容垂凶暴，所过灭户夷烟，毁发丘墓。陈宣帝罪状薛安都之诏曰："椎埋发掘，毒流泉壤。"《南史·刘杳传》言：曹嶷于青州发齐景公冢。田益宗归魏被代，表言代者毁发坟墓，露泄枯骸。此皆在兵乱之际者，然平时亦所不免。《晋书·何充传》：充为会稽内史，以墓被发，去都改葬。《齐书·周山图传》：山图为淮南太守，有盗发桓温冢，大获宝物。《高祖十二王传》，又言有盗发温女冢者。《陈书·世祖九王传》言：征北军人，于丹徒盗发晋郗昙墓。《北史·齐本纪》言：文宣帝死，先是霍州发楚夷王女冢，得珠襦玉匣，帝珍之，还以敛焉。《周书·贺兰祥传》言：荆州境多古墓，其俗好行发掘。① 此皆在平时者也。甚有以贵人而躬椎埋之行者。《宋书·前废帝纪》，谓其以魏武帝有发丘中郎将、摸金校尉，乃置此二官，以建安王休祐领之，其说不知信否。《陈书·始兴王叔陵传》，言其好游冢墓间，遇有茔表主名可知者，辄令左右发掘，取其石志、古器，并骸、肘、胫，持为玩弄，藏之库中、府内，则说必不诬矣。《南史·齐宗室传》：梁州有古墓，名曰尖冢，或云张骞坟。有欲发者，辄闻鼓角与外相拒，椎埋者惧而退。萧懿颖达第七子。谓无此理，求自监督。及开，惟有银镂铜镜方尺。此亦叔陵之类也。《魏书·高宗纪》：太安四年十月，北巡，至阴山，有故冢毁废，诏曰："昔姬文葬骨，天下归仁，自今有穿毁坟陇者斩之。"其刑可谓甚峻。《宋书·桓护之传》：护之伯父之子阆，元嘉中为员外散骑侍郎，母墓为东阿寺道人昙洛等所发，阆与弟殿中将军闳共杀昙洛等五人。《齐书·孝义传》：朱谦之，年数岁，所生母亡，其父昭之假葬之于田侧，为族人朱幼方燎火所焚。同产姊密语之。谦之虽小，便哀戚如持丧。年长，不婚娶。永明中，手刃杀幼方。其相报亦可谓甚惨。然椎埋者踵相接也。故曰："使其中有可欲，虽锢南山犹有隙也。"

以发掘报怨、肆毒者，亦时有之。《魏书·毕众敬传》言：众敬为申纂所恨。会有人发众敬父墓，众敬疑纂所为。其弟众爱，乃亦遣人密至齐阴掘纂父墓，以相报答。此已为非理。鲁爽与弟秀南奔，魏毁其坟墓；北齐文宣帝以祈雨不应，毁西门豹祠，掘其冢；此则更尸帝王之名，而同盗贼之行已。其尤堪发指者，则为隋文帝纵王颁掘陈武帝墓事。颁者，僧辩之子，其父固叛国当诛者也。颁仕周，后从韩擒虎灭陈。颁密召父时士卒，得千余人，对之涕泣。或曰："郎君仇耻已雪，而悲哀不止，将为霸先早死，不得手刃之邪？请发其丘陇，斫榇焚骨，亦可申孝心矣。"颁顿颡陈谢，额尽流血。曰："某为帝王，坟茔甚大，恐一宵发掘，不及其尸，更至明朝，事乃彰露，若之何？"诸人请具锹锸。一旦皆

---

① 葬埋：帝王贵人达官将帅皆发冢，此等人冢亦见发。

萃。于是夜发其陵。颁遂焚骨取灰，投水而饮之。既而自缚，归罪于晋主。王表其状。高祖曰："朕以义平陈，王颁所为，亦孝义之道也，朕何可罪之？"舍而不问。天下有此义欤？武帝奋身以保中国，而国之人不能保其封树，是则中国民族之耻也。

中国人素重埋葬，实则弃尸不葬者甚多。此与其日言上天好生，父杀子为极恶，而生子实多不举同理。生计所迫，固非空言所能挽也。《汉鼓吹铙歌曲》曰："战城南，死郭北，野死不葬乌可食。为我谓乌：且为客豪。野死谅不葬，腐肉安能去子逃？"《宋书·乐志》。可见战死不葬者之多矣。梁武帝中兴元年十二月，令曰："朱爵之捷，逆徒送死者，特许家人殡葬。若无亲属，或有贫苦，二县长尉，即为埋掩。建康城内，不达天命，亦同此科。"陈宣帝大建五年四月，诏北伐众军，所杀齐兵，并令埋掩。魏显祖皇兴二年十二月，诏敕郡县：张永军残废之士，听还江南。露骸草莽者收瘗之。此等似极宽仁，然文诰不必其能行也。诸臣能收瘗战骸，若围城中积尸者，亦时有之，如梁之韦叡、《梁书》本传云：初郢城之拒守也，男女口垂十万。闭垒经年，疾疫死者十七八。皆积尸于床下，而生者寝处其上。每屋辄盈满。叡料简隐恤，咸为营埋。于是死者得埋藏，生者反居业，百姓赖之。安成康王秀，《梁书》本传云：为郢州刺史。先是夏口常为兵冲，露骸积骨于黄鹤楼下。秀祭而埋之。一夜，梦数百人拜谢而去。魏之李神俊皆是。《魏书》本传：为荆州刺史。萧衍遣将曹敬宗来寇，攻围积时。又引水灌城，不没者数版。诏遣都督崔暹，别将王罴、裴衍等赴援。敬宗退走。时寇贼之后，城外多有露骸，神俊教令收葬之。然如侯景聚尸而焚之之事，终在所不免，《梁书》本传：初城中积尸不暇埋瘗，又有已死而未敛，或将死而未绝，景悉聚而烧之，臭气闻十余里。尚书外兵郎鲍正疾笃，贼曳出焚之，宛转火中，久而方绝。其势固有所不给也。此外凶荒、《齐书·本纪》：东昏侯永元元年七月，京师大水，死者众。诏赐死者材器，并振恤。《梁书·萧景传》：为南兖州刺史。会年荒，死者给棺具。《始兴王憺传》：为荆州刺史。天监六年（507），州大水。分遣诸郡，遭水死者给棺椟。《魏书·高祖纪》：太和五年四月，诏时雨不沾，春苗萎悴，诸有骸骨之处，皆敕埋藏，勿令露见。《世宗纪》：景明三年二月，诏阳旱积时，农民废殖，申下州郡：有骸骨暴露者，悉可埋瘗。正始三年五月，诏时泽未降，春稼已旱，或有孤老馁疾，无人赡救，因以致死，暴露沟壑者，洛阳部尉依法棺埋。《肃宗纪》：神龟二年二月，诏农要之月，时泽弗应，可敕内外：掩胔埋骼。冀、瀛之境，往往寇暴，死者既多，白骨横道，可遣专令收葬。《孝静帝纪》：天平二年三月，以旱故，诏京邑及诸州郡县收瘗骸骨。三年十一月，诏尚书：可遣使巡检河北流移饥人。邢陉、滏口所经之处，若有死尸，即为藏掩。案遇旱则敕瘗埋，盖为魏氏之故事，然此等循例之文诰，亦多成具文而已。疾疫之际，《宋书·文帝纪》：元嘉四年五月，京师疾疫。遣使存问，给医药。死者若无家属，赐以棺器。《孝武帝纪》：大明元年四月，京邑疾疫。遣使按行，赐给医药。死而无收敛者，官为敛埋。四年四月，诏都邑节气未调，疠疫犹众，其死亡者，随宜恤赡。《梁书·止足传》：顾宪之，齐高帝即位，除衡阳内史。先是郡境连岁疾疫，死者大半。棺木尤贵，悉裹以苇席，弃之路旁。宪之下车，分告属县，求其亲党，悉令殡葬。

其家人绝灭者，宪之为出公禄，使纲纪营护之。此良吏之真能从事掩埋者也。贫弱无依之徒，《宋书·孝武帝纪》：大明二年二月，诏曰：政道未著，俗弊尚深。豪侈兼并，贫弱困窘。存阙衣裳，殁无敛槥。朕甚伤之。其明敕守宰，勤加存恤。赙赠之科，速为条品。以及犯法身陷牢狱者，《魏书·高祖纪》：延兴三年九月，诏自今京师及天下之囚，罪未分判，在狱致死，无近亲者，公给衣衾、棺椟，葬埋之，不得暴露。或死而未葬，《齐书·高帝纪》：建元元年六月，诏曰：宋末频年戎寇，兼灾疾凋损，或枯骸不收，毁椽莫掩，宜速宣下，埋藏营恤。若标题犹存，姓氏可识，可即运载，致还本乡。有司奏道外监典事四人周行，离门外三十里为限。其余班下州郡。无棺器标题者，属所以台钱供市。按此诏所该，可谓甚广。或葬而见发者，《齐书·明帝纪》：建武二年正月，诏京师二县，有毁发坟陇，随宜修理。咸蒙特下明诏，或侧遣使分行，《周书·明帝纪》：二年六月，遣使分行州郡，理囚徒，察风俗，掩骼埋胔。按其时奉使，以此为诏条者甚多。《北齐书·循吏传》：宋世良为殿中侍御史，诣河北括户，还见汲郡城旁多骸骨，移书州郡，令悉收瘗，则不奉诏条者，亦或以便宜行之矣。甚有人主亲见，驻跸掩埋者。《魏书·高祖纪》：太和十九年八月，幸西宫，路见坏冢露棺，驻辇瘗之。其于士卒，尤多致恩意。《晋书·姚兴载记》：兴下令：士卒战亡者，守宰所在埋藏之。求其所亲，为之立后。《南史·梁武帝纪》：中兴二年正月，辛卯，令义师临陈致命，疾病死亡，并加葬敛，收恤遗孤。《陈书·世祖纪》：天嘉五年十二月，讨陈宝应将士死王事，并给棺槥，送还本乡，并复其家。《宣帝纪》：大建二年三月，诏讨周迪、华皎已来，兵交之所，有死亡者，并命收敛。并给棺槥，送还本乡。《魏书·裴骏传》：子宣，世宗时上言："自迁都已来，凡战陈之处，及军罢兵还之道，所有骸骼无人覆藏者，请悉令州郡、戍逻，检行埋掩。并符出兵之乡，其家有死于戎役者，使皆招魂复魄，祔祭先灵。复其年租调。身被伤痍者，免其兵役。"朝廷从之。案此等政令，皆有要结之意，非尽出于仁心也。然暴骨榛莽之象，卒仍随处可见，病源自别有在，夫岂小惠所能拯乎？

殉葬之风，中国久绝，而代北则犹有之。[①]《魏书·叔孙建传》：子俊卒，太宗命其妻桓氏曰："夫生既共荣，殁宜同穴，能殉葬者可任意。"桓氏乃缢而死。遂合葬焉。《王洛儿传》：洛儿卒，太宗鸩其妻周氏，与合葬。亦可谓野蛮矣。

后世所谓堪舆之学者，晋以后渐盛。《廿二史札记》云："古人但有望气之法。如秦始皇时，望气者谓东南有天子气，乃南巡以厌之。又谓金陵有王气，乃凿淮水以泄之。光武未贵时，望气者苏伯阿过南阳，望舂陵郭，喟曰：气佳哉！郁郁葱葱然。孙皓时，临平湖开，皓以问陈训，训曰：臣止能望气，不知湖之开塞。陈敏反，或曰：陈家无王气，不久当灭。此古来专以望气占吉凶，未尝有相墓之术也。相墓术相传始于郭璞。然《后汉书·袁安传》：安觅地葬父，有三书生指一处云：葬此当世为上公，从之，故累世隆盛。《晋书·羊祜传》：有相墓

---

① 葬埋：代北有殉葬事。

者言祜祖墓有帝王气。① 祜乃凿之。相者曰：犹当出折臂三公。后祜堕马折臂，果位三公。则又在璞之前。即璞本传载其卜筮灵验之处甚多，谓先有郭公者，精于卜筮，璞从受业，公授以青囊书九卷，遂洞五行、天文、卜筮之术，亦未尝及相墓也。又璞所著书，载其灵验事迹者曰《洞林》，抄京、费诸家最要者曰《新林》，又《卜韵》一篇，注《尔雅》、《三苍》、《方言》、《穆天子传》、《山海经》、《楚辞》、《子虚》、《上林赋》，及所作诗、赋、诔、颂共数十万言，亦未有所谓葬经也。惟《传》内称璞葬母暨阳，去水百步，或以近水言之，璞曰：当即为陆矣，其后果沙涨数十里。又璞为人葬墓，晋明帝微服观之。问主人：何以葬龙角？主人曰郭璞云此葬龙耳，当致天子。帝曰：当出天子邪？主人曰：非出天子，能致天子至耳。此璞以相墓擅名，而后世皆以为葬术之始也。而葬术之行，实即由是时而盛。陶侃将葬父，家中忽失牛，有老父谓曰：前冈见有一牛，眠山污中，若葬之，位极人臣。又指一山曰：此亦其次，当出二千石。侃寻得牛，因葬其处。以所指别山与周访葬其父。后侃果为三公，访为刺史。宋武帝父墓在丹徒侯山，有孔恭者，善占墓，谓此非常地。后果为天子。齐高帝旧茔在武进彭山，冈阜相属，百里不绝，其上常有五色云。宋明帝恶之，遣占墓者高灵文往相之。灵文先给事齐高，乃诡白：不过方伯耳。私谓齐高曰：贵不可言。后果登极。齐高之母刘氏，与夫合葬，时墓工始下锸，有白兔跳起，及坟成，又止其上。荀伯玉家墓，有相之者，谓当出暴贵而不久，伯玉官果至散骑常侍，坐事诛。案《南史》：相墓者又云：当出失行女子。顷之，伯玉姊当嫁，明日应行，今夕随人逃去。柳世隆晓术数。于倪塘创墓，与宾客往游，十往五往，常坐一处。及卒，正葬其地。富阳人唐寓之，祖父皆以图墓为业。梁武丁贵嫔薨；昭明大子求得善墓地，被俞三副以己地奏帝买葬之。有道士，谓其地不利长子，教以用蜡鹅诸物厌之。后事发，昭明以此惭惧而薨。案详见第十二章第五节。杜嶷葬祖父，梁元帝忌之，命墓工恶为之，逾年而嶷卒。吴明彻葬父，有伊氏者，善占墓，谓其兄曰：葬日必有乘白马逐鹿者过此，此是最小子大贵之征。明彻后果大贵。此皆见于各列传者，可见六朝时此术已盛行。如《昭明传》曰不利长子，《明彻传》曰最小子大贵，则术家所云长房、小房之说，亦即起于是时矣。"案郭璞事见于史者，又有《南史·张裕传》。云：初裕曾祖澄，尝葬父，郭璞为占墓地，曰："葬某处，年过百岁，位至三司，而子孙不蕃。某处年几减半，位裁卿校，而累世贵显。"澄乃葬其劣处。年六十四而亡。其子孙遂昌。又《宋书·符瑞志》：孙坚之祖名钟，家在吴郡富春。独与母居。性至孝。遭岁荒，以种瓜为业。忽有三少年，诣钟乞瓜。钟厚待之。三人谓钟曰："此山下善，可作冢葬之，当出天子。

---

① 葬埋：相墓者言：羊祜祖墓有帝王气，则相墓者亦望气。此非凡气。

君可下山百许步顾，见我去，即可葬也。"钟去三十步便反顾。见三人并乘白鹤飞去。钟死，即葬其地。地在县城东。冢上数有光怪。云气五色上属天，衍数里。父老相谓："此非凡气，孙氏可兴矣。"案此说亦与望气相夹杂。《南史·毛喜传》：言喜以母忧去职，陈宣帝遣员外散骑常侍杜缅图其墓，上亲与缅案图指画，其见重如此。此皆相墓之术见于史，而为赵氏征引所未及者也。又《晋书·羊祜传》言：祜都督荆州诸军事，时长吏丧官，后人恶之，多毁坏旧府。祜以死生有命，非由居室，书下征、镇，普加禁断。《魏舒传》：少孤，为外家宁氏所养。宁氏起宅，相宅者云：当出贵甥。外祖母以魏氏甥小而慧，意谓应之。舒曰："当为外氏，成此宅相。"《宋书·王僧绰传》：初大社西空地一区，吴时丁奉宅，孙晧流徙其家。江左初为周颛、苏峻宅，其后为袁悦宅，又为章武王司马秀宅，皆以凶终。后给臧焘，亦颇遇丧祸。故世称为凶地。僧绰尝以正达自居，谓宅无吉凶，请以为第。始就造筑，未及居而败。此后世所谓阳宅者，以是占吉凶，其术亦盛于晋、南北朝之世矣。①《晋书·艺术传》：韩友能图宅、相冢；《北史·艺术传》：陆法和为人置宅、图墓，以避祸求福；皆兼是二术者。《隋书·经籍志》：五行家有《宅吉凶论》三卷，《相宅图》八卷，《五姓墓图》一卷。又云：梁有《冢书》、《黄帝葬山图》各四卷，《五音相墓书》五卷，《五音图墓书》九十一卷，《五姓图山龙》及《科墓葬不传》各一卷，《杂相墓》四十五卷，亡。观其卷帙，南方远多于北方，则知其术南盛于北。此最为世所附会之郭璞，所以亦在南方欤？又有庾季才《地形志》，一家之中，两见著录，前作八十七卷，后作八十卷。盖系重出，而卷帙之数，传写有讹。季才以术数名家，所论者或不止一人一家之事。以地运推国家兴废，古来本有是说。江陵洲满百出天子，已见第十三章第四节。《晋书·索靖传》：靖行见姑臧城南石地，曰："此后当起宫殿。"至张骏，于其地立南城，起宗庙，建宫殿焉。《齐书·州郡志》：益州，晋世以处武臣，宋世亦以险远，诸王不牧。泰始中，成都市桥忽生小洲。始康人邵硕有术数，见之曰："洲生近市，当有贵王临境。"永明二年（484），而始兴王为刺史。皆其说之可考者也。又《魏书·阉官传》言：刘腾以正光四年三月死。腾之初治宅也，奉车都尉周特为之筮，不吉，深谏止之。腾怒而不用。特告人曰："必困于三月四月之交。"至是果死。听事甫成，陈尸其下。则北方占宅之吉凶者，尚并用卜筮，不尽恃今所谓堪舆之术也。

今所谓堪舆之术之兴，实缘廛里茔墓，皆无定地。去古寖远，一切度制，皆稍废坠，不徒冢人之职无存，如汉人之丛葬北邙者，亦不可复见矣。陪陵之制，兆域实有定地，然其所及者有限。当时又以墓地赐其臣，如晋武之于鲁芝，所赐

---

① 风俗：相宅亦出晋南北朝。北方尚兼用卜筮。

乃至百亩，则益风其下，使之侈于营葬耳。《魏书·肃宗纪》：神龟元年十二月，诏曰："民生有终，下归兆域。京邑隐赈，口盈亿万。贵贱攸冯，未有定所。为民父母，尤宜存恤。今制乾脯以西，拟为九原。"[①] 此举颇得古司空度地之意，惜乎后世知此义者甚少，而在当时亦未必能行也。

第六节 交 通

《廿二史考异》云："古之贵者，不乘牛车，后稍见贵，自灵、献以来，天子至士，遂以为常乘。按古制：乘车、兵车、田车，皆曲辕驾驷马，惟平地任载之车驾牛，乃有两辕，《考工记》所谓大车之辕挚，其登又难者也。牛车本庶人所乘。《史记·平准书》：汉兴，接秦之敝，自天子不能具钧驷，而将相或乘牛车，则汉初贵者已乘之矣。晋时，御衣车、御书车、御轺车、御药车、画轮车皆驾牛，则并施于卤簿。《隋书·阎毗传》言：属车八十一乘，以牛驾车，不足以益文物，是自晋至隋，属车皆驾牛也。《石崇传》：崇与王恺出游，争入洛城，崇牛迅若飞禽，恺绝不能及。《王衍传》：衍引王导共载，在车中，揽镜自照，谓导曰：尔看吾，目光在牛背上矣。《王导传》：导营别馆以处众妾，妻曹氏将往焉，导恐妾被辱，遽命驾，犹恐迟之，以所执麈尾驱牛而进。《世说》：刘尹临终，外请杀车中牛祭神，答曰：某之祷久矣。《南史·刘瑀传》：与何偃同从郊祀，偃乘车在前，瑀蹋马及之，谓偃曰：君辔何疾？偃曰：牛骏御精，所以疾耳。《徐湛之传》：与弟淳之共车行，牛奔车坏。《朱修之传》：至建业，奔牛坠车折脚。《刘德愿传》：善御车。尝立两柱，使其中劣通车轴，乃于百余步上，振辔长驱，来至数尺，打牛奔从柱前直过。《梁本纪》：尝乘折角小牛车。《萧琛传》：郡有项羽庙，前后二千石皆于听拜祠，以軚下牛充祭。《北史·高允传》：特赐允蜀牛一头，四望蜀车一乘。《彭城王勰传》：登车入东掖门，度一小桥，牛伤，人挽而入。《北海王详传》：宣武之亲政，详与咸阳王禧、彭城王勰并召入，共乘犊车。《常景传》：齐神武以景清贫，特给车牛四乘，妻孥方得达邺。《元仲景传》：兼御史中尉，每向台，恒驾赤牛，时人号赤牛中尉。《尔朱世隆传》：今旦为令王藉车牛一乘，车入到省西门，王嫌牛小，系于阙下槐树，更将一青牛驾车。《毕义云传》：高元海遣犊车迎义云入北宫。《琅邪王俨传》：魏氏旧制，中丞出，千步清道，王公皆遥住车，去牛，顿軚于地，以待中丞过。其或迟违，则赤棒棒之。《和士开传》：遣韩宝业以犊车迎士开入内。《牛宏传》：弟

---

① 葬埋：魏制葬地以拟九原。

弼，常醉射杀宏驾车牛。《艺术传》：天兴五年（403），牛大疫，與驾所乘巨辖数百头，同日毙于路侧。此自晋至隋，王公、士大夫竞乘牛车之证也。"① 案晋、南北朝之世，牛车盛行之事，出于钱氏所征引之外者尚多。《齐书·武陵王晔传》，言冬节问讯，诸王皆出，晔独后来。上已还便殿，世祖。闻晔至，引见问之。晔称牛羸不能取路。上敕车府给副御牛一头。是天子常驾牛也。《褚渊传》：渊死后，其弟澄赎渊常所乘黄牛。《谢超宗传》：仆射王俭，尝牛惊跌下车，超宗抚掌笑戏曰：堕车仆射。详见第三节。是三公、尚书皆驾牛也。《宋书·江湛传》：家甚贫约，牛饿，驭人求草，湛良久曰："可与饮。"《颜延之传》言：延之子竣贵重，权倾一时，凡所资供，一无所受，常乘羸牛笨车。《梁书·明山宾传》：家中常乏用，货所乘牛。《陈书·徐陵传》：大建中，食建昌邑。② 邑户送米至于水次，陵亲戚有贫匮者，皆令取之。数日便尽。陵家寻致乏绝，府僚怪问其故，陵云："我有车牛、衣裳可卖，余家有可卖不？"《魏书·胡叟传》言：叟每至贵胜之门，恒乘一悖牛。是士大夫之清贫者皆驾牛。然《南史·陈显达传》言：家既豪富，诸子与王敬则诸儿，并精车牛，丽服饰。当世快牛，称陈世子青，王三郎乌，吕文显折角，江瞿昙白鼻。《宋书·五行志》言：元嘉三年（426），徐羡之大儿乔之行欲入广莫门，牛径将入廷尉寺，明日被收。合石崇、王恺争迅之事观之，是纨袴之子，豪富之徒，亦所精者在牛而不在马也。《宋书·宗悫传》言：悫有佳牛，堪进御，官买不肯卖，坐免官。《魏书·酷吏传》：张赦提为幽州刺史，颇纵妻段氏，多有受纳。中散李真香出使幽州，采访牧守政绩，验案其罪。其妻，姑为太尉东阳王丕妻，诣丕申诉求助。陈列真香：昔因假过幽州，知赦提有好牛，从索不果，挟前事威逼部下，证成诬罪。说虽未知信否，然佳牛为贪求者所垂涎，则当时必有其事矣。《南史·王筠传》云：筠性俭啬，所乘牛常饲以青草，则当时贵富之家，饲牛必有不止于草者，恐率兽食人之事，亦在所难免矣。其时惟有关体制之事，尚贵马而贱他畜，以不用马为辱，如晋海西公、魏孝静帝见废，皆乘犊车而去；驾若弼令蔡征为陈叔宝作降笺，命乘骡车归己皆是。《魏书·王肃传》：肃兄子衍，为介朱仲远所擒，以其名望，不害也，令骑牛从军，久乃见释。亦同。其余殆无不乘牛者。《晋书·纪瞻传》言：召拜尚书郎，与顾荣同赴洛。至徐州，闻乱日甚，将不行。会刺史裴盾得东海王越书："若荣等顾望，以军礼发遣。"乃与荣及陆玩等各解船，弃车牛，一日一夜行三百里，得还扬州。《魏书·崔玄伯传》：大祖还京师，次于恒岭，亲登山顶，抚慰新民，适遇玄伯扶老母登岭，大祖嘉之，赐以牛、米。因诏诸徙人不能自进者，给以车

① 交通：牛车盛行，《廿二史考异》未及者尚多。征发亦多及牛。北人乘马较多，兼有驴骡橐驼。

② 史事：食邑者邑户送米。

牛。见第十七章第四节。《外戚传》言：高宗保太后之母宋氏，就食和龙，无车牛，疲不能进。是取长途者皆以牛也。《序纪》言：桓帝魁岸，马不能胜，常乘安车，驾大牛。《北齐书·神武纪》言：神武与同志图杜洛周，不果而逃。为其骑所追。文襄及魏永熙后皆幼，武明后于牛上抱负。文襄屡落牛。神武弯弓，将射之以决去。后呼段荣求救。赖荣遽下取之以免。《北史·蠕蠕传》：道武谓崔宏："蠕蠕之人，昔来号为顽嚣，每来钞掠，驾牸牛奔遁，驱犍牛随之，牸牛伏不能前，异部人教以犍牛易之，终于不易，遂为敌所虏。"详见第八章第三节。是虽代北多马，亦皆藉牛以为用矣。职是故，当时征发，亦遂多及于牛。《晋书·食货志》：杜预上疏言："今典农右典牧种产牛，有四万五千余头，可分三万五千头，以付兖、豫二州将吏、士庶，使及春耕。谷登之后，得运水次成谷七百万斛。其所留好种万头，可并佃牧地，岁当复入数千万斛谷，牛又皆当调习，动可驾用。"《石季龙载记》：季龙发百姓牛二万余头配朔州牧官。又制征士五人，车一乘，牛二头，米各十五斛，绢十匹，调不办者以斩论。《宋书·殷琰传》：杜叔宝发车千五百乘载米饷刘顺，吕安国等抄之，烧米车，驱牛二千余头而还。魏道武天兴五年（403）伐姚平，实以牛疫而还。见上引《北史·艺术传》。《世祖纪》：始光二年五月，诏天下十家发大牛一头，运粟塞上。《古弼传》：车驾畋于山北，大获麋鹿千头，诏尚书发车牛五百乘以运之。世祖寻谓从者曰："萧公必不与我，汝辈不如马运之速。"遂还。行百余里而弼表至，曰："今秋谷县黄，麻菽布野。猪鹿窃食，鸟雁侵费。风波所耗，朝夕参倍。乞赐矜缓，使得收载。"《吕洛拔传》：张永遣将王茂向武原援其运车，尉元遣洛拔击之，夺车二百余乘，牛二百五十头。《食货志》：太和十一年（487），牛疫，时有以马驴及橐驼供驾挽、耕载。《北齐书·神武帝纪》：韩陵之战，连牛、驴以塞归道，于是将士皆有死志。《隋书·卢恺传》：周武帝在云阳宫，敕诸屯简老牛，欲以享士，恺进谏，帝美其言而止。赵修葬父，石兽、石柱，皆发民车牛，传致本县，见第十二章第一节。北齐后主起大宝林寺，运石填泉，人牛死者，不可胜纪，见第十四章第四节。时殿内及园中须石，亦差车牛从漳河运载，见本章第四节。盖战阵及平时，无不恃牛运转者，牛之为交通所资，此时实非他时之比也。

　　然北方畜马，究较南方为多，故以马为赏赐者，屡见于列传。若南方则几无其事矣。宋孝武帝幸南山，乘马至殷氏墓，见第九章第三节。此盖以山行故尔。颜延之好骑马，敖游里巷，则不得志于时者之所为。齐豫章王嶷临终，召子子廉、子恪，命将所乘牛马送二宫及司徒。萧景先遗言：私马有二十余匹，牛数头，可简好者十匹，牛二头上台。马五匹、牛一头奉东宫。大司马、司徒，各奉二匹。骠骑、镇军，各奉一匹。则以豫章贵宠，景先久豫军旅，故有马也。《晋书·陈頵传》：父诉立宅起门，頵曰："当使容马车。"诉笑而从之。后頵仕为郡督邮，太守刘享拔为主簿，州辟部从事，果乘马车还家。此尚为体制起见。其乘马之事见于史者：元谧与妃乘赤马犯卤簿，为御史所弹。王慧龙孙琼，道逢太保广平王怀，据鞍抗礼，自言马瘦。尝诣尚书令李崇，骑马至其黄阁。慕容恃德有疾，谓其子：持上骅马与卢潜，见《北史·卢玄传》。卢辩单马从魏孝武入关。卢勇有马五百匹，遗启尽献之。《北史·卢同传》。祖珽所乘老马，常称骊驹。卢光为京兆。郡舍数有妖怪，前后郡守，无敢居者，光入居之。未几，光所乘马，忽升听事，登床，南首而立，光不以介怀。《周书·儒林传》。达奚武居重位，不持威仪，行常单马，左右止一人而已。皆北人乘马之事。《魏书·杨机传》言：机家贫无马，常乘小犊车。《北史·常爽传》言：天平初，迁邺，收百官马，尚书丞、郎已下非陪从者，尽乘驴。足见北方士大夫以乘马为常也。是时南方颇奖劝畜马，北方则每有竭泽而渔之事。周朗病当时用兵，令重车弱卒，与肥马悍胡相逐，见第八章第七节。谓宜募天下使养马。一匹者蠲一人役，三匹者除一人为吏，自此以进，阶赏有差。边亭徼驿，一无发动。此即古马复令之意。孝武帝孝建三年五月，制荆、徐、兖、豫、雍、青、冀七州统内，家有马一匹者，蠲复一丁，可谓行朗之议者。若北方，则石季龙志在穷兵，以其国内少马，乃禁畜马，匿者要斩。收百姓马四万余匹，以入于公。魏世宗正始四年十一月，禁河南畜牝马。延昌元年（512），乃通其禁。尒朱兆遣孙白鹞至冀州，托言普征民马，欲待高乾兄弟送马，因收之。《北齐书·乾传》。齐后主时，敕送突厥马数千匹于扬州，令土豪贵买，钱直始入，便出敕括江淮闲马。见第二十章第一节。其于征发、括藉，盖习以为常矣。河清三年（564），突厥入境，代、忻二牧，悉是细马，合数万匹，在五台山北柏谷中避贼。贼退后，敕白建就彼检校。续使人诣建间，领马送定州，付民养饲。建以马久不得食，瘦弱，远送恐多死损，遂违敕，以便宜从事。随近散付军人。则其牧养之事，亦不免劳扰军民也。挚殖之不蕃，不亦宜哉。是时牧业，似以西北为盛，故魏之牧地在河西。见第二十章第一节。吕光之入西域，以骏马万余匹还。《姚兴载记》：秃发傉檀献兴马三千匹，羊三万头。兴以为忠于己，乃署傉檀为凉州刺史，征王尚还。凉州人申屠英等遣主簿胡威诣兴请留。兴弗许。威流涕曰："苟以马供国用，直烦尚书一符，三千余家，户输一匹，朝下夕办，何故以一方委此奸胡？"此虽非由衷之言，然可见凉州畜马之盛。《北齐书·慕容俨传》：俨蒙赐胡马一匹。《杜弼传》：萧明等入寇，高岳、慕容绍宗讨之。诏弼为军司，摄台左右。临发，世宗赐胡马一匹，语弼曰："此厩中第二马，孤恒自乘骑，今方远别，聊以为赠。"此胡马皆西域所产，非来自北方，以其时之人，习称西域人为胡也。

《齐书·魏虏传》言：虏驾部知牛、马、驴、骡。钟离之捷，收其牛、马、驴、骡，不可胜计。见第十一章第四节。《魏书·景穆十二王传》：元诞除齐州刺史，在州贪暴，大为人患，牛、马、骡、驴，无不逼夺。《北齐书·文宣帝纪》，言其时乘骒驼、牛、驴，不施鞍勒，盛暑隆冬，去衣驰骋。可见北方之畜，牛马而外，兼有驴、骡、橐驼。而驴似尤多。《魏书·萧宝夤传》，言其北奔时遁匿山涧，赁驴乘之。《北齐书·杨愔传》，言愔聪记强识，半面不忘。有选人鲁漫汉，自言猥贱，独不见识。愔曰："卿前在元子思坊，骑秃尾草驴，经见我不下，以方麴郢面，我何不识卿？"漫汉惊服。《儒林·权会传》言：会初任助教之日，恒乘驴上下。《彭城王浟传》言：浟出为沧州刺史，为政严察，部内肃然。有一人从幽州来，驴驮鹿脯。至沧州，脚痛行迟，偶会一人为伴，遂盗驴及脯去。明旦告州。浟乃令左右及府僚吏分市鹿脯，不限其价。其主见脯识之，推获盗者。可见官民无不乘驴。元嘉二十七年（450）之役，柳元景督义租，并上驴、马，以为粮运之计。魏世祖将北征，发民驴以运粮，使公孙轨部诣雍州。轨令驴主皆加绢一匹，乃与受之，坐征还。其伐蠕蠕，诏司马楚之等督运以继大军。时镇北将军封沓亡入蠕蠕，说令击楚之等。蠕蠕乃遣奸觇入楚之军，截驴耳而去。诸将莫能察。楚之曰："必是觇贼截之以为验耳，贼将至矣。"即使军伐柳为城，水灌之令冻。城立而贼至。冰峻城固，不可攻逼，贼乃走散。吕苟儿、陈瞻等反，杨椿为别将讨之。贼入陇，守蹊自固。椿缓师不进。贼出掠，乃以军中驴、马饵之，不加讨逐。如是多日，阴简精卒，衔枚夜袭斩瞻。李弼之叛侯莫陈悦，勒其兵上驴、驼。见第十二章第九节。齐文宣之篡，宇文泰东伐，出长安，以诸军马、驴多死，引还。周武帝欲伐突厥，发关中公私驴、马悉从军。《本纪》宣政元年（578）。则驴之于转输，亦亚于牛而不下于马也。侯莫陈悦之败，独乘一骡。亦见第十二章第九节。齐人使宇文护之母作书报护，述其叔遣奴迎护，护与盛洛乘骡同去。眭夸，高尚不仕，寄情丘壑。少与崔浩为莫逆之交。浩为司徒，奏征为其中郎。辞疾不赴。州郡逼遣，不得已，入京都与浩相见。浩虑夸即还，时乘一骡，更无兼骑，浩乃以夸骡内之厩中。夸遂托乡人输租者，谬为御车，乃得出关。骡之于服乘，盖又驴之亚也。橐驼惟沙碛之地用之，故吕光自西域还，以驼二万余头致外国珍宝，在中国，当较驴、骡为少也。《宋书·礼志》："《晋令》曰：乘传出使，遭丧以上，即自表闻，听得白服乘骡车到，副使摄事。徐广《车服注》：传闻骡车者，辁车装而马车辕也。"盖时以驴为小人所乘，见《秦汉史》第十七章第六节。故定制不得乘马车者，则使乘骡车耳。贺若弼欲使陈叔宝乘骡车归己，亦此意也。

各种车制，见于历代舆服等志者，多备仪制，罕关实用。其最可贵者，为指南车及记里车。《宋书·礼志》云："指南车，其始周公所作。以送荒外远使。地域平漫，迷于东西，造立此车，使常知南北。《鬼谷子》云：郑人取玉，必载司南，为其不惑也。全于秦、汉，其制无闻。后汉张衡，始复创造。汉末丧乱，其器不存。魏高堂隆、秦朗，皆博闻之士，争论于朝，云无指南车，记者虚说。明帝青龙中，令博士马钧更造之而车成。晋乱复亡。石虎使解飞，姚兴使令狐生又造焉。安帝义熙十三年（417），宋武帝平长安，始得此车。其制如鼓车，设木人于车上，手指南。车虽回转，所指不移。大驾卤簿，最先启行。此车戎狄所制，机数不精。虽曰指南，多不审正。回曲步骤，犹须人功正之。范阳人祖冲之有巧思，常谓宜更构造。宋顺帝升明末，齐王为相，命造之焉。车成，使抚军丹阳尹王僧虔、御史中丞刘休试之。其制甚精。百屈千回，未尝移变。参看第二十章第二节。晋代又有指南舟。索虏拓跋焘使工人郭善明造指南车，弥年不就。扶风人马岳又造。垂成，善明鸩杀之。"又云："记里车，未详所由来。亦高祖定三秦所获。制如指南。其上有鼓。车行一里，木人辄击一搥。大驾卤簿，以次指南。"案指南之用，海尤亟于陆。[①] 近世西人，藉此以遍航世界。吾国当晋世已能用之于舟，为时不为不早。又测量旧法，[②] 共有三端：陆以人行、车行，水以舟行迟速为准。三法之中，车之所量，最为精审。记里车若能广用，亦可知通行道里精确之数。惜乎二者皆仅用之卤簿也。车之最速者为追锋车。《宋志》云："如轺车而驾马。"晋宣帝平辽东还，次白屋，有诏召之。三日之间，诏书五至。乃乘追锋车，昼夜兼行。四百余里，一宿而至焉。石季龙造猎车、格兽车，[③] 已见第五章第二节。事虽侈虐，然其制之高大，亦足异也。民间挽载，多用小车，谓之鹿车。《北齐书·神武纪》：高乾死，其次弟慎在光州，弊衣推鹿车归渤海是也。《魏书·世宗纪》：永平二年六月，诏曰："江海方同，车书宜一。诸州轨辙，南北不等。今可申敕四方，使远近无二。"此诏规模颇远大，然其不能行，则亦不待论矣。

辇之变即成肩舆。《宋志》云："辇车，《周礼》王后五路之卑者也。后宫中从容所乘，非王车也。汉制乘舆御之，或使人挽，或驾果下马。汉成帝欲与班倢伃同辇是也。未知何代去其轮。"案《宋书·邓琬传》，谓琬取子勋所乘车除脚以为辇，可见辇之与车，其制仍极相近。既去其轮，则只得"以肩举之而行，故曰肩舆。亦曰平肩舆"。[④]《通鉴》晋怀帝永嘉元年（307），梁武帝天监四年（505）《注》。其舆枘施襻，则谓之襻舆。《通鉴》梁武帝大清元年（547）《注》。案襻舆，见第十三章第一节。以八人举之，则谓之八枘舆。《通鉴》齐东昏侯永元二年（500）《注》。《齐书·明七王传》：江夏王宝玄乘八枘舆，手执绛麾幡，随崔慧景至京师是也。

---

① 交通：指南，海急与陆，晋已有指南舟。
② 交通：测量旧法，车行最确，吾有计里、鼓车在汉前。
③ 交通：石季龙猎车、格兽车、高大。
④ 交通：辇去轮成肩舆，亦曰平肩舆、八枘舆。有轮人挽者曰步辇，亦曰步挽辇。驾马较安者曰马辇。

· 803 ·

桓玄欲造大辇，使容三十人坐，以二百人舆之，《魏书·岛夷传》。则八杚又不足言矣。其仍有轮而以人挽之者，谓之步辇，亦曰步挽车。魏尉元，太和三年（479），进爵淮阳王，以旧老见礼，听乘步挽杖于朝，后行养老之礼，以元为三老，游明根为五更，又各赐步挽一乘是也。其时乘肩舆者颇多。《晋书·王献之传》：献之尝经吴郡，闻顾辟疆有名园，先不相识，乘平肩舆而入。《隐逸·陶潜传》：江州刺史王弘要之还州。问其所乘。答曰："素有脚疾，向乘篮舆，亦足自反。"乃令一门生、二儿舁之至州。此皆士大夫之暮气，不复知以桀乘人车为耻矣。见《秦汉史》第十七章第六节。亦有以道险不可车行而乘篮舆者。《孝友传》：孙晷，吴国富春人。富春车道既少动径山川，父难于风波，每行乘篮舆，晷躬自扶侍是也。后世肩舆之盛行，大抵以此矣。又有用之军旅之际者。《晋书·列女传》：谢道韫，遭孙恩之难，举厝自若。既闻夫及诸子已为贼所害，方命婢肩舆，抽刃出门。乱兵稍至，手杀数人，乃被虏。《梁书·韦叡传》：叡素羸，每战未尝骑马，以板舆自载，督厉众军。又萧渊藻为益州刺史，州民焦僧护作乱，渊藻乘平肩舆巡行贼垒。此则希有之事也。以人代马，盖取其可以即安，故梁武帝大同五年（539），贺琛奏南北二郊及籍田，往还并宜御辇，不复乘辂，盖以帝年高故也。诏从之。祀宗庙仍乘玉辇。其虽驾马而亦较安隐者，是为马辇。萧摩诃劝吴明彻帅步军乘马辇徐行，已见第十四章第九节。《晋书·刘曜载记》：曜攻仇池，疾笃，马辇而还。及被禽，创甚，石勒亦以马辇载之。《周书·崔猷传》：大军东征，大祖赐以马辇，命随军，与之筹议。皆用诸军旅之间者也。

士大夫拘于体制，多以徒行为耻。[1] 故《南史·颜协传》，谓其家虽贫素，而修饰边幅，非车马未尝出游。江泌见老翁步行，下车载之，躬自步去，《齐书·孝义传》。则史以为美谈矣。《齐书·王琨传》：大祖崩，琨闻国讳，牛不在宅，去台数里，遂步行入宫。朝士皆谓琨曰："故宜待车，有损国望。"琨曰："今日奔赴皆应尔。"此特于国讳之时行之而已。然贫贱者及恭俭者，亦或步行。《晋书·孝友传》：夏方，吴时拜仁义都尉，累迁五官中郎将，朝会未尝乘车，行必让路，此恭俭者也。《梁书·文学传》：周兴嗣，尝步自姑孰，投宿逆旅；王籍不得志，遂徒行市道，不择交游，此贫贱者也。

路惟驰道为坦平，[2] 然其劳民特甚。故宋孝武帝立驰道，前废帝即位亟罢之。乃未几而又复之，盖以其功已立，劳民事已在前故也。《宋书·孝武帝纪》：大明五年九月，初立驰道，自阊阖门至于朱雀门，又自承明门至于玄武湖。《前废帝纪》：大明八年七月，罢南北二驰道。永光元年八月，复立南北二驰道。参看第九章第三节。吕僧珍常

---

① 交通：士夫以徒行为耻。
② 交通：驰道。

以私车輂水洒御路，则虽御路，亦不过较为平坦，其尘沙飞扬，亦与他路无异。盖昔人不能善修路面也。路面不坚，故其路易坏。《宋书·张茂传》：陆子真为海陵太守，中书舍人秋当，为大祖所信委，家在海陵，假还葬父，桥路毁坏，不通丧车，县求发民修治，子真不许，彭城王义康闻而善之。不为权幸所胁而劳民善矣，然桥路固所宜修，任其毁坏，亦非政理也。开通道路之事为史所特载者，大抵非以行军，即以游幸。如慕容儁闻石氏乱，凿山除道，入自卢龙，克蓟城而都之。《魏书》本传。魏道武之伐燕，于栗磾开井陉路，袭慕容宝于中山。及道武将北还，又发卒治直道，自望都凿恒岭至代。见第六章第八节。后道武校猎河西，又诏张黎发定州七郡卒万二千通沙泉道。《本纪》大延二年（436）。高宗和平二年三月，发并、肆州五千人治河西猎道。高祖太和六年七月，发州郡五万人治灵丘道。世宗正始四年九月，开斜谷旧道。皆见《本纪》。封子绘以晋州北界霍山，旧号千里径者，山阪高峻，大军往来，士马劳苦，启齐高祖，于旧径东谷，别开一路。皆其事。大抵虏之用民力，较中国为多，以其本无所爱于中国人也。至民间因交通而修路，或地方长官因便于人民往来而修路者，则史几无所见。记载固不能无遗漏，然其事必极少可知。民政之废弛极矣。

亭传之制，汉末乱后，废坠特甚。① 《晋书·贺循传》：江东草创，盗贼多有，元帝思所以防之，以问于循。循答曰："沿江诸县，各有分界，分界之内，官长所任，自可度土分力，多置亭候，恒使徼行。汉制十里一亭，当今纵不能尔，要宜筹量，使力足相周。"可见晋时亭候，远非汉世之比矣。《苻坚载记》：自长安至诸州，皆夹路树槐柳。二十里一亭，四十里一驿，旅行者取给于途，工商贸贩于道。百姓歌之曰："长安大街，夹树杨槐。下走朱轮，上有鸾栖。英彦云集，诲我萌黎。"此乃虚美之辞，当其时，度不过长安附近，或能修饰表面耳。《周书·韦孝宽传》：孝宽以废帝二年（553）为雍州刺史。先是路侧一里置一土候经雨颓毁，每须修之。自孝宽临州，乃勒部内，当候处植槐树代之。既免修复，行旅又得芘荫。周文后见，怪问知之。曰："岂得一州独尔？当令天下同之。"于是令诸州夹道一里种一树，十里种三树，百里种五树焉。此等政令，亦必不能行也。《梁书·张齐传》：巴西郡居益州之半，又当东道冲要，刺史经过，军府远涉，多所穷匮。齐缘路聚粮食，种蔬菜，行者皆取给焉。《陈书·徐陵传》：梁元帝承制江陵，陵通使于齐，累求复命，终拘留不遣。陵乃致书于仆射杨道彦曰："本朝非隆平之时，游客岂皇华之势？轻装独宿，非劳聚橐之仪。微骑兼行，宁望辎轩之礼？归人将送，私具驴骡。缘道亭邮，惟希蔬菜。若曰留之无烦于执事，遣之有费于官司；或以颠沛为言；或云资装可惧；固非通论，皆是

---

① 交通：亭传大坏。使臣似仍由官给。舍于僧寺，供给处烦民。

外篇。"然则行旅所须于缘道者，不过粮食、蔬菜，而公家则并此而不能供矣。斯时上官出行，郡县或有盛为供帐者，如《梁书·良吏·何远传》言：远为武康令，太守王彬巡属县，诸县盛供帐以待，远独设糗水而已是也。民间往来者，盖多要结伴侣，或互相依托而行。《梁书·孝行传》：荀匠，父法超，仕齐，中兴末为安复令，卒于官，匠奔丧，每宿江渚，商侣皆不忍闻其哭声，盖附商人以行也。《宋书·王僧达传》：元凶弑立，僧达自候道南奔。《通鉴注》云："候道，伺候边上警急之道也。① 今缘路列置烽台者，即候道。"盖亦取其为候骑所常经，或有薪米可资耳。亭候既废，行旅之困苦如此，顾仍有以罢遣亭候为美谈者。《梁书·范云传》：云以齐明帝时，出为始兴内史。边带蛮俚，尤多盗贼。前内史皆以兵刃自卫。云入境，抚以恩德。罢亭候，商贾露宿。郡中称为神明。《南史·王淮之传》：淮之玄孙猛，徙晋陵太守。威惠兼举，奸盗屏迹。富商野次，云以付王府君。郡人歌之，以比汉之赵广汉。此又见设置亭候，亦有烦扰，或又徒有其名也。

驿道之当冲要者，供给或仍甚周备，此又不免于烦民。《周书·韦孝宽传》：孝宽代尉迟迥为相州总管，驰还，所经桥道，皆令毁撤，驿马悉拥以自随。又勒骑将曰："蜀公将至，可多备肴酒及刍粟以待之。"迥果遣仪同梁子康将数百骑追孝宽。驿司供设丰厚，所经之处，皆辄停留，由是不及。此等肴酒及刍粟，果何自来邪？《梁书·鄱阳王恢传》：恢迁益州刺史。成都去新城五百里，陆路悉订私马，百姓患焉。累政不能改。恢乃市马千匹，以付所订之家。资其骑乘，有用则以次发之。百姓赖焉。《北齐书·高季式传》：季式豪率好酒，又恃举家勋功，不拘检节。与光州刺史李元忠生平游款，在济州夜饮，忆元忠，开城门，令左右乘驿，持一壶酒往光州劝元忠。皆可见其扰累之甚。故宋前废帝省诸州台传，《本纪》永光元年正月。亦为便民之举也。大抵边方之地，仍恃驿传以通往来。故周静帝初，豫、荆、襄三总管内诸蛮反，有焚烧村、驿之举。《隋书·刑法志》载北齐律，盗及杀人而亡者，即悬名注籍，甄其一房配驿户，可见驿户之困矣。

讥察之政，多与税敛并为一谈。宋孝武帝大明八年（464），以东境去岁不稔，诏停道中杂税，并敕以仗自防者勿禁，见第二节。其一事也。《南史·循吏传》：郭祖深，普通七年（526），改南州津为南津校尉，以祖深为之。由来王侯势家，不忌宪纲，侠藏亡命。祖深搜检奸恶，不避强御，动致刑辟。此为讥察之司，克举其职者，然能如是者卒少，而多藉威权为扰累之资。甚至本以便民之举，亦变为厉民之政焉。《齐书·顾宪之传》：杜元懿请增牛埭税，宪之议曰：

---

① 交通：伺候边上警急之道曰候道。

"寻始立牛埭之意，非苟逼僦以纳税也。当以风涛迅险，人力不捷，屡致胶溺，济急利物耳。既公私是乐，所以输直无怨。京师航渡，即其例也。而后之监领者，不达其本，各务己功，互生理外。或禁遏别道，或空税江行，或扑船倍价，或力周犹责。凡如此类，不经埭烦牛者，上详被报，格外十条，并蒙停寝，从来喧诉，始得暂弭。"然则牛埭初设，本所以利交通，收直原有定格，后乃变为婪索之资矣。①《梁书·安成康王秀传》：秀出为江州刺史。时盛夏水汛长，津梁断绝。外司请依旧僦度，收其价直。秀教曰："刺史不德，水潦为患，可利之乎？"给船而已。外司之请，亦顾宪之所云京师航渡之类，其事盖亦易滋弊，故秀不之许也。过所之制，② 北方仍有之。《晋书·刘毅传》：毅辟司隶都官从事，将弹河南尹，司隶不许，投传而去。《魏书·高祖纪》：延兴二年五月，诏军警给玺印传符，次给马印。太和七年三月，以冀、定二州民饥，弛关津之禁，任其去来。《前废帝纪》：普泰元年（531），诏有司不得复称伪梁，罢细作之条，无禁邻国往还。《神元平文诸子孙传》：高祖、文明大后引见公卿于皇信堂。大后曰："今京师旱俭，欲听饥贫之人，出关逐食，如欲给过所，恐稽延时日，不救灾窘，若任其外出，复虑奸良难辨，卿等可议其所宜。"元丕议："诸曹下大夫以上，人各将二吏，别掌给过所，州郡亦然，不过三日，给之便讫，有何难也？"高祖从之。四日而讫。皆其事之可考者也。

亭传既废，逆旅之业遂大盛。③《晋书·潘岳传》：时以逆旅逐末废农，奸淫亡命，多所依凑，败乱法度，敕宜除之。十里一官榭，使老小、贫户守之。又差吏掌主，依客舍收钱。岳议曰："谨案逆旅久矣。其所由来，行者赖以顿止，居者薄收其直，交易贸迁，各得其所。官无役赋，因人成利，惠加百姓，而公无末费。《语》曰：许由辞帝尧之命，而舍于逆旅。《外传》曰：晋阳处父过宁，舍于逆旅。魏武皇帝亦以为宜，其诗曰：逆旅整设，以通贾商。然则自尧到今，未有不得客舍之法，惟商鞅尤之，固非圣世所言也。方今四海会同，九服纳贡。八方翼翼，公私满路。近畿辐凑，客舍亦稠。冬有温庐，夏有凉荫。刍秣成行，器用取给。疲牛必投，乘凉近进。发樯写鞍，皆有所憩。又诸劫盗，皆起于迥绝，止乎人众。十里萧条，则奸宄生心，连陌接馆，则寇情震慑。且闻声有救，已发有追。不救有罪，不追有戮。禁暴捕亡，恒有司存。凡此皆客舍之益，而官榭之所乏也。又行者贪路，告籴炊爨，皆以昏晨。盛夏昼热，又兼星夜。既限早闭，不及榭门，或避晚关，进逐路隅，只是慢藏海盗之原。苟以客舍多败法教，官守棘榭，独复何人？彼河桥、孟津，解券输钱，高第督察，数入校出，品郎两岸相

———————————

① 交通：便利交通之事变为婪索。

② 交通：过所之制。

③ 交通：逆旅之盛。

检，犹惧或失之，故悬以禄利，许以功报。今贱吏疲人，独专榷税，管开闭之权，藉不校之势，此道路之蠹，奸利所殖也。率历代之旧俗，获行留之欢心，使客舍洒扫，以待征旅，择家而息，岂非众庶颙颙之望?"请曹列上，朝廷从之。岳之议，可谓深切著明矣，而至隋初，苏威仍以临道店舍，事业污杂，非敦本之义，奏高祖欲遣归农，见《隋书·李谔传》。何其见解之陈旧也。① 亭传既废，行旅盖惟客舍是资，其事随处可见。晋明帝因王敦将举兵内向，乘巴、滇骏马，微行至湖陵，熟察营垒而出。驰去，见逆旅卖食媪，以七宝鞭与之，曰："后有骑来，可以此示也。"追者至，传玩，稽留遂久。桑虞尝行寄逆旅，同宿客失脯，疑虞为盗，虞默然无言，便解衣偿之。《晋书·孝友传》。梁武帝举兵，至姑熟，柳憕与兄忱及诸友朋于小郊候接。时道路犹梗，憕与诸人同憩逆旅食，俱去，行里余，憕曰："宁我负人，不人负我。若复有追，堪憩此舍。"命左右烧逆旅舍，以绝后追。齐文宣追由吾道荣往晋阳，道荣恒野宿，不入逆旅。《北史·艺术传》。周兴嗣投宿逆旅，已见前。此并可见往来要道逆旅之遍布。《晋书·儒林传》：徐苗，曾祖华，尝宿亭舍，夜有神人告之：亭欲崩，遽出得免。苗祖邵为魏尚书郎，华当系汉末人。又《刘卞传》：少为县小吏。功曹夜醉如厕，使卞执烛，不从。功曹衔之，以他事补亭子。有祖秀才者，于亭中与刺史笺，久不成。卞教之数言，卓荦有大致。秀才谓县令曰："卞公府掾之精者，云何以为亭子?"令即召为门下史。卞亦晋初人也。《郑袤传》：子默，出为东郡太守，直岁荒人饥，默辄开仓振给，乃舍都亭，自表待罪。《魏书·甄琛传》：琛子侃，随琛在京，以酒色夜宿洛水亭舍，殴击主人，为有司所劾。则以地近京邑，亭传或较整饬耳。要之如两汉之世，行旅之多止亭传者，魏、晋以后，几不可复睹矣。史所载是时逆旅之主，亦有非以营利为事者。如《晋书·刘寔传》言：寔少贫窭，杖策徒行，每所憩止，不累主人，薪水之事，皆自营给。《隐逸·刘驎之传》言：驎之居于阳岐官道之侧，人物来往，莫不投之，驎之躬自供给，士君子颇以劳累，更惮过焉。《魏书·崔光传》：光弟敬友，精心佛道。自景明已降，频岁不登，饥寒请丐者，皆取足而去。又置逆旅于肃热山南大路之北，设食以供行者。此等或有要结之心，或以利济为念，皆与以是为业者绝殊。可见偏僻之区，逆旅尚多未立。然此即至今日，亦尚是如此也。

逆旅既为牟利者所设，当时人之见，自未可以舍贵宾。国家宾馆既不修，士大夫家又无复馆客之事，故使节往来，江南多以僧寺停客。见《北史·李灵传》。即贵人亦有寓居僧寺者。李荟、萧大圜事，已见第四节。《北史·自序》，载李师上从驾晋阳，亦与友好同以僧寺为寓也。

---

① 学术：最与法家见解相左者，盖隋之苏威，可检其传。

以运载为业者，是时无之，盖皆商贾所自营。《晋书·袁宏传》言：宏少孤贫，以运租自业，盖惟米谷滞重之物为然，抑其自以此为业，或受顾于人，而为之奔走，尚未可知也。寄信亦无专业，故多托人携带。①《殷浩传》：父羡，为豫章太守，都下人士，因其致书者百余函。行次石头，皆投之水中，曰："沉者自沉，浮者自浮，殷洪乔不能作致书邮。"豫章、建业，一水可通，而托其致书者如是之众，可见当时通讯之不易矣。公家则仍恃驿传。《北齐书·神武帝纪》：自队主转为函使，尝乘驿过建兴，云雾昼晦，雷声随之，半日乃绝，函使盖乘驿以奉书函者也。贵人亦有自置驿使者。《高归彦传》：归彦拜冀州刺史，谋逆，诏段韶袭之，归彦旧于南境置私驿，闻军将逼，报之，便婴城自守是其事。《北史·斛律羡传》：羡虑祸，使人骑快骡迎至邺，无日不得音问，后二日，邺使不至，家人乞养忧之，亦私驿之类也。

交通以水路为便，自无疑义，而转漕尤甚。《魏书·刁雍传》：大延五年（439），雍为薄骨律镇将。七年（441），表曰："奉诏：高平、安定、统万及臣所守四镇，出车五千乘，运屯谷五十万斛付沃野镇，以供军粮。臣镇去沃野八百里，道多深沙，轻车来往，犹以为难。设令载谷，不过二十石。每涉深沙，必致滞陷。又谷在河西，转至沃野，越渡大河，计车五千乘，运十万斛，百余日乃得一返。大废生民耕垦之业。车牛艰阻，难可全至。一岁不过二运。五十万斛，乃经三年。今求于牵屯山河水之次，造船二百艘。二船为一舫。一船胜谷二千斛。一舫十人，计须千人。臣镇内之兵，率皆习水。一运二十万斛，方舟顺流，五日而至，自沃野牵上，十日还到，合六十日得一返。从三月至九月三返，运送六十万斛。计用人功，拟于车运，十倍有余。不废牛力。又不废田。"诏曰："非但一运，自可永以为式。今别下统万镇，出兵以供运谷。卿镇可出百兵为船工。岂可专废千人，须遣船匠。"《食货志》云：自徐、扬内附之后，仍世经略江、淮，于是转运中州，以实边镇。百姓疲于道路。乃令番戍之兵，营起屯田。又收内郡兵资，与民和籴，积为边备。有司又请于水运之次，随便置仓。乃于小平、石门、白马津、漳涯、黑水、济州、陈郡、大梁凡八所，各立邸阁，每军国有须，应机漕引。自此费役微省。三门都将薛钦上言："计京西水次，汾、华二州，恒农、河北、河东、正平、平阳五郡，年常绵绢及贳麻，皆折公物，顾车牛送京。道险人敝，费公损私。略计华州一车，官酬绢八匹三丈九尺，别有私民顾价布六十匹。河东一车，官酬绢五匹二丈，别有私民顾价布五十匹。自余州郡，虽未练多少，推之远近，应不减此。今求车取顾绢三匹，市材造船。不劳采斫。计船一艘举十三车，车取三匹，合有三十九匹，顾作手并匠及船上杂具食直，足以成

---

① 交通：公家通信仍恃驿使，私家托人携带。

船，计一船剩绢七十八匹，布七百八十匹。又租车一乘，官格四十斛成载，私民顾价，远者五斗布一匹，近者一石布一匹。准其私费，一车布远者八十匹，近者四十匹。造船一艘，计举七百石，准其顾价，应有一千四百匹。今取布三百匹，造船一艘，并船上覆治杂事，计一船有剩布一千一百匹。又其造船之处，皆须锯材人功，并削船茹，依功多少，即给当州郡门兵，不假更召。汾州有租调之处，去汾不过百里，华州去河不满六十，并令计程依旧酬价，车送船所。船之所运，惟达雷陂。其陆路从雷陂至仓库，调一车顾绢一匹，租一车布五匹，则于公私为便。"尚书崔休，以为"舟楫所通，远近必至。苟利公私，不宜止在前件。请诸通水运之处，皆宜率同前式。纵复五百三百里，车运水次，校计利饶，犹为不少。其钦所列州郡，如请兴造，东路诸州，皆先通水运，今年租调，悉用舟楫。若船数有阙，且赁假充事。其先未通流，宜遣检行，闲月修治"。录尚书高阳王雍、尚书仆射李崇等奏曰："运漕之利，今古攸同。舟车息耗，实相殊绝。钦之所列，关西而已。若域内同行，足为公私巨益。谨辄参量，备如前计。庶征召有减，劳止小康。若此请蒙遂，必须沟洫通流。即求开兴修筑。或先已开治，或古迹仍在，旧事可因，用功差易。此冬闲月，令疏通咸讫。比春水之时，使运漕无滞。"诏从之，而未能尽行也。案开通全国水路，谈何容易？元雍、李崇之奏，言之大易，自然徒诧空言。然观刁雍、薛钦之所较计，则水陆劳佚息耗之差，可谓相去甚远矣，此诚言漕运者所宜留意也。《李冲传》：高祖自邺还京，泛舟洪池，乃从容谓冲曰："朕欲从此通渠于洛。南伐之日，何容不从此入洛，从洛入河，从河入汴，从汴入清，以至于淮。下船而战，犹开户而斗。此乃军国之大计，今沟渠若须二万以下，六十日有成者，宜以渐修之。"《成淹传》：高祖幸徐州，敕淹与闾龙驹等主舟楫。将泛泗入河，溯流还洛。军次碻磝，淹以黄河峻急，虑有倾危，乃上疏陈谏。高祖敕淹曰："朕以恒、代无运漕之路，故京邑民贫，今移都伊、洛，欲通运四方，而黄河急峻，人皆难涉，我因有此行。必须乘流，所以开百姓之心。"然则高祖之迁都，意亦贪水漕之便也。

　　海道往来，当时亦颇通利。[1] 石季龙谋伐昌黎，欲自青州运兵粮，已见第五章第二节。桑虞，诸兄仕于石勒，咸登显位，惟虞耻臣非类，阴欲避地海东。后勒以为武城令，虞以密迩黄河，去海微近，将申前志，欣然就职。此自今山东泛海至辽东西之路也。《宋书·朱修之传》言：魏屡伐冯弘，或说弘遣修之归求救，遂遣之泛海，此自辽东西通建业之路也。其余海道交通，可参看第十六章第五节。

　　造船之技颇精。[2]《晋书·王濬传》：武帝谋伐吴，诏濬修舟舰。濬乃作大船

---

① 交通：海道。
② 交通：造船之技。

连舫，方百二十步，受二千余人。以木为城，起楼橹，开四出门。其上皆得驰马来往。卢循、徐道覆所以能肆扰，何无忌、刘毅所以败，宋武帝所以胜，实缘兵力厚薄之殊，而兵力厚薄之分，实决之于船舰之大小，已见第七章第五节。《南史·王僧辩传》：陆纳造大舰一，名曰三王舰。又造二舰：一曰青龙舰，一曰白虎舰。皆衣以牛皮，并高十五丈。《隋书·杨素传》：素欲平陈，造大舰，名曰五牙。上起楼五层，高百余尺。左右前后置六拍竿并高五十尺。容战士八百人。旗帜加于上次曰黄龙，置兵六百人。合诸事观之，可见当时水战，大舰实为决胜之利器。然亦有小而轻捷者，《梁书·王僧辩传》言：侯子鉴等以鹢舟千艘载士，两边悉八十棹，棹手皆越人，去来趣捷过风电是也。史惟载战陈之事，故但见兵舰制作之精，然以此推之，则民间运载之船，亦可想见矣。颜子推言河北不信有二万斛船，见上节。则北方所用之船，不及南方之大。此自川流大小之殊，非关造船技有巧拙。石虎徙钟虡、九龙、翁仲、铜驼、飞廉于邺，钟一没于河，募浮没三百人入河，系以竹絙，牛百头鹿栌引之乃出，造万斛舟以渡之，则北方所造之船，亦不小也。虎欲伐慕容氏，命青州造船千艘。亦见第五章第二节。魏世祖神麚三年（430），闻王师将北讨，诏冀、定、相三州造船三千艘。可见滨河、缘海之地，造船之业靡不盛矣。《梁书·安成王秀传》：秀出为江州刺史。主者将求坚船，以为斋舫。秀曰："吾岂爱财而不爱士？"乃教所由：以牢者给参佐，下者载斋物。既而遭风，斋舫遂破。似当时江行，船多窳败者。盖官所用船，或役民为之，技既不精，又出逼迫，故有此弊，观上引刁雍之言可见。《晋书·艺术传》：樊长宾为建昌令，发百姓作官船于建城山中。而非其时造船之技，止于如此也。

造桥之功，河、渭为大。《晋书·武帝纪》：泰始十年（275），立河桥于富平津。《杜预传》：预以孟津渡险，有覆没之患，请建河桥于富平津。议者以为殷、周所都，历圣贤而不作者，必不可立故也。预曰："造舟为梁，则河桥之谓也。"及桥成，帝从百寮宴会，举觞属预曰："非君，此桥不立也。"《魏书·于栗磾传》：太宗南幸孟津，谓栗磾曰："河可桥乎？"栗磾曰："杜预造桥，遗事可想。"乃编次大船，构桥于冶阪。六军既济，太宗深叹美之。又《崔亮传》：除雍州刺史。城北渭水，浅不通船，行人艰阻。亮谓僚佐曰："昔杜预乃造河桥，况此有异长河？且魏、晋之日，亦自有桥。吾今决欲营之。"或曰"水浅不可为浮桥，泛长无恒，又不可施柱，恐难成立。"亮曰："昔秦居咸阳，横桥渡渭，以象阁道，此即以柱为桥。今惟虑长柱不可得耳。"会天大雨，山水暴至，浮出长木数百根。藉此为用，桥遂成立。百姓利之。至今犹号崔公桥。此等皆大工程，非官力不克举，故获见于史。此外小小津梁，为人民所自营者，则其事不可尽考矣。

第二十二章　晋南北朝政治制度

第一节　政　体

汉世执政权者称皇帝，皇则徒为尊称，已见《秦汉史》第十八章第一节。晋、南北朝之世，此义仍存。石勒以大兴二年（319）伪称赵王，咸和五年（330）僭号赵天王，行皇帝事，后乃僭即皇帝位。[①] 盖称王犹同于人臣，称天王则已无所降屈，然其号犹未及皇帝之尊。勒死后，子弘为季龙所替，群下劝称尊号。季龙下书曰："朕闻道合乾坤者称皇，德协人神者称帝，皇帝之号，非所敢闻。且可称居摄赵天王，以副天人之望。"其视天王之尊不如皇帝，较然可见。咸康三年（337），史称其僭称大赵天王，盖去居摄之号也。勒之僭号赵天王也，尊其祖曰宣王，父曰元王，立其妻刘氏为王后，世子弘为大子。逮僭即皇帝位，乃追尊其高祖曰顺皇，曾祖曰威皇，祖曰宣皇，父曰世宗元皇帝，妣曰元昭皇大后，而立刘氏为皇后。谥父为帝，已违汉人追谥定陶徒称共皇之义；季龙僭称大赵天王，乃追尊祖为武皇帝，父为太宗孝皇帝，则去古弥远；又立其妻郑氏为天王皇后，以子邃为天王皇大子，王皇并建，尤为不辞。时又贬亲王之封为郡公，藩王为县公，则尤不可解。《魏书》谓虎自立为大赵王，年号建武；又云：初虎衣衮冕，将祀南郊，照镜无首，大恐怖，不敢称皇帝，乃自贬为王；又云：虎又改称大赵天王；则当其僭称天王之前，实曾但自号为王，故贬其亲王、郡王之号，《晋书·载记》记事不具，又有错乱也。石鉴之死也，石祇僭称尊号于襄国，逮为冉闵所攻，乃去皇帝之号，称赵王，使诣慕容儁、姚弋仲乞师，盖自同于人臣，故并不敢称天王。冉闵诛石鉴，便即皇帝位。后为慕容儁所获，立而问之曰："汝奴仆下才，何自妄称天子？"闵曰："天下大乱，尔曹夷狄，人面兽心，尚欲篡逆，我一时英雄，何为不可作帝王邪？"闵盖以诛锄逆胡自负，故一

---

① 封建：天、天王、居摄天王、皇、帝、庶人大王、尊兄为无上王、私又为帝、大后父母曰大上、大单于为统异族之称。

得志即称尊，且始终无所降屈也。儁送闵龙城，斩于遏陉山，山左右七里草木悉枯，蝗虫大起，五月不雨，至于十二月，乃复遣使祀之，谥曰武悼天王，犹不与以皇帝之号也。

刘渊之至左国城也，其下刘宣等上以大单于之号，见第三章第四节。盖自谓恢复旧业。其后则以是为统御夷人之称，故石勒之称赵王，以其子为大单于，当时群臣请者，谓以镇抚百蛮也。是时以季龙为单于元辅。及勒僭号，季龙谓大单于必在己，而勒更以授其子弘。季龙深恨之。私谓其子邃曰："成大赵之业者我也，大单于之望，实在于我，而授黄吻婢儿，每一忆此，令人不复能寝食。待主上晏驾之后，不足复留种也。"盖其时汉人不甚乐与夷狄之争斗，夷酋所恃以攘窃篡夺者，实以诸夷之众为主，故其争之甚力，争而不得，则怨毒形于辞色也。冉闵欲攘斥夷狄，而亦署其子为大单于，以降胡一千配为麾下，盖亦为此，已见第五章第三节。苻健之入长安，其下表为侍中大都督关中诸军事大单于秦王，健不乐，改称天王大单于，盖亦不欲为人臣，然终不去单于之号者，盖亦欲抚用诸夷也。赫连勃勃称天王、大单于，意亦不过如此，彼非知民族之义者，未必有恢复旧业之意也。参看第六章第九节。

苻坚初亦称大秦天王，盖其人少知治体，故未敢遽自尊大，姚兴，《晋书·载记》谓其以日月薄蚀，灾眚屡见，降号称王，下书令群公、卿、士、将、牧、守、宰各降一等。姚绪、姚硕德以兴降号，固让王爵，兴弗许。案兴即欲自贬抑，无容与绪、硕德同号，《北史》云：兴去皇帝之号，降称天王，盖是？然则绪、硕德之让，即石虎时贬亲王、藩王之封之故事也。吕光初亦称天王。及病笃，立其大子绍为天王，乃自号大上皇帝。案魏献文之禅位也，群公奏曰："昔三皇之世，澹泊无为，故称皇，是以汉高祖既称皇帝，尊其父为大上皇，明不统天下。今皇帝幼冲，万机大政，犹宜陛下统之，谨上尊号大上皇帝。"其言颇合古义。吕氏未必知此；光既病笃，亦必不能更知政事；盖徒取皇帝、天王之称为尊卑之等差耳。观吕纂、吕隆亦皆称天王，而隆追谥其父宝为文帝可见也。慕容云、冯跋亦称天王，盖亦以国小民寡，不敢自尊。慕容盛去皇帝之号，称庶人大王，庶人盖谓无爵，以知政事，故曰大王，则弥自贬损矣。

索虏非知故事者，而献文禅位时，群公之奏，顾颇合古义，盖臣虏士夫，知故事者尚多也。然虏终不免沐猴而冠。胡灵后之秉政也，追尊其母京兆郡君为秦大上君。及其父国珍死，追号为大上秦公，张普惠为谏议大夫，陈其不可。左右畏惧，莫敢为通。会闻胡家穿圹，下有磐石，乃密表言之。大后览表，亲至国珍宅，集王、公、八坐、卿、尹及五品已上，博议其事。遣使召普惠，与相问答。然卒不用其言。孝庄之立，尊其考为文穆皇帝，庙号肃祖。妣为文穆皇后。将迁神主于大庙，以高祖为伯考。临淮王彧与吏部尚书李神儁表谏，不听。时又尊其兄劭为无上王，寻遇害河阴，又追谥为孝宣皇帝。妻李氏为文恭皇后。或又面谏，谓：
"历寻书籍，未有其事。"帝不从，及神主入庙，复敕百官悉陪从，一依乘舆之
式。或上表，以为"爰自中古，迄于下叶，崇尚君亲，褒明功德，乃有皇号，终
无帝名。今若去帝留皇，求之古义，少有依准"。又不纳。胡三省曰："自唐高
宗以后，率多追谥其子弟为皇帝，作俑者魏敬宗也。"虏不足责，中国人亦因其
失，则诚不免野哉之诮矣。前废帝之立，以魏为大魏，诏曰："三皇称皇，五帝
云帝，三代称王，迭冲挹也。自秦之末，竞为皇帝，忘负乘之深殃，垂贪鄙于万
叶，今称帝已为褒矣，可普告令知。"盖亦以丧乱荐臻，故颇自贬损也。

周孝闵帝始篡魏，亦称天王。时则追尊考文公为王，妣为文后，至明帝武成
元年八月，乃改天王称皇帝，追尊文王为帝。《崔猷传》云：时依周礼称天王，
又不建年号。猷以为世有浇淳，运有治乱，故帝王以之沿革，圣哲因时制宜。今
天子称王，不足以威天下。请遵秦、汉称皇帝，建年号，朝议从之。盖时习以天
王之称为卑于皇帝，后周制作，最为泥古，然卒不能变易世人之耳目，终不得不
随之而变也。宣帝之立，尊皇后为皇大后。阿史那氏，突厥木杆可汗女。又尊所生李
氏为帝大后。静帝立，一称为大皇大后，一称为大帝大后。又称天元大皇后杨氏
为皇大后，天大皇后朱氏静帝所生。为帝大后。盖亦以在位者为帝，帝之父为皇，
正后系其夫所生系其子名之邪。

《抱朴子》有《诘鲍》之篇，载时人鲍敬言无君之论，而己驳之，其言在今
日，已不足论，然亦可见其时好老、庄之书者之见地也。敬言之言曰："儒者曰：
天生蒸民而树之君，岂其皇天谆谆言之，亦欲之者为之辞哉？夫强者陵弱，则弱
者服之矣。知者诈愚，则愚者事之矣。服之故君臣之道起焉，事之故力寡之民制
焉。然则隶属由争强弱而校愚知，彼苍天果无事也。"又曰："天地之位，二气
范物，乐阳则云飞，好阴则川处，各附所安，本无尊卑也。"此辟君臣之位出乎
自然之说也。又曰："曩古之世，无君无臣。穿井而饮，耕田而食，日出而作，
日入而息，泛然不系，恢尔自得。不竞不营，无荣无辱。川谷不通，则不相并
兼。士众不聚，则不相攻伐。势利不萌，祸乱不作，干戈不用，城池不设。"此
言无君之世天下之晏然无患也。佟言君道之美者，每谓君之出令，乃所以使民获
遂其生。敬言则云："促辔衔镳，非马之性，荷轭运重，非牛之乐。穿本完之鼻，
绊天放之脚，盖非万物并生之意？"治人者之所求，不过"役彼以养此"，"贵者
禄厚，而民困矣"。"下疲怨则知巧生"，乱之既作，乃以"忠义孝慈"救之，幸
而有济，亦所谓"死而得生，不如乡无死"也，况乎"茅茨土阶，弃织拔葵"，
不过"盗跖分财，取少为让"；其恩之及下，亦不过"陆处之鱼，相呴以沫"
哉？"关梁所以禁非，而猾吏因之以为非；衡量所以检伪，而邪人因之以为伪；
大臣所以扶危，而奸臣恐主之不危；兵革所以靖难，而寇者盗之以为难"。信乎

"君臣既立，众愿日滋，而欲攘臂乎桎梏之间，愁劳于涂炭之中，犹辟滔天之源，激不测之流，而塞之以罥壤，鄣之以指掌也"。"桀纣穷骄淫之恶，用炮烙之虐，若令斯人，并为匹夫，性虽凶奢，安得施之？"且夫"细人之争，不过小小，匹夫校力，亦何所至？无疆土之可贪；无城郭之可利；无金宝之可欲；无权柄之可竞；势不足以合徒众；威不足以驱异人；孰与王赫斯怒，陈师鞠旅，僵尸则动以万计，流血则漂卤丹野"哉？此鲍生以世事之纷纭，举归咎于立君之大略也。其言善矣，然君臣之制，非孰欲立而立之也，其事亦出于自然。何策使之不作？既作矣，何道使之可替？于此无言，则论有君之弊，虽极深切著明，亦徒为空谈耳。葛生诘鲍之辞，颇多拘墟之论，然亦有其可采者。如曰："远古质朴，盖其未变，譬彼婴孩，知慧未萌，非知而不为，欲而忍之。""有欲之性，萌于受气之初，厚己之情，著于成功之日，贼杀并兼，起于自然，必也不乱，其理何居？""橡芋可以生斗讼，藜蕾足用致侵夺。"则"私斗过于公战，木石锐于干戈"矣，作始也简，将毕也巨，乱源既伏，何计可止其迁流乎？且也"古者生无栋宇，死无殡葬，川无舟楫之器，陆无车马之用；吞啖毒烈，以致殒毙；疾无医术，枉死无限。后世圣人，改而垂之，民到于今，受其厚惠。机巧之利，未易败矣"。"大极浑沌，两仪无质"，固未若"玄黄剖判，七曜垂象，阴阳陶冶，万物群分"。由斯言之，社会之开化，势固不可以已，昔贤心仪邃古之世人与人相处安和之美，疾后世之不仁，乃欲举物质之文明而并去之，岂不悖哉？然物质之文明，虽不可去，社会之组织，固未尝不可变，亦且不可不变，而昧者又欲并此而尼之，则其失，又二五之于一十也。

第二节　封　建

晋初封建之制，及其时之人论封建之语，已见第二章第二节。《晋书·地理志》云："古者有分土，无分民。若乃大者跨州连郡，小则十有余城，以户口为差降，略封疆之远近，所谓分民，自汉始也。"[1] 案古之建国，本为理民，其后此意无存，而徒以封爵为荣禄，则终必至于此而后已。此亦欲藉封建为屏藩者，所以卒无所就也。斯时也，封君之腹取其民，诚不如古代之悉，然邑户粟米，尽归私室，<small>徐陵食建昌，邑户送米至水次，见第二十一章第六节。</small>仍有损于国计。故度支窘促之时，所以分其下者，亦不能厚。《地理志》又云："江左诸国并三分食一。大兴元年（318），始制九分食一。"《陈书·世祖高宗后主诸子传》云："江左自

---

[1] 封建：分民始汉，以户封也，晋亦然，然户亦不能多与。

西晋相承，诸王开国，并以户数相差，为大小三品。武帝受命，自永定讫于祯明，惟衡阳王昌，特加殊宠，至五千户，其余大国不过二千户，小国千户而已。"盖为物力所限也。

以无治民之实，故王侯多不居其国，而朝聘之典亦寖荒。① 《晋书·礼志》云："魏制藩王不得朝觐。明帝时有朝者，皆由特恩，不得以为常。及泰始中，有司奏诸侯之国，其王公已下入朝者，四方各为二番，三岁而周。周则更始。若临时有故，却在明年。明年来朝之后，更满三岁乃复朝，不得违本数。不朝之岁，各遣卿奉聘。奏可。江左王侯不之国，其有受任居外，则同方伯、刺史、二千石之礼，亦无朝聘之制，故此礼遂废。"是其事也。

王侯兼膺方面之寄，似足以举屏藩之实，然西晋已事，徒成乱源；宋武欲以上流处诸子，亦开丧乱之端；其事皆已见前矣。齐世诸王，受祸尤酷，事见第十章第三节。《南史·齐武帝诸子传》：明帝遣茹法亮杀巴陵王子伦，子伦时镇琅邪城，有守兵，子伦英果，明帝恐不即罪，以问典签华伯茂，伯茂曰："公若遣兵取之，恐不即可办，若委伯茂，一小吏力耳。"既而伯茂手自执鸩逼之，左右莫敢动者。子伦整衣冠出受诏，谓法亮曰："积不善之家，必有余殃。昔高皇帝残灭刘氏，今日之事，理数固然。"举酒谓亮曰："君是身家旧人，今衔此命，当由事不获已。此酒差非劝酬之爵。"因仰之而死。时年十六。法亮及左右皆流涕。此盖当时之人，哀杀戮之甚，为此惨楚之辞，非必实录。如所记，子伦慷慨如此，何待伯茂执鸩逼之？故知《南史》此处，亦兼采两说也。然时制之极弊，则可想见矣。李延寿论之曰："齐氏诸王，并幼践方岳，故辅以上佐，简自帝心。劳旧左右，用为主帅。州国府第，先令后行。饮食游居，动应闻启。端拱守禄，遵承法度，张弛之要，莫敢厝言。行事执其权，典签掣其肘。处地虽重，行止莫由。威不在身，恩未接下。仓卒一朝，事难总集，望其释位扶危，不可得矣。路温舒云：秦有十失，其一尚存，斯宋氏之余风，及在齐而弥弊。"然使诸王皆长大能自专，则又成梁世之祸矣。秉私心以定制，固无一而可哉！是时行事、典签，亦有因守正而为诸王所害者。《南史·齐高帝诸子传》：长沙威王晃，为豫州刺史，每陈政事，辄为典签所裁，晃杀之。晃乃粗人，典签之裁之，未必不合于义。又《梁武帝诸子传》：南康简王绩，子会理，为湘州刺史。多信左右。行事刘纳每禁之。会理心不平，证以臧货，收送建业。纳叹曰："我一见天子，使汝等知。"会理令心腹于青草湖杀之，百口俱尽。此则其曲必在会理矣。抑且不必会理所为也。大抵行事尚有正人，典签则多佞幸，故其弊更甚。《江革传》：革为晋安王长史寻阳太守，行江州府事。徙庐陵王长史，太守行事如故。时少王行事，多倾

① 封建：魏晋后期聘礼废。

意于签帅，革以正直自居，不与典签赵道智坐，道智因还都启事，面陈革惰事好酒，遂见代，可以见其一斑也。

《魏书·官氏志》云：皇始元年（396），始封五等。天赐元年（404），九月，减五等之爵，始分为四：曰王、公、侯、子，除伯、男二号。皇子及异姓元功上勋者封王。《北史·陆俟传》云：初尔朱荣欲循旧事庶姓封王，由是封子彰濮阳郡王，寻而诏罢，仍复先爵，则异姓封王之制久废。宗室及始蕃王皆降为公。诸公降为侯。侯、子亦以是为差。于是封王者十人，公者二十二人，侯者七十九人，子者一百三人。王封大郡，公封小郡，侯封大县，子封小县。王第一品，公第二品，侯第三品，子第四品。延兴二年（472），五月，诏旧制诸镇将、刺史假五等爵及有所贡献而得假爵者，皆不得世袭。又云：旧制诸以勋赐官爵者，子孙世袭军号，太和十六年（492），改降五等，始革之，止袭爵而已。《文献通考》云："元魏时封爵所及尤众。盖自道武兴于代北，凡部落大人与邻境降附者，皆封以五等，令其世袭，或赐以王封。中世以后，不缘功而封者愈多。《程骏传》载献文崩，初迁神主于大庙，有司奏旧事庙中执事官例皆赐爵，今宜依旧。诏百寮详议，群臣咸以宜依旧事。骏独以为不可。表曰：臣闻名器帝王所贵，山河区夏之重，是以汉祖有约，非功不侯，未闻与事于宗庙，而获赏于疆土。虽复帝王制作，弗相沿袭，然一时恩泽，岂足为长世之轨乎？书奏，从之，可见当时封爵之滥。然高允在大武时以平凉州勋封汶阳子，至文成时，史言其为郎二十七年不徙官，时百官无禄，允第惟草屋，衣惟缊袍，食惟盐菜，恒使诸子采樵自给，则虽有受封之名，而未尝与之食邑。[①] 又道武以来，有建业公、丹阳侯、会稽侯、苍梧伯之类，此皆江南土地，可见当时五等之爵，多为虚封。前史虽言魏制侯、伯四分食一，子、男五分食一，案《魏书·高祖纪》：太和十八年（494），十二月，诏王、公、侯、伯、子、男开国食邑者，王食半，公三分食一，侯、伯四分食一，子、男五分食一。然若真食五分之一，则不至如高允之贫。且受封丹阳、会稽、等处者，虽五分之一，亦于何取之乎？"案《魏书·地形志》言："魏自明、庄，寇难纷纠，攻伐既广，启土逾众，王公锡社，一地累封，不可备举，故总以为郡。"一地累封，食禄更于何取给？足证马氏所云之弊，至叔世而愈甚。然《张普惠传》言：普惠为尚书右丞。时诏访冤屈，普惠上书言："故尚书令臣肇，未能远稽古义，近究成旨，以初封之诏，有亲王二千户，始蕃一千户，二蕃五百户，三蕃三百户，谓是亲疏世减之法；又以开国五等有所减之言，以为世减之趣；遂立格奏夺，称是高祖遗意，仍被旨可。今诸王五等，各称其冤，七庙之孙，并讼其切，陈诉之案，盈于省曹，朝言巷议，咸云其苦。"然则不给禄者乃汉人如高允之俦，彼其所谓亲戚、

---

① 封建：魏无食邑似徒汉人。

勋臣者，固未尝不朘我以生也，亦可见非我族类，其心必异矣。

周武帝保定二年（562），四月，诏曰："比以寇难犹梗，九州未一。文武之官，立功效者，虽锡以茅土，而未及租赋。诸柱国等勋德隆重，宜有优崇。各准别制邑户，听寄食他县。"则初亦未能给禄也。三年（563），九月，初令世袭州、郡、县者改为五等爵。① 州封伯，郡封子，县封男。此则以封建之名，去封建之实矣。闵帝元年（557），正月，诏封李弼为赵国公，赵贵为楚国公，独孤信为卫国公，于谨为燕国公，侯莫陈崇为梁国公，中山公护为晋国公，邑各万户。宣帝大象元年（579），五月，以洺州襄国郡为赵国，齐州济南郡为陈国，丰州武当、安富二郡为越国，潞州上党郡为代国，荆州新野郡为滕国，邑各一万户，令赵王招、陈王纯、越王盛、代王达、滕王逌并之国。史论其事曰："大祖之定关右，日不暇给，既以人臣礼终，未遑藩屏之事。晋荡辅政，爰树其党。宗室长幼，并据势位，握兵权。虽海内谢隆平之风，而国家有磐石之固矣。高祖克翦芒刺，思弘政术。惩专朝之为患，忘维城之远图。外崇宠位，内结猜阻。自是配天之基，潜有朽壤之墟矣。宣皇嗣位，凶暴是闻。芟刈先其本枝，削黜遍于公族。虽复地惟叔父，亲则同生，文能附众，武能威敌，莫不谢卿士于当年，从侯服于下国。号为千乘，势侔匹夫。是以权臣乘其机，谋士因其隙，迁邑鼎速于俯拾，歼王侯烈于燎原。悠悠邃古，未闻斯酷。岂非摧枯拉朽易为力乎？"《周书·文闵明武宣诸子传论》）。周势之孤，诚如所论。然使武帝不能去其芒刺，周之乱，又宁俟静帝时乎？秉私心以定制，固无一而可哉？

第三节　官　制

晋、南北朝之官制，盖承汉、魏而渐变。汉初官制，皆沿自秦，秦则沿自列国之世，不尽宜于统一之局，其后乃随事势而迁移，此自西京至南朝之末皆然。拓跋氏起北方，其为部族时之规制，已见第十一章第二节。佛狸以降，模仿中国，稍有建置，实亦非驴非马。王肃北走，孝文用之，以定众职，则几与南朝无异矣。北齐因之。后周大祖，以为汉、魏官繁，思法周礼。大统中，命苏绰掌其事。未成而绰卒，卢辩继之。依《周礼》建六官，置公、卿、大夫、士。并撰次朝仪，车服、器用，多依古礼，革汉、魏之法。于魏恭帝三年（556）行之。其后世有损益。此实不切于时务，故至宣帝嗣位，而内外众职，又用秦、汉以来之制焉。见《周书·文帝纪》魏恭帝三年及《卢辩传》。《辩传》云：先是已置六卿官，为撰

---

① 封建：世袭州郡县者改封爵。

次未成，众务犹归台阁，至是年毕，乃命行之。又《崔猷传》言：猷与卢辩创修六官。薛寘、裴政，亦尝参与其事，皆见本传。《武帝纪》：保定元年（561），正月，己巳，祠大庙，班大祖所述六官，盖至是而其制始大成也。

相国、丞相，自魏、晋以来，已非复寻常人臣之职。汉献帝建安十三年（208），置丞相，以魏武帝为之。文帝代汉，其官遂废。此后为之者，如晋之赵王伦、梁王彤成都王颖、元帝、南阳王保、王敦、王导、宋南郡王义宣等，皆非寻常人臣。其为相国如晋景帝、宋武帝、齐高祖等，则篡夺之阶而已，齐世相国，与大宰、太保、大将军并为赠官。陈丞相、大傅、大司马，亦为赠官。晋取《周官》之说，置大宰、以景帝讳，改大师为大宰。大傅、太保，而汉世三公之官仍存。太尉、司徒、司空。其大司马、大将军，汉世与太尉不并置者，汉灵帝末，以刘虞为大司马，而太尉如故，非恒典。至魏亦各自为官。晋武帝即位之初，尝八公同时并置。而开府、仪同三司、骠骑、车骑、卫将军、伏波、抚军、都护、镇军、中军、四征、征东、征南、征西、征北。四镇、镇东、镇南、镇西、镇北。宋世又有安东、安南、安西、安北，谓之四安，平东、平南、平西、平北，谓之四平。龙骧、典军、上军、辅国等大将军，左、右光禄、光禄三大夫，开府者皆为位从公。诸公及开府位从公者，皆得置官属，此实多费无谓，故自隋、唐以降，遂专以无官属之三师为荣宠也。后魏放南朝之制，亦有三师、大师、大傅、太保。二大、大司马、大将军。三公、太尉、司徒、司空。特进、仪同、开府、左、右光禄、金紫、银青光禄及诸将军之号，以褒赏勋庸，而北齐因之。孝庄初，拜尔朱荣为柱国大将军，位在丞相上。又拜大丞相、天柱大将军，而以元天穆为大宰，此亦非寻常人臣之职矣。北齐乾明中，置丞相，河清中分为左、右。然赵彦深、元文遥、和士开同为宰相，皆兼侍中，则实权初不在是也。后周初置大冢宰。后置左、右丞相。大象二年（580），又以隋文帝为大丞相，而罢左、右丞相焉。

治理之权，实归台阁。尚书有令、仆。令职无不总，仆射副令，置二则为左、右仆射。令阙则左为省主。又与尚书分统诸曹。汉世尚书，虽有曹名，不以为号。灵帝以梁鹄为选部尚书，始见曹名。及魏，改选部为吏部，又有左民、客曹、五兵、度支，凡五曹尚书、二仆、一令为八坐。及晋，置吏部、三公、客曹、驾部、屯田、度支六曹。咸宁二年（276），省驾部。四年（278），又置。大康中，有吏部、殿中、五兵、田曹、度支、左民为六曹。惠帝世又有右民，尚书止于六曹，不知此时省何曹也。渡江有吏部、祠部、五兵、左民、度支五尚书。祠部尚书，常与右仆射通职，不恒置。宋高祖初增都官曹。其起部尚书，营宗庙宫室则置，事毕则省。又有左、右丞，佐令、仆知省事。郎主作文书，分曹数十。魏世凡二十三，后为二十五。晋武帝时三十四，后为三十五。置郎二十三人，更相统摄。江左初十七，后十八，最后十五。宋初十九，后二十。梁二十二。下有都令史、令史等，分曹如尚书。正始以降，俗尚玄虚，丞、郎以上，簿领文案，不复经怀，皆成于令史之手焉。姚察说。录则尚书权重者为之，不恒置也。尚书为庶政总汇，然自魏、晋以后，又不敌中书、门下之亲。中书者，魏武帝为魏王，置秘书令、丞，以典尚书奏事。文帝代汉，改为中书。置监、令，以刘放、孙资为之。其后遂移魏祚，事已见《秦汉史》。晋因之，各置一人。魏文帝又置通事郎，次黄门郎。黄门郎已署事过，通事乃署名。已署，奏以入，为帝省读书可。晋改曰中书侍郎。晋初又置舍人及通事。江左令舍人通事，谓之通事舍人。掌呈奏案章。后省，以中书侍郎一人直西省，又掌诏命。宋初又置，而侍郎之任，遂寖轻焉。见第十章第四节。魏文之置中书令，秘书改令为监，以掌艺文图籍。明帝太和中，置著作郎，隶中书省。晋武帝并秘书于中书，而著作之局不废。惠帝复置秘书监，著作改隶焉。后别自置省，而犹隶秘书。郎一人，谓之大著作郎，专掌史任。又有佐著作郎八人。侍中之与机要，自宋文帝时始。侍中世呼为门下；给事黄门侍郎，与侍中俱管众事，世呼为小门下；遂以门下名其省。散骑常侍者，秦置散骑，又置中常侍，汉东京省散骑，中常侍用宦者，魏黄初置散骑，合之于中常侍，是为散骑常侍。魏末又有在员外者，曰员外散骑常侍。晋武帝使二人与散骑常侍通员直，谓之通直散骑常侍。魏初又置散骑侍郎。晋武帝置员外散骑侍郎，元帝使二人与散骑侍郎通员直，谓之通直散骑侍郎。自魏至晋，散骑常侍、侍郎与侍中、黄门侍郎共平尚书奏事，江左乃罢。给事中，西汉置，掌顾问应对。东汉省。魏世复置。奉朝请，本不为官。汉东京罢三公、外戚、宗室、诸侯，多奉朝请。晋武帝亦以宗室、外戚为奉车、驸马、骑三都尉而奉朝请焉。东晋罢奉车、骑二都尉，惟留驸马，诸尚主者为之，后遂沿为故事。自散骑常侍以下，宋别为集书省，散骑侍郎、员外散骑侍郎、通直散骑侍郎，齐谓之直书省，而散骑常侍、员外、通直称东省官，其二卫、四军、四校、称西省官焉。魏、齐有中书、门下、集书、秘书诸省，设官略与南朝同。魏门下之官尤重，世呼侍中、黄门为小宰相。见《魏书·王慧龙传》。

尚书行台之制，起自魏末，晋文帝讨诸葛诞，散骑常侍裴秀、尚书仆射陈泰、黄门侍郎钟会等以行台从。晋永嘉四年（310），东海王越率众许昌，亦以行台自随。后魏、北齐亦有之。《隋书·百官志》云："行台在《令》无文。其官置令、仆射。其尚书、丞、郎，皆随权制而置员焉。其文未详。"行台兼统人事，自辛术始，见《北齐书》本传。留台之名，起自晋惠帝西迁时。置于洛阳，以总留事。

总众职者丞相，居列职者，则九卿一类之官也。自丞相之权，移于三省，而九卿亦寖失其职矣。魏世裴秀议改官制，以尚书三十六曹统事，准例不明，宜使诸卿任职。见《晋书》本传。晋初刘颂上疏，言："秦、汉已来，九列执事，丞相都总，今尚书制断，诸卿奉成，于古制为重，事所不须。然今未能省并，可出众事付外寺，使得专之，尚书为其都统，若丞相之为。惟立法创制、死生之断、除名、流徙、退免大事，及连度支之事，台乃奏处。其余外官皆专断之。岁终，台阁课功校簿而已。于今亲掌者动受成于上，上之所失，不得复以罪下，岁终事功不建，不知所责也。"荀勖议省官，亦谓九寺可并于尚书。皆可见九卿寖失其职：故其官亦时有省并。晋世，太常、光禄勋、晋哀帝兴宁元年 (363)，并司徒，孝武帝宁康元年 (373) 复置。尉卫、渡江省，宋孝建元年 (454) 复置。大仆、渡江后或省或置，宋以来，郊祀权置执辔，事毕即省。廷尉、大鸿胪，江左有事权置，无事则省。宗正、晋哀帝省，并太常。大司农、晋哀帝省，并都水。孝武复置。少府、晋哀帝省，并丹阳尹。孝武复置。将作大匠、晋以来有事者置，无事则省。大后三卿、卫尉、少府、大仆，随大后宫为名，无大后则阙。大长秋，有后则置，无后则省。并为列卿。宋、齐同。梁于诸名之下，皆加卿字。以太常、宗正、大司农为春卿，大府、少府、大仆为夏卿，卫尉、廷尉、大匠即将作大匠。为秋卿，光禄、即光禄勋。鸿胪、即大鸿胪。大舟都水使者，汉水衡之职。汉又有都水长、丞。东京省都水，置河堤谒者。魏因之。晋武帝省水衡，置都水使者，以河堤谒者为都水官属。江左省河堤谒者，都水置谒者六人。梁初称都水台，后改。为冬卿，北朝亦以太常、光禄、卫尉、宗正、大仆、廷尉、齐曰大理。鸿胪、司农、少府齐曰大府。为九卿，称为九寺。又有国子、长秋、将作三寺。又有昭玄寺，以掌诸佛教，亦有都水台之官。

　　自汉改御史大夫为司空，而中丞出外为台主，东京以后皆因之。其属官：有治书侍御史，汉宣帝所置也。见《秦汉史》第十八章第七节。魏又置治书执法，掌奏劾，而治书侍御史掌律令。晋惟置治书侍御史，与侍御史分掌诸曹。魏兰台遣二御史居殿中，伺察非法，晋遂置殿中侍御史，历代沿之。魏、晋《官品令》，又有禁防御史；晋孝武太元中有检校御史，则其后无闻焉。符节御史，秦符玺令之职，汉因之，至魏别为一台。晋武帝省并兰台，置符节御史。梁、陈惟有符节令史而已。谒者，亦秦官，汉、魏因之，魏又置仆射，掌大拜授及百官班次，统谒者十人。晋武帝省仆射，以谒者并兰台。汉世属光禄勋。江左复置仆射。后又省。宋大明中又置。魏、齐御史台，设官略同南朝，而谒者别为一台。

　　魏武帝为相，以韩浩为护军，史奂为领军。建安十二年 (207)，改为中领军、中护军。文帝置领军将军，主五校、即汉世屯骑、步兵、越骑、长水、射声五校尉。中垒、武卫三营。护军将军，主武官选。隶领军，晋世不隶。晋武帝省领军，使中军将军羊祜统二卫。晋文帝为相国，相府置中卫军，武帝受命，分为左、右。前、后、左、右、魏明帝时有左军将军，右及前、后，皆晋武帝置。骁骑骁骑、游击皆魏置，为内军。晋世以领、护、二卫、骁骑：游击为六军。七军，即领军之任也。祜迁罢，置北军中候。怀帝改曰中领军。元帝永昌元年 (322)，省护军，并领军，改领军曰北军中候。寻复为领军。明帝大宁二年 (324)，复置护军。成帝世，领军又为北军中候。寻亦复焉。魏、晋领、护各领营兵，江左以来，领军不复领营，但总统二卫、骁骑、游击诸营而已。资重者为领军护军将军，资轻者为中领军中护军。又有左、右中郎将，晋武帝省，宋大明中复置。虎贲中郎将，汉期门。尤从仆射，魏置。羽林监，汉有羽林中郎将，又有左右监，晋罢中郎将，又省一监。虎贲、尤从、羽林，是为三将。晋哀帝省。宋高祖复置，江右领营兵，江左则无。积射将军，强弩将军，晋大康十年（289），立射营、弩营，置积射、强弩将军主之。宋泰始后，多以军功得此官，无员。殿中将军，殿中司马督，晋武帝时，殿内宿卫，号曰三部司马，置此二官，分隶左右二卫。江右初员十人。孝武太元中改选，以门阀居之。宋高祖初，增为二十人。其后过员者谓之殿中员外将军、员外司马督。又其后并无复员。武卫将军，宋大明中置，代殿中将军之任。武骑常侍，宋大明中置。皆以分司丹禁，侍卫左右。梁天监六年（507），置左右骁骑、左右游击将军。改旧骁骑曰云骑，游击曰游骑。又置朱衣直阁将军，以经方牧者为之。此外诸号将军甚多，皆无复统驭，《晋书·王虞传》：弟子彪之上议，谓无兵军校，皆应罢废。实即后世之武散官也。散官之名始于隋，古但不任事而已，非徒以为号。宋、齐、梁、陈诸九品官，皆以将军为品秩，谓之加戎号。梁武帝以其高下舛杂，命加釐定。于是有司奏置百二十五号将军，备其班品，叙于百司之外焉。魏、齐禁卫设官，略同南朝。亦有诸号将军，无所统驭。柱国之职，见第十四章第五节，后亦为散秩，如后世之勋官矣。

东宫官，汉世分属二傅及詹事。后汉省詹事，悉属少傅。晋武帝泰始三年（268），建大子大傅、少傅，事无大小皆属焉。咸宁元年（275），以杨珧为詹事，二傅不复领官属。及珧为卫将军，领少傅，省詹事，惠帝元康元年（291）复置。愍、怀建官，乃置六傅，通省尚书事。詹事文书，关由六傅。永康中，复不置詹事。太安已来，置詹事。终孝怀之世。渡江后有大傅、少傅，不立师、保。王国：晋世置师、友、文学。师即傅也，景帝讳，故改师为傅。宋世复为师。改太守为内史。有中尉以领军。此外设官尚多。公、侯已下递损焉。北朝，东宫亦置六傅及詹事。王国置师一人。余官亦略同南朝。

司隶校尉，历东京、魏、晋不替，渡江乃罢。州置刺史；郡置太守，京师所在则曰尹，王国以内史掌太守之任；县大者曰令，小者置长，为国者为相；历代皆同。魏、齐于司州，周于雍州，亦皆置牧。魏于代、河南，齐于清都，周于京兆皆置尹。魏州、郡、县皆分上中下，齐则于上中下之中，又分上中下，凡九等。周以户数为差。州分户三万已上，二万已上，一万已上，五千已上。郡分一万五千已上，一万已上，五千已上，一千已上，一千已下。县分七千已上，四千已上，二千已上，五百已上，五百已下。属官、佐史，皆随高下而异其员数。魏旧制缘边皆置镇都大将，统兵备御，与刺史同。城隍、仓库，皆镇将主之。北齐亦有三等镇、戍，各置镇将、戍主。此则专以兵力控扼为重者也。《魏书·韩茂传》：子均。广阿泽在定、相、冀三州之界，土广民希，多有寇盗，乃置镇以静之。以均在冀州，劫盗止息，除广阿镇大将，加都督三州诸军事。

晋、南北朝官制之弊，莫如刺史之握兵。《宋书·百官志》云："持节都督，无定员。前汉遣使，始有持节。光武建武初，征伐四方，始权时置督军御史，事竟罢。建安中，魏武帝为相，始遣大将军督军，二十一年征孙权还夏侯惇督二十六军是也。魏文帝黄初二年（221），始置都督诸州军事，或领刺史。三年（222），上军大将军曹真都督中外诸军事，假黄钺，则总统内外诸军矣。明帝太和四年（230），晋宣帝征蜀，加号大都督。高贵乡公正元二年（255），文帝都督中外诸军。寻加大都督。晋世则都督诸军为上，监诸军次之，督诸军为下。使持节为上，持节次之，假节为下。使持节得杀二千石以下，持节杀无官位人，若军事得与使持节同，假节惟军事得杀犯军令者。江左以来，都督中外尤重，惟王导居之。以上《晋志》同。此句作"惟王导等权重者居之。"宋氏人臣则无也。江夏王义恭假黄钺，假黄钺则专戮节将，非人臣常器矣。"《齐书·百官志》云："魏、晋世州牧隆重，刺史任重者为使持节都督，轻者为持节督。起汉顺帝时御史中丞冯敕讨九江贼，督扬、徐二州军事。而何、徐《宋志》云：起魏武遣诸州将督军；王珪之《职仪》云：起光武；并非也。晋大康中，都督知军事，刺史治民，各用人。惠帝末乃并任。非要州则单为刺史。"案都督缘起，二说俱可通，不必深辩。晋初羊祜督荆州，别有刺史羊肇；王浑督扬州，别有刺史应绰；其后王浚督幽州，亦别有刺史石堪，皆都督刺史分职之证。然兼二职者究多，故刺史亦称州将。《通鉴》齐东昏侯永元二年（500）《注》。《晋书·温峤传》：峤代应詹为江州刺史，镇武昌。陈"古镇将多不领州，宜选单车刺史，别抚豫章，专理黎庶。"能言此者盖寡矣。其时州郡之增置日广，镇将之所督，亦即随之而增。然亦间有都督不兼州，如纪瞻以镇东将军长史加扬威将军都督京口以南至芜湖诸军事，非刺史。又有于某州但督其数郡者；而曰都督，曰监，曰督，曰使持节，曰持节，曰假节，权限亦各有不同。如檀道济监南徐、兖之江北、淮南诸郡军事，南兖州刺史，又都督江州之江夏、豫州之曲阳、新蔡、晋熙四郡诸军事，江州刺史。诸史皆各如其事书之。《南》、《北史》但曰某州刺史加都督，或曰都督某州刺史，而于所督不复详书，则求简而失其实矣。周明帝武成元年（559），初改都督诸州军事为总管。自此史文但云某州总管，不云刺史。然齐王宪除益州总管益、宁、巴、泸等二十四州诸军事益州刺史，则但改都督之名为总管，而其责任初未尝异。《北史》亦间有全书者，如《长孙俭传》：授总管荆、襄等五十二州诸军事，行荆州刺史，转陕州总管七州诸军事陕州刺史是也。以所任州冠于总管之上，但云某州总管，亦取文辞之简，而非当日结衔本然也。隋有扬、并、益、荆四大总管，又诸总管皆以某州为名，如蜀王秀以益州刺史总管二十四州诸军事，则其例仍与周同。《尉迟敬德碑》云：授襄、鄀、邓、析、唐五州都督襄州刺史，贬使持节都督并、蔚、岚、代四州诸军事并州刺史，则唐制亦与隋同也。以上兼采《十七史商榷》、《廿二史考异》。刺史握兵，易致疏于政事；本以武人为之者，尤偃蹇不易驾御；其弊不可胜穷。《北齐书·高隆之传》云：魏自孝昌已后，天下多难，刺史太守，皆为当部都督，虽无兵事，皆立佐寮，所在颇为烦扰。隆之表请：自非实在边要：见有兵马者，悉皆断之。则有握兵之名者，已足扰民，而有其实者无论矣。

《通鉴》：晋安帝义熙二年（406），正月，魏主珪如豺山宫。诸州置三刺史，郡置三太守，县置三令长。刺史、令、长，各之州、县，太守虽置而未临民。功臣为州者，皆征还京师，以爵归第。此事他处不见，盖行之未久？《魏书·官氏志》云：自大祖至高祖初，内外百官，屡有减置，或事出当时，不为恒目。淮北之亡，虏于东兖、东徐及冀州，皆并置两刺史，事见第九章第五节，盖一以资镇慑，一以事抚绥；太守并不临民，则徒资其荣禄；疑当时三人并置，其意亦如此也。薛安都为伪雍、秦二州都统，州各有刺史，都统总其事，见第八章第五节。以军御政，亦犹南朝都督攘刺史之权也。

州、郡、县之增置，晋、南北朝，可云最剧。其原因，盖有由于控扼要重，户口滋殖，蛮夷乡化，政理殷繁者，如汉末及三国，多以诸部都尉为郡是也。《宋书·百官志》。然其大端，则实由丧乱荐臻，人民荡析离居之故。盖斯时一统未久，属人之治犹盛，属地之义未昌，人民之转徙异地者，不得不别设官司以抚绥之，招徕之，而侨置之事多矣。如康绚，本华山蓝田人。祖穆，宋永初中，举乡族三千余家入襄阳之岘南。宋为置华山郡蓝田县，以穆为秦、梁二州刺史。未拜卒。绚世父元隆，父元抚，并为流人所推。相继为华山太守。绚在齐世，亦除华山太守。此流人来归，即用其首豪设郡县以抚之者也。寇赞上谷人，因难徙冯翊万年。姚泓灭，秦、雍人千余家推赞为主，归魏拜绥远将军魏郡太守。其后秦、雍之民，来奔河南、荥阳、河内，户至数万，拜赞安远将军南雍州刺史轵县侯，治于洛阳，立雍州之郡县以抚之。由是流民襁负，自远而至，参倍于前。此抚其已至，兼以招其未来者也。可参看第十七章第三、第四两节。《宋书·诸志总序》云："魏、晋已来，迁徙百计。一郡分为四五，一县割成两三。或昨属荆、豫，今隶司、兖。朝为零、桂之士，夕为庐、九之民。去来纷扰，无暂止息。版籍为之浑淆，职方所不能记。自戎狄内侮，有晋东迁，中土遗氓，播迁江外，莫不各树邦邑，思复旧井。既而民单户约，不可独建。故魏邦而有韩邑，齐县而有赵民。且省置交加，日回月徙。寄寓迁流，迄无定托。邦名邑号，难或详书。"可见斯弊，由来已久。然终以错杂为忧，则仍鲜治理之便矣。此土断之所以亟，参看第十七章第三节。张普惠省减郡县，史称宰守因此绾摄有方，奸盗不起，民以为便，可见侨置之有害于治理也。南北分张，此弊弥甚。《魏书·韩麒麟传》：子显宗上言："自南伪相承，窃有淮北，欲擅中华之称，且以招诱边民，故侨置中州郡县。皇风南被，仍而不改。凡有重名，其数甚众。"　《北齐书·文宣帝纪》：天保七年（556），十一月，诏曰："魏自孝昌已来，豪家大族，鸠率乡部，托迹勤王，规自署置。或外家公主，女谒内成，昧利纳财，启立州郡。牧、守、令、长，虚增其数。求功录实，谅足为烦。损害公私，为弊殊久。且五岭内宾，三江回化。要荒之所，旧多浮伪。百室之邑，便立州名，三户之民，空张郡目。譬诸木犬，犹彼泥龙。今所并省，一依别制。"于是并省三州、一百五十三郡、五百八十九县、三镇、二十六戍云。《通鉴》：梁武帝大同五年（539），十一月，朱异奏："顷来置州稍广，而小大不伦。请分为五品。其位秩高卑，参僚多少，皆以是为差。"诏从之。于是上品二十州，次品十州，次品八州，次品二十三州，下品二十一州。时上方事征伐，恢拓境宇。北逾淮、汝，东距彭城，西开牂柯，南平俚洞，纷纭甚众、故异请分之。其下品皆异国之人，徒有州名，而无土地。或因荒徼之民所居村落，置州及郡、县。刺史、守、令，皆用彼人为之。尚书不能悉领。山川险远，职责罕通。五品之外，又有二十余州，不知处所。凡一百七州。又以边境镇戍，虽领民不多。欲重其将帅，皆建为郡。或一人领二三郡太守。州郡虽多，而户口日耗矣。观此文，知齐文宣之诏，非过甚之辞也。《晋书·傅玄传》：玄子咸上言："旧都督有四，今并监军，乃盈于十。夏禹敷土，分为九州，今之刺史，几向一倍。户口比汉，十分之一，而置郡县更多。"晋初以是为病，况于南北朝之末？魏道武罢户不满百之县，《本纪》天赐元年（404）。而后周以户数秩郡县，县下者亦不盈五百而已。奚翅十羊九牧哉？

外官僚属：郡、县各有旧俗，分曹往往不同。吏、卒皆有定员，视户口多少为差。晋初尝议省州、郡、县半吏，以赴农功。《晋书·荀勖传》。苏绰六条诏书曰："善官人者必先省其官。官省则善人易充，善人易充，则事无不理。官烦则必杂不善之人，杂不善之人，则政必有得失。故语曰：官省则事省，事省则民清，官烦则事烦，事烦则民浊。案今吏员，其数不少。昔民殷事广，尚能克济，况今户口减耗，依员而置，犹以为少？如闻在下州郡，尚有兼假。扰乱细民，甚为无理。悉宜罢黜，无得习常。"观此，知吏员虽云依户口而定，实未必能遵行也。

《晋志》云：县五百已上皆置乡。三千已上置二乡，五千已上置三乡，万已上置四乡。乡置啬夫一人。县率百户置里吏一人。其土广人希，听随宜置。里吏限不得减五十户。① 此等制度，宋、齐、梁、陈，度当沿之。《魏书·大武五王传》：临淮王谭曾孙孝友表言："今制百家为党族，二十家为闾，五家为比邻。百家之内，有帅二十五，② 征发皆免，苦乐不均。羊少狼多，复有蚕食。此之为弊久矣。京邑诸坊，或七八百家，惟一里正二史，庶事无阙，而况外州？请百家为四闾，闾二比。计族有十二丁，得十二匹赀绢。略计见管之户，应二万余族，一岁出赀绢二十四万匹，十五丁出一番兵，计得一万六千兵。此富国安人之道也。"《隋书·食货志》：北齐河清三年（564）定令，命人居十家为比邻，五十家为闾里，百家为族党，较魏制实省十二丁，即孝友之志也。苏绰六条之诏，谓"正长者治民之基，基不倾者上必安。党族、闾里，皆当审择，各得一乡之选，以相监统。"然暴政亟行之世，在上者之诛求愈烈，则在下者之困辱愈增，而其

---

① 职官：《魏道武本纪》天赐元年（404）"罢户不满百之县"。《晋志》县率百人户，置里吏一人而已，然魏初百官无禄，何足怪也，禄……可胜禄？此户口安可实？

② 职官：百家之内，有帅二十五。

自视卑而不得有所为也亦愈甚。刘曜为石勒所获，北苑市三老孙机上书求见曜，见《晋书·曜载记》。尚有新城三老遮说汉王，壶关三老上书讼戾大子之遗风，后此则无闻矣。①《魏书·高祖纪》：太和十一年（487），十月，诏曰："孟冬十月，民间岁隙，宜于此时，导以德义。可下诸州：党里之内，推贤而长者，教其里人。"未尝不欲复前代之遗规，然其效卒不可睹也。《北史·魏宗室传》：河间公齐之孙志，为洛阳令。员外郎冯俊，昭仪之弟，恃势恣挝所部里正。志令主史收系，处刑除官。由此忤旨，左迁太尉主簿。辇毂之下，里正之见陵如此，况其远者乎？

都邑之地，豪猾所萃，则击断之治尚焉。《晋志》：县皆置方略吏四人，而洛阳置六部尉。江左以后，建康亦置六部尉。余大县置二人，次县、小县各一人。此指方略吏言。《宋志》云：大祖元嘉十五年（438），县小者又省之。邺、长安置吏如三千户以上之制。此等制度，历代亦当略同也。北朝尚击断尤甚。《魏书·甄琛传》：琛迁为河南尹。表言："国家居代，患多盗窃。世祖广置主司、里宰，皆以下代令、长及五等散男有经略者为之，② 又多置吏士，为其羽翼，崇而重之，始得禁止。迁都已来，天下转广。四远赴会，事过代都。五方杂沓，难可备简。寇盗公行，劫害不绝。此由诸坊混杂，鳌比不精，主司暗弱，不堪检察故也。里正乃流外四品，职轻任碎，多是下才，人怀苟且，不能督察。故使盗得容奸，百赋失理。边外小县，③ 所领不过百户，而令、长皆以将军居之。京邑诸坊，大者或千户、五百户；其中皆王公、卿尹，贵势、姻戚，豪猾仆隶，荫养奸徒，高门邃宇，不可干问；又有州郡侠客，荫结贵游，附党连群，阴为市劫。比之边县，难易不同。请取武官中八品将军已下，干用贞济者，以本官俸恤，领里尉之任，各食其禄。高者领六部尉，中者领经途尉，下者领里正。不尔，请少高里尉之品，选下品中应迁者为之。"诏曰："里正可进至勋品，经途从九品，六部尉正九品。诸职中简取，何必须武人也？"琛又奏以羽林为游军，于诸坊巷司察盗贼。于是京邑清静，至今踵焉。《高崇传》：子谦之，为河阴令。旧制，二县令得面陈得失。时佞幸之辈，恶其有所发闻，遂共奏罢。谦之乃上疏曰："豪家支属，戚里亲媾，缧绁所及，举目多是。皆有盗憎之色，咸起怨上之心。县令轻弱，何能克济？先帝昔发明诏，得使面陈所怀。臣亡父先臣崇之为洛阳令，常得入奏是非。所以朝贵敛手，无敢干政。乞新旧典，更明往制。"崇奏在胡灵后时。此皆可见都邑之难治也。北齐制：邺令领右部、南部、西部三尉，又领十二行经途尉。凡一百三十五里，里置正。临漳领左部、东部二尉。左部管九行经途尉。

---

① 职官：三老等日失其职。
② 职官：下代令、长及五等散男为主司里宰。后里正乃流外四品。
③ 职官：边外小县，所领不过百户，京邑诸坊，大者或千户五百户。

凡一百一十四里，里置正。成安领后部、北部二尉。后部管十一行经途尉。七十四里，里置正。

刺史之设，本所以资巡察，其后寖成疆吏，则司巡察者又别有其人，此亦犹明代于巡按之外，复遣巡抚也。《宋书·礼志》，谓古者巡守之礼，布在方策。秦、汉、曹魏，犹有巡幸之事，至晋世巡守遂废。引武帝泰始四年（269）诏，谓："古之王者，以岁时巡守方岳，其次则二伯述职，不然则行人巡省，撢人诵志。今使使持节侍中副给事黄门侍郎，衔命四出，周行天下。亲见刺史、二千石长吏，申喻朕心恳诚至意。访求得失损益诸宜。观省政治，问人间患苦。还具条奏，俾朕昭然，鉴于幽远，若亲行焉。"下叙宋武帝永初元年（420）遣使，文帝元嘉四年（427）、二十六年（449）东巡之事，其视之犹甚重。然克举其实者似鲜。其事亦仅间有之。如宋元嘉三年（426）、九年（432）、三十年（453），明帝泰始元年（466），皆尝遣使。北朝则高宗太安元年（455），高祖延兴二年（472），太和八年（484）、十四年（490），皆尝遣使。孝静帝天平二年（535），齐献武王以治民之官，多不奉法，请送朝士清正者，州别遣一人问疾苦。周武帝建德五年（576）遣使，诏意亦颇重视，皆见《纪》。至齐孝武，征求急速，以郡县迟缓，始遣台使，则擅作威福，其弊无穷，详见《齐书·竟陵王子良传》。后人所由訾遣使纵横，本非令典也。晋武帝访王浑以元会问郡国计吏方俗之宜。浑言："旧侍中读诏，诏文相承已久，非留心方国之意。请令中书，指宣明诏，不复因循常辞。又先帝时正会后东堂见征、镇长史、司马，诸王国卿，诸州别驾。今若不能别见，可前诣轩下，使侍中宣问，以审察方国。"其视之意亦甚重。然后亦寖成具文。北齐尚有其礼，见《隋书·礼仪志》。晋武帝泰始三年（268），尝诏郡、国守、相，三载一巡行属县。然范宁为豫章太守，欲遣十五议曹下属城采求风政，并吏假还讯问长吏得失，而徐邈与书，谓："非徒不足致益，乃是蚕渔所资。""自古已来，欲为左右耳目者，无非小人。"则虽守、相，欲明目达聪，犹不易也，况天朝乎？

晋武帝置南蛮校尉于襄阳，西戎校尉于长安，南夷校尉于宁州。元康中，护羌校尉后汉官。为凉州刺史，西戎校尉为雍州刺史，南蛮校尉为荆州刺史。江左初，省南蛮校尉。寻又置于江陵。改南夷校尉曰镇蛮校尉。及安帝时，于襄阳置宁蛮校尉。以授鲁宗之。宋世祖孝建中，省南蛮校尉。齐建元元年（479）复置。三年（481）省。延兴元年（494）置。建武省。护三巴校尉，宋置。建元二年（480），改为刺史。平蛮校尉，永平三年（510）置，隶益州。护匈奴、羌戎、蛮夷、越四中郎将，晋武帝置，或领刺史，或持节为之。武帝又置平越中郎将，居广州，主护南越。

官品之制，① 盖始曹魏？故《通典》叙魏官，皆明列品第。《宋书·百官志》

---

① 职官：官品始魏。

备列九品之官，谓其定自晋世，晋殆亦沿之于魏也？晋初限田及衣食客、佃客，皆以官品差多少。《隋书·经籍志》职官门，梁有徐宣瑜《晋官品》一卷。梁武帝天监初，命尚书郎蔡法度定令为九品。至七年革选，徐勉为吏部尚书，又定为十八班。以班多为贵。将军叙于百司之外，分十品、二十四班。《南史·勉传》云：天监初，官名互有省置。勉撰立选簿，有诏施用。其制开九品为十八班。自是贪冒苟进者，以财货取通，守道沦退者，以贫寒见没。则班盖为选举而设。陈亦分十八班。皆见《隋志》。元魏九品，皆分正从，一品之中，复析为上中下，则一品而分为六矣。太和二十三年（499），高祖次《职令》，世宗颁行之。四品已下，正从各分上下阶，一品犹析为四。北齐因之。周卢辩依《周礼》定官制，内外皆分九命，以多为贵，实亦九品也。《周书·文帝纪》：魏废帝三年（554），正月，始作九命之典，以叙内外官爵。以第一品为九命，第九品为一命。改流外品为九秩，亦以九为上。《宋志》所载，杂流技术，亦皆入品。至陈世则《隋志》云：官有清浊，又有流外七班，寒微之人为之。《魏书·刘昶传》载高祖临光极堂大选，亦言八族已上，士人品第有九，九品之外，小人之官，复有七等云。

官禄：《晋志》惟载诸开府位从公、食奉日五斛。大康二年（281），又给绢，春百匹，秋绢二百匹，绵二百斤。元康元年（291），给菜田十顷，驺十人。立夏后不及田者，食奉一年。特进、食奉日四斛。绢春五十匹，秋百五十匹，绵一百五十斤。菜田八顷，驺八人。光禄大夫、奉日三斛，绢春五十匹，秋百匹，绵百斤。菜田六顷，驺六人。尚书令、奉月五十斛，绢春三十匹，秋七十匹，绵七十斤。菜田六顷。驺六人。大子二傅同光禄大夫。五官。宋、齐、梁、陈，史皆不载。北齐之制，见于《隋志》。齐制多循后魏，盖魏亦如是也。《通鉴》陈宣帝大建七年（575）《注》，即以此为魏、齐之制。其制：官一品，每岁禄八百匹，二百匹为一秩。从一品，七百匹，一百七十五匹为一秩。二品六百匹，一百五十匹为一秩。从二品五百匹，一百二十五匹为一秩。三品四百匹，一百匹为一秩。从三品三百匹，七十五匹为一秩。四品二百四十匹，六十匹为一秩。从四品二百匹，五十匹为一秩。五品一百六十匹，四十匹为一秩。从五品一百二十匹，三十匹为一秩。六品一百匹，二十五匹为一秩。从六品八十匹，二十匹为一秩。七品六十匹，十五匹为一秩。从七品四十匹，十匹为一秩。八品三十六匹，九匹为一秩。从八品三十二匹，八匹为一秩。九品二十八匹，七匹为一秩。从九品二十四匹，六匹为一秩。禄率一分以帛，一分以粟，一分以钱。事繁者优一秩，平者守本秩，闲者降一秩。长兼、试守者，亦降一秩。官非执事、不朝拜者，皆不给禄。又自一品已下，至于流外、勋品，各给事力。一品至三十人。下至流外、勋品，或以五人为等，或以四人、三人、二人、一人为等。繁者加一等，平者守本力，闲者降一等。州、郡、县制禄之法：刺史、守、令下车，各前取一时之秩。上上州刺史，岁秩八百匹，与司州牧同，上中、上下，各以五十匹为差。中上降上下一百匹。中中及中下，亦以五十匹为差。下上降中下一百匹。下中、下下，亦各以五十匹为差。上郡太守，岁秩五百匹，降清都尹五十匹。上中、上下，各以五十匹为差。中上降上下四十匹。中中及中下，各以三十匹为差。下上降中下四十匹。下中、下下，各以二十匹为差。上上县，岁秩一百五十匹，与邺、临漳、成安三县同。上中、上下，各以十匹为差。中上降上下三十匹。中中及中下，各以五匹为差。下上降中下二十匹。下中、下下，各以十匹为差。州自长史已下，逮于史吏，郡县自丞已下，逮于掾佐，亦皆以帛为秩。郡有尉者减丞之半。皆以其所出常调课之。其镇将、戍主、军主副、幢主副，逮于掾史，亦各有差。诸州刺史、守、令已下，干及力皆听敕乃给。其干出所部之人，一干输绢十八匹，干身放之。力则以其州、郡、县白直充。卢辩之制：下士一命。一百二十五石。中士再命。已上，至于上大夫上士三命，下大夫四命，中大夫五命，上大夫六命。各倍之。上大夫是为四千石。卿七命。二分，孤八命。三分，公九命。四分各益其一。公因盈数为万石。其九秩一百二十石，八秩至于七秩，每二秩六分而下各去其一，二秩俱为四十石。凡颁禄，视年之上下。① 亩至四釜为上年，上年颁其正。三釜为中年，中年颁其半。二釜为下年，下年颁其一。无年为凶荒，不颁禄。

　　魏初百官无禄，读史者或以为异闻。然周制凶荒便不颁禄，与魏初亦何以异？历代丧乱之际，减禄或不颁禄者甚多，又不独一周世。《晋书·武帝纪》：泰始三年（268），九月，议增吏奉，赐王公已下帛有差。咸宁元年（275），又以奉禄薄，赐公卿已下帛有差。可见前此奉禄甚薄，是时虽增，亦不为厚。《简文帝纪》：咸安二年（372），三月，诏曰："往事故之后，百度未充，群僚常奉，并皆寡约。今资储渐丰，可筹量增奉。"是东渡之初，又曾减于西都也。孝武帝太元四年（379），三月，诏以"年谷不登，百姓多匮，九亲供给，众官廪奉，权可减半。"据《简文三子传》，是时司徒已下，仅月禀七升，则又不止于减半巳。宋文帝元嘉之治，见称江左，而二十七年二月，以军兴减百官奉三分之一。三月，淮南太守诸葛阐求减奉禄，同内百官，于是州及郡、县丞、尉，并悉同减。至孝武帝大明二年（458），正月，乃复郡县田秩，并九亲禄奉。《齐书·武帝纪》：永明元年（483），正月，诏曰："守宰禄奉，盖有恒准。往以边虞，沿时损益。今区宇宁宴，郡、县丞、尉，可还田秩。"则齐初又尝以兵事减外官奉。北魏班禄，始于太和八年（484），而及十九年（495），《纪》即言其减闲官禄以禆军国之用。《于忠传》云：太和中，军国多事。高祖以用度不足，百官之禄，四分减一。忠既擅权，欲以自固，乃悉归所减之禄。则又不仅闲官。《北史·齐本纪》，于文宣篡位后书：自魏孝庄巳后，百官绝禄，至是复给焉，则其末造又尝无禄也。盖行政经费，本在禄奉之外；而服官者当任职之时，随身衣食，悉仰于官，古人亦视为成法；则无禄者亦不过无所得耳，原不至不能自给，此凶荒之所由可绝禄也。郡县之官，取诸地方者，送迎之费为大。②《晋书·虞预传》：太守庾琛，命

---

① 职官：周颁禄视年上下，历代皆然不足实。

② 职官：送迎之费，居官时所资（即陋规），乞丐（打抽丰）。

为主簿。预上记陈时政所失，曰："自顷长吏，轻多去来。送故迎新，交错道路。受迎者惟恐船马之不多，见送者惟恨吏卒之常少。穷奢极费，谓之忠义，省烦从简，呼为薄俗。转相放效，流而不反。虽有常防，莫肯遵修。加以王途未夷，所在停滞，送者经年，永失播殖。一夫不耕，十夫无食，况转百数，所妨不訾？愚谓宜勒属县：令、尉去官者，人船、吏侍，皆具条列，到当依法减省，使公私允当。"曰有常防而莫肯遵修，欲使条列而为之减省，则因之为利，虽云贪黩，资以去来，原非违法，故《隋志》所载：梁世郡县吏有迎新送故之员，各因其大小而置；陈世郡县官之任、代下，有迎新送故之法，并以定令；可裁之以正而不能径去也。汉世黄霸，即以长吏数易，送故迎新。公私费耗为病，见《秦汉史》第十八章第四节。《南史·恩幸传》云：晋、宋旧制，宰人之官，以六年为限。近世以六年过久，又以三周为期，谓之小满。而迁换去来，又不依三周之制。送故迎新，吏人疲于道路。《魏书·高祖纪》：延兴二年十二月诏，亦以"官以劳升，未久而代，送故迎新，相属于路"为病。然此自迁代大数，送迎所费大多为之，于法、于理，之任、代下者，原不能令其自筹川费也。居官时之所资，《齐书·豫章王嶷传》言之，曰：宋氏已来，州郡秩奉及供给，多随土所出，无有定准。嶷上表曰："伏寻郡县长、尉，奉禄之制，虽有定科，其余资给，复由风俗。东北异源，西南各绪，习以为常，因而弗变。缓之则莫非通规，证之则靡不入罪。臣谓宜使所在，各条公用。公田秩石，迎送旧典之外，守、宰相承，有何供调，尚书精加洗核，务令优衷。事在可通，随宜开许。损公侵民，一皆止却。明立定格，班下四方，永为恒制。"从之。此所谓其余资给，盖即后世之陋规。取之者虽或损公侵民，循其本原所以供公用，故亦可洗核而不可禁绝也。《齐书·王秀之传》：出为晋平太守。至郡期年，谓人曰："此邦丰壤，禄奉常充。吾山资已足，岂可久留，以妨贤路？"遂上表请代。夫曰丰壤禄奉常充，则瘠土有不给者矣。此亦所谓各由风俗者欤？《南史·范云传》：迁零陵内史。旧政公田奉米之外，别杂调四千石。及云至郡，止其半。百姓悦之。此盖本供公用而浮取之者，能去其浮取之额，则为贤者矣。《梁书·良吏传》：伏暅为东阳太守。郡多麻苎，家人乃至无以为绳。《北齐书·裴让之传》：弟谳之，为许昌太守。客旅过郡，出私财供给，民间无所豫。是则当时守、令，日用交际，悉出民间。此似为非法，然禄既薄矣，不于此取之，将安取之？此亦未违随身衣食，悉仰于官之义。朱修之为荆州刺史，去镇之日，计在州然油及私牛马食官谷草，以私钱六十万偿之。褚玠为山阴令，在任岁余，守奉禄而已，去官之日，不能自致，留县境种菜自给。俭不可遵，转未免贤知之过也。特资用不由官给而由自筹，因之贪取者必众，故以立法论则究非良规。北魏崔宽，拜陕城镇将，诱接豪右，宿盗魁帅，得其忻心。时官无禄力，取给于民。宽善抚纳，招致礼遗，大有受取，而与之者无恨。此已为非道。若《南史·宗元饶传》言：合州刺史遣使就渚敛鱼，又令人于六郡丐米；《梁书·宗室传》言：益州守、宰、丞、尉，岁时乞丐，躬历村里：则更不成事体矣。令长为真亲民之官，故其所取，皆在民间。若州郡则有更取之于县者。《朱修之传》言其刺荆州时，百城觊赠，一无所受，可见时以有所受为常。《南史·傅昭传》言：昭迁临海太守，县令尝饷粟，置绢于簿下，昭笑而遣之，此亦必非独饷昭者也。侯景之乱，京官文武，月别惟得廪食，多遥带一郡县官而取其禄，《隋书·食货志》。则京官取资于外前世又早启其端矣。外官禄奉供给，取诸地方，盖随土所出，无画一之法。即内官亦或诸物杂给，① 但以钱论直。《梁书·武帝纪》：大通元年（527），五月，诏曰："百官奉禄，本有定数。前代以来，皆多平准。顷者因循，未遑改革。自今已后，可长给见钱。依时即出，勿令逋缓。"盖用实物者，平准或难优衷，故欲革其弊也。其给田者，亦病敛获之时，不能与在任之日相应。《宋书·良吏阮长之传》言：时郡县田禄，以芒种为断，此前去官者，则一年秩禄，皆入前人，此后去官者，则一年秩禄，皆入后人。元嘉末始改此科，计月分禄。此皆沿用实物之弊也。《隋书·苏孝慈传》云：先以百寮供费，台、省、府、寺，咸置廨钱，收息取给，孝慈以为官民争利，非兴化之道，上表请罢之。请公卿已下，给职田各有差。廨钱之制，当亦沿自南北朝时。盖许其回易，非如后世之存商取息，故以与民争利为病也。

第四节　选　举

晋、南北朝选法，最受人诋諆者，九品中正之制也。《三国·魏志·陈群传》云：文帝即王位，徙为尚书，制九品官人之法，群所建也，则其制实始汉末。魏时，弊即大著，夏侯玄极言之。晋初，刘毅、卫瓘、段灼、李重等又以为言。皆见《三国志》、《晋书》本传：然其制迄未能废。北朝亦放之。至隋乃罢。《梁书·敬帝纪》：大平二年（557），正月，诏诸州各置中正，依旧访举，不得辄承单状序官，皆须中正押上，然后量授，此遭乱旷绝，非法废也。《魏书·官氏志》：正始元年（504），十一月，罢郡中正。正光元年（520），十二月，罢诸州中正，郡定姓族，后复。其制：于州置大中正，郡置小中正，大中正亦称州都，②《廿二史考异》云：由避隋讳，《隋书·韦师传》：以杨雄、高颎为州都督，乃校者不达，妄加督字，《北史》亦同误，其说是也。然刘毅疏中，即有州都之名，则似非始于隋。《晋书·傅玄传》：子咸，迁司徒左长史。豫州大中正夏侯骏上言：鲁国小中正司马孔毓，四移病所，不能接宾，求以尚书郎曹馥代毓，旬日，复上毓为中正。司徒三却，骏故据正。咸以骏与夺惟意，乃奏免骏大中正。司徒魏舒，骏之姻

---

① 职官：禄诸物杂给，田禄断以时，难得公平。
② 选举：称大中正为州都，不由避隋讳。《宋书》作州都郡正。

属,屡却不署。咸据正甚苦。舒终不从。咸遂独上。舒奏咸激讪不直,诏转咸为车骑司马。《孝友传》:盛彦本邑大中正,刘颂举为小中正。据此二事,小中正用舍,大中正似可参与。以他官或老于乡里者为之。说据《十七史商榷》。故其名不见于《职官志》。梁大平二年(557),诏选中正每求耆德该悉,以他官领之。北齐之制,州大中正以京官为之,见《北齐书·许惇传》。刘毅年七十告老,久之见许,后司徒举为青州大中正,此则老于乡里者也。平骘人物,分为九品,而尚书据以选用。魏制三年一清定,晋世因之。《晋书·石季龙载纪》:季龙下书曰:"魏始建九品之制,三年一清定。从尒以来,遵用无改。自不清定,三载于兹,主者其更铨论。"

九品中正之制,何自起乎?曰:古代用人,以德为主。德行必本诸实事,而行实必征之乡里,故汉世风气,最重乡平。"魏氏承颠覆之运,起丧乱之后,人士流移,考详无地"。卫瓘语。"铨衡之寄,任当台阁。由是仕冯借誉,学非为己"。《宋书·臧焘徐广傅隆传论》。此实选法之大弊。又其时舆论所奖,率在虚名。负虚名者不必有才,即德行亦多出矫伪。参看《秦汉史》第十八章第四节。故魏武下令,欲求盗嫂受金之士。《三国·魏志·武帝纪》建安十五年(210)春、十九年十二月、二十二年八月令。顾亭林极诋之,谓"经术之治,节义之防,光武、明、章数世为之而未足,毁方败常之俗,孟德一人变之而有余"。见《日知录·风俗条》。不知汉世所谓经术之治,节义之防,举矫伪而不足信也。参看《秦汉史》自明。然此乃一时矫枉之为,未可用为恒典。故何夔建议,谓自"军兴以来,用人未详其本,各引其类,时忘道德。自今所用,必先核之乡闾,使长幼顺叙,无相逾越"。毛玠、崔琰典选,史称其所举用,皆清正之士。虽于时有盛名,而行不由本者,终莫得进。即欲核其行实,以破借誉之局也。欲核行实,必先使人有定居。人有定居,而中正之制可废矣。故李重言"九品始于丧乱,军中之政,非经国不刊之法"。病当时"人物播迁,仕无常朝,人无定处,郎吏蓄于军府,豪右聚于都邑"。欲除九品而开移徙,"明贡举之法,不滥于境外"。卫瓘亦欲"荡除末法,一拟古制。以土断定,自公卿已下,皆以所居为正,无复悬客,远属异土,使举善进才,各由乡论"也。然人士流移,非一朝可复;而吴平未几,五胡之乱复起,南北隔越,侨置之州郡县遂多,土断之法,盖终晋、南北朝之世,未能尽行;此则九品中正之法,所以相沿而不废也。

九品中正之弊,果何如乎?论者皆曰:用人不容不论其才,才又各有攸宜,中正品平,皆不能具。若论考绩,尤不应舍功实而采虚名。刘毅论九品曰:"人才异能,备体者寡。器有大小,达有早晚。前鄙后修,宜受日新之报。抱正违时,宜有质直之称。度远阙小,宜得殊俗之状。任直不饰,宜得清实之誉。行寡才优,宜获器任之用。是以三仁殊涂而同归,四子异行而均义。陈平、韩信,笑侮于邑里,而收功于帝王。屈原、伍胥不容于人主,而显名于竹帛。是笃论之所明也。"案此等玄鉴,知人则哲,存乎其人,实非可责诸凡为中正者。然毅又曰:"凡官不同事,人不同能。得其能则成,失其能则败。今品不就才能之所宜,而以九等为例。以品取人,或非才能之所长,以状取人,则为本品之所限。"又曰:

"既已在官，职有大小，事有剧易，各有功报，此人才之实效，功分之所得也。今则反之，于限当报，虽职之高，还附卑品；无绩于官，而获高叙，是为抑功实而隆虚名也。"此则确为中正之所负矣。故中正之法，必不可用，似也。然中正之设，本所以核行实；而乡里清议，大都只能见其德行，①论才任用，据功考课，本当别有专司；论九品之语甚多，其实夏侯玄之言，已尽之矣。玄谓"铨衡专于台阁，上之分也。孝行存乎闾巷，优劣任之乡人，下之叙也。夫欲清教审选，在明其分叙，不使相涉而已。"欲"令中正但考行伦辈，官长各以其属能否，献之台阁，台阁据之，参以乡间德行之次，拟其伦比。"即欲使中正惟论德行，余事委之他司也。以是为中正咎，中正不任受怨也。中正之设，据行实以登下其品第，以是立名教之防，使知名勇功之士，不敢有裂冠毁冕之为；中正所论，惟在德行，尤重当时所谓名教之防。陈寿遭父丧，有疾，使婢丸药，客见之，乡里以为贬，坐是沉滞累年。阎缵父卒，继母不慈。缵事惟谨，而母疾之愈甚。乃诬缵盗父时金宝，讼于有司。遂被清议十余年。谢惠连爱幸郡吏杜德灵，居父忧，赠以五言诗十余首，坐废不豫荣伍。《文献通考》引此三事，病其法大拘。此等事若悉举之，尚更仆难尽。然如《晋书·孔愉传》：谓愉为司徒长史，以温峤母亡，遭丧不葬，乃不过其品。及苏峻平，峤有重功，愉往石头，诣峤，峤执愉手而流涕曰："天下丧乱，忠孝遂废，能持古人之节，岁寒不凋者，君一人耳。"时人咸称峤居公，而重愉之守正。愉之执持，曷尝有妨于峤之宣力，而使名教之防益峻，岂能谓为无益？若云其所谓名教者本不足存，此则别是一义，不能以责当时之士也。抑且考论辈行，使登用雁行有序，则可以息奔竞之风；原不能谓为无益。所可惜者，其后并此而莫能举。欲以息奔竞之风，而奔竞更甚。终至上品无寒门，下品无世族。刘毅语。中正之弊，盖以此为最深。《宋书·恩幸传》论其事曰："汉末丧乱，魏武始基，军中仓卒，权立九品，盖以论人才优劣，非为世族高卑。因此相沿，遂为成法，自魏至晋，莫之能改。州都、郡正，以才品人，而举世人才，升降盖寡，徒以冯藉世资，用相陵驾。都、正俗士，斟酌时宜，品目少多，随事俯仰。刘毅所谓下品无高门，上品无贱族者也。岁月迁讹，斯风渐笃。凡厥衣冠，莫非上品。自此以还，遂成卑庶。"可见其法立而弊即生，且降而弥甚矣。中正之设，原欲以息奔竞，然刘毅讥其"随世兴衰，不顾才实，衰则削下，兴则扶上"；段灼亦谓"据上品者非公侯之子孙，则当涂之昆弟"；是益其奔竞也。《魏书·世宗纪》，载正始二年（505）诏，谓"中正所铨，惟在门第"，可谓南北一辙。然《孙绍传》：绍表言："中正卖望于乡里，主案舞笔于上台，真伪浑清，知而不纠。"则并辨别姓族而有所不能矣。晋武帝咸熙二年（265），尝诏诸郡中正，以六条举淹滞，可知立法之意，正与后来之所行相反也。而其人又或快意恩仇，《晋书·何曾传》：曾子劭蘉，子岐嗣。劭初亡，袁粲吊岐，岐辞以疾，粲独哭而出，曰："今年决下婢子品。"王铨谓之曰："知死吊死，何必见生？岐前多罪，尔时不下，何公新亡，便下岐品，人谓中正畏强易弱"，粲乃止。使如粲意行之，则诚所谓衰则削下，兴则扶上者矣。受纳货贿，李宣茂兼定州大中正，坐受乡人财货，为御史所劾，除名为民，见《魏书·李灵传》。又阳尼，出为幽州平北府长史，带渔阳太守，未拜，坐为中正时受乡人财货免官。结交朋党，刘毅言："前九品诏书，善恶必

书，以为褒贬。当时天下，少有所忌。今之九品，所下不彰其罪，所上不列其善，废褒贬之义，任爱憎之断，清浊同流，以植其私。故反违前品，大其形势，以驱动众人，使必归己。天下安得不解德行而锐人事？"案卫瓘亦言："魏立九品之制，其始造也，乡邑清议，不拘爵位，褒贬所加，足为劝厉，犹有乡论余风。① 中间渐染，遂计资定品。使天下观望，惟以居位为贵人。"是中正之初，尝有激扬之效，而后乃至于败坏也。然其败坏亦可谓速矣。而上之人选任之亦日轻。《晋书·李含传》：陇西狄道人，侨居始平。司徒选含领始平中正。据传咸表，含自以陇西人，虽户属始平，非所综悉，反覆言辞，是中正必以当地人为之也。②《刘毅传》：司徒举毅为青州大中正。尚书以毅县车致仕，不宜劳以碎务。孙尹表言："臣州茂德惟毅，裁毅不用，则清谈倒错矣。"《何充传》：领州大中正。以州有先达宿德，固让不拜。是中正必以著德为之也。然《魏书·文苑传》：聿修年十八而领本州中正，则几于乳臭矣。又恩幸，如王仲兴、茹皓、赵邕、侯刚、刚子详，奄官如平季、封津，皆为中正，则正人君子，必羞与为伍矣。仲兴世居赵郡，自以寒微，云旧出京兆霸城县，故为雍州大中正。皓旧吴人，父家居淮阳，上党。既宦达，自云本出雁门。雁门人谄附者，因荐皓于司徒，请为肆州大中正。则并籍贯而不能理矣。于是正论湮而怨讼敌仇之事且因之而起矣。《晋书·王戎传》：孙秀为琅邪郡吏，品于乡议。戎从弟衍将不许，戎劝品之。及秀得志，朝士有宿怨者皆被诛，而戎、衍获济。刘毅论九品之弊曰："自王公以至于庶人，无不加法，置中正委以一国之事，无赏罚之防。人心多故，清平者寡，故怨讼者众。听之则告讦无已，禁绝则侵枉无极。与其理讼之烦，犹愈侵枉之害。今禁讼诉，则杜一国之口，培一人之势，使得纵横，无所顾惮"。此已为非体，然能禁其讼诉，而不能禁其私相仇。故毅又谓其"恨结于亲亲，猜生于骨肉，当身困于敌仇，子孙雁其殃咎也。"其为祸可谓博矣。此亦行法者之弊，不能尽归咎于立法也。

秀、孝为州、郡常举，晋、南北朝，亦沿汉法。后汉避光武讳，改秀才曰茂才。魏复曰秀才。晋江左，扬州岁举二人；诸州举一人，或三岁一人，随州大小。并对策问。孝廉：魏初制口十万以上岁一人，有秀异不拘户口。江左以丹阳、吴、会稽、吴兴并大郡，岁各举二人。《宋书·百官志》。周宣帝诏制九条，宣下州郡。八曰州举高才博学者为秀才，郡举经明行修者为孝廉。上州、上郡岁一人，下州、下郡三岁一人。《周书·本纪》。高齐亦下州三岁一举秀才。见《北齐书·文苑樊逊传》。

策试之法，时有兴替。《晋书·孔坦传》云：先是以兵乱之后，务存慰悦，远方秀、孝，到不策试，普加除署。至是，帝元帝。申明旧制，皆令试经。有不中科，刺史、太守免官。大兴三年（320），秀、孝多不敢行。其有到者并托疾。帝欲除署孝廉，而秀才如前制。坦奏议曰："古者且耕且学，三年而通一经。以平康之世，犹假渐渍，积以日月。自丧乱已来，十有余年，干戈载扬，俎豆礼

① 选举：中正初善恶必书，盖乡论余风。
② 选举：中正初必用本地人。

戢，家废讲诵，国阙庠序，率尔责试，窃以为疑，然宣下已来，涉历三载。累遇庆会，遂未一试。扬州诸郡，接近京都，惧累及君父，多不敢行。远州边郡，掩诬朝廷，冀于不试，冒昧来赴。既到审试，遂不敢会。臣愚以为不会与不行，其为阙也同。若当偏加除署，是为肃法奉宪者失分，徼幸投射者得官。王命无贰，宪制宜信。去年察举，一皆策试。如不能试，可不拘到，遣归不署。又秀才虽以事策，亦泛问经义。苟所未学，实难暗通。不足复曲碎乖例，违旧造异。谓宜因不会，徐更革制。可申明前下，崇修学校，普延五年，以展讲习。"帝纳焉。听孝廉申至七年，而秀才如故。据此，申明试经旧制，事在建武、大兴之间。《抱朴子·审举篇》曰："江表虽远，密迩海隅，然染道化，率礼教，亦既千余载矣。往虽暂隔，不盈百年，而儒学之事，亦未偏废。昔吴王初年，附其贡士，见偃以不试。今大平已近四十年，犹复不试，所以使东南儒业，衰于在昔也。"自吴之亡，至大兴三年（320），凡四十年，葛氏此篇，当即作于建武、大兴之间。然则北方秀、孝之试，自八王搆乱而旷绝，南方则晋世本未尝试也。尔后试法盖复，然亦有名无实，《五行志》：成帝咸和七年（332），正月，丁巳，会州、郡秀、孝于乐贤堂。有麇见于前，获之。自丧乱已后，风教陵夷，秀、孝策试，乏四科之实。麇兴于前，或斯故乎？其征也。《宋书·武帝纪》：义熙七年（411），先是诸州、郡所遣秀才、孝廉，多非其人，公表天子，申明旧制，依旧策试，则晋末又尝旷绝矣。岂以桓玄之乱故欤？此后清平时恒有策试之法，间亦有亲策之举，如宋武帝永初二年（421），齐武帝永明四年（486），魏孝文帝太和十六年（492），北齐武成帝河清二年（563）是也。胡灵后亦尝亲策秀、孝及州、郡计吏于朝堂，见《魏书》本传。

马贵与言："自孝文策晁错之后，贤良方正，皆承亲策，上亲览而第其优劣。至孝昭，年幼未即政，故无亲策之事。乃诏有司，问以民所疾苦。然所问者，盐铁、均输、榷酤，皆当时大事。令建议之臣，与之反覆诘难，讲究罢行之宜。其视上下相应以义理之浮文者，反为胜之。国家以科目取士，士以科目进身者，必如此，然后为有益人国耳。"又谓："汉武帝之于董仲舒也，意有未尽，则再策之，三策之，晋武帝之于挚虞、阮种也亦然。"此论虽指贤良，然《晋书·王接传》云：永宁初学秀才。友人遗接书劝无行，接报书曰："今世道交丧，将遂剥乱，而识智之士，钳口韬笔。非荣斯行，欲极陈所见，冀有觉悟耳。"是岁三王义举，惠帝复阼，以国有大庆，天下秀才，一皆不试。[①] 接以为恨。是凡对策者皆可极陈所见也。然观孔坦之言，则知秀才策试，亦已兼用经义，[②] 而孝廉无论矣。《晋书·魏舒传》：年四十余，察孝廉。宗党以舒无学业，劝令不就，可以为高。舒不

---

① 选举：国有大庆而秀孝不试。
② 选举：秀孝亦试经。

听。自课百日习一经，对策升第。其所试者，盖全为经生之业矣。《石勒载记》言勒立秀孝试经之制，必有所受之也。其后秀才对策，又兼重文辞。南北皆然。此弊北朝尤甚。《北齐书·儒林传》：刘昼，河清初举秀才，考策不第，乃恨不学属文，方复缉缀辞藻，马敬德，河间郡王将举其孝廉，固辞。乃诣州求举秀才。举秀才例取文士，州将以其纯儒，无意推荐。敬德请试方略。乃策问之。所答五条，皆有文理。乃欣然举选。至京，依秀才策问。惟得中第。乃请试经业。问十条并通。擢授国子助教。盖儒生之于文辞，究非专长也。南朝似尚不至此。然《梁书·文学传》谓何逊举秀才，范云见其策，大相称赏。谓所亲曰："顷观文人，质则过儒，丽则伤俗，合清浊，中古今，得之何生矣。"则考策者虽非徒重文辞，亦非不重文辞矣。《江淹传论》载姚察之辞曰："二汉求士，率先经术，近世取人，多由文史。"可以见其所偏矣。遂寖成考试之法，无复谘访之意矣。惟魏孝文太和七年（483）诏言："朕每思知百姓之所疾苦，故具问守宰苛虐之状于州郡使者、秀孝、计掾。而对文不实，甚乖朕虚求之意。宜案以大辟，明罔上必诛。然情犹未忍。可恕罪听归。申下天下：使知后犯无恕。"所答虽不副所求，而其问之，则实得汉世策问贤良之意。盖以魏起代北，风气究较质朴故也。

言有发于千百年之前，而于千百年后之事若烛照而数计者，葛洪《选举》之篇是也。洪谓秀、孝皆宜如旧试经答策，而"防其所对之奸"。欲"使儒官才士，豫作诸策，禁其留草，殿中封闭，临试之时亟赋之。当答策者，皆会着一处。高选台省之官，亲监察之。又严禁之。其交关出入，毕事乃遣"。又设难曰："能言不必能行，今试经对策虽过，岂必有政事之才乎？"而答之曰："如其舍旃，则未见余法之贤乎此也。假令不能尽得贤才，要必愈于了不试也。自有学不为禄，味道忘贫，若法高卿、周生烈者，万之一耳。至于宁越、儿宽、黄霸之徒，所以强自笃厉，非天性也，皆由患苦困瘁，欲以经术自拔耳。使非汉武之世，朱买臣、严助之属，亦未必读书也。今若遰迍一例，明课考试，必多负笈千里，以寻师友；转其礼略之费，以买记籍者。"故"试经法立，则天下可不立学官而人自勤学"。案后世科举之利，在于官不立学，虽立亦徒有其名，而民自乡学，文教由是覃敷也。其制不足以必得才，而究愈于不试，而其试之则关防不得不严。唐、宋、明、清之事，可以为证。而葛氏发之于千百年之前，亦可谓圣矣。何以克圣？理有必至，势有固然，察之者精，故言之者审也。汉世丞相，四科取士：一曰德行高妙，志节清白，二曰经中博士，三曰文中御史，四曰才任三辅令。一者德，四者才，二者儒学，三者文法之学也。① 德与才皆不可以言试，故左雄选孝廉之法，诸生试家法，文吏课笺奏，实即四科之二三。黄琼以雄所上专于儒学、文吏，于取士之义，犹有所遗，奏增孝弟及能从政者，则欲补之以四科之一四耳。参看《秦汉史》第十八章第四节。秀、孝试经，皆即儒学，文法之学，

---

① 选举：举人不过才德，学之又分儒法。

实切于用，而魏、晋以后，选士之制阙焉，故葛氏又欲取明律令者试之如试经。当时试孝廉之法，实即后世明经之科，秀才之科，唐以后虽废绝，然南北朝末，人重文辞，唐进士科之所试，实即前此之所以试秀才者也。明法之科，则即汉世丞相取士四科之三，左雄之所以试文吏，而亦即葛氏所欲举者。惜其视之大轻，故葛氏所病弄法之吏，失理之狱，仍不绝于后世也。汉时射策之法，亦见《秦汉史》第十八章第四节，此即后世帖经、墨义之法所本，秀才试经，或异乎此，然亦即后世试大义之法也。

孝廉之举，本重行实，魏、晋而后，仍有此意。《宋书·孝义传》，吴兴太守王韶之发教：谓"孝廉之选，必审其人。虽四科难该，文质寡备，必能孝义迈俗，拔萃著闻者"。乃察潘综、吴逵为孝廉，并列上州台，陈其行迹，则其事矣：韶之初擢逵补功曹史，逵以门寒，固辞不受，乃举为孝廉。又郭世通，会稽永兴人。太守孟颛察孝廉，其子原平，太守王僧朗察孝廉，皆不就，太守蔡兴宗，又欲举原平次息为望孝，与会土高门相敌。详见第十八章第一节。则孝廉之选，颇有不拘门第者。故史臣谓"汉世士务治身，忠孝成俗，至于乘轩服冕，非此莫由，晋、宋以来，风衰义缺，刻身厉行，事薄膏腴，孝立闺庭，忠被史策，多发沟畎之中，非出衣簪之下"也。然此言实因果倒错。核其实，盖由斯时膏腴之士，别有出身，不藉行誉，故孝义获举，偏在穷檐耳。《自序》言：沈邵为安成相，郡民王孚，有学业志行，见称州里，邵莅任未几而孚卒。邵赠以孝廉。其所以风厉之者，可谓至矣。然《袁粲传》言：粲坐纳山阴民丁彖文货，举为会稽郡孝廉免官。《梁书·文学传》：高爽，齐永明中赠王俭诗，为所赏，及领丹阳尹，举爽孝廉，则藉贿赂、交游而得之者，亦在所不免矣。魏韩麒麟尝以州郡贡察，但检门望为病，见第十八章第一节。则拔忠孝于沟畎之中，究亦罕有之事也。

特诏选举，晋初为盛。《武帝纪》：泰始四年（269），十一月，诏王公卿尹及郡、国守、相举贤良方正直言之士。五年（270），十二月，诏州、郡举勇猛秀异之才。七年（272），六月，诏公、卿以下举将帅各一人。八年（273），二月，诏内外群官举任边郡者各三人。大康九年（288），五月，诏内外群官举守、令之才。后世虽间有特诏，而希矣。《成帝纪》：咸和六年（331），三月，诏举贤良直言之士。十一月，诏举贤良。八年（333），正月，令诸郡举力人能举千五百斤以上者。《马隆传》云：泰始中，将兴伐吴之役，下诏曰："吴会未平，宜得猛士，以济武功。虽旧有荐举之法，未足以尽殊才。其普告州郡：有壮勇秀异，才力杰出者，皆以名闻。将简其尤异，擢而用之。苟有其人，勿限所取。"兖州举隆才堪良将。此即《纪》所载五年十二月之诏也。观于凉州之役，见第二章第二节。隆诚不愧壮勇秀异之目矣。《王衍传》：泰始八年（273），诏举奇材可以安边者。衍初好论纵横之术，故尚书卢钦举为辽东太守，不就。则非徒举其所知，亦且指所宜任，诚得举才之道矣。惜乎后世，此等举措不恒有也。以至孝等实行获举者，多见《孝义》

等传中，此风厉之意多，求才之意少。北朝斯举亦罕。惟魏孝文太和十九年（495），十月，尝诏州郡："诸有士庶，经行修敏，文思逸逸，才长吏治，堪干政事者，以时发遣。"出于常举之外。

马贵与云："任子法始于汉，尤备于唐。汉、唐史列传，凡以门荫入仕者，皆备言之。独魏、晋、南北史，不言门荫之法，列传中亦不言以门荫入仕之人。盖两汉入仕，或从辟召，或举孝廉，至隋、唐则专以科目。以门荫入仕者，皆不由科目与辟召者也。魏、晋以九品中正取人，所取多以世家为主。南北分裂，凡三百年，用人亦多取世族。南之王、谢，北之崔、卢，虽朝代推移，犹印然以门地自负，上之人亦缘其门地而用之。其时仕者，或从辟召，或举孝廉，虽与两汉无异，而从辟召举孝廉之人，则皆贵胄也。史传不言以荫叙入官，盖以见当时虽以他途登仕版，居清要，亦皆世家也。"案《魏书·房亮传》言：其时边州刺史，例得一子出身。荫叙之法可考者，惟此而已。

刘毅病晋武卖官，钱入私门，见第二章第一节。北齐后主赐佞幸卖官，见第十四章第四节。皆弊政非弊法。惟宋明帝泰始二年（467），三月，令人入米七百石者除郡，减此各有差。《南史·本纪》。魏明帝孝昌三年（527），二月，诏凡能输粟入瀛、定、岐、雍四州者，官斗二百斛赏一阶。入二华州者，五百石赏一阶。不限多少，粟毕授官。《魏书·本纪》。庄帝班入粟之制：输粟八千石赏散侯，六千石散伯，四千石散子，三千石散男。职人输七百石，赏一大阶，授以实官。白民输五百石，听依第出身，一千石加一大阶。无第者输五百石，听正九品出身，一千石加一大阶。诸沙门有输粟四千石入京仓者，授本州统。若无本州者，授大州都。若不入京仓，入外州郡仓者，三千石畿郡都、统，依资格。若输五百石入京仓者，授本郡维那。其无本郡者，授以外郡。粟入外州郡仓七百石，京仓三百石者，授县维那。《魏书·食货志》。则皆卖官之法也。

回避之法，此时仍有之。《晋书·华表传》：子廙，妻父卢毓典选，难举姻亲，年三十五不得调。此犹曰人自避嫌，法无明禁也。刘弘之受敕选补荆部守宰也，见下。以襄阳授皮初，而朝廷用弘婿夏侯陟，弘乃表陟姻亲，旧制不得相监，卒以授初，则其制仍存矣。《周书·柳敏传》：河东解县人，起家员外散骑侍郎，累迁河东郡丞。朝议以敏之本邑，故有此授。敏虽统御乡里，而处物平允，甚得时誉。然则统御乡里，处事易于不平，寻常选用，亦或有回避之科矣。

禁锢之科，清议特重。《隋书·刑法志》：谓梁士人有禁锢之科，亦以轻重为差。其犯清议，则终身不齿。陈重清议禁锢之科。若缙绅之族，犯亏名教，不孝及内乱者，发诏弃之，终身不齿。先与士人为婚者，许妻家夺之。南朝惟革易之初，每加荡涤。见诸本纪诏。魏胡灵后之立钊，亦诏清议禁锢，悉与蠲除焉。叛逆之家，亦待诏书而免。《晋书·忠义传》：沈劲，年三十余，以刑家子，不得仕进。郡将王胡之深异之，及迁司州，将镇洛阳，上疏言："其门户累蒙旷荡，不审可得特垂沛然，许臣所上不？"诏听之。此特免一人者也。《宋书·孝武帝纪》：孝建二年（455），九月，诏曰："在朕受命以前，犯衅之门，尚有存者，子弟可随才署吏。"则普与蠲除矣。盖所以安反侧也。

　　选授之权，实在吏尚。《宋书·蔡廓传》：征为吏部尚书。因傅隆问中书令傅亮："选事若悉以见付不论，不然，不能拜也。"亮以语录尚书徐羡之。羡之曰："黄门郎已下，悉以委蔡，吾徒不复厝怀。自此以上，故宜共参同异。"廓曰："我不能为徐干木署纸尾也。"干木羡之小字。选案黄纸，录尚书与吏部尚书连名，故廓云纸尾。遂不拜。可见吏部尚书，虽"由来与录共选"，谢庄传孝武诏语。实权皆在尚书矣。遇猜忌之主，或近习专朝，则令、录、尚书，有共失其权者。宋孝武虑权移臣下，分吏部尚书置二人。见《宋书·谢庄、孔觊传》。前废帝时，蔡廓子兴宗掌吏部，义恭录尚书，兴宗每陈选事，戴法兴、巢尚之等辄点定回换，已见第九章第三节。《梁书·王亮传》，言其建武末为吏部尚书，右仆射江祏管朝政，多所进拔，为士子所归。亮自以身居选部，每持异议。及祏遇诛，群小放命，凡所除拜，悉由内宠，亮更弗能止。皆其事也。山涛典选，史所称美，然又言其再居选职，十有余年，每一官缺，辄启拟数人，诏旨有所问，然后显奏，随帝意所欲为先，则逢迎人主，不任受德，亦不任受怨者耳。《外戚传》：王蕴，迁吏部尚书郎。每一官缺，求者十辈。蕴无所是非。时简文帝为会稽王，辅政，蕴辄连状白之，曰：某人有地，某人有才。此亦山涛之类，而皆获美誉，足见毁誉多操诸庸夫之口也。北朝亦重吏部。《魏书·任城王澄传》：从孝文幸邺宫，除吏部尚书。及幸代，车驾北巡，留邺铨简旧臣。初魏自公侯已下，迄于选臣，动有万数，冗散无事。澄品为三等，量其优劣，尽其能不之用，咸无怨者，其真允当与否不可知，其权则可谓大矣。《晋书·刘弘传》：弘为荆州时，荆部守宰多阙，弘请补选，帝从之。其表文言被中诏，敕臣随资品选补诸缺吏。此则丧乱时事，不可视为常法者也。魏初尝置护军主武官选，《宋书·百官志》。可参看上节。晋景帝为中护军，为选用之法，见《本纪》。

　　汉世人才，萃于郎署。魏、晋以来，光禄勋无复三署郎，[①] 犹举四行，《宋书·百官志》。则徒有其名而已。吏部尚书，以一人之鉴，照察天下，魏崔亮语。夫安得尽其才？故当时论者，多欲使群官并举。卫瓘论九品之疏曰："今除九品，则宜准古制，使朝臣共相举任。于出才之路既博，且可以厉进贤之公心，核在位之明暗。"刘寔作《崇让论》，欲使"人臣初除，各推贤能而让之，让之文，付主者掌之，有缺，择所让最多者而用之"。此名为让，其实荐也。宋孔宁子陈损益，欲使天朝四品官，外及守牧，各举一人堪为二千石长吏者，以付选官，随缺叙用，得贤受赏，失举任罚。见《宋书·王华传》。殷景仁

---

　　① 选举：无郎署，吏尚以一人照察天下，案当助之者中正。

亦建议：宜令百官举才，以所荐能否为黜陟。谢庄亦上表曰："九服之旷，九流之艰，提钧县衡，委之选部。一人之鉴易限，天下之才难原，以易限之鉴，镜难原之才，使国闱遗授，野无滞器，其可得乎？宜普命大臣，各举所知，以付尚书，依分铨用。若任得其才，举主延赏，有不称职，宜及其坐，重者免黜，轻者左迁。被举之身，加以禁锢。年数多少，随愆议制。若犯大辟，则任者刑论。"凡此建白。皆欲救以一人之鉴，照察天下之弊也。保任连坐，似失之酷，然邻诉言："自顷长吏，有亡命而购县，有缚来而绞戮。贪鄙窃位，不知谁升之者，兽儿出槛，不知谁可咎者，网漏吞舟，何以过此？"则其时官方，败坏日甚，亦有所不得已也。然其事迄不能行也。选法既弊，奔竞之风大盛。《晋书》所载，邵诜一对，刘颂、熊远二疏，陈頵与王导书，及刘寔《崇让》，王沈《释时》之论，沈见《文苑传》。《传》云：元康初，松滋令吴郡蔡洪作《孤奋论》，与《释时》意同，而不载其文。言之最为痛切。综其弊，则掌选者不守定法而冯人事，士不务学行而立虚誉，实仍季汉之余风耳。欲救其弊，范宁"验其乡党，考其业尚，试其能不"三言尽之。然终莫能行者，可见破除私党之难也。

选法之坏。齐末为最，《梁书·武帝纪》载帝中兴二年（502）表曰："谱牒讹误，诈伪多绪；人物雅俗，莫肯留心；是以冒袭良家，即成冠族；妄修边幅，便为雅士；负俗深累，遂遭宠擢，墓木已拱，方被徽荣。故前代选官，皆立选簿。应在贯鱼，自有铨次。胄籍升降，行能臧否，或素定怀抱，或得之余论。此可见当日论才，虽冯衡鉴，平时亦有记注，不能临时冯亿进退也。[①]临时冯亿进退，必为奸弊之原。故得简通宾客，无事扫门。顷代陵夷，九流乖失。其有勇退忘进，怀质抱真者，选部或以未经朝谒，难于进用。或有晦善藏声，自埋衡荜，又以名不素著，绝其阶绪。必须画刺投状，然后弹冠。则是驱迫廉捷，奖成浇竞。愚谓自今选曹，宜精隐括，依旧立簿。使冠履无爽，名实不违。庶人识涯涘，造请自息。"此可见选曹守法之要，而黩缘奔竞之风，悉由掌选者先自毁法启之矣。梁世徐勉在选曹，亦撰《选品》五卷。《魏书·景穆十二王传》：御史中尉东平王匡，奏请取景明元年（500）以来，内外考簿，吏部除书，中兵勋案，并诸殿最，欲以案校窃阶盗官之人。灵大后许之，任城王澄不同而止。《孝静帝纪》：武定六年（548），四月，吏部令史张永和，青州人崔阔等伪假人官，事觉纠检，首者六万余人。选司奸利，真足惊骇。丧乱之际，尤不可问。徐陵述陈初情形曰："员外常侍，路上比肩，谘议参军，市中无数。"《魏书·后废帝纪》：中兴元年（531），十一月，诏无识之徒，缪增军级，虚名显位，皆言前朝所授，则其事。高隆之奏请检括，卒以群小喧嚣，惧而中止，见第十四章第一节。可见整顿之难矣。

刺史官属：《宋书·百官志》云：今有别驾、西曹，主吏及选举事。西曹，即汉之功曹书佐也。又云：宋大祖元嘉四年（427），复置郡官属，略如公府。无

---

① 选举：冯衡鉴者，平时亦有记注，次序则有选簿，不能全凭忆。

东西曹。《晋书·蔡谟传》：父克，成都王颖为丞相，擢为东曹缘。苟进之徒，望风畏惮。有功曹史主选举。《晋书·刘毅传》云：少厉清节。然好臧否人物。王公贵人，望风惮之。侨居平阳，太守杜恕请为功曹，沙汰郡吏百余人，三魏称焉。为之语曰："但闻刘功曹，不闻杜府君。"王韶之擢吴逵为功曹史，逵以门寒，固辞不受，已见前。《晋书·虞预传》：余姚风俗，各有朋党。宗人共荐预为县功曹，欲使沙汰秽浊。预书与其从叔父曰："邪党互瞻，异同蠭至。一旦差跌，众鼓交鸣。毫厘之失，差以千里。此古人之炯戒，而预所大恐也。"卒如其言，未半年，遂见斥退。可见功曹所系之重，而亦可见其不易为矣。州郡用人，多不详审，观苏绰所为六条诏书可知。见第十八章第一节。杨公则为湘州，所辟引皆州郡著姓，而梁武帝班下诸州以为法，亦见第十八章第一节。是则明目张胆，惟论门资也。《梁书·张稷传》：'出为吴兴太守。下车存问遗老，引其子孙，置之右职。又《大祖五王传》：安成康王秀，出为江州刺史。闻前刺史取陶潜曾孙为里司，叹曰："陶潜之德，岂可不及后世？"即日辟为西曹。此名为养老尊贤，实亦以门阀用人也。甚有如隋文帝年十四而为功曹者。见《隋书·本纪》。尚可托以选用乎？门阀而外，势家干谒尤多。陶侃以范逵之言，庐江召为督邮，已见第四章第三节。《晋书·刘卞传》：本兵家子。少为县小吏。功曹夜醉如厕，使卞执烛，不从。衔之，以他事补亭子。有祖秀才者谓县令，令即召为门下史。卞兄为大子长兵，既死，兵例须代，功曹请以卞代兄役。令曰：祖秀才有言。遂不听。《束晳传》：与兄璆俱知名。璆娶石鉴从女，弃之，鉴以为憾，讽州郡，公府不得辟，故晳等久不得调。《李含传》：陇西狄道人也。侨居始平。两郡并举孝廉。安定皇甫商，州里年少，恃豪族，以含门寒微，欲与结交。含距而不纳。商恨焉。遂讽州，以短檄召含为门亭长。① 参看第三章第三节。《周书·柳庆传》：父僧习，为颍川郡。地接都畿，民多豪右，将选乡官，皆依倚贵势，竞来请托。② 可见其门如市之概矣。《魏书·显祖纪》：和平六年（465），九月，诏曰："先朝以州牧亲民，宜置良佐，故敕有司，班九条之制，使前政选吏，以待俊乂。然牧司宽惰，不祇宪旨，举非其人，愆于典度。今制刺史、守、宰，到官之日，自举民望忠信，以为选官。不听前政，共相干冒。若简任失所，以罔上论。"立法初意，盖以新任之官，不习当地情形，故委前政与之相参，而不意其遂为奸弊之薮也。州郡之职，本非志士所乐为，《魏书·李孝伯传》：父曾，郡三辟功曹不就。门人劝之。曾曰："功曹之职，虽云乡选高第，犹是郡吏耳。北面事人，亦何容易？"州辟主簿。到官月余，乃叹曰："梁敬叔有云：州郡之职，徒劳人意耳。"遂还家讲授。故延高贤者或不屈以吏职。唐彬为雍州，延致处士皇甫申叔等四人，不屈以吏职，见《晋书》本传。而其轻之如此，尚安

---

① 文具：短檄。

② 职官：乡官乡选，其弊。案此隋之所以不得不革。

望得人乎?

门第用人,斯时为盛。大抵职闲廪重,则贵势交争,烦缛之职,皆非所乐处。参看第十八章第一节。至于吏姓寒人,侨杂伧楚,则其官位,皆有所极。《梁书·文学传》:钟嵘于天监初上言,谓:"永元军官,是素族士人,自有清望;因斯受爵,一宜削除。若吏姓寒人,听极其门品,不当因军,遂滥清级。若侨杂伧楚,应在绥抚,正宜严断禄力,绝其妨正,直乞虚号而已。"敕付尚书行之。《周书·薛憕传》:河东汾阴人。曾祖弘敞,直赫连之乱,率宗人避地襄阳。江表取人,多以世族。憕既羁旅,不被擢用。又贵族入仕极早。梁武虽欲革其弊,天监四年(505)诏,见第十八章第一节。亦卒不能除也。《梁书·朱异传》:旧制,年二十五,方得释褐。异适二十一,特敕擢为扬州议曹从事史。此虽出特敕,然如张缅、张缵等起家之早,则仍沿旧习也。见第十八章第一节。《南史·顾协传》:张率尝荐之于梁武,帝问协年,率言三十有五。帝曰:"北方高凉,四十强仕,南方卑湿,三十已衰,如协便为已老。但其事亲孝,与友信,亦不可遗之草泽,卿可称敕唤出。"三十为老,① 前古未闻,特缘当时贵胄入仕,皆习于早,乃以三十为已老耳。魏孝文谓刘昶:小人之官,别有七等,见上节。实为后世流内外分铨之原。《通鉴》齐明帝建武三年(496)《注》。《隋书·卢恺传》云:开皇初,拜礼部尚书,摄吏部尚书事。会国子博士何妥与右仆射苏威不平,奏威阴事,恺坐与相连,除名。自周氏以降,选无清浊。恺摄吏部,与薛道衡、陆彦师等甄别士流,故涉党固之谮。《彦师传》云:转吏部侍郎。隋承周制,官无清浊。彦师在职,凡所任人,颇甄别于士庶,时论美之。则选法虽平,人心初不因之而变矣。《魏书·肃宗纪》:熙平元年(516),八月,诏庶族子弟,年未十五,不听入仕。则北方入仕,虽庶族亦习于早。而贵胄尤甚,杨愔年十八,拜通直散骑侍郎。裴宽年十三,以选为魏孝明帝挽郎,吕思礼年十九举秀才。袁聿修九岁,崔瞻悷子。年十五,封孝琰孝琬弟。年十六,皆州辟主簿。白建诸子幼稚,俱为州郡主簿。新君选补,必先召辟,皆其尤较然者矣。

选法之敝,外任必轻。史臣言:"汉氏官人,尚书郎出宰百里,晋朝设法,不宰县不得为郎。"《北史·元文遥传论》。则晋初尚视之甚重。然傅咸言:"中间选用,惟内是隆,外举既颓,复多节目,竞内薄外,遂成风俗。"则其实已渐轻矣。《晋书·袁甫传》:甫诣中领军何勖,自言能为剧县。勖曰:"惟欲宰县,不为台阁,何也?"葛洪言:"三台九列,坐而论道,州牧郡守,操纲举领,烦剧所重,其惟百里。牧守虽贤,而令长不堪,则国事不举,万机有阙。"病其时"或父兄贵重,而子弟以闻望见迁;或高人属托,而凡品以无能见叙;或是所宿念;或亲戚匪他。庸猥之徒,器小志近,冒于货贿,惟富是图。在所司官,知其有足赖主人,举劾弹纠,终于当解,虑其结怨,反见中伤,不敢犯触,恣其贪残。黎庶安得不困毒而

---

① 年寿:三十为老。

离叛？离叛者众，则不得不屯聚而为群盗矣"。《抱朴子·外篇·百里》。其为祸可谓博矣。梁武帝尝着令：小县有能，迁为大县，大县有能，迁为三辅令，《梁书·良吏传》。已见第十二章第五节。《传》又云：何远为武康令，高祖闻其能，擢为宣城太守。自县为近畿大郡，近代未之有也。又《南史·循吏传》：傅琰，升明中自山阴令迁益州刺史。自县迁州，近世罕有。虽设是令，行之盖寡。《梁书·萧昱传》：因求边州不遂，表解黄门侍郎职。高祖手诏答曰："昔汉光武兄子章、兴二人，并有名宗室。就欲习吏事，不过章为平阴令，兴为缑氏宰。政事有能，乃迁郡守。"昱高祖从父弟。其言善矣。然诸子弟，皆为大州，则亦徒能言之而已。北朝此弊，尤甚于南。《魏书·辛雄传》：上疏言："郡县选举，由来共轻，贵游俊才，莫肯居此，宜改其弊，以定官方。请上等郡县为第一清，中等为第二清，下等为第三清。"而《北齐书·元文遥传》言：齐因魏朝，宰县多用厮滥。至于士流，耻居百里。①文遥以县令为字人之切，遂请革选。于是密令搜扬贵游子弟，发敕用之。犹恐其披诉，总召集神武门，令赵郡王叡宣旨唱名，厚加慰喻。士人为县，自此始也。则其弊实至齐世，始克一革。然其末流，粥爵卖官，郡县之乱，更为前世所未有。见第十四章第四节。《颜氏家训·省事篇》曰："齐之季世，多以财货，托附外家，喧动女谒，拜为守宰。印组光华，车骑辉赫，荣兼九族，联贵一时。而为执政所患，随而司察，既以得利，必以利治。纵得免死，莫不破家。然后噬脐，亦复何及？"则此曹虽以诡遇，旋亦受祸。然朝政浊乱既甚，此亦不足以过之也。周大祖任苏绰，为六条诏书，牧守令长，非通六条及计帐者，不得居官；见第十四章第五节。又盛选贤良，授以守令；见《周书·乐逊传》。可谓得为治之要。然周世功臣多为刺史，未免暗于政务，亦仍是乱世之余习也。《周书·令狐整传》：晋公护谓整曰："以公勋望，应得本州。但朝廷藉公委任，无容远出。然公门之内，须有衣锦之荣。"乃以其弟休为敦煌郡守。《隋书·柳彧传》：迁治书侍御史。于时刺史多任武将，类不称职。彧上表曰："伏见诏书，以上柱国和平子为杞州刺史。其人年垂八十，钟鸣漏尽。前任赵州，暗于职务。政由群小，贿赂公行。百姓吁嗟，歌谣满道。古人有云：耕当问奴，织当问婢。平子弓马武用，是其所长，治民莅职，非其所解。如谓优老尚年，自可厚赐金帛。若令刺举，所损殊大。"上善之，平子竟免。则虽勤民如隋文，犹未能遽革其弊也。

郡县之不能善其政，与任期久暂，关系殊大。《晋书·王戎传》：迁尚书左仆射，领吏部。戎始为《甲午制》，凡选举皆先治百姓，然后授用。而司隶校尉傅咸奏戎曰："《书》称三载考绩，三考黜陟幽明。今内外群臣，在职未期，而戎奏还。既未定其优劣，且送故迎新，相望道路，巧诈由生，伤农害政。戎不仰依尧舜典谟，而驱动浮华，亏败风俗，非徒无益，乃有大损。"盖奔竞之俗，必不容有久处之官也。《南史·谢庄传》：庄于孝建时表陈求贤之义，谓政平讼理，

---

① 选举：乱世县令选轻。

莫先亲人，亲人之要，是归守宰，莅人之职，官遵六年之限。《传》言初文帝世限三十而仕，郡县六周乃迁代，刺史或十年余。至是皆易之，仕者不拘长少，莅人以三周为限。宋之善政，于是乎衰。然齐武帝永明元年（483）诏言："宋德将季，风轨陵迟。列宰庶邦，弥失其序。迁谢遄速，公私凋弊。莅民之职，一以小满为限。"《良政传》：永明郡县居职，以三周为小满。则其未造，并三周之制而亦不能守矣。明帝建武三年（496），正月，诏申明守长六周之制。其法后亦破坏，见第十章第四节。魏守令以六年为限，见《魏书·房法寿传》。考课亦以六载为程。见《魏书·萧宝寅传》。高祖延兴二年（472），十二月，诏曰："顷者已来，官以劳升，未久而代。牧守无恤民之心，竞为聚敛。送故迎新，相属于路。非所以固民志，隆治道也。自今牧守温仁清俭，克己奉公者，可久于其任。岁积有成，迁位一级。其有贪残非道，侵削黎庶者，虽在官甫尔，必加黜罚。著之于令，永为彝准。"可见定法，亦徒空文也。

海宇分崩之际，用人者多特注意于抚绥，此虽不过为招徕新附，倾动敌人之计，然使僻陋之区，亦得有人与闻政事，则匪徒为治，抑亦敷化之良谟矣。《晋书·儒林传》：文立，巴郡临江人。蜀时游大学，师事谯周。仕至尚书。入为大子中庶子。表请诸葛亮、蒋琬、费祎等子孙，流徙中畿，宜见叙用。一以慰巴蜀之心，其次倾吴人之望。事皆施行。并以立为散骑常侍。及吴平，刘颂欲得壮王以镇抚之，使之随才授任，求富贵者取之国内，已见第三章第九节。然《贺循传》：循以无援于朝，久不进叙。陆机上疏荐之，有云："台郎所以使州州有人，非以均分显路，诚以庶士殊风，四方异俗，雍隔之害，远国益甚。荆、扬二州，户各数十万。今扬州无郎，而荆州江南，乃无一人为京城职者。诚非圣朝待四方之本心。"《陶侃传》：侃察孝廉。至洛阳，数诣张华，华初以远人，不甚接遇。后与语，乃异之。除郎中。伏波将军孙秀，以三国支庶，府望不显，中华人士，耻为掾属，以侃寒宦，召为舍人。观此，知殊方人士，其受岐视尚颇甚。然此特仕途党援奔竞之私，朝廷立法，固未尝如此。且如元帝，渡江而东，亦卒不得不用王导之策，抚用其人也。明帝大宁三年（325），八月，诏曰："吴时将相名贤之胄，有能纂修家训；又忠孝仁义，务己守真，不闻于时者；州郡中正，亟以名闻，勿有所遗。"其汲引之，固犹未尝敢怠矣。梁武帝天监五年（506），正月，诏曰："在昔周、汉，取士方国。顷代凋讹，幽仄罕被。人地孤绝，用隔听览。士操沦胥，因兹靡劝。凡诸郡国旧族，邦内无在朝位者，选官搜括，使郡有一人。"此盖所以使登庸遍逮于僻陋之区。七年（508），二月，诏于州郡县置州望、郡宗、乡豪各一人，专掌搜荐，其意亦犹是也。邢峦之寇巴西也，言其民望，族落虽在山居，而多有豪右，文学笺启，往往可观。去州既远，不能仕进，是以郁怏，多生动静。欲立州以镇抚之。事见第十一章第四节。是则不徒天朝，即州郡，亦宜明扬侧陋，以舒其意气矣。抑僻陋如巴西，山居族落，犹有长于文学者，又足见文教之久已覃敷，登庸之不可不急也。韩麒麟以孝文时为齐州刺史，以新附之人，未阶台宦，州郡局任又少，请守宰有阙，推用豪望，并增置吏员。李彪上封事，亦请擢河表七州门才，引令赴阙，依中州官比，随能序之，以怀江、汉，倾敌人，抚新附。可见疆场之间，一彼一此，皆不得不以招怀为务矣。惟劳人武夫，不知政术者，用为长吏，亦不免诒害于民，<small>元嘉时淮西有此情形，长沙王道怜曾言之，见《宋书》本传。</small>则又不可不慎也。

资格用人，世皆以为始于魏之崔亮，其实非也。① 刘寔作《崇让论》，言"能不浑杂，优劣不分，士无素定之价，官职有缺，主选之吏，不知所用，但案官次而举之。同才之人先用者，非势家之子，则必有势者之所念也。因其先用之资而复迁之，迁之无已，不胜其任之病发矣。观在官之人，政绩无闻，自非势家之子，率多因资次而进也"。是当时用人，势家而外，仍重资格；即同为势家，进用之后，亦惟论其资格；此固势之所不能免也。王亮以江祏专朝，多所进拔，每持异议，已见前。及祏遇诛，群小放命。凡所除拜，悉由内宠。亮更弗能止。其所选用，拘资次而已。《梁书·王泰传》：敕掌吏部郎事，俄即真。自过江，吏部郎不复典大选。令史以下，小人求竞者辐凑。前后少能称职。泰为之，不通关求。吏先至者即补，不为贵贱请属易意。天下称平。《陈书·王玚传》：除吏部尚书。务在清静，谨守文案，无所抑扬。皆资格用人之法：蹈常习故，夫人所能，原无待于异才，藉口求才，转足便党援而开奔竞，此固古今一辙；而嬖幸竞进之世，尤非此无以拒之；此资格之所以不能不用也，夫崔亮则亦若是而已矣。

《魏书·张彝传》：彝第二子仲瑀上封事，求铨别选格，排却武人，不使与在清品。由是众口喧喧，谤讟盈路。立榜大巷，克期会集，屠害其家。《崔亮传》：亮迁吏部尚书。时羽林新害张彝，灵大后令武官得依资入选。官员既少，应选者多。尚书李韶，循常擢人，百姓大为嗟怨。亮乃奏为格制，不问士之贤愚，专以停辟日月为断。虽复官须此人，停日后者，终于不得。庸材下品，年月久者，灼然先用。沉滞者皆称其能。亮外甥司空谘议刘景安以书规亮。亮答书曰："昔有中正，品其才第，上之尚书，尚书据状，量人授职，此乃与天下群贤共爵人也，而汝犹云十收六七，况今日之选，专归尚书，以一人之鉴，照察天下，刘毅所云一吏部、两郎中而欲究竟人物，何异以管窥天而求其博哉？今勋人甚多，又羽林入选，武夫崛起，不解书计，忽令垂组乘轩，求其烹鲜之效。又武人至多，官员至少。设令十人共一官，犹无官可授，况一人望一官，何由可不怨哉？吾近面执，不宜使武人入选，既不见从，是以权立此格，限以停年耳。后甄

---

① 选举：资格用人，势不能无，不始崔亮。

琛、元修义、城阳王徽相继为吏部尚书，利其便己，踵而行之。自是贤愚同贯，泾渭无别。魏之失才，从亮始也。案观亮答刘景安书，即微武人入选，吏部亦易得才？然则以失才归咎于亮，不过当时议论如此，未必得实也。诤是法者，有辛雄及薛琡，琡谓"执簿呼名，一吏足矣"，然如亮之所言，以一人之鉴，照察天下，果何以求其所为之有异于吏哉？雄病"委斗筲以共治，托硕鼠以百里"，致使"夷夏之民，相将为乱"，此亦入选者多勋人武夫之失，非资格之咎也。齐文襄始革是制，已见第十四章第一节。《北齐书·高乾传》：乾弟慎，征为御史中尉，选用御史，多其亲戚、乡闾，不称朝望，世宗奏令改选焉。事权在手，则其志易行，此亦非可望诸亮也。

整饬官方，莫亟于严明考课。魏世尝使刘劭等为之，已见《秦汉史》第十八章第四节。晋初杜预受诏为黜陟之课。《晋书》本传曰："其略曰：昔汉之刺史，亦岁终奏事，不制算课，而清浊粗举。魏氏考课，即京房之遗意。其文可谓至密。然由于累细，以违其体，故历代不能通。岂若去密就简，则简而易从也？今科举优劣，莫若委任达官。各考所统。在官一年以后，每岁言优者一人为上第，劣者一人为下第，因计偕以名闻。如此六载，主者总集采案。其六载处优举者超用之，六岁处劣举者奏免之，优多劣少者叙用之，劣多优少者左迁之。今考课之品，所对不钧，诚有难易。若以难取优，以易而否，主者固当准量轻重，微加降杀，不足复曲以法尽也。六年顿荐，黜陟无渐。今每岁一考，则积优以成陟，累劣以取黜。以士君子之心相处，未有无故六年六黜清能，六进否劣者也。监司亦将ศ弹之。若令上下公相容过，此为清议大颓，亦无取于黜陟也。"此文似预上其所为之奏牍，其详则不可得闻矣。刘颂病晋武每精事始而略于考终，监司大纲不振而微过必举，已见第二章第一节。颂之言曰："今闾阎少名士，官司无高能，其故何也？清议不肃，人不立德，行在取容，故无名士。下不专局，又无考课，吏不竭节，故无高能。无高能则有疾世事，少名士则后进无准，故臣思立吏课而肃清议。"颂转吏部尚书，建九班之制。欲令百官居职希迁，考课能不，明其赏罚，贾、郭专朝，仕者欲速，竟不施行。

宋、齐、梁、陈四朝，考课之法不著。北魏则传者颇详。《魏书·高祖纪》：太和十八年（494），九月，壬申朔，诏曰："三考然后黜陟，可黜者不足为迟，可进者大成赊缓。是以朕今三载一考，考即黜陟。各令当曹，考其优劣为三等。六品已下，尚书重问，五品已上，朕将亲与公卿论其善恶。上上者迁之，下下者黜之，中中者守其本任。"壬午，帝临朝堂，亲加黜陟。明年（495），十月，壬戌，又诏诸州牧："精品属官，考其得失，为三等之科以闻，将亲览而升降焉。"《世宗纪》：永平四年（511），十二月，诏三载考察，政之明典。正始二年（505）以来，于今未考。功过难易，宁无升降？从景明二年（501）至永平四年

（511），通考以闻。自景明二年（501）至永明四年（511）凡九年，似又复三考黜陟之旧，然其后又系三岁一考，则高祖之法固在，特时怠慢不举耳。《崔鸿传》：延昌二年（513），将大考百僚，鸿建议曰："二汉以降，太和以前，苟必官须此人，人称此职，或超腾升陟，数岁而至公卿，或长兼、试守，称允迁进。景明以来考格，三年成一考，三考转一阶。贵贱内外，万有余人，自非犯罪，不问贤愚，莫不上中。才与不肖，比肩同转。琴瑟不调，改而更张，虽明制已行，犹宜消息。"世宗不从。然《纪》言延昌三年八月甲申，帝临朝堂，考百司而加黜陟，则似又复孝文之法矣。《萧宝夤传》：宝夤以正光四年（523）上表曰："自比已来，官冈高卑，人无贵贱，皆饰辞假说，用相褒举。谓之考功，事同泛陟。又在京之官，积年一考。其中或所事之主，迁移数四；或所奉之君，身亡废绝；或具寮离索；或同事凋零；虽当时文簿，记其殿最，日久月深，驳落殆尽，人有去留，谁复掌其勤惰？或停休积稔，或分隔数千，累年之后，方求追访声迹，立其考第，无不苟相悦附，饰垢掩疵，妄加丹素，趣令得阶而已。又守令考课，悉以六载为程，既而限满代还，复经六年而叙，是则岁周十二，始得一阶。而东西两省，文武闲职，公府散佐，无事冗官，及其考日，皆得四年为限，是则一纪之中，便登三级。何内外之相县，令厚薄之如是？或充单介之使，始无汗马之劳；或说兴利之规，终惭什一之润；皆虚张无功，妄指赢益，坐获数阶之官，藉成通显之贵。"此非杜预所谓公相容过，清议大颓者邪？益以立法之诐，而是时之选政，不可问矣。宝夤欲使"见居官者，每岁终，本曹皆明辨在官日月，具核才行能不，审其实用，而注其上下。列上尚书，覆其合不，庸短下第，黜凡以明法，干务忠清，甄能以记赏，总而奏之。经奏之后，考功曹别书于黄纸油帛。一通则本曹尚书与令、仆印署，留于门下，一通则以侍中、黄门印署，掌在尚书，严加缄密，不得开视。考绩之日，然后对共裁量。其内外考格，乞求博议，以为画一。若殊谋异策，事关废兴，遐迩所谈，物无异议者，自可临时斟酌，匪拘恒例。至如援流引比之诉，贪荣求级之请，谓宜明加禁断，以全至治。"诏付外博议，以为永式。竟无所定。《肃宗纪》孝昌二年二月，诏每岁一终，郡守列令、长，刺史列守、相，以定考课，辨其能不。若有滥谬，以考功失衷论。是时朝纲方紊，亦非徒法所能济也。

第五节 赋 税

汉世田租取粟，赋诸地；口税取钱，敛诸人。魏武平河北，下令收田租亩一升，户出绢二匹，绵二斤，而口钱始变为户调，① 已见《秦汉史》第十八章第五节。此时未有授田之制，户调田租，犹析为二，至晋武帝平吴，而二者又合为一矣。事见第十九章第三节。东晋之制，见于《隋书·食货志》，云："晋自中原丧乱，元帝寓居江左，百姓之自拔南奔者，并谓之侨人。皆取旧壤之名，侨立郡县，往往散居，无有土著。而江南之俗，火耕水耨，土地卑湿，无有蓄积之资。诸蛮陬俚洞，沾沐王化者，各随轻重，收其赕物，以裨国用。又岭外酋帅，因生口、翡翠、明珠、犀、象之饶，雄于乡曲，② 朝廷多因而署之，以收其利。历宋、齐、梁、陈，皆因而不改。其军国所须杂物，随土所出，临时折课、市取，乃无恒法定令。列州、郡、县，制其任土所出，以为征赋。其无贯之人，不乐州县编户者，谓之浮浪人，乐输亦无定数任量，准《通典》，《通考》皆作惟。所输，终优于正课焉。"蛮夷收其赕物，盖各随其土之所出。岭外酋帅，则征其贡而非税其民。浮浪人所出，盖亦无定物，惟侨民虽云散居无土著，犹当与江南之民，同循户调之法耳。《隋志》述其制云："其课：丁男调布绢各二丈，丝三两，绵八两，禄绢八尺，禄绵三两二分，租米五石，禄米二石。丁女并半之。男女年十六已上至六十为丁。男年十六亦半课，年十八正课，六十六免课。女以嫁者为丁，若在室，年二十乃为丁。其田亩税米二斗。盖大率如此。"二斗，一本作二升，盖据哀帝时之制言之，③ 见第十九章第三节。《宋书·孝武帝纪》：大明五年（461），十二月，制天下民户，岁输布四匹，《通考》作尺。盖就旧法而增之。《晋书·李雄载记》云：其赋：男子岁谷三斛，女丁半之。户调绢不过数丈，绵数两。亦略循晋法也。

北魏孝文之制，亦已见第十九章第三节。《魏书·食货志》：肃宗孝昌二年（526），税京师田亩二升，借赁公田者亩一斗。齐、周之制，亦见《隋志》。齐河清三年（564）定令：男子十八以上，六十五以下为丁。十六已上，十七已下为中，六十六已上为老，十五已下为小。率以十八受田，输租调，二十充兵，六十免力役，六十六退田，免租调。京城四面，诸坊之外，三十里内为公田，受公田者三县代迁户，执事官一品已下，逮于羽林、武贲各有差。其外畿郡，华人官第一品已下羽林、武贲已上各有差。职事及百姓请垦田者，名为受田。《通典》作永业田。奴婢受田者，亲王止三百人，嗣王止二百人，第二品嗣王已下及庶姓王止一百五十人，正三品已上及王宗止一百人，七品已上，限止八十人，八品已下至庶人，限止六十人。奴婢限外不给田者皆不输。其方百里外及州人：一夫受露田八十亩，妇人四十亩。奴婢依良人。限数与在京百官同。丁牛一头，受田六十

---

① 赋税：口钱变户调，晋武户调田租又合一。

② 史事：岭外酋帅，生口、翡翠、明珠、犀、象之饶，雄于乡曲。

③ 赋税：隋制言晋田亩税米二斗，一本作二升。

亩。限止四牛。又每丁给永业田二十亩为桑田。其中种桑五十根，榆三根，枣五根，不在还受之限。非此田者，悉入还受之分。土不宜桑者，给麻田如桑田法。率人一床调绢一匹，绵八两。凡十斤绵中，折一斤作丝。垦租二石，义租五斗。奴婢各准良人之半，牛调二尺，《通典》作丈。垦租一斗，义租五升。垦租送台，义租纳郡，以备水旱。诸州郡皆别置富人仓。①初立之日，准所领中下户口数，得支一年之粮，逐当州谷价贱时，斟量割当年义租充入。谷贵下价粜之，贱则还用所粜之物，依价粜贮。垦租皆依贫富为三梟。其赋税常调，则少者直出上户，中者及中户，多者及下户。上梟输远处，中梟输次远，下梟输当州仓。三年一校焉。租入台五百里内输粟，五百里外输米，入州镇者输粟。人欲输钱者，准上绢收钱。案户调之式，及魏、齐之制，②皆人人受田，而晋成、哀及魏肃宗之时，又别有田税者？晋成、哀时制，见第十九章第三节。盖皆指公田言之，观北齐之制可明。此田盖王公贵人受者为多，故晋孝武改成、哀之制，史言自王公已下，口税若干。亦见第十九章第三节。魏虏则又以此惠其所谓代来户也。后周大祖作相，创制六官。司均掌田里之政令。凡人口十已上宅五亩，口九《通典》作七。已上宅四亩，口五已下宅三亩，有室者田百四十亩，丁者田百亩，司赋掌功赋《通典》作赋均。之政令。凡人自十八以至六十有四与轻癃《通典》作疾。者皆赋之。其赋之法：有室者岁不过绢一匹，绵八两，粟五斛。丁者半之。其非桑土，有室者布一匹，麻十斤，丁者又半之。丰年则全赋，中年半之，下年三之，《通典》作一之。皆以时征焉。若艰凶札，则不征其赋。

　　租调所取，以粟帛为太宗，此外更有所取，则谓之杂调。《齐书·郁林王纪》，即位后诏曰："凡逋三调及众债，在今年七月三十日前，悉同蠲除。"《通鉴》胡三省《注》曰："三调，谓调粟、调帛及杂调也。"③《魏书·任城王澄传》：澄奏利国济民所宜振举者十条，四曰五调之外，一不烦民，五调疑三调之误。军国所须，不能以粟帛为限。除列州、郡、县制为征赋外，南朝此项征赋，颇于国用有关。当时淫纵之君，或迫臣下以贡献，事见第十九章第二节，未必不由此而驯致。然贪取虽为非法，任土自是彝。典观第十章第四节所引齐明帝建武元年十月诏可知。是岁十一月，又诏"邑宰禄薄俸微，虽任土恒贡，自今悉断。"胡三省《通鉴注》曰："观此，则江左之政，县邑不由郡、州，亦得入贡天台矣。"此《隋志》所由以列州郡县并举也。《宋书·明帝纪》：泰始二年（467），十一月，"诏方物职贡，各顺土宜，出献纳贡，敬依时令"。即当折课、市取，当时征敛，折易颇多。《晋书·王虞传》：弟子彪之，为会稽内史，桓温以山阴折布米不时毕，郡

------

① 民食：常平之法在北齐为富人仓。

② 赋税、地权：户调及魏齐，皆人人受田，而晋成、哀及魏肃宗时，别有田税，盖指公田。惠帝永兴元诏户调田租。

③ 赋税：三调谓粟帛杂。杂调外，当折课、市取，然实不能然。粟帛亦有增取。

不弹纠，上免之。《宋书·孝武帝纪》：大明七年（463），以浙东诸郡大旱，听受杂物当租。《齐书·武帝纪》：永明四年（486），五月，诏"扬、南徐二州今年户租，三分二取见布，一分取钱。来岁以后，远近诸州输钱处，并减布直，匹准四百，依旧折半，以为永制。"《竟陵王子良传》言：时诏折租布，二分取钱。《王敬则传》载子良启，谓："民有杂物，是军国所须者，可听随价准直，不必一应送钱，于公不亏其用，在私实荷其渥。"此即所谓折课。《宋书·武帝纪》：永初元年（420），七月，诏："台府所须，皆别遣主帅，与民和市，实时禅直，不复责租民求办。"《齐书·武帝纪》：永明五年（487），九月，诏曰："自水德将谢，丧乱弥多，师旅岁兴，饥馑代有。军国器用，动资四表。不因厥产，咸用九赋。虽有交贸之名，而无润私之实。民咨涂炭，职此之由。京师及四方，出钱亿万，粜米、谷、丝、绵之属，其和价以优黔首。远邦尝市杂物，非土俗所产者，皆悉停之。必是岁赋攸宜，都邑所乏，可见直和市，勿使逋刻。"皆欲变赋敛为市取者也。《豫章王嶷传》：其为荆州，禁二千石官长，不得与人为市，盖有借官市为名，行私市之实者。北朝亦有折征之制。《魏书·前废帝纪》：僭位后诏天下调绢，四百一匹，此折绢为钱也。《韩麒麟传》：在齐州，欲减绢布，增益谷租，见第二十一章第三节，此亦犹折帛为谷也。《食货志》云：正光后四方多事，加以水旱，国用不足，预折天下六年租调而征之，其厉民，盖不徒在豫征而已。然其实并不能然。《宋书·武帝纪》：义熙八年（412），十一月，公至江陵，下书"台调癸卯梓材，庚子皮毛，可悉停省"，即所谓杂调也。《魏书·食货志》曰：显祖即位，亲行俭素，率先公卿，思所以振益黎庶。先是太安中，高宗以常赋之外，杂调十五，颇为烦重，将与除之。尚书毛法仁曰："此是军国资用，今顿罢之，臣愚以为不可。"帝曰："使地利无穷，民力不竭，百姓有余，吾孰与不足？"遂免之。未几，复调如前。《高宗纪》：兴安二年（453），正月，诏与民杂调十五，盖至太安中复免其十五也。然《纪》不载其事，太安四年五月壬戌诏，亦仅言"比年以来，杂调减省"而已。盖其免之甚暂，故《纪》漏书。《北史·魏诸宗室传》，以百姓不足君孰与足之言，出于常山王遵之子素，亦与《志》异。至是乃终罢焉。于是赋敛稍轻，民复赡矣。《显祖纪》：和平六年（465），六月，诏诸有杂调，一以与民。此朝廷所取于民。《世祖纪》；真君四年（443），六月，诏："复民赀赋三年。其田租岁输如常。"赀赋盖谓按其赀产多少为赋，亦杂调也。《任城王澄传》：转定州刺史。初民中每有横调，百姓烦苦。澄多所省减，民以忻赖。此地方之所取也。赋税所取非一，故如有蠲免，亦随时而各不同。当时赋税减免，史所言者，名目不一。有曰户课者，《晋书·武帝纪》：大康五年（284），减天下户课三分之一是也。有曰户调绵绢者，《晋书·惠帝纪》：永平元年（291），五月，除天下户调绵绢是也。有曰户调田租者，《惠帝纪》：永兴元年（305），十二月，诏户调田租，三分减一是也。有曰租税者，《宋书·孝武帝纪》：元嘉三十年（453），五月，曲赦京邑二百里内，并蠲今年租税；大明五年（461），二月，伐蛮之家，蠲租税之半是也。有曰税调者，《宋书·文帝纪》：元嘉二十八年（451），二月，诏凡遭寇贼郡县，流寓江淮者，并听即属，并蠲复税调；《顺帝纪》：升明元年（477），雍州大水，八月，遣使振恤，蠲除税调是也。有但言调者，《宋书·后废帝纪》：元徽四年（476），平建平王景素之乱，原京邑二县元年以前逋调；《顺帝纪》：升明元年八月，原除元年以前逋调是也。有曰众调者，《宋书·明帝纪》：泰始二年

(467)，十一月，制使东土经荒流散，并各还本，蠲众调二年是也。有曰田租者，《宋书·文帝纪》：元嘉二十四年（447），正月，蠲建康、秣陵二县田租之半；二十六年（449），车驾陆道幸丹徒，行所经蠲田租之半；《孝武帝纪》：大明七年（463），十二月，行幸历阳，蠲郡租十年；《前废帝纪》：永光元年二月，《明帝纪》：泰始四年四月，皆减郡县田租之半；《梁书·侯景传》：景既据寿春，属城居民，悉召募为将士，辄停责市估及田租是也。减免租布之事最多。有以灾荒免者，《晋书·孝武帝纪》：宁康二年（374），四月，皇大后诏：三吴、义兴、晋陵及会稽遭水之县，尤甚者全除一年租布，其次听除半年；《宋书·孝武帝纪》：元嘉三十年（453），闰月，蠲寻阳、西阳租布三年是也。有以流亡免者，《宋书·武帝纪》：永初元年（420），八月，开亡叛，赦限内首出，蠲租布二年是也。有以京邑或兴王之地免者，是月，诏彭城桑梓本乡，优复之制，宜同丰、沛，沛郡，下邳，可复租布三十年；《文帝纪》：元嘉四年（427），二月，行幸丹徒，三月，诏丹徒桑梓绸缪，大业攸始，其蠲今年租布；二十六年（449），二月，幸丹徒，三月，复丹徒侨旧今岁租布之半是也。有以行幸免者，《孝武帝纪》：大明七年（463），二月，大赦天下，行幸所经，无出今岁租布是也。有以行义免者，《宋书·孝义传》：贾恩、潘综、王彭，皆蠲租布三世也。《刘道产传》：弟道锡，为巴西、梓潼二郡太守。元嘉十八年（441），为氐寇所攻，募吏民守城，复租布二十年。及贼退，朝议贼虽攻城，一战便走，听依本誓，于事为优。右卫将军沈演之等谓宜随功劳裁量，不可全用本誓，多者不得过十年。从之。案《齐书·高帝纪》：建元四年（482），正月，诏："建元以来战赏，蠲租布二十年，杂役十年。其不得收尸，主军保押，亦同此例。"则似蠲租布二十年，军中故有此例，道锡特援用大优耳。

杂物而外，粟帛似应皆取诸租调之中，然亦有别立名目多取之者。《晋书·成帝纪》：咸康二年（336），二月，算军用税米，空县五十余万石，尚书谢褒以下免官。此尚可云即在常赋之中，特度支别立一目。《陈书·世祖纪》：天嘉元年（560），三月，诏今岁军粮，通减三分之一。《宣帝纪》：大建三年（571），三月，大赦天下。自大康元年（280）讫大建元年（569）逋余军粮、禄秩、夏调未入者悉原之。则其取诸民，亦别列一目矣。《魏书·高祖纪》：延兴三年（473），十月，大上皇帝亲将南讨，诏州郡之民，十丁取一，以充行户，收租五十石，以备军粮，亦临时增取于民者也。《韩麒麟传》：慕容白曜表麒麟与房法寿对为冀州刺史。白曜攻东阳，麒麟上义租六十万斛。《周书·王黑传》，黑镇华州。时关中大饥，征税民间谷食，以供军费。或隐匿者，令递相告。多被箠楚。以是人有逃散。惟黑信著于人，莫有隐者。得粟不少诸州，而无怨讟。亦皆增取于民，以供军食者也。

户调所征，悉系著籍之户，故所最虑者为漏籍。宋武帝至江陵，下书曰："江、荆二州，凡租税调役，悉宜以见户为正。"则税役有与户籍不符者。然如是者究少。《魏书·食货志》云：先是禁网疏阔，民多逃隐。天兴中，诏采诸漏户，令输纶绵。自后诸逃户占为细茧罗谷者甚众。于是杂营户帅，遍于天下。[①]

---

① 户口：杂营户不隶守宰。

不隶守宰。赋役不周，户口错乱。始光三年（426），诏一切罢之，以属郡县。议出阉官仇洛齐，见第十七章第三节。《隋书·食货志》云：元象、兴和之中，百姓多离旧居，阙于徭赋。神武乃命孙腾、高隆之分括无籍之户，得六十余万。于是侨居者各勒还本属。租调之入有加焉。武定二年（544）事，亦见第十七章第三节。皆可见漏籍者多，赋税必阙也。

耕桑之民而外，北朝亦有他法以取之，如魏泰常六年（421），六部民羊满百口，调戎马一匹是也。见第二十章第一节。此犹南朝于蛮俚则取其赕物矣。

田租有不入公家者。宋武帝江陵之令又曰："州县屯田，利入守宰者，① 一切除之。"《晋书·安帝纪》：义熙九年（413），四月，罢临沂、湖熟皇后脂泽田四十顷，以赐贫人。皆其事也。《魏书·高允传》：时多禁封良田，京师游食者众。允言："古人云：方一里，为田三顷七十亩，百里则三万七千顷，勤之则亩益三升，不勤则亩损三升，损益之率，为粟二百二十二万斛，况天下之广乎？"世祖善之，遂除田禁，悉以授民。禁封良田，夫何为哉？《传》又言恭宗季年，颇亲近左右，营立田园，以取其利。《任城王澄传》云：在定州，减公园之地，以给无业贫口。《北齐书·段韶传》：平高归彦，赐归彦果园千亩。非弃田以为园囿，则变官税为私租而已。

人民所苦，力役尤甚于租调。《晋书·食货志》：武帝制户调之式，男女年十六已上至六十为正丁，十五已下至十三，六十一已上至六十五为次丁，十二已下，六十六已上为老、小，不事。《范宁传》：宁陈时政曰："礼：十九为长殇，以其未成人也。十五为中殇，以为尚童幼也。今以十六为全丁，则备成人之役矣，以十三为半丁，所任者非复童幼之事。岂可伤天理，违经典，困苦万姓，乃至此乎？宜修礼文，以二十为全丁，十六至十九为半丁，则人无夭折，生长滋繁矣。"此法令所定成丁之年大早，诒害于民者也。《宋书·王弘传》：弘上言："旧制民年十三半役，十六全役。体有强弱，不皆称年。且在家自随力所能堪，不容过苦，移之公役，动有定科。庸宰守常，已有勤剧，况直苛政，岂可称言？乃有务在丰役，增进年齿。孤远贫弱，其弊尤深。致令依寄无所，生死靡告。一身之功，逃窜求免。家人远计，胎孕不育。请以十五至十六为半丁，十七为全丁。"从之。然《文帝纪》元嘉十七年（440）诏，犹有"役召之品，遂及稚弱"之语，则苛政亟行，并有非法令所能限者矣。役法与户籍，关系最大，参看第十七章第三节。

《隋书·食货志》言：东晋之制，男丁岁役不过二十日，又率十八人出一运丁。其实役之远过于此。其取丁之法，通常三丁取二，五丁取三。《南史·孝义

_____

① 地权：州县屯田，利入守宰。皇后脂泽田，禁封良田，公园地，此等悉皆私租。

传》：孙棘谓宋大明五年（461）发三五丁；《郭祖深传》：祖深上封事，谓自"梁兴以来，发人征役，号为三五"是也。《康绚传》：魏降人王足陈计，求堰淮水，以灌寿阳，发徐、扬人，率二十户取五丁以筑之。其取之之法，较三五少宽，盖以其役实重难故也。《齐书·周颙传》：颙言："山阴邦治，事倍余城，然略闻诸县，亦处处皆踬：惟上虞以百户一滂，大为优足。"则各地方之役法，亦有善恶之不同。然能善者盖甚鲜。酷者乃至役及女丁。①《宋书·元凶劭传》：劭拒义军时，男丁既尽，召妇女亲役，犹曰非常时事也。《梁书·武帝纪》：大同七年（541），十一月，诏停在所役使女丁；《安成王秀传》：郢州当涂为剧地，至以妇人供役；则并习为恒事矣。

有恒役，有杂役。《魏书·高祖纪》：延兴三年（473），十一月，诏河南七州之民，有鳏寡孤独，贫不自存者，复其杂徭，太和二十年（496），七月，诏轻徭薄赋，君人常理，岁中恒役，具以状闻。《刘昶传》：正光三年（522），太保崔光奏乞敕尚书推检昶后，所属甄免碎役。四年（523），六月，诏其孙等三家，特可听免。碎役即杂役也。杂役厉民，远较恒役为甚。《齐书·周颙传》：建元初为山阴令。县旧订滂民，以供杂使。颙言于太守闻喜公子良曰："窃见滂民之困，困实极矣。役命有常，只应转竭。蹙迫驱催，莫安其所。险者窜避山湖，困者自经沟渎。亦有摧臂斲手，苟自残落，贩佣贴子，权赴急难。每至滂使发动，遵赴常促。辄有枷杖被录，稽颡阶垂，泣涕告哀，不知所振。"此云役命有常，乃谓有常程限，非谓所课者为常事也。《晋书·庾亮传》言：亮为丹阳尹，除重役六十余事。可见杂役重难者甚多。

随意役民，本有禁令。如《魏书·高宗纪》：和平四年（463），三月，诏"内外诸司，州镇守宰，侵使兵民，劳役非一。自今擅有召役，逼雇不程，皆论同枉法。"《高祖纪》：太和元年（477），诏"牧民者轻有征发，致夺民时，以侵擅论"是也。然其事卒非法令所能禁。《梁书·武帝纪》：大同七年（541），十二月诏，谓："或供厨帐，或供厩库，或遣使命，或待宾客，皆无自费，取给于民。"② 其侵渔可谓甚矣。河北郡有渔猎夫三十人，以供郡守，又有丁三十人，供郡守役使，见《周书·裴政传》。《魏书·安同传》：太宗诏与肥如侯贺护持节循察并、定二州，纠举守宰不法。同至并州，表刺史擅用御府针工，请案律治罪。善矣，然其东出井陉至钜鹿，乃发众四户一人，欲治大岭山，通天门关。又筑坞于宋子。太宗以同擅征发于外，槛车征还。召群官议其罪。皆曰："同擅兴事役，劳扰百姓，宜应穷治，以肃来犯。"而太宗仍以同虽专命，本在为公，意无不善释之，则又何也？世祖将北征，发民驴以转运，使公孙轨诣雍州，轨令驴主皆加绢一

---

① 赋税：役女丁。
② 职官：厨帐、厩库、使命、宾客，皆取给于民，此亦随身用度，吏役疾，则役之者多取矣。

疋，乃与受之。《魏书·公孙表传》。轨表第二子。亦不过坐征还而已。

役之事，征戍为大，而漕转次之。古人于役，最苦其远，说见《秦汉史》第十八章第五节。晋、南北朝，亦未免斯弊。《晋书·刘颂传》：颂上疏言："昔魏武帝分离天下，使人役居户，各在一方，既事势所须，且意有曲为，权假一时，以赴所务，非正典也。然逡巡至今，积年未改。吴平之日，天下怀静，而东南二方，六州郡兵，将士、武吏，戍守江表，或给京城运漕。父南子北，室家分离，咸更不宁，又不习水土，运役勤瘁，咸有死亡之患。"欲使"受百役者不出其国，兵备待事其乡；更不能，则静三分之二，吏役不出千里之外"，参看第二章第一节。此诚当时靖民之急务也。王羲之遗谢安书，论军兴以来征役及充运之弊，已见第十七章第三节。《魏书·食货志》言转运中州以实边镇之弊，见第二十一章第六节。又《杨椿传》：除定州刺史。州有宗子稻田，屯兵八百户。年常发夫三千，草三百车，修补畦堰。椿以屯兵惟输此田课，更无徭役，及至闲月，即应修治，不容复劳百姓，表罢之。有屯兵而转致劳民，尤见征戍之诒毒也。

兴筑之事，亦为劳民之一大端。高齐之筑长城，事见第二十一章第四节。《北齐书·赵郡王叡传》云：先是役徒罢作，任其自返。丁壮之辈，各自先归。嬴弱之徒，弃在山北。[①] 加以饥病，多致僵殒。叡于是亲率所部，与之俱还。配合州乡，部分营伍，督率监领，强弱相持。遇善水草，即为停顿。分有余，赡不足。赖以全者十三四焉。肯留意抚绥者，不过十全三四，况视之如草芥者乎？韦孝宽于汾州、离石间置城，事见第十六章第六节。是役也，征徒至十万。可见营建劳民之甚矣。

补吏亦为民所深苦。宋武帝平江陵，下书："荆、雍二州西局蛮府吏，及军人年十二以还，六十以上，及抚养孤幼，单丁大艰，悉仰遣之。穷独不能存者，给其长振。府州久勤将吏，依劳铨序。"《南史·张缵传》：为湘州刺史，解放老疾吏役，及关市、戍逻先所防人，一皆省并。此两事，可见与于役者，老稚，疾病，穷独，皆不得免焉。《梁书·良吏传》：沈瑀为余姚令。县南有豪族数百家，百姓甚患之。瑀召其老者为石头仓监，少者补县僮。皆号泣道路。自是权右屏迹。此可见为吏之困辱，故法令于其召补，每加制限。如宋武帝平江陵，命州、郡、县吏皆依尚书定制实户置是也。《孝武帝纪》：元嘉三十年（506），八月，武皇帝旧役军身，尝在斋内，人身犹存者，普赐解户。《梁书·安成王秀传》：为郢州，主者或求召吏。秀曰："此州凋残不可扰。"此等皆见称为宽政。《谢方明传》：转会稽太守。前后征伐，每兵运不充，悉倩发士庶。事既宁息，皆使还本，而属所割害，或即以补吏，守宰不明，与夺乖舛，人事不至，必被抑塞。方

---

① 赋役：远役厉民，如筑长城，不照料弱者之归，亦其一事。

明简汰精当，各慎所宜。虽服役十载，亦一朝从理。东土至今称咏之。此又可见补吏之事，其中弊窦孔多也。

事有必待专技，然后能为之者，古人以此设工官。后世乃亦召民为之。逮其身亡而役不免，而其业又未必能守之以世也，则遂变为杂役。王羲之与谢安书曰："百工、医寺，死亡绝后，家户空尽，差代无所，上命不绝。事起或十年十五年，弹举获罪无懈息，而无益实事。何以堪之？谓自今诸死罪原轻者及五岁刑，可以充此。其减死者可长充兵役，五岁者可充杂工医寺。皆令移其家，以实都邑。都邑既实，是政之本；又可绝其亡叛。不移其家，逃亡之患，复如初耳。今除罪而充杂役，尽移其家，小人愚迷，或以为重于杀戮，可以绝奸。此又可见当时杂役之重。刑名虽轻，惩肃实重，岂非适时之宜邪？"百工医寺而可以五岁刑者充之，其徒为杂役审矣。然有待专技之事，究非夫人所能为也，乃又别召民为之。如《南史·齐本纪》言：东昏侯大起诸殿，縻役工匠。《陈书·高祖纪》：永定二年（558），十月，大极殿成，匠各给复。《宋书·刘敬宣传》，言守宣城者，多调发工巧，造作器物。《梁书·贺琛传》：琛启陈事条，高祖大怒，召主书于前，口授敕责之。有曰："凡所营造，不关材官，及以国匠，皆资雇借，以成其事。"《陈书·宣帝纪》：大建二年（570），八月，诏巧手于役死亡，不劳订补。《魏书·高祖纪》：延兴二年（472），四月，诏工商、杂技，尽听赴农。《任城王澄传》：澄奏利国济民所宜振举者十条，六曰逃亡代输，去来年久者，若非伎作，任听即住。皆有专技之民，见役于官之事也。

王羲之欲以死罪原轻者充兵役，五岁刑充杂工医寺，盖谓永充大役。亦有事出一时者，齐武帝欲修白下城，难于动役，刘系宗启谪役东人随唐寓之作乱者，从之，其事也。

复除之事，有为经制者，如魏邻长复一夫，里长二，党长三是也。见第十九章第三节。此制百二十五家之内，凡复三十八人。其后元孝友言：《令》制百家为党族，二十家为闾，五家为比邻，百家之内，有帅二十五，征发皆免，则其制已小异。见第三节。其出临时措置者：或以丁多，如晋武帝咸宁元年（275），二月，以将士应已娶者多，家有五女者给复是也。大康元年（2813），十月，除五女复。或以产乳及新昏，如齐明帝建武四年（497），正月，诏民产子蠲其父母调役一年，又赐米十斛，新昏者蠲夫役一年是也。或以劫后移徙，如晋武帝大康元年（280），孙氏大将战亡之家，徙于寿阳，将吏渡江复十年，百姓及百工复二十年是也。或以劫后抚绥，如陈宣帝大建十一年（579），三月，诏淮北义人，率户口归国者，建其本属旧名，置立郡县，即隶近州，赋给田宅，唤订一无所豫是也。或以旧恩，如晋元帝大兴三年（320），七年（324），诏琅邪国人在此者，近有千户，今立为怀德县，统丹阳郡。昔汉高祖以沛为汤沐邑；光武亦复南顿，优复之科，一依汉氏故事是也。或以行义，如《宋书·孝义传》：严世期复身徭役，张进之诏在所蠲其徭役是也。或以旧劳，如陈大极殿成，匠各给复，见上。世祖天嘉元年（560），二月，以讨王琳，舟舰输积，权借民丁，蠲复丁身夫妻三年，于役不幸者，复其妻子是也。《魏书·高祖纪》：太和十一年（487），五月，诏复七庙子孙及外戚缌服以上，赋、役无所与，三长复征戍，余若民，见第十九章第三节。《孝感传》：阎元明复租、调、兵役，令终母年，此则所谓赋役无所与者也。《文明后传》：后制内属五庙之孙，外戚六亲缌麻，皆受复除，当即太和十一年（487）事。此宗戚之特恩也。《恩幸传》：王叡与东阳王丕同入八议，永受复除，此为臣下之异典。《世祖纪》神麚四年（431），自破赫连定还，战士赐复十年，此所以优战士。《高宗纪》：和平二年（461），三月，诏民年八十已上，一子不从政。《高祖纪》：延兴三年（473），十一月，诏河南七州年八十已上，一子不从政。承明元年（452），十月，诏七十已上，一子不从政。太和四年（480），七月，诏会京师耆老，赐锦采、衣服、几杖、稻米、蜜、面，复家人不徭役。此则所以优老也。三长之制，民年八十已上，听一子不从役，见第十九章第三节。《前废帝纪》：僭位后诏：百杂之户，贷赐民名，官任仍旧。此则口惠而实不至矣。

凡士姓皆蠲役，已见第十七章第三节，第十八章第一节。《晋书·石季龙载记》：镇远王擢，表雍、秦二州望族，自东徙已来，遂在戍役之例。既衣冠华胄，宜蒙优免。从之。自是皇甫、胡、梁、韦、杜、牛、辛等十有七姓，蠲其兵贯。《苻坚载记》：复魏、晋士籍，使役有常。则虽五胡，亦能守兹成法也。宋孝武帝坏诸郡士族，以充将吏。并不服役，至悉逃亡。加以严制不能禁。乃改用军法，得便斩之。莫不奔窜山湖，聚为盗贼。《宋书·沈怀文传》。梁鄱阳王恢之子泰，为谯州刺史。遍发人丁，使担要舆、扇、伞等物，不限士庶。耻为之者，重加杖责。多输财者，即放免之。人皆思乱。及侯景至，人无战心，乃先覆败。《南史》本传。其为祸之烈如此。隶属于人者亦无役，如佃客、衣食客是也。见第十八章第四节。张方决千金堨，水碓皆涸，乃发王公奴婢手舂给兵廪。详见第三章第三节。时又发奴助兵。成帝咸和六年（331），正月，以运漕不继，发王公已下千余丁，各运米六斛。穆帝升平三年（359），三月，诏以比年出军，粮运不继，王公已下，十三户借一人一年助运。此皆罕有之事。《刁协传》言："以奴为兵，取将吏客使转运，皆协所建也，众庶怨望之。"可见积习之不易破矣。参看第十八章第四节。《南史·齐东昏侯纪》言：诸郡役人，多依人士为附隶，谓之属名，见第十章第六节。亦有所不得已也。出家及疾病者，于法亦免，故范宁言人或残形翦发，要求复除，《东昏侯纪》亦谓东境役苦，百姓多注籍诈病焉。

赋与役，皆当视赀产之厚薄，以为重轻。苏绰《六条诏书》曰："租税之时，虽有大式，至于斟酌贫富，差次先后，皆事起于正长，而系之于守令。若斟酌得所，则政和而民悦，若检理无方，则吏奸而民怨。又差发徭役，多不存意。致令贫弱者或重徭而远戍，富强

者或轻使而近防。守令用怀如此，不存恤民之心，皆王政之罪人也。"故平定物力之事，①
由之而起。《晋书·刘超传》：超补句容令。常年赋税，主者常自四出，诘评百
姓家赀。至超，但作大函，村别付之，使各自书家产投函中，讫送还县。百姓依
实投上，课输所出，有余常年。此即宋世之手实法也。《魏书·世祖纪》：延和
三年（434），二月，诏令州、郡、县隐括贫富，以为三级。其富者租赋如常，中
者复二年，下穷者复三年。大延元年（435），十二月，诏"州、郡、县不得妄
遣吏卒，烦扰民庶。若有发调，县宰集乡邑三老，计赀定课。裒多益寡，九品混
通，不得纵富督贫，避强侵弱。"盖始分为三级，继又曲分为九。《隋书·食货
志》言：齐文襄始立九等之户，② 富者税其钱，贫者役其力。实则九等定户，乃
魏世之成法，文襄所创者，或税役之别耳。赀与力之相贸，盖事势不得不然。齐
永元后，远郡之役，悉令上米准行，已见第十章第六节。史以是为东昏秕政，然
《宋书·顺帝纪》：升明三年（479），正月，齐王表诸负官物质役者悉原除，所
谓质役，盖负物不能偿，而出力以为代，③ 事与上米准行相反，理则一也。顾宪
之言：山阴有赀者，多是士人复除。参看第十九章第一节。此等人本未必能出力。税
其钱，实开明世别银差于力差之先声，亦得宋王安石令无役者出助役钱之意。
《宋书·周朗传》：朗言："取税之法，宜计人为输，不应以赀，云何使富者不
尽，贫者不蠲？"盖病户等平定之不实。朗又云："桑长一尺，围以为价，田进
一亩，度以为钱，屋不得瓦，皆责赀实，民以此树不敢种，土畏妄垦，栋焚樯
露，不敢加泥。"齐竟陵王子良言："三吴守宰，务在裒克，围桑品屋，以准资
课。致令斩树发瓦，以充重赋。破民财产，要利一时。"其弊，亦与后世无异矣。
户调法行之后，本已无所谓丁税。④ 然《齐书·豫章王嶷传》：言其为荆、湘时，
以谷过贱，听民以米当口钱；《王敬则传》载竟陵王子良启云："建元初狡虏游
魂，军用殷广，浙东五郡，丁税一千"；《梁书·良吏传》云：高祖元年（502），
始去人赀，计丁为布；《陈书·宣帝纪》：大建九年（577），五月，原五年讫七年逋赀绢，
盖亦计赀为绢。一似又有丁税者；盖亦或以之代役，或出临时调敛，后遂相沿不
废也。

　　地方公共之事，人民往往能自立法而自治之，然亦往往为官府所破坏，会稽
士庶，皆保塘役，而王敬则悉评敛为钱送台；东昏侯下扬、南徐二州，桥、桁、
塘、埭丁，计功为直，敛取见钱；皆见第十九章第一节。其事矣。《晋书·刘颂
传》：除淮南相。旧修芍陂，年用数万人。豪强兼并，孤贫失业。颂使大小戮力，

---

① 赋役：平定赀产。
② 赋役：九等定户，不始文襄。
③ 赋役：质役，盖负物不能赏，出力为代。
④ 赋役：南朝丁税。

计功受分，百姓歌其平。此等良吏，盖不可多得矣。

后周之法：司役掌力役之政令。凡人自十八以至五十有九，皆任于役。丰年不过三旬，中年二旬，下年一旬。凡起徒役，无过家一人。八十者一子不从役，百年者家不从役，废疾非人不养者，一人不从役。若凶札则无力征。见《隋书·食货志》。其立法可谓甚平，然其行之如何，则不可知也。

山泽之利，两晋及宋、齐、梁、陈，多为官吏贵豪所固护，已见第十九章第三节。此等皆非法之所许，然亦有不然者。《梁书·萧颖达传》：御史中丞任昉奏曰："风闻颖达启乞鱼税，辄摄颖达宅督彭难当到台辨问。列称寻生鱼典税，先本是邓僧琰启乞，限讫今年五月十四日。主人颖达，于时谓非新立，仍启乞接代僧琰。即蒙降许。登税与史法论一年，收直五十万。"[1] 虽实为私奉养，而必启乞待许，即不犹官收其税矣。北朝情形，与南朝略同。魏显祖皇兴四年（470），高祖太和六年（482），周静帝大象二年（580），皆尝弛山泽之禁。即北齐，亦仅后主武平六年（575），税关市、舟车、山泽、盐铁、店肆，开酒禁而已。然《魏书·酷吏传》：崔暹坐障咨陂苇，为王显所弹；《阉官传》言：刘腾于山泽之饶，所在固护；则其利为私家所擅者亦多。《北齐书·卢潜传》，言其为扬州行台时，高元海执政，断渔猎，人家无以自资，政令岂能真行？民家无以自资，豪势保无转因之以为利者邪？

郭锢山泽，恶其夺民利而已，弃田以为园囿，[2] 其弊亦与之同，故晋法明列其不为属国焉。见第十九章第三节。然其事亦卒不能免。北朝尤甚，以其君好田猎也。《魏书古弼传》云：上谷民上书言苑囿过度，民无田业，乞减大半，以赐贫人，可见其占地之广。《高祖纪》：延兴三年（473），诏关外苑囿，听民樵采。太和十一年（487），又罢山北苑，以其地赐贫民。《司马楚之传》：子跃，为云中镇将，朔州刺史。表罢河西苑封，与民垦殖。有司执奏："此麇鹿所聚，大官取给。今若与民，至于奉献时禽，惧有所阙。"诏曰："此地若任稼穑，虽有兽利，事须废封。若是山涧，虞禁何损？寻先朝置此，岂苟藉斯禽，亮亦以俟军行薪蒸之用。其更论之。"跃固请宜以与民。高祖从之。此可见苑囿之立，实妨田业，又不徒郭锢山泽而已。又魏于内地置牧场，占地甚广，见第二十章第一节。世宗正始元年（504），延昌二年（513），皆尝以其地赐代迁之民。可谓封豕长蛇，荐食上国已。

冶铸之利，作兵为亟，民用后焉。《晋书·宣帝纪》：太和四年（480），兴京兆、天水、南安监冶。《刑法志》云："魏武帝时，定甲子科，犯钛左右趾者，易以木械。是时乏铁，故易以木焉。"盖斯时之铁，多以作兵，故乏于他用也。

---

① 地权、赋税：山泽之税出启乞，此与以特权封建无异。
② 地权：苑囿多占耕地。

《宋书·百官志》：卫尉一人，丞二人晋江右掌冶铸。领冶令三十九，户五千三百五十。冶皆在江北，而江南惟有梅根及冶塘二冶，皆属扬州，不属卫尉。卫尉，江左不置。宋世祖孝建元年（454）复置。又云：东冶令一人，丞一人。南冶令一人，丞一人。汉有铁官。晋置令，掌工徒鼓铸，属卫尉。江左已来，省卫尉，度隶少府。宋世虽置卫尉，冶隶少府如故。江南诸郡县有者，或置冶令，或置丞，多是吴所置。《王弘传》：弘建屯田之议曰："伏见南局诸冶，募吏数百。虽资以廪赡，收入甚微。愚谓若回以配农，必功利百倍矣。然军器所须，不可都废。今欲留铜官大冶及都邑小冶各一所。重其功课，一准扬州。州之求取，亦当无乏。余者罢之，以充东作之要。"弘建此议，在其为晋会稽王道子骠骑参军主簿时，可见江左冶政，专攻兵器，罕资民用，① 此其获利所以甚微。宋世刘道济刺益州，立冶断私民鼓铸，而贵卖铁器，事见第八章第七节。又可见民用本不资官也。《陈书·世祖纪》：天嘉二年（561），十二月，大子中庶子虞荔、御史中丞孔奂以国用不足，奏立煮海盐赋及榷酤之科。诏并施行。南朝言盐利者，亦惟此而已。

　　北方僭伪诸国：慕容德尝立冶于商山，置盐官于乌常泽，事见《晋书·载记》。拓跋氏于盐利颇详。②《魏书·食货志》云：河东郡有盐池，旧立官司，以收税利。是时罢之。而民有富强者，专擅其用，贫弱者不得资益。延兴末，复立监司，量其贵贱，节其赋入。于是公私兼利。世宗即位，政存宽简，复罢其禁，与百姓共之。其国用所资，别为条制，取足而已。自后豪贵之家，复乘势占夺；近池之民，又辄郭苍；强弱相陵，闻于远近。神龟初，大师高阳王雍、大傅清河王怿等奏："先朝置司，公私两宜，储益不少。后中尉甄琛，启求罢禁。被敕付议。尚书执奏，称琛启坐谈则理高，行之则事阙，请依常禁为允。诏依琛计。乃为绕池之民尉保光等，擅自固护。语其郭禁，倍于官司。取与自由，贵贱任口。若无大宥，罪合推断。请依先朝之诏，禁之为便。"于是复置监官，以监检焉。其后更罢更立，以至于永熙。自迁邺后，于沧、瀛、幽、青四州之境，傍海煮盐。沧州置灶一千四百八十四，瀛州置灶四百五十二，幽州置灶一百八十，青州置灶五百四十六。又于邯郸置灶四。计终岁合收盐二十万九千七百二斛四升。军国所资，得以周赡矣。据《本纪》，高祖太和二十年（496），十二月，尝开盐池之禁，与民共之。世宗景明四年（503），七月，诏还收盐池利以入公。至正始三年四月，又诏罢盐池之禁。此事由甄琛之奏，具见《琛传》：其时尚书执奏之辞，亦谓"典司多怠，出入之间，事不如法，遂令细民怨嗟，商贾轻议"，则置监亦未必无弊也。《长孙道生传》：曾孙稚，萧宝夤反，为行台讨之。时薛凤贤

---

① 工业：冶专治兵，不关民用。北朝。
② 赋税：南北朝时，盐税公私弊皆甚深。

反于正平，薛修义屯聚河东，分据盐池，攻围蒲坂。东西连结，以应宝夤。稚乃据河东。时有诏废盐池税。稚表言："今四境多虞，府藏罄竭。冀、定二州，且亡且乱，常调之绢，不复可收。略论盐税，一年之中，准绢而言，犹不应减三十万匹。便是移冀、定二州，置于畿甸。今若废之，事同再失。臣前仰违严旨，不先讨关贼而解河东者，非是闲长安而急蒲阪，蒲阪一陷，没失盐池，三军口命，济赡理绝。天助大魏，兹计不爽。臣辄符司监、将尉，还率所部，依常收税，更听后敕。"观此，知河东盐利之厚。《周书·寇俊传》云：孝昌中，朝议以国用不足，乃置盐池都将，秩比上郡，前后居职者，多有侵渔，乃以俊为之。是其时于此，资赖正深，而忽有废之之诏。虽为长孙稚所格，至前废帝即位，仍诏税市、税盐，可悉废之，可见税弊之深矣。《柳崇传》言：高祖时，河东、河北争境。其间有盐池之饶，虞阪之便，守宰及民，皆恐外割，公私朋竞，纷嚣台府，可见官吏豪强，同以为利。《辛庆之传》：大祖东讨，为行台左丞。时初复河东，以本官兼盐池都将。大统四年（538），魏攻正平郡，陷之，遂欲经略盐池，庆之守御有备，乃引军退。河桥之役，大军不利，河北守令弃城走，庆之独因盐池，抗拒强敌，时论称其仁勇。守令弃城，而监将犹能守土，岂亦以其利入厚，故能用其众欤？《北史·崔昂传》：右仆射崔暹奏请海、沂煮盐，有利军国。文襄以问昂。昂曰："官煮须断人灶。官力虽多，不及人广。请准关市，薄为灶税。私馆官给，彼此有宜。"朝廷从之。则迁邺后四州官煮之外，他处仍有盐税也。周有掌盐，掌四盐之政令。一曰散盐，煮海以成之。二曰监盐，引池以化之。三曰形盐，物地以取之。四曰饴盐，于戎以取之。凡监盐、形盐，每地为之禁，百姓取之皆税焉。见《隋书·食货志》。

北朝冶铸，亦以作兵为急。《魏书·大祖纪》：天赐元年（404），五月，置山东诸冶，发州郡徒谪造兵甲。《周书·薛善传》：西魏于夏阳诸山置铁冶，令善为冶监，月役八千人，营造军器，皆其事也。供民用者，亦间有之。如《魏书·崔挺传》，言其为光州刺史，州内少铁器，用皆求之他境，挺表复铁官，公私有赖是已。冶铸之业，盖以民营为多，故《食货志》言铸铁为农器兵刃，在所有之；见第二十章第二节。咸阳王禧，史言其田业盐铁，遍于远近；见第十二章第一节。而长白山亦为豪右鼓铸之地也。见第二十章第四节。矿利，已见第二十章第一节。《肃宗纪》：神龟元年（518），闰月，开恒州银山之禁，与民共之，则亦有弛禁之时。

酒税，除禁酿外，大都有之。参看第二十一章第一节。东昏时，都下酒酤，皆折输金，见第十章第六节。陈时虞荔、孔奂请立榷酤，见前。北齐文宣帝天保八年（557），八月，制榷酤，见《北史·本纪》。《北齐书》不载。后主立酒禁，亦见前。《宋书·文九王传》：世祖普责百官谠言，建平王宏上书称其弛榷酤，则似曾一时无税。

关市之征，历代皆有。《晋书·武帝纪》：受禅后复天下租赋及关市之税一年，可见魏时征税，遍于全境，晋亦因之。渡江已后，《隋书·食货志》云：凡货卖奴婢、马牛、田宅，有文券，率钱一万，输估四百入官，卖者三百，买者一百。无文券者，随物所堪，亦百分收四，名为散估。《晋书·王濬传》：濬上书自理云："臣将军素严，兵人不得妄离部陈。间在秣陵，诸军凡二十万众。臣军先至，为土地之主。百姓之心，皆归仰臣。臣切敕所领，秋豪不犯，诸有市易，皆有伍任证左，明从券契。有违犯者，凡斩十三人，皆吴人所知也。"《北史·孟信传》：信去官，居贫无食惟有一老牛。其兄子卖之，拟供薪米。券契已讫。市法应知牛主住在所。信适从外来，见买牛人，方知其卖也。因告之曰："此牛先来有病，小用便发，君不须也。"杖其兄子二十。观此二事，知当时货卖，多有文券也。历宋、齐、梁、陈如此，此后世之契税也。又云：都西有石头津，东有方山津，各置津主一人，贼曹一人，直水五人，以检察禁物及亡叛者。其荻、炭、鱼、薪之类过津者，并十分税一以入官。其东路无禁，故方山津检察甚简。此后世之过税也。又云：淮水北有大市百余，小市十余所。大市备置官司，税敛既重，时甚苦之。此后世之住税也。《晋书·孝武帝纪》：宁康元年（373），三月，诏除丹阳竹格等四桁税。《宋书·武帝纪》：永初元年（420），以市税繁苦，优量减降。《文帝纪》：元嘉十七年（440），十一月，诏州郡估税，所在市调，多有烦刻，自今咸依法令，务尽优允。《孝武帝纪》：大明八年（464），正月，诏东境去岁不稔，宜广商货，远近贩粥米者，可停道中杂税。又《前废帝纪》：是年，六月诏，有"关市僦税，事施一时，而奸吏舞文，妄兴威福"之语。《齐书·郁林王纪》：即位后，诏关市征赋，务从优减。《明帝纪》：建武元年（494），十月，诏商旅税石头、后渚，及夫卤借倩，一皆停息。《竟陵王子良传》：启论司市之职，谓"前人增估求侠，后人加税请代"。参看第二十章第三节。《顾宪之传》：永明六年（488），行会稽郡事。时西陵戍主杜元懿启："吴兴无秋，会稽丰登，商旅往来，倍多常岁。西陵牛埭税，官格日三千五百。元懿如即所见，日可一倍。盈缩相兼，略记年长百万。浦阳南北津及柳浦四埭，乞为官领摄，一年格外长四百许万。西陵戍前检税，无妨戍事。余三埭自举腹心。"世祖敕示会稽郡："此讵是事宜？可访察即启。"宪之议曰："吴兴频岁失稔，今兹尤馑。去乏从丰，良田饥棘。或征货贸粒，还拯亲累，或提携老弱，陈力糊口。埭司责税，依格弗降。旧格新减，尚未议登，格外加倍，将以何术？比见加格置市者，前后相属，非惟新加无赢，并皆旧格犹阙，愚恐元懿今启，亦当不殊。若事不副旨，惧诒遭诘，便百方侵苦，为公贾怨。元懿秉性苛刻，已彰往效，任以物土，譬以狼将羊。其所欲举腹心，亦当虎而冠耳。"参看第二十一章第四节。《梁书·武帝纪》：天监十五年（516），正月，诏关市之赋，或有未允。外时参量，优减定格。大同十一年（545），三月，诏四方所立市、埭、桁、渡、津税，有不便于民者，尚书、州郡，各速条上。其时陆验、徐驎递为少府丞、大市令，并以苛刻为务，已见第十二章第五节。《陈书·宣帝纪》：大建四年（572），闰月，诏姑熟自梁末兵灾，凋残略尽。自今有罢任之徒，许分留部下。其已在江外，亦令迎还。悉住南州，津里安置。有无交贸，不责市估。十一年诏有"旗亭关市，税敛繁多，不广都内之钱，非供水衡之费，逼遏商贾，营谋私蓄"之语。《南史·陈本纪》，谓后主税江、税市，征取百端。其用沈客卿、阳慧朗，已见第十五章第二节。此皆关市政令，发自中枢，散见纪传者也：亦有由地方为之者：《晋书·甘卓传》言：卓迁梁州刺史，估税悉除。又《儒林·杜夷传》言：刺史刘陶，告庐江郡，常以市租，供给其家人粮廪。《齐书·豫章王嶷传》：徙荆州刺史，以市税重滥，更定楅格，以税还民。侯景据寿春，停责市估，已见前。景后抗表，有云"关市征税，咸悉停原，寿阳之民，颇怀优复"焉。《梁书·陆法和传》：刺郢州，列肆之内，不立市丞，但以空槛篅在道间，上开一孔以受钱。贾客店人，随货多少，计其估限，自委槛中。行掌之司，夕方开取条其孔目，输之于库。此等兴替、增减，及其支用，悉由地方主之。可见当时关市之征，中枢所取，实有限也。

北方诸国：张重华尝除关税，见《晋书·载记》。姚兴增关津之税，已见第十九章第三节。《魏书·沮渠蒙逊传》：世祖诏公卿为书让牧犍，有"切税商胡，以断行旅"之语。《甄琛传》：琛论盐池表有云："今伪弊相承，仍崇关廛之税，大魏恢博，惟受谷帛之输"，则魏初似无商税。肃宗时，税市人出入者各一钱，店舍为五等，已见第十二章第二节。前废帝即位，市税与盐税并除，已见前。齐末，颜之推奏请立关市、邸店之税。开府邓长颙赞成之。后主大悦，以其所入供御府声色之费，军国之用不豫焉。未几而亡。见《隋书·食货志》。周闵帝元年（557），初除市门税。宣帝即位，复兴入市之税，亦见《志》及《周书·本纪》。宣帝税入市者人一钱。静帝立，罢入市税钱，见《纪》。

第六节　兵　制

晋、南北朝，为中国兵力衰微之世，其所由然，盖以取之、教之者，皆不得其宜也。民兵之制，虽自东汉来已废，然调发之制仍存。故《晋书·段灼传》：灼言晋人可差简丁强，如法调取，羌、胡非恩意告谕不可。然调发人民时甚少，自三国至南北朝，皆别有所谓军户者，已见第十七章第三节矣。军户放免，其事甚难，《宋书·孝武帝纪》：大明二年（458），正月，诏先帝龙飞荆楚，奉迎文武、吏身，可赐爵一级，军户免为平民，此乃特典。帛氏奴之乱，刘道济免吴兵三十六营为平民；竟陵王诞之叛，孝武帝使垣阆袭之，诞焚兵籍，使壮士率之出击：亦危迫之际，非常之措施也。而其困辱殊甚。《晋书·赵至传》：缑氏令初到官，至年十三，与母同观。母曰："汝先世本非微贱，世乱流离，遂为士伍耳。尔后能如此不？"至感母言，诣师受业。盖军户之困辱久矣。**服役率取长上。**① 长上之名，不始唐代。《通鉴》：晋安帝隆安二年（398），慕容宝长上段速骨、宋赤眉等作乱。《注》云："凡卫兵皆更番迭上，长上者，不番代也。唐官制，怀化执戟长上，归德执戟长上，皆武散阶，长上之官尚矣。"案《宋书·张茂度传》：子永，以世祖孝建二年（455），入为尚书左丞。时将士休假，年开三番，纷纭道路。永建议：交代之限，以一年为制。则番代之期，有甚短者。遵行者盖渐少也。**老稚亦不得免。**《晋书·宣帝纪》：帝平公孙渊，奏军人年六十已上者罢遣千余人；《武帝纪》：平吴后，诏诸士卒年六十已上，罢归于家；此已为甚晚。《宋书·自序》载沈亮启大祖，谓西府兵士，或见年八十而犹伏隶，或年始七岁而已从役，尤可见其使之之酷。晋明帝之讨王敦，诏敦之将士，单丁在军，无有兼重者，皆遣归家，终身不调，其余皆与假三年，亦危急时旷典也。**身死又须补代。**刘卞兄为大子长兵，死，兵例须代，功曹欲以卞代兄役是也。见第四节。**于是人民规免者多，乃有以亡命、谪户或蛮夷充之者。逃叛、死亡，追代或及亲属，甚者及于邻伍。其虐，与明代之句军无异矣。**《晋书·庾冰传》：冰隐实户口，料出无名万余人，以充军实，此以漏籍者为兵也。《毛璩传》：璩迁淮南太守，寻补镇北将军谯王恬司马。海陵县界，地名青蒲，四面湖泽，皆是菰葑，逃亡所聚。璩建议率千人讨之。时大旱，璩因放火，菰葑尽然。亡户窘迫，悉出自首。近有万户，皆以补兵。此以逃亡者为兵也。《宋书·沈庆之传》：庆之前后获蛮，并移京邑，以为营户，此以夷隶为兵也。《晋书·范宁传》：宁上疏言："官制谪兵，不相袭代。顷者小事，便以补役。一愆之违，辱及累世。亲戚旁支，罹其祸毒。"《宋书·武帝纪》：永初二年（421），十月，诏曰："兵制峻重，务在得宜。役身死叛，辄考傍亲。流迁弥广，未见其极。遂令冠带之伦，沦陷非所。宜革以弘泰，去其密科。自今犯罪充兵，合举户从役者，便付营押领。其有户统及谪止一身者，不得复侵滥服亲，以相连染。"《何承天传》：余杭民薄道举为劫。制同籍期亲补兵。其从弟代公、道生等，并为大功亲，而法以其母存为期亲，子宜随母补兵。皆可见其句补之酷。然据《南史·郭祖深传》，则当时追讨，并有滥及邻伍者，见第十七章第三节，又不限于亲属矣。**征发之法，多用三五，亦有更密于此者。**三五取丁，释见第五章第二节。此据《通鉴》晋成帝咸康八年（343）《注》。然宋文帝元嘉二十七年（450）《注》又云："三丁发其一，五丁发其二。"② 不知果有此两法邪？抑胡氏偶误也？《晋书·石季龙载记》，言其将讨慕容皝，令司、冀、青、徐、幽、并、雍兼复之家，五丁取三，四丁取二，则前说似是。《慕容儁载记》：儁图入寇，兼欲经略关西，乃令州郡校阅见丁，精覆隐漏。率户留一丁，余悉发之。封邑刘贵上书极谏，乃改为三五占兵。则三五取丁，殆为当时通制。符坚入寇，诸州之民，十一遣一，盖以所发者广，故所取者少。佛狸临江，丹阳统内，尽户发丁。胡三省曰："凡人户见丁，无论多少尽发之。"此则危急时偶行之法也。**率先贫弱，转后殷强，其流弊滋大。**《晋书·慕容儁载记》：其尚书左丞申绍上疏曰："比赴敌后机，兵不速济。皆由赋法靡恒，役之非道。郡县守宰，每于差调之际，舍越殷强，首先贫弱。行留俱窘，资赡无所。人怀嗟怨，遂致奔亡。"案《宋书·王弘传》：

---

① 兵：长上之名，不始唐代。
② 役：三五取丁，通鉴胡注自歧。

弘与八坐丞郎疏言："主守偷五匹，常偷四十匹，并加大辟，议者咸以为重。宜进主守偷十匹，常偷五十匹死，四十匹降以补兵。"左丞江奥议："官及二千石，及失节士大夫，时有犯者，罪乃可戮，恐不可以补兵也。谓此制可施小人，士人自还用旧律。"《梁书·处士沈颙传》：天监四年（505），大举北伐，订民丁。吴兴太守柳恽以颙从役。扬州别驾陆任以书责之。恽大惭，厚礼而遣之。则其时兵役，士人率遭优免，此亦舍越殷强之一端也。《慕容晄载记》又云：悦绾言于晄曰：百姓多有隐附，宜悉罢军封。晄纳之。出户二十余万。慕容评大不平，寻贼绾杀之。尤可见侥幸免役者之众。且斯时之民，久阙训练，发之无益于事，《宋书·武帝纪》：隆安五年（402），孙恩向沪渎。高祖弃城追之。海盐令鲍陋遣子嗣之，以吴兵一千，请为前驱。高祖曰："贼兵甚精，吴人不习战，若前驱失利，必败我军，可在后为声援。"不从。果为贼所败。又《自序》。元凶弑逆，分江东为会州，以隋王诞为刺史。沈正说诞司马顾琛，以江东义锐之众，为天下唱始。琛曰："江东忘战日久，士不习兵，当须四方有义举，然后应之。"皆江东之民，久阙训练之证。《齐书·沈文季传》：唐寓之叛，富阳但发男丁防乱。文季时为会稽太守，发吴、嘉兴、海盐、盐官民丁救之，亦败。齐武帝遣禁兵数千人，马数百匹东讨。贼众乌合，一战便散，禽斩寓之。王敬则之叛，百姓从之者十余万，胡松以马军突其后，即惊散，见第十章第三节。皆民兵不可用之证。齐初虏动，高帝欲发王公已下无官者为军，褚渊谏：以为无益实用，空致扰动，良有以也。然此等苟经训练，亦可成精兵。伐秦之役，宋武遣上河北岸距魏兵者，为白直队主丁旿，事见第七章第七节。白直者，白丁之入直左右者也。亦可见兵之强弱，惟在训练矣。而或致激变，如张昌之乱是矣。《晋书·山涛传》云：吴平之后，帝诏天下罢军役，示海内太安。州郡悉去兵，大郡置武吏百人，小郡五十人。帝尝讲武于宣武场。涛时有疾，诏乘步辇从。因与卢钦论用兵之本。以为不宜去州郡武备。其论甚精。帝称之曰："天下名言也。"而不能用。及永宁之复，屡有变难，寇贼焱起，郡国皆以无兵备不能制，天下遂以大乱，如涛言焉。涛之论今不可闻，然其时州郡握兵，实为天下之乱源。刘昭论之，最为痛切，见《续汉书·百官志注》。晋之患，始于宗室诸王，而成于夷狄。当时州郡置兵，诚较王国为少，然八王之乱，非以其国之兵起也。五胡乱后，州郡曷尝无兵？果能戡乱定难钬？综观当时诸家议论，亦多以人民阙于训练为言，如何承天《安边论》曰："汉魏以来，搜田非复先王之礼，治兵徒逞耳目之欲。有急之日，民不知战。至乃广延赏募，奉以厚秩。发遣奔救，天下骚然。方伯、刺史，自无经略，惟望朝延遣军，此皆忘战之害，不教之失也。"而非以无经制之兵为患。《涛传》所云，非笃论也。

召募之制，意在选取精勇。马隆讨树机能，募要引弩三十六钧、弓四钧者，已见第二章第二节。元嘉二十七年（450）之役，募天下弩手，不问所从；有马步众艺、武力之士应科者，皆加厚赏；见第八章第七节。《宋书·蒯恩传》：高祖征孙恩，县差为征民。充乙士。使负马刍。恩常负大束，兼倍余人。每舍刍于地，叹曰："丈夫弯弓三石，奈何充马士？"高祖闻之，即给兵仗。恩大喜。可见军中武力之重矣。刘敬宣之伐蜀，国子博士周祇书谏高祖，谓官所遣皆乌合召募之人，师果无功。《宋书·沈演之传》：子勃，泰始中欲北讨，使还乡里募人。勃多受货贿。上怒，下诏数之曰："自恃吴兴土豪，比门义故，胁说士庶，告索无已。又辄听义将，委役还私。托注病叛，逐有数百。周旋门生，竞受财货。少者至万，多者千金。考计臧物，二百余万。"则召募之弊，亦甚大矣。《晋书·刘超传》：出为义兴太守，征拜中书侍郎，会帝崩，穆后临朝，迁射声校尉。时军校无兵，义兴人多义随，超因统其众以宿卫，号为君子营。此亦召募之类。设其终属于超，即成私家之部曲矣。

部曲之制，[①] 已见第十八章第四节。《晋书·范宁传》：宁上疏言："方镇去官，皆割精兵器仗，以为送故。米布之属，不可胜计，监司相容，初无弹纠。其中或有清白，亦复不见甄异。送兵多者，至于千余家，少者数十户。既力入私门，复资官廪布。兵役既竭，枉服良人，牵引无端，以相充补。若是功勋之臣，则已享裂土之祚，岂应封外，复置吏兵？送故之格，宜为节制，以三年为断。"此等送故之兵，久假不归，即成私家之部曲矣。廪布既资官给，何必听属私家？然而部曲之制，卒不能革者？《陈书·蔡征传》言：后主遣征收募兵士，自为部曲。征善抚恤，得物情，旬月之间，众近一万。征之抚恤，或不必专施于部曲，然部曲既属私家，其抚恤容有更周者《南史·郭祖深传》：梁武帝以祖深为南津校尉，使募部曲二千。所领皆精兵，令行禁止。有所讨逐，越境追禽。江中尝有贼，祖深自率讨之。大破贼。威振远近，长江肃清。或亦以其专属于己，故简择者精也。《陈书·樊毅传》言：毅累叶将门。侯景之乱，率部曲随叔父文皎援台。文皎战殁，毅将宗族子弟赴江陵。高祖受禅，毅与弟猛举兵应王琳。琳败，奔齐，侯瑱遣使招毅，毅乃率子弟部曲还朝。《鲁广达传》言：时江表将帅，各领部曲，动以千数，而鲁氏尤多。此等私家部曲，公家征战，亦多用之，几如辽人之有头下军州矣。范宁言送故多割器杖，则有部曲者即家有藏甲。《宋书·范晔传》所以言周灵甫有家兵部曲，孔熙先欲奉义康，乃与以钱六十万，使于广州合兵，其征也。兵革藏于私家，非礼也，是谓胁君，此亦南北朝之世，篡乱之所由不绝欤？

为免扰累平民起见，时亦发奴客为兵。东晋时事，亦见第十八章第四节。元帝所免僮客，以配刘隗、戴渊。又发投刺王官千人为军吏。见《戴若思传》。王敦率众内向，抗疏曰："当陛下践阼之初，投刺王官，本以非常之庆，使豫蒙荣分，而更充征役，复依旧名。普取出客，从来久远，经涉年载。或死亡灭绝，或自赎得免，或见放遣，或父兄时事，身所不及。有所不得，辄罪本主。百姓哀愤，怨声盈路。"敦攻刘隗，自难免于过当。然庾翼欲北伐，并发所统六州江、荆、司、

---

① 兵：南北朝有部曲者多。案此事悉出之汰弱留强可也。

雍、梁、益。奴及车、牛、驴、马,史亦云百姓嗟怨,则敦言亦不能尽诬。宋武帝永初元年(420),八月,诏先因军事所发奴僮,各还本主。若死亡及勋劳破免,亦依限还直。盖奴婢亦为财产之一,不宜使其主人蒙损过大,故有此举。《晋书·隐逸传》:翟汤、庾翼大发僮客,敕有司蠲汤所调。汤悉推仆使,委之乡吏。吏奉旨一无所受。汤依所调限,放免其仆,使编户为百姓,则调发亦不能无优免也。《梁书·武帝纪》:普通五年(524),七月,赐北讨义客位阶。是梁世亦有奴客从军者。帛氏奴之乱,刘道济免道俗奴僮以充兵。《晋书·列女传》:苏峻作乱,虞潭时守吴兴,又假节征峻。潭母孙氏,尽发家僮,随潭助战。则危急之际,地方亦有用之者也。

当时风气,称习战者必曰伧楚。子勋之叛,殷孝祖率二千人还朝,并伧楚壮士,人情太安;详见第九章第四节。始安王遥光欲叛,召诸伧楚是也。见第十章第五节。吴人谓中州人曰伧。见第三章第九节。楚者,江西之地,皆楚之旧壤也。王融欲辅子良,招集江西伧楚,见第十章第二节。祖逖率亲党避地淮泗,后居京口,史言其宾客义徒,皆暴桀勇士。详见第四章第二节。郗鉴寝疾,疏言所统错杂,率多北人。详见第五章第四节。此皆其时之所谓伧:《梁书·陈伯之传》:幼有膂力,年十三四,好着獭皮冠,带刺刀,候伺邻里稻熟,辄偷刈之。尝为田主所见,呵之曰:"楚子莫动。"伯之因杖刀而进,将刺之,曰:"楚子定何如?"此则时人习称剽悍者为楚也。淮南劲悍,自昔著闻。淮南王允之攻赵王伦,史言其所将皆淮南奇材剑客,伦兵死者千余人。吕安国袭破杜叔宝饷刘顺军车,实为胜负所由判。详见第九章第四节。是役决胜,实由黄回。史称其所领并淮南楚子,天下精兵。见《宋书·殷琰传》。刘牢之距苻坚之师,陈庆之送元颢之众,其中此曹,盖不少矣。然宋武之征南燕,公孙五楼策之曰:"吴兵轻果,初锋勇锐不可当。"见《晋书·慕容超载记》。伐秦之役,沈田子实奏青泥之烈,而史称其所领江东勇士,便习短兵。《宋书·自序》。则江东之士,亦未必遂弱。民风恒随处境而转移。当时江东以稼穑为重,而江西则为战地,此其风气之所以渐殊也。

士大夫之风气,南方亦较北方为弱,观第十八章第二节所引《颜氏家训·涉务篇》可知。其《杂艺篇》又曰:"江南以常射为兵射,冠冕儒生,多不习此。别有博射,弱弓长箭,施于准的。揖让升降,以行礼焉。防御寇难,了无所益。乱离之后,此术遂亡。河北人士,率晓兵射。"士大夫者,民之率将,士大夫日趋文弱,无怪细民之稍益不振矣。颜氏之言则善矣,然而射不主皮,左射狸首,右射驺虞之意,则益微矣。可胜慨哉!

元魏丁男,亦有兵役。太宗永兴五年(537),正月,大阅,畿内男子十二以上悉集;高祖延兴三年(473),十月,大上皇帝亲将南讨,诏州郡之民,十丁取一是也。末造,常景病差丁不尽强壮,三长皆豪门多丁,求权发为兵。孝静帝兴和元年（539），六月，以司马子如为山东黜陟大使，寻为东北道大行台，差选勇士。奚思业为河南大使，简发勇士，盖亦取诸人民。惟此等在平时亦罕用，寻常充补，率于军户取之。军户：有以俘虏为之者，如高聪徙入平城，与蒋少游为云中兵户是也。或以杂户充役，如《崔挺传》言河东郡有盐户，掌供州郡为兵是也。然要以罪谪者为多。征戍皆有之。《魏书·高祖纪》：太和二十一年（497），十二月，诏流徙之囚，皆勿决道，登城之际，令其先锋自效。《周书·宣帝纪》：宣政元年（528），二月，滕王逌伐陈，免京师见徒，并令从军。此皆用于征战者也：用诸戍守者尤多。《魏书·高祖纪》：延兴四年（474），十二月，诏西征吐谷浑兵在匈律城初叛军者斩，次分配柔玄、武川二镇。《源贺传》：贺上书曰："自非大逆、赤手杀人之罪，其坐赃及盗与过误之愆。应入死者，皆可原命，谪守边境。"高宗纳之。六镇戍兵，本皆高门子弟，其后非得罪当世者，莫肯与之为伍，即由戍兵中此等人多故也。见第十二章第三节。其遇之颇酷，欲免除甚难，逃亡之格又峻，终至激成六镇之叛焉。《魏书·任城王澄传》：澄以流人初至远镇，衣食无资，多有死者，奏并其妻子给粮一岁，从之。是当时谪戍，率并其家属徙之也。《高祖纪》：太和十二年（488），正月，诏曰："镇戍流徙之人，年满七十，孤单穷独，虽有妻妾，而无子孙，诸如此等，听解名还本。"可见其获免之难。《崔挺传》云：时以犯罪配边者，多有逃越，遂立重制，一人犯罪逋亡，合门充役。挺上书，辞甚雅切，高祖纳之。《郭祚传》：世宗诏以奸吏逃刑，县配远戍。若永避不出，兄弟代之。祚奏："若以奸吏逃窜，徙其兄弟，罪人妻子，复应徙之，此则一人之罪，祸倾二室。愚谓罪人在逃，止徙妻子。走者之身，县名永配。于眚不免，奸途自塞。"诏从之。此等皆可见其牵连之广。《李崇传》：定州流人解庆宾兄弟坐事俱徙扬州。弟思安，背役亡归。庆宾惧后役追责，规绝名贯。乃认城外死尸，诈称其弟为人所杀，迎归殡葬。又诬疑同军兵苏显甫、李盖等所杀，经州讼之。几成冤狱。其祸，亦原于追逃之酷也。末造六镇须改为州，事极明白，然正光五年（524）所免者，犹是元非犯之人也。见第十二章第三节。召募之法，亦间行之。如孔太恒等领募骑一千，南讨淮阳是。见《魏书·孔伯恭传》。末年乱事蜂起，赏募之格尤重。然赏格虽优，奉行不善，亦不能收其效也。见第十二章第三节引高谦之语。

宿卫之士，多出朔方。《魏书·高祖纪》：太和十九年（495），八月，诏选天下武勇之士十五万人为羽林、虎贲，以充宿卫，似不限其区域。然其明年（496）十月，又诏以代迁之士，皆为羽林、虎贲矣。《地形志》言：恒、朔、云、蔚、显、廓、武、西夏、宁、灵十州，为永安以后禁旅所出，亦仍以北方之民为主也。禁兵间亦出征，并有从事戍守者，《魏书·和其奴传》：东平王道符反，诏其奴率殿中精甲万骑讨之。任城王澄言：羽林、虎贲，有事暂可赴战，常戍宜遣番兵。然其末年，骄悍殊甚，致有贼杀张彝之事，而京城附近，形势且甚岌岌，乃欲使四中郎将带郡守以为卫。亦见《任城王澄传》。固知兵愈骄则愈不可用矣。

调发人民，除大举时盖甚罕。《魏书·世祖纪》：真君六年（445），八月，车驾幸阴山之北。诏发天下兵，三分取一，各当戒严，以须后命。《高祖纪》：太和二十二年（498），四月，发州郡兵二十万人，限八月中旬集县瓠。《世宗纪》：景明四年（503），六月，发冀、定、瀛、相、并、济六州二万人，马千匹，增配寿春。正始三年（506），七月，发定、冀、瀛、相、并、肆六州十万人，以济南军。《献文六王传》：高祖将南讨，遣广陵王羽持节安抚六镇，发其突骑。周宇文护伐齐，征二十四军及左右厢散隶，暨秦、陇、蜀之兵，诸蕃国之众，凡二十万，见第十四章第六节。此等征发，所及较广，尚多故有兵籍者，不皆比户之民也。征戍之士，更代本有定期，《魏书·高祖纪》：太和二十年（496），十月，司州之民，十二夫调一吏，为四年更卒。岁开番假。以供公私力役。《周书·武帝纪》：保定元年（561），三月，改八丁兵为十二丁兵。率岁一月役。事亦见《隋书·食货志》。胡三省《通鉴注》曰："八丁兵者，凡境内民丁，分为八番，递上就役。十二丁兵者，分为十二番，月上就役，周而复始。"《魏书·薛虎子传》：为徐州。在州戍兵，每岁交代，必亲劳送，丧者给其敛帛。《北史·房谟传》：转徐州刺史。先是当州兵皆僚佐驱使。饥寒死病，动至千数。谟至，皆加检勒，不令烦扰。以休假番代。洗沐、督察，主司亲自检视。又使佣赁，令作衣服。终岁还家，无不温饱。全济甚多。伤夷亦许还本。《魏书·高祖纪》：太和十九年（495），八月，诏从征被伤者，皆许还本。然役之每过其时，《魏书·皮豹子传》：为仇池镇将。兴安二年（453），表曰："臣所领之众，本自不多。惟仰民兵，专恃防固。其统万、安定二镇之众，从戎已来，经三四岁；长安之兵，役过期月；未有代期。衣粮俱尽，形颜枯瘁。窘切恋家，逃亡不已。既临寇难，不任攻战。"甚有死于道路者，《魏书·裴骏传》：骏子宣，于世宗时上言曰："自迁都已来，凡战陈之处，及军罢兵还之道，所有骸骼，无人覆藏者，请悉令州郡戍逻，检行埋掩。并符出兵之乡，其家有死于戎役者，使皆招魂复魄，祔祭先灵。复其年租调。身被伤夷者，免其兵役。"朝廷从之。以是兵无斗志，或转恃民兵以为固焉。民兵盖本不在兵籍者，然当风尘涨洞之际，资其用者颇多，而据地自专，反侧于两国之间者，亦此曹也。多兵之用，至东西魏分立而广。《周书·苏绰传》：弟椿，大统十四年（548），置当州乡帅，自非乡望允当众心，不得与焉。乃令驿追椿领乡兵。《韦瑱传》：征拜鸿胪卿，以望族兼领乡兵，加帅都督。《北史·李彦传》：迁虞部郎中。大统十二年（546），初选当州首望，统领乡兵，除帅都督，此统领之重其人也：又《魏玄传》：其先，任城人也，后徙于新安。每率乡兵，抗拒东魏。《泉企传》：子仲遵，率乡兵从杨忠讨柳仲礼，皆乡兵之与于战守者：虽高昂兄弟，所用亦乡兵也，见下。《颜氏家训·诫兵篇》曰："顷世乱离，衣冠之士，虽无身手，或聚徒众，违弃素业，侥幸战功。"又云："每见文士，颇读兵书，微有经略。若承平之世，睥睨宫闱，幸灾乐祸，首为逆乱，诖误善良。如在兵革之时，构扇反覆，纵衡说诱，不识存亡，强相扶戴。此皆陷身灭族之本也"：文士如此，武夫可知，衣冠之族且然，武断乡曲者更不必论矣。

北齐兵制，与后魏略同。《唐邕传》言：邕于九州军士，四方勇募，强弱多少，番代往还，莫不谙知。见第十四章第八节。九州军士，盖以军户为之，四方勇募，则籍外之士也。《孙搴传》言：高祖大括燕、恒、云、朔、显、蔚、二夏州、高平、平凉之民，以为军士。逃隐者身及主人，三长、守、令，罪以大辟，没入其家。所获甚众。搴之计也。此则比户取之矣。东魏徙邺之后，置京畿府，专典、兵马，齐文襄为大都督，见《周书·王士良传》：高祖作相，丞相府外兵曹、骑兵曹，分掌兵马。及天保受禅，诸司监咸归尚书，惟此二曹不废，令唐邕、白建主治，谓之外兵省。其后邕、建位望转隆，各为省主，令中书舍人分判二省事。亦见《北齐书·邕传》。北齐流罪，投于边裔，以为兵卒，见下节。

后周兵制，为五胡乱华以来一大变。五胡用兵，率以其本族若他异族人为主。高欢语鲜卑：谓汉人是汝奴，语汉人：谓鲜卑人是汝作客，已见第十六章第六节。《魏书·刘洁传》：南州大水，百姓阻饥。洁奏曰："郡国之民，虽不征讨，服勤农桑，以供军国，实经世之本，府库所资。应加哀矜，以鸿覆育。"皆可见汉人虽或充兵，并不以为劲旅。故韩陵之战，高欢谓高昂纯将汉儿，恐不济事，欲以鲜卑参之也。①见第一章。是役也，欢之所将，实为葛荣余党，必不能尽是鲜卑，而薛孝通语贺拔岳，谓其以数千鲜卑，破尔朱百万之众。见《北史·薛辩传》。盖凡乐于战斗者，其人虽非鲜卑，亦必已渐染鲜卑之习矣。既染鲜卑之习，必不复知民族之义。北方累经丧乱，可乘之机甚多，而汉人卒不能崛起光复旧地，盖以此也。自府兵之制兴，而兵权乃渐移于汉人矣。府兵之制，起自宇文泰。以六柱国督十二大将军，分掌禁旅。已见第十四章第五节。六军之置，事在大统八年三月，见《北史·本纪》。《周书》又云：十二大将军，各统开府二人。每一开府领一军兵，是为二十四军。《北史》则云：每大将军督二开府，凡为二十四员，分团统领，是为二十四军。每一团仪同二人。自相督率，不编户贯。都十二大将军。十五日上，则门栏陛戟，警昼巡夜。十五日下，则教旗习战。无他赋役。每兵惟办弓刀一具，月简阅之。甲槊戈弩，并资官给。案魏世军人，多并家属屯聚一处，称之为府。六镇之兵，即见称为府户，见第十二章第三节。《魏书·杨椿传》言：自大祖平中山，多置军府，以相统摄。《北史·唐邕传》：邕奏河阳、晋州，与周连境，请于河阳、怀州、永桥、义宁、乌籍，各徙六州军人，并家立军府安置，以备机急之用。《周书·武帝纪》：天和元年（566），七月，筑武功、郿、斜谷、武都、留谷、津坑诸城，以置军人。五年（570），三月，初令宿卫官住关外者，将家累入京，不乐者解宿卫。建德六年（577），十二月，行幸并州官，移并州军人四万户于关中，皆足见当时军人，多并家屯聚一处也。其军人，有专务教练者，亦有兼事耕屯者。《北齐书·唐邕传》：邕以军民教习田猎，依令十二月月别三围，人马疲敝，奏请每月两围。世祖从之。此军民与后来军人二字同义，谓有兵籍属军府之人，非兼兵与寻常人民言之也。唐避太宗讳，改民为人，后遂相沿，而军人军民，其意各异矣。田猎月别三围，自无暇更及农事。然亦有兼事耕屯者。薛虎子欲以州镇戍兵资绢，市牛令耕，已见第二十章第一节。《世宗纪》：正始元年（504），九月，诏缘淮南北，所在镇戍，皆令及秋播麦，春种粟稻。《源贺传》：诏都督三道诸军，屯于漠南，以备北寇，至春仲乃班师。贺以劳役京都，又非御边长计。请募诸州镇武健者三百人，复其徭赋，厚加振恤。分为三部。二镇之间筑城，城置万人，给强弩十二床，武卫三百乘。弩一床给牛六头，武卫一乘给牛二头。多造马枪及诸器械。使武略大将二人镇抚之。冬则讲武，春则种植。史言事寝不报，然观第十二章第三节所引《源怀传》，则北边镇戍，固未尝不事种

---

① 鲜卑：善战好战者，即称为鲜卑。郡国之民不征讨。

植也。魏世禁旅，以半月上番，半月教习，自无暇更事种植。然自周武帝以军士为侍官，募百姓充之，除其县籍。见第十七章第三节。《隋志》言"是后夏人半为兵矣"，而其制一变矣。《新唐书·兵志》云："礼之谓之侍官，言侍卫天子也。"盖更其名以歆动夏人也。宇文泰所立府兵之制，《通鉴》系梁简文帝大宝元年（550），云：泰始籍民之才力者为府兵。身租、庸、调一切蠲之。以农隙讲阅战陈。马畜、粮糒，六家供之。合为百府。每府一郎将主之。分为二十四军。《文献通考·兵考》则云：周大祖辅西魏时，用苏绰言，始放周典置六军。籍六等之民。择魁健才力之士，以为之首。尽蠲租、调，而刺史以农隙教之。合为百府。又云：凡柱国六员，众不满五万人。二书之说，盖同本于唐李泌之《邺侯家传》。农隙教练，与《北史》半月上番、半月教习之说不符。盖误以后来之制为初制。近人陈寅恪《隋唐制度渊源略论稿·兵制》。然云众不满五万，则似系初创时事。其时西方贫困，必无力能养多兵。周武募夏人为侍官，盖正以如是则可徒蠲其租调，而不必别出兵费也。斯固物力所限，然其时异族之民，必更同化于汉族，欲募以为兵，亦不可多得矣。此诚世局之一大转掫也。

部曲之兵，北朝亦有。尔朱荣死，魏庄帝引见高昂，劳勉之。昂请还本乡，招集部曲，其后韩陵之役，昂自领乡人部曲三千人。其弟季式，亦自领部曲千余人，马八百匹，戈甲器杖皆备。昂兄慎，迁光州刺史，亦听以本乡部曲数千人自随。封隆之子子绘，高祖崩，世宗以为渤海太守，亦听收集部曲一千人。此皆扰攘之际，听以腹心自卫也。清河王岳，与高祖经纶天下，家有私兵，并畜戎器，世宗未及文宣之世，频请纳之，皆未见许。及葬毕，乃纳焉。然岳之死实非良死也。斛律光之死也，何洪珍赞其家藏弩甲，奴僮千数，则私甲究非善制也。

行军所用牛马，魏制亦出自民间。《魏书·太宗纪》：永兴五年（537），正月，诏诸州六十户出戎马一匹。泰常六年（421），二月，调民二十户输戎马一匹，大牛一头。三月，制六部民羊满百口，输戎马一匹。《世祖纪》：始光二年（425），五月，诏天下十家发大牛一头，运粟塞上，是其事；此等虽遍及境内，然马之产，究以北边为多。尔朱荣家世豪强，牛马谷量，散畜牧招义勇，遂以起事，其兴，正拓跋氏之所由兴也。魏道武之追柔然也，柔然遁去，诸将请还。道武问："若杀副马为三日食，足乎？"《通鉴》胡三省《注》曰："凡北人用骑兵，各乘一马，又有一马为副马。"① 晋孝武帝太元十六年（391），魏登国六年（397）。宋文帝元嘉六年（429），魏主舍辎重，帅轻骑兼马，袭击柔然。大武神廳二年（429）。《注》曰："兼马者，每一骑兼有副马也。"副马之制，蒙古亦有之，故胡氏言凡北人，以通古今。此胡骑之所以迅捷。《宋书·刘敬宣传》：刘牢之与孙恩之众

---

① 兵：副马。

战于虎嘤。贼皆死战。敬宣请以骑并南山趣其后。吴贼畏马，又惧首尾受敌，遂
大败。此南人不习骑战之征。皮豹子自言所领之众，不任攻战，见上。士民奸通，
知臣兵弱，南引文德，共为唇齿。文德去年八月，与义隆梁州刺史同征长安。闻
台遣大军，势援云集，长安地平，用马为便，畏国骑军，不敢北出。骑步不敌，
尤可概见。周朗所以言之痛也。见第八章第七节。南北强弱之机，实判于元嘉二十
七年（450）之役。此役南朝受创之深，实以六州残破之甚，魏人之能肆意摧残，
则以其骑兵疾速，宋人不能阻御也。当时欲图恢复，非决一二大战不可，决战求
胜，终不能无骑兵，梁武不知务此，是以卒无所成，说见第十一章第四节。车亦
间有用者，不过以将粮重、防冲突而已，不能恃以制胜也。[1] 宋武帝之讨南燕，以
车四千乘为两翼，方轨徐行，而以轻骑为游军，见第七章第四节。魏大武之迫彭城，沈庆之
欲以车营为函箱，陈精兵为外翼，奉武陵、江夏二王趋历城，见第八章第七节。檀道济之援
青州也，刁雍言其畏官军突骑，以锁连车为函陈，见《魏书·雍传》。此皆以车为翼护：即丁
旿之距魏军，亦仅藉车以自固，不能以之逐利也。吕梁之役，吴明彻成禽，而萧摩诃卒免，
尤可见车骑之利钝。

　　兵器似多由官造，观上节所述可见。当时刑徒有配甲坊者，甲坊，谓造甲之
所也。石季龙建丰国、渑池二冶，尝徒刑徒配之，见《晋书·载记》。《魏书·司马悦传》：
世宗初，除豫州刺史。汝南卜蔡董毛奴，赍钱五千，死于道路。郡、县疑民张堤
为劫。又于堤家得钱五千。堤惧考掠，自诬言杀。狱既至州，悦观色察言，疑其
不实。引见毛奴兄灵之，谓曰："杀人取钱，当时狼狈，应有所遗，此贼竟遗何
物？"灵之云："惟得一刀鞘而已。"悦取鞘视之，曰："此非里巷所为也。"乃召
州城刀匠示之。有郭门者，前曰："此刀鞘门手所作，去岁与郭民董及祖。"悦
收及祖诘之，及祖款引。观此，知当时里巷作兵，不逮城市，此官立监冶，所由
不可废欤？祖逖北征，屯淮阴，起冶铸兵而后进，见第四章第二节。何承天《安边论》
曰："四曰课丁仗，勿使有阙。千家之邑，战士二千，随其便能，各有仗。素
所服习，铭刻由己。还保输之于库，出行请以自卫。弓干利铁，民不办得者，官
以渐充之。"则当时作兵之材，民间亦有不能尽备者也。

　　攻战所施，强弩最称利器。卢循遣十余舰攻石头栅，宋武帝命神弩射之，发
辄摧陷，循乃止。其后水战，又以军中多万钧神弩获胜。已见第七章第二节。杨
公则攻东昏侯，登楼望战，城中遥见麾盖，纵神锋弩射之，矢贯胡床。神锋弩，
盖即神弩也。周文育攻韦载，以载收得陈武旧兵善用弩不能克，见第十三章第五
节。弩之难御如此，故庸、蜀之众，惟便刀稍，则邢峦轻之矣。见第十一章第四
节。水战，舟舰利于高大，说见第七章第二节。又有所谓拍者，水战多用之，间
亦施之于车，用以攻城。《陈书·侯安都传》：留异奔桃枝岭，于岩口竖栅，以

---

① 兵：车以为卫，不能遂利。

距王师。因其山陇之势，迮而为堰。夏潦水涨，安都引船入堰，起楼舰与异城等，放拍碎其楼雉。《侯瑱传》：与王琳战于芜湖，众军施拍纵火。章昭达乘平虏大舰，中江而进，发拍中于贼舰。《黄法氍传》：大建五年（573）北伐，为拍车及步舰，竖拍以逼历阳。亲率士卒攻城，施拍加其楼堞，时又大雨，城崩，克之。《章昭达传》：讨欧阳纥，装橹造拍，以临贼栅。《徐世谱传》：与侯景战于赤亭湖。景军甚盛。世谱乃别造楼船、拍舰、火舫、水军，以益军势。《吴明彻传》：讨华皎。募军中小舰，多赏金银，令先出当贼大舰，受其拍。贼舰发拍皆尽，然后官军以大舰拍之，贼舰皆碎，没于中流。《周书·裴宽传》：为汾州刺史，陈将程灵洗，以大舰临逼，拍竿打楼，应即摧碎。皆当时攻战，资拍为利器之事也。《隋书·杨素传》：素居永安，造舰名曰五牙。上起楼五层，高百余尺。左右前后，置六拍竿，并高五十尺。容战士八百人。拍之用不可详知，其制犹有可考，《读史兵略》以为即炮，则误矣。①

第七节　刑　法

古代法律，李悝《法经》，实集其大成，商君以之相秦，汉初犹沿用之。其时情伪滋繁，而法文大少，苦其不周于用，递有增益，更加之以令及比，既病芜秽，又伤错乱，奸吏遂得上下其手。汉世论者，多以删定为亟，然其事讫未能成。至魏世，乃命陈群等为之，制新律十八篇，晋文帝秉政，又命贾充等改定，为二十篇，至武帝泰始四年（269）班行之。其事已见《秦汉史》第十八章第七节矣。律既定，明法掾张裴《齐书》、《隋志》皆作斐。为注表上之。其要，见于《晋书·刑法志》。其说绝精。后杜预又为注。泰始以来，斟酌参用。江左亦相承用之。齐武帝诏狱官详正旧注。永明七年（489），尚书删定郎王植撰定表奏之。取张注七百三十一条，杜注七百九十一条，二家两释，于义乃备者，一百七条。其注相同者一百三条。于是公卿八坐，参议考正。朝议不能断者，制旨平决。至九年（491），廷尉孔稚珪表上，请付外施行。《齐书·稚珪传》。东昏即位，又诏删省科律。《本纪》：永泰元年十月。

《隋书·刑法志》云：梁武帝承齐昏虐之余，刑政多辟。既即位，乃制权典，依周、汉旧事，有罪者赎。时欲议定律令。得齐时旧郎济阳蔡法度，家传律学。云王植之集注张、杜旧律，事未施行，其文殆灭，法度能言之。于是以为兼尚书删定郎，使损益植之旧本，以为梁律。事在天监元年八月，《梁书·本纪》云：诏

---

① 兵：以拍为炮误。

中书监王莹等八人参定律令。《隋志》云：咸使百司议其可否。法度请："皆咨列位，恐缓而无决。"于是以尚书令王亮、侍中王莹、尚书仆射沈约、吏部尚书范云、长兼侍中柳恽、给事黄门侍郎傅昭、通直散骑郎孔蔼、御史中丞乐蔼、太常丞许懋等参议断定，凡得九人。二年（503），四月，法度表上新律。《梁纪》二十卷。又上令三十卷，科三十卷。《梁纪》作四十卷。帝以法度守廷尉卿，诏班新律于天下。又云：陈氏承梁季丧乱，刑典疏阔。武帝即位，思革其弊。求得梁时明法吏，令与尚书删定郎范泉参定律令。《陈书·本纪》：永定元年（557），十月，立删定郎，治定律令。又敕尚书仆射沈钦、吏部尚书徐陵、兼尚书左丞宗元饶、兼尚书右丞贺朗参知其事。制律三十卷，令律四十卷。《通典》作制律三十卷，科三十卷。《通考》作制律三十卷，科四十卷。

　　北方僭伪诸国，虽刑政无章，然以大体言之，亦当承用《晋律》。《晋书·石勒载记》：勒下书曰："今大乱之后，律令滋烦。其采集律令之要，为施行条制。"于是命法曹令史贯志造《辛亥制度》五千文。施行十余岁，乃用律令。可见时局稍定，即不能不率由旧章也。

　　《魏书·刑罚志》云："魏初礼俗纯朴，刑禁疏简。宣帝南迁，复置四部大人，坐王庭决辞讼。以言语约束，刻契纪事，无囹圄考讯之法。诸犯罪者，皆临时决遣。神元因循，亡所革易。穆帝时，刘聪、石勒，倾覆晋室，帝将平其乱，乃峻刑法。每以军令从事。民乘宽政，多以违命得罪，死者以万计。于是国落骚骇。平文承业，绥集离散。昭成建国二年（339），当死者听其家献金、马以赎。犯大逆者，亲族男女无少长皆斩。男女不以礼交皆死。民相杀者，听与死家马、牛四十九头及送葬器物以平之。无系讯连逮之坐。盗官物一备五，私则备十。法令明白，百姓晏然。"此皆率其部族之旧。又云："大祖既定中原，患前代刑网峻密，乃命三公郎王德，除其法之酷切于民者，约定科令，大崇简易。"《本纪》事在天兴元年（399）。则始用中国之法矣。世祖即位，以刑禁重，神䴥中，《纪》在四年十月。诏司徒崔浩定律令。真君六年（445）春，《纪》在三月。以有司断法不平，诏诸疑狱皆付中书，依古经义论决之。《纪》云：以经义量决。《高允传》：真君中，以狱讼留滞，始令中书以经义断诸疑事。允据律评刑，三十余载，内外称平。自狱付中书覆案后，颇上下法。延兴四年（474），罢之，狱有大疑，乃平议焉。正平元年（451），诏曰："刑网大密，犯者更众，朕甚愍之。其详案律令，务求厥中，有不便于民者增损之。"于是游雅与中书侍郎胡方回等改定律制。《本纪》在六月。高宗又增律七十九章。以上亦据《刑罚志》。《高祖本纪》，太和元年（477），九月，诏群臣定律令于大华殿。《刑罚志》云："先是以律令不具，奸吏用法，致有轻重，诏中书令高闾集中秘官等修改旧文，随例增减。又敕群官参议厥衷。经御刊定。五年冬讫。凡三百八十二章。"然据《本纪》：则十五年（491），五月，议改律令。八月，又议律令事。十六年（492），四月，颁新律令。而五月，即诏群臣于皇信堂更定律条流徒限制，帝亲临决之。《孙绍传》：延昌中，绍表言："先帝时律令并议，律寻施行，令独不出。"则修改律令之事，孝文世实未大成也。《志》又云："世宗即位，意在宽政。正始元年（504），冬，《纪》在十二月。诏曰：先朝垂心典宪，刊革令轨。但时属征役，未之详究。施于时用，犹致疑舛。尚书、门下，可于中书外省论律令。诸有疑事，斟酌新旧，更加思理。增减上下，必令周备，随有所立，别以申闻。是时与议者十余人，刘芳为之主，见《北史·袁翻》及《芳传》。孝昌以后，天下淆乱，法令不恒，或宽或猛，及尒朱擅权，轻重肆意。在官者多以深酷为能。至迁邺，京畿群盗颇起，有司奏立严制。侍中孙腾，请悉准律令，以明恒宪。诏从之。"然据《本纪》：出帝大昌元年（532），诏曰："前主为律，后主为令，历世永久，实用滋章。可令执事之官，四品已上，集于都省。取诸条格，议定一途。其不可施用者，当局停记。新定之格，勿与旧制相连。务在约通，无致尤滞。"则其时之律令，仍甚紊乱。《孝静帝纪》：兴和三年（541），十月，癸卯，齐文襄王自晋阳来朝。先是，诏文襄王与群臣于麟趾阁议定新制，甲寅，班于天下。《北史·封述传》：天平中，为三公郎中。时增损旧事为《麟趾新格》，其名法、科条，皆述所删定。《李浑传》：文宣以魏《麟趾格》未精，诏浑与邢邵、崔㥄、魏收、王昕、李伯伦等修撰。盖至此又一清定。案前世虽有法律，遵守初不甚严。《晋书·刑法志》云："惠帝之世，政出群下，每有疑狱，各立私意。刑法不定，狱讼繁滋。及于江左，元帝为丞相。时朝廷草创，议断不循法律，人立异议，高下无状。"其时裴𬱟、刘颂、熊远等皆以是为言，其论绝精。[1] 平世如此，无怪乱离时之竞兴新制，弁髦旧法矣。石勒之别造条制，施行十余岁，乃用律令，正不得訾为沐猴而冠也。

《隋书·刑法志》云："文宣天保元年（550），令群臣刊定魏朝《麟趾格》。既而司徒功曹张老上书，称大齐受命已来，律令未改，非所以创制垂法，革人视听。于是始命群官，议造齐律。积年不成，武成即位，频加催督。河清三年（564），尚书令赵郡王叡等奏上齐律十二篇。又上新令四十卷。其不可为定法者，别制权令二卷，与之并行。《北齐书·本纪》：是年三月，以律令颁下大赦。《北史·封述传》：河清三年，敕与录尚书赵彦深、仆射魏收、尚书阳休之、国子祭酒马敬德等议定律令。《齐律序》为陆俟玄孙仁崇之辞，见《北史·俟传》。后平秦王高归彦谋反，律无正条，遂有别条权格，与律并行。"

《志》又云："周文帝之有关中也，典章多阙。大统元年（535），命有司斟酌今古通变，可以益时者，为二十四条之制奏之。《周书·本纪》在三月。云奏魏帝行之。七年（541），又下十二条制（《纪》云十一月奏行。）十年（544），魏帝命尚书苏绰总三十六条，更损益为五卷，班于天下。《纪》在七月。其后以河南赵

---

[1] 刑法：惠帝时，刑法不定，江左初不循法律，论者绝精，见《晋书·刑法志》。

肃为廷尉卿，撰定法律。肃积思累年，遂感心疾而死。乃命司宪大夫拓跋迪掌之。至保定三年三月，《纪》作二月。庚子乃就，谓之《大律》，凡二十五篇。班之天下。其大略滋章，条流苛密。比于齐法，烦而不要。武帝用法严正。齐平后，以旧俗未改，又为《刑书要制》以督之。《纪》在建德六年十一月。宣帝大象元年（579），以其用法深重，除之。后又广之，而更峻其法，谓之《刑经圣制》。"《纪》在大象元年八月，参看第十五章第一节。

晋、南北朝定律之事，大致如此。章大炎有《五朝法律索隐》篇，见《大炎文录》卷一。盛称魏、晋、宋、齐、梁律之美。谓汉法贼深，唐律承袭齐、隋，有所谓十恶者，《隋志》：齐律刊重罪十条：一曰反逆。二曰大逆。三曰叛。四曰降。五曰恶逆。六曰不道。七曰不敬。八曰不孝。九曰不义。十曰内乱。犯者不在八议、论赎之限。皆刻深不可施行。惟此五朝之法，宽平无害。其说有偏激者，亦有卓然不同流俗者。章氏美五朝法者：曰重生命：一父母杀子同凡论。二走马城市杀人者，不得以过失杀人论。曰恤无告：诸子姓仇复者勿论。曰平吏民：一部民杀长吏者同凡论。二官吏犯杖刑者论如律。曰抑富人：一商贾皆殊其服。二常人有罪不得赎。其说商贾皆殊其服曰："《广韵》引《晋令》曰：侩卖者皆当着巾白帖额，言所侩卖及姓名：一足白履，一足黑履。殊其章服，以为表旗，令并兼者不得出位而干政，在官者亦羞与商人伍，则今世行之便。或曰：其形谲怪，将为文明之辱。余以为求治者尚其实不尚其华，纵辱文明，则奸政、役贫之渐自此塞岂惮辱之？且商人工人，虑非有高下也。今观日本。诸庸作者，织布为裋，大书题号其上，背负雕文，若神龟、毒冒焉。工人如是，未有以为谲怪者，顾独不可施诸商人邪？贵均平，恶专利，重道薮，轻贪冒者，汉人之国性也。满洲始稍稍崇商贾。非直因以为市，彼商人固嗜利，而帝王与官吏亦嗜利，商人犹不以无道取，帝王官吏乃悉以无道取，若则帝王官吏，又不商人若也。既不若，又抑挫之，则不恕矣。其尊奖商人也则宜。易世而后，莫如行晋令便。"此说于社会、政治情势，几于茫无所知，而徒任情为说，所谓偏激不可行者也。其论走马城市曰："张裴《晋律序》曰：都城人众中走马杀人当为贼，贼之似也。余寻李悝《法经》，本有《轻狡》之篇，秦、汉因之。盖上世少单骑，车行有节，野外之驰，日不过五十里，国中不驰。六国以降，单骑郁兴，驰骤往来，易伤行者，由是有轻狡律，《晋律》：众中走马者二岁刑，见《御览》六百四十二。都会殷赈，行人股脚肩背相摩，走马者亦自知易伤人。然犹儃侠自喜，不少陵谨，此明当附贼杀之律，与过失戏杀殊矣。藉令车骑在中，人行左右，横度者犹时不绝。若未走马杀人之诛，则是以都市坑阱人也。自电车之作，往来凡轶，速于飞矢。仓卒相逢，不及回顾，有受车轹之刑而已。观日本一岁死电车道上者几二三千人，将车者财罚金，不大诃谴。汉土租界，主自白人，欲科以罚金且不得。夫电车只为商人增利，于民事无益豪毛。以为利贼杀人，视以轻狡贼杀人，其情罪当倍蓰。如何长国家者，惟欲交欢富人，诡称公益，弛其刑诛？余以造用电车者，当比走马众中与二岁刑；因而杀人者，比走马众中杀人，商主及御夫皆殊死。秉《晋律》以全横目，汉土旧法，贤于拜金之国远矣。"论子姓仇复云："治吏断狱，必依左证，左证不具，虽众口所欲杀不得施。如是，狡诈者愈以得志，而死者无可申之地。前代听子姓复仇者，审法令有蹇跋，不足以尽罪人，故任其自得捕戮；且不以国家之名分制一人也。"说虽亦有偏蔽，要自有其颠扑不破之理，非夫人之所能言、所敢言也。要之，当时南北法律之不同，自为法家一重公案也。

刑法：陈群等定魏律，依古义制为五刑。① 其死刑有三，髡刑有四，完刑、作刑各三，赎刑十一，罚金六，杂抵罪七。凡三十七名，以为律首。又改《贼律》，但以言语及犯宗庙、园陵谓之大逆无道要斩，家属从坐，不及祖父母孙。至于谋反大逆，临时捕之，或污潴，或枭菹，夷其三族，不在律令。梁制，刑为十五等。弃市已上为死罪。大罪枭其首，其次弃市。刑二岁已上为耐罪，言各随技能而任使之也。有髡钳五岁刑，笞二百，收赎绢男子六十匹。又有四岁刑，男子四十八匹。又有三岁刑，男子三十六匹。又有二岁刑，男子二十四匹。罚金一两已上为赎罪。赎死者金二斤，男子十六匹。赎髡钳五岁刑笞二百者金一斤十二两，男子十四匹。赎四岁刑者金一斤八两，男子十二匹。赎三岁刑者金一斤四两，男子十匹。赎二岁刑者金一斤，男子八匹。罚金十二两者男子六匹，罚金八两者男子四匹，罚金四两者男子二匹。罚金二两者男子一匹。罚金一两者男子二丈。女子各半之。五刑不简，正于五罚，五罚不服，正于五过，以赎论，故为此十五等之差。又制九等之差：有一岁刑，半岁刑，百日刑，鞭杖二百，鞭杖一百，鞭杖五十，鞭杖三十，鞭杖二十，鞭杖一十。有八等之差：一曰免官加杖督一百，二曰免官，三曰夺劳百日、杖督一百，四曰杖督一百，五曰杖督五十，六曰杖督三十，七曰杖督二十，八曰杖督一十。天监三年（504），八月，建康女子任提女坐诱口当死，其子景慈对鞫，辞云母实行此。法官虞僧虬启称：景慈陷亲极刑，伤和损俗，宜加罪辟。诏流于交州。至是复有流徒之罪。其年十月，除赎罪之科。十一年十月复开。北齐刑名五：一曰死，重者轘之，其次枭首，并陈尸三日。无市者列于乡亭显处。其次斩刑，殊身首。其次绞刑，死而不殊。凡四等。二曰流刑。谓论犯可死，原情可降。鞭笞各一百，髡之，投于边裔，以为兵卒。未有道里之差。其不合远配者，男子长途，女子配舂，并六年。三曰刑罪，即耐罪也。有五岁、四岁、三岁、二岁、一岁之差，凡五等。各加鞭一百。其五岁者又加笞八十，四岁者六十，三岁者四十，二岁者二十。一岁者无笞。并锁输左校而不髡。无保者钳之。妇人配舂及掖庭织。四曰鞭。有一百、八十、六十、五十、四十之差，凡五等。五曰杖，有三十、二十、十之差，凡三等。大凡为十五等。《通鉴》系陈文帝天嘉五年（564）《注》曰："死四等，流一等，刑五等，鞭五等，杖三等，通十八等。今日凡十五等，《通鉴》依《五代志》大凡为十五等之文也。"当加者上就次，当减者下就次。赎罪旧以金，皆代以中绢。死一百匹，流九十二匹，刑五岁七十八匹，四岁六十四匹，三岁五十匹，二岁三十六匹。各通鞭笞论。一岁无笞，则通鞭二十四匹。鞭杖每十赎绢一匹，至鞭百则绢十匹。无绢之乡，皆准

---

① 民族、史事：魏初之虐，魏之酷刑。

绢收钱。自赎笞十已上至死，又为十五等之差。当加减次如正决。周制：一曰杖刑五，自十至五十。二曰鞭刑五，自六十至于百。三曰徒刑五，徒一年者鞭六十，笞十。徒二年者鞭七十，笞二十。徒三年者鞭八十，笞三十。徒四年者鞭九十，笞四十。徒五年者鞭一百，笞五十。四曰流刑五。流卫服去皇畿二千五百里者，鞭一百，笞六十。流要服去皇畿三千里者，鞭一百，笞七十。流荒服去皇畿三千五百里者，鞭一百，笞八十。流镇服去皇畿四千里者，鞭一百，笞九十。流蕃服去皇畿四千五百里者，鞭一百，笞一百。五曰死刑五，一曰磬，二曰绞，三曰斩，四曰枭，五曰裂。五刑之属各有五，合二十五等。其赎：杖刑五，金一两至五两。赎鞭刑五，金六两至十两。赎徒刑五，一年金十二两，二年十五两，三年一斤二两，四年一斤五两，五年一斤八两。赎流刑一斤十二两。俱役六年，不以远近为差等。赎死罪金二斤。仲长统言肉刑之废，轻重无品，已见《秦汉史》第十八章第七节。晋世葛洪论此，意亦相同。见《抱朴子·周刑》篇。刑法之得衷，实由以徒流备五刑，其制大成于隋，启之实自南北朝之世也。

复肉刑之论，魏晋之世，尚多有之。《晋书·刑法志》言：晋初刘颂为廷尉，频表宜复肉刑，不见省。及元帝时，卫展为廷尉，又上言之。诏内外通议。王导、贺循、纪瞻、庾亮、梅陶、张嶷等是之。周颉、桓彝等非之。帝欲从展所上。王敦以为习俗日久，必验远近。且逆寇未殄，不宜有惨酷之声，以闻天下。乃止。桓玄辅政，又欲复斩左右趾以轻死，命百官议之。孔琳之用王朗、夏侯玄之旨，时论多与之同，故遂不行。琳之之议，《晋志》不载，《宋书》本传载之，亦赞以斩右趾代死，非全不同也。慕容超亦尝议复肉刑，以群下多不同而止。超所下书，言光寿、建兴中，二祖已议复之，未及而晏驾。光寿者，慕容儁年号，伪号烈祖。建兴者，慕容垂年号也。伪号世祖。可见欲复肉刑者之多。此实以髡钳不足惩奸，鞭笞大多致死之故。欲救此弊，自以王朗倍其居作之说为至当。晋后议者，惟刘颂针对此说立论。[①] 其言曰："今为徒者，类性元恶、不轨之族也。去家县远，作役山谷，饥寒切身，志不聊生。虽有廉士介者，苟虑不首死，则皆为盗贼，岂况本性奸凶、无赖之徒乎？又今徒：富者输财，计日归家，乃无役之人也。贫者起为奸盗，又不制之虏也。徒亡日属，贼盗日烦。诸重犯亡者，发过三寸，辄重髡之，此以刑生刑；加作一岁，此以徒生徒也。亡者积多，系囚猥畜，后从而赦之，此谓刑不制罪，法不胜奸。"其说诚当。然此自用刑者之不详，非以徒刑代肉刑之咎也。余人之论，如谓肉刑乃去其为恶之具，或谓人见其痛，将畏而不犯，皆言之不能成理。乃如王导等之议，既欲复肉刑，又虑人习所见，或未能服，欲于行刑之时，明申法令，任桀刑者刑，甘死者杀，则更灭裂不可行

---

① 刑法：刘颂非以徒代肉刑。

矣。宜其卒不能复也。

然肉刑之名，虽未尝复，其实则未尝不偏复。①《宋书·明帝纪》：泰始四年（469），九月，诏曰："降辟差网，便暨钳挞，求之法科，差品滋远。自今凡窃执官仗，拒战逻司，或攻剽亭寺及害吏民者，悉依旧制。斩刑。五人已下相逼夺者，可特赐黥、刖，投畀四远。仍用代杀，方古为优。"此即魏晋来之论议，欲以放流、鲸刖，补死刑髡笞之不足者也。《梁书·武帝纪》：天监十四年（515），正月，诏曰："前以劓、墨，用代重辟，犹念改悔，其途已雍，并可省除。"《隋书·刑法志》云："梁律劫身皆斩，遇赦降死者，黥面为劫字，详见下。天监十四年，除黥面之刑。"与《纪》所载当即一事，则梁亦以劓、墨代死刑也。宫刑亦间用之。②《南史·杜崱传》：岳阳王詧诛诸杜，幼者下蚕室是也。北魏用之尤多，北齐亦然。据《魏书·阉官传》所载，见阉者似以俘虏为多。段霸、赵黑、孙小，敌国之俘也。张宗之、抱嶷、平季、刘思逸，反者之俘也。杨范坐宗人劫贼。余皆但言因事。王温父冀为高邑令坐事被诛，温与兄继叔俱充宫者，则虽官吏亦不得免矣。其见于《阉官传》之外者：宋隐叔父洽之子顺训，亦敌俘。封懿之孙磨奴，常珍奇小子沙磨，亦皆以谋叛。《崔玄伯传》：崔模入北，其子冲智等聚货物，间托开境，规赎之。而魏赐谟妻金氏，生子幼度。行人以财贿至都，当窃模归。模顾念幼度，指谓行人曰："吾何忍舍此辈，令坐致刑辱？当为尔取一人，使名位不减于我。"乃授以申谟。谟亦得赐妻，生子灵度。及此，弃妻子走还。灵度遂刑为阉人。是亡归敌国者，魏法皆刑其子也。周文帝定秦陇，兄子什肥，为齐神武所害，子胄，以年幼下蚕室，见《周书》本传。崔季舒、封隆之弟子孝琰之死，小男皆下蚕室，见《北齐书》本传。《北史·魏本纪》：文帝大统十三年（547），二月，诏自今应宫刑者直没官，勿刑。亡奴婢应黥者，止科亡罪。《齐本纪》：后主大统五年二月，诏应宫刑者普免刑为官口。盖宫刑至是始除。然则五刑之不用者腓耳，而又代之以刖，然则肉刑何尝废？而刑亦何尝平哉？

陈群制法，枭菹夷三族者，③皆不在律令，是律已废此刑也。然卒不能禁其不复用，则胜残去杀，非徒法之所能为也。刑之残者：如镮，魏镮卢溥及其子焕，见《魏书·大祖纪》天兴二年（400）。镮赵准，见《长孙肥传》。此皆以反叛。萧宝夤少子凯，以害母南阳公主，见《宝夤传》。雁门人有害母者，八坐亦奏镮之，而潴其室，见《邢峦传》。如烹，杜岸之诛，萧詧拔其舌，脔杀而烹之，见《南史·杜崱传》。魏静帝与华山王大器、元瑾谋攻齐文襄，大器等皆见烹，见第十四章第一节。妖贼郑子饶，烹于都市，见《北齐书·后主纪》武平六年（575）及《皮景和传》。南安王思好以王尚之为长史，思好败，尚之烹于邺市，见《北史·齐宗室诸王传》。如焚，思好之败，投火死。焚其尸，并其妻李氏。见《北齐书·后主纪》武平五年（574）及《北史·后妃齐武成弘德夫人李氏传》。《北齐

---

① 刑法：肉刑未尝不偏复。
② 刑法：魏宫刑多施俘虏及叛走者。
③ 刑法：晋初三族之诛。女子出适者亦杀。

书·思好传》云：暴思好尸七日，然后屠剥焚之。如支解，崔悛妾冯氏，以厌蛊悛、受纳狼籍，斩于都市，支解为九段，见《北史·崔逞传》。厍狄伏连与琅邪王俨杀和士开，亦受支解之刑。如大刃剉杀，魏道武平中山，收议害秦愍王觚者，皆夷五族，以大刃剉杀之，见《魏书·昭成子孙传》。如具五刑，魏宗爱夷三族，具五刑，见《魏书·阉官传》。中国之暴主，亦间行之，而要以出于异族者为多。慕容超议复肉刑，又欲立烹、镬之法，附之律条，夷狄诚不知治体哉！三族之法，晋创业时用之最多。曹爽、《晋书·宣帝纪》嘉平元年（249）。王凌、嘉平三年（251）。夏侯玄、张缉、《景帝纪》正元元年（254）。诸葛诞《文帝纪》甘露三年（258）。及其支党，皆受此诛。虽附己者如成济，亦不得免焉。《文帝纪》景元元年（260）。《荀勖传》：高贵乡公欲为变，时大将军掾孙佑等守阊阖门。文帝弟安阳侯幹闻难欲入。佑谓曰："未有入者，可从东掖门。"幹以状白。帝欲族诛佑。勖谏曰："成倅刑止其身，佑乃族诛，恐义士私议。"乃免佑为庶人，可见当时族诛之滥。而杨、贾乱后，诛戮之酷由之矣。《杨骏传》：孟观等受贾后密旨，诛骏亲党，皆夷三族，死者数千人。据《惠帝纪》：是时夷三族者，有骏弟卫将军珧，大子太保济，中护军张劭，散骑常侍段广、杨邈，左将军刘预，河南尹李斌，中书令符俊，东夷校尉文淑，尚书武茂。《骏传》言：武帝初聘武悼后，珧表曰："历观古今，一族二后，未尝以全，而受覆宗之祸。乞以表事，藏之宗庙。若如臣之言，得以免祸。"从之。珧临刑称冤。云事在石函，可问张华。当时皆谓宜为申理。而贾氏族党，待诸杨如仇，促行刑者遂斩之。处乱朝者，诚无以自全矣。《赵王伦传》：伦矫敕三部司马曰："今使车骑入废中宫，汝等皆当从命，赐爵关内侯。不从诛三族。"孙秀劝伦杀张林，诬杀潘岳、石崇、欧阳建，皆夷三族，见《伦》及《岳传》。齐王冏杀王舆，夷三族，见《惠帝纪》永宁元年（301）。孟观为伦守，亦夷三族，见本传。《孙旂传》：旂子弼及弟子髦、辅、琰，与孙秀合族。及赵王伦起事，旂以弼等受署伪朝，遣小息责让。齐王冏起义，四子皆伏诛，襄阳太守宗岱承冏檄斩旂，夷三族。其滥亦可谓甚矣。冏之死，诸党属皆夷三族，见本传。成都王颖杀陆机，夷三族，见《颖传》。陈敏夷三族，见《周处传》。张昌同党并夷三族，见《昌传》。又《武帝纪》：泰始八年（273），六月，益州牙门张弘诬其刺史皇甫晏反，杀之，传首京师，弘坐伏诛，夷三族。其夷狄之君：则石勒杀曹平乐，夷其三族。见第五章第一节。乞伏慕末尚书辛进，随炽盘游后园，弹鸟误伤暮末母面，暮末立，诛进五族二十七人。《北史》本传。魏道武平中山，收议害秦愍王觚者，皆夷五族。见上。崔浩之败，大武欲夷浩已下僮吏已上百二十八人五族，以高允持之而止。见第八章第六节。其后游雅且以论议长短，陷陈奇至族焉。《魏书·雅传》，参看下文。亦云酷矣。《晋书·怀帝纪》：永嘉元年（307），正月，癸丑朔，大赦改元，除三族刑。盖陈群定法，虽蠲此刑，其后又尝著之也。《愍帝纪》：建兴三年（315），六月，盗发汉霸、杜二陵及薄大后陵。敕雍州掩骼埋骴，有犯者诛及三族，此或仅指一事言之。然《明帝纪》：大宁三年（378），二月，又复三族刑。惟不及妇人，见下。《温峤传》：峤奏军国要务，其七曰："罪不相及，古之制也。近者大逆，诚由凶戾。凶戾之甚，一时权用，今遂施行，非圣朝之令典。宜如先朝除三族之制。"则又竟复之矣。《魏书·高祖纪》：延兴四年（474），六月，诏："自今以后，非谋反大逆，干纪外奔，罪止其身。"《刑罚志》：太和十一年（487），诏："前命公卿，论定刑典，而门房之诛，犹在律策，可更议之。"盖至是始从宽典。然《北齐书·韦子粲传》：孝武入关，以为南汾州刺史。神武命将出讨，城陷，子弟俱被获，送晋阳。蒙放免，以粲为并州刺史。初子粲兄弟十三人，子侄亲属阖门百口，悉在西魏。以子粲陷城不能死难，多致诛灭。归国获存，惟子粲与弟道谐二人而已。则门房之诛，西魏犹行之也。

《魏书·源贺传》：贺上书曰："案律，谋反之家，其子孙虽养他族，追还就戮。其为劫贼应诛者，兄弟子侄在远道、隔关津皆不坐。窃惟先朝制律之意，以不同谋非绝类之罪，故特垂不死之诏。若年三十已下，家人首恶，计谋所不及，愚以为可原其命，没入县官。"高宗纳之。出养犹追还就戮，可见亲族连坐之酷。然中国之法，女子出适者，亦不能免于连坐，其酷亦殊不减此也。曹爽支党之诛，姊妹女子子适人者皆杀，见《晋书·宣帝纪》。毌丘俭之诛，其子甸妻荀氏应坐死。其族兄顗，与景帝姻通，表魏帝以匄其命。诏听离昏。荀氏所生女芝，为颍川太守刘子元妻，亦坐死。以怀妊系狱。荀氏辞诣司隶校尉何曾乞恩，求没为官婢，以赎芝命。曾哀之，使主簿程咸上议。言："父母有罪，追刑已出之女，夫党见诛，又有随姓之戮，一人之身，内外受辟。""宜改旧科"，"在室之女，从父母之诛，既醮之妇，从夫家之罚"。朝廷佥以为当。于是有诏改定律令。据《晋书·刑法志》及《何曾传》。潘岳之死，已出之女，亦一时被害，见《岳传》。《解系传》云：弟结。孙秀乱关中，结在都坐，议秀罪应诛，秀由是致憾。及系被害，结亦同戮。女适裴氏，明日当嫁，而祸起。裴氏欲认活之。女曰："家既若此，我何活为？"亦坐死。朝廷遂议革旧制。女不从坐，由结女始也，则其时既醮之妇，已不从戮，后又并免在室之女矣。明帝复三族刑，《纪》亦云不及妇人。

游雅之贼陈奇，事见《魏书·儒林传》。云：有人为谤书，多怨时之言，颇称奇不得志。雅乃讽在事，云此书言奇不遂，当是奇假人为之。如依律文，造谤书皆及孥戮。遂抵奇罪。以口语而致斯祸，尤前世所未闻矣。然魏法之酷，实尚不止此。《魏书·刑罚志》云："高宗太安四年（458），始设酒禁。是时年谷屡登，士民多因酒致酗讼，或议主政。帝恶其若此，故一切禁之。酿、酤、饮皆斩之。增置内外候官，伺察诸曹，外部州镇。至有微服杂乱于府寺间，以求百官疵失。其所穷治，有司苦加讯测。而多相诬逮。辄劾以不敬。诸司官藏二丈皆斩。"当时盖酒禁其名，监谤其实，故下文云"显祖即位，除口误，开酒禁"，以二者并言。见劾为不敬者，盖亦口过而非酒失也。候官者？《官氏志》言："道武欲法古纯质，制定官号，多不依周、汉旧名。或取诸身，或取诸物，或以民事，皆拟远古云鸟之义。诸曹走使，谓之凫鸭，取飞之迅疾。以伺察者为候官，谓之白鹭，取其延颈远望。自余之官，义皆类此。"法古纯质，不依周、汉，犹云彼自创为，不用中国之法耳。候官之职，颇类魏、吴之校事，然亦以口语诬陷人，则又魏、吴之所未有矣。《刑罚志》又云：高祖太和三年（479），下诏曰："治因政宽，弊由网密。今候职千数，奸巧弄威。重罪受赇不列，细过吹毛而举。其一切罢之。"于是更置谨直者数百人，以防喧斗于街术。此则如今警察之职矣。

敌国相争，士民各为其主，实与本国之叛逆者殊科，故降下之际，未有加以诛戮者。乃魏晋之际不然。① 晋宣帝之平公孙渊也，男子年十五已上七千余人皆杀之，以为京观。伪公卿已下皆伏诛。戮其将军毕盛等二千余人。《本纪》景初二年（238）。其酷，亦前古所未有也。晋宣帝不足责，杜预粗知书传，而其传言：预初攻江陵，吴人知其病瘿，以瓠系狗颈示之。每大树似瘿，辄斫使白，题曰杜预颈。及城平，尽捕杀之。此何刑法乎？俗既成则莫知其非，事习焉则不以为怪，故武人之专横，实人心世道之大忧也。谯纵之在晋世，固与公孙渊之在魏世不同。然其民则亦胁从耳。朱龄石入成都，所诛者止于纵同祖之亲，善矣。然其后蜀人侯产德作乱，又穷加诛夷，死者甚众，则又何也？宋孝武广陵之戮，不下于晋宣帝之于襄平，则更惨无人理矣。见第九章第二节。《宋书·沈怀文传》，谓其聚所杀人首于石头南岸，谓之髑髅山，即京观之俗称也。

逆乱而外，刑法峻重者，莫如劫及亡叛。此皆穷而无告者之所为，而又以严刑劫之，亦可哀矣。《宋书·武帝纪》：永初元年（420），七月，诏曰："往者军国务殷，事有权制，劫科峻重，施之一时。今王道维新，政和法简，可一除之，还遵旧条。反叛、淫、盗三犯补冶士，本谓一事三犯，终无悛革。主者顷多并数众事，合而为三，甚违立制之旨。普更申明。"八月，又以"制有无故自残伤者补冶士，实由政刑烦苛，民不堪命，可除此条"。无故自残伤者，意亦欲以避役，实与亡叛同也。梁律：谋反、降、叛，大逆已上皆斩。父子、同产男，无少长皆弃市。母、妻、姊妹及应从坐弃市者，妻、子女、妾，同补奚官为奴婢。赀财没官。劫身皆斩，妻子补兵。遇赦降死者，黥面为劫字，髡钳补冶锁士终身。其下又谪运、谪配材官冶士、尚方锁士，皆以轻重差其年数。其重者或终身。《隋书·刑法志》。劫科峻重，于此可见。此尚为朝廷法令，并有州郡自立严制，以劫其民者，如沈攸之在荆州，一人逃亡，阖宗捕逮是也。见《齐书·柳世隆传》。比伍保受，本为军刑，亦以劫及亡叛，蔓延滋广。《宋书·谢庄传》：大明元年（457），起为都官尚书，奏改定刑狱，曰："顷年军旅余弊，劫掠犹繁。监司计获，多非其实。或规免咎，不虑国患。楚对之下，鲜不诬滥。身遭铁锁之诛，家婴孥戮之痛。比伍同闬，莫不及罪。"甚有如《宋书·自序》所载，以盗发冢罪近村民不

---

① 刑法：惨杀敌国降众。

赴救而同坐者。沈亮知其非理，亦不过欲使相去百步内赴告不时者一岁刑，自此以外，差不及罚而已，民尚何所措手足哉？

章大炎谓五朝之法，官吏犯杖刑者论如律，此特法令如是，论其实，则鞭杖之刑，及于士流者甚罕。颜之推谓梁武父子，好用小人，由可鞭杖肃督，已见第十八章第二节。《宋书·武帝纪》：永初二年（421），六月，诏曰："杖罚虽有旧科，然职务烦碎，推坐相寻。若皆有其实，则体所不堪；文行而已。又非设罚之意；可筹量鞱为中否之格。"《齐书·陆澄传》云：宋泰始初为尚书殿中郎。郎官旧有坐杖，有名无实。澄在官，积前后罚，一日并受千杖。《南史·萧琛传》：迁尚书左丞，时齐明帝用法严峻，尚书郎坐杖罚者，皆即科行。琛乃密启曰："郎有杖起自后汉。尒时郎官位卑，亲主文案，与令史不异，故郎三十五人，令史十五人。是以古人多耻为此职。自魏、晋以来，郎官稍重。今方参用高华，吏部又近于通贵。不应官高昔品，而罚遵曩科。所以从来弹举，虽在空文，而许以推迁，或逢赦恩，或入春令，便得息停。宋元嘉、大明中，虽有被罚者，别由犯忤主心，非关常准。自泰始建元已来，未经施行。事废已久，人情未习。自奉敕之后，已行仓部郎江重欣杖督五十。人怀惭惧。兼有子弟成长，弥复难为仪适。其应行罚，可特赐输赎。使与令史有异，以彰优缓之泽。"帝纳之。自是应受罚者，依旧不行。此皆南朝杖罚，久以文行之证。《梁书·武帝纪》：天监元年（502），诏："玩法惰官，动成遘弛。罚以常科，终未惩革。榷楚申威，盖代断趾。答棰有令，如或可从。外详共评议，务尽厥理。"似有意于实行杖罚。然观颜之推之言，则亦未尝行诸士大夫也。北朝则不然。魏初朝士，多见杖罚，[1] 见《魏书·高允传》。高阳王雍为司州牧，考杀奉朝请韩元昭，前门下录事姚敬豪，为任城王澄所奏，见《澄传》。北齐崔季舒，文宣时为司马子如所列，与崔暹各鞭二百，徙北边。武成时，又以诣广宁王宅，决马鞭数十。及谏后主适晋阳获罪，韩长鸾又将加其同署者以鞭挞，以赵彦深执谏获免，事见第十四章第四节。甚至唐邕为宰相，司空从事中郎封长业、太尉记室参军平涛为征官钱违限，邕各杖背二十。史言齐时宰相，未有挝挞朝士者，至是甚骇物听。库狄伏连，开府参军，多是衣冠士族，皆加捶挞，逼遣筑墙焉。伏连《北齐书》。附《慕容俨传》。无怪沈攸之"鞭棰国士"，史谓其"全用虏法"也。《齐书·柳世隆传》。魏自太和以降，陷大辟者多得归第自尽，此盖孝文浮慕中华，偶有是举。李彪乃因此上书，谓汉文纳贾谊之言，大臣有罪，皆自杀不受刑，至孝武时稍复入狱，良由行之当时，不为永制，欲使其著为长久之制。《魏书·彪传》。以是望虏，不亦远乎？《齐书·张融传》：融请假奔叔父丧，道中罚干钱敬道鞭杖五十，寄系延陵狱。大明五年制（461）：二品清官行僮干杖不得出十，为左丞孙缅所奏，免官。则中国之法，鞭杖施诸僮干，亦有定限，断不得如唐邕、库狄伏连之所

_____

① 刑法：虏多用鞭杖。

为也。

鞭用革，杖用荆，长广皆有定法。枷锁杻械，亦有恒制。皆见《魏书·刑罚志》、《隋书·刑法志》。又有测立之法，以施"臧验显然而不款"之人。其法：以土为垛，高一尺。上圆，劣容两足。鞭笞讫，着械杻上测，隔若干日一上，上测若干刻，皆有定法。梁、陈之制，见《隋书·刑法志》及《陈书·儒林·沈洙传》。《洙传》载周弘正之说，谓"测人时节，本非古制"，疑其缘起颇晚，故汉、魏史籍，未及其事也。《南史·循吏传》：何远为人所讼，征下廷尉。被劾十数条。当时士大夫坐法，皆不受测。测，《梁书》作立。远度已无臧，就测。测，《梁书》亦作立。三七日不款。犹以私臧禁杖除名。又《陈宗室诸王传》：南康愍王昙朗之子方泰，与亡命杨钟期等二十人微行往人间，淫淳于岑妻。为州长流所录，又率人仗抗拒，伤损禁司。为有司所奏。上大怒，下方泰狱。方泰初承行淫，不承拒格禁司。上曰："不承则上测。"《陈书》作行刑，疑浅人所改。方泰乃投列承引。则士大夫不受测，亦特相沿如是，而非法不得施也。《梁书·孝行传》：吉翂，天监初，父为吴兴原乡令，为奸吏所诬，逮诣廷尉。理虽清白，耻为吏讯，乃虚自引咎，罪当大辟。翂乃挝登闻鼓，乞代父命。高祖异之。敕廷尉卿蔡法度："幼童未必自能造意，卿可严加胁诱，取其款实。"法度盛陈徽缠，备列官司，厉色问翂，更和颜诱语。翂初见囚，狱掾依法备加桎梏。法度矜之，命脱其二械，更令著一小者。翂弗听。法度具以奏闻。高祖乃宥其父。世固有画地为牢议不入，削木为吏计不对者；畏惨酷而自诬服，亦非无其人，乃更以威严，胁其请代之子，且加桎梏以苦之，以是而得狱情，无失出，与失入者孰多？高宗录尚书，议改测立之法，周弘正请先责取狱所测人，有几人款几人不款，廷尉监所列，款者初不较不款者为多。而盛权谓："旧制深峻，百中不款者一，新制宽优，十中不款者九。"则旧制之所得，必不免如弘正所云"无愆妄款"者矣。弘正云：人有强弱，断狱宜依准五听，不应全恣考掠，诚哉是言也。皆见《陈书·沈洙传》。

中国历代，皆以矜慎为恤狱之道；而昔时法学，非甚专门，恒以为审理之事，凡官吏皆能为之；故审理之级数易增，参与审理之官司，亦随之而日多。谢庄之奏改定刑狱也，谓"旧官长竟囚毕，郡遣督邮案验，仍就施刑。督邮贱吏，非能异于官长，有案验之名，而无研究之实。愚谓此制宜革。自今入重之囚，县考正毕，以事言郡，并送囚身，委二千石亲临核辨。必收声吞咋，然后就戮。若二千石不能决，乃度廷尉。神州统外，移之刺史。刺史有疑，亦归台狱。"《齐书·武帝纪》：永明三年（485），七月，诏："丹阳所领及余二百里内见囚，同集京师。自此以外，委州郡决断。"此虑令长之不详而重州郡之责，又虑州郡之不详而重廷尉之权者也。非官司所能理者，得击登闻鼓上闻，如吉翂是。《齐书·谢瀹传》：出为吴兴太守。长城县民卢道优家遭劫，诬同县殷孝悌等四人。

瀟收付县狱考正。考悌母骆诣登闻诉，称："孝悌为道优所诽谤，横劾为劫。一百七十三人连名保征，在所不为申理。"瀟闻孝悌母诉，乃启建康狱覆。道优理穷款首，依法斩刑。有司奏免瀟官。是其法，确亦有时能申理冤枉也。人君亲览狱讼，历代皆时有之。如宋文帝、孝武帝，皆每岁三临讯，见《南史·本纪》元嘉三年（426）、大明元年（457）。《魏书·孝庄帝纪》：建义元年（528），诏"自孝昌之季，法令昏泯。有诉人经公车注不合者，悉集华林东门，朕当亲理冤狱，以申积滞。"《出帝纪》：永熙二年（534），五月，诏"诸幽枉未申，事经一周已上，悉集华林，将亲览察。脱事已经年，有司不到者，听其人名自陈诉。若事连州郡，由缘淹岁者，亦仰尚书总集以闻。"虽当造次颠沛之际，仍不忘申理冤滞，即无实效，亦足见告朔饩羊之意也。梁武帝天监元年（502），诏于公车府谤木、肺石旁各置一函。"理有瞰然，受困包匦，大政侵小，豪门陵贱，四民已穷，九重莫达，若欲自申，并可投肺石函。"三年（504），六月，诏曰："哲王宰世，每岁卜征。末代风凋，久旷兹典。可分将命，巡行州郡。其有深冤巨害，抑郁无归，听诣使者，依源自列。"五年（506），四月，诏"凡犴狱之所，可遣法官、近侍，递录囚徒。如有枉滞，以时奏闻。"皆见《本纪》。陈制：常以三月，侍中、吏部尚书、尚书三公郎部都令史、三公录冤局。令御史中丞、侍御史、兰台令史亲行京师诸狱及冶署，理察囚徒免枉。《隋书·刑法志》。高祖永定三年（559），正月，诏临川王蒨省扬、徐二州辞讼。《本纪》。此等皆多开审理之途，期尽矜慎之意者也。此自有合于"一成而不可变故君子尽心焉"之义。然审级大多，岁月或致淹久；又错出干与之官，不必皆明法令，甚或生事护前；则亦不免有弊。《魏书·高崇传》：子道穆，以庄帝时为御史中尉。上疏曰："高祖太和之初，置廷尉司直，论刑辟是非。虽事非古始，交济时要。窃见御史出使，悉受风闻，虽时获罪人，亦不无枉滥。何者？守令为政，容有爱憎。奸猾之徒，恒思报恶。多有妄造无名，共相诬谤。御史一经检究，耻于不成。杖木之下，以虚为实，无罪不能雪者，岂可胜道哉？如臣鄙见：请依太和故事，还置司直十人。名隶廷尉，秩以五品，选历官有称，心平性正者为之。御史若出纠劾，即移廷尉，令知人数。廷尉遣司直与御史俱发。所到州郡，分居别馆。御史检了，移付司直覆问。事讫与御史俱还。中尉弹闻，廷尉科按，一如旧式。若御史司直，纠劾失实，悉依所断狱罪之。听以所检，迭相纠发。如二使阿曲，有不尽理，听罪家诣门下通诉，别加按检。"诏从之，复置司直。观此，即足知错出干与之弊矣。

特异之人，治以特异之法鞫以特设之官者，前代亦间有之。石勒使中垒支雄、游击王阳并领门臣祭酒，专明胡人辞讼。[1]《晋书·载记》。魏世宗永平元年（508），诏："缁素既殊，法律亦异。自今已后，众僧犯杀人以上罪者，仍依俗

---

① 刑法、民族：石勒使专明胡人辞讼。

断。余犯悉付昭玄，以内律僧制之。"①《魏书·释老志》。是其事也。此自各率其俗之意，与近世之领事裁判用意不同也。

葛洪欲立明法之科，已见第四节。齐建元元年（479），崔祖思启陈政事曰："汉末习律有家，子孙并世其业，聚徒讲授，至数百人。故张、于二氏，絜誉文、宣之世，陈、郭两族，流称武、明之朝。今廷尉律生，乃令史门户。族非咸、弘，庭缺于训。刑之不措，抑此之由。如详择笃厚之士，使习律令，试简有征，擢为廷尉僚属。苟官世其家，而不美其职者鲜矣，废其职而欲善其事，未之有也。"永明九年（491），孔稚珪上所校律文，表言："古之名流，多有法学。今之士子，莫肯为业。纵有习者，世议所轻。将恐此书，永坠下走之手矣。今若弘其爵赏，开其劝募。课业宦流，班习胄子。拔其精究，使处内局；简其才良，以居外任；方岳咸选其能，邑长并擢其术；然后奸邪无所逃其刑，恶吏不能藏其诈。宜写律上国学，置律学助教。依五经例，国子生有欲读者，策试上过高第，即便擢用，使处法职，以劝士流。"诏报从纳。事竟不施行。皆见《齐书》本传。至梁武帝天监四年（505），三月，乃置胄子律博士焉。《南史·本纪》。《晋书·姚兴载记》：兴立律学于长安，召郡县散吏以授之。其通明者，还之郡县，论决刑狱。其重视法学，②转非中国之主所能逮也。《魏书·常景传》言：廷尉公孙良举为律博士，则魏律生亦属廷尉。《隋书·刑法志》言：北齐定律之后，又敕仕门子弟，常讲习之，齐人多晓法律，盖由此也。此皆官学。其私家传业者：《晋书·高光传》言：光少习家业，明练刑理。光，魏太尉柔之子。武帝置黄沙狱，以典诏囚，以光历世明法，用为黄沙御史，秩与中丞同。迁廷尉。元康中，拜尚书，典三公曹。齐王冏辅政，复以光为廷尉。于时朝廷咸推光明于用法，故频典理官。又《儒林传》：续咸，修陈、杜律，明达刑书。永嘉中，历廷尉平。后没石勒，以为理曹参军。《周书·赵肃传》言：肃久在理官，执心平允。凡所处断，咸得其情，廉慎自居，不营产业。时人以此称之。大祖命肃撰定法律，已见前。又云：时有高平徐招，少好法律。发言措笔，尝欲辨析秋豪。历职内外，有当官之誉。从魏孝武入关，为给事黄门侍郎、尚书右丞。时朝廷播迁，典章有阙，至于台阁轨仪，多招所参定。论者称之。皆明法之士，见称于时，获用于世者也。《晋书·忠义传》：易雄，少为县吏。自念卑浅，无由自达，乃脱帻挂县门而去。因习律令及施行故事，交结豪右，州里稍称之。此等虽习律令，而不必明于其理，则为令史之俦矣。《晋书·刑法志》：张华表抄新律诸死罪条目，悬之亭传，以示兆庶。有诏从之。此乃古者县法象魏之意，意在使民畏法，非欲使民明法也。

复仇之风，仍极惨烈。法令于此，本加禁断，《魏律》：贼斗杀人者，以劾而亡，

---

① 刑法、宗教：魏昭玄内律。

② 刑法：法学。

许依古义，子弟得追杀之。会赦及过误相杀者，不得报仇，见《晋书·刑法志》。姚苌下书，有复私仇者皆诛之，见《载记》。《魏书·世祖纪》：大延元年（435），十二月，诏曰："尽力三时，黔首之所克济。自今已后，亡匿避难，羁旅他乡，皆当归还旧居，不问前罪。民相杀害，牧守依法平决，不听，私辄报者，诛及宗族。邻伍相助，与同罪。"盖以避仇失职者多，故为此一切之法也。《隋书·刑法志》云：周武帝除复仇之法，犯者以杀论。案其事见《周书·本纪》保定三年四月。然舆论率称道之，执法者为其所动，遂亦多加原宥焉。习协子辔，王敦诛后，斩仇人党，以首祭父墓。诣廷尉请罪，朝廷特宥之。见《晋书》本传。又《良吏传》：乔智明，为隆虑、共二县令。部人张兑，为父报仇。母老单身，有妻无子。智明愍之。停其狱岁余。令兑将妻入狱，兼阴纵之。于狱产一男，会赦得免。《南史·孝义传》：张景仁，广平人。父为同县韦法所杀。景仁时年八岁，及长，志在复仇。普通七年（526），遇法于公田渚，手斩其首，以祭父墓，诣郡乞依刑法。太守蔡天起上言于州。时简文在镇，乃下教褒美之。原其罪。下属长蠲其一户租调，以旌孝行。又成景儁。父安乐，仕魏为淮阳太守。天监六年（507），常邕和杀安乐，以城内附。景儁谋复仇，因杀魏宿预城主，以地南入。普通六年（525），邕和为鄱阳内史。景儁购人刺杀之，未久，重购邕和家人杀其子弟，噍类俱尽。武帝义之，亦为屈法。又李庆绪。父为人所害。庆绪九岁而孤，为兄所养。日夜号泣，志在复仇。投州将陈显达。仍于部伍，白日手刃其仇。自缚归罪。州将义而释之。《魏书·景穆十二王传》：任城王云之孙顺，尒朱荣害衣冠，出走，为陵户鲜于康奴所害。长子朗，时年十七，沈戈潜伏。积年，乃手刃康奴，以首祭于顺墓。然后诣阙请罪。朝廷嘉而不问。《周书·柳庆传》：庆兄桧，为魏兴郡守，为贼黄宝所害。桧子三人，皆幼弱。庆抚养甚笃。后宝率众归朝，朝廷待以优礼。居数年，桧次子雄亮，白日手刃宝于长安城中。晋王护闻而大怒，执庆及诸子侄皆囚之。然武帝卒特原雄亮，事又见《隋书·柳机传》。**当时之复仇者，往往蓄志积年**，如张景仁、成景儁、李庆绪、元朗、柳雄亮皆是。**不远千里。**《宋书·孝义传》。长城奚庆思，杀同县钱仲期。仲期子延庆，属役在都，闻父死，驰还。于庚埔埭逢庆思，手刃杀之。自系乌程县狱。吴兴太守郗超表不加罪，许之。奚庆思，《南史》作庆恩。**虽在蛮夷，身不能至，亦且伺隙而行其诛焉。**《宋书·宗越传》：越为役门，出身补郡吏。父为蛮所杀。杀其父者尝出于郡，越于市中刺杀之。太守夏侯穆嘉其意，擢为队主。**其酷者或及后嗣。**谯闵王承为王虔所害，子烈王无忌，与丹阳尹桓景等饯江州刺史于板桥，虔子丹阳丞耆之在坐，无忌拔刀欲手刃之，救捍获免。御史中丞奏无忌欲专杀人，付廷尉科罪。成帝诏主者申明法令，自今已往，有犯必诛，而许无忌以赎论，此亦失刑也。桓彝为韩晃所害，泾令江播与焉。彝子温，时年十五，志在复仇。至年十八，会播已终，子彪兄弟三人居丧，置刃杖中，以为温备。温诡称吊宾，得进刃彪于庐中。并追二弟杀之。时人称焉。沈庆之之死，攸之求行。及攸之反，文季督吴兴、钱唐军事。收攸之弟新安太守登之，诛其宗，亲党无吹火焉。史称君子以文季能报先耻。龚壮父叔为李特所害，壮说李寿以讨期；萧顺之为齐武帝所贼，梁武帝助明帝以倾其嗣，亦皆报诸后人者也。**即敌国相争，**《晋书·陶璜传》：孙皓时，交趾内附。将军毛炅破吴军，斩其都督修则。则子允，随璜南征。城既降，允求复仇，璜不许。《宋书·徐湛之传》：父达之，高祖讨司马休之，使统军为前锋。休之遣鲁轨击破之，于陈见害。元嘉二十八年（451），轨子爽兄弟归顺。湛之以为庙算远图，特所奖纳，不敢苟申私怨，乞屏居田里。不许。此皆有合于义。梁武帝之宥成景儁，则实失刑也。《周书·杜叔毗传》：仕梁，为宜丰侯萧循府中直兵参军。达奚武围循于南郑。循令叔毗诣阙请和。使未反，循中直兵参军曹策，参军刘晓谋以城降。时叔毗兄君锡为循中记室参军，从子映录事参军，映弟晰中直兵参军，并有文武材略，各领部曲数百人，策等忌之，惧不同己，诬以谋叛，擅加害焉。循寻讨策等，擒之，斩晓而免策。及循降，策至长安。叔毗朝夕号泣，具申冤状。朝议以事在归附之前，不可追罪。叔毗志在复仇，恐违朝宪，坐及其母，沉吟积时。母知其意，谓曰："若曹策朝死，吾以夕殁，亦所甘心。汝何疑焉？"叔毗感厉。后遂白日手刃策于京城。断首剖腹，解其支体。然后面缚就戮。大祖嘉其志气，特命赦之。夫自北朝言之，则策为首谋归降之人，虽天下之恶一，而叔毗报仇亦过当，周文亦失刑也。若黄瑶起见获，而魏孝文以付王肃，听其私报，则更不俟论矣。徐达之，《南史》作逵之。**伏法受诛者，亦不能免。**《晋书·忠义传》：沈劲父充，与王敦搆逆，众败而逃，为部曲将吴儒所杀。劲当坐诛，乡人钱举匿之得免。其后竟杀仇人。《充传》云：劲竟灭吴氏。劲后虽立忠义，此事则犯法之大者，晋人宥之，失刑甚矣。沈林子祖父警，累世事道。敬事杜子恭。其父穆夫，孙恩作乱，以为余姚令。恩为刘牢之所破，逃藏得免矣，宗人沈预，与警不协，以告官。警及穆夫，穆夫弟仲夫、任夫、预夫、佩夫并遇害。林子与兄渊子、云子、田子、弟虔子，逃伏草泽。沈预家甚强富，志相陷灭。林子乃自归宋高祖。从克京城，进平都邑。时年十八。沈预虑林子为害，常被甲持戈。至是，林子与田子还东报仇。五月，夏节日至，预正大集会，子弟盈堂。林子兄弟，挺身直入。斩预首。男女无长幼悉屠之。以预首祭祖父墓。事见《宋书·自序》及《南史·沈约传》。林子兄弟，才或可用，亦诚有功，然宋武纵其报仇，亦非法也。**甚或仇视官长，**《梁书·刘季连传》：季连既降，出建阳门，为蜀人蔺道恭所杀。季连在蜀杀道恭父，道恭出亡，至是而报复焉。道恭，《南史》作相如。云季连杀其父，变名走建业。既杀道恭，乃面缚归罪。武帝壮而赦之。此犹在去官后，且季连本曾叛逆也。若《南史·孝义传》云：赵拔扈，新城人也。兄震动，富于财。太守樊文茂求之不已。震动怒曰：无厌将及我。文茂闻其语，聚其族诛之。拔扈走免。聚党至社树，咒曰："文茂杀拔扈兄，今欲报之。若事克，研处树更生，不克即死。"三宿三析，生十丈余。人间传以为神，附者十余万。既杀文茂，转攻旁邑。将至成都十余日，战败，退保新城求降。此直是犯上作乱。恐其兄亦本系乱党，乃至族诛，不尽由于文茂之贪求也。此更不足厕于报仇之列矣。**并及大君，**《晋书·孝友传》：王裒父仪，为文帝司马，斩之。裒未尝西乡而坐，示不臣朝廷也。乡人管彦，少有才而未知名。裒独以为必当自达，拔而官之。男女各始生，便共许为婚。彦为西夷校尉，卒，葬洛阳。裒更嫁其女。彦弟馥问裒。裒曰："吾薄志毕愿山薮，昔嫁姊妹皆远，吉凶断绝，每以此自誓，今贤兄子葬父于洛阳，此则京邑之人也。岂吾结好之本意哉？"此则力不能报，仍守不共戴天之义也。诸葛诞之死，子靓奔吴，为大司马。吴平，逃窜不出。武帝与靓有旧，靓姊又为琅邪王妃。帝知靓在姊间，因就见焉。靓逃于厕。帝又逼见之。谓曰："不谓今日，复得相见。"靓流涕曰："不能漆身皮面，复睹圣颜。"诏以为侍中。固辞不拜。归于乡里。终身不乡朝廷而坐。此虽不如王裒之姊妹断绝，亦犹裒之志也。符坚兄法子东海公阳，与王猛子散骑侍郎皮谋反。事泄，坚问反状。阳曰："礼云：父母之仇，不同天地。臣父哀公，死不以罪。齐襄复九世之仇，而况臣也？"则竟公然欲报复矣。**行于亲**

族之间。宋时,剡县民黄初妻赵,打息载妻王死。遇赦。王有父母及息男称。息女叶。依法,应徙赵二千里外。临川王义庆及傅隆并谓律无仇祖之文,赵当避王期、功千里外耳。从之,然可见当时法家,有谓为母可以报王母者也。① 傅竖眼父灵越,有兄灵庆、灵根。萧斌、王玄谟攻碻磝,引灵庆为军主。灵庆遁还。而其从叔乾爱,为斌法曹参军,斌遣诱呼灵庆,密令壮健者随之。乾爱不知之欲图灵庆也。既至,对坐未久,斌所遣壮士执灵庆杀之。后灵越以母在南南走,卒毒杀乾爱,为兄复仇。事见《魏书·竖眼传》。王敬则为谢朓所告而死。敬则女为朓妻,常怀刃欲报朓,朓不敢相见。北齐崔逻子达拏,显祖以亡兄乐安公主降之。尝问公主:"达拏于汝何似?"答曰:"甚相敬重,惟阿家憎儿。"显祖召达拏母入内,杀之,投尸漳水。齐灭,达拏杀主以复仇。皆可见当时报仇,不以亲族而释也。且有因此而投敌国者。如王慧龙、王肃、王颂等是。朱龄石伯父宪及斌,并为袁真将佐。桓温伐真于寿阳,宪兄弟与温潜通,真杀之。龄石父绰,逃走归温,攻战常居先,不避矢石。寿阳平,真已死,绰辄发棺戮尸。报复之际,或必求剚刃于其身,《魏书·列女传》:平原鬷县女子孙男玉。夫为灵县民所杀。追执仇人。男玉欲自杀之。其弟止而不听。男玉曰:"女人出适,以夫为天。当亲自杀之,云何假人之手?"遂以杖殴杀之。有司处死以闻。显祖特恕之。或则食其所仇者之肉。孙恩入寇,谢琰败绩。帐下督张猛于后斫琰马,堕地。二子俱被害。后刘裕生禽猛,送琰小子混。混剖肝生食之。见《晋书·谢安传》。殷仲堪子简之,随义军蹑桓玄。玄败,简之食其肉。王廞将朱轨、赵诱为杜曾所杀。王敦遣周访讨之。其将执曾诣访降,访欲生致武昌。轨息昌,诱息胤皆乞曾以复冤。于是斩曾。昌胤脔其肉而啖之。梁邵陵王纶遣马容、戴子高、戴瓜、李撤、赵智英等杀何智通。敕遣舍人诸昙粲率斋仗围纶第,禽瓜、撤、智英。智通了敞之割炙食之。即载出新亭。四面火炙之焦熟。敞车载钱,设盐、蒜,顾百姓食,一脔赏钱一千。张弘策为东昏党孙文明等所害。官军捕文明,斩于东市。张氏亲属脔食之。魏道武见弑,其先犯乘舆者,群臣于城南都街生脔割而食之。王肃得黄瑶起,亦脔食之。李彦刺秦州,为城民所杀。萧宝夤西讨,彦子充为行台郎,募众而征。战捷,乃手刃仇人,啖其肝肺。见《北史·自序》。其不能报,则以变礼终其身。《南史·循吏传》:沈瑀为萧颖达长史。瑀性屈强,每忤颖达,颖达衔之。天监八年(509),因入谘事,辞又激厉。是日于路为人所杀。多以颖达害之。子续累讼之。遇颖达寻卒,事不穷竟。续乃布衣蔬食终其身。怨仇之门,累世不通。《晋书·元四王传》:武陵威王晞,为桓温奏徙新安,卒。子忠敬王遵。桓伊尝诣遵。遵曰:"门何为通桓氏?"左右曰:"伊与桓温疏宗,相见无嫌。"遵曰:"我闻人姓木边,便欲杀之,况诸桓乎?"由是少称聪慧。《颜氏家训·风操篇》曰:"江南诸宪司弹人,事虽不坐,而以教义见辱者,或被轻系而身死狱户者,皆为怨仇,子孙三世不交通矣。"能和解者殊鲜。《魏书·李冲传》:冲兄佐,与河南太守来崇,同自凉州入国。素有微嫌。佐因缘成崇罪,饿死狱中。后崇子护,又纠佐臧罪。佐及冲等悉坐幽系,会赦乃免。佐甚衔之。至冲宠贵,综摄内外。护为南部郎,深虑为冲所陷,常求退避。而冲每慰抚之。护后坐臧罪,惧必不济。冲乃具奏与护本末嫌隙,乞原恕之。遂得不坐。又《术艺传》:王早。太宗时,有东莞郑氏,为同县赵氏所杀。后郑氏执得仇人赵氏,又克明晨会宗族就墓

---

① 刑法:为母可报王母,案此亦合父杀其当诛义。

所刑之。赵氏求救于早。早为占候，并授以一符，曰："君今且还。选壮士十人，令一人为主者，佩此符。于鸡鸣时，伏在仇家宅东南二里许平旦，当有十人跟随向西北行。中有二人乘黑牛。一黑牛最在前，一黑牛应第七。但捉取第七者还，事必无他。"赵氏从之。果如其言，乃是郑氏五男父也。诸子并为其族所宗敬，故和解两家，赵氏竟免。此皆怨仇之克和解者，然能如是者恐甚少也。甚者毁坏坟墓，亦视同相杀之仇，而报复者亦毒及枯骨。桓阁杀昙落道人，朱谦之杀朱幼方，已见第二十一章第五节。世祖虑相报复，遣谦之随曹虎西行。将发，幼方子恽，于津阳门伺杀谦之。谦之兄选之，又刺杀恽。有司以闻，世祖曰："此皆是义事，不可问。"悉赦之。宽纵如此，宜乎相报者之无已也。乃如李充，父墓中柏树，为盗贼所斫，充手刃之，由是知名，则并未伤及其坟墓也。羊鸦仁为苟晷所害，鸦仁兄子海珍知之，掘晷父、伯并祖及所生母合五丧。各分其半骨，共棺焚之，半骨杂他骨，作五袋盛之，铭袋上曰苟晷祖、父、母某之骨。报怨如此，信野番之所不为也。风气所趋，虽妇人、《晋书·列女传》：王广女。广仕刘聪，为西扬州刺史。蛮帅梅芳攻陷扬州，广被杀。王时年十五，芳纳之。俄于暗室击芳，不中。芳惊起曰："何故反邪。"王骂，辞气猛厉。言终乃自杀。芳止之不可。此与第七章第八节所述秃发傉檀之女同烈矣。王敬则女欲报谢朓，杜叔毗母激厉其子，亦斯志也。《宋书·乐志》：魏陈思王《鼙舞歌精微篇》曰："关东有贤女，自字苏来卿。壮年报父仇，身没垂功名。女休逢赦书，白刃几在颈，俱上列仙籍，去死独就生。"亦必有其本事也。孺子，《晋书·孝友传》、王谈，年十岁，父为邻人窦度所杀。谈日夜伺度。至年十八，乃杀之。归罪有司。太守孔严嘉其义勇，列上宥之。《梁书·孝行传》：荀匠祖琼，年十五，复父仇于成都市。《南史·孝义传》：闻人夐，年十七，结客报父仇。为齐高帝所赏。《魏书·淳于诞传》：父兴宗，萧赜南安太守。诞生十二，随父向扬州。父于路为群盗所害。诞倾资结客。旬朔之内，遂得复仇。由是州里叹异之。《孝感传》：孙益德，母为人所害。益德童幼，为母复仇。还家哭于殡，以待县官。高祖、文明大后特免之。亦能自奋。司宪者不必皆平，舆论亦不必能抑强扶弱，不以名分制一人，其说诚有深意。然行之大过，得毋有借复仇之名，以报他怨，要称誉者乎？失仁后义，是非已极难言，况乎失义与礼，而徒矜愫以为信？风俗之弊，随举一端，病原皆极深远，固非就事论事，所能期其无憾也。

第二十三章　晋南北朝学术

第一节　学　校

中国为崇尚文教之国，两汉而降，此风尤甚。晋、南北朝，虽为丧乱之世，然朝廷苟获小安，即思兴学；地方官吏，亦颇能措意于此；私家仍以教授为业；虽偏隅割据之区，戎狄荐居之地，亦莫不然。较之罗马丧乱之后，晦盲否塞之情形，大异其趣矣。此亦中西史事不同之一端欤？

晋初大学，沿自魏世。泰始八年（273），有司奏大学生七千余人，才任四品听留。诏已试经者留之，其余遣还。郡国大臣子弟堪受教者令入学。《宋书·礼志》。盖以魏世，来学者率为避役，高门子弟，耻非其伦，见《秦汉史》第十九章第一节。故有此举也。《晋书·武帝纪》：咸宁二年（276），五月，立国子学。①《宋书·礼志》作起国子学。《晋书·职官志》云：咸宁四年（278），武帝初立国子学，定置国子祭酒博士各一人，助教十五人，以教生徒。《齐书·礼志》：东昏侯立，领国子助教曹思文上表曰："今之国学，即古之大学。晋初大学生三千人，既多猥杂，惠帝时，欲辨其泾渭，故元康三年（293）始立国子学，官品第五以上，得入国学。"盖屋宇起于咸宁二年（276），教官定于四年（278），生徒入学之法，实至元康三年（293）而后定也。《晋书·裴颜传》：时天下初定，颜奏修国学，刻石写经。皇大子既讲，释奠，祀孔子，饮飨射侯，甚有仪序。此事在武帝时，皇大子即惠帝也。其时盖徒行礼，未有教学之事。经说本只有大学，自王大子以下皆入焉，与士齿，殊有平夷之美。《周官》有师氏，保氏，乃小学之职，据此别立国子学，以"殊士庶，异贵贱"，曹思文表语。误矣。大康五年（284），修作明堂、辟雍、灵台。《宋书·礼志》。元帝初，王导请兴学。戴邈亦以为言。见《晋书》本传及《宋书·礼志》。建武元年十一月立大学，《本纪》。盖用其说。《宋书·百官志》云：太常博士，东京凡十四人。《易》施、孟、梁丘、京氏，《尚书》欧阳、大、

---

① 学校：晋始立国子学，盖据师、保氏。

小夏侯，《诗》齐、鲁、韩，《礼》大、小戴，《春秋》严、颜，各一博士。而聪明有威重者一人为祭酒。魏及晋两朝置十九人，江左初减为九人，皆不知掌何经。元帝末，增《仪礼》、《春秋公羊》博士各一人，合为十一人。后又增为十六人，不复分掌五经，而谓之大学博士也。又云：国子祭酒一人。国子博士一人。国子助教十人，《周易》、《尚书》、《毛诗》、《礼记》、《周官》、《仪礼》、《春秋左氏传》、《公羊》、《穀梁》，各为一经，《论语》、《孝经》为一经，合十经，助教分掌。晋初置国子学以教生徒，而隶属大学焉。晋初助教十五人。江左以来损其员，自宋世，若不置学，则助教惟置一人，而祭酒、博士常置也。《晋书·荀崧传》云：时简省博士，置《周易》王氏，《尚书》郑氏，《古文尚书》孔氏，《毛诗》郑氏，《周官》、《礼记》郑氏，《春秋左传》杜氏、服氏，《论语》、《孝经》郑氏博士各一人，凡九人。《宋书·礼志》云：《周易》王氏，《尚书》郑氏，古文孔氏，《毛诗》、《周官》、《礼记》、《论语》、《孝经》郑氏，《春秋左传》杜氏、服氏，各置博士一人。其《仪礼》、《公羊》、《穀梁》及郑《易》，皆省不置。崧以为不可，乃上疏言："宜为郑《易》，郑《仪礼》，《春秋》、《公羊》、《穀梁》各置博士一人。"诏共博议者详之。议者多请从崧所奏。诏曰："《穀梁》肤浅，不足置博士，余如奏。"会王敦之难不行。《宋书·礼志》略同。以《百官志》之文参之，则所谓九人者：《周易》王氏一，《尚书》郑氏二，孔氏三，《毛诗》郑氏四，《周官》郑氏五，《礼记》郑氏六，《春秋左传》杜氏七，服氏八，《论语》、《孝经》郑氏九，所增者《仪礼》、《公羊》各一，合十一人也。《本纪》：大兴二年（319），六月，置博士员五人，则所谓后又增为十六人者也。不复分掌五经，盖不复事教授？《儒林传》言："元帝虽尊儒劝学，亟降纶音，而东序西胶，未闻弦诵。"其明征矣。《成帝纪》：咸康三年（293），正月，立大学。《袁瓌传》云：瓌时为国子祭酒，上疏请给宅地，备学徒，疏奏，成帝从之。国学之兴自瓌始。《宋书·礼志》以此疏为瓌与太常冯怀共上，云：疏奏，帝有感焉。由是议立国学，征集生徒。而世尚老、庄，莫肯用心儒训。穆帝八年（352），殷浩西征，以军兴罢遣。则未有实效，旋又废坠。《孝武帝纪》：太元九年（384），四月，增置大学生百人。《车胤传》：太元中，增置大学生百人，以胤领国子博士。十年（385），二月，立国学。盖至是二学并置。《晋书·职官志》云：孝武太元十年（385），损国子助教员为十人。《宋志》云：十经由十助教分掌，盖在是时。《宋书·臧焘传》：晋孝武太元中，卫将军谢安始立国学，徐、兖二州刺史谢玄举焘为助教。据《齐书·陆澄传澄》与王俭书，则是时《易》立王肃，《左氏》取服虔，而兼取贾逵《经》，《穀梁》有麋信《注》。至宋元嘉建学，《易》乃玄、弼两立。逮颜延之为祭酒，则黜郑置王，《左氏》则留服而去贾，《穀梁》益以范宁，而麋犹如故。澄谓《易》王、郑宜并存，《左氏》宜立杜，《穀梁》善范便当除麋。又云："世有一《孝经》，题为郑玄注。观其用辞，不与注书相类。案玄自序所注众书，亦无《孝经》。"俭答云："《易》依旧存郑，高同来说。元凯注传，超迈前儒。《谷梁》小书，无俟两注。存麋略范，率由旧式。凡此诸议，并同雅论。惟《郑注》虚实，前代不嫌，意谓可安，仍旧立置。"太元立学，议由谢石，①事见《晋书》本传及《宋书·礼志》。《宋书》载其疏辞，谓上于太元元年（376），元疑九形近而误，故有"皇威遏震，戎车方静"之语。淝水之战在八年。石之死，范弘之议谥，深致贬损，而卒援是为恕辞，则晋人颇重其事。然《宋书·礼志》谓其品课无章，士君子耻与其列，则其实效，亦未可睹也。晋人立学，专欲以化贵胄。②故晋初傅玄上疏，病"汉、魏百官子弟，不修经艺而务交游。今圣明之政资始，而汉、魏之失未改"。王导言："人知士之贵由道存，则退而修其身，敦朴之业著，浮伪之竞息。"戴邈言："贵游之子，未必有斩将搴旗之才，亦未有从军征戍之役，不以盛年，讲肄道义，不亦可惜?"然粪墙朽木，素质已非，雕墁之功，云胡可就? 其时特选公卿、二千石子弟为生，而祭酒殷茂言："学建弥年，而功无可名。惮业避役，存者无几。或假托亲疾，真伪难知。声实浑乱，莫此之甚。臣闻旧制，国子生皆冠族华胄，比列皇储，而中者混杂兰艾，遂令人情耻之。"则犹是来者皆为避役，高门子弟，耻非其伦之旧也。《宋书·礼志》。《宋书·礼志》言：孝武立学，增造庙屋一百五十五间，而《五行志》言：太元十年（385）正月，立国子学，学生多顽嚚，因风放火，焚房百余间。《晋志》略同。则立学未几，而所毁之屋，已侔于所造者三分之二矣。风纪败坏至此，其人尚可教乎?

《宋书·礼志》云：宋高祖受命，诏有司立学，未就而崩，大祖元嘉二十年（443），复立国学，二十七年废（450）。案高祖诏立国学，事在永初三年正月，③见《本纪》。其时学制已定，范泰尝上书论之，见本传。大祖诏建国学，事在元嘉十九年正月，是年十二月，诏言胄子始集，学业方兴，亦见《纪》；《何承天传》亦云，是年立国子学，以本官领国子博士；而《礼志》谓立学在二十年，盖师生集于十九年末，礼成于其翼年也。二十七年之罢，《纪》在三月，盖以军兴之故。《孝武帝纪》：大明五年（461），八月，诏来岁可修葺庠序，旌延国胄，而《礼志》不言其事，疑其实未有成。然则宋世国学修立，不及十年，可谓衰替。然其时于私家之能讲学者，为置生徒，隆其礼貌，加以资助，则其效或转在官学之上也。④《隐逸传》：周续之，遁迹庐山。高祖践阼，召之，乃尽室俱下。上为开馆东郭外，招集生徒。乘舆降幸，并见诸生。续之素患风痹，不复堪讲，

---

① 学校：谢石请立学，《宋书》谓其疏上于太元元年，乃九年之误。
② 学校：晋人立学，专以化贵胄而无效。
③ 学校：宋立学之年。
④ 学校：宋为私人立学，兼玄、文、史，地方私家为人立馆。

乃移病钟山。又《雷次宗传》：元嘉十五年（438），征至京师。开馆于鸡笼山，聚徒教授，置生百余人。会稽朱膺之，颍川庾蔚之，并以儒学监总诸生。时国子学未立，上留心艺术，使丹阳尹何尚之立玄学，大子率更令何承天立史学，司徒参军谢元立文学。凡四学并建。车驾数幸次宗学馆，资给甚厚。此事《南史》入《本纪》，系元嘉十六年（439）。　《宋书·何尚之传》云：元嘉十三年（436），彭城王义康欲以司徒左长史刘斌为丹阳尹，上不许。乃以尚之为尹。立宅南郭外，置玄学，聚生徒。东海徐秀，庐江何昙、黄回，颍川荀子华，大原孙宗昌、王延秀、鲁郡孔惠宣，并慕道来游。谓之南学。《南史》同。其立学不知究在何年也。其后国子学建，尚之遂领祭酒焉，亦见《传》。《明帝纪》：泰始六年（471），九月，立总明观，征学士以充之，置东观祭酒。《南史》云：置东观祭酒、访举各一人，举士二十人，分为儒、道、文、史、阴阳五部学，言阴阳者遂无其人，则其分部仍与元嘉同。《齐书·百官志》：泰始六年（270），以国学废，初置总明观玄、儒、文、史四科，科置学士各十人，永明三年（485）国学建省，尤可见孝武之兴国学，实未有成也。

《齐书·礼志》云：建元四年（482），正月，诏立国学。亦见《本纪》。《王逡之传》云：国学久废，建元二年（480），逡之先上表立学，转国子博士。《张绪传》：建元四年（482），立国子学，以绪为太常卿，领国子祭酒。置学生百五十人。其有位乐入者五十人。生年十五以上，二十以还。取王公已下至三将、著作郎、廷尉正、大子舍人、领、护诸府司马、谘议经除敕者、诸州别驾、治中等见居官及罢散者子孙。① 悉取家去都二千里为限。大祖崩乃止。《武帝纪》：建元四年，九月，丁巳，以国哀故罢国子学。《百官志》云：其夏国讳废学。永明三年（485），正月，诏立学。亦见《纪》。创立堂宇。召公卿子弟及员外之胤。凡置生二百人。建武四年（497），正月，诏立学。永泰元年（498），东昏侯即位，尚书符依永明旧事废学。领国子助教曹思文表言："先代不以国讳废学，永明以无大子故废，非古典。"② 案建武四年（497）诏言："往因时康，崇建庠序，屯虞荐有，权从省废，讴诵寂寥，倏移年稔。"则其废，似不以无大子也。总明观以永明三年（485）省，然是岁又于王俭宅开学士馆。悉以四部充俭家。又诏俭以家为府。四年（501），以本官领吏部，犹十日一还学，监视诸生焉。《俭传》。又竟陵王子良，尝表世祖，为刘瓛立馆。以扬烈桥故主第给之。未及徙居，遇病卒。《瓛传》。此亦宋世待周续之、雷次宗之意也。孔稚珪欲于国学置律学助教，诏报从纳，而事不果行，已见第二十二章第七节。

《梁书·处士传》：梁武践阼，征何胤不至，乃敕胤曰："卿门徒中，经明行

---

① 学校：立学取见居官人。

② 学校：国讳废学。

修，厥数有几？且欲瞻彼堂堂，置此周行，便可具以名闻，副其劳望。"又曰："比岁学者，殊为寡少。良由无复聚徒，故明经斯废。每一念此，为之慨然。卿居儒宗，加以德素。当敕后进有意向者，就卿受业。想深思海诱，使斯文载兴。"于是遣何朗、孔寿等六人于东山受学。设馆而外，复征及其旧日生徒，较之宋、齐，尤为异数矣。《本纪》：天监四年（505），置五经博士各一人。《儒林传》云：以平原明山宾、吴兴沈峻、建平严植之、会稽贺玚补博士。各主一馆，《南史》又有吴郡陆琏。馆有数百生，给其饩廪，其射策通明者，即除为吏。十数月间，怀经负笈者，云会京师。此亦犹宋之立五学，特专于儒耳。七年（508），正月，诏大启庠序，博延胄子。国学盖自此建立。九年（510），三月，诏皇大子及王侯之子，年在从师者，可令入学。《儒林传》言：于是皇大子、皇子、宗室王侯始就业焉。大同七年（541），十二月，于宫城西立士林馆，延集学者。领军朱异、大府卿贺琛、舍人孔子祛等递相讲述。《本纪》。亦见《张绾》、《周弘正传》。此盖与国学并立，非如宋之五馆、总明观等补国学之缺也。《陈书·儒林·陆诩传》言：梁世百济国表求讲礼博士，诏令诩行，① 声教东渐，南朝教学之规模，盖以此时为最盛矣。

《陈书·儒林传》云：高祖承前代离乱，日不暇给，弗遑劝课。世祖以降，稍置学官。虽博延生徒，成业盖寡。案《沈不害传》言：天嘉初，除衡阳王府记室参军，兼嘉德殿学士。自梁季丧乱，至是国学未立。不害上书，言宜建立庠序，选公卿门子，皆入于学。诏付外详议，依事施行。陈世兴学，不害盖有力焉。其后宣帝大建三年（572），后主至德三年（585），皇大子皆释奠大学。

私家亦有为学人立馆者，齐始安王遥光、右卫江祏于蒋山南为吴苞立馆是也。事见《齐书·高逸传》。

《晋书·张轨传》：轨征九郡胄子五百人，立学校。始置崇文祭酒，位视别驾。春秋行乡射之礼。《隐逸传》：祈嘉，博通经传。西游海渚，教授门生百余人。张重华征为儒林祭酒。在朝卿士，郡县守令彭和正等受业独拜床下者二千余人。《李玄盛传》：立泮宫，增高门学生五百人。《刘曜载记》：曜立大学于长乐宫东，小学于未央宫西。简百姓年二十五已下，十三已上，神志可教者千五百人。选朝贤、宿儒明经笃学以教之。以中书监刘均领国子祭酒。置崇文祭酒，秩次国子。散骑侍郎董景道，以明经擢为崇文祭酒。曜临大学，引试学生之上第者，拜郎中。《石勒载记》云：司、冀渐宁，人始租赋。立大学。简明经善书吏，署为文学掾，选将佐子弟三百人教之。增置宣文、宣教、崇儒、崇训十余小学于襄国四门，简将佐豪右子弟百余人教之。大兴二年（319），勒伪称赵王。从

---

① 学校：百济求讲礼博士，梁诏陆诩行。

事中郎裴宪，参军傅畅、杜嘏，并领经学祭酒。参军续咸、庾景为律学祭酒。任播、崔濬为史学祭酒。中垒支雄、游击王阳，并领门臣祭酒。勒亲临大小学，考诸学生。经义尤高者，赏帛有差。命郡国立学官。每郡置博士、祭酒二人，弟子百五十人。三考修成，显升五府。于是擢拜大学生五人为佐著作郎，录述时事。《石季龙载记》：季龙下书，令诸郡国立五经博士。初勒置大小学博士，至是复置国子博士、助教。遣国子博士诣洛阳写石经，校中经于秘书。国子祭酒聂熊注《穀梁春秋》，列于学宫。《隐逸传》：杨轲养徒数百，石季龙嗣伪位征之。迫之乃发。后上疏陈乡思求还。其在伪朝，盖未尝受官职，与于教授之事。《慕容廆载记》云：平原刘赞，儒学该通，引为东庠祭酒。其世子皝，率国胄束修受业焉。廆览政之暇，亲临听之。《慕容皝载记》：皝记室参军封裕谏曰："习战、务农，本也。百工、商贾，末耳。宜量军国所须，置其员数。学者三年无成，亦宜还之于农。"[1] 皝乃命学生不任训教者，亦除员录。《慕容儁载记》：儁立小学于显贤里，以教胄子。《苻健载记》：健败桓温后，修尚儒学。《苻坚载记》言：坚立学校。又云：坚广修学宫，召郡国学生通一经已上充之。公卿已下子孙，并遣受业。坚亲临大学，考学生经义优劣，品而第之。问难五经，博士多不能对。坚谓博士王寔曰："朕一月三临大学，黜陟幽明，躬亲奖厉，罔敢倦违，庶几周、孔微言，不由朕而坠。汉之二武，其可追乎？"自是每月一临大学，诸生竞劝焉。又云：坚行礼于辟雍，祀先师孔子。其大子及公侯、卿、大夫、元士之元子，皆束修释奠焉。又云：坚临大学，考学生经义，上第者擢叙八十三人。自永嘉之乱，庠序无闻，及坚之僭，颇留心儒学，王猛整齐风俗，政理称举，学校渐兴。又云：禁老庄、图谶之学。[2] 中外四禁、二卫、四军长上将七，皆令修学课。后宫置典学，立内司，以授于掖庭。选阉人及女隶有聪识者，置博士以授经。又云：坚以翼犍荒俗，未参仁义，令入大学习礼。[3]《姚苌载记》云：苌立大学。下书令留台、诸镇，各置学官，勿有所废。考试优劣，随才擢叙。《姚兴载记》云：兴立律学于长安。详见第二十二章第七节。《慕容德载记》云：建立学官，简公卿已下子弟及二品士门二百人为大学生。德大集诸生，亲临策试。《冯跋载记》云：营建大学，以长乐刘轩、营丘张炽、成周翟崇为博士郎中。简二千石已下子弟年十三已上教之。《李雄载记》云：雄兴学校，置史官。听览之暇，手不释卷。《李寿载记》云：广大学，起燕殿，百姓疲于役使，呼嗟满道，思乱者十室而九矣。皆当时偏隅割据之国，五胡僭窃之主兴学之事也。亦不徒官立也。《晋书·列女传》云：韦逞母宋氏，不知何郡人也。家世以儒学称。幼丧母，其父躬自养之。及长，授

---

① 学校：不通经者还农。
② 学术：苻坚禁老、庄、图谶之学。宋立玄儒文史阴阳。
③ 学校：什翼犍入学，此见俘部长也。

以《周官》音义。谓之曰："吾家世学《周官》，传业相继。吾今无男可传，汝可受之，勿令绝世。"属天下丧乱，宋氏讽诵不辍。其后为石季龙徙之于山东。宋氏与夫在徙中推鹿车，背负父所授书到冀州。依胶东富人程安寿。寿养护之。逞时年少，宋氏昼则樵采，夜则教逞。逞遂学成名立，仕苻坚为太常。坚尝幸其大学，问博士经典。乃闵礼乐遗阙。时博士卢壶对曰："废学既久，书传零落。比年缀撰，正经粗集。惟《周官礼》注，未有其师。窃见太常韦逞母宋氏，世学家女，传其父业。得《周官》音义。今年八十，视听无阙。自非此母，无可以传授后生。"于是就宋氏家立讲堂。置生员百二十人。隔绛纱幔而受业。号宋氏为宣文君。《周官》学复行于世。时称韦母宋氏焉。《姚兴载记》云：天水姜龛、东平淳于岐、冯翊郭高等，皆耆儒硕德，经明行修。各门徒数百，教授长安。诸生自远而至者，万数千人。兴每于听政之暇，引龛等于东堂，讲论道艺，错综名理。凉州胡辩，苻坚之末，东徙洛阳讲授。弟子千有余人。关中后进，多赴之请业。兴敕关尉曰：诸生往来出入，勿拘常限。于是学者咸劝，儒风盛焉。其厚待师儒，弘奖后学，亦视中国无愧色也。

《魏书·儒林传》云：大祖初定中原，虽日不暇给，始建都邑，便以经术为先。立大学，置五经博士，生员千有余人。天兴二年（400），增国子大学生员至三千。《本纪》：天兴二年（400），三月，初令五经、群书，各置博士。增国子大学生员三千人。《官氏志》亦云：初令五经、群书，各置博士。太宗世，改国子为中书学，立教授博士。世祖始光三年（426），春，别起大学于城东。《纪》在二月。《本纪》：大平真君五年（444）正月，制自王公已下，至于卿士，其子息皆诣大学。其百工、伎巧、驺卒子息，当习其父兄所业，不听私立学校。[1] 违者师身死，主人门诛。亦见第十八章第一节。自汉除挟书之禁已来，奖民乡学，则有之矣，禁人立学，未之前闻，大武此诏，果何为哉？案大武又有私养师巫、挟藏谶记之禁。见第二十四章第二节。其后孝文延兴二年（472），二月，诏谓当时祭孔子者，"女巫妖觋，淫进非礼，杀生鼓舞，倡优媟狎"。"自今已后，有祭孔子庙，制用酒脯而已。不听妇女合杂，以祈非望之福。犯者以违制论"。亦见《本纪》。窃疑鲜卑窃据，人民图覆之者甚多，结合之资，不能无藉于宗教，孔教亦为所借用，虏乃从而禁之也。[2]《儒林传》又云：太和中，改中书学为国子学。建明堂、辟雍，尊三老、五更。《本纪》：太和十年（486），九月，诏起明堂、辟雍。十五年（491），十月，明堂、大庙成。十六年（492），正月，宗祀显祖于明堂，以配上帝。遂升灵台，以观云物。降居青阳左个布政事。每朝依以为常。又开皇子之学。及迁都洛邑，诏立国子大学，四门小学。据《刘芳传》：发敕立四门博士，事在太和二十年（496）。世宗时，复诏营国学。树

---

① 学校：魏百工、技巧、驺卒子息，不听私立学校。
② 民族：拓跋时人民借宗教反之，疑孔教亦为所借。

小学于四门。大选儒生，以为小学博士，员四十人。《本纪》：正始元年（504），十一月，诏可敕有司，营缮国学。四年（507），六月，诏敕有司，准访前式，置国子，立大学，树小学于四门。《任城王澄传》澄表言："自凤举中京，方隆礼教。先皇升遐，未遑修述。学宫虚荷四门之名，宗人有阙四时之业。可敕有司，修复皇宗之学，开辟四门之教。"诏尚书可更量宜修立。《郑道昭传》：迁国子祭酒。表言："国子学堂房粗置，弦诵阙尔。城南大学，汉、魏五经，丘墟残毁，蒸藿芜秽。求重敕尚书、门下，考论营制之模。"不从。道昭又表曰："先帝命故御史中尉臣李彪，与吏部尚书任城王澄等，妙选英儒，以宗文教。澄等依旨，置四门博士四十人。其国子博士、大学博士、及国子助教，宿已简置。伏寻先旨，意在速就。但军国多事，未遑建立。自尔迄今，垂将一纪。学官凋落，四术寝废。陛下屡发中旨，敦营学馆。房宇既修，生徒未立。臣往年删定律令，缪与议筵。谨依准前修，寻访旧事，参定《学令》，事讫书呈。自尔迄今，未蒙报判。请《学令》并制，早敕施行。使选授有依，生徒可准。"诏曰："新令寻颁，施行无远。"道昭又表曰："臣自往年以来，频请《学令》，并置生员。前后累上，未蒙一报。馆宇既修，生房粗构。博士见员，足可讲习。虽新令未颁，请依旧权置国子学生，渐开训业。"不报。其事皆在世宗时也。虽黉宇未立，而经术弥显。《本纪》：延昌元年（512），四月，诏曰："迁京嵩县，年将二纪。虎闱阙唱演之音，四门绝讲诵之业。博士端然，虚禄岁祀。贵游之胄，欲同子衿。靖言念之，有兼愧慨。可严敕有司，国子学孟冬使成，大学，四门，明年孟春令就。"然《李崇传》：崇在肃宗时表言："永平之中，大兴版筑。续以水旱，戎马生郊，虽逮为山，还停一篑。今国子虽有学官之名，而无教授之实。何异兔丝燕麦，南箕北斗哉？"则其事仍未有成也。《郭祚传》：时诏营明堂、国学。祚奏："不可于师旅之际，兴版筑之功，宜待丰靖之年，因子来之力。"从之。此即李崇所谓因水旱戎马而停者也。崇此疏，《北齐书·邢邵传》以为邵之言，《北史》同。神龟中，将立国学。诏以三品已上及五品清官之子充生选。未及简置，仍复停寝。正光二年（521），乃释奠于国学。始置国子生三十六人。《本纪》：正光元年（520），正月，诏："来岁仲阳，节和气润，释奠孔、颜，乃其时也。有司可豫缮国学，图饰圣贤，置官、简牲，择吉备礼。"二年（521），三月，庚午，帝幸国子学，祠孔子，以颜渊配。《源贺传》：贺孙子恭，正光元年（520），转为起部郎。明堂、辟雍，并未建就。子恭上书言："今诸寺大作，稍以粗举，可并彻减，专事经综。严勒工匠，务令克成。"从之。魏营学宫，阅时甚久，盖至此以一切之法敕之，乃克有成也。永熙中，复释奠于国学。置生七十二人。及迁都于邺，国子置生三十六人。此魏立学之大略也。

北齐国子寺，祭酒一人，领博士五人，助教十人，学生七十二人。大学，博士十人，助教二十人，大学生二百人。四门学，博士二十人，助教二十人，学生三百人。见《隋书·百官志》。然据《北齐书·本纪》：文宣帝天保元年（550），八月，诏郡国修立黉序，国子学生，亦仰依旧铨补。孝昭帝皇建元年（560），八月，诏国子寺可备立官属，依旧置生讲习经典，岁时考试。外州大学，亦仰典司，勤加督课。则法令多成具文。《儒林传》亦云："师、保、疑、丞，皆赏勋旧，国学博士，徒有虚名，惟国子一学，生徒数十人耳。"

　　后周颇重大学。《周书·李昶传》云：昶初谒大祖，大祖深奇之。厚加资给，令入大学。大祖每见学生，必问才行于昶。足见其于此途，已颇留意。武帝保定二年（562），幸学，以于谨为三老而问道焉。太和二年（478），七月，立露门学。置生七十二人。宣帝大象二年（580），亦幸学释奠。皆见《本纪》：《隋书·辛公义传》云：周天和中，选良家子任大学生，以勤苦著称。武帝时召入露门学。每月集御前，令与大儒讲论。时辈慕之。《豆卢勣传》：勣在明帝时，为左武伯中大夫。自以经业未通，请解职游露门学。帝嘉之。敕以本官就学。皆足见其重视学业也。世宗雅爱文士。立麟趾学。在朝有艺业者，不限贵贱，皆听预焉。见《周书·千翼传》。则后汉鸿都门学之类耳。

　　郡县之学，留意者寡。以昔时兴学，多有粉饰升平之意，地方为物力所限，势不能如中央之修举也。南朝惟梁武帝尝分遣博士、祭酒到州郡立学，事在天监四年(505)，见《梁书·儒林传》。外此无闻焉。北朝则规制颇详。然亦徒文具而已。《魏书·显祖纪》：天安元年（466），九月，初立乡学。郡置博士二人，助教二人，学生六十人。《儒林传》云：后诏大郡立博士二人，助教四人，学生一百人。次郡立博士二人，助教二人，学生八十人。中郡立博士一人，助教二人，学生六十人。下郡立博士一人，助教一人，学生四十人。其议盖发自李訢，成于高允，皆见本传。《允传》言"郡国立学自此始"焉。此云乡学，兼郡县之学言之。州郡之学，对县以下之学言，亦曰大学。① 《李平传》言平在相州，修饰大学。《高祐传》言祐为兖州刺史，镇滑台，以郡国虽有大学，县党宜有黉序，乃县立讲学，党立教学，村立小学。《崔挺传》：挺族子纂之从祖弟游，转熙平太守，大学旧在城内，游移置城南闲敞之处，亲自说经。《北史·郦道元传》：道元试守鲁阳，表立黉序。诏曰："鲁阳本以蛮人，不立大学，今可听之，以成良守文翁之化"是也。成人之教，对童稚之教言之，亦曰大学。《景穆十二王传》：南安王桢之子英奏言"大学之馆，久置于下国，四门之教，方构于京洛"是也。"齐制，诸郡并立学，置博士、助教授经。学生俱差逼充员。② 士流及豪富之家，皆不从调。备员既非所好，坟籍固不关怀。又多被州郡官人驱使，纵有游惰，亦不检治。"《北齐书·儒林传》。可见规制徒详，并无益于实际也。

　　《魏书·景穆十二王传》：南安王桢之子英，奏言："谨案学令：诸州郡学生，三年一校。所通经数，因正使列之。然后遣使就郡练考。俊造之流，应问于魏阙，不革之辈，宜反于齐民。顷以皇都迁构，江、扬未一，乡校之训，弗遑正试。致使薰莸之质，均诲学廷，萧艾之体，等教文肆。今外宰京官，铨考向讫，求遣四门博士，明通五经者，道别校练，依令黜陟。"诏曰："学业堕废，为日

①　学校：北齐魏州郡之学，亦曰大学。
②　学校：学生差别充员。

已久，非一使能劝。比当别敕。"《北齐书·杜弼传》：弼幼聪敏。家贫无书，年十二，寄郡学受业。同郡甄琛，为定州长史，简试诸生。见而策问。义解闲明，应答如响。大为甄所叹异。是魏、齐学制，学生不徒当地，并当由中央遣使校练也。此等考试，盖非徒校其学业，《北齐书·儒林传》言"诸郡俱得察孝廉，其博士、助教及游学之徒通经者，推择充举。射策十条，通八已上，听九品出身。其尤异者，亦蒙抽擢"是也。魏世李䜣在相州，奏请立学。言"臣自到已来，访诸文学，旧德已老，后生未进。岁首所贡，虽依制遣，对问之日，惧不克堪。欲仰依先典，于州郡治所，各立学官。使士望之流，冠冕之胄，就而受业。经艺通明者，贡之王府"。此即元英所云：俊造之流，应问于魏阙。则其制，又不始自北齐矣。高允表论立学，言"学生当取郡中清望，先尽高门，次及中第"，亦以当时选举，首重阀阅也。然亦有徒为视化行礼之计者。如庾亮在荆州，缮造礼器俎豆之属，欲行大射之礼。《宋书·礼志》。蔡兴宗守会稽。三吴旧有乡射礼，元嘉中羊玄保为吴郡行之，久不修，兴宗复行之是也。《周书·孝义传》：张元有孝行，县博士等二百余人，上其状。有诏表其门闾，则学校中人，又兼有旌别淑慝之责矣。

《学令》所列，地方虽多不克举，然闲遇贤吏，则亦有极留意于是者。《宋书·礼志》言：庾亮在武昌，开置学官。下教极言恢复之谟，有资教学。"令参佐大将子弟悉入学。吾家子弟，亦令受业。建儒林祭酒，使班同三署。厚其供给。皆妙选邦彦，必有其宜，以充此举。近临川、临贺二郡，并求修复学校，可下听之。"事以亮薨而废，然其规模，则可谓弘远矣。《晋书·范汪传》：汪为东阳太守，在郡大兴学校。子宁为余杭令，在县兴学校，养生徒。补豫章太守，在郡又大设庠序。遣人往交州采磬，以供学用。改革旧制，不拘常宪。远近至者千余人。资给众费，一出私禄。并取郡四姓子弟，皆充学生。课读五经。又起学台。功用弥广。江州刺史王凝之言其奢浊，抵罪。孝武帝以宁所务惟学，事久不判。会赦免。古者食节事时，民咸安其居，乐事劝功，尊君亲上，然后兴学，盖不先富则教无所施，况以兴学而致劳扰？然但就兴学论，则汪与宁，可谓世济其美矣。唐彬监幽州军，领护乌桓校尉，兼修学校，诲诱无倦。范粲迁武威太守，到郡则立学校。杜慧度在交州，崇修学校。此兴学于边疆之地者也。魏初张恂为常山太守，开建学校，优显儒士。薛谨为秦州刺史，兵荒之后，儒雅道息。谨命立庠序，教以诗书，三农之暇，悉令受业。躬巡邑里，亲加考试。河、汾之地，儒道兴焉。崔挺子孝暐孝庄初除赵郡太守。郡经葛荣离乱之后，民户丧亡，六畜无遗，斗粟数缣。孝暐招抚遗散。一周之后，流民大至。兴立学校，亲加劝笃。此兴学于兵荒之后者也。郦道元立学鲁阳，以教蛮人。见上。贾彝孙儁为洛州，在重山中，民不知学。儁乃表置学官，选聪悟者以教之。此兴学于僻陋之区者也。萧宝夤刺徐州，起学馆于清东。寇俊为梁州，令郡县立庠序。则南北接界之地，亦多有学。《魏书·郦范传》：弟子恽，正光中，刺史裴延儁用为主簿，令其修起学校。亦见《延儁传》。则僚佐之贤者，亦能佐长官以兴学矣。

《宋书·隐逸传》：沈道虔，乡里年少，相率受学。道虔常无食，无以立学徒。武康令孔欣之，厚相资给，受业者咸得有成。《梁书·处士传》：诸葛璩，性勤于诲诱，后生就学者日至。居宅狭陋，无以容之。太守张友，为起讲舍。《魏书·崔休传》：为渤海。大儒张吾贵，有盛名于山东。西方学士，咸相宗慕。弟子自远而至者，恒千余人。生徒既众，所在多不见容。休乃为设俎豆，招延礼接，使肄业而还。儒者称为口实。此私家教学，地方官加以资助者也。

乡党之地，庠序盖寡，亦间有相沿不替者。《陈书·儒林传》：顾越，吴郡盐官人。① 所居新坡黄冈，世有乡校，由是顾氏多儒学。《齐书·高逸传》：顾欢，乡中有学舍，欢贫无以受业，于舍壁后倚听，无遗忘者。欢亦盐官人也。

《宋书·周朗传》：世祖即位，普责百官谠言。朗上书，② 言："宜二十五家选一长，百家置一师。男子十三至十七，皆令受经，十八至二十，尽使修武。官长皆月至学所，以课其能。习经者五年有立，则言之司徒，用武者三年善艺，亦升之司马。若七年而经不明，五年而勇不达，则更求其言政置谋，迹其心术行履。复不足取者，虽公卿子孙，长归农亩，终身不得为吏。"此言教育普及最早者也。传授往往偏于学术、技艺，然人之可用与否，实尤在其德与才。世固有不能读书，亦无膂力，而践履惇笃，足受命于危难之间，智计纵横，可与谋于仓卒之际者。偏于学艺，宁免弃才？今更求其言政置谋，迹其心术行履，立意可谓周至。且不专于文而兼及于武，③ 尤智德而外，不废体育之义也。自来言教育者，多偏于文，南北朝之世，颇有兼重武者。《齐书·崔祖思传》：祖思启陈政事，谓宜于大庙之南，引修文序，司农以北，广开武校。《魏书·韦阆传》：阆族子彧，为东豫州刺史。以蛮俗荒梗，不识礼仪，表立大学，选诸郡生徒，于州总教。又于城北置崇武馆以习武焉。皆其事也：亦兵争之亟使然欤？朗又言"国学宜详考古数，部定子史，令书不烦行，习无糜力"，尤足救支离破碎之弊。必如此，乃可施诸人人，而非复经生之业也。

《梁书·儒林传》言："汉氏承秦燔书，大弘儒训。大学生徒，动以万数。郡国横舍，悉皆充满。学于山泽者，至或就为列肆。其盛也如是。汉末丧乱，其道遂衰。正始以后，仍尚玄虚，为儒者盖寡。中原横溃，衣冠殄尽。江左草创，日不暇给。迄于宋、齐，国学时或开置，而劝课未博。建之不及十年，盖取文具，废之多历世祀，弃也忽诸。乡里莫或开馆。公卿罕通经术。朝廷大儒，独学而弗肯养众。后生孤陋，拥经而无所讲习。"《陈书·儒林传》谓："所采缀，亦

---

① 学校：盐官世有乡校。
② 学校：宋周朗言有普及教育意。
③ 学校：南北朝之教有兼重武者。

梁之遗儒。"证以梁武帝敕何胤之语，南朝儒学，较汉世为衰落，盖非虚辞。而《魏书·儒林传》云："世宗时天下承平，学业大盛。燕、齐、赵、魏之间，横经著录，不可胜数。大者千余人，小者犹数百。"《北齐书·儒林传》云："横经受业之侣，遍于乡邑。负笈从宦之徒，不远千里。入闾里之内，乞食为资。憩桑梓之阴，动逾千数。"《周书·儒林传》云："开黉舍延学徒者比肩，辞亲戚甘勤苦者成市。"岂北人之好学，能远逾于南人哉？其非实录，盖可知矣。合各种记载通观之，大抵南北学业，皆以平安时为盛，① 而北方最盛仍在山东，则近于实也。《隋书·儒林传》，谓其时京邑达于四方，皆有黉校，齐、鲁、赵、魏，学者尤多，犹北朝时之情形也。斯时大儒，从学者之数，见于《儒林传》者，大者千余，小者数百，最多者或至万人。散见他处者，亦大致如是，如《晋书·唐彬传》：谓其晚乃敦悦经史，尤明《易经》。随师受业，还家教授，恒数百人。《隐逸传》：霍原，山居积年，门徒百数。宋纤，弟子受业三千余人。郭瑀，弟子著录千余人。《齐书·刘瓛传》：聚徒教授、常有数十人。《高逸传》：顾欢，于剡天台山开馆聚徒，受业者常近百人。沈驎士，隐居余干吴差山，讲经教授，从学者数十百人。徐伯珍，受业生凡千余人。《梁书·臧盾传》：幼从征士琅邪诸葛璩受五经，璩学徒常有数十百人，盾处其间，无所狎比。《南史·贺玚传》：玚于乡里聚徒教授，四方受业者三千余人。《魏书·高允传》：还家教授，受业者千余人。《刘昞传》：就博士郭瑀学。瑀弟子五百余人，通经业者八十余人。昺受业者五百余人。《冯元兴传》：教授常数百人。惟此特就其盛者言之，统观其全，设教者及从学者，皆当不逮汉世之多也。

为学之序，初入学者，皆读《孝经》、《论语》。若求深造，则更读他经，亦有诵习文辞者。《颜氏家训·勉学篇》云："士大夫子弟，数岁已上，莫不被教。多者或至《礼》、《传》，少者不失《诗》、《论》。"又云："自荒乱已来，诸见俘虏，虽百世小人，知读《论语》、《孝经》者，尚为人师。"又云："吾七岁时诵《灵光殿赋》，至于今日，十年一理，犹不遗忘。二十之外，所诵经书，一月废置，便至荒芜矣。"《魏书·外戚传》：冯熙，生于长安，为姚氏魏母所养。以叔父乐陵公邀因战入蠕蠕，魏母携熙逃避，至氐羌中抚育。年十二，好弓马，有勇干，氐羌皆归附之。魏母见其如此，将还长安。始就博士学问。从师受《孝经》、《论语》。《周书·文闵明武宣诸子传》：宋献公整，年十岁，诵《孝经》、《论语》、《毛诗》，后与世宗俱受《礼记》、《尚书》于卢诞。《隋书·蔡王智积传》：父景王整，高祖龙潜时与不睦。大妃尉氏，又与独孤皇后不相谐。以是智积常怀危惧。有五男，止教读《孝经》、《论语》而已。亦不令交通宾客。或问其故。智积答曰："卿非知我者。"其意恐儿子有才能以致祸也。《韦师传》：初就学，始读《孝经》，舍书而叹曰："名教之极，其在兹乎？"《文学传》：王顗，少好游侠。年二十，尚不知书。为兄颙所责怒。于是感激，始读《孝经》、《论语》。皆时人为学，始于《孝经》、《论语》，次及《诗》、《礼》之征也。读《易》者多为玄言之资，治《尚书》、《春秋》者，则较少矣。初学之师，仅求其能管束生徒，使就轨

---

① 学校：据史，南北朝学校，南衰北盛，非实录。

范。《北齐书·高昂传》：其父为求严师，令加捶挞。《周书·晋荡公护传》：其母与之书，言其小时与元宝、菩提及姑儿贺兰盛洛四人同学。博士姓成，为人严恶，四人谋欲加害。可想见当时为童子师者之风气也。求深造者，自宜学有渊源。又弟子或欲依附其师，或又欲与同学者相交结。《梁书》言臧盾处同学间无所狎比；《隋书·高祖纪》云：初入大学，虽至亲昵不敢狎，则当时同学相狎比者多矣。《崔仲方传》：年十五，周大祖令与诸子同就学，高祖亦在其中，由是与高祖少相款密。元谐、王谊虽不终，初亦以同学相亲密，谊赐死时，诏犹以是为言也。《魏书·张普惠传》云：普惠敦于故旧，冀州人侯坚固，少时与其游学，早终。其子长瑜，普惠每于四时请禄，无不减赡，给其衣食。及为豫州，启长瑜解褐，携其合门拾给之。少同砚席，情自易亲，仕途攀援，何所不至？其欲相结，固无足怪。不独同学，即师弟子间，亦何尝不如是。达官如唐彬，充隐如霍原，皆以教授为务，岂真欲守先待后哉？从之游者，又皆为传道授业计乎？《晋书·儒林传》言：青土隐逸之士刘兆、徐苗等，皆务教授，惟氾毓不蓄门人，清静自守。① 然则广蓄门人者，多非清静之士矣。则必取有名之士，求诸通都大邑之中，有不远千里者。争名者必于朝，争利者必于市，读《秦汉史》第十九章第一节所述邴原之事，已可见之矣。势利之途，古今一辙。索靖与乡人氾衷、张甝。索纱、索永，俱诣大学，驰名海内，号称敦煌五龙。索统亦少游京师，受业大学。即所谓争名者必于朝。魏世宋繇，亦敦煌人，随其妹夫至酒泉，追师就学，亦欲多历都邑，易于有闻也。高允负笈担书，千里就业。窦瑗年十七，便荷帙从师，游学十载。魏质年十四，启母求就徐遵明受业，母以其年幼，不许。质遂密将一奴，远赴徐学。见《北史·魏收传》。杨尚希龆乱而孤，年十一，辞母受业长安，见《隋书》本传。此等岂尽为学问计哉？此等大师，罕亲讲授。《晋书·隐逸传》：杨轲，养徒数百。虽受业门徒，非入室弟子，莫得亲言。欲论授，须旁无杂人，授入室弟子，令递相宣授。受业门徒如此，徒著录者可知。《魏书·李孝伯传》：兄孙郁，稍迁国子博士。自国学之建，诸博士率不讲说，朝夕教授，惟郁而已。弟子亦多务虚名，鲜能辨其师之优劣，而哗世取宠之士，遂得以自欺欺人焉。《魏书·儒林传》：张吾贵，年十八，本郡举为大学博士。吾贵先未多学。乃从郦诠受《礼》，牛天祐受《易》。诠、祐粗为开发。吾贵览读一遍，便即别构户牖。世人竞归之。曾在夏学，聚徒千数，而不讲《传》。生徒窃云："张生之于《左氏》，似不能说。"吾贵闻之，谓其徒曰："我今夏讲暂罢，后当说《传》。君等来日，皆当持本。"生徒怪之而已。吾贵谓刘兰云："君曾读《左氏》，为我一说。"兰遂为讲。三旬之中，吾贵兼读杜、服。隐括两家，异同悉举。诸生后集，便为讲之。义例无穷，皆多新异。兰乃伏听。② 学者以此益奇之。而以辩能饰非，好为诡说，由是业不久传。此等人可以为人师乎？然以诡辞动众，亦能取宠一时，而铿铿说经者，或反为人所讥评焉。《周书·儒林传》：樊深，经学通赡。每解书，尝多引汉、魏以来诸家义而说之。故后生听其言者，不能晓悟。皆背而讥之曰："樊生讲

---

① 学校：不畜门人为清静自守，则畜者可知。
② 学校、外交：以辩难始受业终。

书多门户；不可解。”然儒者推其博物。**学问之道，尚有是非可言乎？当时传经，最重讲说。讲说之间，惟音辞风采是尚**，《樊深传》又云：学虽博赡，讷于辞辩，故不为当时所称。《梁书·儒林传》：卢广，兼国子博士，遍讲五经。时北来人儒学者，有崔灵恩、孙详、蒋显，并聚徒讲说，而音辞鄙拙。惟广言论清雅，不类北人。又陆倕、徐勉书荐沈峻曰：“《周官》不传，多历年世。北人孙详、蒋显，亦经听习，而音革楚夏，故学徒不至。”《北齐书·儒林传》：权会，性甚儒懦，似不能言。及临机答难，酬报如响。动必稽古，辞不虚发。由是为儒者所推。贵游子弟，或就其宅，或寄宿邻家，昼夜承问，受其学业。《隋书·儒林传》：元善，通博在何妥之下。然以风流蕴藉，俯仰可观。音韵清朗，听者忘倦。由是为后进所归。**或取办于口给以御人，能平心研讨者盖寡。**《周书·儒林传》：熊安生。天和三年（568），齐请通好，兵部尹公正使焉。与齐人语及《周礼》，齐人不能对。乃令安生至宾馆，与公正言。公正有口辩。安生语所未至者，便最机要而骤问之。安生曰：“礼义弘深，自有条贯。必欲升堂观奥，宁可汩其先后？但能留意，当为次第陈之。”公正于是具问所疑。安生皆为一一演说，咸究其根本。公正深所嗟服。以口给御人始，而以请益从善终，可谓为学之楷范，然如此者不多觏也。**乃有轩眉攘腕，致失儒者之风。**《陈书·儒林张讥传》：天嘉中，迁国子助教。是时周弘正在国学发《周易》题。弘正第四弟弘直亦在讲席。讥与弘正论议，弘正乃屈。弘直危坐厉声，助其申理，讥乃正色谓弘直曰：“今日义集，辩正名理，虽兄弟急难，四公不得有助。”弘直曰：“仆助君师，何为不可？”举坐以为笑乐。弘正尝谓人曰：“吾每登坐，见张讥在席，使人懔然。”《魏书·儒林传》：李业兴，至于论难之际，高声攘振，无儒者之风。《北史·儒林传》曰：文襄集群士，命卢景裕讲《易》。业兴子崇祖，时年十一，论难往复，景裕惮之。业兴助成其子，至于忿阋。文襄色甚不平。此等论难，真令人齿冷矣。《隋书·辛彦之传》：吴兴沈重，名为硕学。高祖尝令彦之与重论难。重不能抗。于是避席而谢曰：“辛君所谓金城汤池，无可攻之势。”高祖大悦。重岂不能抗彦之，无亦窥高祖意旨，不欲尽言邪？此等论难，又足辨正名理乎？**甚至植党相争**，《魏书·儒林传》：李业兴，师事徐遵明于赵、魏之间。时有鲜于灵馥，亦聚徒教授。遵明声誉未高，著录尚寡。业兴乃诣灵馥黉舍，类受业者。灵馥谓曰：“李生久逐羌博士，何所得也？”业兴默尔不言。及灵馥说《左传》，业兴问其大义数条，灵馥不能对。于是振衣而起曰：“羌弟子正如此耳。”遂便径还。自此灵馥生徒，倾学以就遵明，遵明学徒大盛，业兴为之也，何必徒取诸彼以与此邪？**枉道相倾**，《隋书·儒林传》：元善为后进所归，何妥每怀不平，心欲屈善。因善讲《春秋》初发题，诸儒毕集。善私谓妥曰：“名望已定，幸无相苦。”妥然之。及就讲肆，妥遂引古今滞义以难善，多不能对。善深衔之。二人由是有隙。**终至相戕相贼者。**《魏书·儒林传》：陈奇与游雅以议论不合。时敕以奇付雅，令铨补秘书。奇既恶之，遂不复叙用。高允微劝雅。雅谓允有私于奇。乃取奇所注《论语》、《孝经》，焚于坑内。告京师后生，不听传授。后竟陷奇于族。已见第二十二章第七节。**无怪真能为学者，欲自师其心也。**《魏书·儒林传》：徐遵明，年十七，随乡人毛灵和等诣山东求学。至上党，乃师屯留王聪，受《毛诗》、《尚书》、《礼记》。一年，便辞聪诣燕、赵，师事张吾贵。吾贵门徒甚盛。遵明服膺数日，乃私谓其友人曰：“张生名高，而义无检格，凡所讲说，不惬吾心。请更从师。”遂与平原田猛略就范阳孙买德受业。一年，复欲去之。猛略谓曰：“君年少从师，每不终业，如此用意，终恐无成。"遵明曰："吾今始知真师所在。"猛略曰："何在？"遵明乃指心曰："正在于此。"《北齐书·儒林传》：孙灵晖。魏大儒秘书监惠蔚，灵晖之族曾王父也。惠蔚一子早卒，其家书籍多在焉。灵晖惟寻讨惠蔚手录章疏，不求师友。可见当时经生之业，原可自求也，学问既可自求，从师复有何义？而乃赢粮负笈，千里追寻，谓非驰骛声气得乎？

当时就学之徒，实以贵游为众。不独国子、大学，即私家之门，亦复如是。如《周书·卢辩传》言：魏大子及诸王等，皆行束修之礼，受业于辩。而教学之风，亦即为此辈所坏。《北齐书·儒林传》言："世胄之门，罕闻强学。胄子以通经仕者，惟博陵崔子发、广平宋游卿而已。"《周书·薛端传》亦言："大学多是贵游，好学者少。"《陈书·新安王伯固传》，言其为政严苛。为国子祭酒，有惰游不习者，重加榎楚。生徒惧焉，学业颇进。国学而至烦榎楚，其风纪可知矣。《梁书·百官志》言：旧国子学生，限以贵贱。梁武帝欲招来后进，五馆生皆引寒门俊才，不限人数。今观学生，或由荐召，便知寒畯与此之难。如张缵以尚主召补国子生。贺玚为国子生，乃由刘瓛之荐。魏高宗引见侍郎、博士之子，简其俊秀者，欲以为中书学生。张安世年十一，陈说祖父，甚有次第。即以为学生。索敞为中书博士，京师大族贵游之子，多所成益。前后显达，位至尚书、牧守者数十人。惰游习为固然。《晋书·吕纂载记》：符坚时入大学，不好读书，惟以交结声乐为务。此乃当时风气，正不独纂为然也。谄谀不知可耻。《南史·王昙首传》：玄孙训。初补国子生，问说师袁昂。昂曰："久藉高名，有劳虚想。及观容止，若披云雾。"俄而诸袁子弟来。昂谓诸助教曰："我儿出十数。若有一子如此，实无所恨。"谄谀之态，令人作呕。虽有考试，悉成具文。《陈书·袁宪传》：武帝撰《孔子正言章句》，诏下国学宣制旨义。宪时年十四，被召为国子正言生。谒祭酒到溉。溉目而送之，爱其神采。在学一岁，国子博士周弘正谓宪父君正曰："贤子今兹欲策试不？"君正曰："经义犹浅，未敢令试。"居数日，君正遣门下客岑文豪与宪候弘正。会弘正将登讲坐，弟子毕集。乃延宪入室，授以麈尾。令宪树义。时谢岐、何妥在坐，弘正谓曰："二贤虽穷奥赜，得无惮此后生邪？"何、谢于是递起义端，深极理致。宪与往复，酬对闲敏。弘正谓妥曰："恣卿所问，勿以童稚相期。"时学众满堂，观者重沓，而宪神色自若，辩论有余。弘正请起数难。终不能屈。因告文豪曰："卿还咨袁吴郡此郎已堪见代为博士矣。"时生徒对策，多行贿赂。文豪请具束修。君正曰："我岂能用钱为儿买第邪？"学司衔之。及宪试，争起剧难。宪随问抗答，剖析如流。到溉顾宪曰："袁君正其有后矣。"及君正将之吴郡，溉祖道于征房亭。谓君正曰："昨策生，萧敏孙、徐孝克非不解义，至于风神器局，去贤子远矣。"寻举高第。此等考试，岂徒有名无实邪？又《文学传》：岑之敬，年十六，策《春秋左氏·制旨孝经义》，擢为高第。御史奏曰："皇朝多士，例止明经。若颜、闵之流，乃应高第。"梁武帝省其策，曰："何妨我复有颜、闵邪？"因召入面试。令之敬升讲坐。敕中书舍人朱异执《孝经》唱《士孝章》、武帝亲自论难。之敬剖释纵横，应对如响。左右莫不嗟服。乃除童子奉车

郎，赏赐优厚。亦一时兴到壊法之举也。**不务大成，惟求早达。**齐世国学，限年十五，①
已见前。《宋书·范泰传》：高祖议建国学，以泰领国子祭酒。泰上表，言："十五志学，诚有
其文，若年降无几，而深有志尚者，何必限以一格？"是宋世学制，亦以十五为入学之年也。
然史传所载，入学之年，多视此为早。如梁王份之孙锡，十二为国学生；许懋十四入大学；
王承七岁通《周易》，选补国子生，年十五对策高第；陈萧乾，年九岁，召补国子《周易》
生，十五举明经；周弘正年十五，召补国子生，皆是。徐勉年十八，召为国子生，犹其晚者
矣。学于私家者亦然，如魏范绍年十二，父命就学，师事崔光是也。又不徒弟子也，即博士
亦然。高允议置郡国学官，请博士年限四十已上，助教限三十已上，《南史·贺琛传》云：
"年将三十，便事讲授。"意亦以为已早。然有十八而举为博士之张吾贵矣。**论兴学者，多
欲以此息华竞，而所为若此，不将转扬其波乎？**诸生中自有孤贫好学者。《晋书·
隐逸传》：祈嘉，酒泉人也，西至敦煌，依学官诵书。贫无衣食，为书生都养以自给。《梁
书·儒林传》：范缜在刘瓛门下积年，去来归家，恒芒屩布衣，徒行于路，瓛门多车马贵游，
缜在其门，聊无耻愧。《陈书·儒林传》：驾德基，少游学于京邑，积年不归。衣资罄乏，又
耻服故敝，盛冬止衣裌襦袴。《魏书·刁冲传》：虽家世贵达，及从师于外，自同诸生。于时
学制，诸生悉自直监厨，冲虽有仆隶，不令代己，身自炊爨。《周书·柳虬传》：年十三，便
专精好学。时贵游子弟就学者，并车服华盛，惟虬不事容饰。皆可见当时学者，贫富不同，
奢俭亦异。**此辈除爱好坟籍，出自天性外，自不免有志于宠荣。次亦欲求免苦。**参
看第二十二章第四节所引葛洪论贡举之语。《魏书·儒林传》：董征，除安州刺史。因述职路
次过家，置酒高会，大享邑老。乃言曰："要龟反国，昔人称荣，杖节还家，云胡不乐？"因
戒二三子弟曰："此之富贵，匪自天降，乃勤学所致耳。"时人荣之。此与《秦汉史》第十九
章第一节所引桓荣之事，可以参观。皆为学积年，而未能化其梯荣之志者也。赵至感母言，
诣师受业，已见第二十二章第六节。至闻父耕叱牛声，投书而泣。师怪问之。至曰："我小，
未能荣养，使老父不免勤苦。"师甚异之。年十四，诣洛阳游大学。遇稽康于学写石经，徘回
视之不能去。而请问姓名。康曰："年少何以问邪？"曰："观君风器非常，所以问耳。"康异
而告之。后乃亡到山阳求康，不得而还。又将远学。母禁之。至遂阳狂走。三五里，辄追得
之。年十六，游邺，复与康相遇，随康还山阳。改名浚，字允元。及康卒，至诣魏兴，见太
守张嗣宗，甚被优遇。嗣宗迁江夏相，随到涢川，欲因入吴。而嗣宗卒。乃向辽西而占户焉。
辽西举郡计吏，到洛阳，与父相遇。时母已亡，父欲令其宦立，弗之告，仍戒以不归。至乃
还辽西。幽州三辟部从事。断九狱，见称精审。大康中，以良吏赴洛，方知母亡。初至自耻
士伍，欲以宦学立名，②期于荣养。既而其志不就，号愤恸哭，欧血而卒。时年三十七。树欲
静而风不宁，有志不遂，卒殒其身，亦可哀矣。然亦可见求名者必违乡里，学校与贡举，如
一辙也。**而朝廷所以遇之者极薄。**《宋书·臧焘徐广傅隆传论》曰："汉世登士，闾党为
先，崇本务学，不尚浮诡。于是人厉从师之志，家竞专门之术。自魏氏膺命，主爱雕虫，家
弃章句，人重异术。又选贤进士，不本乡闾，铨衡之寄，任归台阁。由是仕凭借誉，学非为

① 学校：南北朝时，入国学年十五，然多早，举博士亦提早，张吾贵且十八为博士。
② 学校：欲以宦学之名者赵至。

己。士自此委苟植经，各从所务，早往晏退，以取世资。自黄初至于晋末，百余年中，儒教尽矣。"《魏书·儒林传》言："州举茂异，郡贡孝廉，对扬王庭，每年逾众。"然废帝时羊深请修国学，谓"进必吏能，升非学艺。是使刀笔小用，计日而期荣，专经大才，甘心于陋巷。"又云："当世通儒，冠时盛德，见征不过四门，登庸不越九品。"可见南北两朝，其待儒生皆薄。庾亮在武昌，下教曰："人情重交而轻财，好逸而恶劳。学业致苦，而禄答未厚。由捷径者多，故莫肯用心。"可见自他途进者，较学校为多也。来者所期，仍不过免役而已。庾亮兴学，可谓情殷，然下教亦云："若非束修之流，礼教所不及，而欲阶缘免役者，不得为生。"① 殷茂谓国学混杂兰艾，亦云惮业避役。博士之选亦日轻，务进取者皆不乐为。《晋书·儒林传》：孝武帝以徐邈为前卫率，领本郡大中正，授大子经。帝谓邈曰："虽未敕以师礼相待，然不以博士相遇也。"古之帝王，受经必敬，自魏、晋已来，多使微人教授，号为博士，不复尊以为师，② 故帝有云。《梁书·张充传》：征拜国子祭酒。登堂讲说。皇大子以下皆至。时王侯多在学，执经以拜。充朝服而立，不敢当也。《周书·儒林传》：梁武帝欲高置学官，以崇儒教，中大通四年（530），乃革选，以沈重补国子助教。《魏书·穆崇传》：玄孙弼，高祖初定氏族，欲以为国子助教。弼辞曰："先臣以来，蒙恩累世。比较徒流，实用惭屈。"高祖曰："朕欲敦厉胄子，故屈卿先之。白玉投泥，岂能相污？"弼曰："既遇明时，耻沉泥滓。"《周书·吕思礼传》：司马子如荐为尚书二千户郎中，寻以地寒被出，而得兼国子博士。可见其礼与选之轻。《宋书·谢方明传》言：其伯父邈为吴兴太守，舅子冯嗣之及北方学士冯翊仇玄达往投。邈并舍之郡学，礼待甚简。二人并忿恨，遂与孙恩通谋，亦可见当时遇儒者之薄也。以视汉世，博士、博士弟子，皆为通显之阶者，迥不侔矣。宜乎论者皆有不承权舆之叹也。

《晋书·苻坚载记》：坚八岁，请师就家学。《北齐书·儒林传》：魏天平中，范阳卢景裕，同从兄礼即仲礼。于本郡起逆。高祖免其罪，置之宾馆，以经教授大原公已下。及景裕卒，又以赵郡李同轨继之。二贤并大蒙恩遇，待以殊礼。同轨之亡，复征中山张雕，即张雕虎。渤海李铉、刁柔，中山石曜等，递为诸子师友。及天保、大宁、武平之朝，亦引进名儒，授皇大子、诸王经术。《神武纪》：始范阳卢景裕以明经称，鲁郡韩毅以工书显，咸以谋逆见禽，并蒙恩置之第馆，教授诸子。《李铉传》：武定中，李同轨卒后，高祖令世宗在京，抄简硕学，以教诸子。世宗以铉应旨。征诣晋阳。时中山石曜、北平阳绚、北海王晞、清河崔瞻、广平宋钦道，及工书人韩毅，同在京馆，师友诸王。又云：鲍季祥从弟长暄，武平末，为任城王湝丞相掾。恒在京教授贵游子弟。《杨愔传》云：一门四世同居，家甚隆盛。昆季就学者十余人。学庭前有奈树，实落地，群儿咸争之，愔颓然独坐。其季父暐，适入学馆，见之，大用嗟异。《周书·儒林传》：樊深，于谨引为其府参军，令在馆教授子孙。乐逊，太尉李弼请其教授诸子。魏废帝二年（553），大祖召逊教授诸子。在馆六

---

① 学校：庾亮兴学，云欲阶缘免役者，不得为生。
② 学校：晋后使微人教授，不尊为师。

年，与诸儒分经授业。《贺兰祥传》：父初真，尚大祖姊建安长公主。祥年十一
而孤，长于舅氏。特为大祖所爱。虽在戎旅，常博延儒士，教以书传。《北史·
儒林传》：刘昼，恨下里少坟籍，便杖策入都。知邺令宋世良家有书五千卷，乃
求为其子博士，恣意披览，昼夜不息。《景穆十二王传》：阳平王新成之子钦，
托青州人高僧寿为子求师。师至未几，逃去。钦以让僧寿。僧寿性滑稽，反谓钦
曰："凡人绝粒，七日乃死。始经五朝，便尔逃遁。去食就信，实有所阙。"钦
乃大惭。于是待客稍厚。钦子子孝，置学馆于私第，集群从子弟，昼夜讲读。并
给衣食，与诸子同。此皆富贵之家，延师于家，以教其子弟者也。贵游入学，诚
未必能学问，然如此，则益与平民隔绝矣。当时贵人，并有使儒生教其奴隶者，《魏
书·温子昇传》：为广阳王渊贱客，在马坊教诸奴子书是也。儒业亦可谓轻贱矣。

第二节　文　字

　　文字变迁，秦、汉为剧，过此则渐趋安定矣。说见《秦汉史》第十九章第二节。
安定之世，贵统一而贱纷岐，故晋、南北朝，稍从事于釐正字体。

　　当时讹缪之字，亦有仍行于今者，如《颜氏家训·书证篇》所云"乱旁为
舌"是也。然其时之错乱，恐远甚于今日。《杂艺篇》云："晋、宋已来，多能
书者。故其时俗，递相染尚，所有部帙，楷正可观，不无俗字，非为大损。至梁
天监之间，斯风未变。大同之末，讹替滋生。萧子云改易字体，邵陵王颇行伪
字，前上为草，能旁作才之类是也。朝野翕然，以为楷式。画虎不成，多所伤
败。至为一字，惟见数点。或妄斟酌，遂便转移。尔后坟籍，略不可看。北朝丧
乱之余，书迹鄙陋，加以专辄造字，猥拙甚于江南。乃以百念为忧，言反为变，
不用为罢，追来为归，更生为苏，先人为老。如此非一，遍满经传。"如所言，
书几不可读矣。《梁书·曹景宗传》云：为人自恃尚胜。每作书，字有不解，不
以问人，皆以意造。[①] 观颜氏之说，乃知当时自有此风，正不独武人寡学者
然也。

　　纷岐至此，自不能不加釐正，乃有名为釐正，而实扬其波者。《魏书·世祖
纪》：始光二年（425），初造新字千余。诏曰："昔在帝轩，创制造物，乃命仓
颉，因鸟兽之迹，以立文字。自兹以降，随时改作。故篆、隶、草、楷，并行于
世。然经历久远，传习多失其真。故令文体错缪，会义不惬。非所以示轨则于来
世也。孔子曰：名不正则事不成，此之谓矣。今制定文字，世所用者，颁下远

---

① 文字：曹景宗作书不解不问人而意造，此即史不阙文。

近，永为楷式。"观其言，意亦在于釐正字体。然千余文中，当时俗字，为所沿用者必多。更益之以新造，新者既兴，旧者仍不能废，是治丝而棼之也。况文字本不由官府制定颁布，故其所造，卒不能行。

欲救文字之乱，必当釐正字书，当时官家，亦有为之者。《梁书·萧子显传》：子恺。先是大学博士顾野王奉令撰《玉篇》。太宗嫌其详略未当。以恺博学，于文字尤善，使更与学士删改。《魏书·大祖纪》：天兴四年（402），集博士儒生，比众经文字，义类相从，凡四万余字，号曰《众文经》。《周书·艺卫传》：大祖命赵文深与黎季明、沈遐等依《说文》及《字林》，刊正六体。成一万余言，行于世。皆其事也。《刘仁之传》，言其性好文字，吏书失体，便加鞭挞。《北史·乐逊传》：逊舆榇诣朝堂，陈周宣帝八失。其七曰：诏上书字误者，即科其罪。盖亦苦其纷乱，故以严法绳之也。

当时人士，于小学多疏，观其识古文字之少，① 便可知之。《齐书·五行志》：建元二年（480），夏，庐陵石阳县长溪水冲激山麓崩，长六七丈，下得柱千余，疑当作十余。皆十围，长者一丈，短者八九尺。头题有古文字，不可识。江淹以问王俭。俭云："江东不闲隶书，此秦、汉时柱也。"秦、汉时字，尚谓难识，况其上焉者乎？然此等事正多。《梁书·刘显传》：任昉尝得一篇缺简书，文字零落，历示诸人，莫能识者。显云："是《古文尚书》所删逸篇。"昉检《周书》，果如其说。《南史·范云传》：齐建元初，竟陵王子良为会稽太守，云为府主簿。王未之知。后刻日登秦望山，乃命云。云以山上有秦始皇刻石，此文三句一读，人多作两句读之，并不得均；又皆大篆，人多不识；乃夜取《史记》读之，令上口。明日登山。子良令宾僚读之，皆茫然不识。末问云。云曰："下官尝读《史记》，见此刻石文。"进乃读之如流。子良大悦，因以为上宾。又《江淹传》：永明三年（485），兼尚书左丞。时襄阳人开古冢，得玉镜及竹简古书，字不可识。王僧虔善识字体，亦不能谙，直云似科斗书。淹以科斗字推之，则周宣王之简也。《僧虔传》则云：文惠大子镇雍州，有盗发古冢者，此事《齐书》见《文惠大子传》，云时襄阳有盗发古冢者，时雍州治襄阳也。相传云是楚王冢。大获宝物。玉履、《齐书》作屐。玉屏风、竹简书青丝纶。《齐书》作编。简广数分，长二尺，皮节如新。有得十余简，以示僧虔。《齐书》云：盗以把火自照。后人有得十余简，以示抚军王僧虔。僧虔云："是科斗书《考工记》，《周官》所阙文也。"《齐书》下又云：是时州遣按验，顾得遗物，故有同异之论。二说互异，即可知当时莫能真识者。《北史·高允传》：文成末，有人于灵丘得玉印一以献，诏以示高祐。祐曰："印上有籀书二字，文曰宋寿。"此等亦不过秦、汉间字耳。《陈书·文学传》：

---

① 文字：晋南北朝时，识古字者少。

庾持善字书。每属辞，好为奇字，文士以此讥之。未必非所谓文士者，见橐驼言马瘇背也。

通知古字者，有两种人：一为文学之士留心古训者，一则书法之家也。① 颜之推非重书艺之人，《家训·杂艺篇》言："真、草书迹，微须留意。吾幼承门业，加性爱重，所见法书，亦多玩习，功夫颇至，遂不能佳，良由无分故也。此艺不须过精，巧者劳而智者忧，常为人所役使，更觉为累。"然于字体、训诂、音读，皆颇审谛。盖由载籍极博，且能留意于是。《魏书·江式传》：延昌三年（514）上表，求撰集古来文字。其书以许慎《说文》为主，兼采孔氏《尚书》、《五经》音注、《籀篇》、《尔雅》、《三仓》、《凡将》、《方言》、《通俗文祖》、《文宗》、《埤苍》、《广雅》、《古今字诂》、《三字石经》、《字林》、《韵集》，诸赋文字有六书之谊者。皆以次类编联，文无复重，纠为一部。其古、籀、奇惑、俗隶，咸使班于篆下，各有区别。诂训假借，随文而解。音读楚夏，逐字而注。其体例盖颇完备。其所由来，则其六世祖瑗，与从父兄应元，俱受学于卫觊。其后避地河西，数世传习。其祖威，尝上书三十余法。式篆体尤工，洛京宫殿诸门版题，皆其所书。实世传书艺者耳。《北史·儒林传》：樊深，读《仓》、《雅》篆籀之书。《文苑传》：诸葛颖习《仓》、《雅》颇得其要。此文学之士留心小学者。又《刘芳传》：芳从子懋，善草隶书，识奇字，则兼文学书艺两途矣。此等人之著述，略见《隋书·经籍志》。然亦有撰而未成者，如江式之《古今文字》即是。式又表作《字释》，亦未就也。又有成而《隋志》未著录者，如《梁书·孝行传》载刘霁著《释俗语》八卷。《北齐书·儒林传》谓赵钶览《说文》及《仓》、《雅》，删正六艺经注中谬字，名曰《字辨》是也。字书亦有误缪者。颜之推云："江南闾里间有《书赋》，乃陶隐居弟子杜道士所为。其人未甚识字，轻为轨则，托名贵师。世俗传信，后生颇为所误。"亦见《家训·杂艺篇》。江式亦云："篆形缪错，隶体失真。俗学鄙习，复加虚巧。谈辩之士，又以意说。炫惑于时，难以釐改。"此其弊，皆在未究本原。故颜之推病"世之学徒，多不晓字。读《五经》者，是徐邈而非许慎，习赋诵者，信褚诠而忽吕忱，明《史记》者，专皮、邹而废篆籀，学《汉书》者，悦应、苏而略《苍》、《雅》"也。《家训·勉学篇》。字书以《说文》为最早。所说虽不尽信，要易推见本原。故颜氏笃信是书，谓："不信其说，则冥冥不知一点一画有何意。"《书证篇》。江式作古今文字，亦以是书为主也。

寻常传习，仍系前世编成韵语之书。其中以《急就篇》为最通行。② 故见于史传者，人多童而习之。如《魏书·儒林传》：刘兰，年三十余，始入小学，书《急就篇》。李铉，九岁入学，书《急就篇》。《北史·李灵传》：李绘，六岁便求

---

① 文字：书法之家识古字，有古体足周事。
② 文字：晋南北朝时，识字多用《急就章》，《急就章》非一本。

·909·

入学，家人以偶年俗忌不许，遂窃其姊笔牍用之，未逾晦朔，遂通《急就章》是也。然其书不必皆史游所撰。故《隋书·经籍志》，史游《急就章》一卷外，又有崔浩撰《急就章》二卷，豆卢氏撰《急就章》三卷焉。当时识字、学书，所用者尚系一本。《北史·景穆十二王传》：任城王云之孙顺，年九岁，师事乐安陈丰。初与王羲之《小学篇》数千言，昼夜诵之，旬有五日，一皆通彻。《小学篇》必取羲之之书，盖正以用为楷则。崔浩多为人写《急就章》，见第八章第六节。盖亦以此。浩亦以是有重撰之本也。《北齐书·杨愔传》言其六岁学史书，盖亦识字与学书并行矣。

音读之殊，古称楚、夏。① 此本一种言语，随风土而稍讹。晋、南北朝之世，开拓之地愈广，杂处之族益多，故其错乱，有更甚于昔者。然以大较言之，则亦不过南北之异耳。《宋书·顾琛传》：谓宋世江东贵达者，会稽孔季恭，季恭子灵符，吴兴丘渊之及琛，吴音不变。《齐书·王敬则传》：谓其名位虽达，不以富贵自遇。接士庶皆吴语，而殷勤周至。此长江下游之语也。《南史·胡谐之传》言：齐武帝欲奖以贵族盛姻，以谐之家人语傒，音不正，乃遣宫内四五人往谐之家教子女语。二年后，帝问曰："卿家人语音已正未？"谐之答曰："宫人少，臣家人多。非惟不能正音，遂使宫人，顿成傒语。"帝大笑，遍向朝臣说之。此长江中游之语也。谐之豫章南昌人。观此，知当时贵人，皆以北语为尚。《颜氏家训·音辞篇》谓当时语言，"南染吴、越，北杂夷、虏"，此则相处既习，自然之势，非有意为之也。言语虽以一统为贵，人恒不免恋旧之情，故颜氏又谓其"各有土风，递相非笑"。观于史传：《宋书·宗室传》，讥长沙景王道怜，素无才能，言音甚楚。《魏书·田益宗传》，美董峦虽长自江外，言语风气，犹同华夏，此习于北者之笑南。《陈书·周铁虎传》，谓其梁世南渡，语音伧重。而崔灵恩等，亦以音辞鄙拙，不见重于南人。见第一节。此习于南者之笑北也。《抱朴子·讥惑篇》云："吴之善书，则有皇象、刘纂、岑伯然、朱季平，皆一代之绝手。如中州有钟元常、胡孔明、张芝、索靖，各一邦之妙。并有古体，俱足周事。废已习之法，学中国之书，尚可不须也，况于转易其声音，以效北语？此犹其小者耳，乃有遭丧而学中国哭者。"《隋书·五行志》，谓炀帝言习吴音，后竟终于江都，亦鲁襄公终于楚宫之类。观其恶变古之深，即知其笃土风之甚。然从同之势，卒不可免。故杨愔称叹裴让之，谓："河东士族，京官不少，惟此家兄弟，全无乡音。"李业兴家世农夫，虽学殖而旧音不改，则史家笑之矣。好同恶异，贵通贱塞，错乱之语言，实于此情势中渐趋一统也。

今世语言、诵读，久已分道扬镳，语言之异，实非诵读所能矫正，故教育部

---

① 言语：晋南北朝时大别亦楚夏。

颁布音符，欲藉读音以正语音，收效殊鲜。前世语多单音，则二者关系较密，故其讹繆，亦有互相牵率者。《颜氏家训·音辞篇》，谓："南人以钱为涎，以石为射，以贱为羡，以是为舐，北人以庶为戍，以如为儒，以紫为姊，以洽为狎。"此等讹变，即足误事。刘仁之之驭吏，言韵微讹，亦见捶楚，盖亦有所不得已邪？欲救斯弊，必藉正音。故颜氏美葛洪《字苑》，分焉字训若、训何者音于愆反，送句及助词音矣愆反，而訾北人"呼邪为也"也。注音难确，反语斯兴。颜氏云："郑玄注六经，高诱解《吕览》、《淮南》，许慎造《说文》，刘熹制《释名》，始有譬况假借，以证音字，而古语与今殊别，其间轻重清浊，犹未可晓。加以外言、内言、急言、徐言、读若之类，益使人疑。孙叔言创《尔雅音义》，是汉末人独知反语。至于魏世，此事大行。高贵乡公不解反语，以为怪异。"《北齐书·废帝纪》云：天保元年（550），立为皇大子。时年六岁。性敏慧。初学反语，于迹字下注云自反。时侍者未达其故。大子曰："足旁亦为迹，岂非自反邪？"高贵乡公所怪，而废帝童而习之，可见反语通行之广矣。反语之用，不外双声、叠韵，故时人多明于是。《南史·谢庄传》：王玄谟问庄：何者为双声？何者为叠韵？答曰："玄护为双声，磽碻为叠韵。"其捷速如此。又《羊玄保传》：谓其子戎语好为双声，皆是也。颜之推云："至邺已来，惟见崔子豹、崔瞻叔侄，李祖仁、李蔚兄弟，颇事言辞，少为切正。"又自言："儿女虽在孩稚，便渐督正。一言讹替，以为己罪。"其重之如此。然其迁流，卒不可免。至后世，言语多用缛音，文字仍系单音，① 则读音之正不正，不复足以误事，而致谨于此者少矣。

颜之推又云："江南学士读《左传》，口相传述，自为凡例。军自败曰败，打破人军曰败。"《注》云："补败反。"此所重者仍字音也。《隋书·经籍志》有《楚辞音》五种：一徐邈撰，一宋处士诸葛氏撰，一孟奥撰，一释道骞撰，一不著撰人名氏。云："隋时有释道骞善读之，能为楚声，音韵清切。至今传《楚辞》者，皆祖骞公之音。"此当不徒字音，亦兼及其声调也。

因音读之见重，而四声之说兴焉。② 《南史·周颙传》云：颙始著《四声切韵》，行于时。《陆厥传》云：齐永明时，盛为文章。吴兴沈约，陈郡谢朓，琅邪王融，以气类相推毂。汝南周颙，善识声韵。约等文皆用宫商。将平、上、去、入四声，以此制韵。五字之中，音韵悉异，两句之内，宫征不同，不可增减。世呼为永明体。《庾肩吾传》云：齐永明中，王融、谢朓、沈约，文章始用四声，以为新变。至是梁武帝时。转拘声韵，弥为丽靡，复逾往时。案四声之别，

----

① 文字：文字多单音时，读音正否关系大。
② 文字：四声因文字异于口语而兴。

不过语音高下、长短之不同。配合得宜，则诵之成响，不则蹇涩不可读，此不过作文字者讲求声调之一端耳。文之如口语书之者，是为散文，骈文则相去较远，诵读之声调，与口语之远近，亦因之而殊。骈文诵之既别有其声，为之自别有其法，于是所谓律体者生焉。《梁书·王筠传》：沈约制《郊居赋》，构思积时，犹未都毕。乃要筠示其草。筠读至雌霓连蜷，约抚掌欣抃曰："仆尝恐人呼为霓。"上霓字下注云五激反，下霓字下注云五鸡反。此注语不知为《梁书》元文，抑后人所增。然即为后人所增，亦不失作者之意。盖谓其字当读入声，不当读平声耳。四声之用，不过如此。散文诵读之声，既与口语相近，能语言者，自能使其疾徐、高下，皆合节度。骈文则不然，故其声调不得不别学。声调既别有其律，字音之高下、长短，自不得不加别择。齐、梁时骈文盛行，四声之说，所以生于此时也。不为此等文字者，原不必留意于此。即为之者，其技苟工，亦自能暗合。故《南史·沈约传》，谓约撰《四声谱》，以为在昔词人，累千载而不悟，而梁武帝雅不好焉。尝问周舍曰："何谓四声？"舍曰："天子圣哲是也。"帝竟不甚遵用。此非武帝有作，不协四声，乃不待留意而自合，犹工于文者不必皆知文法也。陆厥与约书，谓其"谓历代众贤未睹此秘"为近诬。约答书虽不承此语，亦谓："宫商之声有五，文字之别累万，以累万之声，配五群之约，高下低昂，非思力所学。"盖为此也。

中国文字，亦颇行于外国。然不能变其语言者，其文字之行，亦不能久。①《周书·异域传》云：高昌，文字亦同华夏，兼用胡书。盖其国用华文，与胡往复，则用胡书。有《毛诗》、《论语》、《孝经》，置学官弟子，以相教授。虽习读之，而皆为胡语。其后华文卒不能行于西域，则其验也。北族荐居，政权既为所攘窃，其语言亦随之流行，然亦卒不能久。《隋书·经籍志》，著录鲜卑语之书，凡十三种。《国语》十五卷。《国语》十卷。《鲜卑语》五卷。《国语物名》四卷。《国语真歌》十卷。《国语杂物名》三卷。《国语十八传》一卷。《国语御歌》十一卷。《鲜卑语》十卷。《国语号令》四卷。《国语杂文》十五卷。《鲜卑号令》一卷。《杂号令》一卷。云："后魏初定中原，军容号令，皆以夷语。后染华俗，多不能通。故录其本言，传相教习，谓之国语。"此盖以华文书夷语，② 如明四译馆之所为。《魏书·吕洛拔传》：谓其长子文祖，以旧语译注《皇诰》，此以鲜卑语译华言，其所用者，当亦系华文也。《术艺传》：晁崇弟懿，以善北人语，内侍左右，为黄门侍郎。此尚在大祖时。其后，盖亦如近世之满洲人，自忘其语。故有待于教习。《北齐书·高昂传》：谓鲜卑共经中华朝士，惟惮服于昂。高祖每申令三军，常鲜卑语，昂若在列，则为华言。足见鲜卑语已可不用。《颜氏家训·教子篇》云："齐朝

---

① 文字：不能变其语言者，文字亦不能行。

② 文字：《隋志》鲜卑语盖以华文书之，卒废，亦见华文不宜书他语。

有一士大夫，尝谓吾曰：我有一儿，年已十七。颇晓书疏。教其鲜卑语及弹琵琶，稍欲通解。以此伏事公卿，无不宠爱。"此亦其种类之间，旧语尚未尽忘，我能通之，则彼引为同类，非其语之尚有用也。《魏书·昭成子孙传》，谓元祯能通解诸方之语，此指鲜卑而外北方诸族言之，盖无著诸简牍者。《隋志》又有《婆罗门书》一卷，《外国书》四卷。《注》云：梁有扶南胡书一卷。此则当为元文。《志》云："自后汉佛法行于中国，又得西域胡书，以十四字贯一切音，文省而义广。谓之婆罗门书。与八体、六文之义殊别。"此衍声之法，传入中国之始也。

文具：纸渐盛行，而简牍亦未遽废。① 故李绘尝窃用其姊之牍，而皇甫商亦讽州郡以短檄召李含为门亭长焉。见第三章第三节。《北史·艺术传》言：卢士翼目盲，以手摸书而知其字，② 其书，疑亦简牍之刻画者也。是时纸价尚贵，故王隐撰《晋书》，须庾亮供其纸笔乃得成；崔鸿撰《十六国春秋》，妄载进呈之表，亦谓家贫禄薄，至于纸尽，书写所资，每不周接也。详见第五节。左思赋三都，豪贵之家，竞相传写，洛阳为之纸贵。谢庄作殷淑仪哀策，都下传写，纸墨为之贵。《南史·后妃传》。邢邵，每一文初出，京师为之纸贵。齐高帝虽为方伯，而居处甚贫。诸子学书无纸笔。武陵昭王晔，尝以指画空中及画掌学字。江夏王锋，母张氏，有容德。宋苍梧王逼取之。又欲害锋。高帝甚惧，不敢使居旧宅，匿于张氏。时年四岁。好学书。张家无纸札。乃倚井栏为书，书满则洗之，已复更书。又晨兴不肯拂窗尘，而先昼尘上，学为书字。王育少孤贫，为人佣，牧羊。每过小学，必歔欷流涕。时有暇，即折蒲学书。《晋书·忠义传》。徐伯珍，少孤贫，无纸，常以箭若叶及地上学书。《南史·隐逸传》。《齐书·高逸传》云：书竹叶及地学书。陶弘景，年四五岁，恒以荻为笔，画灰中学书。《南史·隐逸传》。郑灼，家贫，抄义疏，以日继夜，笔豪尽，每削用之。《陈书·儒林传》：《北齐书·徐之才传》云：以小史好嚼笔，尝执管就元文遥曰：借君齿。其不逊如此。此与郑灼所用，皆为毛笔。臧逢世，欲读《汉书》，苦假借不久，乃就姊夫刘缓乞丐客刺、书翰纸末，手写一本。《颜氏家训·勉学篇》。凡此皆可见当时纸笔之贵。故裴子野荐阮孝绪，称其年十余岁，随父为湘州行事，不书官纸，以成亲之清白。何曾，人以小纸为书者，敕记室勿报，则史著之以为骄奢矣。《南史·齐武帝诸子传》：晋安王子懋之子昭基，以方二寸绢为书，遗其故吏董僧慧。盖由纸贵，故人习细书，犹汉光武之一札十行。见《秦汉史》第十九章第四节。《宋书·刘穆之传》云：高祖举止施为，穆之皆下节度。高祖书素拙。穆之曰："此虽小事，然宣彼四远，愿公小

---

① 文具：晋南北朝时简牍未尽废。
② 文具：简牍可以手摸而知其字。

复留意。"① 高祖既不能厝意，又禀分有在。穆之乃曰："但纵笔为大字，一字径尺无嫌。大既足有所苞，且其名亦美。"高祖从之，一纸不过六七字便满。不亦浪费物力乎？作笔墨之法，见于《齐民要术》。卷九。《南史·张永传》云：永有巧思，纸墨皆自营造。宋文帝每得永表启，辄执玩咨嗟，自叹供御者了不及也。此则玩物丧志，与民用无关矣。

《隋书·经籍志》小学门有《秦皇东巡会稽刻石文》一卷。② 《一字石经周易》一卷。《注》云：梁有三卷。《一字石经尚书》六卷。《注》云：梁有《今字石经郑氏尚书》八卷，亡。《一字石经鲁诗》六卷。《注》云：梁有《毛诗》二卷，亡。《一字石经仪礼》九卷。《一字石经春秋》一卷。《注》云：梁有一卷。《一字石经公羊传》九卷。《一字石经论语》一卷。《注》云：梁有二卷。《一字石经典论》一卷。《三字石经尚书》九卷。《注》云：梁有十三卷。《三字石经尚书》五卷。《三字石经春秋》三卷。《注》云：梁有十二卷。云："后汉镌刻七经，著于石碑，皆蔡邕所书；魏正始中，又立一字石经，相承以为七经正字。后魏之末，齐神武执政，自洛阳徙于邺都。行至河阳，直岸崩，遂没于水。其得至邺者，不盈大半。至隋开皇六年（586），又自邺京载入长安，置于秘书内省。议欲补缉，立于国学。寻属隋乱，事遂寝废。营造之司，因用为柱础。贞观初，秘书监臣魏徵始收聚之。十不存一。其相承传拓之本，犹在秘府。并秦帝刻石，附于此篇，以备小学。"然则响拓之由来旧矣。然刻版之术未行，经籍终恃手写。刘芳为诸僧佣写经论，见第十九章第一节。蒋少游以佣书为业是也。见第二十章第二节。《梁书·孝行传》：沈崇傃，佣书以养母。《文学传》：袁峻家贫无书，每从人假借，必皆抄写。自课日五十纸。纸数不登，则不休息。《南史·孝义传》：庾震，丧父母，居贫无以葬，赁书以营事，至手掌穿，然后葬事获济，亦其事矣。

钞字之义，今古不同。今云钞者，意谓誊写，古则意谓摘取。故钞书之时，删节字句，习为固然。③ 其说，已见《秦汉史》第十九章第六节矣。晋、南北朝，此习未改。《颜氏家训·书证篇》云："也是语已及助句之词。河北经传，悉略此字。其间有不可得无者。至如伯也执殳，于旅也语，回也屡空，风风也教也，及《诗传》云不戢戢也，不傩傩也，不多多也，如斯之类，觊削此文，颇成废阙。《诗》言青青子衿，《传》曰：青衿，青领也，学子之服。按古者斜领，下连于衿，故谓领为衿。孙炎、郭璞注《尔雅》，曹大家注《列女传》，并云衿交领也。邺下《诗》本无也字，群儒因缪说云：青衿、青领，是衣两处之名，皆以青为饰，用释青青二字。其失大矣。又有俗学，闻经传中时须也字，辄以意

---

① 史事：刘穆之勉高祖写字，则字有非亲笔不可者。
② 文具：《隋志》石经会稽刻石已有拓本。
③ 史籍：钞书者节字。

加之，每不得所，益诚可笑。"此删节过甚之弊也。书写之际，每用多种颜色，①
此则殊为清醒。《隋书·经籍志》，有《春秋左氏经传朱墨列》一卷，贾逵撰。
《晋书·儒林传》：刘兆为《春秋左氏》解，名曰《全综》。《公羊》、《穀梁》解
诂，皆纳经、传中，朱书以别之。《颜氏家训·书证篇》又曰："《汉书》田肯贺
上，江南本皆作宵字。沛国刘显，博览经籍，偏精班《汉》，梁代谓之《汉》
圣。显子臻，不坠家业。读《班史》，呼为田肯。梁元帝尝问之。答曰：此无义
可求。但臣家旧本，以雌黄改宵字为肯。元帝无以难之。吾至江北，见本为肯。"
《晋书·音义序》云："仍依陆氏《经典释文》，注字并以朱暎。"是古于经籍，
并用斯例。《周书·苏绰传》：绰始制文案程式，朱出墨入，及计账户籍之法，
则官家文簿，亦用之矣。此即后世套版所本。惟刻书者格于物力，不必皆精；贾
人尤仅为牟利；去此区别者甚多。代以黑白文者，亦不多见。而书之为所乱者多
矣。然其弊亦不必与刻版并兴。《颜氏家训》又云："或问《山海经》夏禹及益
所记，而有长沙、零陵、桂阳、诸暨，如此郡县不少，何也？答曰：史之阙文，
为日久矣。加复秦人灭学，董卓焚书，典籍错乱，非止于此。譬犹《本草》，神
农所述，而有豫章、朱崖、赵国、常山、奉高、真定、临淄、冯翊等郡县名，出
诸药物。《尔雅》周公所作，而云张仲孝友。仲尼修《春秋》，而《经》书孔丘
卒。《世本》左丘明所书，而有燕王喜、汉高祖。《汲冢琐语》，乃载《秦望碑》。
《苍颉篇》李斯所造，而云汉兼天下，海内并厕，豨黥韩覆，畔讨灭残。《列仙
传》刘向所造，而赞云七十四人出佛经。《列女传》亦向所造，其子歆又作
《颂》，终于赵悼后，而《传》有更始夫人、明德马后及梁夫人嫕。皆由后人所
羼，非本文也。"此等初亦或有以为别，传录者不皆精审，则失之矣。

第三节　儒玄诸子之学上

世皆称晋、南北朝，为佛、老盛行，儒学衰微之世，其实不然。是时之言玄
学者，率以《易》、《老》并称，梁时，《庄》、《老》、《周易》，总谓三玄，见《颜氏家
训·勉学篇》。即可知其兼通于儒，匪专于道。少后，佛家之说寖盛，儒、道二
家，多兼治之，佛家亦多兼通儒、道之学。三家之学，实已渐趋混同。中国向
来，宗教、哲学，与人伦日用之轨范，并不分张儒、释、道称为三教，并行不
悖，正以其名虽异，其实则无大不同耳。然斯时史籍所载，仍有所谓儒家之学
者，与释道鼎足而立，其故何欤？曰：此由儒家之中，自分两派：一派好讲原

①　文具：古书用多色。

理，寖与释、道同流，又一派则仍守其汉末以来，支离破碎之旧习耳。先秦诸子，本皆志在经世。汉武以后，儒家独盛，思自效于世者，自无不兼通其说。即儒家，亦或兼采异家以自益。汉昭帝时，贤良文学与御史大夫论议，犹各执所见不相中，逮新莽变法，王田而外，兼行五均、六管，则儒、法二家，寖合为一，即其明证。然学士大夫之吾欲云云者，无不与社会组织不相容，说虽不同，其为不可行则一，故新莽变法，卒至败绩。自斯以后，学士大夫，乃觉皇惑无主，不敢复言经世；有言之者，则皆昧于情实，泥于古人之迹，谓践之即足以为治。加以积古相传之迷信，至汉末而大张。新莽既以之图篡，光武亦借以惑民，图谶之说，遂为一世所宗尚。明哲之士，自将褰裳去之。此玄学之所由兴。然人心不同，各如其面，①自有守旧而不变者，此则当时之所谓儒学也。故核其实，当时之所谓儒学，实只前此儒学中之一派，而不足以揽其全也。

此派之锢蔽，果何如乎？《隋书·经籍志》引《汉书·艺文志》"古之学者耕且养，三年而成一艺"之说，而訾当世之学者曰："学不心解，专以浮华相尚。豫造杂难，拟为仇对。驰骋烦言，以紊彝叙。"此与汉世碎义逃难，徒争胜于口舌间者，又何以异？《颜氏家训·勉学篇》云："汉时贤俊，皆以一经弘圣人之道。②上明天时，下该人事。用此致卿相者多矣。末俗空守章句，但诵师言。施之世务，殆无一可。故士大夫子弟，皆以博涉为贵，不肯专儒。梁朝皇孙已下，总卯之年，必先入学，观其志尚。出身已后，便从文吏，略无卒业者。《周书·儒林传论》云：前世通六艺之士，莫不兼达政术，故云拾青紫如地芥。近代守一经之儒，多暗于时务，故有贫且贱之耻。虽通塞有命，而大抵皆然。两汉之朝，重经术而轻律令。其聪明特达者，咸励精于专门。以通贤之质，挟黼藻之美。大则必至公卿，小则不失守令。近代之政先法令而后经术。其沉默孤微者，亦笃志于章句。以先王之道，饰腐儒之姿，达则不过侍讲、训胄，穷则终于弊衣箪食。盖好尚之道殊，遭遇之时异也。其言，与颜氏此论相发明。冠冕为此者，则有何胤、刘瓛、明山宾、周舍、朱异、周弘正、贺琛、贺革、萧子政、刘绘等，兼通文史，不徒讲说也。洛阳亦闻崔浩、张伟、刘芳，邺下又见邢子才。四儒者，虽好经术，亦以才博擅名。如此诸贤，故为上品。以外率多田里间人，音辞鄙陋，风操蚩拙，相与专固，无所堪能。问一言辄酬数百。责其指归，或无要会。邺下谚云：博士买驴，书券三纸，未有驴字。使汝以此为师，令人气塞。孔子曰：学也禄在其中矣。今勤无益之事，恐非业也。夫圣人之书，所以设教。但明练经文，粗通注义，常使言行有得，亦足为人。何必仲尼居即须两纸疏义？燕寝、讲堂，亦复何在？以此得胜，宁有益乎？光阴可惜，譬诸

---

① 学术：玄乃反动所谓儒者仍旧。

② 学术：颜之推言汉人以一经下该人事者，末俗施之世务，无一可。案此如禹贡治河等也。

逝水，当博览机要，以济功业。必能兼美，吾无间焉。俗间儒士，不涉群书，经纬之外，义疏而已。吾初入邺，与博陵崔文彦交游。尝说王粲集中难郑玄《尚书》事。崔转为诸儒道之。始将发口，悬见排蹙。云文集止有诗、赋、铭、诔，岂当论经书事乎？且先儒之中，未闻有王粲也。崔笑而退，竟不以粲集示之。魏收之在议曹，与诸博士议宗庙事，引据《汉书》。博士笑曰：未闻《汉书》，得证经术。魏便忿怒，都不复言，取《韦玄成传》掷之而起。博士一夜共披寻之，达明，乃来谢曰：不谓玄成如此学也。"当时经生锢蔽之状，可以想见。盖世自有不知体要，妄矜博洽，实极固陋之人，此时皆归于儒，遂致其术一蹶而不复振耳。《旧唐书·儒林·徐文远传》云：时有大儒沉重，讲于大学，听者常千余人。文远就质问，数日便去。或问曰："何辞去之速？"答曰："观其所说，悉是纸上语耳，仆皆已先诵得之。至于奥赜之境，翻似未见。"所知悉是纸上语，此其所以施之世务，无一而可也。不特此也。《隋书·儒林·房晖远传》云：晖远以隋高祖时，擢为国子博士。会上令国子生通一经者并悉荐举，将擢用之。既策问讫，博士不能时定臧否。[①] 祭酒元善怪问之。晖远曰："江南、河北，义例不同。博士不能遍涉。学生皆持其所短，称己所长，博士各各自疑，所以久而不决也。"祭酒因令晖远考定之。晖远览笔便下，初无疑滞。有不服者，晖远问其所传义疏，辄为诵之，然后出其所短。自是无敢饰非者。所试四五百人，数日便决。诸儒莫不推其通博，皆自以为不能测也。江南、河北之说，晖远果能皆通乎？得毋其所谓通者，亦如张吾贵之于《左氏》邪？见上节。《北史·儒林·徐遵明传》云：与刘献之、张吾贵皆河北聚徒教授。遵明见郑玄《论语序》云书以八寸策误作八十宗，因曲为之说，其僻皆如此。献之、吾贵又甚焉。古之愚也直，今之愚也诈而已矣。以此为师，不诚令人气塞乎？即诚通明者，于世事复何所益？南北朝儒家，最为后人所推服者，曰勤于三礼之学，议郊庙典礼，辨丧服精粗，果有益于生民乎？曷怪才智之士，望望然去之也？

试就当时经学之传授观之，亦可见其专固衰敝焉。据《隋书·经籍志》：诗家之学，《齐诗》魏代已亡，《鲁诗》亡于西晋，《韩诗》虽存，无传之者，惟《毛诗》、《郑笺》独立。《书》则欧阳、大、小夏侯，并亡于永嘉之乱。杜林所传《古文尚书》，贾逵为之作训，马融作传，郑玄亦为之注者独行。又有所谓孔安国《古文尚书》者。云："鲁恭王坏孔子旧宅，得其末孙惠所藏之书，字皆古文，安国以隶古字写之，合成五十八篇，为之作《传》。会巫蛊事起，不得奏上。私传其业于都尉朝，朝授胶东庸生，谓之《尚书》古文之学。而未得立。至东晋，豫章内史梅赜，始得安国之《传》奏之。时又阙《舜典》一篇。齐建

---

① 经学：江南、河北义例不同，博士不能定策高下，此试者所以必本家法。

武中,吴姚兴方于大桁市得其书,奏上。比马、郑所注,多二十八字。于是始列国学。"此即近世累加考证,断言其伪之《伪古文尚书》也。梁、陈所讲,有孔、郑二家,齐代惟传郑义,至隋,孔、郑并行,而郑氏甚微。礼:汉世《礼经》,惟指今之《仪礼》,魏、晋已降乃与《礼记》、《周官》并列,称为三礼。《隋志》云:"郑玄传小戴之学。后以古经校之,取其于义长者作注,为郑氏学。"此郑于《礼经》,糅合今古二家也。又云:"汉时有李氏,得《周官》,上于河间献王。独阙《冬官》一篇。献王购以千金,不得。遂取《考工记》以补其处,合成六篇,奏之。至王莽时,刘歆始置博士,以行于世。河南缑氏杜子春,受业于歆,因以教授。是后马融作《周官传》,以授郑玄。玄作《周官注》。"案《周官》本非《礼经》之类。刘歆所欲立者为《逸礼》,据《礼记郑注》,《投壶》、《奔丧》,皆同《逸礼》,亦非《周官》之伦。《考工记》与《周官》,又不同物,安可相补?其说之牴牾不仇如此,则知出自河间献王之说,亦系子虚乌有之谈。《隋志》又云:"河间献王又得仲尼弟子及后学者所记一百三十一篇,献之。时亦无传之者。刘向考校经籍检得,因第而叙之。而又得《明堂阴阳记》三十三篇,《孔子三朝记》七篇,《王氏、史氏记》二十一篇,《乐记》二十三篇。凡五种,合二百十四篇。戴德删其烦重,合而记之,为八十五篇,谓之《大戴记》。而戴圣又删大戴之书为四十六篇,谓之《小戴记》。[①] 汉末,马融遂传小戴之学。融又足《月令》一篇,《明堂位》一篇,《乐记》一篇,合四十九篇。而郑玄受业于融,又为之注。"百三十一篇,出于河间献王,说亦无据。《汉志》礼家:《记》百三十一篇。自注云:"七十子后学者所记也。"盖本今学。《志》又有《明堂阴阳》三十三篇,《王史氏记》二十一篇,合《记》百三十一篇,凡百八十五。此外《曲台后苍记》,后苍为二戴之学所自出,其记盖与二戴之书相同。《中庸说》、《明堂阴阳说》皆说。《周官经》、《周官传》,别为一家。《军礼司马法》,乃班氏所入。《封禅议》、《封禅群祀议奏》皆汉时物。惟《古封禅群祀》,亦记之伦。其书凡十九篇,合百八十五得二百有四,与《释文叙录》引刘向《别录》云古文记二百四篇者相当。《叙录》又引陈邵《周礼叙》云:"戴德删古礼二百四篇为八十五篇,谓之《大戴礼》。戴圣删《大戴礼》为四十九篇,是为《小戴礼》。后汉马融、卢植,考诸家同异附戴圣篇章,去其繁重,及所叙略,而行于世,即今之《礼记》是也。郑玄亦依卢、马之本而注焉。"今《礼记》四十九篇,《曲礼》、《檀弓》、《杂记》皆分上下,合为一篇计之则四十六,分为二篇计之则四十九,故《隋志》云小戴之书四十六,陈邵云四十九。四十六加八十五,适百三十一。盖七十子后学所记,大戴取其八十五,小戴取其

---

① 经籍:二戴记。

四十六耳。小戴书本今学，然至马、郑为之，则亦杂糅今古矣。《隋志》云："今《周官》六篇，《古经》十七篇，《小戴记》四十九篇，凡三种，惟郑注立于国学，其余并多散亡，又无师说。"则礼家之学，惟郑氏专行也。《易》：《隋志》云："后汉施、孟、梁丘、京氏，凡四家并立。汉初，又有东莱费直传《易》。其本皆古字，号曰《古文易》。以授琅邪王璜，璜授沛人高相，相以授子康及兰陵毋将永，故有费氏之学，行于人间。而未得立。后汉陈元、郑众，皆传费氏之学。马融又为其《传》，以授郑玄。玄作《易注》。荀爽又作《易传》。魏代王肃、王弼，并为之注。自是费氏大兴，高氏遂衰。梁丘、施氏、高氏，亡于西晋。孟氏、京氏，有书无师。梁、陈郑玄、王弼二注，列于国学。齐代惟传郑义。至隋，王注盛行，郑学寖微，今殆绝矣。"案高氏之学，亦出费氏，不可云费氏兴而高氏衰。盖出于费氏之高氏衰，而其后起之郑氏，与之代兴，至最后，则又为王弼所夺耳。《春秋》：《隋志》云："后汉《公羊》有严氏、颜氏之学，与《穀梁》三家并立。《左氏》：建武中，尚书令韩歆请立而未行。陈元又上书讼之。乃以魏郡李封为《左氏》博士。封卒，遂罢。然诸儒传《左氏》者甚众。其后贾逵、服虔，并为训解。至魏，遂行于世。晋时，杜预又为《经传集解》。《穀梁》范宁注，《公羊》何休注，《左氏》服虔、杜预注，俱立国学。然《公羊》、《穀梁》，但试读文而不能通其义。后学三传通讲，而《左氏》惟传服义。至隋，杜氏盛行，服义及《公羊》、《穀梁》寖微，今殆无师说。"盖《左氏》行而《公》、《穀》微，《左氏》之中，杜又代贾、服而起也。《五经》而外，诵习所先，厥惟《孝经》、《论语》已见上节。《孝经》：《隋志》云："遭秦焚书，为河间人颜芝所藏，汉初，芝子贞出之，凡十八章。而长孙氏，博士江翁，少府后仓，谏议大夫翼奉，安昌侯张禹，皆名其学。又有《古文孝经》，与《古文尚书》同出。而长孙有《闺门》一章。其余经文，大较相似。篇简缺解，又有衍出三章，并前合为二十二章。孔安国为之《传》。至刘向典校经籍，以颜本比古文，除其繁惑，以十八章为定。郑众、马融，并为之注。又有《郑氏注》，相传或云郑玄。其立义与玄所注余书不同，故疑之。梁代，安国及郑氏二家，并立国学，而安国之本，亡于梁乱。陈及周、齐，惟传郑氏。至隋，秘书监王劭，于京师访得《孔传》，送至河间刘炫，炫因序其得丧，述其议疏，讲于人间。渐闻朝廷。后遂著令，与郑氏并立。儒者喧喧，皆云炫自作之，非孔旧本，而秘府又先无其书。"案郑玄晚主古学，早岁则治今文。《御览》引其《孝经注叙》，谓作于避难南城山时，严铁桥云：玄盖尝避党锢之难，时尚未治古文，故立说与后来不同，其注初不必伪。据皮鹿门说，见所撰《孝经郑注疏》。若孔安国传之伪，则不俟论矣。《论语》：《隋志》云："汉初有齐、鲁之说，其齐人传者二十二篇，鲁人传者二十篇。张禹本授《鲁论》，晚讲《齐论》，后遂合而考之，删其烦惑，除去

《齐论》《问王》、《知道》二篇，从《鲁论》二十篇为定，号《张侯论》。周氏、包氏，为之章句。马融又为之训。又有《古论语》，与《古文尚书》同出。章句烦省，与《鲁论》不异。惟分《子张》为二篇，故有二十一篇。孔安国为之《传》。汉末，郑玄以《张侯论》为本，参考《齐论》、《古论》而为之注。魏司空陈群，太常王肃，博士周生烈，皆为义说。吏部尚书何晏又为《集解》。是后诸儒多为之注。《齐论》遂亡。《古论》先无师说。梁、陈之时，惟郑玄、何晏，立于国学，而郑氏甚微。周、齐郑学独立。至隋，何、郑并行，郑氏盛于人间。"亦汉末今古杂糅之学，与魏、晋后杂有玄谈之说并行者也。《齐书·刘瓛陆澄传论》云："西京儒士，莫有独擅。东都学术，郑、贾先行。康成生炎汉之季，训义优洽。一世孔门，褒成并轨。故老以为前修，后生未之敢异。而王肃依经辨理，与硕相非。爰兴《圣证》，据用《家语》。外戚之尊，多行晋代。"今案《隋志》：肃于《诗》、《书》、《三礼》、《易》、《左氏》、《孝经》、《论语》，皆有注解。又有《孔子家语》二十卷，《隋志》云王肃解，而后人以为肃所私定。《孔丛子》七卷，亦肃所伪为。《圣证论》十二卷，则肃所造以难郑者。盖肃当汉、魏之际，亦为遍注群经之人，其才力实与郑玄相亚。晋世《诗》家或申王难郑，或右郑排王。言《礼》者亦各有左右。《尚书伪孔安国传》，虽不能定为何人，其说与肃同流，则无疑义。《魏书·儒林传》云："汉世郑玄并为众经注解，服虔、何休，各有所说。玄《易》、《书》、《诗》、《礼》、《论语》、《孝经》，虔《左氏春秋》，休《公羊传》，大行于河北。王肃《易》亦间行焉。晋世杜预注《左氏》，预玄孙坦，坦弟骥，于刘义隆世，并为青州刺史，传其家业，故齐地多习之。"《北齐书·儒林传》云："经学诸生，多出魏末大儒徐遵明门下。"遵明于《易》、《书》、《三礼》，皆传郑氏，《春秋》则服氏。其《毛诗》则出魏朝博陵刘献之。王弼之《易》，河南及青、齐之间多讲之，然师训甚寡。孔氏《古文尚书》，武平末，河间刘光伯、信都刘士元得费甝《义疏》，乃留意焉。《左传》，河外诸生，俱伏膺杜氏。河北有姚文安、秦道静，初学伏氏，后兼讲杜。以上所说，《北史》皆同，而又总括之曰："江右：《周易》则王辅嗣，《尚书》则孔安国，《左传》则杜元凯。河洛：《左传》则服子慎，《尚书》、《周易》则郑康成。《诗》则并主于毛公，《礼》则同遵于郑氏。"合诸说而观之，则今文之学，除《公羊》一经外皆亡；魏、晋新起之学，与汉世旧有之学，分庭抗礼，而南偏于新，北偏于旧；至隋世统一之后，则北又入于南也。然不论何派，皆系经生之业，支离破碎，无益世务。较有思理之士，皆折而入于他途矣。《魏书·儒林传》：陈奇，常非马融、郑玄，解经失旨，志在著述《五经》。始著《孝经》、《论语》，颇传于世，为缙绅所称。奇后为游雅所陷，见第二十二章第七节。即由雅"赞扶马、郑"而奇非之也。《隋志》云：《诗》惟毛、郑独立。又云：又有《业诗》，奉朝请业遵所注，立义多异，世所不行。又梁有《礼记》十二卷，业遵注，亡。此等无论其说善否，要为别有所见，或唐世啖助、赵匡之先驱。张雕虎之为人，颇有抱负，已见第十四章第四节。《北齐书·儒林传》：刘昼，撰《高才不遇传》三篇。皇建、大宁之朝，又频上书，言亦切直。多非世要，终不见收采。自谓博物奇才，言好矜大。每云："使我数十卷书行于世，不易齐景之千驷也。"《隋书·儒林传》：马光，开皇初，高祖征山东义学之士，与张仲让、孔笼、窦士荣、张黑奴、刘祖仁等俱至，并授大学博士，时人号为六儒。然皆鄙野无仪范，朝廷不之贵也。士荣寻病死。仲让未几告归乡里。著书十卷。自云："此书若奏，我必为宰相。"又数言玄象事。州县列上其状，竟坐诛。孔笼、张黑奴、刘祖仁未几亦被遣去，惟光独存。此等人或亦王通之流，[1] 然当时皆不之重也。

　　儒生兼通道、释之学者，此时实不胜枚举。《晋书·儒林传》：徐苗，尝作《五经同异评》，又依道家著《玄微论》，前后所造数万言。卒，遗命濯巾浣衣，榆棺杂砖，露车载尸，苇席瓦器而已。此杨王孙之志也。又《范宣传》：庾爰之问宣曰："君博学通综，何以大儒？"宣云："正始以来，世尚老、庄，逮晋之初，竞以裸袒为高，仆诚大儒，然丘不与易。"宣言谈未尝及老、庄。客有问："人生与忧俱生，不知此语何出。"宣云："出《庄子·至乐篇》。"客曰："君言不读《老》、《庄》，何由识此？"宣笑曰："小时尝一览。"时人莫之测也。不治其学，而亦知其说，可见其学之盛行矣。《梁书·儒林传》：伏曼容，善《老》、《易》。尝云："何晏疑《易》中九事，以吾观之，晏了不学也。故知平叔有所短。"曼容子暅，幼传父业，能言玄理，见《良吏传》。严植之，少善《庄》、《老》，能玄言。贺玚子革，尝恨禄不及养。在荆州，历为郡县，所得俸秩，不及妻孥，专拟还乡造寺，以申感思。太史叔明，少善《庄》、《老》。三玄尤精解，当世冠绝。皇侃，性至孝。尝日限诵《孝经》二十遍，以拟《观世音经》。《陈书·儒林传》：沈德威，每自学还私室，即讲授，道、俗受业者，数十百人。全缓，治《周易》、《老》、《庄》。时人言玄者咸推之。张讥，笃好玄言。侯景寇逆，围城之中，犹侍哀大子于武德殿讲《老》、《庄》。陈后主在东宫，亦令于温文殿讲《庄》、《老》。所居宅营山池，植花果，讲《周易》、《老》、《庄》而教授焉。一乘寺沙门法才，法云寺沙门慧休，至真观道士姚绥，皆传其业。撰《老子义》十一卷，《庄子内篇义》十二卷，《外篇义》二十卷，《杂篇义》十卷，《玄部通义》十二卷。又撰《游玄桂林》二十四卷。龚孟舒，善谈名理。陆庆，值梁季丧乱，乃覃心释典，经论靡不该究。筑室屏居，以禅诵为事。由是传经受业者鲜

---

　　① 学术：南北朝隋注经异及言经世者，或啖、赵、王通之流。

焉。《南史·儒林传》：顾越，微言玄旨，咸尽其精微。特善《庄》、《老》。著《老子义疏》。《魏书·儒林传》：刘献之，注《涅槃经》，未就而卒。孙慧蔚。先单名蔚。正始中，侍讲禁内，夜论佛经，有惬帝旨，诏使加号惠蔚法师。卢景裕，好释氏，通其大义。天竺胡沙门道悕，每译诸经论，辄托景裕为之序。《北齐书·儒林传》：孙灵晖，为南阳王绰师。绰死后，每至七日，及百日终，恒为请僧设斋，传经行道。《周书·儒林传》：卢光，好玄言，崇佛道。撰《道德经章句》，行于世。《儒林传》中人如此，可见释、老之震撼一世，儒家非极专固者，皆不容故步自封矣。

第四节　儒玄诸子之学下

清谈之风，世皆以为起于魏之正始，亦非其实也。[①] 秦、汉之世，黄老、老庄之学，传授迄未尝绝，已见《秦汉史》第十九章第四节。其中如杨厚、范升、马融、虞翻，皆儒家，而或修黄老教授，或为《老子》训注；升与向长所习，亦以《易》、《老》并称；此已道魏、晋玄谈之先河。升争立《费氏易》、《左氏春秋》，引《老子》曰："学道日损。"又曰："绝学无忧。"严君平、周䁔皆肥遁自甘，而史述其事，或云慕老聃清静，或云依老子、严周之指而著书，则又魏、晋以后，清谈不事事之先声矣。《后书·耿弇传注》引嵇康《圣贤高士传》曰：安丘望之，字仲都，京兆长陵人。少持《老子经》，恬静不求进宦。号曰安丘丈人。成帝闻，欲见之，望之辞不肯见；为巫医于人间。亦严君平之流也。不特此也，郎颛，治术数之学者也，而其诣阙拜章，言"天地之道，其犹鼓籥，以虚为德，自近及远。"书奏，顺帝复使对尚书。颛条便宜七事。其三引《老子》曰："人之饥也，以其上食税之多。"又上书荐黄琼、李固，并陈消灾之术，引《老子》曰："大音希声，大器晚成。"刘陶著书数十万言，又作《七曜论》，匡老子，反韩非，复孟轲。数术之家，率多明于天文，陶之学，盖亦与颛相出入者也。李固对诏问，引《老子》曰："其进锐者其退速。"[②]《后书注》曰："案《孟子》有此文，谢承书亦云《孟子》，而《续汉书》复云《老子》。"今案古人引书，经传不别，儒家如是，诸子亦然，进锐退速，固类道家之言，未必非《老子》传中语也。固迁将作大匠，又上疏陈事曰："臣闻气之清者为神，人之清者为贤，养身者以炼神为宝，安国者以积贤为道。"又与朱穆作《崇厚论》，谓道以天下为一，在彼犹在己者同符。廖扶，父为北地太守，永初中，坐羌没郡下狱死。扶感父以法丧身，惮为吏。服终，叹

---

① 学术：玄谈后汉已道先河。
② 学术：进锐退速，李固以为老子语，然则儒及老者不独以德报怨矣。

曰："老子有言：名与身孰亲？吾岂为名乎？"遂绝志世外，专精经典。处乱世而贵自全，又魏、晋以来治《老》、《庄》之学者数见不鲜之事矣。此外《后书》所载，尚有任隗光子。少好《黄》《老》，郑均少好《黄》《老》书，淳于恭善说《老子》。可知《老》《庄》之学，东京业已盛行，正始诸贤，实承其流风遗俗。特以居高明之地，譬诸登高一呼，故其所及者愈远耳。

正始诸贤，居高明之地者，莫如夏侯玄、何晏及司马景王。《三国·魏志·晏传》云：少以才秀知名。好《老》《庄》言。作《道德论》及诸文赋，著述凡数十篇。《注》引《魏氏春秋》曰：玄、晏等名盛于时，司马景王亦预焉。晏尝曰"惟深也，故能通天下之志，夏侯泰初是也。惟几也，故能成天下之务，司马子元是也。惟神也，不疾而速，不行而至，吾闻其语，未见其人。"盖欲以况诸己也。《荀彧传注》引《零陵先贤传》曰：彧第三兄衍之孙融，与王弼、钟会俱知名。为洛阳令，参大将军军事。与弼、会论《易》、《老》义，传于世。第四兄谌之子闳，为大子文学掾。时有甲乙疑论。闳与钟繇、王朗、袁涣，议各不同。文帝与繇书曰："袁、王国士，更为唇齿，荀闳劲悍，往来锐师，真君侯之劲敌，左右之深忧也。"彧长子恽，亦知名。作《易集解》。又引《晋阳秋》，谓彧子颛，尝难钟会《易》无互体，见称于世。颛弟粲，何劭为之传曰：粲诸兄并以儒术论议，而粲独好言道。常以为"子贡称夫子之言性与天道，不可得闻，然则六籍虽存，固圣人之糠秕"。当时能言者不能屈也。太和初，到京邑，与傅嘏谈。嘏善名理，而粲尚玄远，宗致虽同，仓卒时或格不相得。裴徽通彼我之怀，为二家骑驿。顷之，粲与嘏善，夏侯玄亦亲。管宁儒者也，而《魏志》本传载陶丘一等荐之之辞，谓其娱心黄老。《王粲传》云：嵇康好言《老》《庄》。《注》引康兄喜所为《康传》，言其著《养生篇》，知自厚者丧其所生，求益者必失其性。《傅嘏传》云：嘏常论才性同异，钟会集而论之。《常林传注》引《魏略》，以林及吉茂、沐并、时苗四人为《清介传》。云：并豫作终制，戒其子以俭葬，曰："夫礼者，生民之始教，而百世之中庸也。故力行则为君子，不务者终为小人。然拨乱反正，鸣鼓矫俗之大义，未是穷理尽性，陶冶变化之实论。若乃原始要终，以天地为一区，万物为刍狗，该览玄通，求形景之宗，同祸福之素，一死生之命，吾有慕于道矣。"《裴潜传注》：潜少弟徽，善言玄妙。子康、楷、绰，皆为名士而楷才望最重。少与琅邪王戎并为掾发名。钟会致之大将军司马文王，曰："裴楷清通，王戎简要。"文王即辟为掾。《钟会传》云：会尝论《易》无互体，才性同异。及会死后，于会家得书二十篇，名曰道论，而实刑名家也，其文似会。初会弱冠与山阳王弼并知名。弼好论儒道，辞才逸辩。注《易》及《老子》。为尚书郎。年二十余卒。《注》引何劭《弼传》曰：弼幼而察惠，年十余，好《老氏》。通辨能言。父业为尚书郎。时裴徽为吏部郎，弼未弱冠，往造焉。徽一见异之。问弼曰："夫无者，诚万物之所资也，然圣人莫肯致言，而老子申之无已者何？"弼曰："圣人体无，无又不可以训，故不说也。老子是有者也，故恒言无所不足。"寻亦为傅嘏所知。于时何晏为吏部尚书，甚奇弼，叹之曰："仲尼称后生可畏，若斯人者，可与言天人之际乎？"弼与钟会善。会论议以校练为家，然每服弼之高致。弼注《老子》，为之指略，致有理统。注《道略论》，注《易》，往往有高丽言。大原王济，好谈病《老》《庄》。尝云：见弼《易注》，所悟者多。《晋书·王衍传》云：魏正始中，何晏、王弼等祖述《老》《庄》立论，以为天地万物，皆以无为为本，无也者，开物成务，无往不存者也。衍甚重之。惟裴頠以为非，著论以讥之。而衍处之自若。衍既有盛才美貌，明悟若神，常自比子贡。兼声名藉甚，倾动当世。妙善玄言，惟谈《老》、《庄》为事。每捉玉柄麈尾，与手同色。义理有所不安，随即改更，世号口中雌黄。朝野翕然，谓之一世龙门矣。《乐广传》云：广尤善谈论。每以约言析理，厌人之心。王戎为荆州刺史，闻广为夏侯玄所赏，乃举为秀才。卫瓘朝之耆宿，逮与魏正始中诸名士谈论，见广而奇之，曰："自昔诸贤既殁，常恐微言将绝，今乃复闻于君矣。"广与王衍，俱宅心事外，名重于时。天下言风流者，谓王、乐为称首焉。《卫玠传》云：好言玄理。其后病多体羸，母恒禁其语。遇有胜日，亲友时请一言，无不咨嗟，以为入微。琅邪王澄有高名，少所推服，每闻玠言，辄叹息绝倒。天下大乱，移家南行。时王敦镇豫章，长史谢鲲雅重玠。相见欣然，言语弥日。敦谓鲲曰："昔王辅嗣吐金声于中朝，此子复玉振于江表，微言之绪，绝而复续。不意永嘉之末，复闻正始之音。何平叔若在，当复绝倒。"阮籍，籍兄子咸，山涛、向秀、刘伶、王戎，尝与嵇康为竹林之游，世称为竹林七贤。《三国·魏志·王粲传注》引《魏氏春秋》。又有谢鲲、胡母辅之、毕卓、王尼、羊曼、光逸等，多善清言，遗世事，放荡不拘礼法，《晋书》皆有传。此皆魏晋世洛中人物。东渡已后，流风未沫。江表之能玄言，初不自东渡后始，特东渡后此风愈盛耳。《晋书·陆云传》云：云尝行，逗宿故人家。夜暗迷路，莫知所从。忽望草中有火光，于是趣之。至一家，便寄宿。见一年少，美风姿，共谈《老子》，辞致深远。向晓辞去。行十余里，至故人家，云此数十里中无人居。云意始悟。却寻昨宿处，乃王弼家。云本无玄学，自此谈《老》殊进。可见云初入洛，即学为玄谈矣。《顾荣传》云：荣素好琴。及卒，家人常置琴于灵坐。吴郡张翰哭之恸。既而上床，鼓琴数曲。抚琴而叹曰："顾彦先，复能赏此不？"因又恸哭，不吊丧主而去。此等举动，亦何异竹林诸贤邪？帝王，帝王之好玄言者，以梁武帝、简文帝、元帝为最。《颜氏家训·勉学篇》言：元帝召置学生，亲为教授，废寝忘食，以夜继朝。至乃倦剧愁愤，辄以讲自释。证以《南史》所载，魏师既起，帝犹于龙光殿述《老子》义，而知其说之不诬也。宋明帝答王景文诏，至有理致，已见第十九章第六节。晋明帝亦善玄言。尝论圣人真假之意，王导等不能屈，见《晋书·本纪》。在东宫时，阮放为大子中舍人庶子，虽戎车屡驾，而侍大子，常说《老》、《庄》，不及军国，帝甚友爱之，见《放》

本传。《简文帝纪》，称其清虚寡欲，尤善玄言，重桓石秀、刘恢、张凭、韩伯、谢万、王濛，皆见本传。《魏书·高祖纪》，言其善谈《庄》、《老》，尤精释义。《世宗纪》亦云：每至讲论，连夜忘疲。**贵戚**，如晋范阳王虓，史称其清辩能言论。康献皇后父褚衰，史称其与京兆杜乂，俱有盛名，冠于中兴。**大臣**，《晋书·王祥传》：祥族孙戎，称祥在正始，不在能言之流，及与之言，理致清达。此一时风气使然也。**文吏**，《晋书·良吏传》：潘京，举秀才到洛。尚书令乐广，京州人也，共谈累日，深叹其才。谓京曰："君天才过人，恨不学耳。"京感其言，遂勤学不倦。时武陵太守戴昌，亦善谈论。与京共谈，京假借之。昌以为不如己，笑而遣之。令过其子若思。京方极其言论。昌窃听之，乃叹服曰："才不可假。"遂父子俱屈焉。**武夫**，《齐书·柳世隆传》：世隆少立功名，晚专以谈义自业。常自云："马稍第一，清谈第二，弹琴第三。"在朝不干世务，垂帘鼓琴，风韵清远，甚获世誉，此武夫之附庸风雅也。《陈显达传》：自以人微位重，每迁官，常有愧惧之色。有子十余人，诫之曰："我本志不及此汝等勿以富贵陵人。"谓其子曰："麈尾、扇是王、谢家物，汝不须捉此自随。"此武夫子弟，谬托风雅者也。**儒生**，见上节。**文人**，《晋书·文苑传》：应贞，魏侍中璩之子也。自汉至魏，世以文章显。贞善谈论，以才学称。夏侯玄有盛名，贞诣玄，玄甚重之。《陈书·徐陵传》：年十二，通《老》、《庄》义。**艺士**，《晋书·艺术传》：郭磨，少明《老》《易》。《易》家本有言数一振，此最术士所易兼明也。**妇女**，《晋书·列女传》：王凝之妻谢氏，字道韫，安西将军奕之女也。聪识有才辩。凝之弟献之，尝与宾客谈议，词理将屈。道韫遣婢白献之曰："欲为小郎解围"。① 乃施青绫步郭自蔽，申献之前议，客不能屈。《北史·卢玄传》：玄孙道虔妻元氏，甚聪悟。常升高坐讲《老子》。道虔从弟元明，隔纱帷以听焉。**无不能之。余风又流衍于北。**符坚禁《老》、《庄》、图谶之学，已见第一节。《符融传》云：谈玄论道，虽道安无以尚之。《符朗传》云：每谈虚语玄，不觉日之将夕。可见其时清谈之风甚盛，坚欲崇儒，所以不得不禁之也。《姚兴载记》言：京兆韦高，慕阮籍之为人，居母丧，弹琴饮酒。可见洛下遗风，北方迄未尝绝。《魏书·程骏传》：六世祖良，晋都水使者，坐事流于凉州，骏师事刘昞。谓昞曰："今世名教之儒，咸谓老、庄，其言虚诞，不切实要，弗可以经世，骏意以为不然。夫老子著抱一之言，庄生申性本之旨，若斯者，可谓至顺矣。"沮渠牧犍擢为东宫侍讲。世祖平凉，迁于京师，为司徒崔浩所知。显祖屡引与论《易》、《老》之义。是清谈之风，传播河西，又还归洛下也。**入隋乃息。**《北齐书·卢潜传》：潜从祖兄怀仁，怀仁从父弟昌衡。武平末，尚书郎沈靖有才识，风仪蕴藉，容止可观。天保中，尚书王昕以雅谈获罪，诸弟尚守而不坠。自兹以后，此道顿微。昌衡与顿丘李若，彭城刘泰珉，河南陆彦师，陇西辛德源，大原王修，并为后进风流之士。案其见于史者，又有羊烈，能言名理，以玄学知名。杜弼，性好名理，探味玄宗。尝注《老子》及《庄子·惠施篇》。《隋书·张煚传》：父羡，少好学，多所通涉。周代公卿，类多武将，惟羡以素业自通，甚为当时所重。撰《老子》、《庄子》义，名曰《道言》，五十二篇。煚好学有父风。《长孙览传》：从子识，建德初，武帝尚道法，尤好玄言。求学兼经史、善于谈论者为通道馆学士，识应其选。则周初粗犷之风，至此亦稍变矣。《北史》：卢辩弟光，好玄言，崇佛道，注《道德经章句》行于世。

---

① 器用：道韫为小郎解围，卢道虔妻元氏，皆仅隔纱纬，与韦母宋氏同。

武帝少尝受业，无怪其有此雅尚也。要之北方谈玄之风，至周、齐而少衰，然迄未尝绝也。自正始至祯明之末，历时凡三百五十年，通东汉之世计之，亦可云天道五百年而一变矣。

玄学之大功，在于破除拘执。其说之最要者，为贵道而贱迹。道者今所谓原理，迹则今所谓事实也。前此之言治者，率欲模放古人之形迹，自经玄学家之摧破，而此弊除矣。然人之善恶，实因其所处之境而不同。日与人相荡相劘者，人事固较天行为尤切。前此经世之家，欲举社会组织，解弦而更张之，其所操之术或疏，而谓非解而更张，无以为治，其说固未尝误。而承新莽败绩之后，人莫敢言治本之计，徒欲移易人性，以求臻于上理。玄学之家，已有此蔽。继以佛学，其蔽愈深。宋世理学，力辟二氏，此见亦未能改，遂至冥冥千载，视社会一时之组织为天经地义而不可变焉，屡变无成，实由于此。此则深可叹惋者矣。

然玄学之家，所见究非恒人所逮。故有世俗拘守，视为天经地义，而实则拂逆人性者，惟玄学家为能冲决其网罗。《晋书·阮籍传》：文帝引为大将军从事中郎。有司言有子杀母者。籍曰："嘻！杀父乃可，至杀母乎？"① 坐者怪其失言。帝曰："杀父天下之极恶，而以为可乎？"籍曰："禽兽知母而不知父，杀父禽兽之类也，杀母禽兽之不若。"众乃悦服。前言由衷之辞，后语则随顺世俗耳。此与孔融"父之于子，当有何亲"之说，皆疾世俗拘执，所谓道者悉非其道而然。名士之逾越礼法，盖亦有所激，不忍随俗而出此也。时人所重，莫如居丧，而诸名士居丧，率多违礼。《晋书·王戎传》：以母忧去职，不拘礼制，饮酒食肉，或观弈棋，而容貌毁悴，杖然后起。裴顾往吊之，谓人曰："若使一恸能伤人，濬冲不免灭性之讥也。"时和峤亦居父丧，以礼法自持，量米而食。哀毁不逾于戎。武帝谓刘毅曰："和峤毁顿过礼使人忧之。"毅曰："峤虽寝苫食粥，乃生孝耳。至于王戎，所谓死孝，陛下当先忧之。"此等说，乃爱好诸名士者，造作之以自解免于流俗耳，非其实也。《谢鲲传》：邻家高氏女有美色，鲲尝挑之，女投梭折其两齿。时人为之语曰："任达不已，幼舆折齿。"鲲闻之，傲然长啸，曰："犹不废我啸歌。"毕卓为吏部郎，常饮酒废职。比舍郎酿熟，卓因醉，夜至其瓮间盗饮之。为掌酒者所缚。明旦视之，乃毕吏部也。遽释其缚。卓遂引主人宴于瓮侧，致醉而去。《王忱传》：妇尝有惨，忱乘醉吊之。妇父恸哭。忱与宾客十许人连臂被发裸身而入，绕之三匝而出。此等惊世骇俗之举，皆人所难行，而诸人忍而为之，必有大不得已于其中者矣。《隐逸传》：戴逵，常以礼法自处，深以放达为非道。著论曰："儒家尚誉者，本以兴贤也。既失其本，则有色取之行，其弊必至于末伪。道家去名者，欲以笃实也。苟失其本，又有越检之行，其弊必至于本薄。"诸家之愤激，则亦疾其时之为伪而已。**然方内之士，则以为伤化败俗，疾之若仇矣。**《晋书·何曾传》：阮籍负才放诞，居丧无礼。曾面质籍于文帝坐曰："卿乃背礼败俗之人，今忠贤执政，综核名实，若卿之曹，不可长也。"因言于帝曰："公方以孝治天下，而听阮籍以重哀饮酒食肉于公坐？宜屏四裔，无令污染华夏。"帝曰："此子羸病

---

① 伦理：杀父犹可而杀母乎？

若此，君不能为吾忍邪？"曾重引据，辞理甚切。帝虽不从，时人敬惮之。

遗落世务，最为尚论者之所訾，此本非学之咎，抑其事更不可以一概论也。① 正始诸贤，本皆有意于当世，观夏侯玄论治之语可知。钟会区区，志复魏室，已见《秦汉史》第十二章第八节。嵇康之死，② 说者谓为会所陷，殆不其然。康之死，《世语》谓由其欲助毌丘俭，其说盖信。会或不能救，或则不欲花之，以求自信于司马氏而为后图耳。果如是，则其用心愈苦矣。山涛尝欲援康出仕，盖欲使其屈节以自免，涛与阮籍，所为正是如此，亦足见其曲相维护之苦衷也。《晋书·嵇康传》云：性绝巧而好锻。东平吕安，服康高致，每一相思，辄千里命驾。康友而善之。后安为兄所枉诉，以事系狱，辞相证引，遂复收康。初康居贫，尝与向秀共锻于大树之下，以自赡给。颍川钟会，贵公子也，精练有才辩，故往造焉。康不为之礼，而锻不辍。良久，会去，康谓曰："何所闻而来？何所见而去？"会曰："闻所闻而来，见所见而去。"会以此憾之。及是，言于文帝曰："嵇康卧龙也，不可起。公无忧天下，愿以康为虑耳。"因谮康欲助毌丘俭，赖山涛不听。昔齐戮华士，鲁诛少正卯，诚以害时乱教，故圣贤去之。康、安等言论放荡，非毁典谟，帝王者所不宜容，宜因衅除之，以淳风俗。帝既昵听信会，遂并害之。案谓会之怨康，由往造康不之礼，说出《魏氏春秋》，见《三国志·会传注》。《注》又引《世语》曰：毌丘俭反，康有力焉，且欲起兵应之。以问山涛。涛曰：不可。俭亦已败。裴松之云："本传云：康以景元中坐事诛，而干宝、孙盛、习凿齿诸书，皆云正元二年（255），司马文王反自乐嘉，杀嵇康、吕安。盖缘《世语》云康欲举兵应毌丘俭，故谓破俭便应杀康也。其实不然。山涛为选官，欲举康自代，康书告绝，事之明审者也，案《涛行状》，涛始以景元二年（261）除吏部郎耳。又《钟会传》亦云：会作司隶校尉时诛康，会作司隶，景元中也。"干宝等之误，诚如松之之说，然仍足见康之死，与毌丘俭之叛有关。《三国志·会传》云：迁司隶校尉虽在外司，时政损益，当世与夺，无不综典。嵇康等见诛，皆会谋也。亦可见康之诛为极有关系之事。岂得如《魏氏春秋》所云：由安兄巽淫安之妻，诬安不孝，而安引康为证哉？《魏氏春秋》又云：康义不负心，保明其事。安亦至烈，有济世志力。钟会劝大将军因此除之，亦可见其死，非以其兄之诬告也。信史之不传久矣。安诬安不孝，盖欲加之罪之辞，方حح于华士、少正卯亦然：二人之所以获罪，则秘不得闻矣。康与魏宗室昏，又为志节之士，其欲倾晋，自在意中。《晋书·向秀传》言：康善锻，秀为之佐，相对欣然，又共吕安灌园于山阳，足见三人志同道合。康既被诛，秀应本郡计入洛，作《思旧赋》，以哀康、安。有云："叹黍离之愍周，悲麦秀于殷墟。"其所志者，自可想见。《山涛传》云：与嵇康、吕安善。后遇阮籍，便为竹林之游，著忘言之契。康后坐事，临诛，谓子绍曰："巨源在，汝不孤矣。"康与涛之交情，亦可想见。欲助毌丘俭而问于涛，事所可有。然而涛卒获全者？盖以其与宣穆后有中表亲，又知其不可而不为，故非司马氏之所深忌也。抑当时思倾司马氏之人盖多，诛之不可胜诛，司马氏亦未尝不思笼落之，故如向秀者，虽亦康、安之党，后既应计入洛，则亦释之不复问矣。《阮籍传》云：籍本有济世志，属魏、晋之际，天下多

① 学术：玄谈者非不事事，贻害在身家念重，纵弛不自振，且进为求利。
② 史事：嵇康之死。

故，名士少有全者，由是不与世事，酣饮为常，亦山涛之知其不可而不为也。文帝欲为武帝求婚于籍，籍醉六十日，不得言而止，此不如山涛犹有葭莩之亲矣。钟曾数以时事问之，欲因其可否而致之罪，皆以酣醉获免，可谓不为君用。尝登广武，观楚、汉战处，叹曰："时无英雄，使竖子成名。"登武牢山，望京邑而叹。其郁勃之情，亦何减嵇康、吕安？然文帝辅政，求为东平，后又求为步兵校尉，则司马氏亦释之矣。此山涛去选官，所由欲举康以自代欤？委蛇于朝，可以免祸，康、安宁不知之，而卒不肯，以与祸会，可不谓之烈欤？康既被系，作《幽愤诗》，有"昔惭柳惠，今愧孙登"之语，而《籍传》亦记籍遇登于苏门山之事，登盖亦非隐沦之流？然则一时名士，欲倾司马氏者多矣。非遭屠戮则皆隐遁，司马氏之威力，可谓重矣。然其运祚卒以不长。威力岂足恃哉？可以为鉴矣。刘伶，沉湎于酒者也，而泰始初对策，盛言无为之化。胡母辅之为乐安守，与郡人光逸，昼夜酣饮，不视郡事，然其始为繁昌令，亦曾节酒自厉，甚有能名。阮孚为元帝丞相从事中郎，终日酣纵，则帝本不以事任处之。其后明帝大渐，温峤入受顾命，要与同行，升车乃告之，孚卒求下，徒步还家，则彼以为事不可为故尔。温峤能臣，而欲与共托孤寄命之重，亦可见孚之为人矣。阮放以清谈侍明帝，而迁吏部郎，甚有称绩。成帝时为交州，又能伏兵袭杀陶侃将高宝，终以力薄而败耳。庾敳在东海王越府，常自袖手，此与谢鲲为王敦长史，徒从容讽议同，犹能时进正论以匡敦，则所谓杀父与君亦不从也。从之者若郭象，则以任职当权称矣。可见玄谈之家，非皆不能事事者也。下特此也，庾亮，外戚之隽也，而史称其好《庄》、《老》，善谈论。殷浩、谢安，皆江左之望也，而皆为风流所宗。殷仲堪，亦一时之杰也，而能清言，善属文，每云三日不读《道德论》，便觉舌本间强，其谈理与韩康伯齐名。王敦、桓温，皆奸雄之尤也。而敦务自矫厉，雅尚清谈，口不言财色。温自江陵北伐，行经金城，见少为琅邪时所种柳，皆已十围，慨然曰："木犹如此，人何以堪？"攀枝执条，泫然流涕。其襟怀，亦何以异于遗世之士乎？诸名士之诒害于世者，乃在其身家之念大重。《王衍传》言其居宰辅之重，不以经国为念，而思自全之计。乃说东海王越，以弟澄为荆州，族弟敦为青州，谓曰："荆州有江、汉之固，青州有负海之险，卿二人在外，而吾留此，足以为三窟矣。"及其将死，乃顾而言曰："吾曹虽不如古人，向若不祖尚浮虚，戮力以匡天下，犹可不至今日。"此盖其由衷之言，所谓人之将死，其言也善，然其诒害于世者，祖尚浮虚为之乎？欲营三窟为之乎？恐其虽有悔于厥心，而终未能喻其故也。次则其人少居华膴，酖毒晏安，不能自振。周顗为王导所贼，事见第四章第四节。当时之不诛王氏，盖事势使然，顗之救导，决无背君党友之嫌，纵不能讼言于朝，何难以私语慰藉？而乃默无一言，卒招杀身之祸。此无他，纵弛既甚，则虑患自疏耳。《庄子·盗跖篇》，设为盗跖告仲尼之辞曰："今吾告子以人之情：目欲视色，耳欲听声，口欲察味，志气欲盈。人上寿百岁，中寿八十，下寿六十。除病瘦、当为庾，字之误。死丧、忧患，其中开口而笑者，一月之中，不过四五日而已矣。天与地无穷，人死者有时，操有时之具，而托于无穷之间，忽然无异骐骥之驰过隙也。不能说其志意，养其寿命者，皆非通道者也。"《列子·杨朱篇》曰："万物所异者生也，所同者死也。生则有贤愚、贵贱，是所异也，死则有臭腐、消灭，是所同也。贤愚、贵贱，非所能也，臭腐、消灭，亦非所能也。十年亦死，百年亦死，仁圣亦死，凶愚亦死。生则尧、舜，死则腐骨，生则桀、纣，死则腐骨。腐骨一矣，孰知其异？且趣当生，奚遑死后。"《列子》固张湛所为，《庄子》亦郭象所定，托于养生之论，为是恣睢之辞，此当时自暴自弃者之供状也。纵弛既甚，则不徒废事以自安，必且竞进以求利。庾翼讥王衍曰："若以道非虞、夏，自当超然独往。而不能谋始，大合声誉，极致名位。"既如是，则"当抑扬名教，以静乱原，而乃高谈《庄》、《老》，说空终日。虽云谈道，实长华竞"，翼与殷浩书，见《浩传》。所恶者华竞而非谈道，然则衍之恶不如是之甚也，特恶其为华竞主，萃渊薮，使天下之恶皆归焉耳。羊祜訾衍"以盛名处大位，败俗伤化"，亦此意也。王坦之著《废庄论》，曰："君子游方之外，众人藉为弊薄之资。天下之善人少，不善人多，故庄生之利天下也少，害天下也多。"识解愈高，则其视世之所谓纲常名教者，不足严畏也愈甚，固不能谓其与学术无关，然鲁酒薄而邯郸围，究为充类至义之尽之语。必如范宁，谓王弼、何晏，罪深桀、纣，亦少过矣。旨趣异于诸名士者，其人亦分数科：卞壸、陶侃，盖由性勤吏职；壸事见第十八章第二节。《侃传》云：侃性聪敏，勤于吏职。闾外多事，千绪万端，罔有遗漏。常谓人曰："大禹圣者，乃惜寸阴，至于众人，当惜分阴。"诸参佐或以谈戏废事者，乃命取其酒器、蒲博之具，悉投之于江。吏将则加鞭朴。曰："樗蒲者，牧猪奴戏耳。老、庄浮华，非先王之法言，不可行也。君子当正其衣冠，摄其威仪，何有乱头养望，自谓弘达邪？"乐广、庾亮，则由习于礼法，广笑王澄、胡母辅之等，谓："名教内自有乐地，何必乃尔？"庾亮风格峻整，动由礼节，皆见本传。《江统传》：子惇，性好学，儒玄并综。每以为君子立行，应依礼而动。放达不羁，以肆纵为贵，亦道之所弃也。乃著《通道崇检论》，世咸称之。亦广、亮之俦也。皆与识解无关。若应詹病元康以来，贱经尚道，而欲修辟雍，崇明教义；虞预憎疾玄虚，其论阮籍，比之伊川被发；则所谓游于方之内者耳。惟裴頠著《崇有》之论，谓："以无为辞，旨在全有。生必体有，有遗而生亏。故养既化之有，非无用之所能全；理既有之众，非无为之所能循。"其言深有理致。李充著《学箴》，谓："圣教救其末，老、庄明其本，本末之涂殊，而为教一也。"阮孝绪著论，谓："至道之本，贵在无为，圣人之迹，存乎拯弊。不垂其迹，则世无以平，不究其本，则道实交丧。丘、旦将存其迹，故宜权晦其本，老、庄但明其本，亦宜深抑其迹。迹须拯世，非圣不能，本实明理，在贤可照。"其说亦极通达持平也。

清谈之始，盖诚欲以阐明真理，然及后来，则亦变为沽名钓誉之具，渐染口给御人之习矣。①《齐书·王僧虔传》：僧虔书诫其子曰："曼倩有云：谈何容易？见诸玄，志为之逸，肠为之抽；专一书，转通数十家注；自少至老，手不释卷；尚未敢轻言。汝开《老子》卷头五尺许，未知辅嗣何所道，平叔何所说，马、郑何所异，指例何所明，而便自呼谈士，此最险事。设令袁令命汝言《易》，谢中书挑汝言《庄》，张吴兴叩汝言《老》，端可复言未尝看邪？谈故如射，前人得破，后人应解，不解即输赌矣。且论注百氏，荆州八袠，又才性四本，声无哀乐，皆言家口实，如客至之有设也。汝皆未经拂耳瞥目，岂有庖厨不修，而欲延大宾者哉？就如张衡，思侔造化，郭象言类悬河，不自劳苦，何由至此？汝曾未窥其题目，未辨其指归，六十四卦，未知何名，《庄子》众篇，何者内外，八袠所载，凡有几家，四本之称，以何为长，而终日欺人，人亦不受汝欺也。"案《三国志·钟会传注》引孙盛论王弼《易注》，谓其"叙浮义则丽辞溢目，造阴阳则妙赜无间。至于六爻变化，群象所效，日时岁月，五气相推，弼皆摈落，多所不关。虽有可观者焉，恐将泥夫大道"。又《管辂传注》引《辂别传》曰：辂为何晏所请，共论《易》九事，九事皆明。晏曰："君论阴阳，此世无双。"时邓飏与晏共坐，飏言"君见谓善《易》，而语初不及《易》中辞义，何也？"辂寻声答之曰："夫善《易》者不论《易》也。"传载孔曜荐辂于裴徽曰："俯览《周易》，则齐思季主。"又曰：辂过钟毓，共论《易》。辂因言卜可知君生死之日。毓使筮其生日月，如言无蹉跌。毓大愕然，曰："君可畏也。死以付天，不以付君。"遂不复筮。然则辂之于《易》，实无所知，所晓者只是卜筮之术。其与何晏、钟毓共谈，亦恃明悟之资，初非经生之业也。然则玄学初兴，重在明悟，不在多闻。及其抗辞求胜，则不得不炫博矜奇，如经生之专务应敌，破碎大道矣。不特此也，卫玠以玉人见称。后刘琰、谢尚共论中朝人士，或问杜乂可方卫洗马不？尚曰："安得相比？其间可容数人。"恢又云："杜乂肤清，叔宝神清。"王羲之目乂："肤若凝脂，眼如点漆。"齐世风流，莫如张绪。袁粲谓其有正始遗风。每朝见，齐武帝恒目送之。刘悛之为益州，献蜀柳数株，武帝以植于大昌灵和殿前，赏玩咨嗟，曰："此杨柳风流可爱，似张绪当年。"此等直是以貌取人耳，尚何学问之可言哉？故凡学皆贵本原，恶流失，而尤恶其为哗世取宠之资也。

道家而外，诸子之学，稍以式微。数术与《易》相出入，又言哲理固有本于物理者，治之者尚较多。《后汉书·张衡传》云：衡好玄经，谓崔瑗曰："吾观大玄，方知子云妙极道数。乃与《五经》相拟，非徒传记之属。"《三国·吴志·陆绩传》言：绩博学多识。星历，算数，无不该览。作《浑天图》，注

----

① 学术：玄学取口给，亦流破碎。

《易》，释《玄》，皆传于世。陈寿称其于杨《玄》，是仲尼之丘明，老聃之严周。《陆凯传》云：好《大玄》，论演其意，以筮辄验。王肃亦尝注《玄经》，见《隋书·经籍志》。子部儒家。《晋书·忠义传》：刘敏元，好星历、阴阳、术数，潜心《易》、《大玄》，不好读史。常谓同志曰："诵书当味义根，何为费功于浮辞之文？《易》者义之源，《大玄》理之门，能明此者，即吾师也。"又《王长文传》：著书四卷拟《易》，名曰《通玄经》。有文言、卦象，可用卜筮。时人比之《大玄》。同郡马秀曰："杨雄作《大玄》，惟桓谭以为必传后世。晚遭陆绩，玄道遂明。长文《通玄经》，未遭陆绩、君山耳。"此等皆可见魏、晋间人于《玄》乡往之深。① 《干宝传》：性好阴阳、术数，留思《京房夏侯胜》等《传》。《隐逸传》：郭琦，善五行，作《天文志》《五行传》，注《穀梁》《京氏易》，百卷。索袭，游思于阴阳之术。著天文、地理十余篇，多所启发。《魏书·屈遵传》：曾孙拔，少好阴阳学。盖其学尚较他家为盛。然宋立五学，言阴阳者已无其人。见第一节。《南史·刘瓛传》：瓛讲《月令》毕，谓学生严植之曰："江左已来，阴阳律数之学废矣。吾今讲此，曾不能得其方佛。"吴明彻就周弘正学天文、孤虚、遁甲，略通其术，遂以英雄自许，陈武帝亦深奇之。盖尚玄谈者多，能究心于数理者，亦已微矣。与道家相近者，莫如法术之学。② 钟会道论，实乃刑名，已见前。清谈其名，华竞其实，督责之术，相须实亟，故亦有留意其说者。王坦之颇尚刑名学，著《废庄论》；李充幼好刑名之学，深抑浮虚之士是也。然亦能通其说而已，不能有所发明羽翼，观《隋志》名法之书，率皆三国以前物可知也。名家之学，与法家相辅车，然寡实用，故其道尤微。《晋书·隐逸传》：鲁胜，著述为世所称，遭乱遗失，惟注《墨辩》存。其叙曰："自邓析至秦时，名家世有篇籍，率颇难知，后学莫复传习。于今五百余岁，遂亡绝。《墨辩》有《上》《下经》，《经》各有《说》，凡四篇。与其书众篇连第，故独存。"然则名家之书单行者，已皆亡佚，此可证今之《邓析》《公孙龙子》，皆为伪物也。③ 《三国·魏志·钟会传注》云：淮南人刘陶，善论纵横，为当时所称。每与王弼语，尝屈弼。王衍以好论纵横之术，卢钦举为辽东太守，已见第二十二章第四节。《晋书·袁悦之传》云：能长短说，甚有精理。始为谢玄参军，为玄所遇。丁忧去职，服阕还都，止赍《战国策》，言天下要惟此书。此皆好尚纵横家言者，然亦无所发明羽翼。《隋志》有《鬼谷子》三卷，④ 皇甫谧注，盖即谧之所缉。谧之言多不可信，此书不必即今《鬼谷子》，然谧之书即存，亦未必可观也。

---

① 学术：魏晋后人重大玄。
② 学术：魏晋南北朝法学。
③ 学术：《邓析》《公孙龙子》皆伪物。
④ 经籍：《隋志》《鬼谷子》不必即今《鬼谷子》。

第五节 史 学

汉世述作，多在东观；魏世始置著作郎，或隶中书，或隶秘书；已见《秦汉史》第十九章第五节，及本编第二十二章第三节。《史通·史官建置篇》曰："旧事，佐郎职知博采，正郎资以草传，如正佐有失，则秘监职思其忧。其有才堪撰迷，学综文史，虽居他官，或兼领著作。亦有虽为秘书监，而仍领著作郎者。齐、梁二代，又置修史学士。陈氏因循，无所变革。"案《隋书·经籍志》曰："史官废绝久矣。魏、晋已来，其道逾替。南、董之位，以禄贵游。政、骏之司，罕因才授。故梁世谚曰：上车不落则著作，体中何如则秘书。"此其所以不得不别取他官，增设新职欤？《隋书·百官志》谓梁有撰史学士，《陈书·文学传》：张正见、阮卓，皆尝为撰史著士，盖即刘知幾所云修史学士。史官不必能举其职，丧乱时亦或暂缺其官，然载笔之司，究为执政所重，故少获安定，即复设立。元帝渡江，祖纳劝设史官，当时未用其议，未几，王导复以为言，即于建武元年十一月设立，是其事矣。见纪。祖纳，逖兄。元帝作相，引为军谘祭酒。纳好弈棋。王隐以其少长五都，游宦四方，华夷成败，皆所闻见，劝以记述。纳因荐隐于元帝。元帝以记室参军钟雅。雅曰："纳所举虽有史才，而今未能立也。"事遂停。然史云："史官之立自纳始，"盖纳实首发其议者也。见《晋书·逖传》。割据僭伪诸国，亦多设置。《史通》言之颇详。亦有散见诸载记者。《史通》云："伪汉嘉平初，公师彧以大中大夫领左国史，撰其国君臣纪传。前凉张骏时，刘庆迁儒林郎中常侍，在东苑撰其国书。蜀李与西凉二朝，记事委之门下。南凉主乌孤，初定霸基，欲造国纪，以其参军郎韶为国纪祭酒，始撰录时事。自余伪主，多置著作官，若前赵之和苞，后燕之董统是也。"嘉平，刘聪伪号。和苞撰《汉赵纪》十卷，见《隋书·经籍志》，此外皆无可征。诸国置史官之事，见于载记者：《晋书·石勒载记》：勒伪称赵王，命记室佐明楷、程机撰《上党国记》，中大夫傅彪、贾蒱、江轨撰《大将军起居注》，参军石泰、石同、石谦、孔隆撰《大单于志》。及僭号，又擢拜大学生五人为佐著作郎，录述时事。《李雄载记》言雄兴学校，置史官，已见第一节。《苻坚载记》言：坚母少寡，将军李威，有辟阳之宠，史官载之。坚收起居注及著作所录而观之。见其事，惭怒。乃焚其书，而大检史官，将加其罪。著作郎赵泉、车敬等已死，乃止。《魏书·临渭氐传》亦载其事。又《北史·序传》：凉武昭王时，有白狼、白兔、白雀、白雉、白鸠等集于园间。群下以为白祥金精所诞，皆应时邕而至，氐有神光、甘露、连理、嘉禾众瑞，请史官记其事。昭王从之。此史官，当即知幾所谓门下也。知幾又云："元魏初称制，即有史臣。杂取他官，不恒厥职。其后始于秘书置著作局。正郎二人，佐郎二人。其佐参史者，不过一二而已。普泰已来，参史稍替。别置修史局。其职有六人。当代都之时，史臣每上奉王言，下询国俗，兼取工于翻译者，来直史曹。及洛京之末，朝议又以为国史当专任代人，不宜归之汉士。于是以谷纂、山伟，更主文籍。凡经二十余年。其事阙而不载。"案《魏书·高宗纪》：和平元年（460），六月，崔浩之诛也，史官遂废，至是复置。著作之设，当在此时。别置修史局，则史无可考。《序纪》言魏之初，世事远近，人相传授，如史官之纪录。见第三章第八节。《序纪》固不足信，然书契前事，十口相传，则理所可有。《奚斤传》云：斤聪明强识，善于谈论。远说先朝故事，虽未皆是，时有所得。听者叹美之。《北史·魏诸宗室传》云：元丕，声气高朗，博记国事。飨燕之际，恒居坐端，必抗音大言，叙列既往成败。代都所询，盖即此辈。《魏书·王慧龙传》：曾孙遵业，位著作佐郎，与司徒左长史崔鸿同撰起居注。迁右军将军，兼散骑常侍，慰劳蠕蠕。乃诣代京，采拾遗文，以补起居所阙。则迁洛以后，仍未尝不以是为重。末叶专任代人，事见《山伟传》。《传》云：綦儁及伟等，诣说上党王天穆及尔朱世隆，以为国书正应代人修缉，不宜委之余人。是以儁、伟等更主大籍。守旧而已，初无述著。故自崔鸿死后，迄终伟身，二十许载，时事荡然，万不记一。后人执笔，无所冯藉。史之遗阙，伟之由也。未及谷纂。《刘仁之传》云：深为尔朱世隆所信用。出帝初，为著作郎，兼中书令。既非其才，在史未尝执笔。则其时之失职者，尚不仅纂、伟二人也。盖由尔朱擅权，多行不义，[1] 且曾戕贼朝士，虑中原士大夫直笔书之，故如是也。知幾又云："高齐及周，迄于隋代，其史官以大臣统领者，谓之监修国史，齐世如高隆之、赵彦深、崔季舒、张雕虎，周世如柳敏等，皆尝居此职。自领则近循魏代，远效江南。惟周建六官，改著作之正郎为上士，佐郎为下士。名字虽易，而班秩不殊。"又云："又案《晋令》：著作郎掌起居集注，撰录诸言行、勋伐，旧载史籍者。元魏置起居令史，每行幸燕会，则在御左右，记录帝言及宾客酬对。后别置修起居注二人，多以余官兼掌。"案《魏书·高祖纪》：太和十四年（490），二月，初诏定起居注制。十五年（491），正月，初分置左右史官。盖即所谓别置二人者？然《邓渊传》言：大祖诏渊撰国记，渊撰十余卷，惟次年月起居行事而已，未有体例，盖即起居注之伦？足见其有纪录，由来已久。后来刘芳从驾南巡，撰述行事，亦起居注之类也。起居注直书其事，另无裁断，《陈书·文学传》：何之元作《梁典》，其《序》曰："臧荣绪称史无裁断，犹起居注耳。"起居注亦有病其繁芜，加以删削者，如徐勉删起居注为六百卷是也。然此等删削，亦不足语于裁断。然实为撰述之本，故历代皆重视其事，废绝之时甚少，如魏建义初辛绍先曾孙贵，天平中陈元康、卢玄曾孙元明，西魏大统四年（538）申徽，皆尝从事于此，皆流离颠沛之际也。而其书之传者亦颇多。《隋志》著录，凡四十四部，一千一百八十九卷。《隋书·经籍志》：杂史类有《梁皇帝实录》，一三卷，周兴嗣撰，记武帝事。一五卷，谢吴撰，记元帝事。霸史类有《敦煌实录》，刘景撰，景，唐人避讳之字，即刘昞也。盖就此略加删削者。此为官家史料太宗。间有别行记录者，如《宋书·萧思话传》言：大祖使思话上平定汉

中本末，下之史官；《梁书·萧子恪传》言：子恪启撰高祖集，并《普通北伐记》；其书凡五卷，亦见本传。则似清世之方略矣。史事虽设官记录，然断不能备，故仍或求诸私家。《北齐书·文宣帝纪》：天保元年（550），八月，诏曰："朕以虚寡，嗣弘王业。思所以赞扬盛绩，播之万古。虽史官执笔，有闻无坠，犹恐绪言遗美，时或未书。在位王公，文武大小，降及民庶，爰至僧徒，或亲奉音旨，或承传旁说，凡可载之文籍，悉宜条录封上。"其询访所及，亦可谓广矣。官书固难信据，私家撰述，亦或苟阿所好，不必皆实。南朝之普断立碑，①《南史·裴松之传》：松之以世立私碑，有乖事实，上表陈之。以为"诸欲立碑者，宜悉令言上，为朝议所许，然后听之。庶可以防遏无征，显彰茂实。"由是普断。北朝之不受行状，《魏书·甄琛传》：琛死，大臣议谥文穆。吏部郎袁翻以为不实，奏请改谥孝穆。且言"今之行状，皆出自其家，任其臣子，自言君父之行，是以极辞肆意，无复限量。请自今已后，明勒太常、司徒：有如此者，悉请裁量，不听为受。"盖以此也。

撰述之体，当时史家所习用者，为纪传及编年。《隋书·经籍志》：史部分目十三：曰正史，曰古史，曰杂史，曰霸史，曰起居注，曰旧事，曰职官，曰仪注，曰刑法，曰杂传，曰地理，曰谱系，曰簿录。自起居注已下，皆只可谓之史材，非编纂已成之史籍也。杂史者，其书出于私家，《志》所谓"灵、献之世，天下大乱，史官失其常守，博达之士，愍其废绝，各纪闻见，以备遗亡，是后群才景慕，作者甚众"者也。霸史则以其为偏方割据，别立一门耳。其实二者之体例，皆与正史、古史同。古史即编年也，《隋志》以其体放自《春秋》，谓之古史。刘知幾作《史通》，其《古今正史篇》，亦以纪传、编年，二体并列。而纪传之体，尤为见重。可看《魏书·高祐传》。一以作者率循迁、固，一亦以纪传之体，兼有书志，可详典章经制，于史实之网罗，尤为该备也。分史事为理乱兴衰、典章经制二类，说见马贵与《文献通考序》。此非贵与一人之私言，乃自来史家之公意也。高祐修魏史奏云："纪传区别，表志殊贯，如此修缀，事可备尽，"亦是此意。自《汉书》而降，所谓正史，悉系断代为书，颇为主通史者所非议。然自唐以前，修史之家，实未尝谓史当断代②。特往史所重，偏在政事，而其记载多出史官，一姓之兴亡，自为政局一大变，新朝继起，必命史臣，搜集前朝之事，编纂成书，而断代之体，遂成于无意之间耳。东京以降，纪传之体，作者多家，而通行者率不过一种。《后汉书》为范晔。谢承《后汉书》，成于三国之世，已见《秦汉史》第十九章第五节。此外《隋志》所著录者，又有薛莹《后汉记》，司马彪《续汉书》，华峤《后汉书》，谢沈《后汉书》张莹《后汉南记》，袁山松《后汉书》。《梁书·萧子恪传》，言其弟子显，尝采众家《后汉》，考正同异，为一家之书，传末叙所著书，有《后汉书》一百卷，则又《隋志》所未著录也。编年之体，《隋志》所著录者，有袁彦伯《后汉记》，张璠《后汉记》，袁晔《献帝春秋》三家。案范晔书十志未成，今《后汉书》中之志，乃后人以司马彪书补之者也。

————————

① 史籍：南朝普断立碑，北朝不受行状。史籍：正史重于编年，由有表志。

② 史籍：自唐以前无人谓史当断代。

华峤书十典亦未成，其子彻、畅，相继成之，见《晋书》本传。《三国志》为陈寿。三国史记，王化有《蜀书》，韦曜有《吴书》，已见《秦汉史》第十九章第五节。《魏书》，正元中成于王沈。《晋书》本传云：与荀颉、阮籍同撰，多为时讳，未若陈寿之实录。据《史通·古今正史篇》，同撰者又有韦诞、应璩、孙该、傅玄，《晋书·玄传》又有缪施。《隋志》著录：正史类有环济《吴纪》，编年类有孙盛《魏氏春秋》，阴澹《魏纪》，孔舒元《魏氏春秋》，据《史通》，又有鱼豢《魏略》，事止明帝。王隐《蜀记》，张勃《吴录》。《魏书·张彝传》：彝子始均，尝改陈寿《魏志》为编年之体，广益异闻，为三十卷。又《儒林·梁祚传》：祚撰并陈寿《三国志》，名曰《国统》。《晋书》则唐代官纂之本。晋史撰述，始于陆机。《史通·古今正史篇》云："机为著作郎，撰三祖纪，束晳为佐郎，撰十志，会中朝丧乱，其书不存。"而《隋志》古史类有机《晋纪》四卷。案《晋书·干宝传》载王导请立国史疏，谓："宣皇帝廓定四海，武皇帝受禅于魏，而纪传不存于王府。"则似王室无其书，而民间犹有传本也。王隐为著作郎，撰《晋书》。后为虞预所毁，免官。依庾亮于武昌，书乃得成。而虞预窃隐之作，亦成《晋书》四十余卷，事见《晋书》本传。隐之书，《隋志》正史类著录八十六卷，《注》云：本九十三卷，《史通》云八十九卷，未知孰是。要其书于西都旧事，最为该备，则无疑也。干宝为著作郎，著《晋纪》，自宣帝迄愍帝，凡二十卷，亦见《晋书》本传。《隋志》在古史类，云二十三卷。过江而后，《史通》云："自邓粲、孙盛、王韶之、檀道鸾已下，相次继作。远则偏纪两帝，近则惟叙六朝。至宋，湘东太守何法盛，始撰《晋中兴书》，勒成一家，首尾浃备。齐隐士东莞臧荣绪，又集东西二史，合成一书。皇家贞观中，有诏以前后史十有八家，制作虽多，未能尽善，乃敕史官，更加纂录。采正典与旧说数十余家，兼引魏史、十六国书。为《纪》十，《志》二十，《列传》七十，《载记》三十，并《叙例》、《目录》，合为百三十二卷。自是言晋史者，皆弃其旧本，竞从新撰者焉。"此即今之《晋书》，而唐人称为《新晋书》者也。邓粲、孙盛，《晋书》皆有传。王韶之，《宋史》有传。盛之书，本传云：有两本，其说殊不足信，韶之之书，有荀伯子同撰，见《宋书·伯子传》。法盛书，《南史·徐广传》谓其窃诸郗绍，说亦似不足信。十八家，浦起龙《史通通释》云："隋唐二志，正史部凡八家，其撰人则王隐、虞预、朱凤、何法盛、谢灵运、臧荣绪、萧子云、萧子显也。编年部凡十一家，其撰人则陆机、干宝、曹嘉之、习凿齿、邓粲、孙盛、刘谦之、王韶之、徐广、檀道鸾、郭季产也。盖十九家，岂缘习氏独主汉斥魏，以为异议，遂废不用欤？"说近亿测，疑事毋质，不必尽求其人以实之可也。《隋志》著录，又有梁时有其书，而作《志》时已亡之者：郑忠《晋书》七卷，虞铣《东晋新书》七卷其不著录而见于史传者：晋荀绰有《晋后书》十五篇，谢沈有《晋书》三十余卷，沈约有《晋书》百一十卷。未成而颇传于世者：崔浩有《晋后书》五十余卷。有志而未成者：齐有袁炳，魏有宋世景、裴伯茂、魏长贤。沈约之书，据《宋书·自序》，凡成百二十卷，遇盗失其第五帙。以《梁书》所载卷数核之，所失者凡十卷。《序》云："源流虽举，而采缀未周。"以被敕撰国史，后又撰起居注，遂无暇搜撰，则其书实未成。《宋书·谢灵运传》云：大祖令撰《晋书》，粗立条流，竟不能就。其书实亦未卒业也。《宋书》成于沈约。《宋书》，何承天草立纪传，止于武帝功臣，其所撰书，惟天文、律历。此外悉委山谦之。谦之病亡，苏宝生续造诸传。元嘉名臣，皆其所撰。宝生被诛，徐爰踵成前作。起自义熙之初，迄于大明之末。其臧质、鲁爽、王僧达诸传，则系孝武自造。自永元至于禅让，十余年间，阙而不续。永明五年

(487)，沈约被敕撰著。六年（488），十月，表上之，云："所撰诸志，须成续上。"事见《宋书》约《自序》。其书实多因徐爰之旧，故于革易之际，为宋讳者，反甚于为齐。说见《廿二史札记》。《齐书·文学·王智深传》言：世祖使沈约撰《宋书》，又敕智深撰《宋纪》，成三十卷。世祖后召见于璇明殿，令拜表奏上。表未奏而世祖崩。隆昌元年（494），敕索其书。《梁书·裴子野传》，谓其曾祖松之，宋元嘉中，受诏续修何承天《宋史》，未及成而卒。子野尝欲继成先业。及齐永明末，沈约所撰《宋书》既行，子野更删撰为《宋略》二十卷。《史通·古今正史篇》云：松之之卒，史佐孙冲之表求别自创立，为一家之言。冲之盛曾孙，事见《臧质》、《邓琬传》。其书盖未及成。《齐书·刘祥传》云：祥撰《宋书》，讥斥禅代。尚书令王俭密以启闻。武帝衔而不问。《陆澄传》云：欲撰《宋书》，竟不成。《隋志》著录，沈约、裴子野而外，纪传类有徐爰、孙严《宋书》各六十五卷，古史类有王琰《宋春秋》二十卷。《齐书》成于萧子显。子显之书，《梁书》本传作六十卷，《隋志》同。今本止五十九卷，盖佚《自序》一篇？其略，犹存于《南史》本传中也。《齐书》撰述，始于檀超、江淹。建元二年（480），初置史官，以超、淹掌其职。超史功未就而死。淹所撰凡十三篇，见《南史》本传。《隋志》正史类，亦著录淹《齐史》十三卷。《梁书·淹传》云：淹所著《齐史》十志，行于世。十志，《南史》作传志。按《史通》云："淹始受诏著述，以为史之所难，无出于志，故先著十志，以见其才。"云先著，后必更有所述，则《南史》是也。此外《隋志》又有沈约《齐纪》二十卷，刘陟《齐纪》十卷。约著《齐纪》，亦见《梁书》本传。以上皆纪传体。其编年体，则《隋志》有吴均《齐春秋》三十卷。均作是书，求借齐起居注及群臣行状。梁武帝不许。均遂私撰。书成，奏之。书称帝为齐明帝佐命。帝恶其实录，使诘其事之不实者，焚之。均坐免职。然其私本仍行。事见《梁书》、《南史》本传及《史通》。《齐书·檀超传》云：豫章熊襄著《齐典》，上起十代。其《序》云："《尚书·尧典》谓之《虞书》，故通谓之齐。"《南史》同。其书所述，盖不仅齐事。《隋志》不著录，而有王逸《齐典》五卷，萧万《齐典》十卷，皆在古史类。《梁书·裴子野传》，言其欲撰《齐梁春秋》，始草创，未就而卒。《梁》、《陈书》成于姚思廉。梁史：《史通》云：武帝时，沈约、周兴嗣、鲍行卿、谢昊相承撰录，已有百篇。承圣沦没，并从焚荡。《梁书·沈约传》言：所著有《高帝纪》十四卷。《隋志》著录谢昊《梁书》四十九卷。《注》云：本一百卷。盖相承至昊，共得百篇，非昊一人所撰也。陈初，杜之伟、许亨，大建时顾野王，并知梁史，亨书成者五十八卷，皆见《陈书》本传。亨子善心，《隋书》有传，云：其父尝撰《齐书》五十卷。《梁书》纪传，随事勒成，及阙而未就者，目录注为一百八卷。梁室交丧，一时亡散。陈初为史官，依旧目录，更加修撰，且成百卷。已有六帙五十八卷上秘阁讫。善心祯明二年（588）聘隋而陈亡。其书存者六十八卷，又并缺落失次。善心随见补葺，成七十卷。《陈书》所著，盖其上秘阁之本？《隋志》著录许亨《梁史》五十三卷，则又有所阙也。以上皆纪传体。其编年体：《隋志》著录，有刘璠《梁典》三十卷，何之元《梁典》三十卷，阴僧仁《梁撮要》三十卷，姚勖《梁后略》十卷，萧韶《梁大清纪》十卷，萧世怡《淮海乱离志》四卷。刘璠之书，实成于其子祥之手，事见《周书》本传。何之元之书，起齐永元二年（500），迄王琳遇获，见《陈书》本传。《史通》谓之元与璠合撰《梁典》三十篇，合字盖各字之误？姚勖，僧垣子，事见《周书·僧垣传》。萧韶，见《南史·梁宗室传》。云其书承湘东之旨，多非实录。陈史：《史通》云：初有顾野王、傅缚，各为撰史学士。《武文二帝纪》，即其所修。《唐志》有野王、绰《陈书》各三卷，而《隋志》有陆琼《陈书》四十二卷，《注》云讫宣帝，疑野王、绰之书，亦苞括其中矣。姚察在梁、陈二代，皆知史职。隋开皇九年（589），敕其撰成二史。事见《陈书》本传。然其书仍未能成，至唐贞观中，乃成于其子思廉之手焉。晋世北方诸国，总集于崔鸿之《十六国春秋》。其书虽成于魏世，而专详僭伪，不著晋朝，民族大义，可谓较然彰著。嬴秦以后，吾国久成统一之局，偏隅割据者，原不能视之为国，故至唐世，遂将其行事，编为载记，入之《晋书》，视如汉末之群雄矣。十六国史，《史通》述之较详，今录其说如下。《古今正史篇》曰："前赵刘聪时，领左国史公师彧撰《高祖本纪》及《功臣传》二十人，甚得良史之体。凌修谮其讪谤先帝，聪怒而诛之。刘曜时，和苞撰《汉赵记》十篇，事止当年，不终曜灭。后赵石勒，命其臣徐光、宗历、傅畅、郑愔等撰《上党国记》、《起居注》、《赵书》。其后又令王兰、陈宴、程阴、徐机等相次撰述。至石虎，并令刊削，使勒功业不传。其后燕大傅长史田融，宋尚书库部郎郭仲产，北中郎将王度，追撰石事，集为《邺都记》、《赵记》等书。前燕有《起居注》，杜辅全录，以为《燕记》。后燕建兴元年（386），董统受诏草创后书。著《本纪》并《佐命功臣》、《王公列传》，合三十卷。其后申秀、范亨，各取前后二燕，合成一史。南燕有赵郡王景晖，尝事德、超，撰二主《起居注》。赵亡，仕于冯氏，仍撰《南燕录》六卷。蜀李势散骑常侍常璩撰《汉书》十卷。后入晋秘阁，改为《蜀李书》。璩又撰《华阳国志》，具载李氏兴灭。前凉张骏十五年，命其西曹边浏集内外事，以付秀才索绥，作《凉国春秋》五十卷。又张重华护军参军刘庆，在东苑专修国史二十余年，著《凉记》十二卷。建康太守索晖，从事中郎刘昞，又各著《凉书》。前秦史官，初有赵渊、车敬、梁熙、韦谭，相继著述。符坚尝观而观之。见苟大后幸李威事，怒而焚灭其本。后著作郎董谊，追录旧语，十不一存。及宋武帝入关，曾访秦国事。又命梁州刺史吉翰问诸仇池，并无所获。先是秦秘书郎赵整，参撰国史。值秦灭，隐于商洛山，著书不辍。有冯翊车频，助其经费。整卒，翰乃启频纂成其书。以元嘉九年（432）起，至二十八年（451）方罢。定为三卷。而年月失次，首尾不伦。河东裴景仁，又正其讹辟，删为《秦纪》十一篇。后秦扶风马僧虔、河东卫隆景、并著秦史，及姚氏之灭，残阙者多。泓从弟和都仕魏，又追撰《秦记》十卷。夏天水赵思群，北地张渊，于真兴、承光之世，并受命著其国书。及统万之亡，多见焚烧。西凉与西秦、北燕，其史或当代所书，或他邦所录。段龟龙记吕氏，宗钦记秃发氏，韩显宗记吕、冯氏。惟此三者可知，自余不详谁作。魏世，黄门侍郎崔鸿，乃考核众家，辨其同异。除烦补阙，错综纲纪。易其国书曰录，主纪曰传。都谓之《十六国春秋》。鸿始以景明之初，求诸国逸史。逮正始元年（504），鸠集稽备，而犹阙蜀事，不果成书。推求十五年，始于江东购获。乃增其篇目，勒为十卷。鸿殁后，永安中，其子绲写奏上，请藏诸秘阁。由是伪史宣布，大行于时。"案高祖，刘渊伪号。《隋志》有田融《赵书》十卷，王度《二石传》二卷，《二石伪治时事》二卷，范亨《燕书》二十卷。《注》云：记慕容儁事。张诠《南燕录》五卷，王景晖《南燕录》六卷，皆《注》云：记慕容德事。又有游览先生《南燕书》七卷。《魏书·郦范传》：范弟子恽，撰慕容氏书不成。《崔逞传》：慕容暐时举上计掾，补著作郎，撰《燕记》；《封懿传》：懿撰《燕书》，颇行于世，则《隋志》皆不著录。常璩之书，《隋志》名《汉之书》，十卷。《华阳国志》亦录，十二卷。又云：梁有《蜀平记》十卷，《蜀汉伪官故事》一卷，亡。刘景《凉书》十卷，《注》云：记张轨事。又有《敦煌实录》十卷。景为昞避讳字，已见前。《魏书·昞传》云：《凉书》十卷，《敦煌实录》二十卷。《隋志》又有张谘《凉记》八卷，《注》亦云记张轨事。喻归《西河记》二卷，《注》云：记张重华事。苻坚焚史，事已见前。裴景仁之书，《隋志》著录为十一卷。又有何仲熙《秦书》八卷，《注》云：记苻健事。景仁之书，亦见《南史·沈怀文传》，云十卷。姚和都书，《隋志》亦著录。真兴，勃勃伪号，承光，昌伪号，夏、西凉、西秦三国，《隋志》皆无书。段龟龙书，《隋志》著录十卷。宗钦，《魏书》有传，云钦在河西，撰《蒙逊记》十卷，无足可称。不云记秃发氏。《隋志》有《拓跋凉录》十卷，不著撰人。韩显宗，《魏书》亦有传。云撰《冯氏燕志》十卷，不云记吕氏。则《史通》宗钦记秃发氏，韩显宗记吕、冯氏二句有误。浦起龙改为"宗钦记沮渠氏，失名记秃发氏，韩显宗记冯氏"，与《魏书》、《隋志》虽合，然合段龟龙记吕氏，凡有四种，与"惟此三者可知"句，文义又属不符。浦氏又改惟此为"惟有"，云"本有四种，其一失名，故云三者"。殊属牵强。则元文虽误，浦氏所改，亦未为是也。《隋志》有《凉书》十卷，高道让撰。又《凉书》十卷，《注》云：沮渠国史，而不著撰人。道让，谦之字。其父崇。崇父潜，妻沮渠牧犍女武威公主。公主痛本生绝胤，以崇继牧犍后，后乃启复本姓，事见《魏书·崇传》。韩显宗书，《隋志》不著录，而有高闾《燕书》十卷，《注》云：记冯跋时事。崔鸿之书，《魏书》本传云：鸿二世仕江左，故不录僭晋、刘、萧之书。又恐识者责之，未敢出行于外。世宗闻其撰录，遣散骑常侍赵邕诏鸿随成者送呈。鸿以其书有与国初相涉，言多失体，且既未讫，迄不奏闻。鸿后典起居注，乃妄载其表，云谨以所讫者附臣邕呈奏。自正光以前，不敢显行其书。自后，以其伯光贵重当朝，知时人未能发明其事，乃颇相传读。亦以光故，执事者遂不论之。子子元，永安中，乃奏其父书。据此，知鸿书于十六国事与魏相关者，必多存直笔，而惜乎其已亡也。初不肯顺房意进呈，而后乃妄载其表，盖以为书经呈奏，则攻击者较难为辞，此史家欲存史迹之苦心。正光已后，魏已无复纲纪，鸿故敢行其书，不必由于光之当权。至于永安，则拓跋氏仅亦守府矣，此其子所以又欲借中秘之力而存之也。《北史·崔亮传》：齐文襄尝言崔肇师合诛。左右问其故。曰："崔鸿《十六国春秋》，述诸僭伪，而不及江东。"左右曰："肇师与鸿别族"，乃止。房恶其书如此，则其书之能秉大义可知，鸿可谓明于夷夏之界矣。① 其书，《魏书》云子元奏进者一百二卷。浦起龙因改《史通》勒为十卷之十字为一百二，然《史通》此句，或指其得蜀事后所增卷数言之，亦未可专辄也。《魏书》成于魏收，号为秽史。隋世尝命改造，然其书未能行。魏初命邓渊著国记，后又命崔鸿总史事，浩之诛，以史事为名，已见第八章第六节。其后高允、刘模，并典史事，史言其大较续浩故事，可见浩书实未尝废，其诛，特以此为名而已。史又言允虽久典史事，而不能专勤著述。又言允年已九十，目手稍逊，多遣模执笔，而指授裁断之。如此五六岁。允所成篇卷，著论上下，模与有功焉。则允虽尸其名，主其事者实模也。《高祖纪》：太和十一年（487），十二月，诏秘书丞李彪、著作郎崔光改析国记，依纪传之体。《彪传》云：自成帝已来，至于太和，崔浩、高允，著述国书，编年叙录，为春秋之体。遗录时事，三无一存。彪与秘书令高祐，始奏从迁固之体，奏见《祐传》。据其

---

① 民族、史籍：崔鸿《十六国春秋》为齐文襄所深恶。

辞，则纪传之体，起于皇始，盖自此以前，事迹希简，且无年月，不能编年，故不能作本纪。今《魏书》之《序纪》，其体，或亦沿自祐等邪？彪后因事失官。世宗践阼，求以白衣修史，如王隐故事。其表云：自太和十五年（491）以来，频有南辕，载笔遂寝。其时居史职者，傅毗、阳尼、邢产、宋弁、韩显宗等，皆登年不永；程灵虬改从他职；惟崔光一人不移任，而亦侍、官两兼，故载述致阙焉。《崔光传》云：光虽领史官，以彪意在专功，表解侍中著作以让彪，世宗不许。景明二年（501），秋，彪卒。四年（503），以孙惠蔚代光领著作。首尾五载，无所厝意。明帝立，诏光还领著作。光年者多务，疾病稍增，而自强不已。然其书终未能成。正光四年（523）卒。临卒，言弟子鸿于肃宗。五年（524），正月，诏鸿以本官修辑国史。寻亦卒。《魏书·自序》云：世宗时，命邢峦追撰高祖起居注。书至太和十四年（490）。又命崔鸿、王遵业补续焉。下讫肃宗，事甚委悉。尒朱兆入洛，官守奔散。国史典书高法显密埋史书，故不遗落。领著作郎山伟，自以为功，得封东阿县伯，法显止获男爵。伟与綦僬等更主史籍，无所述作，已见前。北齐文宣天保二年（551），诏魏收撰魏史。国史而外，兼以济阴王晖业《辨宗室录》为据。五年（554），三月，奏上《纪》百一十卷。十一月，复奏十《志》。事见《魏书·自序》。收之修《魏书》，史言其多快恩怨，私亲戚，所引史官，恐其陵逼，亦惟取先相依附者。致为诸家子孙所诉。文宣先重收才，收又诬诉者欲相屠害，致诉之者转以获罪。然犹以群口沸腾，敕且勿施行，令群臣博议，听有家事者入署，不实者陈牒。于是投牒者相次。收无以抗之。时左仆射杨愔，右仆射高德正，势倾朝野，与收皆亲。收遂为其家并作传。二人不欲言史不实，抑塞诉辞。终文宣世，更不重论。孝昭皇建元年（560），诏收更加研审。收奉诏，颇有改正。乃诏行之。群臣仍多言魏史不实。武成复敕更审。收又回换。收既缘史事，多憾于人，齐亡之岁，收冢被发，弃其骨于外焉。以上皆见《北齐书·收传》。其说不知皆实否。然《传》言阳休之父固为北平太守，以贪虐，为中尉李平所弹获罪，载在《魏起居注》。而收书云：固为北平，甚有惠政，坐公事免官。又云：李平深相敬重，其事固信而有征，则收书之有曲笔，似无可解免也。《崔㥄传》云：㥄为常侍，求人修起居注。或曰："魏收可。"㥄曰："收轻薄徒耳。"更引祖鸿勋为之。《收传》言其意存实录，好诋阴私。又曰：至于亲故之家，一无所说。是则侐直私曲，兼而有之。《高柔传》云：收撰魏史，启柔等与同其事。柔性颇专固，自是所闻，收常为嫌惮。又云：柔在史馆未久，逢勒成之际，志存偏党。与其内外通亲者，并虚美过实。深为时论所讥。则阿私所好者，正不独收一人，特收主持其事，遂为众矢之的耳。诉收获罪者，事见《北齐书》卢潜、李构、王松年等《传》。《北史·崔光传》：光子劼，尝恨魏收书，欲更作编年纪，竟不能就。光家世史学，使其成之，其书当有可观也。齐后主武平四年（573），五月，诏史官更撰《魏书》，见《纪》。其书盖无所成？隋高祖诏魏澹别成魏史，时称简正，事见《隋书·澹传》及《北齐书·魏兰根传》。《隋书·薛道衡传》：从子德晋，尝佐澹修《魏书》。然《潘徽传》言炀帝又诏杨素更撰《魏书》，素薨而止，则魏澹之书，论者必仍有不满也。《北齐书》成于李百药。《史通·古今正史篇》："高齐史：天统初，太常少卿祖孝征述献武起居，名曰《黄初传天录》。时中书侍郎陆元规，常从文宣征讨，著《皇帝实录》，惟记行师，不载他事。自武平后，史官阳休之、杜台卿、祖崇儒、崔子发等相继注记，逮于齐灭。隋秘书监王劭，内史令李德林，并少仕邺中，多识故事。王乃冯述起居注，广以异闻，造编年书，号曰《齐志》，十有六卷。李在齐预修国史，创纪传书二十七卷。至开皇初，奉诏续撰，增多《齐史》三十八篇。已上送官，藏之秘府。皇家贞观初，敕其子中书舍人百药，仍其旧录，杂采他书，演为五十卷。今之言齐史者，惟王、李二家焉。"《自注》云："王劭《齐志》，《序》云二十卷，今世间传者，惟十六卷。"《隋志》著录，则止十卷。又有崔子发《齐纪》三十卷。《杜台卿传》云：撰《齐纪》二十卷。《荣毗传》：兄建绪，仕周，平齐之始，留镇邺城，因著《齐纪》三十卷。《隋志》皆不著录。《周书》成于令狐德棻。宇文周史：《史通》云："大统有秘书丞柳虬，兼领著作，直辞正色，事有可称。至隋开皇，中秘书监牛弘追撰《周纪》十有八篇，略叙纪纲，仍皆抵忤。皇家贞观初，敕秘书丞令狐德棻、秘书郎岑文本共加修缉，定为《周书》五十卷。"《隋志》有牛弘《周史》十八卷，《注》云未成。事亦皆在唐世。《史通·古今正史篇》云："太宗以梁、陈及齐、周、隋氏，并未有书，乃命学士分修，仍使秘书监总知其务。合为五代纪传，并目录凡二百五十二卷。书成下于史阁。惟有十志，断为三十卷，寻拟续奏，未有其文。又诏左仆射于志宁、太史令李淳风、著作郎韦安仁、符玺郎李延寿同撰。其先撰史人，惟令狐德棻重与其事。太宗崩后，刊勒始成。其篇第虽编入《隋书》，其实别行，俗呼为《五代史志》。"云合为五代纪传，则梁、陈、齐、周、隋之史，实未尝各别为书。然则续修之志，亦与五代纪传合为一书，无所谓编入《隋书》也。五代既合为一书宋、齐、元魏何缘分立？隋实混一区宇，而亦继南北朝之后，则晋又何不可冠于南北朝之前？然则当时史家，果未尝谓史当断代。李延寿虽与官修，仍采杂史，补益官书，延寿与官修而必别为私史，意实在此，观其自序可知。编为南北纪传，而亦入隋于其中，其《自序》称以拟《史记》；知幾论史，亦入之通史之家；其明证也。然意虽在于会通，书实成于各别。合居一简，未免无所取裁。当时虽合为一书，后人仍目为断代，盖以此也。

欲合隆古至于当代，萃为一编者，当时亦非无其人。梁武帝之《通史》，其最著者也。此书，《梁书·本纪》云六百卷，《史通·古今正史篇》云六百二十卷，《纪》盖以成数言之。《隋志》作四百八十卷，则有阙佚也。帝尝躬制《赞》、《序》，亦见《本纪》。又语萧子显曰："此书若成，众史可废。"其重视之可知。《史通》云：其书"自秦已上，皆以《史记》为本，而别采他说，以广异闻。至两汉已还，则全录当时纪、传。《梁书·吴均传》言：此书起三皇，迄齐代，均草《本纪》、《世家》已毕，惟《列传》未就卒。而上下通达，臭味相依。又吴、蜀二主，皆入世家。五胡及拓跋氏，列于夷狄传。大抵其体皆如《史记》，所异者惟无表而已。"断代之书，所以不能合为通史者，实以两朝衔接之际，不免复重、矛盾，今云上下通达，臭味相依，当有以祛此弊。云惟无表，则亦有志。表事不容刊落，盖当别有剪裁。《齐书·檀超传》。超掌史职，上表立条例，即谓封爵各详本传，无假年表。此书实郑樵《通志》之先河也。顾野王尝撰《通史要略》一百卷，未就，《陈书》本传。盖又欲就斯书，加以删略。熊襄《齐典》，所述不仅齐事，说已见前。宋江夏王义恭尝撰《要记》五卷，起前汉讫晋太元，《宋书》本传。盖亦通史之体。北朝元晖，<small>常山王遵曾孙。《史通》误作济阴王晖业。</small>招集儒士崔鸿等，撰录百家要旨，以类相从，名为《科录》，凡二百七十卷。上起伏羲，迄于晋、宋，凡十四代。<small>《魏书·昭成子孙传》。《北史·魏诸宗室传》无宋字。</small>其书《史通》列为古今正史，而《隋志》入之子部杂家，盖以为类书也。《魏书·儒林·平恒传》云：自周以降，暨于魏世，帝王传代之由，贵臣升降之阶，皆撰录品第，商略是非，号曰《略注》，合百余篇，似亦《科录》之类。《周书·明帝纪》言：帝集公卿已下有文学者八十余人，于麟趾殿刊校经史。又捃采众书，自羲、农已来，迄于魏末，叙为《世谱》，凡五百卷。《隋书·萧济传》：陈亡后济子从典入隋，杨素奏使续《史记》迄于隋，其书未就，则亦梁武作《通史》之志也。

斯时史家，颇知讲求体例。华峤《修汉后书》，以皇后入外戚传为不安，而改之为纪。<small>《晋书》本传。</small>檀超之掌史职，尝上表立条例，诏内外详议。其时王俭、袁彖，均有所论，见《齐书·超》及《彖传》。修史既皆断代，故其起讫之间，最烦论议。晋初作本朝之史，即议立限断。或云当起正始，<small>魏废帝立之岁。</small>或云当始嘉平，<small>宣王杀曹爽之岁。</small>或云当起泰始，<small>武帝篡魏之岁。</small>见《晋书·贾充传》。徐爰修宋史，起元义熙，载与高帝并起及为帝所戡定之人，而不取桓玄。表请详议。诏曰："项籍、圣公，编录二汉，《桓玄传》宜在宋典。余如爰议。"后沈约修《宋书》，则并桓玄、谯纵、卢循、马鲁及刘毅、何无忌、魏咏之、檀凭之、孟昶、诸葛长民等并删之，事见《宋书·爰传》及《自序》。魏收监修国史，议立齐元，阳休之、李德林等亦有议论，见《北齐书·休之》、《隋书·德林传》。此皆论一史之断限者也。其分立时正统之论，则习凿齿首及之。《晋书·凿齿传》载其临终上疏曰："臣每谓皇晋宜越魏继汉，不应以魏后为之恪，而身微官卑，无由上达。今沉沦重疾，谨力疾著论一篇写上。"其论曰："今若以魏有代王之德，则其道不足，有静乱之功，则孙、刘鼎立。昔共工霸有九州，秦政奄平区夏，犹不见序于帝王，沦没于战国，何况暂制数州之人，威行境内而已？若以晋尝事魏，拘惜禅名，则惑之甚者也。禅代之义，不同尧、舜，校实定名，必彰于后，人各有心，事胡可掩？成业者系于所为，不系所藉。立功者言其所济，不言所起。有定天下之大功，为天下之所推，孰如见推于暗人，受尊于微弱？"[1]论足王天下与否，纯以功德为准，而破拘于君臣之分，缪托禅让之名，实颇合民贵君轻之义也。<small>凿齿正统之说，当以此论所言为正。</small>《传》又言：凿齿以桓温觊觎非望，著《汉晋春秋》以裁正之，于三国时，蜀以宗室为正，则近亿度。《晋书·天文志》云："魏文帝黄初六年（225），五月，壬戌，荧惑入大微。七年（226），五月，帝崩。《蜀记》称明帝问黄权：天下鼎立，何地为正？对曰：验天文。往者荧惑守心，

---

①　政体：正统之论，凿齿之论，不必奕禅让之虚名，甚正。

而文帝崩,吴、蜀无事,此其征也。案三国史并无荧惑守心之文,疑是入大微。”以天象定正伪,则冥漠之说矣。

史也者,所以记人群之行事,以资鉴戒,非徒为一二人作起居注也。此义也,昔时史家,久已知之。然史官缘起,本君大夫之私人,所记者特其私事,记言记行,皆以表彰其人为主,此等见解,相沿不易化除,而视史家之褒贬为一身之荣辱者遂多矣。《齐书·崔祖思传》:祖思陈政事曰:“古者左史记言,右史记事,君举必书,尽直笔而不污,故上无妄动,知如丝之成纶。今者著作之官,起居而已。述事褒谀为体。世无董、狐,书法必隐。时阙南史,直笔未闻。”即深惜史职不举,不足使人歆惧者也。宋文帝欲封王昙首等,会燕集,出诏示之。昙首曰:“岂可因国之灾,以为身幸?陛下虽欲私臣,当如直史何?”封事遂寝。荀丕恶于王俭,又上书极谏齐武帝,言甚直。帝不悦。竟于荆州狱赐死。徐孝嗣闻之曰:“丕纵有罪,亦不应杀,数千年后,其如竹帛何?”《南史·齐豫章王嶷传》。魏孝文谓史官曰:“直书时事,无讳国恶。人君威福自己,史复不书,将何所惧?”皆谓史笔,足儆人君。然君既赏罚任情,史又何所恃以奋其直笔?《齐书·王智深传》:世祖使沈约撰《宋书》,疑立《袁粲传》,以谂世祖。世祖曰:“袁粲自是宋家忠臣。”约又多载孝武、明帝诸鄙渎事。上遣左右谓曰:“孝武事迹,不容顿尔。我昔经事宋明帝,卿可思讳恶之义。”于是多所省除。则视人君之意旨为进退矣。世祖敕智深撰《宋纪》,令奏上,未及而崩,郁林又索其书,已见前。《传》言智深初为袁粲所接,及撰《宋纪》,意常依依,世祖之索之,盖意实有所不释然,故郁林犹继其志也。刘祥撰《宋书》,讥斥禅代,世祖衔而不问,亦已见前。《南史》言祥又于朝士多所贬忽,著连珠十五首以寄其怀。或以启上,卒以是徙广州,则亦未尝不以他事中之矣。观此,可知人君之于直笔,畏忌之深。《周书·柳虬传》:虬上疏曰①:“古人君立史官,非但纪事而已,盖所以为监戒。汉、魏已还,密为记注,徒闻后世,无益当时。且著迷之人,密书其事,纵能直笔,人莫之知。何止物生横议,亦自异端互起。故班固致受金之名,陈寿有求米之论。著汉、魏者非一氏,造晋史者至数家。后代纷纭,莫知准的。诸史官记事者,请皆当朝显言其状,然后付之史阁。庶令是非明著,得失无隐。使闻善者自修,有过者知惧。”事遂施行。《文帝纪》:魏恭帝元年(554),四月,帝大飨群臣。魏史柳虬执简书于朝曰:“废帝文皇帝之嗣子。年七岁,文皇帝托于安定公,曰:是子才由于公,不才亦由于公,宜勉之。公既受重寄,居元辅之任,又纳女为皇后,遂不能训诲有成,致令废黜,负文皇帝付属之意,此咎非安定公而谁?”大祖乃令太常卢辩作诰谕公卿。此其所谓显言于朝者也,岂

---

① 史籍:史不能直笔。柳虬破密书之局,可发一笑。以此歆惧人,适见其利用之甚。

不令人作恶？虬以大统十四年（548）除秘书丞，秘书虽领著作，不参史事，自虬为丞，始令监掌焉。十六年（550），修起居注，仍领丞事。周文之委任之，岂不以其能破密书之局，则知公论之莫予毒，而可以释然于怀也邪？

人君如此，人臣亦然。魏孝文谴妇人冠帽着小襦袄，任城王澄言著者犹少，孝文斥为一言丧邦，欲使史官书之，已见第二十一章第三节。梁取汉中，魏将乙速孤佛保自刎死，文帝诏著作录之。《北史·节义传》。丘冠先死于蠕蠕，齐武帝赐其子雄钱一万，布三十四，雄不受。诣阙上书曰："臣父执节如苏武，守死如谷吉，遂不书之良史，甄之褒策，万代之后，谁死社稷？"《南史·孝义传》。谢朓之死，谓门宾曰："寄语沈公：君方为三代史，亦不得见没。"皆视史家之褒贬为荣辱之大者也。源怀表陈其父贺拥立高宗及执立高祖之功，不沾茅土之锡。诏曰："宿老元臣，云如所诉，访之史官，颇亦言此，可依授北冯翊郡开国公。"可见私家勋伐，亦以书于国史者为准。故有见录者则引为殊荣，如李孝伯与张畅对问，书于《宋史·畅传》，其孙豹子，欲求其君之披览是也。其或见遗，则以为大戚，如诉魏收者或云遗其家世职位，或云其家不见记录，或云妄有非毁是也。《收传》言：收性颇急，凤有怨者，多没其善。每言何物小子，敢共魏收作色？举之则使上天，按之则使入地。则藉此以肆其恣睢者，又有之矣。收《自序》曰：武定四年（546），献武于西门豹祠宴集，谓司马子如曰："魏收为史官，书吾等善恶，闻北伐时诸贵常饷史官饮食，司马仆射颇曾饷不？"因共大笑。仍谓收曰："卿勿见元康等在吾目下趋走，谓吾以为勤劳。我后世身名在卿手，勿谓我不知。"又言齐文宣诏收撰魏史，敕收曰："好直笔，我终不作魏大武诛史官。"神武、文宣皆粗才，能作是语，可知此等见解入人之深矣。《南史·王韶之传》曰：韶之为晋史，序王珣货殖，王廞作乱。珣子弘、廞子华并贵显，韶之惧为所陷，深附结徐羡之、傅亮等。少帝即位，迁侍中，出为吴郡太守。羡之被诛，王弘入相，领扬州刺史。弘虽与韶之不绝，诸弟未相识者，皆不复往来。韶之在郡，尝虑为弘所绳，凤夜勤励，政绩甚美。弘亦抑其私憾。文帝两嘉之。《裴子野传》云：齐永明末，沈约撰《宋书》，称松之已后无闻焉。子野撰《宋略》云：戮淮南太守沈璞，以其不从义师故也。约惧，徒跣谢之，请两释焉。叹其述作曰："吾弗逮也。"盖直道之难行如此。《隋书·卢思道传》云：齐天保中，魏史未出，思道先已诵之，由是大被笞辱。盖亦以秉笔者为恩怨所丛，虑其或受牵率，故当其未成之时，讳莫如深也。

史氏之初，本系记录故事，[①] 以备方来之参证，其为用，略如后世之档案，先代学者，留意于此者极多。《宋书·殷景仁传》云：景仁于国典、朝仪、旧

---

① 史籍：故事。

章、记注，莫不撰录，识者知其有当世之志。《梁书·孔休源传》：高祖尝问吏部尚书徐勉曰："今帝业初基，须一人有学艺、解朝仪者，为尚书仪曹郎。为朕思之，谁堪其选？"勉对曰："孔休源识鉴清通，谙练故实。自晋、宋起居注，诵略上口。"高祖亦素闻之。即日除仪曹郎中。是时多所改作每逮访前事，休源即以所诵记，随机断决，曾无疑滞。吏部郎任昉尝谓之为孔独诵。其有裨实用如此。王彪之博闻多识，练悉朝仪。自是家世相传，并谙江左旧事。缄之青箱。世人谓之王氏青箱学。《宋书·王淮之传》。王伟之少有志尚，当世诏命表奏，辄手自书写。泰元、隆安时事，小大悉撰录之。《宋书·王韶之传》。伟之，韶之父也。韶之因此私撰《晋安帝阳秋》，既成，时人谓宜居史职，即除著作佐郎，使续后事。讫义熙九年(413)。许懋尤晓故事，深为仪注之学。《梁书》本传。刘谅尤博悉晋代故事，时人号曰皮里晋书。《梁书·刘孝绰传》。江蒨好学，尤悉朝仪、故事，撰《江左遗典》三十卷，未就。《梁书》本传。凡此皆后世所谓掌故之学。《隋志》有旧事、仪注两门皆其书，刑法一门，律令而外，有制、科、议、议驳、弹事、奏事、决事、驳事，亦其类也。

汉世治古史者，当以韦曜、谯周、赵晔、袁康为巨擘。曜之《洞纪》，意在网罗放佚，求其完备。周之《古史考》，则是正旧闻，求其足信。晔与康之《吴越春秋》、《越绝书》，则皆著传说于竹帛，使其不致湮灭者也。参看《秦汉史》第十九章第五节。魏、晋以降，此风未替。皇甫谧有《帝王世纪》，盖《洞记》之伦。此书起三皇，尽汉、魏，见于《隋志》。其体例与《洞纪》之起庖牺至秦、汉，而黄武以后别作者同。《隋志》又有何茂材《续帝王世纪》十卷，疑本谧书续以晋已后事。其书在晋、南北朝之世，最为通行。观义疏言古事，多引此书，罕引《史记》可知。故当时即有为作音注者。《隋志》有虞绰《帝王世纪音》四卷。《北史·文成五王传》，安丰王猛之子延明，曾注《帝王世纪》。来奥有《帝王本纪》，似亦《世纪》之类。杨晔有《华夷帝王世纪》，则似兼详外国者也。《隋志》所著录者，又有甄鸾《帝王世录》一卷。此书盖但记世系，故卷帙甚少。《刘绲·先圣本纪》十卷，所谓先圣，盖亦指古帝王，《志》云："自后汉已来，学者多钞撮旧史，自为一书。或起自人皇，或断之近代，亦各其志。而体制不经。又有委苍之说，迂怪妄诞，真虚莫测，然其大抵皆帝王之事"可证也。王子年《拾遗记》二卷，今尚存，可见迂怪妄诞之概，然亦多记古帝王事也。又有姚恭《年历帝纪》十卷，不著撰人《帝王诸侯世略》十一卷，盖亦主年代、世系。又有孟仪《周载》八卷，《注》云：记前代下至秦，盖古史之较略者。又有潘杰《王霸记》五卷，盖亦记古帝王，下逮战国。《晋书·陈寿传》云：寿撰《古国志》五十篇。寿尝师事谯周，其书或与周同调。《司马彪传》云：彪以周为未尽善，条《古史考》中凡百二十二事为不当，多据《汲冢纪年》之义，亦行于世，则又周之诤友。① 然立说虽异，其途辙则同

---

① 经籍：司马彪以汲冢匡谯周。

也。《杨方传》：谓方尝撰《吴越春秋》，《隋志》作《吴越春秋削繁》。又有皇甫遵《吴越春秋》十卷，不著撰人《吴越记》六卷，盖皆以赵、袁二氏之书为不雅驯而改之。又有沈氏《南越志》八卷，则其所记，当较袁氏之书为广也。又有何承天《春秋前传》十卷，《春秋前杂传》九卷，乐资《春秋后传》三十一卷，盖记战国前事，而附丽于《春秋》，如司马光《通鉴》、刘恕《通鉴外纪》之例也。此节所引《隋志》之书，皆在杂史类。

一地方之史实，亦有留心搜缉者。常璩之《华阳国志》，其传于今而可见者也。崔慰祖著《海岱志》，起大公，迄西晋人物；本传云：四十卷，半未成。《隋志》在杂传类，二十卷。王遵业著《三晋记》；十卷。见《北史·王慧龙传》。遵业，慧龙曾孙也。盖亦其伦。《隋志》云："后汉光武，始诏南阳撰作风俗。故沛、三辅有耆旧节士之序，鲁、庐江有名德先贤之赞。郡国之书，由是而作。"此后世方志之权舆，当时作者，盖以人物为重。然一地方之史实，苞含其中者，必不少矣。宋段国有《吐谷浑记》一卷，《隋志》入霸史类，其地实在域外，亦可称为外国史也。

传记之作，此时最为浩繁。有该括全国者，如《隋志》所著录之《海内先贤传》、《四海耆旧传》是也。有域于一地者，如陈寿之《益部耆旧传》，刘义庆之《江左名士传》是也。有专详一类人者，如嵇康之《圣贤高士传》，诸家之《孝子传》，梁元帝之《忠臣传》，钟岏之《良吏传》，张隐之《文士传》，范宴之《阴德传》，王琪之《童子传》，诸家之《列女传》，不著撰人之《美妇人传》是也。此实正史类传之伦。其兼容并苞者，则谓之《杂传》。任昉、贺踪、陆澄皆有其书。踪书本七十卷，昉书本百四十七卷，可见其搜采之博。就官守而传其人者，有梁元帝之《丹阳尹传》。网罗一时人物者，有袁敬仲之《正始人士传》，戴逵之《竹林七贤论》，专记一人者，如不著撰人之《东方朔传》，《毌丘俭记》，管辰之《管辂传》。家传亦有多家。就所知者而识之，则梁元帝之《怀旧志》也。僧、道亦有列传，如《高僧传》、《众僧传》、《尼传》、《列仙传》是。其专传一人者，则有如《法显传》、《正一真人、三天法师、张君内传》、《嵩高寇天师传》。所传并有非人者，如《灵鬼志》、《志怪》、《神录》等是。梁元帝著《古今同姓名录》一卷，则人名辞典之先河也。

谱牒之作，① 斯时亦盛，以俗重阀阅故也。谱皇室者，如不著撰人之《汉氏帝王谱》、《宋谱》是。元晖业之《辨宗录》，亦其类也。又有诸家之《百家谱》。一家之谱，则有如《京兆韦氏谱》、《谢氏谱》。谱一方巨族者，如《益州谱》、《冀州姓族谱》。官纂之书，以地、以姓为别，如梁有王司空《新集诸州谱》十

---

① 宗族：谱牒之学。

一卷，又有《诸姓谱》一百一十六卷，梁武帝总责境内十八州谱六百九十卷，盖其最巨者矣。谱牒之书，亦非仅记世次。如《隋志》有《杨氏家谱状并墓记》一卷，裴子野有《续裴氏家传》二卷。《南史》本传。陆煦著《陆史》十五卷，《陆氏骊泉志》一卷是。《梁书·陆杲传》。参看第十七章第二节。

宋元嘉中，使何承天立史学，石勒使任播、崔濬为史学祭酒，已见第一节。私家亦有以此传授者。《隋志》云："正史作者尤广。一代一史，至数十家，惟《史记》、《汉书》，师法相传，并有解释。《三国志》及范晔《后汉》，虽已音注，既近世之作，并读之可知。梁时明《汉书》者有刘显、韦稜，陈时有姚察，隋代有包恺、萧该，并为名家。该、恺并见《隋书·儒林传》，云：于时《汉书》学者，以萧、包二人为宗匠。聚徒教授，著录者数千人。其盛，不下于传经也。恺从王仲通受《史记》、《汉书》，李密师事恺，受《史记》、《汉书》，阎毗受《汉书》于该，皆见本传。该梁鄱阳王恢之孙，恺东海人。《北史·崔赡传》云：颍川荀济，自江南入洛，赡学于济，故得经史有师法。《隋书·儒林传》：又有吴郡张冲，撰《前汉音义》十二卷。《文学传》：刘臻，精于《两汉书》，时人称为《汉》圣，《杨汪传》：汪受《汉书》于臻。臻亦梁人，江陵陷没归萧詧者也。然则是时史学，实自南而北也。《旧唐·儒林传》：秦景通，与弟暐尤精《汉书》。当时习《汉书》者皆宗师之。常称景通为大秦君，暐为小秦君。不经其兄弟指授，则谓之不经师匠，无足采也。又有刘讷，亦为当时宗匠。可见史学专门传授之风，至唐初而未绝也。《史记》传者甚微。"诸史述其时之人，熟精汉史者甚多，《梁书·文学传》云：臧严于学多所谙记，尤精《汉书》，讽诵略皆上口。《张缅传》：尤明后汉及晋代众家，客有执卷质缅者，随问便对，略无遗失。《南史·梁宗室传》：吴平侯景之子励，聚书至三万卷，披玩不倦尤好《东观汉记》，略皆诵忆。刘显执卷策，励诵应如流。乃至卷次，行数，亦不差失。《陈书·萧济传》：第三子从典，笃好学业，博涉群书，于班史尤所措意。《史记》则除裴骃作注外，骃松之子，见《宋书·松之传》。治者较罕，除前引萧恺事王仲通与《汉书》并受外，惟《晋书·刘殷传》言：殷有七子，五子各受一经，一子受《太史公》，一子受《汉书》。《南史·吴喜传》云：喜出身为领军府白衣吏。少知书。领军将军沈演之使写起居注。所写既毕，暗诵略皆上口。演之尝作让表，未奏失本，喜经一见，即写无所脱漏。演之甚知之。因此涉猎《史》、《汉》，颇见古今，则不过涉猎而已，非真治学者也。盖汉事近己而俗变相类，为用较切，而言古史者，《史记》之席，又为谯周、皇甫谧等书所夺也。《隋志》所云传受，盖重在训诂、音释，此马融从班昭受读《汉书》之旧，见《秦汉史》第十九章第五节。实尚不足语于史学。斯时史学之可称者，一在补苴罅漏，一在提要钩玄。补苴罅漏之功，见于注释，《史通》言三国之志："异闻错出，其流最多。宋文帝以《国志》载事，伤于简略，乃命裴松之兼采众书，补注其阙。"①《古今正史篇》。《宋书·松之传》，称其"鸠集传记，广增异闻"，盖其所

---

① 史学：名注实补，非裴松之一人。

用心，实在于此。崔慰祖欲更注迁、固二史，采《史》、《汉》所漏二百余事。
《齐书·文学传》。刘昭伯父彤，集众家《晋书》注干宝《晋纪》，昭又集后汉同
异，以注范晔书，世称博悉。彤书四十卷，昭书一百八十卷。《梁书》本传。卷帙
并远逾于旧。王规亦集后汉众家异同，注《续汉书》二百卷。《梁书》本传。此等
皆名为注，实则补也。蔡谟总应劭以来注《汉书》者，为之集解。《晋书》本传。
《梁元帝注汉书》百十五卷，《本纪》。其世子方等注范晔《后汉书》未就。《南史》
本传。吴均注范晔《后汉书》九十卷。《梁书·文学传》。此等虽专于注释，亦必有
荟萃之功。惟韦稜著《汉书续训》二卷，稜叡孙，见《南史·叡传》。则或专于音训
耳。提要钩玄之功，见于抄撮。有为校勘同异者，如张缅抄《后汉》、《晋书》
众家异同，为《后汉纪》四十卷，《晋抄》三十卷，又抄《江左集》，未及成。
《梁书》本传。裴子野抄合后汉事四十余卷。是也。《南史》本传。有欲删繁就简者，
如袁峻抄《史记》、《汉书》，各为二十卷。《南史·文学传》。于仲文撰《汉书刊
繁》三十卷，见《北史·于栗磾传》。仲文，栗磾八世孙。刘延明以三史文繁，著《略
记》百三十篇，八十四卷，《北史》本传。阮孝绪有《正史削繁》九十四卷是也。
《隋志》杂史类。《隋志》有汉卫飒《史要》十卷，《注》云：约《史记》要言，
以类相从，亦见杂史类。此盖《科录》之先河。又有王蔑《史汉要集》二卷，
《注》云：抄《史记》，入《春秋》者不录。亦见杂史类。盖合《史》、《汉》及
《春秋》去其重者也。

第六节　文学美术

晋、南北朝，为文字趋于靡丽之世。以诸葛亮之综事经物，而人或怪其文采
不艳，见《秦汉史》第十九章第六节。即可见当时之风尚。《抱朴子·喻蔽篇》，述时
人论王仲任者，病其"属辞比义，不尽美"，亦此等见解也。① 葛氏虽正其非，
然其所作之文，亦繁而不杀。《钧世篇》论今人之文学，不必不如古人，其说多
通。然又云："俱论宫室，奚斯路寝之颂，何如王生之赋《灵光》？同说游猎，
叔曰卢铃之诗，何如相如之言《上林》？并美祭祀，《清庙》、《云汉》之辞，何
如郭氏《南郊》之艳？等称征伐，《出军》、《六月》之作，何如陈琳《武军》
之壮？"则亦病古之醇素，而贵后之雕饰矣，可见自拔于风气之难也。《晋书·刘
颂传》详载其奏疏，且称之曰："游目西京，望贾谊而非远，眷言东国，顾郎颢而有余。"可
谓以言存其人矣，然又讥其文惭华婉。《傅咸传》云："好属文论，虽绮丽不足，而言成规
鉴。"皆眷眷于文辞。此等皆时人之议论，为史氏所采者也。曹魏之世，文章虽尚华饰，

---

① 文学：葛洪亦病古文辞不艳。

去古尚不甚远。晋初潘、陆，稍离其真，然迄宋世，尚有雅正之作。至齐、梁而雕琢涂泽愈甚矣。北方文字，初较南方为质朴，至其末叶，乃亦与之俱化焉。南朝文学之华靡，至梁之叔世而极。所谓宫体是也，见《南史·徐摛传》。北朝则大盛于北齐后主之世。祖珽奏立文林馆，召引文学之士，一时称盛焉。见《北史·文苑传》。《传》云："永明、天监之际，太和、天保之间，洛阳、江左，文雅尤盛。彼此好尚，雅有异同，江左宫商发越，贵于清绮。河朔辞义贞刚，重乎气质。气质则理胜其辞，清绮则文过其意。理深者便于时用，文华者宜于咏歌。此南北辞人得失之大较也。"然又云："革车电迈，渚宫云彻，梁荆之风，扇于关右。狂简之徒，斐然成俗。流宕忘反，无所取裁。"则周人虽欲复古，亦未能自立于风气之外矣。

斯时缀述之家，多务搜集辞藻。葛洪所谓以古书当山渊，采伐渔猎其中者也。《钧世篇》。辞藻富丽者，吐属仍贵自然。《颜氏家训·文章篇》曰："沈隐侯曰：文章当从三易：易见事一也，易识字二也，易读诵三也。邢子才常曰：沈侯文章，用事不使人觉，若胸亿语也。深以此服之。"用事若胸亿语，则于语言之法无背，此行文之正轨也。若乃有意堆砌，致使辞浮于意，则虽庾信之富丽，论者且訾为辞赋之罪人矣。《周书·信传论》。又其甚者，如《颜氏·勉学篇》所讥："既不学问，而又羞为鄙朴。道听涂说，强事饰辞。一二百件，传相祖述，寻问莫知缘由，施安时复失所。"则为绝物也矣。此等人并不读书，然读书者亦不必皆善雕饰。刘昼以举秀才不第，发愤缉缀辞藻，已见第二十二章第四节。昼制一首赋，以《六合》为名。自谓绝伦，吟讽不辍。以呈魏收。收谓人曰："赋名六合，其愚已甚，及见其赋，又愚于名。"此真可发一笑。颜氏云："学问有利钝，文章有巧拙。钝学累功，不妨精熟，拙文研思，终归蚩鄙。但成学士，自足为人，必乏天才，勿强操笔。"《文章篇》。学问自有其真，夫岂钝根所能就？颜氏所云，亦经生呫哔之业耳。然善用所长，亦足自立，究愈于强用所短者也。而一时风气鼓荡，必率天下之人而出于一途。则知流俗波靡，未有不毁坏人才者。君子所以贵独立不惧，遁世无闷也。

斯时之文字，有文笔之分。文贵华艳，笔则仍颇质实，与口语相去，初不甚远。① 然二者已不必兼长。《晋书·挚虞传》云：东平大叔广，枢机清辩。广谈虞不能对，虞笔广不能答。《乐广传》云：广善清言，而不长于笔。累迁侍中河南尹。将让尹，请潘岳为表。岳曰："当得君意。"广乃作二百句语，述己之志。岳因取次比，便成名笔。时人咸云："若广不假岳之笔，岳不取广之志，无以成斯美也。"《齐书·刘绘传》：绘以辞辩，敕接虏使。事毕，当撰语辞。绘谓人曰："无论润饰，未易，但得我语亦难矣。"皆可见口舌笔札，二者自有悬违也。然口语次比，便可成笔，则其相去究不甚远，故虽不读书者，亦或能为之。《齐

---

① 文学：笔与语不远。

书·周颙传》言颙善尺牍，而沈攸之送绝交书，大祖仍口授令颙裁答。《魏书·杨大眼传》云：大眼虽不学，恒遣人读书，坐而听之，悉皆记识。令作露布，皆口授之，而竟不多识字也。《周书·梁台传》云：不过识千余字，而口占书启，辞意可观。此尚与王平所识不过十字，而能口作书无异。见《秦汉史》第十九章第六节。大抵当时古书，苟非有意涂泽者，仍是尽人所能解。《晋书·石勒载记》言：勒尝使人读《汉书》，闻郦食其劝立六国后，大惊曰："此法当失，何得遂成天下？"至留侯谏，乃曰："赖有此耳。"此与杨大眼使人读书坐而听之正同。《赫连勃勃载记》：刘裕入长安，遣使遗勃勃书。勃勃命其中书侍郎皇甫徽为文而阴诵之。召裕使前，口授舍人为书，封以答裕。裕览其文而奇之。苟与语言相去甚远，必非勃勃所能记也。《宋书·刘穆之传》云：穆之与朱龄石并便尺牍。常于高祖坐与龄石答书。自旦至中，穆之得百函，龄石得八十函，而穆之应对无废也。此等书翰，亦必仅就口语，略事翦裁耳。《魏书·胡叟传》云：好作文。既善为典雅之辞，又工为鄙俗之句。《成淹传》云：子霄，亦学涉，好为文咏，但辞采不伦，率多鄙俗。与河东姜质等朋游相好，诗赋间起。知音之士，共所嗤笑。闾巷浅识，颂讽成群，乃至大行于世，则知俗语亦可为文，但不为文士所贵耳。

文士之于语言，既但用之于笔，则高文典册，必也竞事涂泽，寖失其真矣。穷而思返，实始北周。《周书·苏绰传》曰：自有晋之季，文章竞为浮华，遂成风俗，大祖欲革其弊，因魏帝祭庙，群臣毕至，乃命绰为《大诰》奏行之。自是之后，文笔皆依此体。恭帝元年大祖命卢辩作诰喻公卿，见第五节。及闵帝时魏帝禅诏，册文，亦皆苏绰《大诰》之流也。此等文字，虽似质实，实则仍以古语堆砌，未能达其真意。此仍是涂泽，不过其所涂泽者不同耳。故史臣讥其"矫枉非适时之用"焉。《王褒庾信传论》。

赋体多学汉人，间有渐趋妍俊者，如《雪》、《月》、《恨》、《别》诸赋是也。诗体亦仍汉世之五言。如陶潜之高旷，谢灵运之工整，鲍照之雄骏，可谓各自名家。然较诸汉、魏以前之作，如《古诗》十九首等，则真朴渐漓矣。乐府之体，稍为文人所效为。《宋书·乐志》云："凡乐章古辞，今之存者，并汉世街陌谣讴。吴哥、杂曲，并出江东，晋、宋已来，稍有增广。古者天子听政，使公卿大夫献诗，耆艾修之，而后王斟酌焉。秦、汉阙采诗之官，歌咏多因前代。与时事既不相应，且无以垂示后昆。汉武帝虽颇造新哥，然不以光扬祖考，崇述正德为先，但多咏祭祀见事及其祥瑞而已，商、周雅颂之体阙焉。"观此，可知是时之诗，民间歌谣见采者日希，文人之所为愈盛矣。

视书法为艺事之风，降而益甚。古篆稍废，通行最广者，实惟隶书。作隶求其姿媚，则有八分书，亦曰楷法。其专讲实用者，仍称为隶书，亦曰章程书。统观晋、南北朝诸史，善隶草者最多，工楷法者已少，古篆则几于绝无矣。此可见虽云艺事，仍不能不受实用之牵率也。江式六世祖琼，善虫篆古训，子孙世传家业。此在当时，盖为孤学。式上表求作《古今文字》，言曹喜、蔡邕、张揖、邯郸淳、韦诞、卫觊皆能篆，琼即受学于觊者，此皆魏、晋间人。《表》称"题篆宫禁，猥同上哲"，《传》言式篆体尤工，洛京宫殿诸门版题皆式书，似题署尚皆用篆。然《晋书·王羲之传》言：太元中，新起大极殿，谢安欲使其子献之题榜，而难言之，试谓曰："魏时凌云殿榜未题，而匠者误钉之，不可下，乃使韦仲将县橙书之。比讫，须发尽白，裁余气息。还语子弟，宜绝此法。"献之揣知其旨，正色曰："仲将魏之大臣，宁有此事？使其若此，有以知魏德之不长。"安遂不之逼。献之，《传》仅言其工草隶而已。《魏书·卢玄传》言代京宫殿，多其孙渊所题，亦仅云其六世祖志法钟繇书，传业累世。繇亦仅工章程书耳。《窦瑾传》：子遵，善楷、篆。北京诸碑及台殿楼观宫门题署多遵书，此当皆用楷、篆。然《周书·艺术传》言：冀俊善隶书。赵义深少学楷隶，雅有钟、王之则。当时碑榜，惟文深及俊而已。平江陵后，王褒入关。贵游等翕然，并学褒书。文深之书，遂被遐弃。文深惭恨，形于言色。后知好尚难反，亦攻习褒书。然竟无所成。转被讥议，谓之学步邯郸焉。至于碑榜，余人犹莫能逮。王褒亦每推先之。宫殿楼阁，皆其迹也。世宗令至江陵书景福寺碑，汉南人士，亦以为工。虽外任，每须题榜，辄复追之。俊固仅以善隶称，文深虽楷、隶并言，然云有钟、王之则，则所工者亦隶书也。然则碑榜亦不必篆分矣。古篆之用日少，[①]此识之者所由日希欤？见第一节。

卫恒作《四体书势》：一为古文，二为篆书，三为隶书，四为草书，行书即该于隶书之中。盖行、楷八分皆隶之小变，不足独成一体也。然则晋、南北朝诸史所称善隶书者，亦未始不可兼该行、楷矣。而楷法之名，亦渐移于章程书，不专指八分。《北齐书·赵彦深传》：子仲将，善草隶。虽与弟书，书字楷正。云："草不可不解。若施之于人，即似相轻易。若与当家中卑幼，又恐疑所在宜尔。是以必须隶笔。"此云楷正，即指隶书，事甚明白。然其所谓隶笔，未必不苞行书，不必皆如今之正书，亦理之可信者也。《四体书势》于行书称钟、胡，而荀勖领秘书监，立书博士，置弟子教习，以钟、胡为法，可见行书为用之广矣。史于行书，亦间有别诸隶书者，如《魏书·崔玄伯传》，言其尤善草、隶、行押之书是也，然甚少。

当时工书者，颇多衣冠中人。南则王、谢，如《晋书·王导传》言其孙岷善行书，《谢安传》亦言其善行书。北则崔、卢，见《魏书·崔玄伯》、玄伯子《浩》及《卢渊传》。

---

① 文字：晋时题署似已不皆用篆。

并为史所艳称，而王羲之尤称"古今之冠"。《晋书》本传语。书艺既为世所重，名人笔迹，亦因之见宝。齐大祖尝示王僧虔古迹十一袠，就求能书人名。僧虔得民间所有袠中所无者十一卷奏之。又上羊欣所撰《能书人名》一卷。《齐书》本传。又《刘绘传》，绘善隶书，亦尝撰《能书人名》。梁武帝天监初，殷钧为秘书郎，启校定秘阁四部书，更为目录。又受诏料简西省法书古迹，别为品目。《梁书》本传。西阳王大钧，年七岁，高祖尝问读何书？对曰：学《诗》。因命讽诵，音均清雅。赐王羲之书一卷。《梁书·太宗十一王传》。陈时，征北军人于丹徒盗发晋郗昙墓，大获王羲之书及诸名贤遗迹。事觉，其书并没县官，藏于秘府。世祖以始兴王伯茂好古，多以赐之。《陈书·世祖九王传》。此皆天家之藏。桓玄爱王羲之父子书，各为一袠，置左右玩之。《晋书·羲之传》。江祐远致饷遗，或取诸王名书。《南史》本传。此则士大夫之笃嗜成癖者也。北方则多宝崔、卢之书。《魏书·崔浩传》言；世宝其迹，多裁割缀连，以为模楷。《梁书·文学·周兴嗣传》言：次均王羲之书千字，使兴嗣为文。此皆世所谓集字。《魏书·崔玄伯传》：玄伯父潜，为兄浑诔手笔草本，延昌初，著作佐郎王遵业买书于市，遇得之。深藏秘之。武定中，遵业子松年，以遗黄门郎崔季舒。人多摹拓之。则又后世钩摹展拓之本矣。

　　诏令、奏议，要密者或出亲书，盖欲以防诈伪。蔡兴宗说宋明帝为手诏以慰殷琰，已见第九章第五节。刘道济之死，裴方明等使书与相似者为教，酬答签疏。萧颖胄死，州中秘之，亦使似其书者假为教命。此皆施于军机紧急之时。谢瀹兄朏，在吴兴，论启公事稽晚，瀹辄代为启，齐明帝见非其手迹，被问，见原，此则施之平时者矣。冀儁特工模写，周大祖令伪为魏帝敕书与费也头，令将兵助大祖讨侯莫陈悦。儁依旧敕模写，及代舍人主书等署，与真无异，此固禀分使然，亦其时多用手笔，故有工于模放者邪？《宋书·武三王传》言：衡阳王义季素拙书，文帝听使余人书启事，惟自署名，则非特许必出亲笔，故梁昭明大子疾，武帝敕参问，辄自力手书启也。万几日不暇给，或武人实不能书者，亦须自署名。《南史·恩幸传》云：齐高帝在领军府，令纪僧真学手迹下名。篡位后报答书疏，皆付僧真。上观之，笑曰："我亦不复能别也。"《王敬则传》云：敬则不识书，止下名。《侯安都传》云：安都日益骄慢，表启封讫，有事未尽，乃开封自书之，云又启某事。然则本不自书也。手迹之为用既广，留意于其工拙者遂多。刘穆之说宋高祖，已见第二节。《魏书·崔玄伯传》：弟子衡学崔浩书，颇亦类焉。天安元年（466），擢为内秘书中散。班下诏命及御所览书多其述。此则房主不能书，而使工书者为代也。北齐高祖令工书人韩毅在东馆师友诸王。后主在东宫，世祖亦选善书人性行纯谨者令侍书。《北齐书·儒林传》。亦以世重书法，故加意教习也。

书工有徒取机速能集事者。《齐书·幸臣传》：刘系宗，泰始中为主书。大祖废苍梧，明日，呼正直舍人虞整，醉不能起。系宗欢喜奉命。使写诸处分敕令及四方书疏。使主书十人，书吏二十人配之。事皆称旨。此等但求能赴事机，未必更求笔迹之美。若崔衡供职，兼及虏主所览；《梁书·张率传》：敕使撰妇人事二十余条，使工书人琅邪王深、吴郡范怀约、褚洵等缮写，以给后宫；则兼求其书法之工矣。然当时虽重书法，于工书者仍贱视之。①观王献之对谢安语可见。《宋书·羊欣传》：元显每使欣书，尝辞不奉命。元显怒，乃以为其后军府舍人。此职本用寒人，欣意貌恬然，不以高卑见色，论者称焉。观刘系宗本为竟陵王诞子景粹侍书，诞举兵，广陵城内皆死，敕赦之，又以为东宫侍书，则知作书本寒人事也。《梁书·刘显传》：尝为上朝诗，沈约见而美之。时约郊居宅新成，因命工书人题之于壁。《文学传》：约郊居宅新构阁斋，刘杳为赞二首，并以所撰文章呈约。约即命工书人题其赞于壁。此等工书人，亦必寒素可随意使令者。《颜氏家训·杂艺篇》言："真草书迹，微须留意，江南谚云：尺牍书疏，千里面目也。"然又言："此艺不须过精。见第二节。王褒地胄清华，才学优敏，后虽入关，亦被礼遇，犹以书工，崎岖碑碣之间，辛苦笔砚之役。尝悔恨曰：使吾不知书，可不至今日邪？"赵文深书见遐弃而以为恨，褒书见推重而亦以为恨，膏梁寒素，自处之不同，概可见矣。《宋书·谢灵运传》云：灵运诗书，皆兼独绝，每文竟，手自写之，文帝称为二宝。然则当时士夫，自写文字者绝少，书工之见役使者必多也。

图画仍以人物为主。王粹图庄周于室，广集朝士，使嵇含为之赞。《晋书·忠义嵇绍传》。宋明光殿以胡粉涂壁，画古贤、烈士。《宋书·百官志》。王纶之为豫章太守，图画陈蕃、华歆、谢鲲象于郡朝堂。顾野王与王褒并为梁宣城王宾客。王于东府起斋，命野王画古贤，褒书赞。韦叡居家无事，慕万石、陆贾之为人，画之于壁以自玩。石季龙造大武殿初成，图画自古贤圣、忠臣、孝子、烈士、贞女。《晋书·艺术·佛图澄传》。《传》又云：皆变为胡状。旬余，头悉缩入肩中，惟冠髴仿佛微出。季龙大恶之，秘而不言也。《宋书·五行志》亦云：石虎末，大武殿前所图贤圣人象人头悉缩入肩中。说虽怪诞，然其图画人象，自系实事也。皆画古人于屋壁，以资鉴戒。李玄盛于南门外临水起堂，名曰靖恭之堂，以议朝政，阅武事。图赞自古圣帝、明王、忠臣、孝子、烈士、贞女，亲为序颂。当时文武臣僚，亦皆图焉。则兼及今人矣。齐武帝时，藩邸严急，诸王《五经》之外，惟得看《孝子图》，已见第十章第一节。王僧虔子慈，年八岁，外祖宋江夏王义恭迎之内斋，施宝物，恣所取，慈取素琴、石砚及《孝子图》而已。《隋书·经籍志》：梁有《孝经图》一

---

① 文字、阶级：晋南北朝重书法，于书工仍贱视之。画工尤甚。

卷,《孝经孔子图》二卷,杂传类又有《陈留先贤像赞》一卷,《会稽先贤像赞》五卷,皆装成卷帙者。魏肃宗欲释奠,豫诏有司,图饰圣贤,见第一节。则祠祀者亦有画像也。《宋书·自序》:世祖以沈伯玉容状似画图仲尼像,常呼为孔丘,此孔子像不知在庙中?抑在屋壁上?或装成卷帙?然当时孔子画像必颇多,则可想见也。画今人者:王玄谟子宽,泰始初为随郡太守,逢四方反,父在建康,宽弃郡自归。以母在西,为贼所执,请西行。遂袭破随郡,收其母。事平,明帝嘉之,使图宽形以上。齐高帝图功臣,刘僧副在焉。《南史·刘善明传》。竟陵王子良开西邸延才俊,使工图其像,王亮、宗夬皆与焉。并见《梁书》本传。桓康随武帝起兵。所经村邑,恣行暴害。江南人畏之,以其名怖小儿。画其形于寺中。病疟者写形帖着床壁,无不立愈。《南史》本传。冯道根为豫州,梁高祖引与燕,召工图其形象。柳仲礼迁司州,帝思见其面,亦使画工图之。张缅居宪司,号为劲直,帝遣画工图其形于台省,以励当官。陈武帝定杜僧明等之乱,帝亦遣画工图其容貌而观之。昭明大子起乐贤堂,使图工先图刘孝绰。王秀之钦慕宗测,令陆探微画其形,与己相对。《南史·隐逸传》。夏侯亶迁吴兴太守,在郡有惠政,吏人图其像,立碑颂美。齐武成于华林起玄洲苑,备山水台观之丽,诏于阁上画魏收。许惇迁守阳平,治为天下第一,特加赏异,图形于阙。凡此皆徒画其人。《南史·宋宗室诸王传》:长沙景王道怜之孙锟,人才凡鄙。在湘州、雍州,使善画者图其出行卤簿羽仪,常自披玩。尝以示蔡兴宗,兴宗戏之,阳若不解画者,指锟形问之曰:"此何人而在舆?"锟曰:"正是我。"其庸鄙类如此。《梁书·康绚传》:绚身长八尺,容貌绝伦。虽居显官,犹习武艺。高祖幸德阳殿戏马,敕绚马射。抚弦贯的,观者悦之。其日,上使画工图绚形,遣中使持以问绚,曰:"卿识此图不?"其见亲如此。此图中盖亦有多人?齐武帝志存恢复,使毛惠秀画《汉武北伐图》,置琅邪城射堂壁,游幸辄观焉。《齐书·王融传》。此图除人物外,当更有他景色以资点缀也。然特以资点缀而已,所重者仍在人物,故有以善画一种人物称者,如《齐书·刘绘传》言:荥阳毛惠远善画马,绘弟璥善画妇人,当世并为第一是也。顾恺之之画,特重古今,观《晋书》本传所言,亦仅善于人物而已。《颜氏家训·杂艺篇》云:"武烈大子,偏能写真。坐上宾客,随宜点染,即成数人。以问童稚,皆知姓名矣。"《南史·陈本纪》云:袁彦聘隋,窃图隋文帝状以归。后主见之,大骇,曰:"吾不欲见此人。"此说不知信否?然当时有此速绘之术,自不诬也。

山水画似亦起于此时,但不多耳。①《宋书·隐逸传》:宗炳,好山水,爱远游。西陟荆巫,南登衡岳。因而结宇衡山。欲怀尚平之志,即《后书·逸民传》之向

---

① 美术:山水画缘起。

长，字子平。《注》云：《高士传》作尚。有疾还江陵。叹曰："老、疾俱至，名山恐难遍睹，惟当澄怀观道，卧以游之。"凡所游履，皆图之于室。谓人曰："抚琴动操，欲令众山皆响。"此所画者，必为山水无疑。炳孙测，见《齐书·高逸传》。云：欲游名山，乃写祖炳所画《尚子平图》于壁上，则仍为人物矣。《宋书·王微传》，微报何偃书曰："性知画缋，盘纡纠纷，或记心目。故兼山水之爱。一往迹求，皆放象也。"此所言者，或亦山水画。

佛画、佛像，亦随佛教而俱兴。《梁书·诸夷传》述郯县光宅寺云：大同中，出旧塔舍利，敕市寺侧数百家宅地，以广寺域。① 造诸堂殿并瑞像周回阁等，穷于轮奂焉。其图诸经变，并吴人张繇运笔。繇丹青之工，一时冠绝。又云：师子国，晋义熙初，始遣献玉像。经十载乃至。像高四尺二寸。玉色洁润。形制殊特，殆非人工。此像历晋、宋世在瓦官寺。寺先有征士戴安道手制佛像五躯，及顾长康《维摩画图》，世人谓为三绝。至齐东昏，遂毁玉像，前截臂，次取身，为嬖妾潘贵妃作钗钏。戴安道名逵，其子颙，见《宋书·隐逸传》。云：自汉世始有佛像，形制未工。逵特善其事，颙亦参焉。宋世子铸丈六铜像于瓦官寺，既成，面恨瘦，工人不能治，乃迎颙看之。颙曰："非面瘦，乃臂胛肥耳。"既错减臂胛，瘦患即除，无不叹服焉。元魏造像，规模尤大，见第二十四章第二节。

画工见贱，尤甚于书工。《颜氏家训·杂艺篇》云："吴郡顾士端，出身湘东国侍郎，后为镇南府刑狱参军。有子曰庭，西朝中书舍人。父子并有琴书之艺，尤妙丹青。常被元帝所使，每怀羞恨。彭城刘岳，橐之子也。仕为骠骑府管记、平氏县令。才学快士，而画绝伦。后随武陵王入蜀。下牢之败，遂为陆护军画支江寺壁，与诸工巧杂处。乡使三贤都不晓画，直运素业，岂见此耻乎？"其见轻可谓甚矣。然名画与法书，同为人所宝爱。《隋书·经籍志》簿录类，有《陈秘阁图书法书目录》一卷，《法书目录》六卷，《书品》二卷，《名手画录》一卷。

魏复雅乐，始自杜夔，已见《秦汉史》第十九章第六节。晋初，荀勖典知乐事，又修律吕，事见《晋书·勖传》及《宋书·乐志》。《志》云：江左以无雅乐器及伶人，省大乐并鼓吹令。是后颇得登哥食举之乐，犹有未备。明帝大宁末，又诏阮孚等增益之。成帝咸和中，乃复置大乐官，鸠习遗逸。而尚未有金石也。初荀勖修正钟磬，事未竟而勖薨。惠帝元康三年（293），诏其子蕃修定金石，以施郊庙。事亦见《晋书·裴秀传》。寻直丧乱，遗声旧制，莫有记者。庾亮为荆州，与谢尚共为朝廷修雅乐。亮寻薨，庾翼、桓温，专事军旅，乐器在库，遂

————————

① 宫室：市寺侧数百家宅地以广寺。

至朽坏焉。晋氏之乱也，乐人悉没戎虏。《晋书·刘弘传》云：伶人避乱，多至荆州。下书郡县，使安慰之。须朝廷旋反，送还本署。则时伶人亦有南奔者，朝廷未能存抚耳。及胡亡，邺下乐人，颇有来者。谢尚时为尚书仆射，因之以具钟磬。太元中，破苻坚，又获乐工扬蜀等，闲练旧乐，四厢金石始备焉。《隋书·音乐志》曰：慕容垂破慕容永于长子，尽获苻氏旧乐。垂息为魏所败，其钟律令李佛等将大乐细伎奔慕容德于邺。德迁都广固，子超嗣立，其母先没姚兴，超以大乐伎百二十人诣兴赎母。及宋武帝入关，悉收南度。文帝元嘉九年（432），大乐令钟宗之更调金石。至十四年（417），典书令奚纵复改定之。齐代因而用之。梁武帝思弘古乐。天监元年（502），下诏访百寮。是时对者七十八家，咸多引流略，浩荡其辞，言乐之宜改，而不言改乐之法。帝既素善钟律，详悉旧事，遂自制定礼乐。其后台城沦没，乐府不修。王僧辩破侯景，诸乐并送荆州。经乱，工器颇阙。元帝诏有司补缀。才备，荆州陷没。西人不知采用，工人有知音者，并入关中，随例没为奴婢。又云：清乐，其始即清商三调是也。并汉末旧曲。乐器形制，并歌章古辞，与魏三祖所作者，皆被于史籍。属晋朝迁播，夷羯窃据，其音分散。苻永固平张氏，始于凉州得之。宋武平关中，因而入南，不复存于内地。及平陈后获之。高祖听之，善其节奏，曰："此华夏正声也。昔因永嘉，流于江外，我受天命，今复会同"云云。此洛京乱后，雅乐流播之大略也。

《隋志》又云：道武克中山，大武平统万，或得其宫县，或收其古乐。于时经营是迫，雅器斯寝。孝文颇为诗歌，以勖在位。谣俗流传，布诸音律。大臣驰骋汉、魏，旁罗宋、齐。功成奋豫，代有制作。莫不各扬庙舞，自造郊歌，宣畅功德，辉光当世，而移风易俗，浸以陵夷。《周书·斛斯征传》云：孝武西迁，雅乐废阙，征博采遗逸，稽诸典故，创新改旧，方始备焉。《隋志》又云：齐文宣将有创革，尚乐典御祖珽，自言旧在洛下，晓知旧乐。上书曰："魏氏来自云朔，肇有诸华，乐操土风，未移其俗。至道武帝皇始元年（396），破慕容宝于中山，获晋乐器，不知采用，皆委弃之。天兴初，吏部郎邓彦海奏上庙乐，创制宫县，而钟管不备。乐章既阙，杂以簸逻回歌。初用八佾，作始皇之舞。至大武帝平河西，得沮渠蒙逊之伎，宾嘉大礼，皆杂用焉。此声所兴，盖苻坚之末，吕光出平西域，得胡戎之乐，因又改变，杂以秦声，所谓秦汉乐也。至永熙中，录尚书长孙承业，共臣先人太常卿莹等，斟酌缮修，戎华兼采。至于钟律，焕然大备。自古相袭，损益可知。今之创制，请以为准。"珽因采魏安丰王延明及信都芳等所著乐说而定正声，始具宫县之器。仍杂西凉之曲。乐名广成，而舞不立号。所谓洛阳旧乐者也。《志》又载牛弘奏云："后魏洛阳之曲，据魏史云：大武平赫连昌所得，更无明证。"《何妥传》：妥请兴雅乐，表言："江东宋、齐以来，至于梁代，所行乐事，犹皆传古。侯景篡逆，乐师分散，四舞、鞞、铎、巾、拂。三调，清、平、瑟。悉度伪齐。齐氏虽知传受得曲，而不用之于宗庙朝廷也。"《隋志》又言：后周大祖辅魏之时，高昌款附，乃得其伎，教习以备宴飨之礼。及天和六年（571），武帝罢掖庭四夷乐，《周书·本纪》在九月。其后帝聘皇后于北狄，得其所获康国、龟兹等乐，更杂以高昌之旧，并于大司乐习焉。采用其声，被于钟石，取周官制以陈之。明帝武成二年（560），正月朔旦，会群臣于紫极殿，始用百戏。武帝保定元年（561），诏罢之。亦见《周书·本纪》。及宣帝即位，广召杂伎，增修百戏，鱼龙漫衍，常陈殿前。见《纪》大象元年（579）。武帝以梁鼓吹熊罴十二案，每元正大会，列于县间，与正乐合奏。宣帝时，革前代鼓吹制为十五曲。晨出夜还，恒陈鼓吹。《志》又载牛弘谓"后周之乐，皆是新造，杂有边裔之声，戎音乱华，皆不可用"云。魏、齐、周三朝之乐，大略如此。

晋、南北朝，实为外国音乐流传中国之世。据《隋书·音乐志》：炀帝定清乐、西凉、龟兹、天竺、康国、疏勒、安国、高丽、礼毕为九部。除清乐并汉末旧曲，礼毕出自晋太尉庾亮家外，亮卒，其伎追思亮，因假为其面，执翳以舞，象其容。取其谥以号之，谓为文康乐。每奏九部乐终则陈之，故以礼毕为名。余皆来自异域。西凉者，起苻氏之末，吕光、沮渠蒙逊等据有凉州，变龟兹声为之，号为秦汉伎。魏大武平河西得之，谓之西凉乐。至魏、周之际，遂谓之国伎。龟兹者，起自吕光灭龟兹，因得其声。吕氏亡，其乐分散。后魏平中原，复获之。其后声多变易。至隋，有西国龟兹，齐朝龟兹，土龟兹等，凡三部。天竺者，起自张重华据有凉州，重四译来贡男伎。康国，起自周代聘北狄为后，得其所获西戎伎，因其声。疏勒、安国、高丽，并起自后魏平冯氏及通西域，因得其伎云。《志》又云：吹笛、弹琵琶、五弦及歌舞之伎，齐自文襄以来，皆所爱好。[1] 至河清以后，传习尤盛。后主惟赏胡戎乐，耽爱无已。于是繁手淫声，争新哀怨。故曹妙达、安未弱、安马驹之徒，至有封王开府者。遂服簪缨而为伶人之事。后主亦能自度新曲。亲执乐器，悦玩无倦。倚弦而歌，别采新声，为无愁曲。音均窈窕，极于哀思。使胡兄、阉官之辈齐唱和之。莫不陨涕。虽行幸道路，或时马上奏之。乐往哀来，竟以亡国。盖时外国音乐，率较中国旧乐为幽怨、高吭，故俗好之如此云。《颜氏家训·杂艺篇》云："礼曰：君子无故不撤琴瑟。古来名士，多所爱好。洎于梁初，衣冠子弟，不知琴者，号有所阙。"此亦习俗使然，好尚未必存焉也。

角抵百戏，仍颇盛行。《晋书·武帝纪》：泰始元年（286），十二月，禁乐府靡丽百戏之伎。《成帝纪》：咸康七年（341），十二月，除乐府杂伎。然《齐书·礼志》言："晋中朝元会，设卧骑、倒骑、颠骑，自东华门驰往神虎门，此

---

① 民族：北齐重胡人，亦与其音乐有关。

亦角抵杂戏之流也。"则除之究不能尽矣。《抱朴子·对俗篇》言："幻化之事，九百有余。"可想见其盛况。《周书·崔猷传》谓大统时，大庙初成，四时祭祀，犹设俳优角抵之戏，则北朝亦迄有之也。俳优者，《北齐书·尉景传》言：神武令优者石董桶戏之。董桶剥景衣曰："公剥百姓，董桶何为不剥公？"犹是诙谐剽剥之旧也。

《齐书·崔祖思传》：高帝初即位，祖思启陈政事曰："前汉编户千万，大乐伶官，方八百二十九人。孔光等奏罢不合经法者四百四十一人，正乐定员，惟置三百八十八人。今户口不能百万，而大乐雅郑，元徽时校试，千有余人，后堂杂伎，不在其数。"①《王晏传》：晏弟诩，永明中为少府卿。六年（488），敕位未登黄门郎，不得畜女伎。诩与射声校尉阴玄智坐畜伎免官禁锢。《南史·王琨传》：大明中，尚书仆射颜师伯豪贵，下省设女乐，要琨同听。侍酒行炙，皆悉内伎。《陈书·章昭达传》：每饮会，必盛设女伎杂乐，备尽羌胡之声。音律姿容，并一时之妙。虽临寇对敌，旗鼓相望，弗之废也。壮士军前半死生，美人帐下犹歌舞，岂况平时之酣歌恒舞哉？然满堂而饮酒，一人乡隅而饮泣，则四坐为之不乐；朱门酒肉臭，路有冻死骨；果何以致和气之应乎？曷怪墨翟有《非乐》之篇也。

第七节 自然科学

自然科学之中，天文、历法，措意者颇多。《宋书·天文志》曰：言天者有三家：一曰宣夜，② 二曰盖天，三曰浑天。而天之正体，经无前说，马书、班志，又阙其文。汉灵台议郎蔡邕，于朔方上书曰："言天体者三家，宣夜之学，③ 绝无师法，周髀术数具存，考验天状，多所违失，惟浑天近得其情。今史官所用候台铜仪，则其法也。官有器而无本书，前志亦阙而不论，本欲寝伏仪下，思惟微意，按度成数，以著篇章。罪恶无状，投畀有北，灰灭两绝，势路无由。宜问群臣及岩穴，知浑天之意者，使述其义。"时阉官用事，邕议不行。案《晋书·天文志》载汉秘书郎郗萌，能记宣夜先师相传之说，则其师法似非全绝。故晋成帝时，虞喜能因其说以造《安天论》焉。盖天之说，著于《周髀》，后汉时，王充据之以驳浑仪。《晋书·天文志》。梁武帝于长春殿讲义，别拟天体，亦全同《周

① 音乐：汉正乐定三八八人，齐千余，然士大夫畜伎者多。章昭达临寇弗废，壮士军前半死主，美人帐下犹歌舞。

② 历法：宣夜师法未全绝。

③ 天文：宣夜谓七曜无所根系，而虞喜本之造安天论，似弥其阙。

髀》之文。《隋书·天文志》。浑天之说，信者最多。扬雄即难盖天八事，以通浑天。《隋志》。郑玄又难其二事，为盖天之学者不能通。《宋志》。而桓谭亦驳王充之说，吴陆绩始推浑天意，王蕃传刘洪乾象历，亦主浑天。晋葛洪讥虞喜，释王充，说颇同蕃。宋何承天，梁祖暅，亦信浑天之说。《梁书·儒林传》云：先是儒者论天，互执浑盖二义，崔灵恩立义，以浑盖为一焉。其说未知如何。案宣夜之说，谓天了无质。其见为苍苍然者，以高远无极，仰而瞻之，眼瞀精绝。犹旁望黄山皆青，俯察深谷窈黑，青非正色，黑非有体。日、月、众星，自然浮生虚空之中。以七曜或逝或住，或顺或逆，伏见不常，进退不常，由其无所根系为证。虞喜《安天论》，谓天有常安之形，地有居静之体，光曜布列，各自运行。盖天之说，则谓天似盖笠，地法覆槃，天地各中高外下。北极之下，为天地之中，其地最高，滂沱四隤，三光隐映，以为昼夜。又谓天圆如张盖，地方如棋局，天旁转如推磨而左行。日月右行，天左转。故日月实东行，而天牵之以西没。譬之蚁行磨石之上，磨左旋而蚁右去，磨疾而蚁迟，不得不随磨左回。天形南高而北下，日出高故见，入下故不见。天之居之如倚盖，故极在人北。极在天中，今在人北，所以知天之形如倚盖。浑天之论，则谓天如鸡子，地如中黄，孤居于天内，天大而地小。天表里有水。天地各乘气而立，载水而行。周天三百六十五度四分度之一，又中分之，则半覆地上，半绕地下。故二十八宿，半见半隐。天之转，如车毂之运焉。皆见《隋志》。其非天之正体相同，然浑天之术，于推步最便，故后人率遵其说也。《隋志》载葛洪之言，谓张平子、陆公纪之徒，咸以推步莫密于浑象。又载祖暅之言，谓"自来论天者多矣，群氏纠纷，至相非毁。窃览同异，稽之典经，仰观辰极，旁瞩四维，规日月之升降，五星之见伏，校之以仪象，覆之以晷漏，则浑天之理，信而有征。"束晳云："物有惑心，形有乱目，诚非断疑定理之主。故仰游云以观日月，日月常动而云不移，乘船以涉水，水去而船不徙矣。"察群象必资征实，夫固为学自然之轨辙也。

　　浑天之器，有仪有象。《隋书·天文志》云："《书》：舜在璇、玑、玉衡，以齐七政。璇玑，谓浑天仪也。故《春秋文耀钩》云：唐尧即位，羲和立浑仪。而先儒或因星官书北斗第二星名璇，第三星名玑，第五星名玉衡，仍七政之言，以为北斗七星。载笔之官，莫之或辨。史迁、班固，犹且致疑。马季长创谓玑衡为浑天仪。郑玄亦云：其转运者为玑，其持止者为衡，皆以玉为之。七政者，日、月、五星也。以玑视其行度，以观天意也。故王蕃云：浑天仪者，羲和之旧器，积代相传，谓之玑衡，其为用也，以察三光，以分宿度者也。又有浑天象者，以著天体，以布星辰。而浑象之法，地当在天中，其势不便。故反观其形，地为外匡。于已解者，无异在内，然斯二者，以考于天盖密矣。又云：古旧浑象，莫知何代所造。今案虞喜云：洛下闳为汉孝武帝于地中转浑天，定时节，作大初历，或其所制也。"案《尧典》乃东周后人所述，星官书亦出其时，以之相释，正得其实。指为浑仪，而以为出于尧时，则谬矣。此造作谶纬者之妄谈，马、郑无识，误袭之也。浑象出于洛下闳，亦近亿测。古不知何人之业，往往附诸一知名之人，一部《世本·作篇》，盖莫非如是，虞喜之说，亦仍其故智耳。汉世作者，以张衡为最精，已见《秦汉史》第十九章第七节。王蕃以古制局小，以布星辰，相去稠概，不得了察，张衡所作，又复伤大，难可转移，乃改作之，大小居二者之中。陆绩作浑象，形如鸟卵，以施黄赤二道，不得如法。绩说云：天东西径三十五万七千里直径亦然，则绩意以天为正圆。器与言谬，颇为后人所讥。伪刘曜光初六年（323），史官丞南阳孔挺造铜仪，则古浑仪之法。宋高祖定咸阳得之。何承天、徐爰、沈约著宋史，咸以为即张衡所造，误也。后魏道武天兴初，命太史令晁崇修浑仪。明元永兴四年（536），诏造太史候部铁仪，唐时太史候台尚用之。浑天象有机而无衡。梁末秘府有，以木为之，吴太史令陈苗云：先贤制木为仪，名曰浑天，谓此。宋文帝元嘉十三年（436），诏太史更造浑仪。太史令钱乐之，依案旧说，采效仪象，铸铜为之。以为浑仪，则内阙衡管，以为浑象，而地不在外，是参两法，别为一体。吴时有葛衡，改作浑天，使地居于天中，以机动之，天动而地止，以上应晷度，则乐之之所放述也。十七年（440），又作小浑天，亦象天而地在其中。此晋、南北朝之世天文仪器之大略也。亦据《隋志》。

自后汉行四分历后，灵帝时，会稽东部尉刘洪，悟其于天疏阔，更作乾象历。魏文帝黄初中，太史丞韩翊造黄初历。校议未定，会帝崩而寝。明帝景初元年（237），尚书郎杨伟造景初历。表上，帝遂改正朔，施行伟历。帝崩，复用夏正。刘氏在蜀，仍汉四分历。孙氏用乾象历。晋武帝践阼，因魏景初历，改名泰始。始杨伟推五星尤疏阔，故渡江以后，更以乾象五星法代伟历。以上据《晋志》。宋武代晋，改泰始为永初，此特更其名而已。元嘉二十年（443），何承天表上所作元嘉历。二十二年（445）行之。大明六年（462），祖冲之表言其谬，上所创新历。八年（464），孝武欲以明年改元行之，而是岁晏驾。齐高祖代宋，改元嘉历为建元，亦徒更其名而已。梁天监九年（510），改用冲之之历。《南史·祖冲之传》：子暅之。父所改何承天历，时尚未行，梁天监初，暅之更修之，于是始行焉。《颜氏家训·杂艺篇》云：算术亦是六艺要事，江南此学殊少。惟范阳祖暅精之。河北多晓此术。大同十一年（545），制诏更造新历。未及施用，而遭侯景乱，遂寝。陈武受禅，亦无创改。以上据《隋志》。魏初仍用景初历。世祖平凉土，得赵欧所修玄始历。高宗践阼，以代景初。真君中，崔浩为五寅元历，未及施行，浩诛，遂寝。高祖太和中，诏秘书钟律郎上谷张明豫为太史令，修综历事。未成，明豫物故。世宗景明中，诏大乐令公孙崇等同共考验。正始四年（507）冬，崇表请更造新历，名景明历。延昌四年（515）冬，侍中国子祭酒领著作郎崔光表言：太和十一年（487），臣自博士迁著作。时旧钟律郎张明豫推步历法，草创未备。及迁中京，转为太史令。未几丧亡。所造致废。臣中修史。景明初，奏求奉车都尉领太史令赵樊生，著作佐郎张洪，给事中领大乐令公孙崇等造历。功未及讫，樊生又丧，洪出除泾州长史，惟崇独专其任。暨永平初，亦已略举。时洪府解停京，又奏令重修前事。更取太史令赵胜，大庙令庞灵扶，明豫子龙祥，共集秘书，与崇等详验，推建密历。崇及胜前后并丧。洪又除豫州司马。灵扶亦除蒲阴令，惟龙祥在京，独修前事。洪至豫州，仍续有所造。兼校书郎李业兴，本虽不豫，亦私造历。三家之术，并未施用。故贞静处士李谧，私立历法，言合纪次，求就其兄场追取，与洪等所造，递相参考。"又求更取诸能算术兼解经义者，前司徒司马高绰，驸马都尉卢道虔，前冀州镇东长史祖莹，前并州秀才王延业，谒者仆射常景等，日集秘书，与史官同检疏密。神龟初，光表总合洪、龙祥、业兴、道、虔前大极采材军主卫洪显，珍寇将军太史令胡荣，雍州沙门统道融，司州河南人樊仲遵，定州钜鹿人张僧豫九家，共成一历。请定名为神龟历。肃宗以历就，大赦改元，因名正光历，班于天下。其九家共修，以龙祥、业兴为主。孝静世，复颇乖舛。齐献武王入邺，复命业兴改正。以年号为目，命曰兴和历。以上据《魏志》。文宣受禅，命散骑侍郎宋景业造天保历，施用之。后主武平七年（576），董峻、郑元伟立议非之，而上甲寅元历。又有广平人刘孝孙、张孟宾，同知历事。孟宾受业于张子信。并弃旧事，更制新法。争论未定，遂属国亡，西魏入关，尚行李业兴正光历法。至周明帝武成元年（559），始诏有司造周历。及武帝时，甄鸾造天和历。大象元年（579），太史上士马显又上景寅元历。以上据《隋志》。然改历之事，至隋世乃成。

地理之学，留意者亦多。《隋书·经籍志》言："汉初萧何得秦图书，故知天下要害，武帝时计书既上太史，郡国地志，固亦在焉。"病"史迁所记，但述河渠"。又云："其后刘向略言地域。丞相张禹，使属朱贡条记风俗。班固因之，作《地理志》。其州国郡县，山川夷险，时俗之异，经星之分，风气所生，区域之广，户口之数，各有攸叙。是后载笔之士，管窥末学，不能及远，但记州郡之名而已。晋世，挚虞依《禹贡》、《周官》作《畿服经》。其州郡及县分野、封略、事业、国邑、山陵、水泉、乡亭、城、疑夺郭字。道里、土田、民物、风俗、先贤、旧好，靡不具悉，凡一百七十卷，今亡。而学者因其经历，并有记载，然不能成一家之体。齐时，陆澄聚一百六十家之说，依其前后远近，编而为部，谓之《地理书》。任昉又增澄书八十四家，谓之《地记》。陈时，顾野王抄撰众家之言，作《舆地志》。隋大业中，普诏天下诸郡，条其风俗、物产、地图，上于尚书。故隋代有《诸郡物产土俗记》一百三十一卷，《区宇图志》一百二十九卷，《诸州图经集》一百卷。"案《志》所谓但记州郡之名者盖官书？所谓因其经历，并有记载者，盖私家之作？作志者之意，盖以网罗宏富，条理分明为贵？故訾此等记载，不能成一家之体也。陆澄、任昉之书，盖丛书体？故亦不能成一家之言。

此类记载，取材实多。有根据官书，专记州郡建置者，如《元康三年地记》、《元嘉六年地记》、《九州郡县名》、《并帖省置诸郡旧事》是也。有兼及户口者，如《元康六年户口簿记》是也。其专详一地方情形者，则为诸州图经。专志风俗者，如《陈留风俗传》。演绎旧闻者，如扬雄《蜀王本纪》，记山水者，如刘澄之《永初山川古今记》，宋居士《衡山记》，谢灵运《游名山志》、《居名山志》、《水经》，庾仲容《江记》，释道安《四海百川水源记》。记宫室者，有《洛阳宫殿簿》，杨衒之《洛阳伽蓝记》，刘璆、释昙鸾《京师寺塔记》。记冢墓者，有李彤《圣贤冢墓记》。记道里者，有蔡允恭《并州入朝道里记》。谈沿革者，有京相璠《春秋土地名》，不著撰人《古来国名道里记》。记外国者，如法显《佛国记》，不著撰人《交州以南外国传》，杨孚《交州异物志》，不著撰人《诸蕃风俗记》。存录荒诞传说者，如托诸东方朔之《十洲记》、《神异经》。王俭七志，七曰图谱，记地域及图书，参看下节。可见其卷帙之浩繁矣。

　　地图之作，亦较前世为精。《晋书·裴秀传》言："秀为司空，职在地官。以《禹贡》山川地名，从来久远，多有变易，后世说者，或强牵引，渐以暗昧，于是甄摘旧文，疑者则阙。古有名而今无者，皆随事注列。作《禹贡地域》十八篇奏之，藏于秘府。"此盖合古今地理为一书，亦可云作今图而兼详其沿革也。其《序》云："秘府既无古之地图，又无萧何所得。惟有汉氏舆地及括地诸杂图，各不设分率，又不考正准望，亦不备载名山大川。"其例实未尽善。顾又云："晋文帝命有司撰访吴蜀地图。蜀土既定，六军所经，地域远近，山川险易，征路迂直，校验图记，罔或有差。"以当时粗疏之技，安能成此精审之作？其必谀媚非实明矣。秀所制图，其体有六：一曰分率，二曰准望，三曰道里，四曰高下，五曰方邪，六曰迂直。其言曰："有图象而无分率，则无以审远近之差。有分率而无准望，虽得之于一隅，必失之于他方。有准望而无道里，则施于山海绝隔之地，不能相通。有道里而无高下、方邪、迂直之校，则径路之数，必与远近之实相违。"盖以分率定其地之所在，而以准望校之；以道里著准望所不及，而以高下、方邪、迂直核道里之实。在未知测经纬度之法时，所能为者，亦不过如是而已。《宋书·谢庄传》云：庄分《左氏经传》，随国立篇，制木方丈，图山川土地，各有分理。离之则州别郡殊，合之则寰内为一。以木制图，盖由当时简牍，尚与缣素并用？见第二节。而其可分可合，亦可见其分率之审也。《隋志》所载，冀州、齐州、幽州，皆有图经；隋有《诸州图经集》，已见前；而其先已有《周地图记》一百九卷；可见各地皆有图。《魏书·沮渠牧犍传》，世祖诏公卿为书让牧犍，有"民籍地图，不登公府"之语，可见上计之制仍存。《南史·宋宗室及诸王传》：陈文诏诉父饶为竟陵王诞府吏，恒使入山图画道路，不听归家。又《张弘策传》，谓当指建业时，凡矶浦、村落，军行宿次，立顿处所，弘策豫为图，皆在目中。此等则皆供一时之用，不必精审也。《隋志》有张氏《江图》一卷，刘氏《江图》二卷，其亦弘策所为之类欤？

医学情形就《隋志》医方类之书观之，可分八类：一论医理，二言明堂针灸，三论诊法，四论病源候，五本草、药录、采药法、种药法，六医方，七食经，八兽医。此纯为医家之学。其养身、养性、导引、合丹、服食、房中之说，则当与神仙家相出入也。方药有来自外国者：如《杂戎狄方》，当来自西北，《龙树菩萨》、《婆罗门》、《耆婆》、《乾陁利》诸方，当来自南海，香方亦当来自南海。《西域诸仙所说药方》，《西域名医所集药方》，则当来自西胡也。《魏书·西域传》：悦般国，真君九年（448），遣使朝献。并送幻人，称能割人喉脉令断，击人头令骨陷。皆血出，或数升，或盈斗。以草药内其口中，令嚼啮之，须臾血止，养创一月复常，又无痕瘢。世祖疑其虚，乃取死罪囚试之，皆验。云中国诸名山，皆有此草。乃使人受其术而厚遇之。此事或夸诞失实，然必有此类方药，则无疑也。

《北齐书·马嗣明传》云：嗣明少明医术，博综经方。《甲乙》、《素问》、《明堂》、《本草》，莫不咸诵，其所学可谓甚博。然此特名医如是。《宋书·范晔传》言：孔熙先善于治病，兼能诊脉，则寻常医家，于脉法且未能尽通也。《魏书·徐謇传》言：显祖欲验其所能，乃置诸病人于幕中，使謇隔而脉之，深得病形，兼知色候，说亦近诞，謇善诊脉当不诬，謇固亦非常医也。《晋书·魏咏之传》云：咏之生而兔缺。年十八，闻荆州刺史殷仲堪帐下有名医能疗之，乃西上。仲堪召医视之。医曰："可割而补之，但须百日进粥，不得笑语。"咏之曰："半生不语，而有半生，亦当疗之，况百日邪？"遂闭口不语，惟食薄粥。而卒获差。此医之技，盖可谓精。①《魏书·长孙道生传》：曾孙子彦，少尝坠马折臂，肘上骨起寸余。乃命开肉锯骨，流血数升，言戏自若。时以为逾于关羽。此医之技，亦足与华佗争胜矣。《晋书·卢钦传》：钦子浮，以病疽截手，则断一支以全生命，昔时医者亦知之，毒虺螫手，壮士断腕，非譬喻之辞也。又《温峤》传：苏峻平后，固辞还藩。先有齿疾，至是拔之因中风，至镇未旬而卒。峤之致病，或由拔齿为之，则手术之未尽善者矣。《刘曜载记》：曜之败，被创十余，通中者三。为石堪所执，送于石勒。勒使金创医李永疗之。《宋书·鲁爽传》：程天祚为虏所获，以妙善针术，为拓跋焘所爱赏。《齐书·陈显达传》：显达讨桂阳王，休范。矢中左眼，拔箭而镞不出。地黄村潘妪善禁。先以钉钉柱，禹步作气，钉即时出。乃禁达显目中镞出之。《南史·张融传》：有薛伯宗，善徙痈疽。公孙泰患背，伯宗为气封之，徙置斋前柳树上。明旦痈消。树边便起一瘤，如拳大。稍稍长。二

---

① 医学：医家手术。禁咒。

十余日，瘤大脓烂，出黄赤汁斗余。树为之痿损。此乃咒由之科。凡此，皆医之以一技鸣者也。

神仙家与医家，关系本极密，故二家之学，仍相出入。葛洪、陶弘景之留心方书，即其明证。洪有《金匮药方》百卷，《肘后要急方》四卷，弘景有《本草集注效验方》、《肘后百一方》，见《晋书》、《南史》本传。《宋书·羊欣传》：言欣素好黄老，有病不服药，饮符水而已。此盖张角之术，在宋世为天师道之流，见下章第三节。然又言兼善医术，撰药方十卷，则初非不知医药，盖张角之术，原亦与神仙家相出入，即其以符水饮人，① 亦未必非咒由科之支流余裔也。《王微传》言：微兼解医方。载其报何偃书曰："生平好服上药，起年十二时病虚耳，所撰服食方中，粗言之矣。家贫乏役，春秋令节，辄自将两三门人入草采之，意在取精，世人便言希仙好异。"亦以所服食者与希仙者相出入，故见疑于世人耳。徐謇常吞服道符，又欲为魏孝文合金丹。祖珽长于医药，齐武成欲扑杀之，乃大呼曰："莫杀臣，为陛下合金丹。"二家关系之密，可以想见。此时沙门亦有善医术，而其技初非传自外国者。《魏书·艺术传》：李修父亮，少学医术，未能精究。世祖时，奔刘义隆于彭城，又就沙门僧坦，研习众方，略尽其术。针灸、授药，莫不有效。此其学已不能皆来自域外。又《崔彧传》，言其少尝诣青州，逢隐逸沙门，教以《素问》九卷及《甲乙》，遂善医术，则更明为中国之学矣。盖时道佛虽互相排，然其术则初非彼此不相知；抑二家为行其教计，于医药等便民之术，亦多所研习也。参看下章自明。

信巫不信医者仍多此符水之所由足以惑众也。《晋书·顾荣传》言：元帝所幸郑贵嫔有疾，以祈祷颇废万几。荣上笺，言贵嫔未安，药石实急，请塞鬼道淫祀。帝王如此，细民可知。褚澄、徐嗣，附《澄传》。《南史》作徐嗣伯，附《张融传》。皆号善医，而《南史》所载治验，率荒诞不经，即薛伯宗亦如是，可见其时之风气矣。《南史·张融传》云：融与东海徐文伯兄弟厚。文伯，濮阳太守熙曾孙也。熙好黄老，隐于秦望山。有道士过求饮，留一瓠瓤与之，曰：君子孙宜以道术救世，当得二千石。熙开之，乃《扁鹊镜经》一卷。因精心学之。遂名振海内。传业至于文伯。观医家之以此自张，而知附会失实之辞，亦不必尽出于愚民矣。

《晋书·孝友传》：颜含兄畿，得疾，就医自疗，遂死于医家。② 后复活。《卫瓘传》：瓘与子恒、岳、裔及孙等九人同遇害，而恒二子璪、玠在医家得免，盖亦就医自疗也。《魏书》言李亮，四方疾苦，不远千里往从之。亮大为听事，以

---

① 医学、宗教：信符水者，道士兼知医。
② 医学：就医家治疗。

舍病人。时有死者，则就而棺殡，亲往吊视。史言此，意以著亮之仁厚，其实为舍以舍病者，恐当时医家类然也。医之所舍，必也能自给之人，若贫病者，则莫或顾恤矣。《梁书·儒林传》：严植之，性仁慈，好阴德。少尝山行，见一患者。问其姓名，不能答。载与俱归，为营医药。六日而死，植之为棺敛殡之，卒不知何许人也。尝缘栅塘行，见患人卧塘侧。下车问其故。云姓黄氏，家本荆州，为人佣赁。疾既危笃，船主将发，弃之于岸。植之恻然，载还治之。经年而黄氏差。请终身充奴仆，植之不受，遗以资粮遣之。此等义举，非可恒遇；即有仁心者，亦必有力而后能为之。《齐书·孝义传》：江泌，历仕南中郎行参军。所给募役，去役得时病，莫有舍之者。吏扶杖投泌。泌亲自隐恤。吏死，泌为买棺。无僮役，兄弟共舆埋之。可见荒僻之地，呼吁无门，贫病之士，哀号莫恤之状。《晋书·孝义传》：庾衮，咸宁中大疫，二兄俱亡，次兄毗复殆。疠气方炽，父母兄弟，皆出次于外。衮独留不去。病之能传染者，固以走避为宜，然竟任病者之颠连而莫之或恤，则亦非人之相人偶之道矣。救恤之事，官家亦间有之。《宋书·文帝纪》：元嘉四年（427），五月，京师疾疫，遣使存问，给医药。死者若无家属，赐以棺器。二十四年（447），六月，京邑疫疠。使郡县及营署部司，普加履行，给以医药。二十八年（451），四月，都下疾疫。使巡视给医药。《孝武帝纪》：大明元年（457），四月，京邑疾疫。遣使按行，赐给医药。死而无收敛者，官为敛埋。四年（460），四月，诏都邑节气未调，疠疫尤众。可遣使存问，并给医药。其死亡者，随宜恤赡。此皆疾疫时之救疗。《魏书·显祖纪》：皇兴四年（470），三月，诏曰："朕思百姓病苦，民多非命，明发不寐，疚心疾首，是以广集良医，远采名药，欲以救护兆民。可宣告天下：民有病者，所在官司，遣医就家诊视。所须药物，任医给之。"《高祖纪》：太和二十一年（497），九月，诏敕司州、洛阳之民，年七十已上无子孙，六十已上无期亲，贫不自存者，给以衣食。不满六十而有废痼之疾，无大功之亲，穷困无以自疗者，皆于别坊，遣医救护。① 给医师四人，豫请药物以疗之。《世宗纪》：永平三年（510），十月，诏敕太常，于闲敞之处，别立一馆。使京畿内外，疾病之徒，咸令居处。严敕医署，分师疗治。考其能否，而行赏罚。又经方浩博，流传处广，应病投药，卒难穷究。更令有司，集诸医工，寻篇推检，务存精要，取三十余卷，以班九服。郡县备写，布下乡邑。使知救患之术。《艺术传》：王显，世宗诏显撰药方三十五卷，班布天下，以疗诸疾。此则不惟京邑，兼及四境，不惟疫疠，兼及平时矣。言之匪艰，行之惟艰，欲行诸诏，所集医师所储药物，当得几何？博施济众，尧、舜犹病，故终于别坊立馆，仅在司洛，余地止于班给方书也。延昌元年（512），

① 医学：对病者之救恤。

四月，以肆州地震，陷裂，死伤甚多。遣太医、折伤医，并给所须之药就治之。亦仅灾害时为然耳。《齐书·刘善明传》：上表陈事，凡十一条：其二，以为京师浩大，远近所归，宜遣医药，问其疾苦。年九十已上及六疾不能自存者，随宜量赐，此北朝所已行，南朝则仅存愿望而已。《梁书·文惠大子传》，言其与竟陵王子良，俱好释氏，立六疾馆以养穷民，其所及恐亦有限也。医工贪厚糈，多集都邑，偏僻之地，乃更无人疗治。《宋书·隐逸传》：戴颙，止于桐庐，僻远难以养疾，乃出居吴下。僻远之地，何以不能疗疾？盖亦以阙于医药耳。

医家流品，仍为众所贱视。① 《南史·张融传》言：徐文伯兼有学行，倜傥不屈意于公卿，不以医自业。融谓曰："昔王微、嵇叔夜，并学而不能。殷仲堪之徒，故所不论。得之者由神明洞彻，然后可至，故非吾徒所及。且褚侍中澄，当贵亦能救人疾。卿此更成不达。"答曰："惟达者知其可贵，不达者多以为深累。既鄙之，何能不耻之。"医家之地位可见。《北齐书·斛律金传》：行燕郡守马嗣明，医术之士，为金子羡所钦爱。北齐流品混杂，嗣明盖以见爱而得官？又《徐之才传》：父雄，事南齐，位兰陵太守。以医术为江右所称。之才以豫章王综启其大善医卫见征。_{魏孝明时。}药石多效。又窥涉经史，发言辩捷，朝贤竞相要引，为之延誉。又以首唱禅代，又戏谑滑稽，言无不至，于是大被狎昵。_{齐文宣。}于和士开、陆令萱母子，曲尽卑狎。二家若疾，救护百端。盖其父虽士流，之才则亦以嬖幸自居矣。流品既下，其人遂惟利是图，而声价既高，又或以骄蹇取祸。《李元忠传》言其善于方技，而性仁恕。见有疾者，不问贵贱，皆为救疗。《崔季舒传》言其大好医术。天保中，于徙所无事，更锐意研精。遂为名手，多所全济。虽位望转高，未曾懈怠。纵贫贱厮养，亦为之疗。此正由其本非医家，是以能尔。《周书·艺术传》：褚该，性淹和，不自矜尚，有请之者，皆为尽其艺术，时论称其长者，则由其禀性使然。若徐謇，则史言其"性甚秘忌，承奉不得其意者，虽贵为王公，不为措疗"矣。职是故，人亦遂以威力胁之，② 甚有以疗治无效加之罪者。《魏书·孝文六王传》，彭城王勰，高祖不豫，召徐謇至，勰引之别所，泣涕执手而谓之曰："君今世元化。至尊气力危惙，愿君竭心，专思方治。若圣体日康，当获意外之赏。不然，便有不测之诛。非但荣辱，乃存亡由此。"权威矫伪，固不足论，然时人之所以待医师者，则于此可见矣。其后謇治高祖有验。车驾发豫州，次于汝滨，乃大为謇设大官珍膳。因集百官，特坐謇于上席。命左右宣謇救摄危笃。下诏褒美，以謇为大鸿胪卿，金乡县开国伯，食邑五百户，赐钱一万贯。明年，从诣马圈，高祖疾势遂甚，则又每加切诮，又欲加之鞭捶，幸而获免。加膝坠渊，异于俄顷，方术之士，能不人人自危乎？然此

① 阶级：医为人贱。
② 医学：以威力胁医师。

已在高祖时，稍沾中国之化矣。若虏初入塞时，则更有甚于此者。《神元平文诸帝子孙传》：上谷公纥罗之子题，击慕容驎于义台，中流矢薨。道武以太医阴光为视疗不尽术，伏法。则真如元飙所言，非但荣辱，存亡由之矣。王显之死，虽由为时所疾，然亦托诸世宗之崩，侍疗无效也。虏岂足与言艺术哉？

第八节　经　籍

　　晋、南北朝之世，王室藏书情形，《隋书·经籍志》备言之。其言曰："董卓之乱，献帝西迁，图书缣帛，军人皆取为帷囊，所收而西，犹七十余载。两京大乱，扫地皆尽。魏氏代汉，采缀遗亡，藏在秘书中外三阁。魏秘书郎郑默，始制中经。秘书监荀勖，又因中经，更著新簿。分为四部，总括群书。一曰甲部，纪六艺及小学等书。二曰乙部，有古诸子家、近世子家、兵书、兵家术数。三曰丙部，有史记、旧事、皇览簿、杂事。四曰丁部，有诗赋、图赞、汲冢书。大凡四部，合二万九千九百四十五卷。但录题及言，盛以缥囊，书用缃素。至于作者之意，无所论辩。惠、怀之乱，京华荡覆，渠阁文籍，靡有孑遗。东晋之初，渐更鸠聚。著作郎李充，以勖旧部校之。其见存者，但有三千一十四卷，充遂总没众篇之名，但以甲乙为次。自尔因循，无所变革。其后中朝遗书，稍流江左。宋元嘉八年（431），秘书监谢灵运造四部目录，大凡六万四千五百八十二卷。元徽元年（473），秘书丞王俭又造目录，大凡一万五千七百四卷。俭又别撰《七志》。一曰《经典志》，纪六艺、小学、史记、杂传，二曰《诸子志》，纪古今诸子。三曰《文翰志》，纪诗赋。四曰《军书志》，纪兵书。五曰《阴阳志》，纪阴阳图纬。六曰《术艺志》，纪方技。七曰《图谱志》，纪地域及图书。其道、佛附见。合九条。然亦不述作者之意。但于书名之下，每立一传。而又作九篇条例，编乎首卷之中。文义浅近，未为典则。齐永明中，秘书丞王亮，监谢朏又造四部书目。大凡一万八千一十卷。齐末兵火，延烧秘阁，经籍遗散。梁初，秘书监任昉，躬加部集。又于文德殿内，列藏众书，华林园中，总集释典。大凡二万三千一百六卷，而释氏不豫焉。梁有秘书监任昉、殷均四部目录，又文德殿目录。其术数之书，更为一部，使奉朝请祖暅撰其名。故梁有五部目录。普通中，有处士阮孝绪，博采宋、齐已来王公之家，凡有书记，参校官簿，更为《七录》。一曰《经典录》，纪六艺。二曰《记传录》，纪史传。三曰《子兵录》，纪子书、兵书。四曰《文集录》，纪诗赋。五曰《技术录》，纪数术。六曰《佛录》。七曰《道录》。其分部题目，颇有次序。割析辞义，浅薄不经。梁武敦悦诗书，下化其上，四境之内，家有文史。元帝克平侯景，收文德之书及公私经籍，归于江陵，大凡七万余卷。周师入郢，咸自焚之。牛弘云："侯景渡江，秘省经籍，虽从兵火，文德殿内书史，宛然犹存。萧绎据有江陵，遣将破平侯景。收文德之书，及公私典籍，重本七万余卷，悉送荆州。"《南史·贼臣侯景传》云："王僧辩收图书八万卷归江陵。"颜之推《观我生赋注》云："王司徒表送秘阁旧事八万卷。"盖以成数言之。颜氏又云："北方坟籍，少于江东，三分之一。梁氏剥乱，散佚湮亡，惟孝元鸠书，通重十余万卷。"则并江陵所故有者言之也。牛弘又云："周师入郢，绎悉焚之于外城，所收十才一二。"则元帝焚书，亦未能尽，但所余不多耳。①《梁书·昭明太子传》云：于时东宫有书三万卷。《贼臣·侯景传》云：又登东宫墙射城内。至夜，简文募人出烧东宫。台殿遂尽。所聚图书数百厨，一皆灰烬。先是简文梦有人画作秦始皇，云此人复焚书，至是而验。然则侯景之乱，东宫所失书，亦不少也。陈天嘉中，又更鸠集。考其篇目，遗阙尚多。其中原则战争相寻，干戈是务。文教之盛，苻、姚而已。宋武入关，收其图籍，府藏所有，才四千卷。赤轴青纸，文字古拙。后魏始都燕代，南略中原，粗收经史，未能全具。《魏书·李先传》：大祖问曰："天下书籍，凡有几何？朕欲集之，如何可备？"对曰："不可计数。陛下诚欲集之，严制天下诸州郡县，搜索备送。主之所好，集亦不难。"大祖于是颁制天下，经籍稍集。《高湖传》：子谧，天安中，除中散，专典秘阁。肃勤不倦，高宗深重之。拜秘书郎。谧以坟典残缺，奏请广访群书，大加缮写。由是代京图籍，莫不审正。孝文徙都洛邑，借书于齐。秘府之中，稍以充实。《魏书·高祖纪》：太和十九年（495），六月，诏求天下遗书，秘阁所无，有裨益时用者，加以优赏。《世宗纪》：永平三年（510），六月，诏重求遗书于天下。《薛野腊传》：孙昙宝，初补散骑，高祖诏采遗书于天下。《儒林传》：孙惠蔚，入东观，上疏请依前丞卢昶所撰甲乙新录，裨残补阙，损并有无，校练句读，以为定本。其先无者，广加推寻，搜求令足。求今四门博士及在京儒生四十人，在秘书省专精校考，参定字义。诏许之。《宋翻传》：弟道玙，世宗初，以才学被召。与秘书丞孙惠蔚典校群书，考正同异。暨于尒朱之乱，散落人间。《魏书·高道穆传》：庄帝以秘阁图籍，出内繁芜，致多零落，诏道穆总集帐目。并牒儒学之士，编比次第。《隋书·李德林传》：魏孝静帝时，命当世通人正定文籍，以为内校书。后齐迁邺，颇更搜聚。迄于天统、武平，校写不辍。《隋书·郎茂传》：茂在齐世，尝奉诏于秘书省刊定载籍。后周始基关右，外逼强邻，戎马生郊，日不暇给。保定之始，书止八千。后稍加增，方盈万卷。《周书·黎景熙传》：六官建，为外史上士。武成末，迁外史下大夫。保定三年，时外史廨宇屡移，未有定所。上言曰："外史之职，汉之东观。自魏及周，公馆不立。臣虽愚瞽，犹知其非。是以去年十一月中，敢冒陈奏。将降中旨，即遣修营。荏苒一周，未加功力。臣职思其忧，敢不重请。"帝纳焉，于是廨宇方立。周武平齐，先封书府。所加旧本，才至五千。隋开皇三年（583），秘书监牛弘表请分遣使人，搜访异本。每书一卷，赏绢一匹，校写既定，本即归主。于是民间异书，往往间出。及平陈已后，经籍渐备。《隋书·裴矩传》：伐陈之役，领元帅记室。既破丹阳，晋王广令矩与高颎收陈

① 经籍：梁元帝焚书。

图籍。检其所得，多大建时书。纸墨不精，书亦拙恶。于是总集编次，存为古本。召天下工书之士，京兆韦霈，南阳杜頵等，于秘书内，补续残缺。为正副二本，藏于宫中。其余以实秘书内外三阁。凡三万余卷。"《牛弘传》载弘表辞，论书有五厄，与此可以参观。四部之分，本为藏庋，而后遂以为书之宏纲，① 《七志》、《七录》等沿刘《略》而渐变者，则存为子目。求学术流别者，固当于子目观之。校仇之家，或病四部之分，不合学术分类，亦未为知言也。旧时书目，观其名最不能责其实者为集部。此由专门变为通学，著述者所苞率广致之。欲救其弊，非撰类书不可。非编书目者所能为力也。

十六国中，知收葺图籍者，苻、姚而外，尚有沮渠氏。② 《魏书·阚骃传》云：蒙逊甚重之，拜为秘书考课郎，给文吏三十人，典校经籍。刊定诸子三千余卷。即此一部，已几当姚秦所有之全数已。《李顺传》云：世祖克统万，赐诸将珍宝杂物，顺固辞，惟取书数十卷。观其所取之少，而知赫连氏所藏之薄也。《宋书·蒙逊传》：元嘉三年（426），其世子兴国遣使奉表，请《周易》及子、集诸书，大祖并赐之，合四百七十五卷。蒙逊又就司徒王弘求《搜神记》，弘写与之。十四年（437），茂虔奉表献方物，并献书合一百五十四卷。又求晋、赵起居注、诸杂书数十件，大祖赐之。观其求请之殷，亦可知其搜求之切也。晋、南北朝之世，外夷求书者，或与或不与。③ 齐世祖时，虏遣使求书，朝议欲不与，王融上书请与之，见《齐书》本传。吐谷浑易度侯求星书，则朝议不给。见《齐书·河南传》。

私家之藏，少者数千，多者亦逾万卷。《晋书·儒林传》：范蔚，家世好学，有书七千余卷。《齐书·褚渊传》：父湛之卒，渊推财与弟，惟取书数千卷。《刘善明传》：家无遗储，惟有书八千卷。《梁书·沈约传》：聚书至二万卷，京师莫比。《任昉传》：聚书至万余卷，率多异本。《王僧孺传》：聚书至万余卷，率多异本，与沈约、任昉相埒。《孔休源传》：聚书盈七千卷。《陈书·文学传》：徐伯阳，家有史书，所读者近三千余卷。《南史·梁宗室传》：吴平侯景之子励，聚书至三万卷。《文学传》：崔慰祖，聚书至万卷。《隋书·许善心传》：九岁而孤，家有旧书万余卷。北方则沮渠蒙逊平酒泉，于宋繇室得书数千卷。魏任城王澄之子顺，遇害，家徒四壁，无物敛尸，止有书数千卷。安丰王猛之子延明，鸠集图籍，万有余卷。元晏，好集图籍，家书多于秘阁。穆崇七世孙子容，求天下书，逢即写录，所得万余卷。阳尼，有书数千卷。杨愔，前后赏赐，积累巨万，散之九族，架箧之中，惟有书数千卷。祖珽，盗陈元康家书数千卷。李业兴，爱好坟籍，鸠集不已，其家所有，垂将万卷。黎季明，有书千余卷。皆藏书家之佼佼者也。《魏书·逸士传》：李谧之卒，学官四十五人上书，言其弃产营书，手自删削，卷无重复者，四千有余。则诸家之藏，皆非无重复，然其数已不少矣。所

① 经籍：四部本为藏庋，后以为宏纲，《七志》、《七录》等。存为子目，观名不能责实，莫如集部，非撰类书不可。
② 史事：沮渠氏最知求书且多，案其文明程度最高之证。
③ 经籍：晋南北朝外夷求书者，或与或不与。

藏或多奇秘，公家搜求、校理，往往资焉。如《晋书·张华传》言：华雅爱书籍。身死之日，家无余财，惟有文史，溢于几箧。尝徙居，载书三十乘。秘书监挚虞，撰定官书，皆资华之本，以取正焉。天下奇秘，世所希有者，悉在华所。由是博物洽闻，世无与比。《齐书·陆澄传》言：家多坟籍，人所罕见。《梁书·任昉传》言：昉卒后，高祖使学士贺纵共沈约勘其书目。官所无者，就昉家取之。《魏书·江式传》言：内徙代京，献经史诸子千余卷。《北齐书·文苑传》：樊逊，天保七年（556），诏令校定群书供皇太子。逊等十一人，同被尚书召共刊定，时秘府书籍，纰缪者多。逊乃议：太常卿邢子才，大子少傅魏收，吏部尚书辛术，司农少卿穆子容，前黄门郎司马子瑞，故国子祭酒李业兴，并是多书之家，请牒借本，参校得失。秘书监尉瑾移尚书都坐，凡得别本三千余卷。五经诸史，殆无遗阙。其所裨益，亦云大矣。

　　私家著述，亦有自行呈献者，如虞溥撰《江表传》，子勃过江，上于元帝，诏藏于秘府是也。又有官就取之者，如陈后主敕人就张讥家写所撰入秘阁是也。

　　刻版未兴，书不易得，公私之藏，皆为借读者所渴望。左思欲赋三都，自以所见不博，求为秘书郎。秘书郎四员，宋、齐已来，为甲族起家之选，居职例不数十日便迁。[①] 张缵乃固求不徙，欲遍观阁内书籍。此求居藏书之府，以便借读者也。不居职而求借者：皇甫谧自表就晋武帝借书，帝送一车与之。柳世隆启齐大祖借秘阁书，上给二千卷。[②] 又有于人臣家开馆，以书充之者，如宋明帝之于王俭是已，见第一节。赐书之事，亦时有之。如《宋书·自序》：大祖赐沈亮书二千卷；《陈书·江总传》：家传赐书数千卷是也。此皆公家之藏也。私家之藏，公诸同好者：范蔚之书，远近来读者，恒有百余人，蔚为办衣食。崔慰祖，邻里年少好事者，来从假借，日数十帙，慰祖亲自取与，未尝为辞。元宴，诸有假借，咸不逆其意。可谓廓然大公。其以交谊假借者，则如陆少玄，家有父澄书万余卷，张率与少玄善，遂通书籍，尽读其书。无交谊而径往求乞者，则如刘峻，从桑乾还，自谓所见不博，更求异书，闻京师有者，必往祈借，崔慰祖谓之书淫。又有依附藏书之家而读之者。刘昼知宋世良家有书，求为其子博士，已见第一节。傅缙依湘州刺史萧循，循颇好士，广集坟籍，缙肆志寻阅，因博通群书，亦其类也。藏书之家，多在都邑，遂有不惮远游者。李铉以乡里寡坟籍游京师，刘昼以里下少坟籍杖策入都是也。《颜氏家训·治家篇》云："借人典籍，皆须爱护。先有缺坏，就为补治。此亦士大夫百行之一也。济阳江禄，读书未竟，虽有急速，必待卷束整齐，然后得起。故无损败，人不厌其求假。或有狼籍几案，

---

　　① 阶级、选举：秘书郎为甲族起家之选，不数十日便迁。

　　② 经籍：就帝王借书，于人臣家开馆以书充之。私家于来阅者，为办衣食，不识径，往求借，远游求书。书贾不禁人借阅。

分散部帙，多为童幼婢妾所点污，风雨犬鼠所毁伤，实为累德。吾每读圣人之书，未尝不肃敬对之，其故纸有五经辞义及贤达姓名，不敢秽用也。"此盖后人敬惜字纸之缘起？盖缘得之艰，故其珍之甚矣。以书赠人者①：沈约，每见王筠文，咨嗟吟咏，以为不逮也。尝谓筠："昔蔡伯喈见王仲宣，称曰：王公之孙也。吾家坟籍，悉当相与。仆虽不敏，请附斯言。"刘显每共孔奂讨论，深相叹服。乃执奂手曰："昔伯喈坟素，悉与仲宣。吾当希彼蔡君，足下无愧王氏。"所保书籍，寻以相付。见贤思齐，何其异世而同揆也？马枢，梁邵陵王纶为南徐州刺史，素闻其名，引为学士。侯景乱，纶举兵援台，留书二万卷以付枢。蔡大宝，尝以书干仆射徐勉，大为勉所赏异。乃命与其子游处。所有坟籍，尽以给之。皆可谓付托得人。陆琼第三子从典，从父瑜，特相赏爱。及瑜将终，家中坟籍皆付焉。孙惠蔚一子早卒，其家坟籍，多归其族曾孙灵晖。或亦诚以其能读而与之，非尽亲族中相传授也。

刻版之术虽未兴，然卖书之风，亦已稍盛。齐武帝时，藩邸严急，诸王不得读书，江夏王锋，乃密遣人于市里街巷买图籍，期月之间殆备，可见书之可剧买者多。刘勰负书若货粥者，以干沈约，事见第二十章第三节，则并有衒粥于道者矣。阳俊之多作六言歌诗，淫荡而拙。世俗流传，名为《阳五伴侣》，写而卖之，② 在市不绝。俊之尝过市，取而改之，言其字误。卖书者曰："阳五古之贤人，作此《伴侣》。君何所知？轻敢议论。"俊之大喜。《北史·阳尼传》。则凡时俗流行之书，皆有写卖者矣。崔亮佣书自业，从兄光劝亮往托李冲："彼家饶书，因可得学。"亮曰："弟妹饥寒，岂可独饱？自可观书于市，安能看人眉睫乎？"则虽书贾，似亦不禁人之借读也。

古人言钞，义与今异，③ 已见第二节。誊写非易，钞最遂多。《梁书·王筠传》，载其《自序》云："予少好抄书，老而弥笃。虽遇见瞥观，皆即疏记。后重省览，欢兴弥深。习与性成，不觉笔倦。自年十三四，齐建武二年（495）乙亥，至梁大同六年（540），四十载矣。幼年读《五经》，皆七八十遍。爱《左氏春秋》，吟讽常为口实。广略去取，凡三过五抄。余经及《周官》、《仪礼》、《国语》、《尔雅》、《山海经》、《本草》，并再抄子史诸集皆一遍。未尝倩人假手，并躬自钞录。大小百余卷。不足传之好事，盖以备遗忘而已。"此钞书者之自道也。钞书而亦可假手，则虽钞胥，亦与写手有异矣。《宋书·傅隆传》，言其归老在家，手不释卷，常手抄书籍。《齐书·高逸传》：沈骥士遭火烧书数千卷。年过八十，耳目犹聪明，以火故，抄写，灯下细书，复成二三千卷。《北史·崔逞

---

① 经籍：以书赠人。
② 经籍：写卖。
③ 经籍：钞，钞胥异写手，写，多不自为，官或役人，亦有高才屈居。

传》：崔谦好读书，凡手抄八千余纸。《李彪传》：高悦兄闾，家富典籍，彪于悦家，手抄口诵，不暇寝食。凡此云抄，皆当有所广略去取，非徒写录也。钞虽亦有所广，要以撷取精要之意为多，故亦谓之抄略。《周书·薛憕传》：言憕止其族父怀儁家，终日读书，手自抄略：将二百卷，谓此也。陆澄之《地理书》凡百四十九卷，而其《地理书抄》不过二十卷，任昉增澄之书为《地记》，二百五十二卷，而其《地理书抄》不过九卷。参看上节。《宋书·何承天传》：先是《礼论》有八百卷，承天删减并合，以类相从，凡为三百卷，此亦所谓抄也。可见其去取之严矣，《晋书·郑袤传》：子默，起家秘书郎。考合旧文，删省浮秽。中书舍人虞松谓曰："而今而后，朱紫别矣。"与其过而废之也，毋宁过而存之，删省旧文，庸或不免可惜，然其汰除芜秽之功，则自不可没也。

抄书体例，盖亦非一，而其有益于人者，则莫如类书。盖学问愈进，则分科愈繁。就其全体而言之，则苦于遍览之为难，而必有人焉以助其采撷，就其一科而言之，又苦于网罗之不备，而必有人焉以助其搜讨；此类书之所以可贵也。①魏文《皇览》，盖其开山。见《秦汉史》第十九章第八节。晋世挚虞，撰古文章，类聚区分，为三十卷，名曰《流别集》，盖亦斯意。过江而后，作者仍多。齐竟陵王子良，集学士抄五经、百家，依《皇览》例，为《四部要略》千卷。《齐书》本传。《南史·陆慧晓传》：子良西邸抄书，令慧晓参知其事。随主子隆为荆州，召庾于陵为主簿，使与谢朓、宗夬，抄撰群书。梁武帝敕到洽钞甲部书，张率治丙丁部书抄。皆见《梁书》本传。简文在雍州，撰《法宝联璧》。见《南史·陆杲》、《庾肩吾》，《文学·杜之伟传》。安成王秀搜集经记，招刘孝标，使撰《类苑》。《梁书》本传，及《文学·刘峻传》。魏出帝时，诏撰《四部要略》。《魏书·裴延儁传》。又召僧化与孙安都共撰兵法。《魏书·术艺传》。安丰王延明，家有群书，欲抄集五经算事为《五经宗》，及古今乐事为《乐书》。亦见《魏书·术艺传》。元晖《科录》，周明帝《世谱》，已见第五节；北齐后主，虽曰无道，然其所撰《御览》，则规模不可谓不大。见《北史·文苑传序》。此等皆妙选一时之英才为之。《北齐书·文苑传》谓：祖珽奏立文林馆，奏撰御览，当时操笔之徒，搜求略尽，可见其取材之多。又《阳休之传》：其子辟疆，性疏脱无文艺，休之亦引入文林馆，为时人所嗤鄙，又可见滥竽之不易也。而流俗一见抄字，辄以为胥史之业，误矣。钞书亦有出于胥史者。《周书·寇儁传》：儁以大统五年（539）入关，拜秘书监。时军国草创，坟典散逸。儁始选置令史，抄集经籍。四部群书，稍得周备。盖不暇一一誊写，故且采撷其大略也。然此令史，亦必非今俗所谓钞胥之流矣。

照本移录之谓写，《梁书·王泰传》言：齐永元末，后宫火，延烧秘书，图

---

① 经籍：类书。

书散乱殆尽，泰为丞，表校定缮写是也。其事士大夫多不自为。穆子容求天下书，逢即写录，已见前。张缵晚颇好积聚，多写图书数万卷。《南史》本传。亦必出于假倩。《北齐书·循吏传》：郎基，性慎，无所营求。曾语人云："任官之所，木枕亦不须作，况重于此事？"惟颇令写书。潘子义曾遗之书曰："在官写书，亦是风流罪过。"基答书曰："观过知仁，斯亦可矣。"可证其系役人为之也。惟写录亦有裨于精熟；又写手必有力之家，乃能多畜；《北齐书·祖珽传》云：齐州客至，请卖《华林遍略》、文襄多集书人，一日夜写毕，退其本曰：不须也。故士大夫亦有自为之者。齐衡阳元王嗣子钧，常手自细书，写五经，部为一卷，置巾箱中。侍读贺玠问曰："殿下家自有坟素，复何须蝇头细书，别藏巾箱中？"答曰："巾箱中有五经，检阅既易，且一更手写，则永不忘。"此为求精熟起见者也。若袁峻家贫无书，每从人假借，必皆抄写，见第二节，此与《南史·王泰传》手所抄写二千许卷，皆以抄写并言，盖有抄亦有写。则以无可假倩而然矣。又《梁书·处士传》：刘慧斐在匡山，手写佛经二千余卷。《周书·萧大圜传》：周明帝开麟趾殿，大圜与焉。《梁武帝集》四十卷，《简文集》九十卷，各止一本。大圜入麟趾，方得见之。乃手写二本，一年并毕。识者称叹之。此则或以虔诚孝爱而然也。《梁书·孔休源传》：年十一而孤。居丧尽礼。每见父手所写书，必哀恸流涕。时无刻书，抄写之本，读书者必人人有之也。

写手之中，亦有高材屈居焉。吴喜写起居注，暗诵略皆上口，已见第五节。王僧孺家贫，佣书养母，所写既毕，讽诵亦通。《梁书》本传。朱异以佣书自业，写毕便诵，《南史》本传。亦其伦也。此等事亦有传言失实者。《梁书·文学传》云：任孝恭家贫无书，常崎岖从人假借。每读一遍，讽诵略无所遗。《北史裴佗传》：佗子谞之，尝从常景借书百卷，十许日便返。景疑其不能读，每卷策问。应答无遗。此所借书，或与其故所读者相出入，故能举其大略。若《梁书·陆倕传》，谓其所读一遍，必诵于口。尝借人《汉书》，失《五行志》四卷，乃暗写还之，略无遗脱，则必无是理矣。然写录一过，即能通知大略，则固事所可有也。

校勘之学，时人尚不甚精。《北齐书·邢子才传》云：有书甚多，而不甚雠校。见人校书，常笑曰："天下书至死读不可遍，焉能始复校此？且误书思之，更是一适。"妻弟李季节，才学之士，谓子才曰："世间人多不聪明，思误书何由能得？"① 子才曰："若思不能得，便不劳读书。"此乃妄语，而史书之以为美谈，误矣。且如田肯之肯误作宵，见第二节。何由思而得之邪？即有义可通者，冯亿度之，亦易致误。《颜氏家训·勉学篇》云："观天下书未遍，不得妄下雌黄，"自是学人

---

① 经籍：邢子才谓思误书之谬，颜之推读天下书未遍，不得妄下雌黄，是学人语。

语也。

古书、古物，稍为时人所爱重，然辨别真伪之术未精，故多为作伪者所欺。古书之大批出土者，无过晋武帝时汲郡发冢所得。① 此事不徒空前，亦且古书出土如此之多，至今未曾再见，言考古者，诚不可不一审定其真伪也。此事见于《晋书》者：《武帝纪》云：咸宁五年（279），十月，汲郡人不准掘魏襄王冢，得竹简小篆、古书十余万言，藏于秘府。《律历志》云：武帝大康元年（280），汲郡盗发六国时魏襄王冢，亦得玉律。又云：武帝泰始九年（274），中书监荀勖校大乐，八音不和，始知后汉至魏，尺长于古四分有余。勖乃部著作郎刘恭，依《周礼》制尺，所谓古尺也，依古尺更铸铜律吕，以调声均。以尺量古器，与本铭尺寸无差。又汲郡盗发六国时魏襄王冢，得古周时玉律及钟磬，与新律声均暗同。《卫瓘传》：子恒，为《四体书势》曰："魏初传古文者，出于邯郸淳。恒祖敬侯，写淳《尚书》，后以示淳，而淳不别。至正始中，立三字石经，转失淳法，因科斗之名，遂效其形。大康元年（280），汲县人盗发魏襄王冢，得策书十余万言。按敬侯所书，犹有仿佛。古书亦有数种，其一卷论楚事者，最为工妙，恒窃悦之。"《荀勖传》云及得汲郡冢中古文竹书，诏勖撰次之，以为中经，列在秘书。《束晳传》云：初大康二年（281），汲郡人不准盗发魏襄王墓，或言安釐王冢，得竹书数十车。其《纪年》十三篇，纪夏以来至周幽王为犬戎所灭。以事接之。疑当作以晋事接之。三家分，仍述魏事，至安釐王之二十年（前257）。盖魏国之史书？大略与《春秋》皆多相应。其中经传大异，则为夏年多殷；益干启位，启杀之；大甲杀伊尹；文丁杀季历；自周受命至穆王百年，非穆王寿百岁也；幽王既亡，幽当作厉，此传写之误。有共伯和摄行天子事，非二相共和也。其《易经》二篇，与《周易上下经》同。《易繇阴阳卦》二篇，与《周易》略同，繇辞则异。《卦下易经》一篇，似《说卦》而异。《公孙段》二篇，公孙段与邵陟论《易》。《国语》三篇，言楚、晋事。《名》三篇，似《礼记》，又似《尔雅》、《论语》。《师春》一篇，书《左传》诸卜筮，师春似是造书者姓名也。《琐语》十一篇，诸国卜梦、妖怪、相书也。《梁丘藏》一篇，先叙魏之世数，次言丘藏金玉事。《缴书》二篇，论弋射法。《生封》一篇，帝王所封。《大历》二篇，邹子谈天类也。《穆天子传》五篇，言周穆王游行四海，见帝台西王母。图书一篇，画赞之属也。又杂书十九篇，《周食田法》，《周书》，论楚事，周穆王美人盛姬死事。大凡七十五篇。七篇简折书坏，不识名题。冢中又得铜剑一枚，长二尺五寸。漆书皆科斗字。初发冢者烧策照取宝物，及官收之，多烬简断札。文既残缺，不复诠次。武帝以其书付秘书，校缀次第，寻考指归，而以今文

---

① 经籍：汲冢书。

写之。皙在著作，得观竹书，随宜分释，皆有义证。《王接传》云：时秘书丞卫恒考正汲冢书，未讫而遭难，佐著作郎束皙述而成之，事多证异义。句疑有夺误。时东莱太守陈留王庭坚难之，亦有证据。皙又释难，而庭坚已亡。散骑侍郎潘滔谓接曰："卿才学理议，足解二子之纷，可试论之。"接遂详其得失。挚虞、谢衡，皆博物多闻，咸以为允当。《司马彪传》云：初谯周以司马迁《史记》，书周、秦以上，或采俗语百家之言，不专据正经，周于是作《古史考》二十五篇，皆凭旧典，以纠迁之缪误。彪复以周为未尽善也，条《古史考》中凡百二十二事为不当，多据《汲冢纪年》之义，亦行于世。《儒林·续咸传》云：著《远游志》、《异物志》、《汲冢古文释》，皆十卷，行于世。汲冢得书之事，见于《晋书》者如此。年代舛讹，古籍恒有，不足以疑其事之真。简策烦重，十余万言，自可盈数十车，说亦相会。《武帝纪》言竹简文字为小篆古书，《束皙传》谓皆科斗，二者似不相符。然观《卫恒传》所言，则其时之人言字体之异者，非以其构造而以其笔画形状，则古书小篆，二者亦可并称。以构造言与小篆同，以笔画形状言之则异。续咸之《古文释》，盖就其构造异于小篆者而释之耳。此三者皆不足惑。然仍有甚可疑者。据《卫恒传》，似策书虽有十余万言，其可知者不过数种。与《束皙传》云文既残缺，不复诠次者相符。皙之学，未闻远逾于恒，何以所述成者能如是之多？杜预《春秋后序疏》引王隐《晋书·束皙传》云：汲冢竹书，大凡七十五卷。其六十八卷，皆有名题。其七卷折简碎杂，不可名题。有《周易上下经》二卷，《纪年》十二卷，《琐语》十一卷，《周王游行》五卷，说周穆王游行天下之事，今谓之《穆天子传》。此四部差为整顿。汲郡初得此书，表藏秘府。诏荀勖、和峤以隶字写之。勖等于时即已不能尽识其书。今复阙落。又转写益误。《穆天子传》，世间偏多。整顿者不过四种，与卫恒之言，隐相符合。然则所谓六十八种者，不过能知其名题，而今《晋书·束皙传》，乃皆能知其书之所述，其为无稽之语可知也。《隋书·经籍志》：古史家有《纪年》十二卷，《注》云：汲冢书并《竹书同异》一卷。《志》又论其事云：晋大康元年（280），汲郡人发魏襄王冢，得古竹简书。字皆科斗。发冢者不以为意，往往散乱。帝命中书监荀勖、令和峤撰次为十五部八十七卷。多杂碎怪妄，不可训知。惟《周易》、《纪年》，最为分了。其《周易》上下篇，与今正同。《纪年》皆用夏正建寅之月为岁首，起自夏、殷、周三代王事，无诸侯国别。惟特记晋国。起自殇叔；次文侯、昭侯，以至曲沃庄伯。尽晋国。灭，独记魏事。下至魏哀王，谓之今王。盖魏国之史记也？其著书皆编年相次，文意大似《春秋经》，诸所记事，多与《春秋左氏》扶同。《晋书·束皙传》，并无自夏以来即有年纪之意，此所云则似有之。谓记魏事下至哀王，亦与《皙传》不合。《四体书势》云：魏文好古，世传丘坟，历代基发，真伪靡分，则以冢属魏襄王，晋初亦在疑似之列。安釐王者，魏襄王之曾孙。据《史记》，其死在秦始皇四年（前243），斯时魏已距亡不远，能否如此厚葬，实有可疑。然则《晳传》或言安釐王冢一语，正因其纪年迄于安釐王二十年（前257）而云然，而或云迄于哀王，则造作者又有所增也。文似《春秋》，事同《左氏》，盖造作者所摹放据依。夏年多殷，盖历人治古史者之异说。益干启位，大甲杀伊尹，文丁杀季历，则其时之人，舜、禹之事，我知之矣之见解耳。穆王享国之年，共伯释位之事，说已见《先秦史》第四章及第八章第八节。此数事盖造作者之所特著，不与经传旧说相会者也。《隋书·律历志》载刘孝孙论历语云："案《竹书纪年》，尧元年在丙子。"则其纪年又不起于夏，与《经籍志》及《晋书·束晳传》皆不符，可见依托《纪年》而为伪者，非一家矣。《易繇阴阳卦》与《周易》略同，《繇辞》则异，此盖世所传《焦氏易林》之伦，世间自有此物。《卦下易经》，似《说卦》而异，盖亦《易》家之所为。此篇言《易》之书特多，《易》固晋以来通行之学也。《名》三篇，似《礼记》，又似《论语》、《尔雅》，此合《伪家语》、《孔丛子》为一书。《师春》一篇，书《左氏》诸卜筮，似全与《左氏》同者，古书有如此略无出入者乎？《琐语》，《隋志》在杂史家，云《古文琐语》四卷。《注》云：汲冢书。杂史家又有《周书》十卷，《注》亦云汲冢书。又云："似仲尼删《书》之余。"《颜氏家训·书证篇》谓《琐语》中有秦望碑。《史通·疑古篇》云：中有舜放尧于平阳事。与《晳传》所云记卜梦妖怪相书者，相去绝远。舜之放尧，岂可云琐事？即卜梦妖怪相书，在迷信甚深之世，亦岂以为琐事乎？邹子谈天，久成绝学。谁则闻之，而知其与大历相似？《周王游行》之诬，已见《先秦史》第八章第八节。此书《隋志》在起居注类，作《穆天子传》六卷。《注》云："汲冢书，郭璞注。"大体即今日之本，盖无可疑。王隐云：《周王游行》，今谓之《穆天子传》，而今《晋书·束晳传》亦谓之《穆天子传》，则今《晋书》所据，实出隐书所据后也。然今《晋书·晳传》盛姬死事，尚不在《穆天子传》中，而今本不然，则今本又非作今《晋书》者之所见矣。亦可见造作者非一家也。晋初四部之分，特计藏庋之便，说已见前。汲冢书列于丁部者，盖以不可诠次，附诸四部之末，实非列于丁部。犹今编书目者，于四部之外，别立丛部耳。若如《隋志》之说，可撰次为十五部，则既能分别部居矣，何不分隶四部之中，而必别为一部？而下云多杂碎怪妄，不可纪知，又隐与王隐之说相合。则《隋志》此语，可信与否，亦正难言之也。要而观之，则自有汲冢得书之役，因之而作伪者非一家，随之而说其事者，亦非一人。有心之造作，益以无意之传讹，其说乃纷如乱丝，弥不可理，真为荀勖、和峤所隶写，束晳、王庭坚、王接所考论者，盖不知是否存十一于千百矣。然则以大体言之，汲冢书虽经出土，经隶写而整顿者，实无几种。惠怀乱后，故简与写本全亡，传于世者，悉皆伪物，过江后人之所说，正与明代之伪本同也。《隋书·律历志》云：梁武帝时，犹有汲冢玉律。候气。此语之不足信，观下论诸古物而可知。又非特如此汲冢果曾得玉律，抑治乐者妄为此说以自张，亦正难言之矣。

《梁书·萧琛传》云：天监九年（510），出为江夏太守。始琛在宣城，有北僧南度，惟赍一瓠芦，中有《汉书序传》。僧云：三辅旧老相传，以为班固真本。琛固求得之。其书多有异今者，而纸墨亦古。文字多如龙举之例，非隶非篆。① 琛甚秘之。及是，以书饷鄱阳王范。范乃献于东宫。《刘之遴传》云：范得班固所上《南史》作撰。《汉书》真本，献之东宫。皇大子令之遴与张缵、到溉、陆襄等参校异同。之遴具异状十事。其大略云："案古本《汉书》，称永平十六年五月二十一日己酉郎班固上，而今本无上书年月日字。又案古本《叙传》号为《中篇》，而今本称为《叙传》。又今本《叙传》载班彪行事，而古本云稚生彪，自有传。又今本《纪》及《表》、《志》、《列传》不相合为次，而古本相合为次，总成三十八卷。又今本《外戚》在《西域》后，古本《外戚》次《帝纪》下。又今本《高五子》、《文三王》、《景十三王》、《武五子》、《宣元六王》，杂在诸传秩中，古本诸王悉次《外戚》外，在《陈项传》前。又今本《韩彭英卢吴述》云：信惟饿隶，布实黥徒，越亦狗盗，芮尹江湖，云起龙骧，化为侯王。古本《述》云：淮阴毅毅，杖剑周章，邦之杰子，实惟彭、英，化为侯王，云起龙骧。又古本第三十七卷，解音释义，以助雅诂，而今本无此卷也。"案改外戚为后妃，以次帝纪，类聚诸王，以次后传，晋后乃有此例，显为后人所改。音义亦必后人所附。《韩彭英卢胡述》，盖不满旧文者改之。其事皆显而易见，而旧老相同，顾信为班固真本，当时论古者之无识，可见一斑矣。②

《晋书·郭璞传》云：元帝初镇建业，王导令璞筮之。遇《咸》之《井》。璞曰："东北郡县有武名者当出铎，以著受命之符。西南郡县有阳名者井当沸。"其后晋陵武进县人于田中得铜铎五枚。历阳县中井沸，经日乃止。及帝为晋王，又使璞筮。遇《豫》之《睽》。璞曰："会稽当出钟以告成功，上有勒铭，应在人家井泥中得之。"大兴初，剡县人果于井中得一钟，长七寸二分，口径四寸半。上有古文奇书十八字，云会稽岳命，余字时人莫识之。《齐书·陆澄传》云：竟陵王子良得古器，小口方腹而底平，可容七八升。以问澄。澄曰："此名服匿，单于以与苏武。"子良后详视器底有字，仿佛可识，如澄所言。《梁书·刘显传》云：魏人献古器，有隐起字，无能识者，显案文读之，无有滞碍。考校年月，一字不差。高祖甚嘉焉。《南史·何承天传》云：张永尝开玄武湖，遇古冢。冢上得一铜斗，有柄。宋文帝以访朝士。承天曰："此亡新威斗，王莽三公亡皆赐之，

① 文字：真本《汉书》文字，非篆非隶，多如龙举。
② 经籍：真本《汉书》之谬。

一在冢外，一在冢内。时三台居江左者，惟甄邯为大司徒，必邯之墓。"俄而永又启冢，内更得一斗，复有一石，铭大司徒甄邯之墓。《魏书·祖莹传》：孝昌中，于广平立第，掘得古玉印。敕召莹与黄门郎李琰之，令辨何世之物。莹云："此是于阗国王晋大康中所献。"乃以墨涂字观之，果如莹言。时人称为博物。此等皆藉文字以辨古物，以时人识古字者之少，见第一节。其信否殊不可知也。藉器物以考古事者，亦间有之。如《梁书·刘杳传》云：尝于沈约坐语及宗庙牺尊。约云："郑玄答张逸，谓为凤皇尾娑娑然。今无复此器，则不依古。"杳曰："此言未必可按。《南史》作安。古者樽彝皆刻木为鸟兽，凿顶及背以出内酒。顷魏世鲁郡地中得齐大夫子尾送女器，有牺尊，作牺牛形。晋永嘉中，贼曹嶷于青州发齐景公冢，又得二樽，形亦为牛象。二处皆古之遗器，知非虚也。"约大以为然。其一事也。其时发掘之事，皆出于偶然。其有意为之者，则多在古墓。汲冢即其最大者。齐文惠大子镇襄阳时盗发古冢，陈时征北军人于丹徒发郗昙墓，亦其事也。见第一节及第六节。

《晋书·惠帝纪》：元康五年（295），十月，武库火，焚累代之宝。《张华传》云：武库火，华惧因此变作，列兵固守，然后救之，故累代之宝及汉高斩蛇剑，王莽头，孔子履等尽焚焉。《五行志》略同。《刘颂传》云：武库火，颂弟彪，建计断屋，得出诸宝器，盖亦微有所出。王莽头经汉末大乱，是否尚存，已属可疑，孔子履何由得之？汉高斩蛇，事本乌有，剑更不必论矣。天家掌故，有同东野人言如此。《齐书·竟陵王子良传》：升明三年（481），为会稽太守。子良敦义爱古。郡阁下有虞翻旧床，罢任还，乃致以归。后于西邸起古斋，多聚古人器服以充之。《孔稚圭传》：父灵产，大祖饷以白羽扇、素隐几。曰："君性好古，故遗君古物。"《梁书·刘之遴传》：之遴好古爱奇。在荆州，聚古器数十百种。又献古器四种于东宫。《处士传》：何点，竟陵王子良遗以嵇叔夜酒柸，徐景山酒铛。《南史·柳恽传》：齐竟陵王子良尝置酒后园，有晋大傅谢安鸣琴在侧，援以授恽，恽弹为雅弄。《齐高帝诸子传》始兴王鉴为益州刺史。时有广汉什邡段祖以淳于献。古礼器，所以节乐也。《王敬则传》：世子仲雄善弹琴。江左有蔡邕焦尾琴，在主衣库，齐明帝敕五日一给。《刘杳传》：昭明大子有瓠食器，以赐焉，曰："卿有古人之风，故遗卿占人之器。"此等皆如世俗之玩骨董，其信否，观俗所谓骨董者之信否而可知矣。① 刘曜所作浑仪，何承天等误为张衡所造，已见上节。此事致误，实缘不按题识，具见《隋志》。魏时，御史中尉王显，与广平王匡争权量。奏匡曰："匡表云：所据铜权，形如古志，明是汉作，非莽别造。及案权铭：黄帝始祖，德布于虞，虞帝始祖，德布于新。莽佐汉时，宁有铭新之

---

① 古物：晋南北朝所谓古物之谬。

号?"《北史·景穆十二王传》。二人论权量，谁曲谁直，姑不必论，而匡之不案铭文，则无可解免矣。《隋书·律历志》载梁武帝作《钟律论》曰："山谦之记云：殿前三钟，悉是周景王所铸无射也。遣乐官以今无射新笛饮，不相中，以夷则笛饮，则声均合和。端门外钟，亦案其铭题，定皆夷则。其西厢一钟，天监中移度东。以今笛饮，乃中南吕。验其镌刻，乃是大簇，则下金笛二调。重敕大乐丞斯宣达，令更推校，钟定有凿处，表里皆然。借访旧识，乃是宋泰始中使张永凿之，去铜既多，故其调啴下。以推求钟律，便可得而见也。宋武平中原，使将军陈倾致三钟，小大中各一，则今之大极殿前二钟，端门外一钟是也。案西钟铭，则云清庙撞钟，秦无清庙，此周制明矣。又一铭云大簇钟徵，则林钟宫所施也。检题既无秦、汉年代，直云夷则、大簇，则非秦、汉明矣。"此等虽案铭题，信否亦难遽定，乃后人或真信为三代时物，毋亦见卵而求时夜乎?《殿本考证》，齐召南云："三代乐器，流传最远者，莫如此事。《左传》昭二十一年，天王将铸无射。孔《疏》曰：秦灭周，其钟徙于长安。历汉、魏、晋，常在长安。及刘裕灭姚泓，又移于江东。历宋、齐、梁、陈时钟犹在。东魏使魏收聘梁，作《聘游赋》，云珍是淫器，无射在悬是也。及开皇九年（589）平陈，又迁于西京，置太常寺，时人悉得见之，至十五年（595）敕毁之，可为此文之证。"

毁坏古物之事，亦时有之。所谓三钟者，入隋为文帝所毁。其事，《北史·隋本纪》在开皇九年（589），云"毁所得秦汉三大钟，越二大鼓。"《隋书·本纪》无之，而云："十一年（591），春，正月，丁酉，以平陈所得古器，多为妖变，悉命毁之。"则《北史》亦同。三钟之毁，未知究在何时，然隋毁江东古物，恐必甚多，且不止一次。三钟固不必周景王物，江东所云古器，亦不必皆信，然其有较古之物，则必不诬也。齐东昏侯毁晋义熙初师子国所献玉象已见第六节。《宋书·武三王传》：鲁郡孔子旧庭，有柏树二十四株，经历汉、晋，其大连抱。有二株先折倒。士人崇敬，莫之敢犯。江夏王义恭悉遣人伐取，父老莫不叹息。义恭未为最暴横者，当四夷交侵，武人跋扈之世，此等事之不见记载者，必尚不知凡几也。

著书假托古人者，此时仍有之。《晋书·曹志传》：武帝尝阅《六代论》，问志曰："是卿先王所作邪?"志，魏陈思王植子对曰："先王有手所作目录，请归寻按。"还奏曰："按录无此。"帝曰："谁作?"志曰："以臣所闻，是臣族父冏所作。以先王文高名著，欲令书传于后，是以假托。"帝曰："古来亦多有是。"顾谓公卿曰："父子证明，足以为审，自今已后，可无复疑。"托名高者以行其言，[1] 而已不欲尸其名，此乃廓然大公之心；不得议其欺世也。《陆机传》：机从子瑁，吴平又作《西州清论》，传于世。借称诸葛孔明，以行其书也。亦曹冏之

---

① 经籍：著述托高名者，以行出公心，如刘炫斯可鄙矣，如陈修园托叶天士亦可谅也。

志也。《隋书·儒林传》云：刘炫因牛弘奏请购求遗逸，伪造书百余卷，题为《连山易》、《鲁史记》等，录上送官，取赏而去。后有人讼之，经赦免死，坐除名。则风斯下矣。然时书一卷不过赏绢一匹，炫负盛名，岂不能致百余匹绢？则其造书非利官赏，盖时俗莫辨真伪，乃借此欺世，以炫其博洽耳。然其心亦足诛矣。《晋书·郭象传》云：先是注《庄子》者数十家，莫能究其旨统。向秀于旧注外而为解义，妙演奇致，大畅玄风。惟《秋水》、《至乐》二篇未竟，而秀卒。秀子幼，其义零落。然颇有别本迁流。象为人行薄，以秀义不传于世，遂窃以为己注。乃自注《秋水》、《至乐》二篇，又易《马蹄》一篇，其余众篇，或点定文句而已。其后秀义别本出，故今有向、郭二注，其义一也。似象之为人，攘善无耻矣。然《秀传》则但云秀为之隐解，象又述而广之而已。则知此等传说，亦难尽信也。

第二十四章　晋南北朝宗教

第一节　旧有诸迷信

玄学与迷信，不相容者也。故魏、晋以降，玄学盛行，而迷信遂澹。《晋书·天文志》：魏文帝黄初二年（221），六月，戊辰晦，日有食之。有司奏免太尉。诏曰："灾异之作，以谴元首，而归过股肱，岂禹、汤罪己之义乎？其令百官，各虔厥职。后有天地眚，勿复劾三公。"此诏虽仍引咎责躬，然已知天地之眚，无与于人事矣。挚虞对策曰："古之圣明，原始以要终，体本以正末，故忧法度之不当，而不忧人物之失所，忧人物之失所，而不忧灾害之流行。其有日月之眚，水旱之灾，则反听内视，求其所由。远观诸物，近验诸身。于物无忤，于人无尤，此则阴阳之事，非吉凶所在也。"郄诜对策，与虞实同时事。亦曰："水旱之灾，自然理也。故古者三十年耕必有十年之储。尧、汤遭之而人不困，有备故也。自顷风雨，虽颇不时，考之万国，或境土相接，而丰约不同，或顷亩相连，而成败异流，固非天之必害于人，人实不能均其劳苦。失之于人，而求之于天，则有司惰职而不劝，百姓殆业而咎时，非所以定人志，致丰年也。"皆以释天时任人事为言，与汉人之论大异矣。《魏书·高祖纪》：承明十二年（487），九月，甲午，诏曰："日月薄蚀，阴阳之恒度耳。圣人惧人君之放怠，因之以设戒，故称日蚀修德，月蚀修刑，乃癸巳夜，月蚀尽，公卿已下，宜慎刑罚，以答天意。"此诏辞旨，几自相矛盾，然亦知天变与人事无关。① 房主而能为此言，可知释天时，任人事，已成通常之见解矣。

然此特学者之见如是，习俗固未能骤变。魏自武帝，至于文、明，皆禁淫祀，已见《秦汉史》第二十章第二、第六节。晋武帝泰始元年（266），诏曰："末代信道不笃，僭礼渎神，纵欲祈请。曾不敬而远之，徒偷以其幸，妖妄相扇，舍正为邪，故魏朝疾之。其按旧礼，具为之制。使功著于人者，必有其报，而妖

---

① 宗教：魏及晋初，知天变不关人事。

淫之鬼，不乱其间。"犹是前世之志也。然穆帝升平中，何琦论祠五岳，谓"今非典之祠，可谓非一。考其正名，则淫昏之鬼。推其縻费，则四人之蠹。可俱依法令，先去其甚。"不见省。《宋书·礼志》。而武皇之志荒矣。宋武帝永初二年（481），四月，诏曰："淫祠惑民废财，前典所绝。可并下在所，除诸房庙。"《宋书·礼志》云：由是蒋子文祠已下，并皆毁绝。然又云：孝武孝建初，更修起蒋山祠。所在山川，渐皆修复。明帝立九州庙于鸡笼山，大聚群神。则其废之曾无几时，旋且变本加厉矣。所谓蒋子文者，与苏侯同为南朝严祀之神。《宋书·礼志》云：蒋侯，宋代稍加爵位，至相国、大都督中外诸军事，加殊礼，钟山王。苏侯骠骑大将军。案《晋书·简文三王传》言：孙恩至京口，会稽王道子无他谋略，惟日祷蒋侯庙，为厌胜之术。又《苻坚载记》言：淝水之役，坚望八公山上草木，皆类人形。初朝廷闻坚入寇，道子以威仪鼓吹，求助于钟山之神，奉以相国之号。坚见草木状人，若有力焉。则蒋子文在晋代，久受尊崇矣。齐东昏又加帝号，见第十章第六节。《南史·曹景宗传》述钟离之役云：先是旱甚，诏祈蒋帝神求雨。十旬不降。帝怒，命载获，欲焚蒋庙并神影。尔日开朗，欲起火，当神上忽有云如伞。倏忽骤雨如写。台中宫殿，皆自振动。帝惧，驰召追停。少时还静。自此帝畏信遂深。自践阼已来，未尝躬自到庙，于是备法驾将朝臣礼谒。是时魏军攻围钟离，蒋帝神报敕必许扶助。既而无雨水长，遂挫敌人。凯旋之后，庙中人马脚尽有泥湿，当时并目睹焉。梁武非迷信者流，盖因大敌当前，藉此以作士气也。陈高祖以十月乙亥即帝位，丙子即幸钟山祀蒋帝庙，见《纪》。亦是志矣。蒋子文行事，不见正史。《齐书·崔祖思传》云：州辟主簿。与刺史刘怀珍于尧庙祀神。庙有苏侯象。怀珍曰："尧圣人，而与杂神为列，欲去之，何如？"祖思曰："苏峻今日，可谓四凶之五也。"怀珍遂令除诸杂神。《南史》云：所随者为青州刺史垣护之，祖思，清河东武城人。清河齐世属冀州，如《齐书》意，怀珍当为冀州刺史。然当时青、冀二州，或可合一刺史也。而载祖思对辞，则云："使君若清荡此坐，则是唐尧重去四凶，"不以苏侯为苏峻。峻凶逆，不应见祀，论者或以《南史》为可信。然《齐书》此语，不能杜撰。《南北史》多采异说，其所据依，实较诸官修之史为晚。《北史·魏兰根传》言常山郡境有董卓祠，《景穆十二王传》言邺城有石季龙庙，董卓凶逆，岂减苏峻？季龙尤异族淫暴之主也，二凶可祀，峻独不可杞乎？然则《齐书》之说，殆为不诬。以此推之，蒋子文亦必非正神也。① 永初之除房庙，明言"先贤及以勋德立祠者，不在此例"。蒋子文若为正神，岂应其时亦见除毁邪。或谓苏侯神在建康，不应在青、冀，《崔祖思传》所言者，或为别一苏侯，此亦不然。《南史·张冲传》：言东昏遣薛元嗣等援

---

① 宗教：蒋子文非正神。

冲，冲卒，与其子孜及程茂等共守，无他经略，惟迎蒋子文及苏侯神于州听上祀以求福，则蒋、苏二神，流播及于荆郢矣。可至荆郢，何不可至青、冀邪？

淫祀所奉，泛然不一。吴兴郡有项羽神，俗谓甚灵验，至于郡听事安施床箦为神坐，太守皆避不敢居，见《宋书·孔季恭》、《齐书·李安民》、《萧惠基》、《梁书·萧琛》诸传。《南史》、《陈本纪》：高祖永定二年（558），正月，遣策吴兴楚王神为帝，盖即所谓项羽神也。其见崇奉，亦不在蒋子文下矣。此与董卓、石季龙等，皆择众所共知之人而奉之，不计其善恶也。《齐书·周山图传》云：义乡县长风庙神姓邓，先为县令，死遂发灵，此则所谓名宦之流，亦不必其人之果有功德也。后世所谓城隍神者，亦昉见于此时。《南史·梁武帝诸子传》，谓邵陵王纶在郢州祭城隍神，将烹牛，有赤蛇绕牛口。《隋书·五行志》以为武陵王纪之事。《北齐书·慕容俨传》云：俨在郢城，为侯瑱、任约所攻，于上流鹦鹉洲上造获荻竟数里，以塞船路。人信阻绝，城守孤悬，众情危惧。俨导以忠义，又悦以安之。城中先有神祠一所，俗号城隍神，公私每有祈祷。于是顺士卒之心，相率祈请，须臾，冲风欻起，惊涛涌激，漂断获荻。约复以铁锁连缆，防御弥切。俨还共祈请。风浪夜惊，复以断绝。如此者再三。城人大喜，以为神助。此《传》言俨战功，全不足信，然郢城有城隍神祠，俨曾祠之，自不害为实语也。案隍谓城下池，① 战时凭城池以守，故祀其神，后遂以为地方之神，若人间之有守令矣。《梁书·王神念传》云：神念性刚正，所更州郡，必禁止淫祠。为青、冀二州刺史，州东北有石鹿山，临海，先有神庙。妖巫欺惑百姓，远近祈祷，糜费极多。神念至，便令毁撤，风俗遂改。而《南史·阴子春传》言：神念之毁神庙，栋上有一大虬，长丈余，役夫打扑不禽，得入海水。子春为朐山戍主、东莞太守。尔夜梦人通名，云有人见苦，破坏宅舍。钦君厚德，欲憩此境。经二日而知之。因办牲醪请召，安置一处。数日，复梦一朱衣人，相问辞谢，云得君厚惠，当以一州相报。子春心喜，供事弥勤。经月余，魏欲袭朐山，间谍前知，设伏破之，诏授南青州刺史。此则海滨怪物，废于彼而兴于此矣。要之可以惑众则藉之，无恒奉也。宋世祖之责百官谠言也，周朗上书曰："凡鬼道惑众，妖巫破俗，其原本是乱男女，合饮食。因之以祷祝，从之以报请。是乱不除，为害未息。凡一苑始立，一神初兴，淫风辄以之而甚。今修堤以北，置园百里，峻山以西，居灵十房，糜财败俗，其可称限？"饮食男女，人之大欲存焉。凡民之所费诚多，而敢为矫诬者，则其大欲遂焉矣。世岂有创教传教之人，而真信教者哉？②

然矫诬之徒，亦有实为救死之计者。《南史·孝义传》云：诸暨东洿里屠氏女。父失明，母痼疾。亲戚相弃，乡里不容。女移父母，远住纻舍。昼采樵，夜

---

① 宗教：城隍初盖战时所祀。

② 宗教：无创教传教之人，信教者，然矫诬者不必可罪。

纺织，以供养。父母俱卒，亲营殡葬，负土成坟。忽空中有声云："汝至性可重，山神欲相驱使，汝可为人疗病。"女谓是魅魅，弗敢从。遂得病积时。邻舍人有溪蜮毒者，女试疗之，自觉便差。遂以巫道为人疗疾，无不愈。家产日益，乡里多欲娶之。女以无兄弟，誓守坟墓。为山劫所杀。此女所为，谓非矫诬得乎？然得以是为其罪乎？辟二氏者，恒病其不耕而食，不织而衣。然如此女者，当其困穷之时，则亲戚相弃，乡里不容，及其为巫而多财，则又欲娶之以为利。风俗薄恶如此，而以藉矫诬以自活者为罪，有是理乎？

《隋书·地理志》云：扬州"俗重鬼神，好淫祀"。又云："大抵荆州率敬鬼，尤重祠祀之事。"似淫祀之俗，南方为甚。然《魏书·肃宗纪》：神龟二年（519），十二月，尝诏除淫祀，焚诸杂神，则北方淫祀，亦不少矣。《北齐书·于翼传》：翼出为安州总管。时属大旱，涓水绝流。旧俗每逢亢阳，祷白兆山析雨。高祖先禁群祀，山庙已除。翼遣主簿祭之。即日澍雨沾洽。岁遂有年。民庶感之，聚会歌舞，颂翼之德。除之而民犹信之，则有其废之，必有其举之者矣。故破除迷信，实非政令所能为也。

巫术所重，祠祀而外，莫如厌诅。元凶劭为巫蛊，已见第九章第一节。及孝武起兵，劭又迎蒋侯神于宫内，厌祝祈请。竟陵王诞，陈谈之上书告之，亦云：其弟咏之，见诞疏孝武年纪、姓讳，往巫郑师怜家咒诅。庐江王祎，明帝泰始五年（470）下诏，谓其"咒诅祷请，谨事邪巫。常被发跣足，稽首北极。遂图画朕躬，勒以名字。或加之矢刃，或烹之鼎镬。在江州得一女，云知吉凶，能行厌咒，大设供养，敬事如神。令其咒诅孝武，并及崇宪，祈皇室危弱，统天称己"。陈长沙王叔坚为左道厌魅，已见第十五章第二节。《宋书·王悦传》：悦为侍中，检校御府大官、太医诸署得奸巧甚多。及悦死，众咸谓诸署咒诅之。明帝乃收典掌者十余人，桎梏，云送淮阴，密令渡瓜步江投之中流。咒诅未必能杀人，怨奸巧之见发而为咒诅，则罪有可诛，明帝处诸典掌者虽云非法，然诸人若果为咒诅，亦自有取祸之道也。司马休之降虏，孙弥陁，选尚临淮公主。弥陁先娶窦瑾女，与瑾并坐咒诅伏诛。事见《魏书·休之传》，亦见《瑾传》。北齐河间王孝琬怨执政，为草人而射之，和士开、祖珽谮其为草人乃以拟武成，已见第十四章第三节。《魏书·刑罚志》：神麚中，崔浩定律令，为蛊毒者，男女皆斩而焚其家。巫蛊者负羖羊，抱犬，沉诸渊。《高祖纪》：承明九年（484），正月，诏："诸巫觋假称神鬼，妄说吉凶，及委巷诸卜，非坟典所载者，严加禁断。"可见北方巫术之盛矣。厌胜之术，并有施诸死人者。贾后之杀武悼后也，妖巫谓后必诉冤先帝，乃覆而殡之，施诸厌劾符书、药物。慕容儁夜梦石季龙啮其臂。寤而恶之，命发其墓，剖棺出尸，数其残酷之罪，弃于漳水。姚苌以符登频战胜，亦于军中立符坚神主而请之。及败苻师奴，禽梁犊，乃掘坚尸，鞭挞无数，裸剥衣裳，荐之以棘，坎土而埋之。侯景之葬梁武帝，使卫士以大钉于要地钉之，欲令后世绝灭。北齐孝昭不豫，见文宣为祟，厌胜之术备设，《北齐书·废帝纪》及《孝昭纪》。参看第十四章第三节。皆是物也。

行序之说，本谓治法当随时变易，后乃流为空谈，入于迷信，已见《先秦史》第十五章第二节，《秦汉史》第二十章第三节。魏、晋已后，虽迷信已澹，而此故事仍存。晋武帝泰始元年（266），有司奏晋行尚金。《宋书·历志》。刘曜、石勒，皆承金为水德。皆见《载记》。慕容儁僭位，群下言承黑精之君，代金行之后，从之。《韩恒传》云：附《儁载记》后。将定行次，众论纷纭，恒时疾在龙城，儁召恒决之。未至，群臣议以燕承晋为水德。恒至，言于儁曰："赵有中原，非惟人事，天所命也。且燕王迹始震。于《易》，震为青龙，受命之初，有龙见于都邑。龙为木德，幽契之符也。"儁初虽难改，后终从恒议，《慕容暐载记》云：郭钦奏议，以暐承石季龙为木德，暐从之。则《儁载记》所谓后从韩恒之议者，实暐时事也。《姚苌载记》：苌僭位，自谓以火德承苻氏木行。案《苻坚载记》云：太元七年（382），坚谋入寇。初坚即伪位，新平王彤，陈说图谶。坚大悦，以彤为太史令。尝言于坚曰："谨按谶云：古月之末乱中州，洪水大起健西流，惟有雄子定八州，此即三祖陛下之圣讳也。又曰：当有草付臣又土，灭东燕，破白虏，氐在中，华在表。按图谶之文，陛下当灭燕平六州。愿徙汧、陇诸氐于京师，三秦大户，置于边地，以应图谶之言。"坚访王猛，猛以彤为左道惑众，劝坚诛之。彤临刑上疏曰："臣以赵建武四年，从京兆刘湛学。明于图记，谓臣曰：新平地古颛顼之虚，里名曰鸡闾。此里应出帝王宝器，其名曰延寿宝鼎。颛顼有云：河上先生为吾隐之于西北，吾之孙有草付臣又土应之。湛又云：吾尝斋于室，中夜，有流星大如半月，落于此地，斯盖是乎？愿陛下志之。平七州之后，出于壬午之年。"至是而新平人得之，以献。坚以彤言有征，追赠光禄大夫。分氐户，留鲜卑，当时盖有深意，说见第六章第七节。彤在当时，盖因违是策而见诛，既而造作妖言，则又托诸已受诛之人，以见其可信也。则坚实自以为颛顼后。颛顼，必从相胜之说，乃得为木德，见《秦汉史》。岂坚时尝行其说，苌乃又以相生之说承之欤？《魏书·礼志》云：大祖天兴元年（399），定都平城，即皇帝位。诏有司定行次。① 群臣奏以国家继黄帝之后，宜为土德。故神兽如牛，牛土畜，又黄星显曜，其符也。于是始从土德，数用五，服尚黄。亦见《本纪》。此时之拓跋氏，实受封于西燕，说见第六章第七节，岂亦从相胜之说，而以土承燕之水欤？参看第三章第八节。孝文太和十四年（490），八月，诏议国之行次。《本纪》。《礼志》载中书监高闾议，谓："居尊据极，允膺明命者，莫不以中原为正统，神州为帝

----

① 民族：魏议行次。

宅。五德之论，始自汉刘。一时之议，三家致别：以为水德者，以尝有水溢之应，不推运代相承之数。以为土德者，以亡秦继历相即为次，不推逆顺之异。以为火德者，县证赤帝斩蛇之符，越恶承善，不以世次为正。自兹厥后，乃以为常。魏承汉，火生土，故魏为土德。晋承魏，土生金，故晋为金德。赵承晋金生水，故赵为水德。燕承赵，水生木，故燕为木德。秦承燕，木生火故秦为火德。此说与《晋书·姚苌载记》不合，盖凭亿为说，不依据故事也。秦之未灭，皇魏未克神州，秦氏既亡，大魏称制河朔。故平文之庙，始称大祖。以明受命之证，如周在岐之阳。若继晋，晋亡已久，若承秦，则中原有寄。又五纬表验，黄星曜采。考氏定实，合德轩辕。承土祖木，事为著矣。秦、赵及燕，虽非明圣，各正号赤县，统有中土。非若边方僭拟之属；远如孙权、刘备，近若刘裕、道成，事系蛮夷，非关中夏。臣愚以为宜从尚黄，定为土德。”案魏亦五胡之一，若祧后赵、燕、秦，试问自居何等？韩恒、高闾，盖欲避内华外夷之嫌，故为此认贼作子之说。然孝文之意，有异于是，闾亦未尝不窥知之，故又请“集中秘群儒，人人别议，择其所长”也。于是秘书丞李彪、著作郎崔光议，谓：“魏虽祖黄制朔，绵迹有因，然此帝业，神元为首。司马祚终于郏鄏，而元氏受命于云代。自周之灭，及汉正号，几六十年，自有晋倾沦，暨登国肇号，亦六十余载。物色旗帜，率多从黑。是乂自然合应，玄同汉始。且秦并天下，革创法度，汉承其制，少所变易，犹仰推五运，竟踵隆姬，而况刘、石、苻、燕，世业促褊，纲纪弗立，魏接其弊，自有彝典？岂可异汉之承木，舍晋而为土邪？”诏命群官议之。十五年，正月，司空穆亮等言：欲从彪等所议。诏可。《纪》在十六年正月壬戌。居然自附于华夏矣。周孝闵帝之立，百官奏议，以木承水，制可，见《周书·本纪》。

五德之说，明出学者推论，乃《宋书·历志》曰：“邹衍生在周时，不容不知周之行运。张苍虽是汉臣，生与周接，司秦柱下，备睹图书。秦虽灭学，不废术数，则有周遗文，虽不毕在，据汉水行，事非虚作。然则相胜之义，于事为长。”竟以行序之说为古来实事，误矣。又云：“汉高断虵，而神母夜哭，云赤帝子杀白帝子，然则汉非火而何？斯又不然。汉若为火，则当云赤帝，不宜云赤帝子也。白帝子又何义况乎？盖由汉是上德，土生乎火，[①] 秦是水德，水生乎金，斯则汉以土德为赤帝子，秦以水德为白帝子也。”立说虽巧，终近凿孔。

图谶之作，本由后汉君臣之矫诬，而儒者因之以阿世，自炎祚云亡，而其学渐微，其书亦寖阙佚矣。[②]《晋书·索靖传》，言其兼通内纬，此尚是后汉经生之遗风。《魏书·高崇传》：子谦之，图纬之书，多所该涉。《周书·陆腾传》：父旭，好纬候之学。此等皆是术数之家，与经学无涉。儒林传中人兼治图纬者，不过取证经说，所重者纬而非谶。

---

① 宗教：《宋书·历志》，以汉为土德，释赤帝子白帝子之穿凿。

② 宗教：图谶魏晋非复显学，且其书多不存，然篡者伪造。

艺术传中人，则取证术数，而或流于妖妄矣。要之图纬非复显学也。乃如《魏书·燕凤传》云：明习阴阳谶纬，《许谦传》云：善天文图谶，则恐魏人欲以妖妄之说托之，乃妄言其善是耳。东渡之初，戴邈疏请兴学，有曰："图谶无复孑遗于世，"可见其书之存者已不多也。见《宋书·礼志》。然握有政权者，其矫诬如故。《齐书·高帝纪》云："上姓名骨体，及期运历数，并远应图谶，数十百条，历代所未有。臣下撰录，上抑而不宣，盛矣。"《祥瑞志》云："齐氏受命，事殷前典。黄门郎苏侃撰《圣皇瑞应记》。永明中，庾温撰《瑞应图》。其余众品，史注所载。今详录去取，以为《志》云。"《纪》所谓抑而弗宣者，即是物也。《芮芮虏传》云：宋世，其国相希利垔解星算数术，通胡、汉语。尝言："南方当有姓名齐者，其人当兴。"又云：国相邢基祇罗回奉表曰："京房谶云：卯金十六，草肃应王。历观图纬，休征非一，皆云庆钟萧氏，代宋者齐。"造妖言而托诸外夷，可谓匪夷所思矣。梁武佳人，然亦未能免俗。《梁书·本纪》云：禅让时，太史令蒋道秀陈天文符谶六十四条。《沈约传》：约谓高祖曰："谶云：行中水，作天子。"《处士传》：陶弘景问议禅代，援引图谶，数处皆成梁字，令弟子进之。其矫诬如此。盖宋、齐、梁、陈四代之兴，宋、陈皆有外攘之功，齐、梁更多惭德，故其矫诬尤甚也。《晋书·石季龙载记》：季龙以谶文天子当从东北来，备法驾自信都而还以应之。又以谶文言灭石者陵，而石闵徙封兰陵公，恶之，改兰陵为武兴郡。此说盖闵所造作。《艺术传》：黄泓，父沈，善天文秘术，泓从父受业。永嘉之乱，与渤海高瞻避地幽州，说瞻曰："谶言真人出东北。"瞻不从。泓乃率宗族归慕容廆。《苻洪载记》：洪以谶文有草付应王，又其孙坚背有草付字，遂改姓苻氏。此说盖坚所造作，苻洪时尚未有也。苻实旧氏，见第五章第三节。又云：王堕明天文图纬，洪征梁犊，以堕为司马。谓洪曰："谶言苻氏应王，公其人也。"《苻生载记》：健以谶言三羊五眼应符，故立为大子。《苻坚载记》：姚苌求传国玺于坚，坚瞋目叱之曰："图纬符命，何所依据？五胡次序，无汝羌名。违天不祥，其能久乎？"《苻登载记》：冯翊郭质，起兵广乡以应登。宣檄三辅曰："姚苌穷凶余害，毒被人神，于图谶历数，万无一分。"《姚兴载记》：兴以司马休之为镇南将军扬州刺史。休之将行，侍御史唐盛言于兴曰："符命所记，司马氏应复河、洛。休之既得濯鳞南翔，恐非复池中之物。"兴曰："脱如所记，留之适足为患。"遣之。观下引《南史》，鲁宗之亦为谶，此说恐又休之所造作。《慕容垂载记》：垂少好畋游，因猎坠马，折齿。慕容儁僭即王位，改命㙎。本名霸。外以慕邰㙎为名，内实恶而改之。寻以谶记之文，乃去夬，以垂为名焉。坚之败于淮南也，垂军独全。坚以千余骑奔垂。垂世子宝言于垂曰："家国倾丧，皇纲废弛。至尊明命，著之图箓，当隆中兴之业，建少康之功。"《慕容德载记》：刘藻自姚兴至。太史令高鲁，遣其甥王景晖随藻送玉玺一纽，并图谶秘文，曰："有德者昌，无德者亡。应受天命，柔而复刚。"又有谣曰："大风蓬勃扬尘埃，八井三刀卒起来，四海鼎沸中山颓。惟有德人据三台。"群臣因劝德即尊号。时以慕容宝尚存，未遽听。《魏书·寶李雄传》：谯周著谶曰："广汉城北有大贼，曰流特；攻难得。岁在玄宫自相克。"卒如其言。《太宗纪》：泰常五年（420），五月，诏曰："宣武皇帝，体道得一，大行大名，未尽美，非所以光扬洪烈，垂之无穷也。今因启纬图，始睹尊号。天人之意，焕然著明。其改宣曰道，更上尊谥曰道武皇帝，以彰灵命之先启，圣德之玄同。告祀郊庙，宣于八表。"《灵征志》云：大祖真君五年（444），二月，张掖郡上言①："往曹氏之世，丘池县大柳谷山石表龙马之形，石马脊文曰大讨曹，而晋氏代魏。今石文记国家祖宗讳，著受命之符。"乃遣使图写其文。大石有五，皆青质白章，间成文字。其二石记张、吕之前已然之效，其三石记国家祖宗以至于今。其文记昭成皇帝讳，继世四六天法平，天下太安，凡十四字。次记大祖道武皇帝讳，应王载记千岁，凡七字。次记太宗明元皇帝讳，长子二百二十年，凡八字。次记大平天王继世主治，凡八字。次记皇大子讳，昌封泰山，凡五字。初上封大平王，天文图录，又授大平真君之号，与石文相应。太宗名讳之后，有一人像，携一小儿。见者皆曰："上爱皇孙，提携卧起，不离左右，此即上像。"灵契真天授也。于是群臣参议："宜以石文之征，宣告四海，令方外僭窃，知天命有归。"制可如所奏。《卫操传》云：桓帝崩后，操立碑于大邘城南，以颂功德，云魏轩辕之苗裔。皇兴初，雍州别驾雁门段荣于大邘掘得此碑。此更可谓极矫诬之致矣。造作妖妄，乃为夷狄窃以为资，岂不哀哉？然《道武七王传》：阳平王熙之玄孙禹，颇好内学。每云晋地有福。孝昌末，遂诣尔朱荣。《北齐书·元坦传》：坦，魏咸阳王禧之子，事亦见《北史·魏献文六王传》。子世宝，与通直散骑侍郎彭贵平因酒醉诽谤，妄说图谶，有司奏当死。诏并宥之。坦配北营州，死配所。然则夷狄效中国而为矫诬，亦适足启分崩离析之端，而速其自弊耳。岂不哀哉？北齐文宣之篡也，徐之才、宋景业亦以谶为言。见《之才》及《高德政传》。武成禅位后主，则祖珽引《元命苞》以说，亦一丘之貉耳。

成则为王，败则为寇，其实一也。秉政者既以此自张矣，睨而思夺之者，安得不竞相放效？《南史·宋武帝纪》：鲁宗之为谶曰："鱼登日，辅帝室。"此强臣之造谶也。《范晔传》：孔熙先使婢随法静尼南上见胡道世，付以笺书，陈说图谶。其说徐湛之，则谓谶纬天文，并有征验。《颜竣传》：竣为世祖主簿，有沙门释僧舍谓曰："贫道尝见谶记，当有真人应符，名讳次第，属在殿下。"《文五王传》：孝武使有司奏竟陵王诞，谓其征引巫史，潜考图纬。此宗戚之造谶也。《晋书·张轨传》：晋昌张越，凉州大族，谶言张氏霸凉，自以才力应之，阴图代轨。《魏书·傅竖眼传》：祖父融，有三子：灵庆、灵根、灵越，并有才力。

融以此自负。尝密谓乡人曰："汝闻之不？鬲虫之子有三灵，此图谶之文也。"好事者然之。故豪勇之士，多相归附。此豪右之造谶也。《晋书·石季龙载记》：贝丘人李弘，因众心之怨，自言姓名应谶，遂连结奸党，署置百僚。事发诛之。连坐者数百家。《魏书·太宗纪》：泰常元年（416），三月，常山民霍季，自言名载图谶。持一黑石，以为天赐玉印。聚党入山为盗。州郡捕斩之。《术艺传》：刘灵助妄说图谶，言刘氏当王。则凡思蠢动者，无不以谶为资矣，此其所以终遭禁断欤？

《隋书·经籍志》曰："《易》曰：河出图，洛出书，然则圣人之受命也，必因积德累业，丰功厚利，诚著天地，泽被生人。万物之所归往，神明之所福飨，则有天命之应。盖龟、龙衔负，出于河、洛，以纪易代之征。其理幽昧，究极神道。先王恐其惑人，秘而不传。说者又云：孔子既叙六经，以明天人之道，知后世不能稽同其意，故别立纬及谶，以遗末世。"观此，知当时所谓谶者，实有二科：一犹借重经义，与纬相杂，一则纯为妖言矣。抑谶本民间之物，与学术并无关系，自攘窃者竞事造作，以古者政事与天道，关系极密，而天文之学，遂为其所取资，乃亦随之而遭禁断焉。魏道武之狂惑也，史言其虑如天文之占，因此大肆杀戮。道武是时，固病狂易，然以天文之占为虑，亦非虚语。《北史·魏宗室传》云：天赐六年（409），天文多变，占者云：当有逆臣，伏尸流血。帝恶之。颇杀公卿，欲以厌当天灾，秦王翰之子仪，内不自安，单骑遁走，帝使人追执之，遂赐死，其一征也。《北齐书·神武帝纪》：武定五年（547），正月朔，日食。神武曰："日食其为我邪？死亦何恨。"《北史·后妃传》：宣武皇后高氏，天文有变，灵太后欲以当祸，暴崩。《北齐书·孝昭六王传》：河清三年（564），五月，白虹围日再重，又横贯而不达，赤星见，武成以盆水盛星影而盖之，一夜，盆自破。欲以百年厌之，遂斩之。不肯信福善祸淫之说，而又怵惕于变异如此，皆利害之见大切为之也。《齐书·天文志》云："今所记三辰、七曜之变，起建元迄于隆昌。建武世，太史奏事，明帝不欲使天变外传，并秘而不书，自此阙焉。"《河南传》：拾寅子易度侯好星文，尝求星书，朝议不给。畏忌如此，天文之学，安得不遭禁断？《隋志》云："宋大明中，始禁图谶。天监已后，又重其制。及高祖受禅，禁之愈切。炀帝即位，乃发使四出，搜天下书籍与谶纬相涉者皆焚之。① 为吏所纠者至死。自是无复其学。秘府之内，亦多散亡。"书籍之佚，实由丧乱弘多，印刷之术未兴，流传之本大少，与政令禁毁，关系实微。秦不禁医药卜筮种树之书，而其传于后者，亦不多于诗书百家语，即其明证。然昔时皇室，究为一大书府，至中秘所藏散亡，而其湮没愈易矣。谶虽妖妄纬亦伪作，然其中究有汉人经说存焉，兰艾同焚亦可惜也。天文图谶之禁，初非仅如《隋志》所云。《晋书·武帝纪》泰始三年（268），十二月，禁星气谶纬之学。《南史·隐逸阮孝绪传》言：齐武帝禁畜谶纬。《晋书·

---

① 宗教：焚谶。

石季龙载记》：季龙禁郡国不得私学星谶，敢有犯者诛。《苻坚载记》：坚亦尝禁老庄、图谶之学。魏大武之灭佛，并禁师巫、谶记，事见下节。高祖承明九年（485）之诏，见上。亦曰："图谶之兴，起于三季。既非经国之典，徒为妖邪所凭。自今图谶、秘纬，及名为《孔子闭房记》者，一皆焚之。留者以大辟论。"《世宗纪》：永平四年（512），五月，诏禁天文之学。《肃宗纪》：熙平二年（517），五月，重申天文之禁，犯者皆大辟论。皆其事也。《刘洁传》：洁使右丞张嵩求图谶，问："刘氏应王，继国家后，我审有姓名否？"嵩对曰："有姓而无名。"穷治款引。搜嵩家，果得谶书。洁及嵩等皆夷三族。洁事见第八章第三节，其死实别有原因。寻求图谶，盖忌洁者以此陷之，然可见谶书之易以陷人矣。《北史·艺术传》：庾季才，宇文护执政，问以天道征祥，对曰："上台有变，不利宰辅，公宜归政天子，请老私门。"及护夷灭，阅其书记，有假托符命，妄造异端者皆诛。惟得季才两纸，盛言纬候，宜免政归权。周武帝谓斛斯征曰："季才甚得人臣之礼。"因赐粟帛。此虽意外获福，其所乘亦危道也。是以通其说者皆兢兢焉。齐武帝之禁畜谶纬也，阮孝绪兼有其书，云兼有，可见是时谶纬有别。或劝藏之。答曰："昔刘德重《淮南秘要》，适为更生之祸。杜琼所谓不如不知，此言美矣。"客有求之。答曰："己所不欲，岂可嫁祸于人？"乃焚之。《魏书·高允传》：允虽明于历数，初不推步，有所论说。惟游雅数以灾异问矣。允曰："昔人有言：知之甚难，既知复恐漏泄，不如不知也。"《北齐书·儒林传》：权会，妙识玄象。至于私室，辄不及言。学徒有请问者，终无所说。每云："此学可知不可言。诸君并贵游子弟，不由此进，何烦问也？今惟有一子，亦不以此术教之。"治其学者之畏慎如此，宜其学之易于失传矣。

有意造作之谶，颇类谣辞，盖取其简而有韵，为众所易传、易记也。谶多近鄙俗字亦以此，若其尔雅深厚，即为众所不能解矣。谣辞亦有造作者。《宋书·王景文传》云：明帝以景文外戚贵盛，张永累经军旅，疑其将来难信，乃自为谣言曰："一士不可亲，弓长射杀人。"《南史·文学传》云：袁粲、王蕴虽败，沈攸之尚存，卞彬意高帝事无所成，乃谓帝曰："比闻谣云：可怜可念尸著服，孝子不在日代哭，列管暂鸣死灭族，公颇闻不？"时蕴居父忧，与粲同死，故云尸着服。孝子不在日代哭者，褚字。彬谓沈攸之得志，褚彦回当败，故言哭也。列管，谓萧也。高帝不悦。及彬退，曰："彬自作此。"《北史·韦孝宽传》云：孝宽参军曲岩，颇知卜筮。谓孝宽曰："来年东朝必大相杀戮。"孝宽因令岩作谣歌曰："百升飞上天，明月照长安。"百升，斛也。又言"高山不摧自崩，槲树不扶自竖。"令谍人多赍此文，送之于邺。祖孝征闻之，更润色之，斛律明月竟以此诛。此等果如史说以否，虽不可知，然必时有造作谣辞之事，乃有此传说也。吴人因童谣叛晋，已见第三章第九节。《晋书·五行志》又云：孙皓天纪中，童谣曰：

"阿童复阿童，衔刀浮渡江。不畏岸上兽，<small>当作虎，唐人避讳之字。</small>但畏水中龙。"
武帝闻之，加王濬龙骧将军。又云：司马越还洛，有童谣曰："洛中大鼠长尺二，
若不早去大狗至。"及苟晞将破汲桑，又谣曰："元超兄弟大落度，上桑打椹为
苟作。"由是越恶晞，夺其兖州，隙难遂搆焉。《南史·贼臣传》云：大同中，
童谣曰："青丝白马寿阳来。"景涡阳之败，求锦，朝廷给以青布，及举兵，皆
用为袍，采色尚青，景乘白马，青丝为辔，欲以应谣。此等看似先有谣而后以事
应之，又安知非欲作其事者，有意造为谣言邪？《晋书·愍帝纪》云：初有童谣
曰："天子何在豆田中。"时王浚在幽州，以豆有藿，杀隐士霍原而应之。及帝
如刘曜营，营实在城东豆田壁。《原传》云：王浚称制，谋僭，使人问之，原不
答，浚心衔之。又有辽东囚徒三百余人，依山为贼，意欲劫原为主，事亦未行。
时有谣曰："天子在何许？近在豆田中。"浚以豆为藿，收原斩之。《浚传》曰：
燕国霍原，北州名贤。浚以僭位示之，原不答，浚遂害之。浚谋僭位说不足信，
已见第四章第二节。原虽列《隐逸传》，实非恬退之人。《李重传》云：<small>迁尚书吏部，
留心隐逸，拔用燕国霍原等为秘书郎及诸王文学，故海内莫不归心，</small>则原尝一出仕。此事
《原传》未载。其见杀未知何由，然以风谣为其藉端，则必不诬矣。生于其心，未
有不害于其政者也。诗者，民幽约怨悱不能自言之情。作之一夫，播之众口，民
情大可见焉，故古有采诗之官。汉世刺举，犹重风谣以此，造谶者必放谣辞亦以
此。乃诪张者，遂因之而私造作焉。人心之变幻，诚不可测度矣。

　　龟卜之术，随世益微，①诸言卜者，实多指筮。《北齐书·清河王岳传》云：
初岳家于洛邑，高祖每奉使入洛，必止于岳舍。岳母山氏夜起，见高祖室中有
光，怪其神异，诣卜者筮之，遇《乾》之《大有》，即其一事也。《南史·梁元
帝纪》云：魏师至栅下，有然星坠城中，帝援曹筮之。卦成，取龟式验之。因抵
于城，曰："吾若死此下，岂非命乎？"筮而取验龟式，似二者已可相通。岂莫
能灼龟，乃以其繇供筮者之参证邪？《魏书·景穆十二王传》：<small>高祖诏太常卿王谌亲命龟
卜，易筮南伐之事，其兆遇《革》。</small>虽并言卜，《革》亦《周易》卦名。《齐书·荀伯玉
传》云：大祖为明帝所疑，征为黄门郎。伯玉劝遣骑入虏界，于是虏骑数百，履
行界上。大祖以闻。犹惧不得留，令伯玉卜。《南史》作占。伯玉断卦不成行。<small>详
见第九章第八节。</small>此所云卦，恐亦指《易》。《隋书·经籍志》有《龟决》一卷，葛
洪撰，洪多为言艺术者所依托，不必可信。《北史·文苑传》云：明克让龟策、
历象，咸得其要，恐亦泛辞。《王世充传》云：晓龟策，世充多诈，其说更不必
实也。《齐本纪》云：文宣谋篡位，使李密卜之，遇《大横》，曰："大吉，汉文
帝之封也。"似系龟卜。然此文《北齐书》无之，文宣之篡，与汉文之立，事亦

_____

①　宗教：龟卜日微。

不伦，或出附会。惟《齐书·柳世隆传》言其善卜，别龟甲价至一万，著《龟经秘要》二卷行于世，《南史》又言其子恽著《十杖龟经》，则必系龟卜之术耳。

筮术则似极盛。岂由其时，谈玄之家，争重《周易》，而占者亦受其赐欤？《晋书·郭璞传》言：璞撰前后筮验六十余事。又抄京、费诸家要最。更撰《新林》十篇，《卜韵》一篇。璞为术数之家，诸书当非依托。其时言筮验者，多诞谩不可信之辞，如隗炤是也。见第二十章第五节。此等诞谩之辞，而亦托诸筮，可见筮为人人之所知矣。《宋书·王微传》云：大祖以其善卜，赐以名著。明帝以卜筮最吉，为后废帝立江皇后，见第九章第六节。又帝诸子在孕，皆以《周易》筮之，即以所得之卦为小字，见《后废帝纪》。《齐书·刘休传》云：泰始初，诸州反，休筮明帝当胜，静处不与异谋。又云：后宫孕者，帝使筮其男女，无不如占。《晋书·苻健载记》云：杜洪尽关中之众来距，健筮之，遇《泰》之《临》。《北史·许彦传》云：从沙门法叡受《易》，大武征令卜筮，频验，遂使左右，参与谋议，而齐神武馆客如王春、赵辅和等，亦以善筮称。见《北史·艺术传》。皆王公大人之信筮者也。筮家亦分二派：一如吴遵等别有占书，亦见《北史·艺术传》。盖有专门传授，一如权会，但用爻辞、彖、象辨吉凶，《易占》之属，都不经口，《北齐书·儒林传》。则儒者之业耳。魏乐平王及董道秀之死也，见第八章第二节。高允著《筮论》，曰："道秀若推六爻以对曰：《易》称亢龙有悔，穷高曰亢，高而无民，不为善也，则上宁于王，下保于己，福禄方至，岂有祸哉？今舍本而从其末，咎衅之至，不亦宜乎？"此则王公大人因信筮而取祸者也。

荀伯玉尝隶子勋将孙冲，事败还都，以卖卜自业。王叡父桥，解天文、卜筮，凉州平入京，以术自给。《魏书·恩幸传》。吉士瞻年逾四十，忽忽不得志，乃就江陵卜者王先生计禄命。《南史》本传。此等皆民间之卖卜者也。

望气之术，亦靡有存者。《晋书·隐逸传》：鲁胜，尝岁日望气，知将来多故，便称疾去官。《艺术传》，台产，善望气之术。盖尚真有所受？然矫诬者极多。《齐书·祥瑞志》云：元徽四年（476），大祖从南郊，望气者陈安宝见其身上黄紫气属天，此固显然出于造作。《宋书·袁粲传》云：顺帝即位，使粲镇石头，有周旋人解望气，谓粲："石头气甚乖，往必有祸。"亦安知非高祖之徒所造作邪？《南史·后妃传》云：梁武帝镇樊城，尝登楼以望，见汉滨五采如龙，下有女子擘纩，则丁贵嫔也。造作谰言而及于嫔御，可谓善于矫诬矣。北齐孝昭以望气者云邺城有天子气而杀济南，已见第十四章第三节。事亦见《北齐书·上洛王思宗传》，云太史奏言邺城有天子气。望气盖兵家所重？故《隋志》所载，兵家多有其书。《南史·梁宗室传》言：元英谓望气者言九月贼退，至九月而洛口军果溃，可见军中甚重此术也。

占梦之术盖微？然仍有藉梦征以惑人者。《南史·张敬儿传》云：性好卜术，信梦尤甚。初征荆州，每见诸将帅，不遑有余计，惟叙梦，云："未贵时，梦居村中，社树忽高数十丈，及在雍州，又梦社树直上至天。"以此诱说部曲，自云贵不可言。其妻尚氏，亦曰："吾昔梦一手热如火，而君得南阳郡，元徽中梦一髀热如火，君得本州，建元中梦半体热，寻得开府，今复举体热矣。"敬儿亦以告所亲，言其妻初梦、次梦，今举体热矣。其鄙倍真可发一噱。然亦有真信其事者。《晋书·刘曜载记》云：曜梦三人，金面丹唇，东向逡巡，不言而退，曜拜而履其迹。旦召公卿已下议之。朝臣咸贺，以为吉祥。惟太史令任义进曰："秦兵必暴起，亡主丧师，留败赵地。远至三年，近至七日。"曜大惧，于是躬亲二郊，饰缮神祠，望秩山川，靡不周及。大赦殊死已下。复百姓租税之半。义之占梦，不知所操为何术？然曜因此而恐惧修省，则事必不诬，盖胡人无识，又祸福之念大切，故不觉为所动也。

相术在诸术数中，可谓最有征验，故士大夫信者较多。《晋书·赵至传》：嵇康谓至曰："卿头小而锐，童子白黑分明，有白起之风矣。"《南史·庾杲之传》：从子夐，少聪慧。家富于财。好宾客，食必列鼎。又状貌丰美，颐颊开张。人皆谓必为方伯，无馁乏之虑。及魏克江陵，卒至饿死。时又有水军都督褚夐。面甚尖危，有从理入口，竟保衣食而终。为此说者，皆知前世行事者也。术家自炫，亦多依附旧闻。《陈书·章昭达传》：少时尝遇相者，谓曰："卿容貌甚善，须小亏损，则当富贵。"梁大同中，为东宫直后，因醉坠马，鬓角小伤，昭达喜之。相者曰："未也。"及侯景之乱，率募乡人援台，为流矢所中，眇其一目。相者见之，曰："卿相善矣，不久当贵。"此放英布当黥而王之说也。《南史·梁元帝纪》云：初从刘景受相术，因讯以年，答曰："未至五十，当有小厄。"此放高元吕相魏文帝之事也。见《秦汉史》第二十章第二节。亦与委巷之言不同。然亦多惑人之谈。《晋书·周访传》云：访少时，遇善相者庐江陈训，谓访与陶侃曰："二君皆位至方岳，功名略同，但陶得上寿，周得下寿，优劣更由此耳。"《宋书·武帝纪》：与何无忌等同建大谋。有善相者，相高祖及无忌等，并当大贵，其应甚近。惟云檀凭之无相。《沈攸之传》云：与吴郡孙超之、全景文共乘小船出京都。三人共上引埭。有一人止而相之，曰："君三人皆当至方伯。"其后攸之为郢、荆二州，超之广州，景文豫州刺史。亦见《齐书·吕安国传》。观其所传事极相类，便知其造作无实矣。《齐书·江祏传》云：新立海陵，人情未服。高宗胛上有赤志，常秘不传。祏劝帝出以示人。晋寿太守王洪范罢任还，上袒示之，曰："人皆谓此是日月相，卿幸无泄言。"洪范曰："公日月之相在躯，如何可隐？转当言之公卿。"上大悦。《萧谌传》云：谌好左道。吴兴沈文猷相谌云：相不减高宗。谌喜曰："感卿意，无为人言也。"谌被杀，文猷亦伏诛。王晏之死，以数呼相工自视，云当大贵。武陵王晔，巫觋言有非常之相，以此自负，武帝闻之，故无宠。此皆以相惑人，有所觊觎者，其事无足深论。《南史·江祏传》云：魏军南伐，齐明帝欲以刘暄为雍州，暄时方希内职，不愿远役，投于祏。祏谓帝曰："昔人相暄，得一州便颠，今为雍州，傥相中乎？"上默然。俄召梁武帝。果如所言，则真溺虚辞而受实祸矣。

论相以骨法为主。盖因人之肌肉，时有消长，故非骨骼变则相不能变。《南史·吕僧珍传》云："一夜忽头痛壮热，及明而额骨益大，其骨法盖有异焉。"以此也。故世有所谓摸骨相者。①《北齐书·神武纪》：刘贵尝得一白鹰，与神武及尉景、蔡儁、司马子如、贾显智等猎于沃野。见一赤兔，每搏辄逸。遂至回泽。泽中有茅屋，将奔入，有狗自屋中出噬之，鹰兔俱死。神武怒，以鸣镝射之。狗毙。屋中有二人出，持神武襟甚急。其母两目盲，曳杖呵其二子曰："何故触大家？"出瓮中酒烹羊以饭客。因自言善暗相。遍扪诸人皆贵，而指麾俱由神武。又曰："子如历位，显智不善终。"饭竟出。行数里，还更访之，则本无人居。乃向非人也。此所托者，即世所谓摸骨相也。《方技传》云：皇甫玉善相人。显祖试玉相术，故以帛巾袜其额，而使历摸诸人，所操盖即是术。又云：世宗时，有吴士双，盲而妙于声相，② 盖亦暗相之一术也。

《晋书·王祥传》云：初吕虔有佩刀，工相之，以为必登三公，可服此刀。虔谓祥曰："苟非其人，刀或为害。卿有公辅之量，故以相与。"祥固辞，强之乃受。临薨，以刀授弟览，曰："汝后必兴，足称此刀。"览后奕世多贤才，兴于江左矣。《南史·孝义传》云：庾道愍尤精相版。宋明帝时，山阳王休祐屡以言语忤颜。见道愍，托以己版为他物，令占之。道愍曰："此乃甚贵，然使人多愆。"休祐以褚彦回详密，求换其版。他日，彦回侍帝，自称下官。帝多忌，甚不悦。休祐具言状。帝乃意解。《恩幸传》云：綦毋珍之在西州时，有一手版，相者云当贵。每以此言动帝。郁林王。又图黄门郎。帝尝问之曰："西州手版何在？"珍之曰："此是黄门郎手版，官何须问？"帝大笑。此皆谓物能为祸福于人。《梁书·玉莹传》：迁左光禄大夫、开府仪同三司、丹阳尹。将拜，印工铸其印，六铸而龟六毁。既成，颈空不实，补而用之。居职六日，暴疾卒。此则谓人之祸福，物能示之先兆。皆古相器物之术也。相家著述：《北史·艺术传》：来和著《相经》三十卷。萧吉著《相经要录》一卷。又有《相手版要诀》一卷。《隋书·经籍志》，亦有《相手版经》六卷。又有梁《相手版经》、《受版图》、《韦氏相版法指略钞》、《魏征东将军程申伯相印法》各一卷，亡。

今俗推命之说，③ 似起于南北朝时。吉士瞻就日者推禄命，已见前。此不知

---

① 宗教：摸骨相。

② 宗教：声相。

③ 宗教：推命似起南北朝。

其所用为何术。《北史·孙绍传》：与百寮赴朝，东掖未开，守门候旦。绍于众中引吏部郎中辛雄于外，窃谓曰："此中诸人，寻当死尽。惟吾与卿，犹享富贵。"未几，有河阴之难。绍善推禄命，事验甚多，知者异之。朝者甚多，绍必不能一一推其命造，此亦未知其所用者为何术。若《北齐书·方技传》云：魏宁，以善推禄命，征为馆客。武成亲试之，皆中。乃以己生年、月、日，托为异人而问之。宁曰："极富贵。今年入墓。"武成惊曰："是我。"宁变辞曰："若帝王，自有法。"则即今推命之术矣。① 宇文护母与护书曰："昔在武川，生汝兄弟，大者属鼠，第二属兔，汝身属虵，"亦今生肖之说也。《北史·袁充传》：仁寿初，充言上本命与阴阳律吕合者六十余条而奏之。因上表曰："皇帝载诞之初，非止神光瑞气，嘉祥应感。至于本命行年、生月、生日，并与天地日月阴阳律吕运转相符，表里合会，"亦据生年月日为说。重生日本胡俗，② 盖华人至是始渐染之，故推命之术，亦起于是时也。《北史·艺术传》：临孝恭，著《禄命书》二十卷。

今俗有借寿及代死之说，③ 此时亦已有之。《晋书·王羲之传》：子徽之，与弟献之俱病笃。时有术人，云人命应终，而有生人乐代者，则死者可生。徽之谓曰："吾才位不如弟，请以余年代之。"术者曰："代死者，以己年有余，得以足亡者耳。今君与弟算俱尽，向代也?"未几，献之卒。徽之奔丧，不哭，直上灵床坐，取献之琴弹之。久而不调。叹曰："乌乎子敬，人琴俱亡。"因顿绝。先有背疾，遂溃裂。月余亦卒。此求代死，若使当死者延年若干，生者禅之，算仍不尽，则即借寿之说矣。人之生死，俗盖仍以为北斗主之，故祈请者皆于是。崔浩父疾，仰祷斗极，已见第八章第六节。《梁书·庾黔娄传》：父易疾，夕每稽颡北辰，求以身代。俄闻空中有声曰："征君寿命尽，不复可延。汝诚祷既至，止得申至月末。"及晦而易亡。亦其事也。《南史·贼臣传》：侯景与慕容绍宗相持，诳其众，以为家口并见杀。绍宗遥谓曰："尔等家口并完。"乃被发乡北斗以誓之。盖亦以北斗主人生死，④ 故乡之立誓也。《南史·袁君正传》：为豫章内史。性不信巫邪。有万世荣，称道术为一郡巫长。君正在郡小疾，主簿熊岳荐之。师云："须疾者衣为信命。"君正以所着襦与之。事竟取襦，云神将送与北斗君。君正使检诸身，于衣里获之。以为乱政，即刑于市而焚神。一郡无敢行巫。此所焚者，当系北斗刻象或画象也。

《隋志》兵家多望气之书，说已见前。其书，又有与星占同隶天文家者。兵

---

① 宗教：推命。
② 风俗：胡人重生日，华人盖染之，故推命至南北朝始重。
③ 宗教：借寿代死。
④ 宗教：以为北斗主生死。

家又有孤虚、阴阳、诸占、辟兵法。民间数术之书，多在五行家。如风角、九宫、遁甲、岁占、鸟情、禽兽语、灾祥、卜筮、六壬、田家历、历家百忌、百事禁忌、嫁娶、产乳、拜官、占梦、相、相宅、图墓等是也。又有《破字要诀》一卷，似即今之拆字。① 观此，知谶多拆字为之，亦因乎习俗也。方技之家而外，士大夫亦或闲其术。兵家亦然。陈高祖，史言其好读兵书，明纬候、孤虚、遁甲之术。吴明彻就周弘正学天文、孤虚、遁甲。齐神武攻玉壁，听孤虚之言，于城北断汾水起土山。其处天险千余尺，功竟不就，死者七万。《隋书·五行志》。神武老于用兵，而因迷信以取祸如此，可见军中方术之盛行矣。② 萧摩诃，武夫耳，而《陈书·本传》言：有颍禹者，随之征讨，其人涉猎经史，解风角、兵书，盖兵之成败，所系者重，处其间者，不免惶惑无主，故诸方术，得以乘而中之也。《颜氏家训·决疑篇》曰："卜筮者，圣人之业也，但近世无复佳师，多不能中。古者卜以决疑，今人疑生于卜。何者？守道信谋，欲行一事，卜得恶卦，反令怵惕。且十中六七，以为上手。粗知大意，又不委曲。凡射奇耦，自然半收，何足赖也？世传云：解阴阳者为鬼所疾，坎壈贫穷，多不通泰。吾观近古已来，尤精妙者，惟京房、管辂、郭璞耳，皆无官位，多或罹灾，此言令人益信。傥直世网严密，强负此名，便有诖误，亦祸源也。及星文、风气，率不劳为之。吾尝学六壬式，亦直世间好匠，聚得《龙首》、《金匮》、《玉燮》、《玉历》十许种书。访求无验，寻亦悔罢。凡阴阳之术，与天地俱生，其吉凶德刑，不可不信，但去圣既远，世传术书，皆出流俗，言辞鄙浅，验少妄多。至如反支不行，竟以遇害，归忌寄宿，不免凶终，拘而多忌，亦无益也。"此当时士大夫之明哲者对数术之见解也。

五胡皆久居塞内或近塞，旧俗渐次消亡。其所信奉，亦多化于中国矣。《晋书·刘聪载记》云：聪子约死，一指犹暖，遂不殡敛。及苏，言见元海于不周山。经五日，遂复从至昆仑山。三日而复返于不周。见诸王公卿相死者悉在。宫室壮丽。号曰蒙珠离国。元海谓约曰："东北有遮须夷国，无主，久待汝父为之。汝父后三年当来。来后国中大乱，相杀害。吾家死亡略尽，但可永明辈十数人在耳。汝且还，后年当来，见汝不久。"约拜辞而归。道过一国，曰猗尼渠余国。引约入宫。与约皮囊一枚，曰："为吾遗汉皇帝。"约辞而归。谓约曰："刘郎后年来，必见过，当以小女相妻。"约归，置皮囊于机上。俄而苏。使左右机上取皮囊。开之，有一方白玉，题文曰："猗尼渠余国天王敬信遮须夷国天王。岁在摄提，当相见也。"驰使呈聪。聪曰："若审如此，吾不惧死也。"及聪死，与此玉并葬焉。此说一见即知为中国方士之流所造。《北史·斛律光传》云：行兵用

---

① 宗教：拆字。
② 宗教：军中数术盛行。

匈奴卜法，无不中。盖其旧俗之犹存者，然亦廑矣。诸胡中惟拓跋氏距中国最远，旧俗存者最多。其居平城，城西有祠天坛，立四十九木人，已见第十一章第二节。《齐书》又云：永明十年（492），遣司徒参军萧琛、范云北使。宏之西郊，即前祠天坛处也。宏与伪公卿从二十余骑戎服绕坛，宏一周，公卿七匝，谓之蹋坛。明日，复戎服登坛祀天。宏又绕三匝，公卿七匝，谓之绕天。此极似匈奴蹛林之俗。《宋书·索虏传》云：其俗以四月祠天，六月末，率大众至阴山，谓之却霜。《北史·文明后传》云：故事：国有大丧，三日之后，服御器物，一以烧焚。参看第十一章第一节。高允谏文成曰："今国家营葬，费损巨亿，一旦焚之，以为灰烬。"《宋书·索虏传》云：死则潜埋，无坟垄处所。至于葬送，皆虚设棺柩，立冢椁。生时车马、器用皆烧之，以送亡者。案《后汉书·乌桓传》云：其葬，肥养一犬，以采绳缨牵，并取死者所乘马、衣物，皆烧而送之。拓跋氏本鲜卑，鲜卑俗与乌桓同，盖其所由来者旧矣。然亦有受诸西域者。《魏书·后妃传》云：故事：将立皇后，必令手铸金人以成者为吉，不成则不得立。《尒朱荣传》云：荣发晋阳，犹疑所立。乃以铜铸高祖及咸阳王禧等六王子孙像，成者当奉为主。惟庄帝独就。荣本欲篡位，亦以铸金为象不成而罢。见第十二章第四节。金人本来自西域。《宋书·索虏传》，载拓跋焘与文帝书，有云："取彼亦须我兵刃，此有能祝婆罗门，使鬼缚送彼来也。"婆罗门芮芮信之，亦来自西域者也。

第二节　佛教流通

佛教流通，虽始汉世，然其渐盛，实在晋、南北朝之时。往史惟《魏书》特立《释老志》，余皆附见他列传中。①《宋书》在《南夷西南夷传》、《梁书》在《海南诸国传》、《齐书》则见《高逸传》中。凡厥所述，颇多迷信之谈。惟《隋书·经籍志》所论，颇足见其教义流传之迹耳。今节录其辞如下：《隋志》曰："推寻典籍，自汉以上，中国未传。或云久已流布，遭秦之世，所以湮灭。佛教在西汉前传入之说，昔人多不之信，以无信史可征也。然楚王英在后汉初即信之，则其流传，似当在西汉以前。日本羽溪了谛《西域之佛教绪论》云："欧洲学者，谓西历纪元前四百二十五年至三百七十五年之间，自爱理诺亚海至山东、浙江缘海之贸易，曾为印度人所掌握。盖经马六甲海峡，过苏门答剌、爪哇之西，来中国东海岸。所贩来者，为印度洋、波斯湾之珍珠等。《拾遗记》四，载西历纪元前三百五年，有身毒术人来见燕昭王。朱士行《经录》及《白马寺记》，亦云西域沙门室利防等十八人赍梵本经典至咸阳，其事约在公历纪元前二百四十三年至二百

① 宗教：佛，《魏》有《释老经》，《宋书》见《南夷》、《西南夷》，《梁书》海南诸国，《齐书·高逸传》中，惟《隋书·经籍志》颇见教义流传之迹。

四十七年之间。其时正与阿育王相直。阿育王遣使传布佛教，事见石刻，信而有征，则《拾遗记》等之说，似亦非尽子虚也。"案西历纪元前四百二十五年，为入战国后五十六年。三百七十五年，为入战国后百有六年。三百五年，为入战国后七十六年。二百四十三年，为入战国后二百三十八年。二百四十七年，为秦始皇三十年（前215）。古代海外交通，虽乏信史，然如《吕览》、《淮南》等书，已多述海外情形，虽系传闻不审之辞，必不能乡壁虚造。古事之湮没不彰者多矣，谓战国、嬴秦之世，佛教必未至中国，亦无确证也。其后张骞使西域，盖闻有浮屠之教？哀帝时，博士弟子秦景，即《魏略西戎传》之秦景宪，见《秦汉史》第二十章第七节。下文又云：明帝使秦景使天竺，其名氏必附会不审谛可知。使当作受月支使。伊存口授浮屠经。中土闻之，未之信也。后孝明帝夜梦金人飞行殿庭，以问于朝，而傅毅以佛对。帝遣郎中蔡愔及秦景使天竺求之。得佛经四十二章，及释迦立象。并与沙门摄摩腾、竺法兰东还。愔之来也，以白马负经，因立白马寺于洛城雍门西以处之。其经缄于兰台石室。而又画像于清凉台及显节陵上。汉明帝迎佛之说，既不足信，建白马寺等说举不足信，不待论矣。《北齐书·韩贤传》云：昔汉明帝时，西域以白马负佛经送洛，因立白马寺。其经函传在此寺。形制淳朴，世以为古物，历代藏宝。贤无故斫破之。未几而死。论者或谓贤因此致祸。谓经函藏于白马寺，与经缄于兰台石室之说，又不相中，足见其皆传闻不审之辞也。梁任公《翻译事业研究》云："佛典：印度境外之写本，先于境内，大乘经典之写本，先于小乘。自西历第四世纪以前皆如此。故初期所译，率无元本，但凭译人背诵而已。"此说如确，则不徒白马负经之说不可信，下文所云赍佛经而来，及西行求得佛经之说，不可信者正多也。① 西历第四世纪，自晋惠帝永宁元年（301）至安帝隆安四年（401）。章帝时，楚王英以崇敬佛法闻。西域沙门赍佛经而至者甚众。永平中，法兰又译《十住经》。其余传译，多未能通。至桓帝时，有安息国沙门安静赍经至洛翻译，最为通解。灵帝时，有月支沙门支谶，天竺沙门竺佛朔等并翻佛经。而支谶所译《泥洹经》二卷，学者以为大得本旨。汉末，太守竺融，② 亦崇佛法。此人疑即笮融，见《秦汉史》第二十章第七节。《困学纪闻·杂识》引石林叶氏云：晋、宋间，佛学初行，其徒未有僧称，通曰道人。其姓皆从所受学。如支遁本姓关，学于支谦为支，帛道猷本姓冯，学于帛尸梨密为帛是也。至道安，始言佛氏释迦，今为佛子，宜从佛氏，乃请皆姓释。笮融疑学于天竺人而姓竺，笮、竺则同音字耳。三国时，有西域沙门康僧会赍佛经至吴译之。吴王孙权，甚大敬信。魏黄初中，中国人始依佛戒，剃发为僧。《梁任公佛教之初输入》，据《历代三宝记·年表》："魏甘露五年（260），朱士行出家，汉地沙门之始。"谓朱士行为中国人出家最早者。石虎时，其臣王度言：汉、魏时，汉人皆不得出家，见后。二说与此皆异。要之其时汉人，即或出家，亦必不多也。先是西域沙门来此译小品经，首尾乖舛，未能通解。甘露中，有朱仕行者，往西域，至于阗国，得经九十章，晋元康中，至邺译之，题曰《放光般若

① 宗教：佛经初无写本，则赍来说不可信。
② 宗教：竺融疑笮融。

经》。泰始中，有月支沙门竺法护，西游诸国，大得佛经，至洛翻译。部数甚多，佛教东流，自此而盛。石勒时，常山沙门卫道安，性聪敏，诵经日至万余言。以胡僧所译《维摩》、《法华》，未尽深旨，精思十年，心了神悟，乃正其乖舛，宣扬解释。时中国纷扰，四方隔绝。道安乃率门徒，南游新野。欲令玄宗，所在流布，分遣弟子，各趋诸方。法性诣扬州，法和入蜀，道安与慧远之襄阳。后至长安。苻坚甚敬之。道安素闻天竺沙门鸠摩罗什思通法门，劝坚致之。什亦承安令问，遥拜致敬。姚苌弘始二年（400），罗什至长安，鸠摩罗姓，什名，诸书作罗什者？古人于外国人姓名，率截取其末二字以求简，不计其义也。时道安卒后已二十载矣，什深慨恨。什之来也，大译经论。道安所正，与什所译，义如一，初无乖舛。初晋元熙中，新丰沙门智猛策杖西行，到华氏城，得《泥洹经》及《僧祇律》。东至高昌，译《泥洹》为二十卷。后有天竺沙门昙摩罗谶，复赍胡本，来至河西。沮渠蒙逊遣使至高昌取猛本，欲相参验。未还而蒙逊破灭。姚苌弘始十年（408），猛本始至长安，译为三十卷。昙摩罗谶又译《金光明》等经。时胡僧至长安者数十辈，惟鸠摩罗什才德最优。其所译则《维摩》、《法华》、《成实论》等诸经，及昙无谶所译《金光明》，昙摩罗谶所译《泥洹》等经，并为大乘之学。而什又译《十诵律》，天竺沙门佛陀耶舍译《长阿含经》及《四方律》。兜法勒沙门云摩难提译《增一阿含经》，昙摩耶舍译《阿毗昙论》，并为小乘之学。其余经、论，不可胜记。自是佛法流通，极于四海矣。东晋隆安中，又有罽宾沙门僧伽提婆译《增一阿含经》及《中阿含经》。义熙中，沙门支法领从于阗国得《华严经》三万六千偈，至金陵宣译。又有沙门法显，自长安游天竺。经三十余国，随有经、律之处，学其书、语，译而写之。还至金陵，与天竺禅师跋罗，《魏书·释老志》作跋陀罗。参共辨足，谓《僧祇律》。学者传之。齐、梁及陈，并有外国沙门，然所宣译，无大名部。梁武大崇佛法，于华林园中总集释氏经典，凡五千四百卷。沙门宝唱撰经目录。又后魏时，大武帝西征长安，以沙门多违法律，群聚秽乱。乃诏有司：尽坑杀之，焚破佛像。长安僧徒，一时歼灭。自余征镇，豫闻诏书，亡匿得免者十一二。文成之世，又使修复。熙平中，遣沙门慧生使西域，采诸经、律，得一百七十部。永平中，又有天竺沙门菩提留支，大译佛经，与罗什相埒。其《地持》、《十地论》，并为大乘学者所重。后齐迁邺，佛法不改。至周武帝时，蜀郡沙门卫元嵩上书称僧徒猥滥，武帝出诏，一切废毁。开皇元年（581），高祖普诏天下，任听出家。仍令计口出钱，营造经、像。而京师及并州、相州、洛州等诸大都邑之处，并官写一切经，置于寺内。而又别写，藏于秘阁。天下之人，从风而靡，竞相景慕。民间佛经，多于《六经》数十百倍。① 大业时，又令沙门智果于东都内道场撰诸经目。分别条贯。以佛所说为三部：一曰大乘，二曰小乘，三曰杂经。其余似后人假托为之者，别为一部，谓之疑经。又有菩萨及诸深解奥义，赞明佛理者，名之为论及戒律，并有大、小及中三部之别。又所学者录其当时行事，名之为记，凡十一种。"梁任公《翻译事业研究》，据元代《法宝勘同总录》所载历代译人及其所译，分为四期②：第一期起后汉明帝永平十年（67）至唐玄宗开元十八年（730），译人百七十六，所译九百六十八部，四千五百七卷。自此至唐德宗贞元五年（789）为第二期，译人八，所译百二十七部，二百四十二卷。下至宋仁宗景祐四年（1037）为第三期，译人六，所译二百二十部，五百三十二卷。下至元世祖至元二十二年（1285）为第四期，译人四，所译者二十部，百十五卷。又作《千五百年前之留学生》云：出国求法者：西历三世纪后半魏齐王芳嘉平三年（251）至晋惠帝永康元年（300）。二人，四世纪见前。五人，五世纪晋安帝隆安五年（402）至齐东昏侯永元二年（500）。六十一人，六世纪齐和帝中兴元年（501）至隋文帝开皇二十年（600）。十四人，七世纪隋文帝仁寿元年（601）至唐武后久视元年（700）。五十六人，八世纪前半唐武后长安元年（701）至玄宗天宝九年（750）。三十一人。五、七两世纪最盛，六世纪中衰，盖由佛经传者已多，如食者之正图消化，观于此世纪为我国诸宗创建之时而可见也。佛教宗振，梁氏《论中国学术思想变迁之大势》列举之，凡得十三家。③ 除俱舍、摄论二宗起于隋文帝之世，华严、法相、真言三宗起于唐世外，其成实、三论、涅槃，皆起晋安帝时。律、地论、净土、禅，皆起梁武帝时。天台起陈、隋间。八宗，皆起于晋、南北朝之世云。

佛教渐兴，盖始汉末？《梁书·海南诸国传》述梁武帝改造阿育王寺塔事云：阿育王即铁轮王，王阎浮提一天下。佛灭度后，一日一夜，役鬼神造四万八千塔，此即其一也。吴时，有尼居其地，为小精舍。孙琳寻毁除之。塔亦同泯。吴平后，诸道人复于旧处建立焉。晋中宗初渡江，更修饰之。至简文咸安中，使沙门安法师程造小塔，未及成而亡。弟子僧显，继而修立。至孝武太元九年（384），上金相轮及承露。其后西河离石县，有胡人刘萨阿，遇疾暴亡，经十日更苏。云见观世音，语云：汝缘未尽，若得活，可作沙门。洛阳、齐城、丹阳、会稽，并有阿育王塔，可往礼拜。若寿终，则不堕地狱。语竟，如堕高岩，忽然醒寤。因此出家，名慧达。游行礼塔。次至丹阳，未知塔处，乃登越城四望。见长干里有异气色，因就礼拜。果是育王塔所。屡放光明。由是定知必有舍利。乃集众就掘之。入一丈，得三石碑。并长六尺。中一碑有铁函，函中有银函函中又

---

① 宗教：《隋·经籍志》言"民间佛经多于六经数十百倍"。
② 宗教：隋译经经卷见《隋志》。
③ 宗教：诸宗。

有金函，盛三舍利及爪发各一枚。发长数尺。即迁舍利近北，对简文所造塔西造一层塔。十六年，又使沙门僧尚伽为三层塔。即高祖所开者也。初穿土四尺，得龙窟及昔人所舍金银镮钗镯等诸宝物，可深九尺许，方至石磉。磉下有石函，函内有壶，以盛银坩，坩内有镂罂，盛三舍利。如粟粒大，圆正光洁，函内又有琉璃碗，内得四舍利及发爪。爪有四枚，并沉香色。此事虽近怪迁，然梁武掘地，曾得诸物，不容虚诬。晋世营构，前有所承，则孙吴之世，丹阳即有塔及精舍，亦非虚构。汉、魏未许汉人出家，而吴已有尼，是南方佛教，更较北方为盛也。①《隋书》言吴大帝深信佛教。盖有由矣。《魏书·释老志》云：自洛中构白马寺，盛饰佛图，画迹甚妙，为四方式。凡宫塔制度，犹依天竺旧状而重构之。从一级至三、五、七、九，世人相承，谓之浮图，或云佛图。晋世洛中佛图，有四十二所矣。汉明帝立白马寺之说，既不足信，佛图营构，疑必始于桓帝之时。董卓西迁，洛下悉成煨烬，则其修复，又当在黄初已后也。《宋书·五行志》云：晋惠帝元康中，京洛童谣曰："南风起，吹白沙。"南风，贾后字也。白，晋行也。沙门，大子小名也。以佛语为名，可见其时洛中佛教，业已盛行矣。

佛教与火祆、天方、基督等，同自外来，而其流通独盛者，以上之人信向者多，故其推行无阻，且有风行草偃之效也。东晋帝、后，信佛者多，孝武及恭帝尤甚。明帝尝手画佛像，见《晋书·蔡谟传》。桓温废海西公，康献褚皇后方在佛屋烧香，见本传。《孝武帝纪》：太元六年（381），正月，帝初奉佛法，立精舍于殿内，引诸沙门以居之。《恭帝纪》：帝深信浮屠法。造丈六金像，亲于瓦官寺迎之，步从十许里。帝之见弑也，兵人进药。帝不肯饮，曰："佛教自杀者不得复人身。"乃以被掩杀之。见《宋书·褚叔度传》。宋明帝以故宅起湘宫寺，事见第十八章第四节。王奂尝请幸其府，以不欲杀牲却之。见《齐书·奂传》。大渐时，正坐呼道人，合掌便绝，见《南史·循吏虞愿传》。颇类信净土宗者所为。齐武帝立禅灵寺。见《齐书·五行志》。大渐时，命灵上慎勿以牲为祭，未山陵前，朔望只设菜食，而极惓惓于显阳殿玉像，亦可见其皈依之笃。豫章王嶷临终顾命，亦与武帝遗命相类，见《齐书》本传。文惠大子、竟陵王子良信佛，已见第十九章第五节。竟陵尤笃。尝于鸡笼山西邸招致名僧，讲论佛法，造经呗新声。数于邸园营斋戒，大集朝臣、众僧，至于赋食、行水，或躬亲其事焉。梁武帝屡幸同泰寺舍身，② 郊庙牲牷，皆代之以面。宗庙用蔬果，事在天监十六年（517），见《梁书·本纪》。后依刘勰议，二郊亦不用牲，见《勰传》。会同用菜蔬，已见第二十一章第一节。帝幸同泰寺舍身，前后凡四：一在大通元年三月，一在中大通元年九月，一在中大同元年三月，一在大清元年三月。中大同元年（546）幸寺，《梁书·本纪》不言舍身，而《南史》言之。据《陈书·文学杜之伟传》：是年帝幸同泰寺舍身，敕徐勉撰定仪注，勉以台阁先无此礼，召之伟草

---

① 宗教：佛教初入，南方似较北为盛。
② 宗教：梁武以面为牺及舍身等，颜之推非杀生而祭。

具其仪，则《梁纪》失书也。中大通元年六月，以都下疫甚，于重云殿为百姓设救苦斋，以身为祷，亦见《南史·本纪》。其幸寺设会、讲义，则自大通元年（527）至侯景叛前皆有之。昭明太子亦于宫内别立慧义殿，为法集之所。侯景之立简文帝也，升重云殿，礼佛为盟，见《南史·贼臣传》。《周书·萧詧传》云：尤长佛义。《隋书·萧岿传》云：兼好内典。詧之残贼，可谓甚矣。而《周书·甄玄成传》云：玄成以江陵甲兵殷盛，遂怀贰心，密书与梁元帝，申其诚款。有得其书者，进之于詧。詧常愿不杀诵《法华经》人，玄成素诵《法华》，遂以获免。家国枭獍，乃思徼福于异域之神，岂不悖哉？其敬信，尤为前古所未闻。陈武英略，今古无俦，岂其溺于虚寂？而亦出佛牙，设无遮大会，《本纪》永定元年十月。又幸大庄严寺讲经，舍身及乘舆法物。① 二年（558）。一时风气所趋，诚不易自拔哉？陈诸主亦皆信佛。《世祖纪》：天嘉四年（563），四月，设无碍大会于大极前殿。《南史》云舍身。宣帝大建十四年（582），两设无碍大会，后一会并舍身及乘典御服。《南史·后主纪》云：前后灾异甚多，以为妖，乃自卖于佛寺为奴以禳之。

五胡之主，亦多信佛者。石勒、石虎，皆颇信佛图澄，事见《晋书·澄传》。慕容皝谓见二龙，号新宫曰和龙，立龙翔佛寺于山上。慕容宝参合之役，沙门支昙猛劝其戒备，而宝弗听。慕容熙宠姜苻氏死，见第六章第八节。令沙门为之素服。苻坚谋南犯，群臣使道安谏。既败，犹召安于外殿，动静咨问。苻朗临刑，为诗曰："四大起何因？聚散无穷已。"姚襄之败，史载沙门智通劝其勿战。然则班朝、治军，沙门靡不与焉。诸胡中姚兴颇知教义，故大乘之教，隆于其时，而其流通亦最盛。《载记》述其情形，谓公卿已下莫不钦附，沙门自远而至者，五千余人，州郡化之，奉佛者十室而九焉。屈丐至粗暴也，然《魏书·释老志》云：义真之去长安，屈丐追败之，道俗少长，咸见坑戮。惠始身被白刃，而体不伤。众大怪异，言于屈丐。屈丐大怒，召始于前，以所持宝剑击之，又不能害。乃惧而谢罪。则其杀戮，特行军时玉石不分，平时亦未尝不信沙门也。十六国中，凉州当西域交通之冲，佛法尤盛，已见第八章第五节。其余波，遂及于拓跋氏焉。

魏之信佛，盖起于拓跋珪入中原之时。《释老志》云：天兴元年（399），诏敕有司：于京城建饰容范，修整宫舍，令信乡之徒，有所居止，此盖代京有佛寺之始？又云：太宗亦好黄老，又崇佛法。京邑四方，建立图像。仍令沙门，敷导民俗，则踵事而增矣。然其兴盛，要当待诸凉州既平，沙门、佛事东来之后，已见第八章第五节。未几而有佛狸灭佛之祸，此事实因其疑沙门与盖吴通谋而起，亦见第八章第五节矣。《释老志》云：世祖得寇谦之道，以清净无为，有仙化之证，遂信行其术。时司徒崔浩，博学多闻，帝每访以大事。浩奉谦之道，尤不信佛。与帝言，数加非毁。尝谓虚诞，为世费害。帝以其辩博，颇信之。帝既忿沙门非法，浩时从行，因进其说。诏诛长安沙门，焚破佛像。敕留台下四方，令一

---

① 宗教：陈武亦讲经舍身等。

依长安行事。又诏曰："彼沙门者，假西戎虚诞，妄生妖孽，非所以一齐政化，布淳德于天下也。自王公已下，有私养沙门者，皆送官曹，不得隐匿。限今年二月十五日。过期不出，沙门身死，容止者诛一门。"时恭宗为大子监国，素敬佛道。频上表陈刑杀沙门之滥。又非图像之罪。今罢其道，杜诸寺门，世不修奉，土木丹青，自然毁灭如是再三，不许。乃下诏曰："昔后汉荒君，信惑邪伪。妄假睡梦，事胡妖鬼，以乱天常。自古九州之中无此也。夸诞大言，不本人情。叔季之世，暗君乱主，莫不眩焉。由是政教不行，礼义大坏。鬼道炽盛，视王者之法蔑如也。自此已来，代经乱祸。天罚亟行，生民死尽。五服之内，鞠为丘墟，千里萧条，不见人迹。皆由于此。朕承天绪，属当穷运之敝，欲除伪定真，复羲、农之治。其一切荡除胡神，灭其踪迹。庶无谢于风氏矣。自今已后，敢有事胡神及造形象泥人、铜人者门诛。虽言胡神，问今胡人，共云无有。皆是前世汉人无赖子弟刘元真、吕伯彊之徒，乞胡之诞言，用老、庄之虚假，附而益之。皆非真实。至使王法废而不行，盖大奸之魁也。有非常之人，然后能行非常之事，非朕孰能去此历代之伪物？有司宣告征镇诸军刺史：诸有佛图形象及胡经，尽皆击破焚烧，沙门无少长悉坑之。"是岁，真君七年三月也。恭宗言虽不用，然犹缓宣诏书，远近皆豫闻知，得各为计。四方沙门，多亡匿得免。在京邑者，亦蒙全济。金银宝像及诸经论，大得秘藏。而土木宫塔，声教所及，莫不毕毁矣。《本纪》载真君五年正月戊申诏曰："愚民无识，信惑妖邪，私养师巫，挟藏谶记、阴阳、图纬、方伎之书。又沙门之徒，假西戎虚诞，生致妖孽，非所以一齐政化，布淳德于天下。自王公已下，至于庶人，有私养沙门、师巫及金银工巧之人在其家者，皆遣诣官曹，不得容匿。限今年二月十五日。过期不出，师巫、沙门身死，主人门诛。明相宣告，咸使闻知。"此与《志》所载大武前诏，明系一事。《志》不及师巫及金银工巧之人者，以专志释老，故不及。《纪》又于七年三月，书徙长安城工巧二千家于京师，明系承此诏而来。然则五年正月戊申之诏，实七年二月中事，而《纪》误系诸五年也。① 与师巫及谶记并禁，明系惩于义民光复之谋。其并及技巧者？夷性贪冒，欲徙诸其所居，正犹蒙古陷城，不杀工匠耳。大武信道，尚在真君以前，至七年乃有此祸，可见其别有原因，崔浩特迎机而导之耳。浩义士，寇谦之亦有心人，说见第八章第六节。其欲去佛，未知何故，或诚以其为世费害，而假手于虏以除之邪？佛狸则安足语此？观其诏言天罚亟行，浩盖以此恐动之也。此举在当时，自为拂逆人心之事，故必以非常之人行非常之事自解也。《释老志》云：谦之与浩同从车驾，苦与浩净，浩不肯。谓浩曰："卿今促年受戮，灭门户矣。"后四年，浩诛，备五刑，时年七十。此乃

---

① 宗教：魏纪五年废佛，诏实七年事。

佞佛者怨毒之辞耳。又云：浩既诛死，帝颇悔之，业已行，难中修复。恭宗潜欲兴之，未敢言。佛沦废终帝世，积七八年，然禁稍宽弛，笃信之家，得密奉事，沙门专至者，犹窃法服诵习焉，惟不得显行于京都矣。然则外州仍有之也，亦犹清禁基督教，而人民仍密奉事之欤？《齐书·魏虏传》云：宋元嘉中，伪大子晃与大臣崔氏、寇氏不睦，崔、寇谮之。玄高道人有道术，晃使祈福，七日七夜。佛狸梦其祖父并怒，手刃向之曰："汝何故信谗，欲害大子？"佛狸惊觉，下伪诏曰："自今已往，事无巨细，必经大子，然后上闻。"晃后谋杀佛狸，见杀。参看第十一章第一节。初佛狸讨羯胡于长安，杀道人且尽。及元嘉南寇，获道人，以铁笼盛杀之。后佛狸感恶疾，自是敬畏佛教，立塔寺浮图。始终不离乎迷信，佛狸之毁佛而又渐弛其禁，此或其真象邪？文成立，复佛法。事在兴安元年十二月，见《魏书·本纪》。

　　魏自文成而后，献文、孝文皆信佛。事皆见《释老志》。高祖每与名德沙门谈论，又集沙门讲佛经，见《韦阆》及《裴骏传》。《齐书·宗室传》：建武二年（495），虏主元宏寇寿春，遣道登道人进城内，施众僧绢五百匹。出帝亦颇知教义。《魏书·李同轨传》：永熙二年（534），出帝幸平等寺，僧徒讲说，敕同轨论难。宣武于此尤笃，然佛事之劳费，亦至斯而益甚，导孝明世灵后奢纵之先路矣。参看第十二章第一节。《魏书·阳尼传》：世宗广访得失，尼从弟固上言："请绝虚谈穷微之论，简桑门无用之费。"又《张普惠传》：普惠以肃宗不亲视朝，过崇佛法，郊庙之事，多委有司，上疏言之，则奢费虽由胡后，肃宗亦未尝不溺于佛也。北齐文宣昏暴，武成、后主皆荒淫，于佛亦甚敬信。据《高元海传》，则皆元海所教也。《北齐书·文宣纪》：天保七年（556），五月，帝以肉为断慈，遂不复食。① 八年（557），四月，庚午，诏诸取虾、蟹、蚬、蛤之类，悉令停断，惟听捕鱼。乙酉，诏公私鹰、鹞，俱亦禁绝。八月，庚辰，诏丘、郊、禘、祫、时祠，皆仰市取少牢，不得剖割。农、社，先蚕，酒肉而已。雩、禜、风、雨、司民、司禄、灵星、杂祀，果、饼、酒、脯。九年（558），二月，己丑，诏限仲冬一月燎野，不得他时行火，损昆虫、草木。十年（559），正月，甲寅，帝如辽阳甘露寺。二月，丙戌，于寺禅居深观，惟军国大事奏闻。《武成帝纪》：河清元年（562），正月，诏断屠杀，以顺春令。《后主纪》：天统五年（569），二月，乙丑，诏禁网捕鹰、鹞，及畜养笼放之物。其去杀，几与梁武帝无异。《元海传》云：累迁散骑常侍。愿处山林，修行释典。文宣许之。乃入林虑山。经二年，绝弃人事。志不能固，自启求归。征复本任。便纵酒肆情，广纳姬侍。又云：元海好乱乐祸，然诈仁慈，不饮酒啖肉。文宣天保末年，敬信内法，乃至宗庙不血食，皆元海所谋。及为右仆射，又说后主禁屠宰，断酤酒。然本心非清，故终至覆败。案元海劝武成奉济南，未为非义。后与祖珽共执朝政，依违陆大姬间，盖亦势不得已。周建德七年（578），于邺城谋逆诛，尤可见其心存家国。既云纵酒肆情，又云不饮酒啖肉，未免自相矛盾。果其饕餮自恣，岂能说文宣、后主以断杀，即言之，文宣、后主，又宁听之邪？周文帝亦颇能谈义，且有信心。《周

---

　　① 宗教：北齐文宣亦有宗庙不血食等事。

书·薛善传》云：大祖雅好谈论。并简名僧深识玄宗者百人，于第内讲说。又命善弟慎等十二人兼讲佛义，使内外俱通。由是四方竞为大乘之学。《儒林传》：卢光，尝从大祖狩于檀台山。猎围既合，大祖遥指山上，谓群公等曰："公等有所见不?"咸曰："无。"光独曰："见一桑门。"大祖曰："是也。"即解围而还。令光于桑门立处造浮图。掘基一丈，得瓦钵，锡杖各一。大祖称叹，因立寺焉。至武帝，乃又有废佛之举。

中国人之于佛，流俗虽不免迷信，士大夫之有识者，固多能知其教义。既能知其教义，自知其理与儒、道无二，而建寺、造像等，徒为烦费矣。此周武之所以废佛也。《周书·武帝纪》：天和三年（568），八月，帝御大德殿，集百僚及沙门、道士等，亲讲《礼记》。四年（569），二月，帝御大德殿，集百僚、道士、沙门等讨论释、老义。建德元年（572），正月，帝幸玄都观，亲御法坐讲说。公卿、道、俗论难。二年（573），十二月，集群臣及沙门、道士等。帝升高坐，辨三教先后。以儒教为先，道教为次，佛教为后。三年（574），五月，丙子，初断佛、道二教。经、象悉毁。沙门、道士，并令还俗。并禁诸淫祀，礼典所不载者尽除之。六月，戊午，诏曰："至道弘深，混成无际，体苞空有，理极幽玄。但岐路既分，派源愈远。淳离朴散，形气斯乖。遂使三墨八儒，朱紫交竞，九流七略，异说相腾。道隐小成，其来旧矣。不有会归，争驱靡息。今可立通道观。① 圣哲微言，先贤典训，金科玉篆，秘迹玄文，所以济养黎元，扶成教义，并宜弘阐，一以贯之。俾夫玩培搜者识嵩、岱之崇峻，守碌砾者悟渤澥之泓澄，不亦可乎?"观此，知帝于佛道，特恶其烦费而欲绝之，是以与淫祀并禁。至于教义，原欲存之，且欲汇三为一，以息纷争也。然此岂人力所可强为乎? 宜其徒有此诏，终无所就也。此事《隋志》谓由卫元嵩上书而起，已见前。元嵩见《周书》、《艺术传》，云："好言将来，盖江左宝志之流。尤不信释教，尝上疏极论之史失其事，故不为传。"然此特会逢其适耳，周武之断道、释，初不由此。观元嵩所攻专在释，而周武所断兼及道可知也。《记》曰："尧、舜率天下以仁而民从之，桀、纣率天下以暴而民从之，其所令反其所好而民不从。"是故"以身教者从，以言教者讼"。此天下之至言也。《纪》又载建德五年（576），九月，大醮于正武殿，以祈东伐。六年（577），五月，大醮于正武殿以报功。其事岂能无所劳费? 躬道之而躬自蹈之，何以使民从其令乎? 宣帝甫立，即复佛像及天尊像，与二像俱坐，大陈杂戏，令士民纵观，见第十五章第一节。亦武帝有以启之矣? 其明年，六月，庚申，遂复佛道二教。

教士之信教，必不如教民之笃也，同为教会中人，执掌事权者之信教，又必不如不执事权者之笃。不然，则基督教不因马丁路德之崛起而分张，而第巴桑结，亦不至挟达赖喇嘛为傀儡矣。此凡教皆然，佛教亦莫能外也。《晋书·艺术

---

① 宗教：周武帝废佛道，立通道观。

传》云：鸠摩罗什，天竺人也。世为国相。父鸠摩罗炎，聪懿有大节。将嗣相位，乃辞避出家。东度葱岭。龟兹王闻其名，郊迎之，请为国师。王有妹，心欲当之，王乃逼以妻焉。罗什年七岁，母与俱出家。年十二，携到沙勒国，为性率达，不拘小检，修行者颇共疑之，然罗什自得于心，未尝介意。年二十，龟兹王迎之还国。吕光获罗什，见其年齿尚少，以凡人戏之，强妻以龟兹王女。罗什距而不受，辞甚苦至。光曰："道士之操，不逾先父，何所固辞？"乃饮以醇酒，同闭密室。罗什被逼，遂妻之。姚兴破吕隆，迎罗什，待以国师之礼。尝讲经于草堂寺。兴及朝臣大德沙门千有余人肃容观听。罗什忽下高坐，谓兴曰："有二小儿登吾肩，欲障须妇人。"兴乃召宫女进之，一交而生二子焉。兴尝谓罗什曰："大师聪明超悟，天下莫二，何可使法种少嗣！"《魏书·释老志》：太和二十一年(497)，诏曰："罗什法师，见逼昏虐，为道殄躯，既暂同俗礼，应有子胤。可推访以闻，当加救恤。"则是时于高僧，亦颇重其胤嗣，其视戒律，尚不如后世之重也。遂以伎女十人，逼令受之。① 尔后不住僧坊，别立廨舍。诸僧多效之。什乃聚针盈钵，引诸僧谓之曰："若能见效食此者，乃可畜室耳。"因举匕进针，与常食不别。诸僧愧服，乃止。夫以学识论，什诚为大乘之光矣，以戒律论，炎与什，得不谓世济其凶乎？以是推之，佛狸之杀昙无谶，虽云别有其由，谓谶必无海淫之事，亦不可得也。见第八章第五节。此或西域沙门，自率其俗。然生共其乐，则死共其哀，无中外一也。龟兹王之待什，不为不厚，乃乘其败亡之际，倚敌帅而奸其子，谁知为吕光之逼之，抑什之求之邪？得非凡夫之所羞乎？拥伎十人，别立廨舍，至于诸僧皆效，佛狸之杀道人虽虐，道人之非法，又岂虚也哉？武成后昙献是通，见第十四章第四节。蔡兴宗娶尼为妾，见第九章第三节。其小焉者矣。许荣上书晋孝武，病"尼僧成群，依傍法服，五戒粗诫，尚不能守"。闻人奭亦病"尼姆属类，倾动乱时。"皆见《晋书·简文三王传》。柳元景罪状臧质曰："姬妾百房，尼僧千计，败道伤俗，悖乱人神。"《宋书·质传》。郭祖深欲罢僧尼白徒、养女，听畜奴婢。婢惟着青布衣，僧尼皆令蔬食。见《南史·循吏传》乌乎！当时僧尼之戒律，为何如哉？迷信者或将为之曲辩。然僧尼皆不耕而食，不识而衣，而人民且依托之以避赋役，《宋书·刘粹传》：迁雍州刺史，襄阳、新野二郡太守。在任简役爱民。罢诸沙门二千余人，以补府史。《魏书·李孝伯传》：兄孙玚，民多绝户而为沙门，玚上言："南服未静，众役仍烦，百姓之情，方多避役。若复听之，恐捐弃孝慈，比屋而是。"皆可见藉出家以避役者之众。而其建寺、造像，所费尤巨，终必有不能坐视者。此所以一时之君若臣，信佛者虽多，亦卒不能不加以限制也。《颜氏家训·归心篇》云："俗之谤佛者，大抵有五：其一以世界外事及神化无方为迂诞也。其二以吉凶祸福，或未报应为欺诳也。其三以僧尼行业，多不精纯为奸慝也。其四以靡费金宝，减耗课役为损国也。其五以纵有因缘，如

---

① 宗教：魏太和求罗什嗣，罗什用伎十人，此事戒律甚坏。

报善恶，安能辛苦今日之甲，利后世之乙为异人也。"一、二、五并关教理，非政事所当过问，亦非其所能过问，三、四两端，固不可无以治之也。

龟兹区区，而《晋书·西戎传》谓其国有佛塔庙千所，况中国乎？萧惠开为父起四寺，国秩不下均兄弟，悉供僧众。贺革场子，事见《南史·场传》。恨禄不及养，俸秩不及妻孥，专拟还乡造寺，以申感思。何氏自晋司空充、宋司空尚之，并建立塔寺。至敬容，舍宅东为伽蓝。趋权者助财造构，敬容并不拒，轻薄呼为众造寺。及免职出宅，止有常用器物及囊衣而已。其佞媚至于如此，威权在手者，安得不竭民力以自为功？宋明帝起湘宫寺，虞愿讥其所用皆百姓卖儿帖妇钱，见第十八章第四节。此真宜战栗矣。前废帝时，百姓欲为孝武帝立寺，疑其名。巢尚之应声曰："宜名天保。《诗》云：天保，下报上也。"《南史·恩幸传》。吾谁欺，欺天乎？然王恭，史言其调役百姓，修营佛寺，务在壮丽，士庶怨嗟，则劳民者又岂特人君为然哉？唐牡牧诗曰："南朝四百八十寺，多少楼台烟雨中。"缅想其时，江东风物，美则美矣，民脂民膏，竭于此者何限？若北朝则尤甚。《魏书·释老志》言：显祖起永宁寺，构七级浮图。高三百余尺。基架博敞，为天下第一。皇兴中，又构三级石佛图。高十丈。镇固巧密，为京华壮观。高祖践位，显祖移御北苑崇光宫，建鹿野佛图于苑中之西山。去崇光右十里。岩房禅坐，禅僧居其中焉。肃宗熙平中，于城内大社西起永宁寺。灵大后亲率百僚，表基立刹。佛图九层，高四十余丈。此佛图后毁于火，事在出帝永熙三年（535），即孝静帝天平元年（534），见《魏书·灵徵志》及《北齐书·神武帝纪》。其诸费用，不可胜计。景明寺佛图，亦其亚也。此皆房主所为，此特其最大者。此外，高祖又尝为文明大后起报德佛寺，大后又立思燕佛图于龙城，见《后传》。灵后所起，在京城者又有大上公等寺。于外州，亦各造五级浮图。见《任城王澄传》。其造永宁寺，至减食禄十分之一焉，见《周书·寇儁传》。北齐后主造大宝林寺，已见第十四章第四节。其贵戚、大臣、州郡牧守所营者，尚不在此数。贵戚造构者如冯熙，自出家财，在诸州镇建佛图精舍，合七十二处。多在高山秀阜，伤杀人牛。有沙门劝止之。熙曰："成就后人惟见佛图，焉知杀人牛也！"[1] 宋明帝用百姓卖儿帖妇钱，犹可委为不知，此则知之而犹为之，愚也而近于悖矣。大臣为之者如齐高隆之，以广费人工，大营寺塔，为高祖所责。而州郡为之者尤多。魏城阳王长寿次子鸾为定州，缮起佛寺，公私费扰，世宗闻而夺禄一周。安同在冀州，大兴寺塔，为百姓所苦。杨椿为定州，因修黑山道余工，伐木私造佛寺，役使兵力，为御史所劾，除名为庶人。皆是物也。陆俟子馥为相州，征为散骑常侍，吏民大敛布帛以遗，馥一皆不受，民亦不敢，以造寺，名长广公寺。此虽非其所为，其劳民则无以异也，且安知民非承馥意而为之邪？《肃宗纪》：正光三年（522），诏中尉端衡肃厉威风，以见事见劾，牧守辄兴寺塔，为其一条，可见此风之盛。冯亮为魏所获，不肯仕，隐居嵩高，宣武乃给其功力，令与沙门统僧暹、河南尹甄琛等周视形胜之处造闲居佛寺，曲尽山居之妙。轻用民力如此，民不将以佛为

---

[1]　宗教：冯熙造佛图精舍，明知其多杀人牛而为之。

灾邪？读《洛阳伽蓝记》一书，犹可想见其时民力之竭为何如也。

　　与寺塔同其靡费者，时为造像。时虽亦有泥像，而用铜者殊多。① 晋恭帝造丈六金像，已见前。宋文帝时，蜀沙门法成，鸠率僧旅，几于千人，铸丈六金像，事见《魏书·胡叟传》。《释老志》：高宗兴光元年（454），为大祖已下五帝铸释迦立像五，各长一丈六尺。都用赤金二万五千斤。显祖于天官寺造释迦立像，高四十三尺。用赤金十万斤，黄金六百斤。其靡金之多，殊可惊骇。又有玉、石像。齐武帝有显阳殿玉像，已见前。《释老志》：高宗复佛法之岁，诏有司铸石像，令如帝身。又尝于恒农荆山造珉玉丈六像一，世宗迎置洛滨之报德寺，躬观致敬。其尤侈者则为石窟。高宗以昙曜言，于京城西武州塞凿山石壁，开窟五所，镌建佛像各一。高者七十尺，次六十尺。景明初，世宗诏大长秋卿白整，准代京灵岩寺石窟，于洛南伊阙山，为高祖、文昭皇在后营窟一所。永平中，中尹刘腾，奏为世宗造石窟一，凡为三所。从景明元年（500）至正光四年（523）六月已前，用功八十万二千三百六十六。即今所谓云冈、伊阙石窟也。云冈，在今大同、左云之间。伊阙，俗名龙门，在洛阳南。石窟雕像，本放印度，尚有在他处者。如敦煌之莫高窟，亦其一也，特皆不如此之弘丽耳。南朝亦有石窟，在今首都东北摄山，俗称栖霞山，为齐、梁两朝所造。郑鹤声、向达有《摄山佛教石刻小纪》，见《东方杂志》二十三卷八期。云：佛龛凡二百九十四，佛像凡五百十五，即有遗误，相去当不甚远。论者徒美其雕饰之奇伟，谁复念其所费民力之多邪？《魏书·灵徵志》：太和十九年（495），徐州表言丈八铜像，汗流于地。晋恭帝法成所造金像，皆长丈六，魏珉玉像亦然。《魏书·崔挺传》云：光州故吏闻其凶问，莫不悲感，共铸八尺铜像，于城东广因寺起八关斋，追奉冥福，此盖减其长之半？然则当时佛像，殆有定制，袁宏《汉纪》云佛长丈六尺，盖即因其造像而附会也。然则此丈八或丈六之讹。② 袁宏《汉纪》引见《秦汉史》第二十章第七节。《北齐书·循吏·苏琼传》：徐州城中五级寺被盗铜像一百躯。可见地方佛像，亦多而且大。《灵徵志》又云：永安三年（530），京师民家有二铜像，各长尺余，一头上生白豪四，一颊旁生黑豪一，此像较小，然可见民家亦有铜像也。《南史》、《梁本纪》：武帝大同元年（535），四月，幸同泰寺，铸十方银像。三年（537），五月，幸同泰寺，铸十方金铜像。则又有以金银为之者。

　　造像、建寺而外，靡财之事如设斋会等尚多。如胡国珍之死，诏自始薨至七七，皆为设千僧斋，令七人出家，百日设万人斋，二七人出家，其所费必甚巨。梁武以贺琛陈事，盛气口授敕责之，曰："功德之事，亦无多费。"吾谁欺，欺天乎？不特朝廷，即民间为斋会者，合聚饮食，所费亦必不少也。参看下引郑子饶事。当时之人，有极俭啬，而于奉佛

---

　　① 宗教：佛教铜像之多，欲铸者诣台自坐，盖不得已也。时铸币乏铜，即此一端，耗费甚矣。

　　② 宗教：丈八铜像或丈六之伪。

则无所吝者。《晋书·何充传》云：充性好释典，崇修佛寺，供给沙门以百数，靡费巨亿而不吝也。亲友匮乏，无所施遗，以此获讥于世。《宋书·宗室传》云：临川王义庆，性简素，寡嗜欲，受任历藩，无浮淫之过，惟晚节奉养沙门，颇致费损。有是蔽者盖甚多。此犹靡财而已，甚有因奉佛而坏法乱纪者，如张畅子淹，为东阳太守，逼郡吏烧臂照佛。百姓有罪，使礼佛赎刑，动至数千拜。张彝除秦州刺史，为国造寺，名曰兴皇。诸有罪咎者，随其轻重，谪为土木之功，无复鞭杖之罚，为治如此，尚复成何事体邪？

百姓之苦如此，而僧尼则有甚富者。① 宋文北讨，换取僧尼资财，见第八章第七节。颍胄起兵，亦资下方黄铁，见第二十章第五节。侯景兵至，梁摄诸寺藏钱，见《魏书·岛夷传》。皆可见其储藏之富。平时既资借贷，凶饥或助振施，见第十九章第五节。佞佛者或且以为有益于民，然观僧祇、佛图户粟之所为，不亦所与者少，所取者多，藉振贷之名，行诛求之实乎？见第二十一章第二节。王僧达劫竺法瑶，得数百万，《宋书》本传。亦所谓多藏者必厚亡邪？

佛事之有害于民如此，故其限制，乃随其兴盛以俱来。② 《晋书·艺术传》言：百姓以佛图澄故多奉佛。皆营造寺庙，相竞出家。真伪混淆，多生愆过。石季龙下书料简。其著作郎王度奏曰："佛方国之神，非诸华所应祠奉。汉代初传其道，惟听西域人得立寺都邑，以奉其神，汉人皆不出家。魏承汉制，亦循前轨。今可断赵人，悉不听诣寺烧香礼拜，以遵典礼，百辟卿士，逮于众隶，例皆禁之。其有犯者，与淫祠同罪。赵人为沙门者，还服百姓。"朝士多同度所奏。季龙以澄故下书曰："朕出自边戎，忝君诸夏，至于飨祀，应从本俗。佛是戎神，所应兼奉。其夷、赵百姓，有乐事佛者特听之。"此所谓兔死狐悲，恶伤其类，非必为佛图澄也。南朝论此者，以宋周朗、梁郭祖琛为最切。朗欲申严佛律，疵恶显著者，悉皆罢遣。余则随其艺行，各为之条，使禅义、经诵，人能其一。食不过蔬，衣不出布。祖琛请精加检括，若无道行，四十已下，皆使还俗附农。其论亡失户口，已见第十七章第三节矣。又齐明帝即位，张欣泰陈便宜二十条，其一条言宜毁废塔寺，见《齐书》本传。其禁令，亦宋文帝时即有之。《宋书·夷蛮传》云：元嘉十二年（435），丹阳尹萧摩之请"自今已后，有欲铸铜象者，悉诣台自闻。兴造塔寺、精舍，皆先诣在所二千石通辞，郡依事列言本州，须许报，然后就功。其有辄造寺塔者，皆依不承用诏书律。铜、宅、林苑，悉没入官"。诏可。又沙汰沙门，罢道者数百人。世祖大明二年（458），有昙标道人，与羌人高阇谋反。上因是下诏，精加沙汰。后有违犯，严加诛坐。于是设诸条禁，自非戒律精苦，并使还俗。而诸寺尼出入宫掖，交关妃后，此制竟不能行。齐武帝临终顾命，于佛可谓惓惓，然亦云：

---

① 宗教：僧寺之富。

② 宗教：关于佛教之制限，历代皆有。

"自今公私皆不得出家为道。及起立塔寺，以宅为精舍，并严断之。惟年六十，必有道心，听朝贤选序。"盖诚有所不得已也。北朝禁令，具见《魏书·释老志》。云：世祖以沙门众多，诏罢年五十已下者。高宗复佛法诏云："今制诸州、郡、县，于众居之所，各听建佛图一区。任其财用，不制会限。其好乐道法，欲为沙门，不问长幼，出于良家，性行素笃，无诸嫌秽，乡里所明者听其出家。率大州五十，小州四十人。其郡遥远台者十人。"自正光至太和，京城内寺新旧且百所，僧尼二千余人。四方诸寺，六千四百七十八。僧尼七万七千二百五十八人。太和十年（486），冬，有司奏："前被敕：以勒籍之初，愚民徼幸，假称入道，以避输课。其无籍僧尼，罢遣还俗。重被旨：所检僧尼，寺主维那，当寺隐审。其有道行精勤者，听仍在道。为行凡粗者，有籍无籍，悉罢归齐民。今依旨简遣。其诸州还俗者，僧尼合一千三百二十七人。"奏可。十六年（492），诏："四月八日，七月十五日，听大州度一百人为僧尼，中州五十人，下州二十人以为常准。著于令。"延昌中，天下州郡僧尼寺，积有一万三千七百二十七所。徒侣逾众。熙平二年（517），春，灵大后令曰："年常度僧，依限大州应百人者，州郡于前十日解送三百人，其中州二百人，小州一百人。州统、维那，与官精练简取充数。若无精行，不得滥采。若取非人，刺史为首，以达旨论。太守、县令、纲僚，节级连坐。统及维那，移五百里外异州为僧。自今奴婢悉不听出家。诸王及亲贵，亦不得辄启请。有犯者以违旨论。其僧尼辄度他人奴婢者，亦移五百里外为僧。僧尼多养亲识及他人奴婢子，年大私度为弟子，自今断之。有犯还俗。被养者归本等。寺主听容一人，出寺五百里，二人千里。私度之僧，皆由三长。罪不及己，容多隐滥。自今有一人私度，皆以违旨论。隣长为首，里、党各相降一等。县满十五人，郡满三十人，疑当作二十八人。州镇满三十人免官。僚吏节级连坐。私度之身，配当州下役。"时法禁宽弛，不能改肃也。正光已后，天下多虞，工役尤甚。于是所在编民，相与入道。假慕沙门，实避调役。猥滥之极，自中国之有佛法，未之有也。略而计之，僧尼大众二百万矣，其寺三万有余。此出家之限制也。其僧尼自外国来者，世宗永平二年（509），冬，沙门统惠深上言：求精检有德行合三藏者听任。若无德行，遣还本国。若其不去，依此僧制治罪。其造寺者，惠深言：限僧五十以上，启闻听造。若有辄营置者，处以违敕之罪。其僧寺僧众，摈出外州，诏从之。神龟元年（518），冬，司空公尚书令任城王澄奏曰：高祖定鼎，《都城制》云：城内惟拟一永宁寺地，郭内惟拟尼寺一所，余悉城郭之外。景明之初，微有犯禁。世宗仰修先志，爰发明旨：城内不造立浮图、僧尼寺舍。但俗眩虚声，僧贪厚润。虽有显禁，犹自冒营。至正始三年（506），沙门统惠深，有违景明之禁，便云营就之寺，不忍移毁。求自今已后，更不听立。先旨含宽，抑典从请。前班之诏，仍卷不行。后来私谒，弥以奔竞。

永平二年（509），深等复立条制。尔来十年，私营转盛，罪摈之事，寂尔无闻。辄遣府司马陆昶、属崔孝芬都城之中，及郭邑之内，检括寺舍，数乘五百。空地表刹，未立塔宇，不在其数。民不畏法，乃至于斯。自迁都已来，年逾二纪，寺夺民居，三分且一。昔如来阐教，多依山林，[1] 今此僧徒，恋着城邑，当由利引其心，莫能自止。非但京邑如此，天下州镇亦然。如巨愚意：都城之中，虽有标榜，营造粗工，事可改立者，请于郭外，任择所便。其地若买得，券证分明者，听其转之。若官地盗作，即令还官。若灵像既成，不可移撤，请依今敕，如旧不禁。悉令坊内行止，不听毁坊开门，以妨里内通巷。[2] 若被旨者，不在断限。郭内准此商量。其庙像严立，而逼近屠沽，请断旁屠杀，以洁灵居。虽有僧数，而事在可移者，令就闲敞，以避隘陋。如今年正月赦后造者，求依僧制，案法科治。若僧不满五十者，共相通容，小就大寺，必令充限。其他买还，一如上式。自今外州若欲造寺，僧满五十已上，先令本州表列，昭玄量审，奏听乃立。若有违犯，悉依前科。州郡已下，容而不禁，罪同违旨。奏可。未几，天下丧乱，加以河阴之酷，朝士死者，其家多舍居宅，以施僧尼，京邑第舍，略为寺矣。前日禁令，不复行焉。元象元年（538），秋，诏曰："梵境幽玄，义归清旷，伽蓝净土，理绝嚣尘。前朝城内，先有禁断。聿来迁邺，率由旧章。而百辟士民，居都之始，城外新城，并皆给宅。旧城中暂时普借，更拟后须，非为永久。如闻诸人，多以二处得地，或舍旧城所居之宅，擅立为寺。宜付有司，精加隐括。且城中旧寺及宅，并有定帐。其新立之徒，悉从毁废。"冬，又诏："天下牧、守、令长，悉不听造寺。若有违者，不问财之所出，并计所营功庸，悉以枉法论。"此造寺之制限也。然亦成具文，略计魏末之寺，凡三万有余云。

管理僧众之官[3]：南朝有僧正，其制始自姚兴，以僧䂮为之，见《高僧传》。魏大祖以法果为道人统。高宗复佛法，以师贤为之。和平初，贤卒，昙曜代之，更名沙门统。先是立监福曹，又改为昭玄，备有官属，以断僧务。参看第二十二章第三节。太和十年（486），诏立僧制四十七条。世宗诏众僧犯杀人已上罪，仍依俗断，余犯悉付昭玄，见第二十二章第七节。《北史·崔暹传》：僧尼猥滥，暹奏设科条篇为沙门法，上为昭玄都以检约之。皆见《魏书·释老志》。州有统，郡、县皆有维那，见第二十二章第四节。

佛教流传之广，其说轮回，实为一大原因。[4] 盖人不能无求报之心，而祸福之来，必不能如世人所责望者之径直。则惩劝之说，有时而穷。故挚虞病"道长

---

① 宗教：如来阐教依山林，今僧徒恋着城邑庙像至近屠沽。
② 宫室：不听毁坊开门，以妨里内通巷。
③ 宗教：僧官及法律。
④ 宗教：佛教盛行由说轮回。

世短，祸福舛错，使怵迫之人，不知所守，或迷或放”，慧琳作《均善论》，亦病周、孔为教，止及一世也。见《宋书·夷蛮传》。《晋书·羊祜传》云：祜年五岁时，令乳母取所弄金镮。乳母曰：汝先无此物。祜即诣邻人李氏东垣桑树中探得之。主人惊曰："此吾亡儿所失物也，云何持去？"乳母具言之，李氏悲惋。时人异之，谓李氏子则祜之前身也。祜时佛教盛行未久，而已有此说，足见其流行之速矣。言轮回之事见于正史者尚多。如《晋书·艺术传》言鲍靓为曲阳李家儿托生，《南史·梁元帝纪》言帝为眇目僧托生，《北史·李崇传》言李庶托生为刘氏女是也。此特举其最早者耳。欲言报应，必有受报之体。佛说无我，又说轮回，陈义虽高，终非恒情所能喻。故当时信佛者多主神不灭，而怵于迷信之弊者，则主神灭。范缜作《神灭论》，谓"浮屠病政，桑门蠹俗"，皆由"厚我之情深，济物之意浅"。以致竭财以赴僧，破产以趋佛，而不恤亲戚，不利穷匮。家家弃其亲爱，人人绝其嗣续。兵挫于行间，吏空于官府，粟罄于惰游，货殚于泥木。欲使人知"陶甄禀于自然，森罗均于独化，来也不御，去也不追"，此志也。然刘歆作《革终论》，谓："神为生本，形为生具，死者神离此具，虽不可复反，而精灵递变，未尝灭绝。"实主神不灭之说者，而又谓："神已去此，馆何用存？神已适彼，祭何所祭？"《颜氏家训·终制篇》亦云："四时祭祀，周、孔所教，欲人勿死其亲，求诸内典则无益，杀生为之，翻增罪累。"则即主神不灭之说者，亦未尝不可澹泊自将，不当因此转增贪欲也。然能如是者寡矣。轮回之说，为众所乐道者，畏怖贪欲之心中之耳。《晋书·王湛传》：湛孙坦之，与沙门竺法师甚厚。每共论幽明报应。便要先死者当报其事。晋恭帝不肯自杀，虑不能得人身。宋彭城王义康亦然。皆畏怖之念为之也。《宋书·文五王传》：太宗指左右人谓王景文曰："休范人才不及此，以我弟故，生便富贵。释氏愿生王家，良有以也。"然则当时佛徒，曾有愿生王家之说。此则为贪欲所中矣。卒之如隋越王侗，将死，焚香礼佛，咒曰："从今以去，愿不生帝王尊贵之家。"哀哉！然贪欲者虽说轮回，仍斤斤于见世。《魏书·卢景裕传》：谓其为邢摩纳所逼，起兵以应元宝炬，兵败系狱，至心诵经，枷锁自脱。是时又有人负罪当死，梦沙门教诵经，觉时如所梦默诵千遍，临刑刀折，主者以闻，赦之。此经遂行于世，号曰《高王观世音》。此说今俗犹传之。晋、南北朝时尤盛。《晋书·苻丕载记》：徐义为慕容永所获，械埋其足，将杀之。义诵《观世音经》。至夜中，土开械脱，于重禁之中，若有人导之者，遂奔杨佺期。《宋书·王玄谟传》：玄谟围滑台，奔退，萧斌将斩之，沈庆之固谏乃止。始将见杀，梦人告曰："诵《观音经》千遍则免。"既觉，诵之，将千遍。明日将刑，诵之不辍。忽传呼停刑。皆是物也。王恭临刑犹诵佛经，王奂闻黄瑶起兵入，还内礼佛，得毋临命之际，犹有所冀幸邪？

无识者之奉佛，则多出于迷信。高僧之见于正史者，佛图澄，鸠摩罗什，僧陟，昙曜，惠始，惠香，灵远，惠丰，《晋书·北史·艺术传》、《魏书·释老志》。其事迹无不矜奇吊诡者。甚至如宝志者，齐武帝曾忿其惑众，收付建康狱，而俗犹盛传其前知之事，《梁书·何敬容传》，载其前知敬容败于河东王。《南史·梁武帝纪》，载其前知同泰寺之灾。《贼臣传》载其前知侯景败于三湘。甚至《隋书·律历志》云：开皇官尺，或传梁时有志公道人作此，寄入周朝，云与多须老翁。周大祖及隋高祖，各自以为谓已。夫周、隋二祖，宁不知其不足信？然犹争欲当之者，以流俗信此等说，顺之可以惑众，抑此说即为所造，亦未可知也。《宋书·符瑞志》、《齐书·祥瑞志》，亦多以前知托诸僧众，盖自佛教行而矫诬之徒，又得一凭藉矣。梁武帝亦敬事之，《南史》仍列诸《隐逸传》，足见其时奉佛者之为何等矣。然能知高义者，亦自不乏。夫泥其迹则主奴之见深，探其原则筌蹄之义显，是以当时明哲之士，多能和会三教。① 慧琳，道人也，作《均善论》，设为白学先生与黑学道士相难，初无左祖佛教之意。旧僧至谓其贬斥释教，欲加摈斥。《宋书·夷蛮传》。顾欢，道士之辟佛者也，亦不过谓佛、老立说，各因其俗，譬诸舟车，各有其用。且谓佛既东流，道亦西迈，故知世有精粗，道有文质，二者可以并行焉。其时又有孟景翼者，为道士。文惠大子召入玄圃，竟陵王子良使之礼佛，不肯。然所作《正一论》，亦云道之大象，即佛之法身。至于张融，则竟谓道之与佛，区极无二矣。皆见《齐书·高逸传》。卫元嵩上书周武，启废佛之端，然《旧唐书·经籍志》载其《齐三教论》一卷，则其所恶者，亦僧徒之猥滥耳。此以释道二家言也。至如儒家：则徐勉以谓孔释二教，殊途同归。《梁书》本传。王褒谓儒道释虽为教等差，而义归汲引。《梁书·王规传》。韦夐谓其迹似有深浅，其理殆无等级。《周书》本传。即李士谦谓佛日、道月、儒五星，《北史·李孝伯传》。虽有轩轾，仍非水火。其时释家多通儒、道二家之义。如慧琳、慧始，皆尝注《孝经》，琳与慧严，又皆注《道德经》，僧智解《论语》，慧观作《老子义疏》是。皆见《隋书·经籍志》。周续之、雷次宗，皆名儒也，而皆入庐山事慧远。《宋书·隐逸传》。徐孝克旦讲佛经，晚讲礼传。周弘正特善玄言，兼明释典。沉重于紫极殿讲三教义，朝士、儒生、桑门、道士至者二千余人。则合三家成通学矣。《魏书·高谦之传》云：凉国盛事佛道，谦之为论贬之，因称佛是九流之一家。夫儒、道亦九流之一耳，此不足为贬辞也。《李孝伯传》：兄孙场，以民多绝户为沙门，上书言之，有"安有弃堂堂之政而从鬼教"之语。沙门统僧暹等以为谤毁佛法，泣诉于灵大后，大后责之。场自理曰："人死曰鬼，《礼》曰：明则有礼乐，幽则有鬼神。佛道幽隐，名之为鬼，愚谓非谤。"亦如实之辞，非强辩也。匪特学者如是，即怪迂阿谀苟合之徒亦然。《宋书·文五王传》：竟陵王诞迁镇广陵，发民治城。诞循行，有人干舆扬声大骂曰："大兵将至，何以辛苦百姓？"诞执之，问其本末。答曰："姓夷，名孙，家在海陵。天公去年与道、佛共议，欲除此间民人，道、佛苦谏得止。大祸将至，何不立六慎门？"诞问六慎门云何？答曰："古时有言：祸不入六慎门。"诞以其狂悖，杀之。此人盖有心疾，然其论，则后世下流社会中杂糅三教之论也。《齐

① 宗教：明哲之士多能和会三教，然如周武之立通道观，则自无可行之理也，辟佛者不关教义。

书·祥瑞志》言：永明三年（485），七月，始兴郡民龚玄宣云：去年二月，忽有一道人乞食。因探怀中，出篆书真经一卷六纸，又表北极一纸，又移付罗汉一纸，云："从兜天宫下，使送上天子。"其糅合释、道，更可发一噱。此固造作之辞，然造作者之见解，即其时流俗之见解也。《晋书·隐逸传》：鲍靓，东海人，年五岁，语父母云："本是曲阳李家儿，九岁坠井死。"其父母寻访得李氏，推问皆符验。此明为佛说，而又云：靓学兼内外，明天文、《河洛书》，尝见仙人授道诀，百余岁卒。陶弘景，道家之巨擘也，而云："梦佛授其菩提，记名为胜力菩萨。"乃诣鄮县阿育王塔自誓受五大戒，居之不疑，在邦必闻之徒，其为道、为佛，亦不可究诘矣。此周武帝所由欲和会三教，自立皇极欤？

辟佛者多以其出自外国为言。王度及魏大武诏即如此。《晋书·蔡谟传》：彭城王纮上言：乐贤堂有明帝手画佛像，经历寇难，而此堂犹存，宜敕作颂，成帝下其议。谟曰："佛者夷狄之俗，非经典之制。"其意亦与此同。苻坚命道安同辇，权翼谓毁形贱士，不宜参秽乘舆。宋文帝召见慧琳，常升独榻，颜延之方之同子参乘。毁形者天竺之法，亦恶其来自外国也。张敷为江夏王义恭抚军记室参军。义恭就文帝求一学义沙门。会敷赴假还江陵，文帝令载沙门往。谓曰："道中可得言晤。"敷不奉诏。《宋书》敷自有传，又附见其父邵传中，皆载此事。梁武帝锐意释氏，大卜从风，而韦叡自以信受素薄，位居大臣，不欲与俗俯仰，所行略如他日。此特士大夫之骄矜。即李安民奉佛法，不以轵下牛祀项羽神，见上节。亦恶其为淫祀故耳。要之当时不奉佛者，皆非不足其教义也。

僧人多有术艺。[1] 故周朗上疏，谓其假医术，托卜数。沙门知医，已见第二十三章第七节。台城之陷，贺琛被创未死，贼舆送庄严寺疗之，则当时佛寺，必有以医疗为务者。沈攸之将发江陵，使沙门释僧桀筮之，此则沙门明于卜筮之征也。不特此也，《魏书·山伟传》言伟与袁昇李延孝、李奂、王延业等方驾而行，伟少居后。路逢一尼，望之叹曰："此辈缘业，同日而死。"谓伟曰："君方近天子，当作好官。"昇等皆于河阴遇害。《术艺传》言：王显布衣为诸生，有沙门相显，后当富贵。诚其勿为吏部官。由是世宗时或欲令摄吏部，每殷勤避之。及世宗崩，肃宗夜即位，仓卒百官不具，以显兼吏部行事，竟遇害。《北史·艺术传》云：魏正始前，有沙门学相，游怀朔，举目见人，皆有富贵之表。以为必无此理，燔其书。而后皆如言，乃知相法不虚也。则沙门又多通相法者。此等不过取信流俗，便于传布其教。乃若关康之，尝就沙门支僧纳学算。《南史·隐逸传》。《宋书》无算字，盖夺。魏九家历，沙门统道融居其一。见第二十三章第七节。《魏书·术艺传》载殷绍上《四序堪舆表》云：初就大儒成公兴学算。公兴

---

[1] 宗教：僧人多有术艺，故多参与政事。

将之求沙门释昙影，昙影又将之求道人法穆，从之学者四年。则沙门之于算法，多有深造。慕容宝参合之役，支昙猛劝早为备，拓跋焘之围县瓠，毁浮图，取金像为大钩，施之冲车端，以牵楼堞。城内有一沙门，颇有机思，辄设奇以应之。《宋书·文九王传》。则其人并有通于兵、阴阳、技巧之学者矣。《隋书·经籍志》所载，音乐、小学、地理、天文、历数、五行、医方、《楚辞》诸门，皆有沙门撰著，而天文、历数、医方，传自天竺者尤多，当时胡僧，几如近世之基督教士，赍学艺以俱来矣。

僧人多有才学，故颇有参与政事者。宋庐陵王义真，尝云得志之日，以慧琳为豫州都督。《宋书·武三王传》。元嘉中，琳遂参权要。宾客辐凑，四方赠赂相系，势倾一时。《夷蛮传》。而义康谋叛，法略道人法静尼，亦并与其事。齐世则有杨法持。元徽中，宣传密谋，后遂罢道，为宁朔将军，封州陵县男。《齐书·幸臣传》。北齐神武之臣有潘相乐，本作道人。神武自发晋阳，至克潼关，凡四十启而魏帝不答，遣僧道荣奉表关中，又不答，乃集百僚、四门耆老议所推立。[1] 四门，《北史》作沙门，盖是? 文宣尝命亲奉神武音旨者，条录封上，中有沙门，见第二十三章第五节。可见沙门多参谋议也。《晋书·载记》：沙门吴进言于石季龙曰："胡运将衰，宜苦役晋人，以厌其气。"季龙于是使尚书张群，发近郡男女十六万，车十万乘，运土筑华林苑及长墙于邺北。姚襄之败，沙门智通劝其无战。慕容德之据广固，谋及沙门朗公。更观慕容宝之有支昙猛，沮渠蒙逊之有昙无谶。而知五胡之主，谋及沙门者，亦不乏矣。

凡藉宗教以资扇惑者，其所说教义，所立教条，不必皆其教之真谛也。特就众所共知共信者，附会为说而已。洪秀全之于基督教，其显而易见者也。佛教之为豪桀所资亦如是。[2]《晋书·石季龙载记》云：有安定人侯子光，自称佛大子，从大秦国来，当王小秦国。易姓名为李子扬。游于鄠县爰赤眉家。赤眉信敬之，妻以二女。转相诳惑。京兆樊经、竺龙、此人盖亦道人，故以竺为姓。严湛、谢乐子等聚党数千人于杜南山。子扬称大皇帝，建元曰龙兴。此为藉佛教以图作乱，见于记载最早者。其后此等事迄不绝。宋文帝元嘉九年（432）益州之乱，五城人帛氐奴等奉道人程道养为主，诈称晋宗室司马飞龙。见《宋书·刘粹传》。二十八年（451），又有亡命司马顺则，诈称晋宗室近属，据梁邹城，又有沙门自称司马百年应之。《萧思话传》。孝武帝大明二年（458），先是有南彭城蕃县人高阇，沙门释道方等，共相诳惑。与秣陵民蓝宏期等谋为乱。又要结殿中将军、大宰府将等，谋攻宫门，掩大宰江夏王义恭，分兵袭杀诸大臣，事发，党与死者数百人。《王僧达传》。《夷蛮传》云：阇为羌人，已见前。此甚似清世林清之变矣。齐武帝永明

---

① 宗教：集沙门议论推立。
② 宗教：藉佛教以作乱者。

十一年（493），建康莲花寺道人释法智与徐州民周盘龙等作乱。《齐书·王玄载传》。梁武帝时，有沙门僧强，自称为帝，攻陷北徐州。《梁书·陈庆之传》。此皆在南朝者。其在北朝，则《魏书·本纪》所载：太祖天兴五年（403），有沙门张翘，自号无上王，与丁零鲜于次保聚众据常山之行唐。高祖延兴三年（473），十二月，有沙门慧隐谋反。太和五年（481），有沙门法秀谋反。十四年（490），有沙门司马惠御谋破平原郡。世宗永平二年（509），有泾州沙门刘惠汪聚众反。三年（510），二月，有秦州沙门刘光秀谋反。延昌三年（514），十一月，有幽州沙门刘僧绍聚众反，自号净居国明法王。四年（515），六月，沙门法庆反于冀州，自称大乘。九月，元遥破斩之。及渠帅百余人，传首京师。熙平二年（517），正月，其余贼复相聚结，攻瀛州。法庆与法秀，声势最为浩大。《苟颓传》云：大驾行幸三川，颓留守京师。沙门法秀谋反，颓率禁卫收掩，毕获，内外晏然。驾还饮至，文明大后曰："当尔之日，卿若持疑，不即收捕，处分失所，则事成不测矣。今京畿不扰，宗社获安，卿之功也。"亦释道方之类也。《恩幸·王叡传》云：法秀谋逆，事发，多所牵引。叡曰："与其杀不辜，宁赦有罪，宜枭斩首恶，余从疑赦。"高祖从之。得免者千余人。其徒党可谓甚广。据《崔玄伯传》，是役也，崔道固兄子僧祐与焉。又《阉官传》：平季父雅，亦与于此役，季以此坐腐形，而雅实为州秀才，则士大夫亦有与其事者。《齐书·魏虏传》云：虏囚法秀，加以笼头铁锁，无故自解脱，虏穿其颈骨，使咒之曰："若复有神，当令穿肉不入。"遂穿而殉之。三日乃死。其遇汉人之酷如此。[①] 大乘之变，据《魏书·元遥传》云：法庆为妖幻，说渤海人李归伯，归伯合家从之。招率乡人，推法庆为主。法庆以归伯为十住菩萨、平魔军司、定汉王。自号大乘。杀一人者为一住菩萨，杀十人者为十住菩萨。[②] 又合狂药，令人服之，父子兄弟，不相知识，惟以杀害为事。于是聚众杀阜城令，破渤海郡，杀害吏人。刺史冀州萧宝夤遣长史崔伯骥讨之，败于煮枣城，伯骥战殁，凶众遂盛。所在屠灭寺舍，斩戮僧尼，焚烧经象，云新佛出世，除去恶魔。其好杀颇类孙恩，未知何故？或亦深疾末俗之恶，而思有所祛除欤？而亦兼及僧尼，又可见是时僧尼为众所疾视之甚也。《张彝传》云：元遥多所杀戮，积尸数万。彝子始均，忿军士重以首级为功，乃令检集人首数千，一时焚爇，用息微幸，此又可见虏视汉人如草芥矣。大乘事迹，又见《宇文福》、《高允》、《萧宝夤》、《裴叔业》、《李叔虎》、《酷吏·谷楷》、《阉官·封津》及《北齐书·封隆之传》中。《北齐书·皮景和传》云：吴明彻寇淮南，景和率众拒之。有阳平人郑子饶，诈依佛道，设斋会，用米面不多，供赡甚广。密从地藏，渐出饼饭，愚人以为神力，见信于魏、卫之间。将为逆乱，谋

---

① 民族：虏之虐。
② 宗教：大乘好杀并及僧尼焚经像。

泄，掩讨漏逸，乃潜渡河，聚众数千，自号长乐王。已破乘氏县，又欲袭西兖州城。景和自南兖州遣骑数百击破之，生禽子饶送京师，烹之。《魏书·卢玄传》：高祖议伐萧赜，玄子渊表曰："臣闻流言：关右之民，比年以来，设为斋会，假称豪贵，以相扇惑。显然于众坐之中，以谤朝廷。无土之心，莫此为甚。愚谓宜速惩绝，戮其魁帅。不尔，惧成黄巾、赤眉之祸。"子饶之所为，则所谓设为斋会者也。显谤朝廷于众坐之中，可见其非不知政治。然则所谓假称豪贵者，果编氓假称之欤？抑实有豪贵，参与其事也？能为地道，多出饼饭，其人亦非瓮牖绳枢之子矣。《源贺传》：贺出为冀州刺史，武邑郡奸人石华告沙门道可与贺谋反。《逸士传》：冯亮居嵩高，与僧徒禅诵为业，逆人王敞事发，连山中沙门，亮亦被执赴尚书省，诏特免雪。亮遂不敢还山，寓居景明寺，久之乃还山室。沙门之易与乱事相连如此。异族窃据之际，有心人欲谋光复往往藉宗教为结合之资。自胡元荐居，白莲会声势始大，明代稍微，及清又盛。虽三合会亦自托于少林寺僧。合第八章第五节观之，而知元魏时佛徒之称兵者，必有民族义士，[1] 厕身其间矣。然附从之者，究以所谓豪杰之徒为多，故其宗旨不能尽纯，久之或且浸忘其本。此观于近世白莲、三合之徒之数典忘祖而可知也。曩洛椎埋发墓，见第二十一章第五节。天恩横行闾肆，见第十八章第三节。皆可想见僧徒中有何等人。此高宗之复佛法，所以必限欲为沙门者，出于良家，无诸嫌秽欤，《释老志》：高祖延兴二年（472），四月，诏比丘不在寺舍，游涉村落，交通奸猾，经历年岁。令民间五五相保，不得容止无籍之僧。精加隐括，有者送付州镇，其在畿郡，送付本曹。若为三宝巡民教化者，在外赍州镇维那文移，在台者赍都维那等印牒，然后听行。违者加罪。世宗永平二年（509），沙门统惠深上言，与经、律法师，群议立制。有不安寺舍，游行民间者，脱服还民。皆惧其为黄巾赤眉之祸也。然藉资宗教，思教养其民以相保者，亦自有之。《北齐书·陆法和传》云[2]：不知何许人也。隐于江陵百里洲。衣食居处，一与苦行沙门同。耆老自幼见之，容色常不定，人莫能测也。或谓自出嵩高，循游遐迩。侯景遣任约击江陵，法和乃诣湘东乞征约。召诸蛮夷弟子八百人。湘东遣胡僧祐领千人与同行。至赤沙湖，武陵王纪兵来。王琳与法和经略，一战而殄之。以为都督郢州刺史。部曲数千人，通呼为弟子。惟以道术为化，不以法狱加人。市不立丞，见第二十二章第五节。天保六年（555），清河王岳进军临江，法和举州入齐。文宣以为荆州刺史。梁将侯瑱，来逼江夏，齐军弃城而退。法和入朝。诣阙通名，不称官爵，不称臣，但云荆山居士。以官所赐宅营佛寺。自居一房，与凡人无异焉。案法和所用者蛮众，史又言其语带蛮音，盖久习于蛮者。其所为则甚似张鲁，以是时佛教盛行，故自托于佛

---

① 民族：魏时藉佛教作乱者，中必有民族义士。

② 宗教：陆法和似张鲁，案此等人如多，于革命亦有益，以其有后方也。

耳，此固无教不可托也。

第三节　道教建立

古无所谓宗教也，人伦日用之道，幽深玄远之思，诸子百家之学，盖无不兼容并苞焉？佛教东来，说愈微眇，出世入世，道乃殊科。夫佛道则诚高矣妙矣，然究为外来之教，不能举吾所固有者而尽替之也。儒教重政治、伦纪，势不能谈空说有，与佛教争短长。于是有萃吾故所崇奉，文之以哲理，以与佛教对峙者，则道教是已。

道教之渊源何自邪？曰：其正源，仍为汉末张角、张鲁之教，晋时称为天师道。《晋书·何充传》云：郗愔及弟昙奉天师道，而充与弟准，崇信释氏。谢万讥之云："二郗谄于道，二何佞于佛。"《王羲之传》云：王氏世事张氏五斗米道，凝之弥笃。孙恩之攻会稽，寮佑请为之备，凝之不从。时为会稽内史。方入靖室请祷。出，语诸将佐曰："吾已请大道，许鬼兵相助，贼自破矣。"既不设备，遂为孙恩所害。《魏书·僧晋传》曰：恩之来也，弗先遣军。乃稽颡于道室，跪而咒说，指麾空中，若有处分者。官属劝其讨恩。凝之曰："我已请大道出兵，凡诸津要，各有数万人矣。"献之遇疾，家人为上章。道家法应首过，问其有何得失？对曰："不觉余事，惟忆与郗家离婚。"献之前妻，郗昙女也。案岂以为同教中人故，离婚倍觉耿耿邪？《王恭传》云：淮陵内史虞玥子妻裴氏，有服食之术。常衣黄衣，状如天师。道子悦之，令与宾客谈论。案元凶劭号严道育为天师，亦知服食。《殷仲堪传》云：仲堪少奉天师道。精心事神，不吝财贿。而怠行仁义，啬于周急。桓玄来攻，犹勤请祷。《齐书·高逸传》云：褚伯玉，年十八，父为之婚，妇入前门，伯玉从后门出。孔稚珪从其受道法。《南史·孔珪传》云：父灵产，泰始中晋安太守。有隐遁之志。于禹井立馆，事道精笃。吉日，于静屋四向朝拜，涕泣滂沱。东出过钱唐北郭，辄于舟中遥拜杜子恭墓。自此至都，东乡坐不敢背侧。《沈攸之传》云：齐武帝制以攸之弟雍之孙僧昭为义兴公主后。僧昭，别名法朗。少事天师道士。常以甲子及甲午日夜，着黄巾，衣褐，醮于私室。时记人吉凶，颇有应验。自云为泰山录事，幽司中有所收录，必僧昭署名。中年为山阴县，梁武陵王纪为会稽太守，宴坐池亭，蛙鸣聒耳。王曰："殊废丝竹之听。"僧昭咒厌，十余口便息。及日晚，王又曰："欲其复鸣。"僧昭曰："王欢已阑，今恣汝鸣。"即便喧聒。又尝校猎，中道而还。左右问其故。答曰："国家有边事，须还处分。"问何以知之？曰："乡闻南山虎啸知耳。"俄而使至。复谓人曰："吾昔为幽司所使，实为烦碎，今已自解。"乃开匣出黄纸书，上有一大字，字不可识。曰："教分判如此。"及大清初，谓亲知曰："明年海内丧乱，生灵十不一存。"乃苦求东归。既不获许，及乱，百口皆歼。观此诸事，可知所谓天师道者即五斗米道，① 而与大平道同原。大平道好争斗，晋世孙恩一派，盖其嫡传。《宋书·毛修之传》云②：修之不信鬼神，所至必焚除房庙。蒋山庙中有佳牛好马，修之并夺取之，而其在洛，敬事嵩山寇道士，盖亦汉世黄巾中黄大乙之旧。见《秦汉史》第二十章第六节。《隋书·地理志》云：梁州崇奉道教，有张鲁遗风，则五斗米道之流传，亦未尝绝。然此二者，皆不能成为全国通行之大教。惟于吉一派，颇与士大夫往来。吉虽为孙策所杀，其道在江东，盖迄未尝绝，至晋世，遂成为所谓天师道者，而流行于士大夫之间。夫其教流行于士大夫之间，则能扫除鄙倍，去其与政治不相容者，且加之以文饰，而豹变之机至矣。

《王羲之传》又云：羲之雅好服食养性，不乐在京师。既去官，与道士许迈共修服食，采药不远千里，而虞玩子妻，亦有服食之术，是神仙家与天师道同流也。案神仙家与医药经、经方，《汉志》同隶方技，其术本自相通。二张皆以符水为人治病，亦未必不通医药。小民急治病，士夫觊长生，觊长生而服食、养性重焉矣。重养性则轻婚宦矣，此褚伯玉所以逃婚，孔灵产所以隐遁也。故神仙家亦道教之一源也。神仙家之说，至魏、晋之世，亦稍符于哲理。③ 嵇康作《养生论》，谓神仙由"特受异气，禀之自然，非积学所能致"。"道养得理，上获千余岁，下可数百年，以世皆不精，故莫能得"。其说云："服药求汗，或有不获，而愧情一集，涣然流离。终朝未餐，嚣然思食，而曾子衔哀，七日不饥。夜分而坐，则低迷思寝，内怀殷忧，则达旦不瞑。劲刷理鬓，醇醴发颜、仅乃得之，壮士之怒，赫然殊观，植发冲冠。"以此知"精神之于形骸，犹国之有君"。而"豆令人重，榆令人瞑，合欢蠲忿，萱草忘忧，薰辛害目，豚鱼不养，虱处头而黑，麝食柏而香，颈处险而瘦，齿居晋而黄"，"凡所食之气，蒸性染身，莫不相应"，则形质亦未可忽。夫"为稼于汤世，偏有一溉之功者，虽终归于焦烂，必一溉者后枯"，理无可惑。然则"田种者一亩十斛，谓之良田，而区种可百余斛"。"谓商无十倍之价，农无百斛之望"，特"守常不变"之论，"以多自证，以同自慰，谓天地之理尽此"，实未为是也。此其所信者虽非，而其所以信之者，则皆据事理立论，与迷信者殊科矣。《宋书·顾觊之传》：觊之命弟子愿著《定命论》，谓："齐疆、燕平，厥验未著，李章、董芬，其效安在？乔、松之侣，云飞天居，夷、列之徒，风行水息，良由理数县挺，实乃钟兹景命。"《颜氏家训·养生篇》云："神仙之事，未可全非，但性命在天，或难种植。"皆与嵇氏同意。神仙家之论，存于今而可考者，莫如

① 宗教：天师道即五斗米道，与太平道同源，太平道好争斗，孙恩盖其嫡传。毛修之所至焚除房庙，敬事嵩山寇道士，顾欢亦事五斗米道。

② 民族：毛修之所至焚除房庙而事嵩山寇道士。

③ 宗教：神仙家之说渐趋合理。

《抱朴子》之完。其说曰："幻化之事，九百有余，按而行之，莫不皆效。"此其所以信"仙之可得"也。《对俗》。又曰："神仙方书，试其小者，莫不效焉。"《对俗》。"校其小验，则知其大效，睹其已然，则明其未试。"《塞难》。此其所以信"长生可得，仙人无种"也。《至理》。求仙之术，葛氏所信者为金丹。亦以"泥壤易消，而陶之为瓦，则与二仪齐其久，柞柳速朽，而燔之为炭，则可亿载而不败"，《至理》。以是信物质之可变。又谓"金玉在于九窍，则死人为之不朽，盐卤沾于肌髓，则脯腊为之不烂"，《对俗》。以是信药物之有功耳。又云"云、雨、霜、雪，皆天地之气，而以药作之，与真无异"，可见"变化之术，何所不为"。且"化作之金，乃是诸药之精"，转"胜于自然者"。而且"得其要，则不烦圣贤大才而可为"。《黄白》。此其所以信丹之可作也。然则何以成者甚寡？曰：此由道士皆贫，不得备其药剂；又其法得之不易；既得之，又必入名山，不则当于海中大岛屿作之，其事弥难耳。葛氏谓导引、房中、服药、禁咒，只能延年，愈疾，外攘邪恶，皆不能免于死；而且命不可以重祷延，疾不可以丰祀除；故惟金丹为足恃，说见《金丹》、《释滞》、《微旨》等篇。其所以坚信金丹而贱草木之药者，则以金石之质，坚于草木，而金又坚于石也。当时方士，信丹者甚多。《梁书·处士·陶弘景传》云：大通初，令献二丹于高祖。《南史》则云：天监中献二丹于武帝，中大通初又献二丹。又云：弘景既得神符秘诀，以为神丹可成，而苦无药物。帝给黄金、朱砂、曾青、雄黄等。后合飞丹，色如霜雪，服之体轻。帝服飞丹有验，益敬重之。《魏书·释老志》云：京兆人韦文秀，隐于嵩高，征诣京师。世祖曾问方士金丹事，多日可成。文秀对曰："神道幽昧，变化难测，可以暗遇，难以豫期。臣昔受教于先师，曾闻其事，未之为也。"然《崔逞传》言：逞子颐，与方士韦文秀诣王屋山造金丹，不就，则文秀实非不事此者，特不欲为虏主言之耳，《术艺传》：徐謇欲为高祖合金丹，乃入居嵩高，采营其物，历岁无所成，遂罢。入山所采，当为植物，然云金丹，则当仅以之为助，仍以矿物为主也。《北史·艺术传》云：有张远游者，文宣时，令与诸术士合九转金丹。及成，帝置之玉匣，云："我贪人间作乐，不能飞上天，待临死时取服耳。"案《葛氏金丹篇》言丹之名甚多，而最贵者为还丹及金液。还丹，亦曰神丹，成之凡九转，故又称九丹。得其一即仙。金液效与还丹同，而较还丹为易作。其所谓仙者？则上士举形升虚，谓之天仙，中士游于名山，谓之地仙，下士先死后蜕，谓之尸解仙。既已得仙，则升天住地，各从所好。又服还丹金液之法，若欲留在世间，可但服其半，录其半，后求升天，乃尽服之。说见《论仙》、《对俗》两篇，实与张远游之说密合，而神丹之名，亦与陶弘景所欲作者同。足见其说皆有传授，虽不足信，述之者则初非欺人也。作金丹必入名山或大岛屿者？《金丹篇》述其师郑隐之言曰："合大药皆当祭，祭则大乙、元君、老君、玄女皆来鉴。若令俗间愚人得经过闻见之，诸神便责作者不遵承经戒，致令恶人有毁谤之言，则不复佑助人，邪气得进，而药不成。"又云："老君告之：诸小山皆不可于其中作金液、神丹，凡小山皆无正神为主，多是木石之精，千岁老物，血食之鬼。此辈皆邪燕，不念为人作福，但能作祸。善试道士。须当以术辟身及将从弟子，然或能坏人药也。"其坚信长生之可求如此，然问以长生之理，则曰："松、乔之徒，虽得其效，亦未必测其所以然，"《对俗》。坦然自承其不知焉。又设难曰：理之明显，事之昭著如此，圣如周、孔，何莫之为？则曰："受气结胎，各有星宿。命属生星，则其人必好仙道，求之必得。命属死星，则其人不信仙道，不修其事。"《塞难》。"俗所谓圣人者，皆治世之圣人，非得道之圣人"也。《辨问》。《遐览篇》论符，谓"世间有受体使术用符独效者"，亦同此意。其持论之致密如此，安得谓与迷信同科邪？葛氏之论，亦有类乎迷信者，如云："按《易内戒》、《赤松子经》、《河图记命》符皆云：天地有司过之神，随人所犯轻重，以夺其算，算三日，纪三百日。又言身中有三尸，魂灵鬼神之属也。欲使人早死，此尸当得作鬼，放纵游行，飨人祭酬。是以每到庚申之日辄上天白司命，道人所为过失。又月晦之夜，灶神亦上天，白人罪状。大者夺纪，小者夺算。吾亦未能审此事之有无。然山川、草木、井灶、污池，犹皆有精气，况天地为物之至大者，于理当有精神则宜赏善而罚恶。但其体大而网疏，不必机发而响应耳。"《微旨》。又云："山无大小，皆有神灵，又有老魅。""入山无术，必有患害。"因此而著诸符。然又曰："天地之情状，阴阳之吉凶，茫茫乎其难详也，吾不必谓之有，亦不敢保其无。"《登陟》。则于此等说，特过而存之耳。于说之不能决者，过而存之，而又明著其存之之意，正见其立论之矜慎，亦非迷信也。

然此等议论，究尚未足登谈玄者之堂。故神仙家之言，又有更进于此者。《抱朴子》首篇《畅玄》曰："玄者，自然之始祖，而万殊之太宗也。其高则冠盖乎九霄，其旷则笼罩乎八隅。来焉莫见，往焉莫追。乾以之高，坤以之卑。云以之行，雨以之施。胞胎元一，范铸两仪。吐纳太始，鼓冶亿类。"以宇宙万物，皆一玄之所弥纶，几乎哲学家一元之论矣。然又云："玄之所在，其乐不穷，玄之所去，器弊神逝。"则似又岐形与气而二之。又引《仙经》述贞一之说曰："一有姓氏、服色。男长九分，女长六分。或在脐下二寸四分下丹田中。或在心下绛宫金阙中丹田。或在人两眉间，却行一寸为明堂，二寸为洞房，三寸为上丹田也。此乃道家所重，世世歃血，口传其姓名耳。"又述其师说曰："一在北极大渊之中。道术诸经所思存念作，可以却恶防身者，乃有数千法，亦各有效。然思作数千物以自卫，率多烦难。若知守一之道，则一切除弃此辈。故曰：能知一则万事毕也。"又曰："玄一之道，亦要法也。无所不辟，与贞一同功。吾内篇第一名之为《畅玄》者，正以此也，守玄一复易于守贞一。守贞一有姓字、长短、服色。曰玄一，但此见之。初求之于日中，所谓知白守黑，欲死不得者也。然先当百日洁斋，乃可候求。亦不过三四日得之。得之守之，则不复去矣。守玄一并思其身分为三人。三人已见，又转益之，可至数十人，皆如己身。隐之显之，皆自有口诀。此所谓分形之道。左君及蓟子训、葛仙公所以能一日至数十处，及有客坐上，一主人与客语，门中又有一主人迎客，而水侧又有一主人投钓也。"《地真》。此则不成语矣。盖以其仍受旧说之牵率，故如此也。《齐书·高逸传》云：杜京产，杜子恭玄孙也。世传五斗米道。与同郡顾欢同契，欢为道教中名人。其答袁粲之难曰："神仙有死，权便之说。神仙是大化之总称，非穷妙之至名。至名无名，其有名者，二十七品。仙变成真，真变成神，或谓之圣，各有九品。品极则入空寂，无为无名。若服食、茹芝，延寿万亿，寿尽则死，药极则枯，此修考之士，非神仙之流也。"①《齐书》本传。其说较葛氏弥有进矣。然如此则无体。无体则辛苦修为，谁受其报？此必非俗情之所能甘。抑无拟人之神，以资崇奉，而徒皈心于虚寂，亦非俗情之所能喻也。此虽无负于哲理，而必不能成为宗教，故建立道教之士，又必别辟一途焉。

一切迷信若方术，果何以结合之，使之成为一太宗教乎？曰：文之以当时通行之哲理，更益之以佛说之虚诞，其要道也。观于《魏书·释老志》及《隋书·经籍志》之说，而道教之所以成为宗教者，思过半矣。《魏书·释老志》曰："道家之原，出于老子。其自言也：先天地生，以资万类。上处玉京，为神王之宗，下在紫微，为飞仙之主。千变万化，有德不德，随感应物，厥迹无常。授轩辕于峨嵋，教帝喾于牧德，大禹问长生之诀，尹喜受道德之旨。至于丹书紫字，升玄飞步之经，玉石金光，妙有灵洞之说，如此之人，不可胜记。其为教也，咸蠲去邪累，澡雪心神，积行树功，累德增善。乃至白日升天，长生世上。所以秦皇、汉武，甘心不息，灵帝置华盖于灌龙，设坛场而为礼。及张陵受道于鹄鸣，因传天官章本千有二百。弟子相授，其事大行。斋祠跪拜，各成法道。有三元、九府、百二十官，一切诸神，咸所统摄。又称劫数，颇类佛经。其延康、龙汉、赤明、开皇之属，皆其名也。及其劫终，称天地俱坏。其书多有禁秘，非其徒也，不得辄观。至于化金销玉，行符敕水，奇方妙术，万等千条。上云羽化飞天，次称消灾灭祸。故好异者往往尊事之。"《隋书·经籍志》曰："道经者？云有元始天尊，生于太元之先，禀自然之气，冲虚凝远，莫知其极。所以说天地沦坏，劫数终尽，略与佛经同。以为天尊之体，常存不灭。每至天地初开，或在玉京之上，或在穷桑之野，授以秘道，谓之开劫度人。然其开劫，非一度矣。故有延康、赤明、龙汉、开皇，是其年号。其间相去，经四十一亿万载。所度皆诸天仙上品。亦有大上老君、大上丈人、天真皇人、五方天帝，及诸仙官，转共承受，世人莫之与也。所说之经，亦禀元一之气，自然而有，非所造为。亦与天尊，常在不灭。天地不坏，则蕴而莫传，劫运若开，其文自见。凡八字，尽道体之奥，谓之天书，字方一丈，八角垂芒，光辉照耀，惊心眩目，虽诸天仙，不能省视。天尊之开劫也，乃命天真皇人，改啭天音而辩析之。自天真已下，至于诸仙，展转节级，以次相授。诸仙得之，始授世人。然以天尊经历年载，始一开

---

① 宗教：顾欢言神仙无体。

劫，受法之人，得而宝秘，亦有年限，方始传授。上品则年久，下品则年近。故今授道者经四十九年，始得授人。推其大旨，盖亦归于仁爱、清静，积而修习，渐致长生，自然神化。或白日登仙，与道合体。案此即顾欢之说。其受道之法，初受《五千文箓》，次受《三洞箓》，次受《洞玄箓》，次受《上清箓》。箓皆素书，纪诸天曹官属佐吏之名有多少。又有诸符错在其间。文章诡怪，世所不识。受者必先洁斋，然后赍金环一，并诸赘币，以见于师。师受其赘，以箓授之。仍剖金环，各持其半，云以为约。弟子得箓，缄而佩之。其洁斋之法，有黄箓、玉箓、金箓、涂炭等斋。为坛三成，每成皆置绵蕝，以为限域。傍各开门，皆有法象。斋者亦有人数之限。以次入于绵蕝之中，鱼贯面缚，陈说愆咎，告白神祇。昼夜不息，或一二七日而止，其斋数之外有人者，并在绵蕝之外，谓之斋客，但拜谢而已，不面缚焉。而又有诸消灾、度厄之法，依阴阳数术，推人年命，书之如章表之仪，并具赘币，烧香陈读，云奏上天堂，请为除厄，谓之上章。夜中于星辰之下，陈设酒脯、饼饵、币物，历祀天皇、大一，祀五星、列宿，为书如上章之仪以奏之，名之为醮。又以木为印，刻星辰日月于其上，吸气执之，以印疾病，多有愈者。又能登刃入火，而焚敕之使刃不能割，火不能热。而又有诸服饵，辟谷、金丹、玉浆、云英蠲除滓秽之法，不可殚记。云自上古黄帝、帝喾、夏禹之俦，并遇神人，咸受道箓。年代既远，经史无闻焉。推寻事迹，汉时诸子，道书之流有三十七家，大旨皆去健羡，处冲虚而已，无上天官符箓之事。"综观二说，以老子或天尊影射自然之力，诚如孟景翼之言，犹佛家之说法身。见上节，始盖即傅会老子，继乃又造一元始天尊也。开劫之说，亦窃诸佛。仁爱、清静，积累功德，则所以随顺世俗。白日升天，长生世上，取诸神仙家。凡诸方术，亦多自此而来。章醮印敕，节级之烦，传授之秘，盖大平、五斗米道之旧也。凡此皆后人所谓杂而多端者，而其能成为一大教，则正由此，以其能网罗一切也。考诸汉时而无可见，可见其为魏、晋后所造作矣。其为谁造作不可知，亦必非一人所为，一时所成也。

道教之成为宗教，必在其经箓既具之后。《隋志》云："陶弘景受道经、符箓，梁武帝素与之游。帝弱年好道，先受道法。及即位，犹自上章。朝士受道者众。三吴及边海之际，信之逾甚。陈武世居吴兴，故亦奉焉。"盖至梁、陈之世，而江左之道教，规模粗立，非复其为天师道时之旧矣。然梁武究为明哲之主，且学问深邃，故其事道之笃，卒不敌其信佛之诚，而道教之大受崇奉，必有待于虏朝焉。《魏书·释老志》云："大祖好老子之言，诵咏不倦。天兴中，仪曹郎董谧，因献服食仙经数十篇。于是置仙人博士，立仙坊，煮炼百药。封西山以供其薪蒸。令死罪者试服之。非其本心，多死无验。大祖犹将修焉。太医周澹，苦其煎采之役，欲废其事，乃阴令妻货仙人博士张曜妾，得曜隐罪。曜惧死，因请辟谷。大祖许之。给曜资用，为造净室于苑中，给洒扫民二家。而炼药之官，仍为不息。久之，大祖意少懈，乃止。"此所信者实方士耳，与道教无涉也。至世祖时而寇谦之起。《志》云：谦之少修张鲁之术。有仙人成公兴，至谦之从母家佣赁，谦请回赁兴，代己使役。乃将还，令其开舍南辣田。谦之算七曜，有所不了，兴曰："先生试随兴语布之。"俄然便决。谦之叹伏，请师事之。兴固辞不肯，但求为谦之弟子。未几，令谦之絜斋三日，共入华山。令谦之居一石室。自出采药，还与谦之。食药不复饥。乃将谦之入嵩山。有三重石室，令谦之住第二重。历年，兴谓谦之曰："兴出，后当有人将药来。得但食之，莫为疑怪。"寻有人将药而至，皆是毒虫、臭恶之物，谦之大惧出走。兴还问状，谦之具对。兴叹息曰："先生未便得仙，政可为帝王师耳。"兴事谦之七年而卒。明日中，有叩石室者。谦之出视。见两童子，一持法服，一持钵及锡杖。谦之引入。至兴尸所。兴歘然而起。着衣、持、钵、执杖而去。先是有京兆灞城人王胡儿，其叔父亡，颇有灵异。曾将胡儿至嵩高别馆，同行观望。见金室玉堂。有一馆，尤珍丽，空而无人，题曰成公兴之馆。胡儿怪而问之。其叔父曰："此是仙人成公兴馆。坐失火烧七间屋，被谪为寇谦之作弟子七年。"始知谦之精诚远通，兴乃仙者，谪满而去。谦之守志嵩岳，精专不懈。神瑞二年（415），十月，乙卯，忽遇大神，称大上老君。谓谦之曰：往辛亥年，嵩岳镇灵集仙宫主表天曹：称自天师张陵去世已来，地上旷诚，修善之人，无所师授。嵩岳道士上谷寇谦之，立身直理，行合自然，才任轨范，宜处师位。吾故来观汝。授汝天师之位。赐汝云中音诵新科之诫二十卷，号曰《并进言》。吾此经诫，自天地开辟以来，不传于世，今运数应出。汝宜吾新科，清整道教。除去三张伪法租米、钱税，及男女合气之术。大道清虚，岂有斯事？专以礼度为首，而加之以服食、闭练。使王九疑人长客之等十二人授谦之服气、导引、口诀之法，遂得辟谷，气盛体轻，颜色殊丽。弟子十余人，皆得其术。泰常八年（423），十月，戊戌，有牧土上师李谱文来临嵩岳。云老君之玄孙。昔居代郡桑乾。以汉武之世得道，为牧土宫主，领治三十六土人鬼之政。地方十八万里有奇，盖历术一章之数也？其中为方万里者有三百六十万。遣弟子宣教，云："嵩岳所统广汉平土方里，以授谦之。赐汝天中三真大文录，劾召百神，以授弟子。文录有五等。坛位、礼拜、衣冠仪式，各有差品。凡六十余卷。号曰《录图真经》。付汝奉持。转佐北方泰平真君，出天宫静论之法。能兴造克就，则起真仙矣。又地上生民，末劫垂及。其中行教甚难。但令男女立坛宇、朝夕礼拜。若家有严君，功及上世。其中能修身、练药、学长生之术，即为真君种民。"药别授方，销练金丹云八石玉浆之法，皆有诀要。上师李君手笔有数篇。其余皆正真书曹赵道覆所书古文、鸟迹、篆、隶杂体。又言："二仪之间，有三十六天。中有三十宫，宫有一主。最高者无极至尊。次曰大至真尊，次天覆地长阴阳真尊，次洪正真尊，姓赵，名道隐，以殷时得道，牧土之师也。"牧土之来，赤松、王乔之伦，及韩终、张安世、刘根、张陵，近世仙者，并为翼从。牧土命谦之为子。与群仙结为徒友。幽冥之事，世所不了，谦之具问，一一告焉。经云：佛者，昔于西胡得道。在四十二天，为延真宫主。勇猛苦教，故其弟子皆髡形、染衣，断绝人道。诸天衣服悉然。此初无辟佛之意，可见崔浩说大武灭佛，非素定之计也。① 始光初，奉其书献之。世祖乃令谦之止于张曜之所，供其食物。时朝野闻之，若存若亡，未全信也。崔浩独异其言。因师事之，受其法卫。于是上疏赞明其事，曰："臣闻圣王受命，则有天应。而《河图》《洛书》，皆寄言于虫兽之文，未若今日，人神接对，手笔灿然，辞旨深妙，自古无比。斯诚陛下侔踪轩、黄，应天之符也。岂可以世俗常谈，而忽上灵之命？臣窃惧之。"世祖欣然。乃使谒者奉玉帛牲牢祭嵩岳，迎致其余弟子在山中者。于是崇奉天师，显扬新法，宣布天下，道业大行。及嵩高道士四十余人至，遂起天师道场于京城之东南。重坛五层，遵其新经之制。给道士百二十人衣食。齐肃祈请，六时礼拜。月设厨会数千人。真君三年（442），谦之奏曰："今陛下以真君御世，建静轮天宫之法，开古以来，未之有也。应登受符书，以彰圣德。"世祖从之。于是亲至道坛受符录。自后诸帝每即位皆如之。恭宗见谦之奏造静轮宫，必令其高不闻鸡鸣狗吠之声，欲上与天神交接，功役万计，经年不成，乃言于世祖曰："人天道殊，卑高定分。今谦之欲要以无成之期，说以不然之事，财力费损，百姓疲劳，无乃不可乎？必如其言，未若因东山万仞之上，为功差易。"世祖深然恭宗之言，但以崔浩赞成，难违其意，沉吟者久之，乃曰："吾亦知其无成。事既尔，何惜五三百功？"九年（448），谦之卒，葬以道士之礼。崔浩实有覆虏之计，谦之盖亦同心，② 已见第八章第六节。《北史·李先传》：先少子皓，天兴中密问先曰："子孙永为魏臣，将复事他姓邪？"皓为谦之弟子，亦谦之不甘臣虏之一证也。隆静轮之宫至于天，岂不知其劳民？所图者大，则不得复恤其小矣，此民族义士之苦心也。崔浩虽败，道教初不因之而废，足见谦之藏机之深，而其志竟不得遂，徒使后人讥为迷信之魁，岂不哀哉？

道教之寺，名曰崇虚。《释老志》云：太和十五年（491），诏以昔京城之内，居舍尚希，今者里宅栉比，移寺于都南桑乾之阴，岳山之阳，给户五十，以供斋祀。仍名为崇虚寺。可召诸州隐士，员满九十人。《高祖纪》云：所移者为道坛，改曰崇虚寺，盖以寺该于道坛之中也。《志》又云：迁洛移邺，踵如故事。其道坛在南郊，方二百步。以正月七日、七月七日、十月十五日，坛主、道士、哥人一百六人行拜祠之礼。诸道士罕能精至，又无才术可高，武定六年

---

① 宗教：崔浩说太武灭佛，非素定之计。

② 宗教：寇谦之不甘臣虏之一证。

(546)，有司执奏罢之。其有道术如河东张远游、河间赵静通等，齐文襄王别置馆京师而礼接焉。《隋书·经籍志》曰：迁洛已后，置道场于南郊之旁，方二百步。正月、十月之十五日，并有道士、哥人百六人拜而祠焉。后齐武帝迁邺，遂罢之。文襄之世，更置馆宇，选其精至者使居焉。后周承魏，崇奉道法，每帝受箓，如魏之旧，寻与佛法并灭，其事已见上节。齐世道士属崇虚局，局隶太常之大庙署，见《隋书·百官志》。

自道教既兴之后，昔日神仙之家，方术之士，世遂皆称为道教之徒。其实此教在张角、张鲁等推行于民间之时，可称为一宗教，至其受政府崇奉之后，则转失其宗教之性质矣。如齐文襄之所馆，实方士也。方士之中，亦有精心学道者。《抱朴子·金丹篇》，自言所见道士数百，各有数十卷书，亦未能悉解，但写畜之而已，此等必非欺人之人，① 或转受欺于人也。《魏书·释老志》云：河东罗崇之，常饵松脂，不食五谷。自称受道于中条山。世祖令崇还乡里立坛祈请。崇云："条山有穴，与昆仑，蓬莱相属，入穴中得见仙人，与之往来。"诏令洞东郡给所须。崇入穴，行百余步，遂穷。后召至，有司以崇诬罔不道，奏治之。世祖曰："崇修道之人，岂至欺罔以诈于世？或传闻不审而至于此。今治之，是伤朕待贤之意。"遂赦之。以世祖之酷而能如是，盖深审其无他也。然欺人者实不少。《勤求篇》谓可有十余人。《祛惑篇》述其欺诈之状，真可发一笑。然葛氏于其师郑隐，葛氏受业郑隐，见《遐览篇》。崇信甚至，而隐恐即欺人之人。何者？隐信金丹甚笃，《黄白篇》谓其与左慈试作有成，不应不服，然则何以不仙去邪？而葛氏曾不之知，故人不可以有所蔽也。

方士中之一派，奔走于贵人之间。河间大妃之去邺，必待道士而后决，已见第三章第三节。三王之起兵也，赵王伦拜道士胡沃为大平将军。又令近亲于嵩山着羽衣，诈称王子乔，作神仙书，述伦祚长久以惑众。皆其最得信任者也。此等人日与贵人为缘，亦有为其所害者，如孟钦、王嘉是。然自其徒言之，仍不妨以为未尝遇害，且别有异迹。孟钦、王嘉，皆见《晋书·艺术传》。钦洛阳人，苻坚召诣长安。恶其惑众，命苻融诛之。俄而钦至。融留之。遂大燕郡寮。酒酣，目左右收钦，钦化为旋风，飞出第外。顷之，有告在城东者。融遣骑追之。垂及，忽然已远。或有兵众距战，或前溪涧，骑不得进，遂不知所在。坚末，复见于青州，苻朗寻之，入于海岛。盖其人实为坚所杀，而其徒造为此言也。嘉字子年，为姚苌所杀。然道家甚尊信之。《传》云：其所造《牵三歌识》，事过皆验，累世犹传之。李少君明系病死，葛洪且信为尸解，《抱朴子·论仙》。人之有所蔽者，诚不可以常理喻也。此等人迄不绝。如北齐文宣所信之由吾道荣，周文帝所信之李顺兴，皆其人也。皆见《北史·艺术传》。因之图谶之类，亦或托之道家。如《隋书·经籍志》所载《老子河洛谶》、《嵩高道士歌》等是矣。又一派则游行民间。《晋书·艺术传》云：戴洋，吴兴长城人，年十二，遇

---

① 宗教：方士不必欺人。

病死。五日而苏。说死时天使为酒藏吏，授符篆，给吏从、幡麾。将上蓬莱、昆仑、积石、大室、恒、庐、衡等山。既而遣归。逢一老父，谓之曰："汝后当得道，为贵人所识。"及长，遂善风角。为人短陋，无风望，然好道术，妙解占候、卜数。吴末为台吏，知吴将亡，托病不仕。及吴平，还乡里。后行至濑乡，经老子祠，皆是昔死时所见使处，但不复见昔物耳。因问守藏应凤曰："去二十余年，尝有人乘马东行，过老君而不下，未及桥坠马死者不？"凤言有之。所问之事，多与洋同。此人乃以占候、卜数游行民间者，而亦自托于老子，无怪老子之多受附会矣。此等托辞诳惑之徒，初未必有为乱之意，然亦或为乱人所假藉。晋初有李脱者，自言八百岁，故号李八百，为王敦所杀，已见第四章第三节。《抱朴子·道意篇》论淫祀之宜绝云："诸妖道百余种，皆杀生血食，独李家道无为为小差。或问李氏之道，起于何时？答曰吴大帝时，蜀中有李阿者，穴居不食，传世见之，号为八百岁公。人往往问事，阿无所言但占颜色。若颜色欣然，则事皆吉，若颜容惨戚，则事皆凶，若含笑者，则有大庆，若微叹者，即有深忧，如此之候，未曾一失也。一旦忽去，不知所在。后有一人，姓李名宽，到吴而蜀语。能咒水治病，颇愈。于是远近翕然，谓宽为李阿，因共呼之李八百。而实非也。自公卿已下，莫不云集其门。后转骄贵，不复得常见，宾客但拜其外门而退。其怪异如此。于是避役之吏民，依宽为弟子者，恒近千人。而升堂入室，高业先进者，不过得祝水及三部符、道引日月行气而已。了无治身之要，服食神药，延年驻命不死之法也。吞气断谷，可得百日以还亦不堪久。此是其术至浅可知也。予亲识多有及见宽者，皆云：宽衰老羸悴，起止欬噫，目瞑耳聋，齿堕发白，渐又昏耗，或忘其子孙，与凡人无异也。然民复谓宽故作无异以欺人。岂其然乎？吴曾大疫，死者过半。宽所奉道室，名之为庐。宽亦得温病，托言入庐斋戒，遂死于庐中。而事宽者犹复谓之化形尸解之仙，非真死也。"综观其事，蜀中盖有一穴居不食之士，李阿已非其人，李宽更无论矣。然即宽亦非有意于为乱，事之者之多，特为避役计耳。然至李脱，则竟别有所图矣。范长生亦不过索隐行怪之徒，如桔槔俯仰以求自免，见第三章第六节。而后陇文、邓定，竟立其子贲为帝，为晋平西将军周抚龙骧将军朱寿所击斩。抚，周访子，见《晋书·周访传》。则更非贲始愿所及矣，故事之推波助澜，不可测也。《抱朴子·祛惑篇》曰：有道士白和，忽去不知所在。有一人于河北自称为白和。远近往奉事之，大得致遗，甚富。而白和弟子，闻和再出，大喜，往见之，乃定非也。此人因亡走矣。此则李宽之败露较速者也。